Trailblazer
Winning Edge Series

वस्तुनिष्ठ गणित

JEE MAIN

और सभी संयुक्त इंजिनियरिंग प्रवेश परीक्षा हेतु

राहुल शर्मा
(IIT, खड़गपुर)

प्रकाशक
यूनीकॉर्न बुक्स

F-2/16, अंसारी रोड, दरियागंज, नई दिल्ली-110002
☎ 23275434, 23262683 • Fax: 011-23257790
E-mail: info@unicornbooks.in • *Website:* www.unicornbooks.in

शाखा : मुम्बई

23-25, जाओबा वाड़ी, ठाकुरद्वार, मुम्बई-401002
☎ 022-22010941, 022-22053387
E-mail: rapidex@bom5.vsnl.net.in

ISBN: 978-81-7806-287-7
वस्तुनिष्ठ गणित JEE Main

संस्करण : 2014

मुद्रकः परम ऑफसेटर्स, ओखला, नई दिल्ली-110020

अनुक्रम

निर्देशांक, सरल रेखा एवं सरल रेखायुग्म 1

(Co-ordinate, Straight Lines and Pair of Straight Lines)

सरल रेखा (Straight line)

दो बिन्दुओं के बीच की दूरी (Distance between two points) :

$A(x_1,y_1)$ —————— $B(x_2,y_2)$

$$AB=\sqrt{(x_2-x_1)^2+(y_2-y_1)^2}$$

Notes :

- किसी बिन्दु $A(x, y)$ की मूल बिन्दु $(0, 0)$ से दूरी $\sqrt{x^2+y^2}$ होती है।
- यदि किसी समद्विबाहु समकोण त्रिभुज में विकर्ण के निर्देशांक (x_1,y_1) तथा (x_2, y_2) है। तब तीसरे शीर्ष के निर्देशांक

$$\left[\frac{x_1+x_2\pm(y_1-y_2)}{2},\frac{y_1+y_2\pm(x_1-x_2)}{2}\right]$$

- यदि किसी समबाहु त्रिभुज के दो शीर्ष के निर्देशांक (x_1, y_1) तथा (x_2, y_2) तब तीसरे शीर्ष के निर्देशांक

$$\left[\frac{x_1+x_2\pm\sqrt{3}(y_1-y_2)}{2},\frac{y_1+y_2\pm\sqrt{3}(x_1-x_2)}{2}\right]$$

दो बिन्दुओं (x_1,y_1) व (x_2,y_2) की एक दी गई रेखा के सापेक्ष स्थिति (Position of two points (x_1, y_1) and (x_2, y_2) relative to a given line)

मान रेखा का समीकरण $ax + by + c = 0$ तथा $A(x_1, y_1)$ व $B(x_2, y_2)$ दो बिन्दु हैं।

(i) यदि मूलबिन्दु रेखा पर स्थित है, तब इस रेखा को मूल भुजा (origin side) कहते हैं।

(ii) यदि ax_1+by_1+c तथा ax_2+by_2+c दोनों समान चिन्ह के हैं तथा $\dfrac{ax_1+by_1+c}{ax_2+by_2+c}>0$, तब बिन्दु दी गई रेखा के एक ही ओर स्थित हैं।

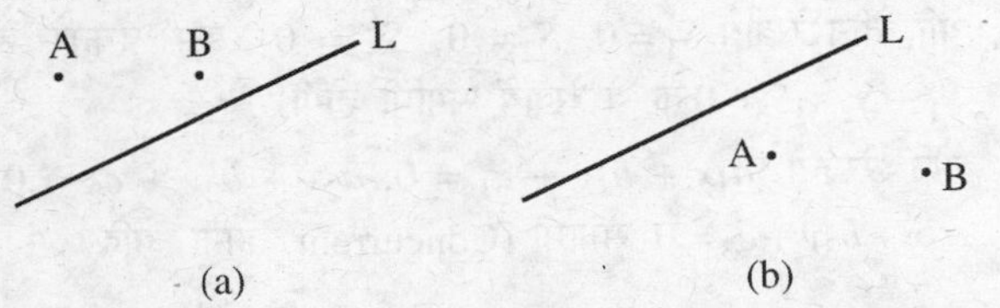

(iii) यदि ax_1+by_1+c व ax_2+by_2+c दोनों के चिन्ह परस्पर विपरीत है तथा $\dfrac{ax_1+by_1+c}{ax_2+by_2+c}<0$, तब बिन्दु, दी गई रेखा के विपरीत दिशा में होंगे।

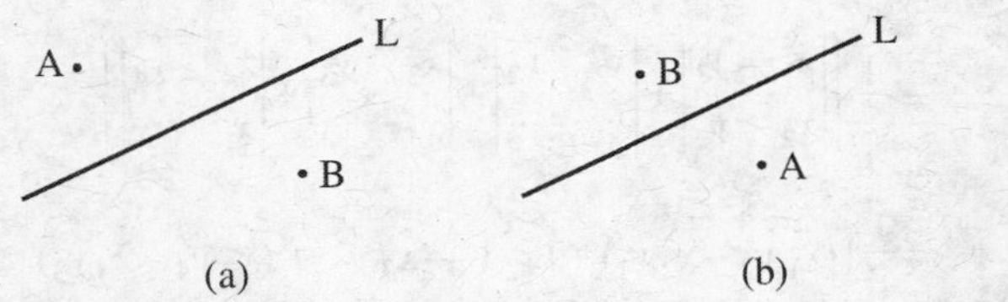

एक रेखा के सापेक्ष एक बिन्दु का प्रतिबिम्ब (Image of a point with respect to a line)

रेखा $ax+by+c=0$ के सापेक्ष बिन्दु (x_1, y_1) का प्रतिबिम्ब

$$\frac{x-x_1}{a}=\frac{y-y_1}{b}=\frac{2(ax_1+by_1+c)}{a^2+b^2}$$

विभाजन (Section)

1. दो दिये हुए बिन्दुओं (x_1, y_1) तथा (x_2, y_2) को मिलाने वाली रेखा को $(m_1 : m_2)$ के अनुपात में अन्तर्त: विभाजित करने वाला बिन्दु–

$$\left(\frac{m_1x_2+m_2x_1}{m_1+m_2},\frac{m_1y_2+m_2y_1}{m_1+m_2}\right)$$

2. दो दिये हुए बिन्दुओं (x_1, y_1) तथा (x_2, y_2) को मिलाने वाली रेखा को $m_1 : m_2$ के अनुपात में बाह्यत: विभाजित करने वाला बिन्दु–

$$\left(\frac{m_1x_2-m_2x_1}{m_1-m_2},\frac{m_1y_2-m_2y_1}{m_1-m_2}\right)$$

3. उस बिन्दु के निर्देशांक जो बिन्दु (x_1, y_1) तथा (x_2, y_2) से जाने वाली रेखा के मध्य में है–

$$\left[\frac{x_1+x_2}{2},\frac{y_1+y_2}{2}\right]$$

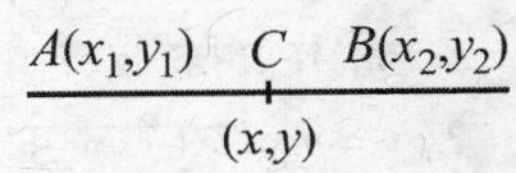

4. किसी त्रिभुज के केन्द्रक के निर्देशांक–

$$\left(\frac{x_1+x_2+x_3}{3},\frac{y_1+y_2+y_3}{3}\right)$$

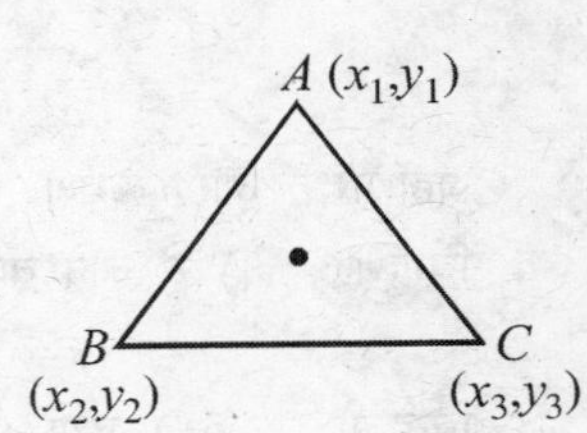

त्रिभुज का क्षेत्रफल (Area of Triangle)

माना किसी ΔABC के निर्देशांक $(x_1, y_1), (x_2, y_2), (x_3, y_3)$, तब

$$\text{त्रिभुज का क्षेत्रफल}=\frac{1}{2}\begin{vmatrix}x_1 & y_1 & 1\\ x_2 & y_2 & 1\\ x_3 & y_3 & 1\end{vmatrix}$$

$$=\frac{1}{2}\{x_1(y_2-y_3)+x_2(y_3-y_1)+x_3(y_1-y_2)\}$$

नोट//✍

✍ किसी भी त्रिभुज का क्षेत्रफल धनात्मक लेते हैं।

✍ अगर $(x_1, y_1), (x_2, y_2)$ तथा (x_3, y_3) किसी सीधी रेखा पर है, तब इनसे बनने वाले त्रिभुज का क्षेत्रफल शून्य होता है।

✍ चतुर्भुज का क्षेत्रफल जिसके निर्देशांक $(x_1, y_1), (x_2, y_2), (x_3, y_3), (x_4, y_4)$.

$$=\frac{1}{2}\left\{\begin{vmatrix}x_1 & y_1\\ x_2 & y_2\end{vmatrix}+\begin{vmatrix}x_2 & y_2\\ x_3 & y_3\end{vmatrix}+\begin{vmatrix}x_3 & y_3\\ x_4 & y_4\end{vmatrix}+\begin{vmatrix}x_4 & y_4\\ x_1 & y_1\end{vmatrix}\right\}$$

$$=\frac{1}{2}\{(x_1y_2-x_2y_1)+(x_2y_3-x_3y_2)+(x_3y_4-x_4y_3)+(x_4y_1-x_1y_4)\}$$

✍ रेखाओं $a_1x+b_1y+c_1=0,\ a_2x+b_2y+c_2=0, a_1x+b_1y+d_1=0,$ $a_2x+b_2y+d_2=0$ द्वारा बने समान्तर चतुर्भुज का क्षेत्रफल $\left|\frac{(d_1-c_1)(d_2-c_2)}{a_1b_2-a_2b_1}\right|$ होता है।

अक्षों के समान्तर रेखाओं के समीकरण (Equations of Lines Parallel to Axes)

1. x-अक्ष का समीकरण, $y=0$.
2. y-अक्ष का समीकरण, $x=0$.
3. x-अक्ष के समान्तर तथा उससे b दूरी पर स्थित रेखा का समीकरण, $y=\pm b$.
4. y-अक्ष के समान्तर तथा उससे a दूरी पर स्थित रेखा का समीकरण, $x=\pm a$.

सरल रेखा (प्रथम घात) का समीकरण–

1. सरल रेखा का प्रवणता रूप–

$$y=mx+c$$

जहाँ $m=\tan\theta$, $c=y$-अक्ष पर कटा अन्तःखण्ड है तथा $\theta=x$-अक्ष की धनात्मक दिशा से बना कोण है।

2. $y=mx$ उस रेखा का समीकरण जो मूल बिन्दु से होकर जाती है।
3. अन्तःखण्ड रूप (Intercept form)

$$\frac{x}{a}+\frac{y}{b}=1$$

जहाँ पर a और b क्रमशः x-अक्ष तथा y-अक्ष पर कटे अन्तःखण्ड हैं।

4. बिन्दु (x_1, y_1) से जाने वाली समीकरण जिसकी प्रवणता m है।

$$(y-y_1)=m(x-x_1)$$

5. बिन्दुओं (x_1, y_1) तथा (x_2, y_2) से होकर जाने वाली रेखा का समीकरण,

$$y-y_1=\frac{y_2-y_1}{x_2-x_1}(x-x_1)$$

इसकी प्रवणता $=m=\frac{y_2-y_1}{x_2-x_1}=\frac{\text{कोटियों का अन्तर}}{\text{भुजों का अन्तर}}$

6. उस रेखा का समीकरण जिस पर मूल बिन्दु से डाले लम्ब की लम्बाई P तथा α x-अक्ष की धनात्मक दिशा से बना कोण है।

$$\boxed{x\cos\alpha+y\sin\alpha=P}$$

प्राचलिक रूप (Parametric Form)

यह समीकरण, $y-y_1=m\cdot(x-x_1)$ का दूसरा रूप है।

$$\frac{x-x_1}{\cos\theta}=\frac{y-y_1}{\sin\theta}=\pm r$$

दो रेखाओं के बीच का कोण (Angle between two lines)

रेखाओं, $y=m_1x+c_1$ तथा $y=m_2x+c_2$ के बीच का न्यून कोण θ निम्न सूत्र से दिया जाता है–

$$\tan\theta=\left|\frac{m_1-m_2}{1+m_1\cdot m_2}\right|$$

नोट//✍

✍ रेखायें समान्तर होंगी, यदि, $m_1=m_2$

✍ रेखायें लम्ब होंगी, यदि, $m_1\cdot m_2=-1$

लम्ब की लम्बाई (Length of Perpendicular):

बिन्दु (x_1, y_1) से सरल रेखा $ax+by+c=0$ डाले गये लम्ब की लम्बाई

$$=\frac{|ax_1+by_1+c|}{\sqrt{(a^2+b^2)}}$$

दो रेखाओं के प्रतिच्छेद बिन्दु से होकर जाने वाली रेखा–

$$S_1=a_1x+b_1y+c_1=0$$

तथा

$$S_2=a_2x+b_2y+c_2=0$$

तब, उस रेखा समूह का समीकरण जो इनके प्रतिच्छेद बिन्दु से जाता है–

$$S_1+\lambda S_2=0$$

या

$$(a_1x+b_1y+c_1)+\lambda(a_2x+b_2y+c_2)=0$$

संगामी रेखायें (Concurrent Lines)

यदि तीन अथवा तीन से अधिक रेखायें एक-दूसरे को एक ही बिन्दु में प्रतिच्छेद करें, तो हम कहते हैं, कि रेखायें संगामी (Concurrent) है।

यह देखना कि तीन दी हुई रेखाये संगामी है अथवा नहीं–

1. दो रेखाओं को हल करके एक बिन्दु प्राप्त करते है और तीसरी रेखा को सन्तुष्ट कराते है।
2. यदि तीन रेखायें $S_1=0,\ S_2=0,\ S_3=0$ इस प्रकार हैं कि $S_1+S_2+S_3=0$ तो ये रेखायें संगामी होंगी।
3. तीन रेखायें $a_1x+b_1y+c_1=0, a_2x+b_2y+c_2=0$ और $a_3x+b_3y+c_3=0$ संगामी (Concurrent) होंगी, यदि

$$\begin{vmatrix}a_1 & b_1 & c_1\\ a_2 & b_2 & c_2\\ a_3 & b_3 & c_3\end{vmatrix}=0$$

दो सरल रेखाओं के बीच के कोणों के अर्द्धकों का समीकरण (Equation of bisectors of the angle between to lines)

दो सरल रेखायें $a_1x+b_1y+c_1=0$ तथा $a_2x+b_2y+c_2=0$ के बीच के कोणों के अर्द्धकों का समीकरण,

$$\frac{a_1x+b_1y+c_1}{\sqrt{(a_1^2+b_1^2)}}=\pm\frac{a_2x+b_2y+c_2}{\sqrt{(a_2^2+b_2^2)}}$$

जहाँ, $c_1, c_2>0$

अर्द्धक पर स्थित कोई भी बिन्दु दी हुई रेखाओं से बराबर दूरी पर होता है।

(i) $a_1a_2+b_1b_2<0$ न्यून कोण के लिये।

(ii) $a_1a_2+b_1b_2>0$ अधिक कोण के लिये।

कुछ महत्त्वपूर्ण तथ्य

1. (a) दो रेखायें $a_1x+b_1y+c_1=0$ तथा $a_2x+b_2y+c_2=0$ सर्वसम होंगी, यदि

$$\frac{a_1}{a_2}=\frac{b_1}{b_2}=\frac{c_1}{c_2}$$

(b) रेखायें समान्तर होंगी, यदि, $\frac{a_1}{a_2}=\frac{b_1}{b_2}\neq\frac{c_1}{c_2}$

(c) रेखायें लम्बवत होंगी, यदि, $a_1a_2+b_1b_2=0$

(d) रेखायें प्रतिच्छेत करेंगी, यदि, $\frac{a_1}{a_2}\neq\frac{b_1}{b_2}$

2. उस रेखा का समीकरण जो दी हुई रेखा $ax+by+c=0$ के समान्तर है।

$$\boxed{ax+by+\lambda=0}$$

3. दी गयी रेखा $ax+by+c=0$ के लम्ब रेखा का समीकरण–

$$\boxed{bx-ay+\lambda=0}$$

नोट//

x के गुणांक को y का गुणांक और y के गुणांक को x का गुणांक बनाकर किसी एक का चिन्ह परिवर्तित कर देते हैं।

4. (a) दो समान्तर रेखाओं के बीच की दूरी (distance between two parallel lines)

यदि रेखाएँ $ax+by+c_1=0$ और $ax+by+c_2=0$ दी गयी है।

$$d=\frac{|c_1-c_2|}{\sqrt{(a^2+b^2)}}$$

(b) समान्तर रेखाओं के बीच की दूरी ज्ञात करने के लिए हम किसी एक रेखा में x या y को शून्य के बराबर रखकर क्रमशः y अथवा x का मान ज्ञात कर लेते हैं और फिर इस बिन्दु से दूसरी रेखा पर लम्ब डाल देते हैं। लम्ब दूरी ही समान्तर रेखाओं के बीच की दूरी होगी।

(c) दो समान्तर रेखाओं के बीच की लाम्बिक दूरी = दोनों रेखाओं पर मूल बिन्दु से डाले गये लम्ब की लम्बाईयों का अन्तर।

5. **बिन्दु पथ (Cocus)**— प्रत्येक वह बिन्दु जो किन्हीं दिये हुए नियमों के अनुसार गमन करता है। इस पथ को उस बिन्दु का बिन्दु पथ कहते हैं।

6. **अन्तः केन्द्र (Incentre)**— यदि किसी त्रिभुज के निर्देशांक (x_1, y_1), (x_2, y_2) और (x_3, y_3) है। तब अन्तः केन्द्र के निर्देशांक $\left(\frac{ax_1+bx_2+cx_3}{a+b+c}, \frac{ay_1+by_2+cy_3}{a+b+c}\right)$ यहाँ पर a, b, c भुजाओं की लम्बाईयाँ है।

7. **परिकेन्द्र (Circumcentre)**— उस त्रिभुज के परिकेन्द्र के निर्देशांक जिसके शीर्ष $A(x_1, y_1), B(x_2, y_2)$ और $C(x_3, y_3)$ है।

$$\left(\frac{x_1\sin 2A+x_2\sin 2B+x_3\sin 2C}{\sin 2A+\sin 2B+\sin 2C}, \frac{y_1\sin 2A+y_2\sin 2B+y_3\sin 2C}{\sin 2A+\sin 2B+\sin 2C}\right)$$

8. **लम्बकेन्द्र (Orthocentre)**— उस Δ के लम्ब केन्द्र के निर्देशांक जिसके शीर्ष $A(x_1, y_1), B(x_2, y_2)$ और $C(x_3, y_3)$ है।

$$\left(\frac{x_1\tan A+x_2\tan B+x_3\tan C}{\tan A+\tan B+\tan C}, \frac{y_1\tan A+y_2\tan B+y_3\tan C}{\tan A+\tan B+\tan C}\right)$$

9. रेखाओं $x\cos\alpha+y\sin\alpha=P_1$ तथा $x\cos\beta+y\sin\beta=P_2$ के बीच का कोण दोनों रेखाओं के बीच का कोण = उन पर मूल बिन्दु से डाले गये लम्बों के बीच का कोण $=(\alpha-\beta)$.

10. चतुर्भुज का क्षेत्रफल यदि उसके शीर्ष के निर्देशांक $(x_1, y_1), (x_2, y_2), (x_3, y_3)$ और (x_4, y_4) है।

$$=\frac{1}{2}\begin{vmatrix} x_1-x_3 & x_2-x_4 \\ y_1-y_3 & y_2-y_4 \end{vmatrix}$$

11. किसी समद्विबाहु Δ में कोई दो माध्यिकायें बराबर होती है।

12. यदि किसी Δ की भुजायें $y=m_1x+c_1$, $y=m_2x+c_2$ और $y=m_3x+c_3$ हैं। तब $y=m_3x+c_3$ का क्षेत्रफल

$$=\frac{1}{2}\left|\sum\frac{(c_1-c_2)^2}{m_1-m_2}\right|$$

13. यदि किसी वर्ग के आमने-सामने के शीर्ष $A(x_1, y_1)$ तथा $C(x_2, y_2)$ तब वर्ग का क्षेत्रफल $=\frac{1}{2}AC^2=\frac{1}{2}[(x_2-x_1)^2+(y_2-y_1)^2]$.

14. यदि किसी आयत के आमने-सामने के शीर्ष (x_1, y_1) तथा (x_2, y_2) है। तब आयत का क्षेत्रफल $=|(y_2-y_1)(x_2-x_1)|$.

15. किसी Δ के अन्दर केन्द्रक, अन्तः केन्द्र, परिकेन्द्र और लम्ब केन्द्र एक ही रेखा पर होते हैं।

16. यदि Δ की भुजायें $a_1x+b_1y+c_1=0$, $a_2x+b_2y+c_2=0$ और $a_3x+b_3y+c_3=0$.

तब इस Δ का क्षेत्रफल $=\left|\frac{\begin{vmatrix} a_1 & b_1 & c_1 \\ a_2 & b_2 & c_2 \\ a_3 & b_3 & c_3 \end{vmatrix}}{\begin{vmatrix} b_2 & c_2 \\ b_3 & c_3 \end{vmatrix}\begin{vmatrix} c_2 & a_2 \\ c_3 & a_3 \end{vmatrix}\begin{vmatrix} a_2 & b_2 \\ a_3 & b_3 \end{vmatrix}}\right|$

17. यदि किसी Δ के निर्देशांक $(a, y_a), (b, y_b), (c, y_c)$ दिये है। तब लम्ब केन्द्र के निर्देशांक $\left(-\frac{1}{abc}, -abc\right)$ होते हैं।

18. दी गयी रेखायें $a_1x+b_1y+c_1=0$ और $a_2x+b_2y+c_2$ का प्रतिच्छेद बिन्दु के निर्देशांक $\left(\frac{b_1c_2-b_2c_1}{a_1b_2-a_2b_1}, \frac{c_1a_2-c_2a_1}{a_1b_2-a_2b_1}\right)$.

19. मूलबिन्दु को स्थानान्तरित करना, जबकि नये अक्ष पुराने अक्षों के समान्तर ही रहे। किसी बिन्दु के निर्देशांक (x, y) तथा नये मूल बिन्दु के निर्देशांक (h, k) और नये अक्षों के सापेक्ष बिन्दु के निर्देशांक (X, Y) है, तब– $X=(x-h)$ तथा $Y=(y-k)$

अत: नये अक्षों के सापेक्ष किसी बिन्दु का बिन्दुपथ यदि $f(x, y)=0$ हो, तो पुराने अक्षों के सापेक्ष बिन्दुपथ निम्न होगा–

$$f(x-h, y-k)=0$$

20. यदि मूल बिन्दु स्थिर रहे तथा नये अक्ष मूल अक्षों से θ कोण बनाये।

नोट//

- आव्यूह के रूप में–

$$\begin{bmatrix} x \\ y \end{bmatrix} = \begin{bmatrix} \cos\theta & -\sin\theta \\ \sin\theta & \cos\theta \end{bmatrix} \begin{bmatrix} X \\ Y \end{bmatrix}$$

अथवा

$$\begin{bmatrix} X \\ Y \end{bmatrix} = \begin{bmatrix} \cos\theta & \sin\theta \\ -\sin\theta & \cos\theta \end{bmatrix} \begin{bmatrix} x \\ y \end{bmatrix}$$

21. माना कोई समीकरण $ax+by+c=0$ और दो बिन्दु $P_1(x_1, y_1)$ और $P_2(x_2, y_2)$ के एक तरफ होंगे। यदि ax_1+b_1y+c तथा ax_2+by_2+c का चिन्ह समान और विपरीत होंगे यदि चिन्ह विपरीत होंगे।

22. उस रेखा का समीकरण जो किसी दिये बिन्दु (x_1, y_1) से जाती है, और दी हुई रेखा से α कोण बनाती है।

$$y = mx + c$$

रेखा का समीकरण–

$$\boxed{y - y_1 = \frac{m \pm \tan\alpha}{1 - m\tan\alpha}(x - x_1)}$$

सरल रेखाओं का युग्म (Pair of Straight Lines)

1. **समघात समीकरण (Homogeneous Equations):** वह समीकरण जिसके प्रत्येक पद में x और y की घातों का योग समान होता है। समघात समीकरण कहलाती है।

उदाहरण– $2x^2+2xy+5y^2=0$

2. **दो घात का समघातीय समीकरण (Homogeneous Equations of Degree Two):** $ax^2+2hxy+by^2=0$, मूल बिन्दु से जाने वाली दो रेखायें प्रदर्शित करता है। माना रेखायें $y=m_1x$ तथा $y=m_2x$.

तब– $(y-m_1x)(y-m_2x) = y^2 + \frac{2h}{b}xy + \frac{a}{b}x^2 = 0.$

$$\therefore \quad m_1+m_2 = -\frac{2h}{b} \text{ और } m_1 \cdot m_2 = \frac{a}{b}$$

नोट//

- यदि $h^2=ab$, हो, तो रखायें संपाती होगी।
- यदि $h^2>ab$, तो रेखायें वास्तविक और भिन्न होगी।
- यदि $h^2<ab$, तो रेखाये काल्पनिक होगी।
- यदि $a+b=0$ तो रेखायें एक-दूसरे के लम्ब होगी।

रेखा युग्म के बीच का कोण
(Angle Between The Pair of Straight Lines)

$$ax^2+2hxy+by^2=0$$

से प्रदर्शित दो रेखाओं के बीच का कोण इस प्रकार प्रदर्शित किया जाता है।

$$\tan\theta = \left|\frac{2\sqrt{h^2-ab}}{(a+b)}\right|.$$

नोट//

- यदि $a+b=0, \theta=\frac{\pi}{2}$ इस प्रकार रेखायें एक-दूसरे के लम्बवत् होगी।
- यदि $h^2-ab=0, \theta=0$ इस प्रकार रेखायें एक-दूसरे के साथ संपाती होगी।

रेखाओं के बीच के कोणों के अर्द्धको के समीकरण
(Equation of The Bisecotors of The Angles Between the Lines)

$$\frac{x^2-y^2}{(a-b)} = \frac{xy}{h}$$

यही समीकरण मूल बिन्दु से जायेगा।

नोट//

- यदि $a=b$ तब, अर्द्धको का समीकरण इस प्रकार प्रदर्शित होगी।
  $x^2-y^2=0,\quad (x-y)=0,\quad (x+y)=0$
- यदि $h=0$ तब अर्द्धको का समीकरण $xy=0$ अत: $x=0, y=0.$
- दो अर्द्धक हमेशा लम्बवत् होते हैं।

द्विघातीय व्यापक समीकरण (General Equation of Second Degree)

$$ax^2+2hxy+by^2+2gx+2fy+c=0 \quad \text{...(i)}$$

यह समीकरण दो रेखायें प्रदर्शित करेगी। यदि–

$$\Delta = abc+2fgh-af^2-bg^2-ch^2=0$$

और $h^2>ab$

दूसरी अवस्था– $\Delta = \begin{vmatrix} a & h & g \\ h & b & f \\ g & f & c \end{vmatrix} = 0, \; h^2>ab$

नोट//

- प्रदर्शित रेखाओं का प्रतिच्छेद बिन्दु के निर्देशांक–
  $$\left(\frac{bg-fh}{h^2-ab}, \frac{af-gh}{h^2-ab}\right)$$
- रेखाएं लम्बवत् होगी, यदि $a+b=0$.
- रेखाएं परस्पर समान्तर होगी,
  यदि, $h^2=ab,\quad af^2=bg^2$

अथवा $$\boxed{\frac{a}{h}=\frac{h}{b}=\frac{g}{f}}$$

✎ यदि समीकरण (i) दो सरल रेखाएं जो समान्तर है, प्रदर्शित करती है। उनके बीच की दूरी–

$$\boxed{D=2\sqrt{\frac{g^2-ac}{a\cdot(a+b)}}}$$

✎ रेखाएं संपाती होगी, यदि $\boxed{g^2=ac}$

किसी दिये हुए वक्र और किसी दी हुई सरल रेखा के प्रतिच्छेद बिन्दु को मूल बिन्दु से मिलाने वाली सरल रेखाओं का समीकरण ज्ञात करना–

माना, दी हुई रेखा $y=mx+c$ अथवा $\frac{y-mx}{c}=1$

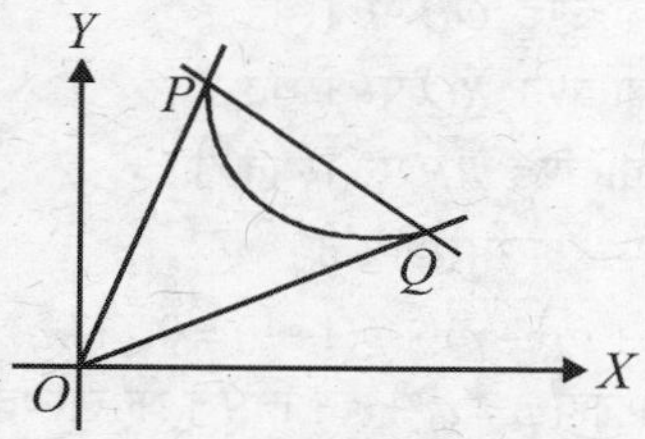

और वक्र– $ax^2+2hxy+by^2+2gx+2fy+K=0$

$$ax^2+2hxy+by^2+(2gx+2fy)\left(\frac{y-mx}{c}\right)+K\left(\frac{y-mx}{c}\right)^2=0$$

कुछ महत्त्वपूर्ण तथ्य

1. बिन्दु (x_1, y_1) से रेखाओं $ax^2+2hxy+by^2=0$ पर डालें गये, लम्बों का गुणनफल $\frac{ax_1^2+2hx_1y_1+by_1^2}{\sqrt{\{(a-b)^2+4h^2\}}}$ है।
2. समीकरण $ax^2+2hxy+by^2+2gx+2fy+c=0$ से निरूपित सरल रेखाओं पर मूलबिन्दु से डालें गये लम्बों का गुणनफल $\frac{C}{\sqrt{\{(a+b)^2+4h^2\}}}$ होगा।
3. $ax^2+2hx+by^2+2gx+2fy+c=0$ सबसे पहले हम यह देखते है, कि इससे प्रदर्शित रेखाएं परस्पर समान्तर नहीं है। उसके बाद दोनों का प्रतिच्छेद बिन्दु नीचे दी हुई रेखाएं का प्रतिच्छेद बिन्दु एक ही होगा।
$$ax+hy+g=0 \quad \text{और} \quad hx+by+f=0$$
4. समघात दो घात समीकरण $ax^2+2hxy+by^2=0$ दो रेखाएं प्रदर्शित करती है। जो मूल बिन्दु से जायेगी, यदि $h^2 \geq ab$.
5. यदि बिन्दुओं $A(x_1, y_1)$ और $B(x_2, y_2)$ से होकर जाने वाली रेखा का समीकरण
$$\begin{vmatrix} x & y & 1 \\ x_1 & y_1 & 1 \\ x_2 & y_2 & 1 \end{vmatrix}=0$$
6. यदि मूल बिन्दु $(0, 0)$ से रेखा $ax+by+c=0$ पर डाले गए लम्ब की लम्बाई P है, तब
$$\boxed{\frac{1}{P^2}=\frac{1}{a^2}+\frac{1}{b^2}}$$
7. किसी बिन्दु (x_1, y_1) से किसी रेखा $ax+by+c=0$ पर डाले गए लम्ब पाद बिन्दु के निर्देशांक–
$$\left(\frac{b^2x_1-aby_1-ac}{a^2+b^2}, \frac{a^2y_1-abx_1-ac}{a^2+b^2}\right)$$
8. रेखायुग्मों $ax^2+2hxy+by^2=0$ तथा $a'y^2+2h'xy+b'y^2=0$ में उभयनिष्ठ रेखा होने का प्रतिबन्ध
$$4(h'b-hb')(ha'-h'a)=(ab'-a'b)^2$$
9. रेखाओं $ax^2+2hxy+by^2=0$ तथा $lx+my=1$ द्वारा निर्मित त्रिभुज का केन्द्रक $\left(\frac{2(bl-hm)}{3(bl^2-2hlm+am^2}, \frac{2(am-hl)}{3(bl^2-2hlm+am^2)}\right)$
10. $ax \pm by \pm c=0$ द्वारा बने समचतुर्भुज का क्षेत्रफल $\left|\frac{2c}{ab}\right|$ होता है।
11. रेखाओं $ax^2+2hxy+by^2=0$ तथा $lx+my=1$ द्वारा निर्मित त्रिभुज का लम्ब केन्द्र $\frac{l(a+b)}{am^2-2hlm+bl^2}, \frac{m(a+b)}{am^2-2hlm+bl^2}$ होता है।
12. यदि मूलबिन्दु से जाने वाली रेखाओं की बिन्दु (x_1, y_1) से दूरी d हो, तो रेखाओं के समीकरण $(xy_1-yx_1)^2=d^2(x^2+y^2)$ होते हैं।
13. समीकरण $ax^2+by^2+2hxy+2gx+2fy+c=0$ तथा $ax^2+2hxy+by^2=0$ द्वारा निरूपित रेखायें निर्मित करती हैं
    (a) एक वर्ग यदि $(a-b)fg+h(f^2-g^2)=0, a+b=0$
    (b) एक आयत यदि $(a-b)fg+h(f^2-g^2)\neq 0, a+b=0$
    (c) एक समान्तर चतुर्भुज यदि
    $$(a-b)fg+h(f^2-g^2)\neq 0, a+b\neq 0$$
    (d) एक समचतुर्भुज यदि $(a-b)fg+h(f^2-g^2)=0, a+b\neq 0$
14. रेखा $y=mx+c$ तथा वृत्त $x^2+y^2=a^2$ के प्रतिच्छेद बिन्दुओं को मूलबिन्दु से मिलाने वाली रेखायें परस्पर लम्बवत् होंगी, यदि $a^2(m^2+12)=2c^2$.
15. रेखायें $ax^2+2hxy+by^2+0$ तथा $lx+my+n=0$ एक समद्विबाहु त्रिभुज बनाती है यदि $\frac{l^2-m^2}{lm}=\frac{a-b}{h}$
16. रेखायें $ax^2+2hxy+by^2+0$ तथा $lx+my+n=0$ द्वारा बने त्रिभुज का क्षेत्रफल $\frac{n^2\sqrt{h^2-ab}}{am^2-2hlm+bl^2}$ होता है।

वस्तुनिष्ठ प्रश्न

A. सरल रेखा

1. यदि O मूल बिन्दु हो तथा $Q_1(x_1, y_1)$ और $Q_2(x_2, y_2)$ दो बिन्दु हों, तो

$$OQ_1 . OQ_2 \cos(\angle Q_1 O Q_2) =$$

(a) $(x_1 - x_2)^2 + (y_1 - y_2)^2$ (b) $x_1x_2 + y_1y_2$
(c) $x_1y_2 + x_2y_1$ (d) $(x_1^2 + y_1^2)(x_2^2 + y_2^2)$

2. एक वर्ग का एक शीर्ष बिन्दु $(-4, 5)$ है और इसका एक विकर्ण $7x - y + 8 = 0$ है। दूसरे विकर्ण का समीकरण है–
(a) $x + 7y = 31$ (c) $7x - y = 23$
(c) $x - 7y = 31$ (d) कोई नहीं

3. किसी चतुर्भुज की भुजाओं AB, BC, CD और DA के समीकरण क्रमश: $x + 2y = 3, x = 1, x - 3y = 4, 5x + y + 12 = 0$ हैं। विकर्णों AC तथा BD के बीच का कोण है–
(a) 90° (b) 30°
(c) 45° (d) 60°

4. $P(1, 2)$ से जाने वाली एक सरल रेखा ऐसी हैं कि अक्षों के बीच इसका रेखाखण्ड P पर समद्विभाजित होता है। इसका समीकरण है–
(a) $x + y - 3 = 0$ (b) $2x + y - 4 = 0$
(c) $x + 2y = 5$ (d) $x - y + 1 = 0$

5. उस त्रिभुज का लम्ब केन्द्र जिसके शीर्ष $(0, 0), (3, 4), (4, 0)$ हैं, होगा–
(a) $(5, -2)$ (b) $\left(3, \frac{3}{4}\right)$
(c) $\left(3, \frac{7}{3}\right)$ (d) $\left(3, \frac{5}{4}\right)$

6. एक त्रिभुज ABC के शीर्ष क्रमश: $A(1, 1), B(4, -2)$ और $C(5, 5)$ हैं। तो C से कोण A के अन्त:अर्द्धक पर डाले गए लम्ब का समीकरण है–
(a) $2x + 3y - 7 = 0$ (b) $y - 5 = 0$
(c) $x - 5 = 0$ (d) कोई नहीं

7. यदि किसी बिन्दु की, एक समतल में स्थित दो परस्पर लम्ब रेखाओं से दूरियों का योग 1 हो, तो इसका बिन्दुपथ है–
(a) सरल रेखा (b) दो प्रतिच्छेदी रेखाएँ
(c) वर्ग (d) वृत्त

8. माना PS शीर्षों $P(2, 2), Q(6, -1)$ और $R(7, 3)$ वाले त्रिभुज की माध्यिका है। बिन्दु $(1, -1)$ से जाने वाली तथा PS के समान्तर रेखा का समीकरण है–
(a) $2x + 9y - 7 = 0$ (b) $2x + 9y + 7 = 0$
(c) $2x - 9y - 7 = 0$ (d) $2x - 9y - 11 = 0$

9. m के उन पूर्णांक मानों की संख्या, जिनके लिए रेखाओं $3x + 4y = 9$ और $y = mx + 1$ के प्रतिच्छेद बिन्दु का x-निर्देशांक भी एक पूर्णांक होगा, है–
(a) 4 (b) 1
(c) 2 (d) 0

10. माना $A = (-1, 0), B = (0, 0)$ और $C = (3, 3\sqrt{3})$ तीन बिन्दु हैं। कोण ABC के अर्द्धक का समीकरण है–
(a) $\sqrt{3}x + y = 0$ (b) $x + \frac{\sqrt{3}}{2}y = 0$
(c) $\frac{\sqrt{3}}{2}x + y = 0$ (d) $x + \sqrt{3}y = 0$

11. माना तीन बिन्दु $P = \{-\sin(\beta - \alpha), -\cos\beta\}, Q = \{\cos(\beta - \alpha), -\sin\beta\}$ तथा $R = \{\cos(\beta - \alpha + \theta), \cos(\beta - \theta)\}$ हैं, जहाँ $0 < \alpha, \beta, \theta < \frac{\pi}{4}$, तब–
(a) R रेखाखण्ड QP पर स्थित है
(b) P रेखाखण्ड RQ पर स्थित है
(c) Q रेखाखण्ड RP पर स्थित है
(d) P, Q, R असमरेखीय है

12. रेखाओं $(1 + p)x - py + p(1 + p) = 0, (1 + q)x - qy + q(1 + q) = 0$ एवं $y = 0$ जहाँ $p \neq q$ से बने त्रिभुज के लम्बकेन्द्र का बिन्दुपथ निम्न है–
(a) दीर्घवृत्त (b) एक सरल रेखा
(c) अतिपरवलय (d) परवलय

13. त्रिभुज का अन्त: केन्द्र, जिसके शीर्ष $(1, \sqrt{3}), (0, 0)$ और $(2, 0)$ होगा?
(a) $\left(1, \frac{\sqrt{3}}{2}\right)$ (b) $\left(\frac{2}{3}, \frac{1}{\sqrt{3}}\right)$
(c) $\left(\frac{2}{3}, \frac{\sqrt{3}}{2}\right)$ (d) $\left(1, \frac{1}{\sqrt{3}}\right)$

14. एक त्रिभुज जिसके शीर्ष $(4, 0), (-1, -1), (3, 5)$ हैं, होगा?
(a) समद्विबाहु समकोण त्रिभुज
(b) समद्विबाहु परन्तु समकोण त्रिभुज
(c) समकोण परन्तु समद्विबाहु नहीं
(d) न समकोण और न समद्विबाहु

15. एक सरल रेखा बिन्दु $(2, 2)$ से गुजरती है और रेखाएँ $\sqrt{3}x + y = 0$ तथा $\sqrt{3}x - y = 0$ को बिन्दु A, B पर काटती है। समबाहु त्रिभुज OAB की भुजा AB का समीकरण होगा?
(a) $x - 2 = 0$ (b) $y - 2 = 0$
(c) $x + y - 4 = 0$ (d) इनमें से कोई नहीं

16. तीन सरल रेखाएँ $2x + 11y - 5 = 0, 4x - 3y\ 2 = 0$ तथा $24x + 7y - 20 = 0$:
(a) एक त्रिभुज बनाती हैं
(b) एक बिन्दु पर आ गयी हैं
(c) एक बिन्दु पर मिलती हैं, एक रेखा शेष दो के बीच के कोण समद्विभाजित करती है

(d) इनमें से कोई नहीं

17. एक a भुजा का वर्ग x-अक्ष के ऊपर है, जिसका एक शीर्ष मूल बिन्दु है। मूल बिन्दु से गुजरने वाली भुजा धनात्मक x-अक्ष पर कोण $(0 < \alpha < \pi/4)$ बनाती है। इसके विकर्ण जो मूल बिन्दु से नहीं गुजरती, का समीकरण होगा?

(a) $y(\cos\alpha + \sin\alpha) + x(\sin\alpha - \cos\alpha) = a$
(b) $y(\cos\alpha + \sin\alpha) + x(\sin\alpha + \cos\alpha) = a$
(c) $y(\cos\alpha + \sin\alpha) + x(\cos\alpha - \sin\alpha) = a$
(d) $y(\cos\alpha - \sin\alpha) - x(\sin\alpha - \cos\alpha) = a$

18. यदि एक बिन्दु, बिन्दुओं (a_1, b_1) तथा (a_2, b_2) से समान दूरी पर है। बिन्दु का बिन्दुपथ का समीकरण
$(a_1 - a_2)x + (b_1 - b_2)y + c = 0$ हो, तब $c =$ –

(a) $a_1^2 - a_2^2 + b_1^2 - b_2^2$ (b) $\frac{1}{2}(a_1^2 + a_2^2 + b_1^2 + b_2^2)$
(c) $\sqrt{a_1^2 + b_2^2 - a_1^2 - b_2^2}$ (d) $\frac{1}{2}(a_2^2 + b_2^2 - a_1^2 - b_1^2)$

19. त्रिभुज ABC के शीर्ष $A(2, -3)$ तथा $B(-2, 1)$ है। यदि त्रिभुज का केन्द्रक रेखा $2x + 3y = 1$ पर हो, तब शीर्ष C का बिन्दुपथ एक रेखा है, जिसका समीकरण होगा?

(a) $2x + 3y = 9$ (b) $2x - 3y = 7$
(c) $3x + 2y = 5$ (d) $3x - 2y = 3$

20. उस सरल रेखा का समीकरण, जो बिन्दु $(4, 3)$ से होकर जाती है, और अक्षों से ऐसे अन्त: खण्ड काटती है, जिनका योग -1 है, होगा?

(a) $\frac{x}{2} + \frac{y}{3} = -1$ तथा $\frac{x}{-2} + \frac{y}{1} = -1$
(b) $\frac{x}{2} - \frac{y}{3} = -1$ तथा $\frac{x}{-2} + \frac{y}{1} = -1$
(c) $\frac{x}{2} + \frac{y}{3} = 1$ तथा $\frac{x}{2} + \frac{y}{1} = 1$
(d) $\frac{x}{2} - \frac{y}{3} = 1$ तथा $\frac{x}{-2} + \frac{y}{1} = 1$

21. $P(1, 0)$ एक बिन्दु है तथा Q वक्र $y^2 = 8x$ पर है। PQ के मध्य बिन्दु का बिन्दुपथ होगा?

(a) $x^2 - 4y + 2 = 0$ (b) $x^2 + 4y + 2 = 0$
(c) $y^2 + 4x + 2 = 0$ (d) $y^2 - 4x + 2 = 0$

22. x-अक्ष के समान्तर और रेखा $ax + 2by + 3b = 0$ तथा $bx - 2ay - 3a = 0, (a, b) \neq (0, 0)$ के प्रतिच्छेद बिन्दु से होकर जाती है, वह रेखा होगी?

(a) x-अक्ष के नीचे और उससे 2/3 की दूरी पर
(b) x-अक्ष के नीचे और उससे 3/2 की दूरी पर
(c) x-अक्ष के ऊपर और उससे 2/3 की दूरी पर
(d) x-अक्ष के ऊपर और उससे 3/2 की दूरी पर

23. यदि अशून्य संख्याएँ a, b, c हरात्मक श्रेणी में हैं, तब सरल रेखा $\frac{x}{a} + \frac{y}{b} + \frac{1}{c} = 0$ सदैव एक नियत बिन्दु से होकर जायेगी, जिसका मान होगा?

(a) $(-1, -2)$ (b) $(-1, 2)$
(c) $(1, -1/2)$ (d) $(1, -2)$

24. एक सरल रेखा बिन्दु $A(3, 4)$ से होकर जाती है तथा अक्षों के मध्य अन्त: खण्ड बिन्दु A पर समद्विभाजित होता है। रखा का समीकरण होगा?

(a) $x + y = 7$ (b) $3x - 4y + 7 = 0$
(c) $4x + 2y = 24$ (d) $3x + 4y = 25$

25. रेखाएँ $x - 2y = 0, x < 0$ तथा $y = 3x$ के बीच कोण में (a, a^2) हो, तो a का मान होगा?

(a) $\left(0, \frac{1}{2}\right)$ (b) $(3, \infty)$
(c) $\left(\frac{1}{2}, 3\right)$ (d) $\left(-3, -\frac{1}{2}\right)$

26. $A = (-1, 0), B = (0, 0)$ तथा $C = (3, 3\sqrt{3})$ तीन बिन्दु है। कोण ABC के समद्विभाजक की समीकरण होगी?

(a) $x + \frac{\sqrt{3}}{2}y = 0$ (b) $\frac{\sqrt{3}}{2}x + y = 0$
(c) $x + \sqrt{3}y = 0$ (d) $\sqrt{3}x + y = 0$

27. यदि रेखा युग्म $my^2 + (1 - m^2)xy - mx^2 = 0$ की एक रेखा, रेखाएँ $xy = 0$ के बीच के कोण की समद्विभाजक है। तब m का मान होगा?

(a) -2 (b) 1
(c) 2 (d) $-1/2$

28. बिन्दु $P(1, 4)$ तथा बिन्दु $Q(k, 3)$ को जोड़ने वाली रेखा का लम्ब अर्धक y-अक्ष पर -4 का अन्त: खण्ड बनाता है। तब k का सम्भावित मान होगा?

(a) -4 (b) 1
(c) 2 (d) -2

B. सरल रेखायुग्म

29. सरल रेखाएँ $(A^2 - 3B^2)x^2 + 8ABxy + (B^2 - 3A^2)y^2 = 0$ रेखा $Ax + By + C = 0$ के साथ एक समबाहु त्रिभुज बनाती है जिसका क्षेत्रफल है–

(a) $\frac{c^2}{\sqrt{3}.(A^2 + B^2)}$ (b) $\frac{c^2}{A^2 + B^2}$
(c) $\frac{c^2}{\sqrt{2}.(A^2 + B^2)}$ (d) कोई नहीं

30. समीकरण $x^2y^2 - 2xy^2 - 3y^2 - 4x^2y + 8xy + 12y = 0$ प्रदर्शित करता है–

(a) एक रेखायुग्म
(b) एक रेखायुग्म और एक परवलय
(c) एक रेखायुग्म और एक वृत्त
(d) चार रेखाएँ जो एक वर्ग बनाती हैं

31. रेखायुग्मों $xy + x + y + 1 = 0$ और $xy + 3x + 3y + 9 = 0$ द्वारा बना चतुर्भुज है एक–

(a) आयत (b) वर्ग
(c) समान्तर चतुर्भुज (d) समचतुर्भुज

32. निम्न में से कौन-सा रेखायुग्म समकोण पर प्रतिच्छेद करते हैं–
(a) $2y(x+y)=xy$ (b) $y=\mp 2x$
(c) $2x^2=y(x+2y)$ (d) $(x+y)^2=x(y+3x)$

33. यदि रेखायुग्म $ax^2+2hxy+by^2=0$ द्वारा दी गई रेखाओं में से एक रेखा अक्षों की धनात्मक दिशाओं के बीच के कोण का अर्द्धक है, तो a, b, h किस सम्बन्ध को सन्तुष्ट करेगा–
(a) $a-b=2|h|$ (b) $(a-b)^2=4h^2$
(c) $a+b=2|h|$ (d) $a+b=-2h$

34. रेखाओं $xy=0$ और $x+y=1$ से बनने वाले त्रिभुज का लम्बकेन्द्र होगा–
(a) $(0,0)$ (b) $\left(\frac{1}{4}, \frac{1}{4}\right)$
(c) $\left(\frac{1}{2}, \frac{1}{2}\right)$ (d) $\left(\frac{1}{3}, \frac{1}{3}\right)$

35. माना PQR एक समकोण समद्विबाहु त्रिभुज है, जोकि बिन्दु $P(2, 1)$ पर समकोण है। यदि रेखा QR का समीकरण $2x+y=3$ है, तो रेखायुग्म PQ और PR को निरूपित करने वाला समीकरण है–
(a) $3x^2-3y^2+8xy+10x+15y+20=0$
(b) $3x^2-3y^2-8xy-10x-15y-20=0$
(c) $3x^2-3y^2+8xy+20x+10y+25=0$
(d) $3x^2-3y^2+8xy-20x-10y+25=0$

36. रेखा $x+y=3$ और रेखायुग्म $x^2-y^2+2y=1$ के कोण अर्द्धक से बनने वाले त्रिभुज का क्षेत्रफल है–
(a) 6 वर्ग इकाई (b) 8 वर्ग इकाई
(c) 2 वर्ग इकाई (d) 4 वर्ग इकाई

37. माना a व b अशून्य तथा वास्तविक संख्याएं हैं। तब समीकरण $(ax^2+by^2+c)(x^2-5xy+6y^2)=0$ प्रदर्शित करती हैं
(a) दो सरल रेखाएँ तथा एक अतिपरवलय, जब a व b समान चिन्ह के हैं तथा c का चिन्ह a के चिन्ह के विपरीत है
(b) एक वृत्त तथा एक दीर्घवृत्त, जब a व b समान चिन्ह के हैं तथा c का चिन्ह, a के चिन्ह के विपरीत है
(c) चार स्पर्श रेखाएँ जब $c=0$ तथा a व b समान चिन्ह के हैं
(d) दो सरल रेखाएँ तथा एक वृत्त जब $a=b$ तथा c का चिन्ह a के चिन्ह से विपरीत है

38. मूल बिन्दु को वक्र $y^2+x^2=4$ तथा रेखा $x\sqrt{3}+y=2$ के छेदन बिन्दुओं से मिलाने वाली रेखाओं के बीच कोण होगा?
(a) $\frac{\pi}{6}$ (b) $\frac{\pi}{4}$
(c) $\frac{\pi}{3}$ (d) $\frac{\pi}{2}$

39. रेखा युग्म $x^2-2cxy-7y^2=0$ की रेखाओं के ढ़ालों का योग उनके गुणनफल का 4 गुना हो, तो c का मान होगा?
(a) 1 (b) -1
(c) 2 (d) -2

40. रेखा युग्म $6x^2-xy+4cy^2=0$ में एक रेखा का समीकरण $3x+4y=0$ है, तब c का मान होगा?
(a) 1 (b) -1
(c) 3 (d) -3

41. यदि रेखा युग्म $ax^2+2(a+b)xy+by^2=0$ में रेखाएँ वृत की व्यास हो, जो वृत को चार सेक्टर में इस प्रकार बाँटती है, कि एक त्रिज्या खण्ड का क्षेत्रफल दूसरे त्रिज्या खण्ड के क्षेत्रफल का तीन गुना हो तब–
(a) $3a^2-2ab+3b^2=0$ (b) $3a^2-10ab+3b^2=0$
(c) $3a^2+2ab+3b^2=0$ (d) $3a^2+10ab+3b^2=0$

42. मान लो $S_1, S_2, \ldots$ वर्ग है जो ऐसे हैं कि प्रत्येक $n\geq 1$ के लिए S_n की लम्बाई के बराबर है। यदि S_1 की एक भुजा विकर्ण की लम्बाई 10 सेमी हो, तो निम्नलिखित में से n के किस मान के लिए S_n का क्षेत्रफल 1 वर्ग सेमी से कम होगा–
(a) 7 (b) 8
(c) 9 (d) 10

43. एक रेखा (2, 2) से होकर जाती है और रेखा $3x+y=3$ पर लम्ब है। इसका y-अन्त:खण्ड है–
(a) 1 (b) 4/3
(c) 1/3 (d) 2/3

44. रेखाओं $xy=0$ और $x+y=1$ से बने त्रिभुज का लम्बकेन्द्र है–
(a) (0, 0) (b) (1/4, 1/4)
(c) (1/2, 1/2) (d) (1/3, 1/3)

45. $x^2(\tan^2\alpha+\cos^2\alpha)-2xy\tan\alpha+y^2\sin^2\alpha=0$ द्वारा दी गई रेखाओं द्वारा x-अक्ष से बने कोणों के स्पर्शज्याओं (tangents) का अन्तर है–
(a) $\sin 2\theta$ (b) $2\sin\theta$
(c) 1 (d) 2

46. यदि रेखायुग्म $x^2-2\pi xy-y^2$ और $x^2-2\theta xy-y^2=0$ ऐसे हैं कि प्रत्येक युग्म दूसरे युग्म के बीच के कोण का अर्द्धक है, तो
(a) $\frac{1}{p}+\frac{1}{q}=0$ (b) $\frac{1}{p}-\frac{1}{q}=0$
(c) $pq=-1$ (d) $pq=1$

47. देखा दर्पण $y=0$ द्वारा रेखायुग्म $ax^2-2hxy+by^2=0$ का प्रतिबिम्ब है–
(a) $bx^2-2hxy+ay^2=0$ (b) $bx^2+2hxy+ay^2=0$
(c) $ax^2-2hxy+by^2=0$ (d) $ax^2-2hxy-by^2=0$

48. यदि समीकरण
$12x^2-10xy+2y^2+11x-5y+1=0$ एक रेखायुग्म को प्रदर्शित करता है, तो λ का मान है–
(a) 1 (b) 2
(c) 3 (d) कोई नहीं

49. $x^2+k_1y^2+2k_2y=a^2$ परस्पर लम्ब रेखाओं के युग्म को प्रदर्शित करेगा, यदि–
(c) $k_1=-1, k_2=-a$ (d) $k_1=-1, k_2=a$
(a) $k_1=1, k_2=a$ (b) $k_1=1, k_2=-a$

50. यदि $kx^2+10xy+3y^2-15x-21y+18=0$ सरल रेखा के युग्म को प्रदर्शित करता है, तो $k=$
(a) -3 (b) 3

(c) 4 (d) कोई नहीं

51. $y^3 - 9x^2y = 0$ द्वारा दी गई तीन रेखाएँ एक त्रिभुज बनाती हैं, जो है–

(a) समद्विबाहु (b) समबाहु

(c) समकोणीय (d) कोई नहीं

52. रेखाओं $xy + 2x + 2y + 4 = 0$ और $x + y + 2 = 0$ से बने त्रिभुज का परिकेन्द्र है–

(a) $(-1, -2)$ (b) $(-2, -2)$

(c) $(0, 0)$ (d) $(-1, -1)$

53. यदि $xy + x + y + 1 = 0$ और $x + ay = -3 = 0$ संगामी हों, तो $a =$

(a) -4 (b) 3

(c) 2 (d) कोई नहीं

54. यदि अक्षों को कोण θ से घुमा दिया जाए, तो व्यापक द्विघात समीकरण

$ax^2 + 2hxy + by^2 + 2gx + 2fy + c = 0, xy$ के पद से स्वतन्त्र हो जाता है, तो $\tan 2\theta =$

(a) $\frac{a+b}{2h}$ (b) $\frac{2h}{a-b}$

(c) $\frac{a-b}{2h}$ (d) $\frac{2h}{a+b}$

55. यदि $2x^2 + 5xy + 3y^2 + 7y + 4 = 0$ द्वारा निरूपित रेखायुग्म के बीच का कोण $\tan^{-1}m$ हो, तो $m =$

(a) 7/5 (b) 7

(c) 1/5 (d) 1

56. यदि $x^2 - 3xy + ly^2 + 3x - 5y + 2 = 0$ एक रेखायुग्म को, तथा θ इनके बीच के कोण को प्रदर्शित करता है, तो $\operatorname{cosec}^2\theta =$

(a) 10 (b) 100

(c) 3 (d) 9

57. समीकरण $8x^2 + 8xy + 2y^2 + 26x + 13y + 15 = 0$

एक समीकरण को निरूपित करता है जिनके बीच की दूरी है–

(a) $\frac{\sqrt{7}}{5}$ (b) $\frac{7}{\sqrt{5}}$

(c) $\frac{7}{2\sqrt{5}}$ (d) कोई नहीं

उत्तरमाला

1. (b)	**2.** (a)	**3.** (a)	**4.** (b)	**5.** (b)	**6.** (c)	**7.** (c)	**8.** (b)	**9.** (c)	**10.** (a)
11. (d)	**12.** (b)	**13.** (d)	**14.** (a)	**15.** (b)	**16.** (c)	**17.** (c)	**18.** (d)	**19.** (a)	**20.** (d)
21. (d)	**22.** (b)	**23.** (d)	**24.** (c)	**25.** (c)	**26.** (d)	**27.** (b)	**28.** (a)	**29.** (a)	**30.** (d)
31. (b)	**32.** (c)	**33.** (d)	**34.** (b)	**35.** (d)	**36.** (c)	**37.** (d)	**38.** (c)	**39.** (c)	**40.** (d)
41. (c)	**42.** (b,c,d)	**43.** (b)	**44.** (a)	**45.** (d)	**46.** (c)	**47.** (c)	**48.** (b)	**49.** (c,d)	**50.** (b)
51. (d)	**52.** (d)	**53.** (a)	**54.** (b)	**55.** (c)	**56.** (a)	**57.** (c)			

संकेत एवं हल

सरल रेखा

1. (b) त्रिभुज Q_1Q_2O में cosine सूत्र से,

$$Q_1Q_2^2 = OQ_1^2 + OQ_2^2 - 2OQ_1.OQ_2 \cos Q_1OQ_2$$

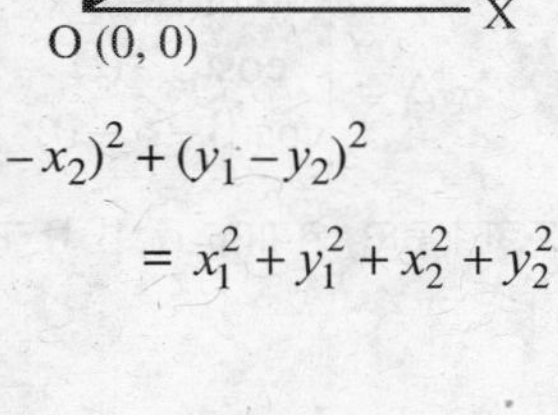

या $(x_1 - x_2)^2 + (y_1 - y_2)^2$

$$= x_1^2 + y_1^2 + x_2^2 + y_2^2 - 2OQ_1.OQ_2 \cos\theta$$

या $x_1^2 + x_2^2 - 2x_1x_2 + y_1^2 + y_2^2 - 2y_1y_2$

$$= x_1^2 + y_1^2 + x_2^2 + y_2^2 - 2OQ_1.OQ_2 \cos\theta$$

या $x_1x_2 + y_1y_2 = OQ_1.OQ_2 \cos Q_1OQ_2$

2. (a) चित्र से, विकर्ण DB का समीकरण $7x - y + 8 = 0$ तथा विकर्ण AC विकर्ण BD पर लम्ब है तथा यह A से होकर जाता है।

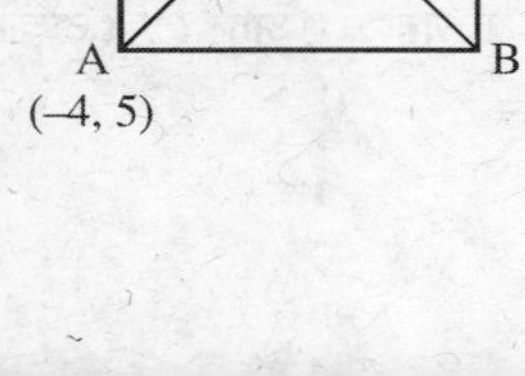

$$x+7y+\lambda=0$$

जहा $\quad -4+35+\lambda=0 \;\Rightarrow\; 31+\lambda=0$

$\therefore \quad \lambda=-31 \quad \therefore x+7y-31=0$

3. (a) समीकरणों को हल करके

$A(-3,3), B(1,1), C(1,-1), D(-2,-2)$ प्राप्त होते हैं।

$m_1 =$ विकर्ण AC की प्रवणता $=-1$

$m_2 =$ विकर्ण BD की प्रवणता $=1$

$\therefore \quad m_1m_2=-1 \quad \therefore\; 90^\circ$

4. (b) माना रेखा AB का समीकरण

$$\frac{x}{a}+\frac{y}{b}=1$$

AB का समीकरण $P(1,2)$ से होकर जाता है और AB का मध्य बिन्दु P है। इसलिए $\frac{1}{a}+\frac{1}{b}=1$

$\therefore \quad \frac{a}{2}=1, \frac{b}{2}=2 \quad \therefore \quad a=2,\; b=4$

अत: रेखा : $2x+y-4=0$

5. (b)

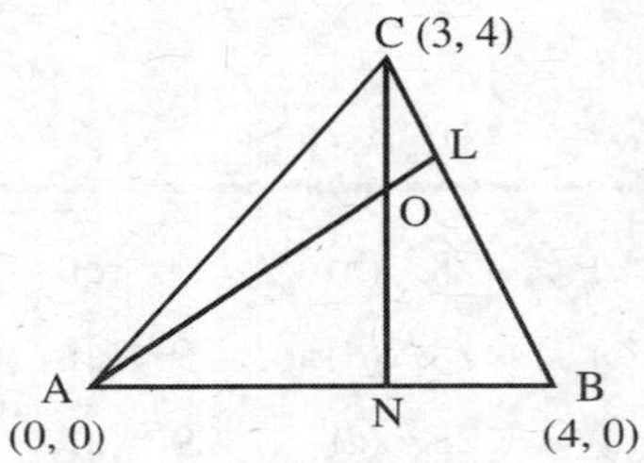

AB, x-अक्ष है और शीर्ष-लम्ब $CN, x=3$ है। शीर्ष-लम्ब AL, $y=\frac{1}{4}x$ है। ये दोनों (3, 3/4) पर परस्पर काटते हैं।

अत: $\left(3,\frac{3}{4}\right)$ लम्ब केन्द्र के निर्देशांक हैं।

6. (c)

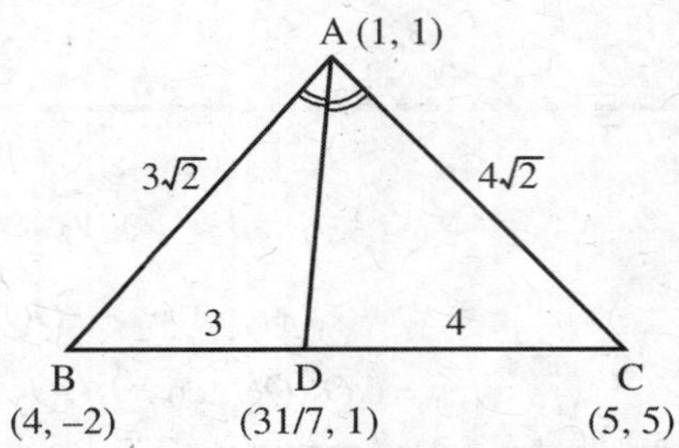

कोण BAC का अन्त:अर्द्धक AD, सम्मुख भुजा BC को कोण की भुजाओं के अनुपात अर्थात् $AB:AC$ या $3\sqrt{2}:4\sqrt{2}$ या $3:4$ में विभाजित करता है।

अत: अनुपात के सूत्र से, बिन्दु $D=\left(\frac{31}{7},1\right)$

और $\quad A=(1,1)$.

AD की प्रवणता $=0$ अत: CL (अर्थात् C से AD पर लम्ब) की प्रवणता $=\infty$.

अत: CL का समीकरण

$$\frac{y-5}{x-5}=\tan\theta=m=\infty$$

$\therefore \quad x-5=0$

7. (c) दी गई स्थिति के अनुसार हम दो लम्बवत् रेखाओं को x-अक्ष तथा y-अक्ष ले सकते हैं। यदि (h,k) बिन्दुपथ का कोई बिन्दु है, तो $|h|=|k|=1$.

अत: बिन्दुपथ $|x|+|y|=1$ है। ये एक वर्ग हैं, जिसकी भुजा 1 है। अत: अभिष्ट बिन्दुपथ एक वर्ग है।

8. (b) चूँकि यहाँ Q और R का मध्य बिन्दु S है।

$\therefore S$ के निर्देशांक $=\left(\frac{7+6}{2},\frac{3-1}{2}\right)=\left(\frac{13}{2},1\right)$

PS की प्रवणता $=m=\dfrac{2-1}{2-\frac{13}{2}}=-\frac{2}{9}$

PS के समान्तर और बिन्दु $(1,-1)$ से होकर जाने वाली रेखा का समीकरण

$$y+1=-\frac{2}{9}(x-1)$$

$$9(y-1)=-2(x-1)$$

अत: $\quad 2x+9y+7=0$

9. (c) दी गई रेखाएँ इस प्रकार हैं

$$3x+4y=9 \qquad ...(i)$$

तथा $$y=mx+1 \qquad ...(ii)$$

समी॰ (i) व (ii) से $\quad x=\frac{5}{3+4m}$

x के पूर्णांक होने के लिए, $3+4m=\pm5$ या ±1

x के पूर्णांक मान जो दिए गए प्रतिबन्धों को सन्तुष्ट करते हैं, -1 ओर -2 हैं।

10. (a) रेखाखण्ड BC, x-अक्ष की धनात्मक दिशा से 60° का कोण बनाता है। अत: $\angle ABC$ का अर्द्धक x-अक्ष की ऋणात्मक दिशा से 60° का कोण बनायेगा।

अत: असका उन्नतांश (inclination) 120° होगा।

अत: इसका समीकरण

$$y-0=\tan 120^\circ(x-0)$$

$$\Rightarrow \quad y=-\sqrt{3}x$$

$$\Rightarrow \quad y+\sqrt{3}x=0$$

11. (d) बिन्दुओं के समरेख होने के लिए

$$\Delta=\begin{vmatrix} -\sin(\beta-\alpha) & -\cos\beta & 1 \\ \cos(\beta-\alpha) & \sin\beta & 1 \\ \cos(\beta-\alpha+\theta) & \sin(\beta-\theta) & 1 \end{vmatrix}$$

बिन्दु असमरेखीय होंगे, क्योंकि α,β,θ के किसी भी मान के लिए $\Delta\neq0$ ।

12. (b) दिया है

$(1+p)x - py + p(1+p) = 0$ ...(i)

$(1+q)x - qy + q(1+q) = 0$ ...(ii)

समी (i) तथा (ii) को हल करने पर

$C\{pq, (1+p)(1+q)\}$

AB पर लम्ब तथा C से होकर जाने वाली रेखा का समीकरण

$$x = pq \quad ...(iii)$$

$\because$ समी (ii) की प्रवणता $\left(\frac{1-q}{q}\right)$ है।

$\therefore$ शीर्षाभिलम्ब BN की प्रवणता $= \frac{-q}{1+q}$

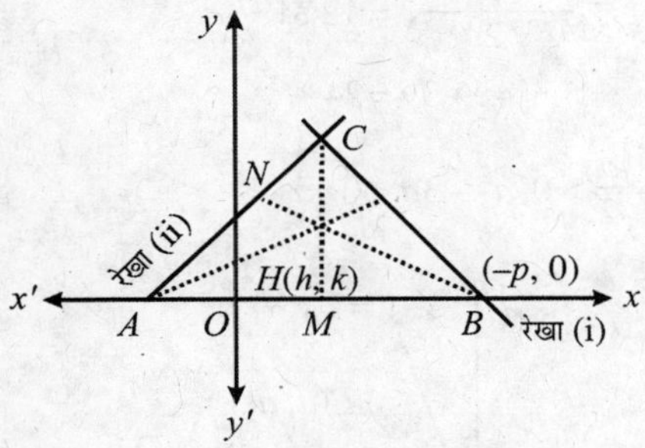

$\therefore$ BN का समीकरण

$$y - 0 = \frac{-q}{(1+q)}(x+p)$$

$$\Rightarrow \quad y = \frac{-q}{(1+q)}(x+p) \quad ...(iv)$$

माना त्रिभुज का लम्बकेन्द्र $H(h, k)$ जोकि समी (iii) तथा (iv) का प्रतिच्छेद बिन्दु है।

$\therefore$ समी (iii) तथा (iv) को हल करने पर

$x = pq$ तथा $y = -pq$

$\Rightarrow$ $h = pq$ तथा $k = -pq$

$\therefore$ $h + k = 0$

$\therefore$ $H(h, k)$ का बिन्दुपथ निम्न है

$x + y = 0$

13. (d) समबाहु त्रिभुज के अन्दर अन्तःकेन्द्र और केन्द्रक एक ही होता है।

माना $A(1, \sqrt{3})$, $B(0, 0)$, $C(2, 0)$ त्रिभुज ABC के शीर्ष है

$\therefore$ $a = BC = \sqrt{(2-0)^2 + (0-0)^2} = 2$

$b = AC = \sqrt{(2-1)^2 + (0-\sqrt{3})^2} = 2$

और $c = AB = \sqrt{(0-1)^2 + (0-\sqrt{3})^2} = 2$

$\therefore$ त्रिभुज समबाहु त्रिभुज है।

$\Rightarrow$ अत: केन्द्र के निर्देशांक है

$\left(\frac{1+0+2}{3}, \frac{\sqrt{3}+0+0}{3}\right)$ अर्थात् $\left(1, \frac{1}{\sqrt{3}}\right)$

14. (a)

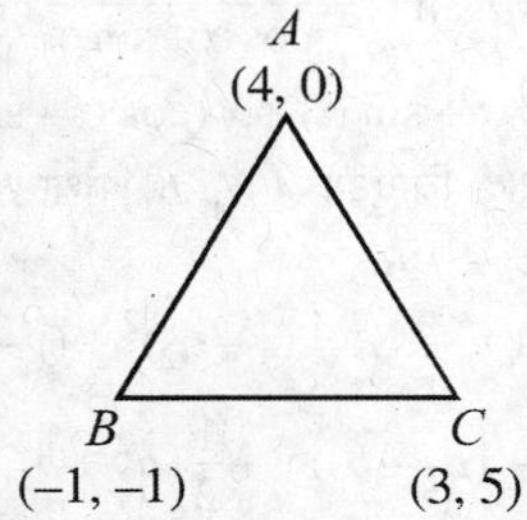

$AB = \sqrt{(4+1)^2 + (0+1)^2} = \sqrt{26}$

$BC = \sqrt{(3+1)^2 + (5+1)^2} = \sqrt{52}$

$CA = \sqrt{(4-3)^2 + (0-5)^2} = \sqrt{26}$

$\therefore$ $AB = CA$

$BC^2 = AB^2 + AC^2$

यहाँ $BC = \sqrt{52}$ या $BC^2 = 52$

या $(\sqrt{26})^2 + (\sqrt{26})^2 = 52$

त्रिभुज की दो भुजायें और एक कोण समकोण है। इसलिए त्रिभुज समद्विबाहु समकोण त्रिभुज है।

15. (b) रेखाएँ $y = \sqrt{3x}$

तथा $y = -\sqrt{3x}$

x-अक्ष से 60° तथा 120° का कोण बनाती है तथा उनके बीच 60° का कोण होगा। इसलिए भुजा AB, x-अक्ष के समान्तर होनी चाहिए। समबाहु त्रिभुज की भुजा AB बिन्दु (2, 2) से जाती है। इसलिए इसका समीकरण $y - 2 = 0$ होगा।

16. (c) हम जानते हैं कि अर्धक का समीकरण

$$\frac{a_1x + b_1y + c_1}{\sqrt{a_1^2 + b_1^2}} = \pm \frac{a_2x + b_2y + c_2}{\sqrt{a_2^2 + b_2^2}}$$

दो रेखाओं $24x + 7y - 200$ तथा $4x - 3y - 2 = 0$, के लिए अर्धकों का समीकरण होगा–

$$\frac{24x + 7y - 20}{25} = \frac{4x - 3y - 2}{5}$$

धनात्मक चिन्ह लेने पर,

$2x + 11y - 5 = 0$

रेखायें एक बिन्दु पर मिलती है। इसलिए संगामी हैं और जिनमें एक रेखा शेष दो रेखाओं के बीच बने कोण की अर्धक है।

17. (c) AC का समीकरण है–

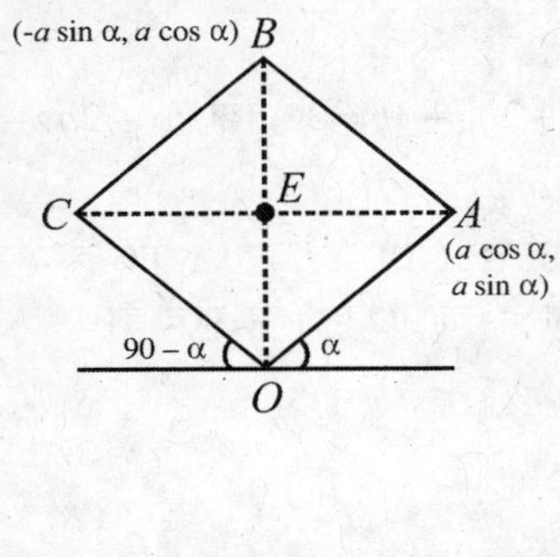

$$y - a\sin\alpha = \frac{\sin\alpha - \cos\alpha}{\cos\alpha + \sin\alpha}(x - a\cos\alpha)$$

$\Rightarrow \quad y(\cos\alpha + \sin\alpha) + x(\cos\alpha - \sin\alpha) = a$

18. (d) माना बिन्दु P दो बिन्दुओं $A(a_1, b_1)$ तथा $B(a_2, b_2)$ से समान दूरी पर हैं तब $PA = PB$

$(x - a_1)^2 + (y - b_1)^2 = (x - a_2)^2 + (y - b_2)^2$

$(a_1 - a_2)x + (b_1 - b_2)y + \frac{1}{2}(a_2^2 + b_2^2 - a_1^2 - b_1^2) = 0$

$$c = \frac{1}{2}(a_2^2 + b_2^2 - a_1^2 - b_1^2)$$

19. (a) माना शीर्ष $C(h, k)$ है, तब त्रिभुज ABC का केन्द्रक है

$\left(\frac{2-2+h}{3}, \frac{-3+1+k}{3}\right)$ या $\left(\frac{h}{3}, \frac{-2+k}{3}\right)$

केन्द्रक रेखा $2x + 3y = 1$ पर है, तब

$$\frac{2h}{3} - 2 + k = 1 \quad \Rightarrow \quad 2h + 3k = 9$$

$\therefore 2x + 3y = 9$, C का बिन्दुपथ है।

20. (d) $\frac{x}{a} + \frac{y}{b} = 1$, $(4, 3)$ से गुजरता है।

$\therefore \quad \frac{4}{a} + \frac{3}{b} = 1$

$\Rightarrow \quad 3a + 4b = ab$

हम जानते हैं कि

$a + b = -1$

$\Rightarrow 3a + 4(-1 - a) = a(-1 - a)$

$\Rightarrow \quad a^2 = 4 \quad \Rightarrow \quad a = \pm 2$

$a = 2$ तब, $\quad b = -3$

$a = -2$ तब, $\quad b = 1$

$\therefore$ रेखाएँ $\frac{x}{2} - \frac{y}{3} = 1$ और $\frac{-x}{2} + y = 1$ हैं।

21. (d) माना PQ का मध्य बिन्दु $S(h, k)$ है।

तब $\quad Q = (2h - 1, 2k)$

Q वक्र $y^2 = 8x$, पर होगा

$\therefore \quad 4k^2 = 8(2h - 1)$

$\Rightarrow \quad 4k^2 = 16h - 8$

$\Rightarrow \quad k^2 = 4h - 2$

$\Rightarrow \quad k^2 - 4h + 2 = 0$

$\therefore \quad Q$ का बिन्दुपथ

$y^2 - 4x + 2 = 0$

22. (b) रेखाएँ,

$ax + 2by + 3b = 0$ तथा $bx - 2ay - 3a = 0$

जहाँ पर $(a, b) \neq (0, 0)$

प्रतिच्छेद बिन्दु $A(0, -3/2)$ है। x-अक्ष के समान्तर रेखा बिन्दु A से गुजरती है जो 3/2 दूरी पर नीचे है।

23. (d) $\frac{1}{b} = \frac{1}{2}\left(\frac{1}{a} + \frac{1}{c}\right)$

$$\Rightarrow \quad \frac{x}{a} + \frac{1}{2}\left(\frac{1}{a} + \frac{1}{c}\right)y + \frac{1}{c} = 0$$

$$\Rightarrow \quad \frac{1}{a}\left(x + \frac{y}{2}\right) + \frac{1}{c}\left(\frac{1}{2}y + 1\right) = 0$$

ऊपर दी सरल रेखा, बिन्दु $(1, -2)$ से होकर जाती है।

24. (c) अक्षांक समीकरण $x = 0, y = 0$

अत: रेखा का समीकरण

$$\frac{x \cdot 4 + y \cdot 3}{2} = 12 \text{ है।}$$

$\Rightarrow \quad 4x + 3y = 24$

25. (c) $a^2 - \frac{a}{2} > 0, a^2 - 3a < 0$

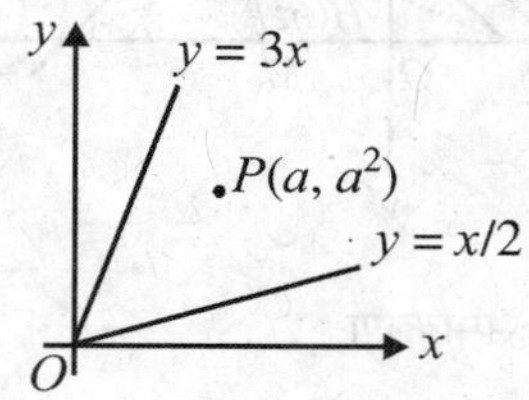

$\Rightarrow \quad \frac{1}{2} < a < 3.$

26. (d) $\angle ABC$ का अर्धक AB को $AB : BC$ में बाँटता है, अर्थात् $1 : 6$ में बाँटता है।

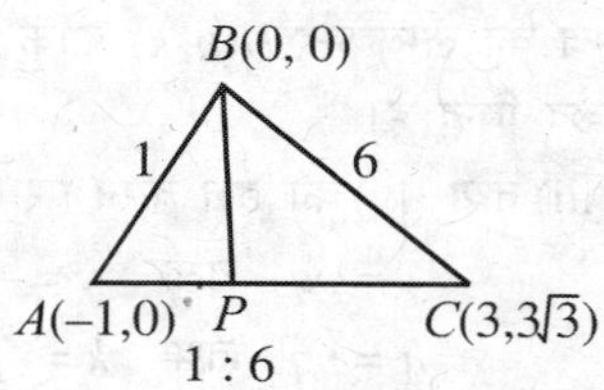

$$\therefore \quad A = \left(\frac{3-6}{7}, \frac{3\sqrt{3}+0}{7}\right) = \left(-\frac{3}{7}, \frac{3\sqrt{3}}{7}\right)$$

$\angle B$ के अर्ध का समीकरण

$$y - 0 = -\sqrt{3}(x - 0)$$

अर्थात् $\quad \sqrt{3}x + y = 0$

27. (b) $xy = 0$ के अर्धकों का समीकरण है $y = \pm x$

$y = \pm x$ समीकरण $my^2 + (1 - m^2)xy - mx^2 = 0$, में रखने पर

$(1 - m^2)x^2 = 0 \quad \Rightarrow \quad m = \pm 1$

28. (a) रेखा का समीकरण

$$y - \frac{7}{2} = (k - 1)\left(x - \frac{k+1}{2}\right)$$

$x = 0 \quad \Rightarrow \quad y = -4$

$\therefore \quad k^2 - 1 = 15 \quad \Rightarrow \quad k = \pm 4$

B. सरल रेखायुग्म

29. (a) माना y = mx मूल बिन्दु से जाने वाली कोई रेखा है जो $Ax + By + C = 0$ के साथ $\pm 60°$ का कोण बनाती है।

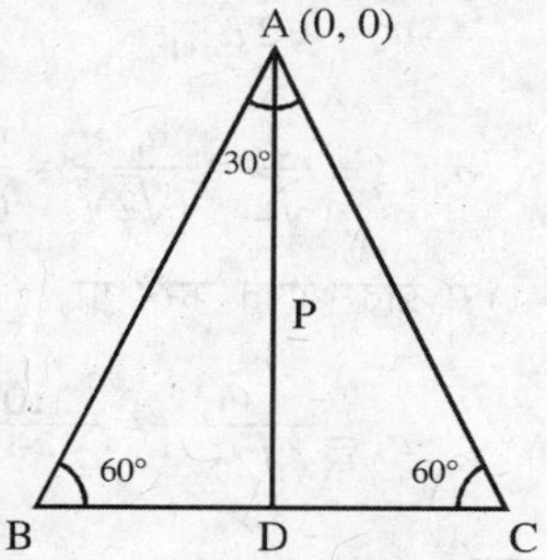

$$\therefore \quad \tan(\pm 60°) = \frac{m + A/B}{1 - m . A/B}$$

या $$\pm\sqrt{3} = \frac{mB + A}{B - mA}$$

$$\therefore \quad 3(B - mA)^2 = (mB + A)^2$$

रेखाओं AB और AC का सम्मिलित समीकरण $m = y/x$ रखकर प्राप्त होगा।

$$\therefore \quad 3\left[B - \frac{y}{x}A\right]^2 = \left[B \cdot \frac{y}{x} + A\right]^2$$

या $$3(Bx - Ay)^2 = (By + Ax)^2$$

जो सरल करने पर दिए हुए समीकरण में परिवर्तित हो जाता है, यही सिद्ध करना था।

$$P = \frac{C}{\sqrt{(A^2 + B^2)}} \quad ...(i)$$

$$D \text{ का क्षेत्रफल} = \frac{1}{2}.BC.AD = \frac{1}{2}(2BD).AD$$

$$= p(\tan 30°)p$$

$$= \frac{1}{\sqrt{3}}p^2 = \frac{C^2}{\sqrt{3}.(A^2 + B^2)} \text{ [समी (i) से]}$$

30. (d) y^2 एवं y के पदों को एकत्रित करके दिए हुए समीकरण को निम्नवत् लिख सकते हैं।

$y^2(x^2 - 2x - 3) - 4y(x^2 - 2x - 3) = 0$

या $(x - 3)(x + 1)y(y - 4) = 0$

यह चार रेखाओं $x = -1, x = 3, y = 0$ और $y = 4$ को प्रदर्शित करता है। समान्तर रेखाओं के ये दो जोडे एक वर्ग बनाते हैं।

31. (b) चार रेखाएँ $x + 1 = 0, y + 1 = 0$ और $x + 3 = 0, y + 3 = 0$ हैं तथा समान्तर रेखाओं के बीच की दूरी समान है।

32. (c) जिसमें, $(a + b) = 0$

33. (d) दिए हुए रेखायुग्म में एक रेखा $y = x\tan 45°$ अर्थात् $y = x$ होगी। दिए हुए समीकरण में $y = x$ रखने पर,

$$a + b = -2h$$

34. (b) किसी समकोण त्रिभुज का लम्बकेन्द्र उसके शीर्ष पर होता है।

इसलिए त्रिभुज का लम्बकेन्द्र $\left(\frac{1}{4}, \frac{1}{4}\right)$ है।

35. (d) माना S, QR का मध्य बिन्दु है तथा दिया है, ΔPQR एक समकोण समद्विबाहु त्रिभुज है।

चित्र से,

$\Rightarrow \quad PS = QS = RS$

तथा $\quad \angle P = 90$ और $\angle Q = \angle R$

$\Rightarrow \quad 90° + \angle Q + \angle R = 180°$

$\therefore \quad \angle Q = 45°$ और $\angle R = 45°$

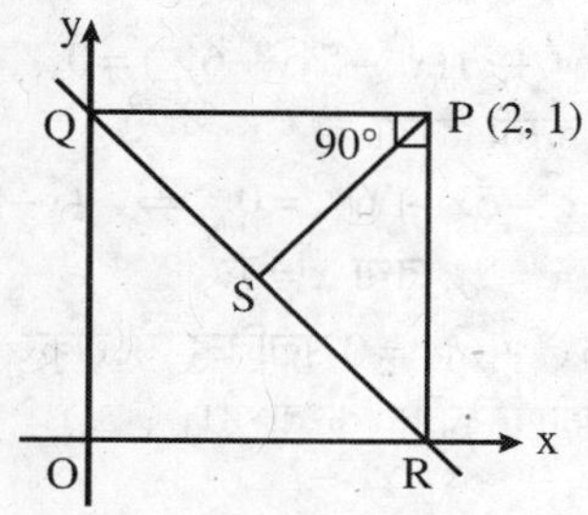

QR की प्रवणता $= -2$ और $QR \perp PS$

$\therefore \; PS$ की प्रवणता $= \frac{1}{2}$

माना PQ की प्रवणता m है।

$$\therefore \quad \pm\tan(45°) = \frac{m - \frac{1}{2}}{1 - m\left(-\frac{1}{2}\right)}$$

$$\Rightarrow \quad \pm 1 = \frac{2m - 1}{2 + m} \quad \Rightarrow \quad m = 3, -\frac{1}{3}$$

$\therefore PQ$ का समीकरण

$$y - 1 = 3(x - 2)$$

और PR का समीकरण

$$y - 1 = -\frac{1}{3}(x - 2)$$

या $3(y - 1) + (x - 2) = 0$

PQ व PR के समीकरणों को एकसाथ लेने पर

$$[3(x - 2) - (y - 1)][(x - 2) + 3(y - 1)] = 0$$

$$\Rightarrow \quad 3(x - 2)^2 - 3(y - 1)^2 + 8(x - 2)(y - 1) = 0$$

$$\Rightarrow \quad 3x^2 - 3y^2 + 8xy - 20x - 10y + 25 = 0$$

36. (c) प्रश्न से, $x^2 - y^2 + 2y = 1$

$\Rightarrow \quad x^2 - (y^2 - 2y + 1) = 0$

$\Rightarrow \quad x^2 = (y - 1)^2$

$\Rightarrow \quad x = y - 1$ और $x = -y + 1$

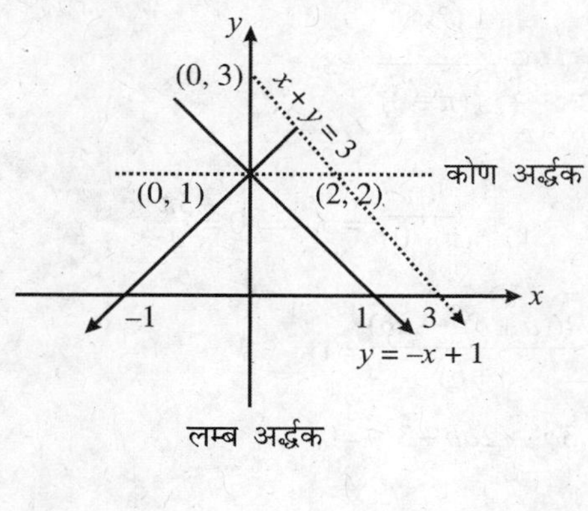

ऊपर रेखाओं से ग्राफ खींचते हैं। फिर चित्र से रेखायुग्म $x^2-y^2+2y=1$ के कोण अर्द्धक $y=1$ और $x=0$

$\therefore$ $x+y=3$ और $y=1$ से घिरे क्षेत्र का क्षेत्रफल

$$=\frac{1}{2}\times2\times2=2 \text{ वर्ग इकाई}$$

37. (d) माना a व b वास्तविक तथा अशून्य संख्याएं हैं। इसलिए दी गई समीकरण

$(ax^2+by^2+c)(x^2-5xy+6y^2)=0$

निरूपित करती है या तो

$$x^2-5xy+6y^2=0 \Rightarrow (x-2)(x-3y)=0$$

$\Rightarrow$ $x=2y$ तथा $x=3y$

$\therefore x^2-5xy+6y^2=0$ मूलबिन्दु से होकर जाने वाली दो सरल रेखाओं को निरूपित करती है।

38. (c)

39. (c) यदि m_1, m_2 रेखाओं $x^2-2cxy-7y^2=0$ का ढ़ाल हो

हम जानते हैं,

$$m_1+m_2=-\frac{2c}{7} \quad \text{...(i)}$$

तथा $$m_1m_2=-\frac{1}{7} \quad \text{...(ii)}$$

समी० (i) तथा (ii) से

$$m_1+m_2=4m_1m_2 \Rightarrow -\frac{2c}{7}=-\frac{4}{7}$$

$$\Rightarrow -2c=-4 \Rightarrow c=2$$

40. (d) $3x+4y=0$ रेखा युग्म $6x^2-xy+4cy^2=0$ से प्रदर्शित रेखाओं में से एक है।

$y=-\frac{3}{4}x$ रखने पर

$$6x^2+\frac{3}{4}x^2+4c(-\frac{3}{4}x)^2=0$$

$$\Rightarrow 6+\frac{3}{4}+\frac{9c}{4}=0 \Rightarrow \frac{24+3+9c}{4}=0$$

$$\Rightarrow 24+3+9c=0 \Rightarrow 27+9c=0$$

$$\Rightarrow c=\frac{-27}{9} \Rightarrow c=-3$$

41. (c) हम जानते हैं कि

$$\frac{\frac{1}{2}r^2\theta}{\frac{1}{2}r^2(\pi-\theta)}=3$$

$$\Rightarrow \frac{\theta}{(\pi-\theta)}=3 \Rightarrow \theta=\frac{3\pi}{4}$$

$$\therefore \frac{4((a+b)^2-ab)}{(a+b)^2}=1$$

$$\Rightarrow 3a^2+2ab+3b^2=0$$

42. (b,c,d)

मान वर्ग की भुजा a है, तो $d=a\sqrt{2}$.

दिये हुए प्रतिबन्ध से,

$$a_n=\sqrt{2}\,a_{n+1}$$

या $$a_{n+1}=\frac{a}{\sqrt{2}}=\frac{a_{n-1}}{(\sqrt{2})^2}=\frac{a_{n-2}}{(\sqrt{2})^3}\dots\frac{a_1}{(\sqrt{2})^n}$$

n को $(n-1)$ से प्रतिस्थापित करने पर,

$$a_n=\frac{a_1}{(\sqrt{2})^{n-1}}=\frac{10}{2^{(n-1)/2}}$$

S_n का क्षेत्रफल $<1 \Rightarrow a_n^2<1$

$$\Rightarrow \frac{100}{2^{n-1}}<1 \text{ या } 200<2^n$$

या $2^n>200$

अब $2^7=128<200$

$2^8=256>200$

$\therefore$ $n=8, 9, 10$

43. (b) $x-3y+4=0$

$x=0$ रखने पर, $y=4/3$

44. (a) समकोण त्रिभुज का लम्बकेन्द्र समकोणीय शीर्ष पर होता है।

45. (d) $(\tan\theta_1-\tan\theta_2)^2=(m_1-m_2)^2$

$$=(m_1+m_2)^2-4m_1-m_2)$$

$$=\left(-\frac{2h}{b}\right)^2-4\frac{a}{b}=\frac{4}{b^2}(h^2-ab)$$

$$=\frac{4}{\sin^4\alpha}[\tan^2\alpha-\sin^2\alpha(\tan^2\alpha+\cos^2\alpha)]$$

$$=\frac{4}{\sin^4\alpha}[\tan^2\alpha(1-\sin^2\alpha)-\sin^2\alpha\cdot\cos^2\alpha)]$$

$$=\frac{4}{\sin^4\alpha}\left[\frac{\sin^2\alpha}{\cos^2\alpha}\cos^2\alpha-\sin^2\alpha\cdot\cos^2\alpha)\right]$$

$$=\frac{4}{\sin^4\alpha}\left[\sin^2\alpha(1-\cos^2\alpha)\right]=4$$

$\therefore$ $\tan\theta_1-\tan\theta_2=2$

46. (c) प्रथम रेखायुग्म का कोण-अर्द्धक युग्म है–

$$\frac{x^2-y^2}{1-(-1)}=\frac{xy}{-p}$$

या $\frac{x^2-y^2}{2xy}=-\frac{1}{p}$ और चूँकि यह दूसरा युग्म है।

$$\therefore \frac{x^2-y^2}{2xy}=q \quad \therefore \quad q=-\frac{1}{p}$$

या $pq=-1$

47. (c) माना रेखाएँ $y = m_1 x$ और $y = m_2 x$ हैं तो

$$m_1 + m_2 = -\frac{2h}{b} \quad \text{और} \quad m_1 m_2 = \frac{a}{b}$$

जहाँ $m_1 = \tan\theta_1$, θ_1 वह कोण है जो रेखा x-अक्ष अर्थात् $y = 0$ के धनात्मक दिशा से बनाती है। इसका प्रतिबिम्ब रेखा-दर्पण $y = 0$ में x-अक्ष से $-\theta_1$ कोण बनायेगा जिसी प्रवणता

$$= \tan(-\theta_1) = -\tan\theta_1 = -m_1$$

अत: इसका समी० $y + m_1 x = 0$

इसी प्रकार दूसरी रेखा $y + m_2 x = 0$ होगी।

अत: संयुक्त समीकरण

$(y + m_1 x)(y + m_2 x) = y^2 + (m_1 + m_2)xy + m_2 m_2 x^2 = 0$

या $\quad ax^2 - 2hxy + by^2 = 0$

48. (b)

49. (c,d) चूँकि रेखाएँ परस्पर लम्ब हैं।

$\therefore \qquad a + b = 0$ जिसमें $k_1 = -1$

$k_1 = -1$ रखने पर, रेखाओं के समीकरण

$x^2 + 0.xy - y^2 + 0.x + 2k_2 y - a^2 = 0$

$h = 0, g = 0, \Delta = 0$

$\therefore \qquad a^2 - k_2^2 = 0$

$\therefore \qquad k_2 = a, -a$

50. (b) $\Delta = 0$

51. (d) $y = 0, y = 3x, y = -3x$ तीन रेखाएँ हैं जो $(0, 0)$ पर संगामी हैं।

52. (d) तीन रेखाएँ निम्न हैं–

$$y + 2 = 0, \ x + 2 = 0$$

और $\qquad x + y + 2 = 0$ जो क्रमश: BC, CA और AB हैं (माना) प्रथम दो रेखाएँ परस्पर लम्ब हैं। दो-दो समीकरण लेकर हल करने पर $C(-2, -2), B(0, -2), A(-2, 0)$. चूँकि $\angle C = 9°$, अत: ΔABC समकोणीय हैं जिसका परिकेन्द्र, कर्ण AB का मध्य बिन्दु $(-1, -1)$ होगा।

53. (a) $x + 1 = 0, y + 1 = 0, x + ay - 3 = 0$ संगामी हैं। प्रथम दो रेखाएँ $(-1, -1)$ प्रतिच्छेद करती हैं जो तीसरी रेखा को संतुष्ट करेगा। अत: $\alpha = -4$.

54. (b) अक्षों को θ कोण से घुमाने पर

$$\left.\begin{array}{l} x \to x\cos\theta - y\sin\theta \\ y \to x\sin\theta + y\cos\theta \end{array}\right\} \text{(d)}$$

$a(x\cos\theta - y\sin\theta)^2 + 2h(x\cos\theta - y\sin\theta)$

$(x\sin\theta + y\cos\theta) + b(x\sin\theta - y\sin\theta)^2$

$+ 2g(x\cos\theta - y\sin\theta) + 2f(x\sin\theta + y\cos\theta + c = 0$

xy के गुणांकों को एकत्रित करके शून्य के बराबर रखने पर,

$(-a\sin 2\theta + b\sin 2\theta) + 2h(\cos^2\theta - \sin^2\theta) = 0$

$$\frac{\sin 2\theta}{\cos 2\theta} = \frac{2h}{a - b}$$

$$\Rightarrow \qquad \tan 2\theta = \frac{2h}{a - b}$$

55. (c)

56. (a) यदि $\lambda = 2$, तो द्वितीय घात के पदों को गुणनफल किया जा सकता है। आप $\Delta = 0$ रखकर λ का मान ज्ञात कर सकते हैं।

अब $\qquad \tan\theta = \dfrac{2\sqrt{(h^2 - ab)}}{a + b} = \dfrac{1}{3}$

$\therefore \qquad \cot\theta = 3$

$\therefore \qquad \mathrm{cosec}^2\theta = 2 + \cot^2\theta = 10$

57. (c) $2(2x + y)^2 + 13(2x + y) + 15 = 0$

या $\quad 2t^2 + 13t + 15 = 0$

या $\quad (t + 5)(2t + 3) = 0$

$\therefore$ रेखाएँ, $2x + y + 5 = 0$ और $2x + y + 3/2 = 0$ हैं।

इनके बीच की दूरी

$$= p_1 - p_2 = \frac{5 - 3/2}{\sqrt{5}} = \frac{7}{2\sqrt{5}}$$

□□□

2 वृत्त
Circle

परिभाषा (Definition)

वृत्त उस बिन्दु का बिन्दुपथ है, जो इस तरह गमन करता है, कि उसकी दूरी स्थिर बिन्दु से सदा निश्चित रहती है। वह स्थिर बिन्दु वृत्त का केन्द्र (Centre) तथा निश्चित दूरी, वृत्त की त्रिज्या (Radius) कहलाती है।

वृत्त का समीकरण विभिन्न रूपों में
(Equations of Circle in Different Forms)

1. वृत्त का समीकरण जिसका केन्द्र (h, k) और a त्रिज्या दी है।

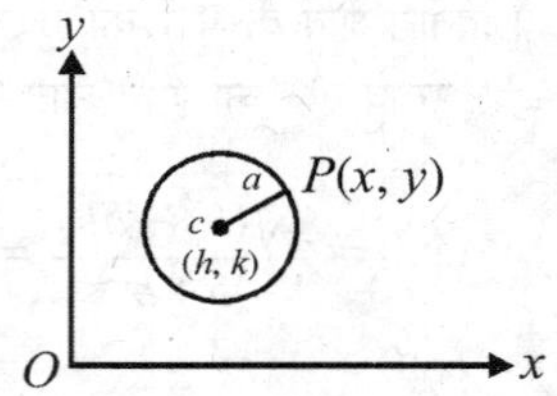

$$(x-h)^2+(y-k)^2=a^2$$

2. वृत्त का समीकरण जिसका केन्द्र मूलबिन्दु तथा त्रिज्या a हो, तो, $h=0, k=0$

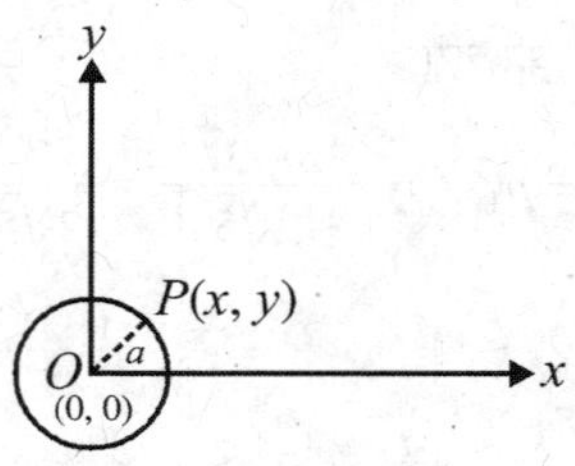

$$x^2+y^2=a^2$$

3. यदि मूलबिन्दु वृत्त पर स्थिर हो, तो,
$$h^2+k^2=a^2$$
अत: वृत्त का समीकरण निम्न होगा–
$$(x-h)^2+(y-k)^2=h^2+k^2$$

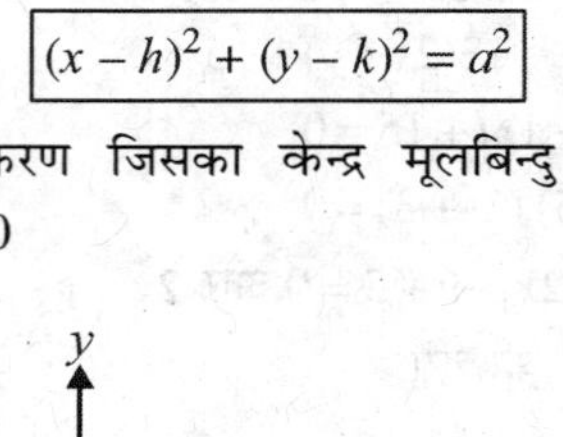

$$x^2+y^2-2hx-2ky=0$$

4. यदि केन्द्र x-अक्ष पर स्थिर हो, तो, वृत्त का समीकरण–

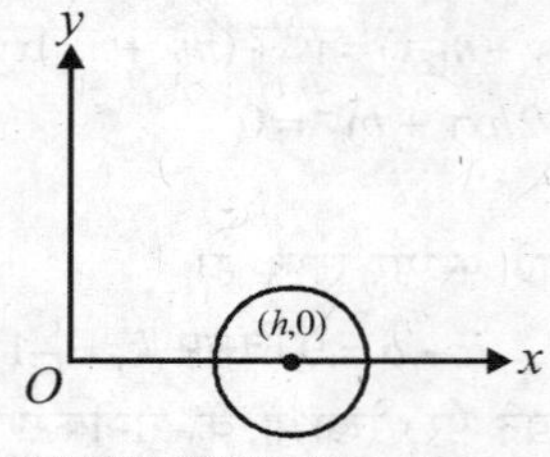

$k=0$ $$(x-h)^2+y^2=a^2$$

5. यदि केन्द्र y-अक्ष पर स्थिर हो,

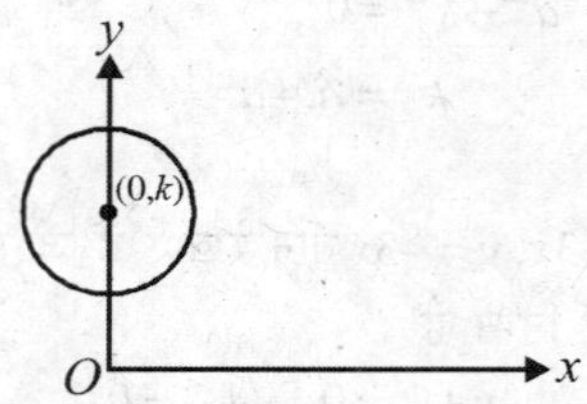

तो वृत्त का समीकरण–

$h=0$ $\quad x^2+(y-k)^2=a^2$

6. यदि केन्द्र x-अक्ष पर और मूलबिन्दु वृत्त पर हो, तो वृत्त का समीकरण निम्न होगा।

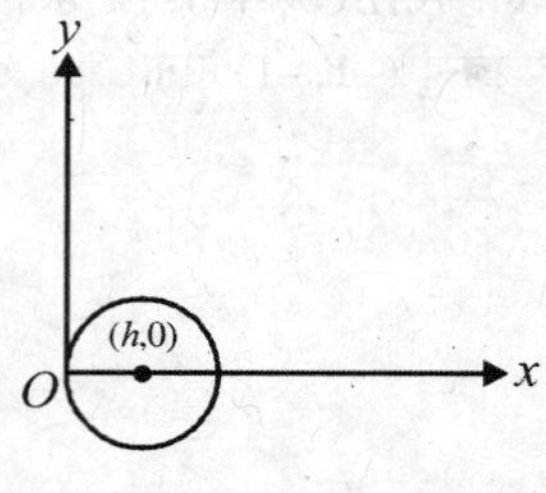

$h=a$ और $k=0$

$$x^2+y^2-2ax=0$$

7. यदि केन्द्र y-अक्ष पर और मूलबिन्दु वृत्त पर स्थित हो, तो वृत्त का समीकरण–

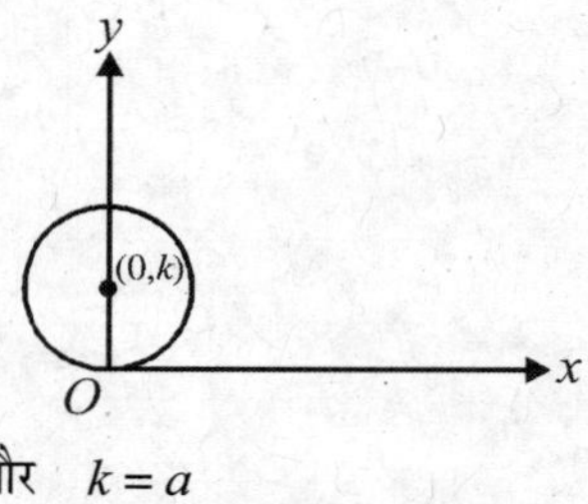

$h=0$ और $k=a$

$$x^2+y^2-2ay=0$$

8. यदि वृत्त x-अक्ष को स्पर्श करता हो, तो वृत्त का समीकरण–

$k = a$ $\quad (x-h)^2 + (y-a)^2 = a^2$

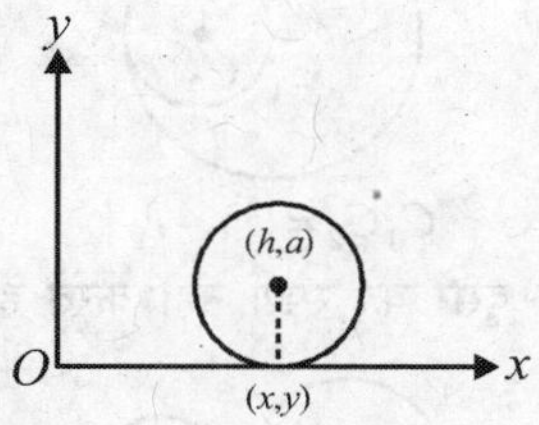

$$\boxed{x^2 + y^2 - 2hx - 2ay + h^2 = 0}$$

9. यदि वृत्त y-अक्ष को स्पर्श करता हो, तो वृत्त का समीकरण–

$h = a$ $\quad (x-a)^2 + (y-k)^2 = a^2$

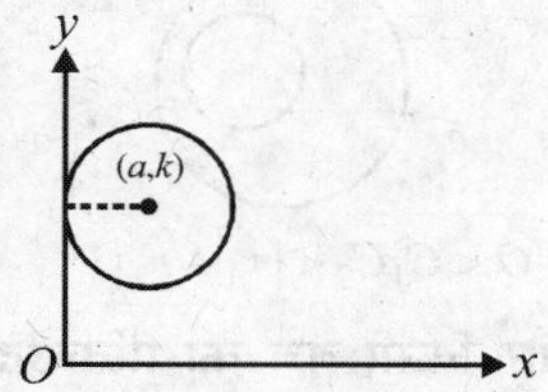

$$\boxed{x^2 + y^2 - 2ax - 2ky + k^2 = 0}$$

10. यदि वृत्त दोनों अक्षों को स्पर्श करता हो, तो वृत्त का समीकरण–

$h = k = a$ $\quad (x-a)^2 + (y-a)^2 = a^2$

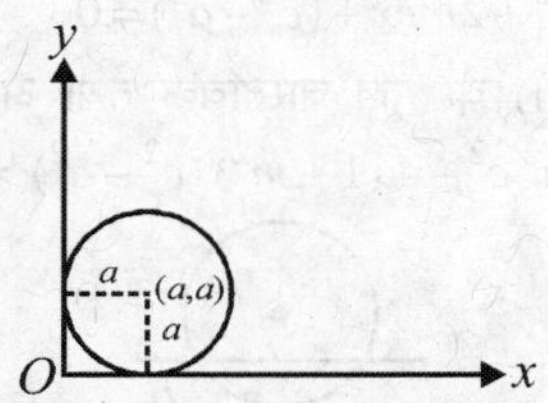

$$\boxed{x^2 + y^2 - 2ax - 2ay + a^2 = 0}$$

वृत्त का व्यापक समीकरण (General Equation of Circle)

समीकरण–

$$x^2 + y^2 + 2gx + 2fy + c = 0$$

यदि वृत्त का व्यापक समीकरण हैं तथा इसकी निम्न विशेषताएँ है–

1. यह द्विघातीय समीकरण है।
2. इसमें x^2 और y^2 का गुणांक 1 के बराबर होता है।
3. इसमें xy का कोई पद नहीं है।

इस वृत्त का केन्द्र $(-g, -f)$ और त्रिज्या $\sqrt{g^2 + f^2 - C}$ है।

नोट//✍

- ✍ यदि $g^2 + f^2 - c > 0$, तब वृत्त वास्तविक होगा।
- ✍ यदि $g^2 + f^2 - c = 0$, तब समीकरण ऐसा वृत्त प्रदर्शित करती है, जिसका केन्द्र $(-g, -f)$ और त्रिज्या शून्य है।
- ✍ यदि $g^2 + f^2 - c < 0$, तब त्रिज्या काल्पनिक और वृत्त भी काल्पनिक होगा।

तीन बिन्दुओं से जाने वाले वृत्त का समीकरण ज्ञात करने के नियम–

माना वृत्त का समीकरण निम्न है।

$$x^2 + y^2 + 2gx + 2fy + C = 0 \qquad ...(i)$$

1. दिये हुए प्रतिबन्धों की सहायता से g, f और C में तीन स्वतन्त्र समीकरण स्थापित करते हैं।
2. इन सभी समीकरणों को सरल विधियों द्वारा हल करके g, f और C के मान प्राप्त करते हैं।
3. इस प्रकार g, f और C के प्राप्त मानों को समीकरण (i) में रखकर वृत्त की वास्तविक समीकरण प्राप्त करते हैं।

उस वृत्त का समीकरण जिसके व्यास के निर्देशांक दिये है (Equation of the circle whose ends of the diameter are given)

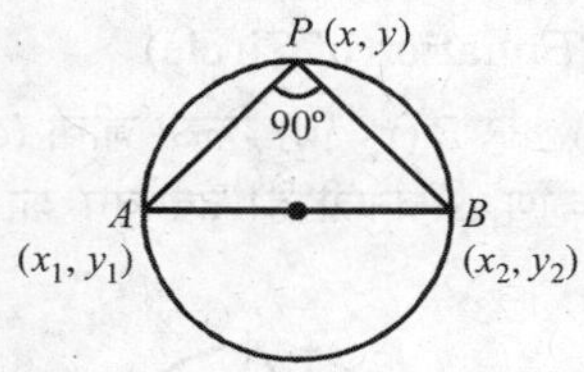

$$\left(\frac{y-y_1}{x-x_1}\right)\cdot\left(\frac{y-y_2}{x-x_2}\right) = -1$$

$$\boxed{(x-x_1)(x-x_2) + (y-y_1)(y-y_2) = 0}$$

यही वृत्त का अभीष्ट समीकरण है।

वृत्तों द्वारा अक्षों पर अन्तः खण्ड (Intercepts on the Axes by Circle)

वृत्त–

$$x^2 + y^2 + 2gx + 2fy + C = 0$$

के द्वारा अक्षों पर कटे अन्तः खण्ड इस प्रकार है।

x-अक्ष पर अन्तः खण्ड $= 2\sqrt{g^2 - C}$

y-अक्ष पर अन्तः खण्ड $= 2\sqrt{f^2 - C}$

नोट//✍

- ✍ यदि $g^2 = C$ तब वृत्त x-अक्ष को स्पर्श करता है।
- ✍ यदि $f^2 = C$ तब वृत्त y-अक्ष को स्पर्श करता है।

किसी बिन्दु की वृत्त के सापेक्ष स्थिति (Position of a Point w.r.t. Circle)

माना वृत्त की समीकरण–

$$S = x^2 + y^2 + 2gx + 2fy + C = 0$$

और बिन्दु (x_1, y_1) है,

तब– $\quad S_1 = x_1^2 + y_1^2 + 2gx_1 + 2fy_1 + C$

1. यदि $S_1 > 0$, तब बिन्दु वृत्त के बाहर होगा।
2. यदि $S_1 = 0$, तब बिन्दु वृत्त पर स्थित होगा।
3. यदि $S_1 < 0$, तब बिन्दु वृत्त के अन्दर होगा।

किसी रेखा का वृत्त की स्पर्श रेखा होने का प्रतिबन्ध (Condiation For Tarngent)

केन्द्र की रेखा से लाम्बिक दूरी त्रिज्या के बराबर होनी चाहिए।

$$\boxed{P = r}$$

$r =$ त्रिज्या, $P =$ लाम्बिक दूरी

वृत्त की प्राचलिक समीकरण (Parametric Form of a Circle)

वृत्त $x^2 + y^2 = r^2$ का प्राचालिक समीकरण

$$x = r\cos\theta, \qquad y = r\sin\theta$$

तथा वृत्त $(x-h)^2 + (y-k)^2 = r^2$ के प्राचलिक समीकरण

$$(x-h) = r\cos\theta, \qquad (y-k) = r\sin\theta$$

या $$x = h + r\cos\theta, \qquad y = k + r\sin\theta$$

वृत्त की समीकरण (Equation of Circle)

माना, $A(x_1, y_1)$ और $B(x_2, y_2)$ किसी जीवा (chord) के निर्देशांक है। जो $P(x, y)$ पर कोण α बनाती है। तब वृत्त का समीकरण–

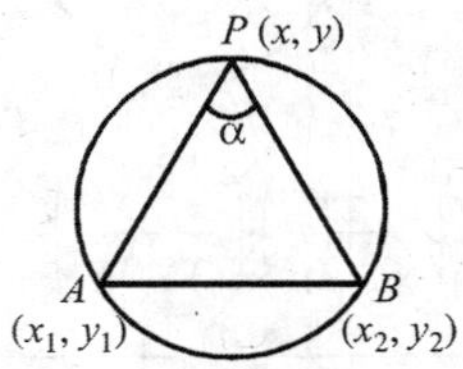

$$(x-x_1)(x-x_2) + (y-y_1)(y-y_2) \pm \cot\alpha$$
$$[(x-x_2)(y-y_1) - (x-x_1)(y-y_2)] = 0 \qquad \text{...(i)}$$

अथवा $(x-x_1)(x-x_2) + (y-y_1)(y-y_2)$

$$\pm \cot\alpha \begin{vmatrix} x & y & 1 \\ x_1 & y_1 & 1 \\ x_2 & y_2 & 1 \end{vmatrix} = 0$$

दो वृत्तों की सापेक्ष स्थिति (Relative Positions of Two Circle)

माना दो वृत्त जिनके केन्द्र C_1 तथा C_2 और त्रिज्याएं r_1 तथा r_2 तब–

1. यदि वृत्त एक-दूसरे को काटते हैं, तब–

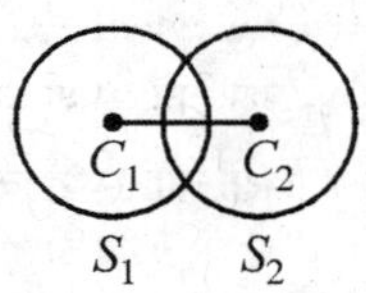

$$|r_1 - r_2| < C_1 \cdot C_2 < r_1 + r_2$$

2. जब दो वृत्त बाह्यत: स्पर्श करते हैं।

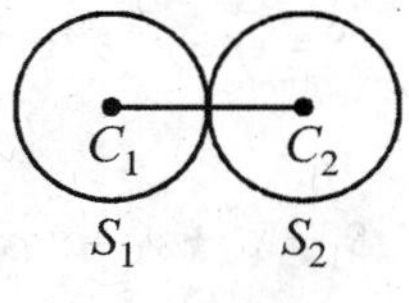

$$C_1C_2 = r_1 + r_2$$

3. जब दो वृत्त अन्दर से स्पर्श करते हैं।

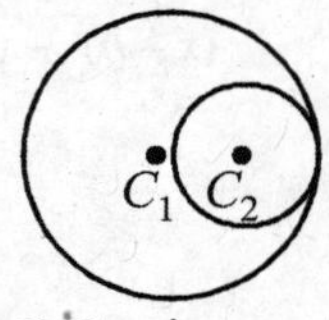

$$C_1C_2 = |r_1 - r_2|$$

4. जब दो वृत्त एक-दूसरे को स्पर्श नहीं करते हैं।

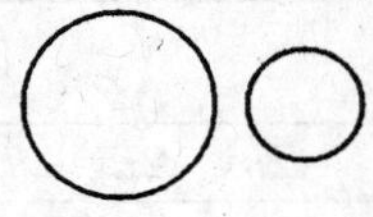

$$C_1C_2 > r_1 + r_2$$

5. जब एक वृत्त दूसरे के अन्दर हो, तो

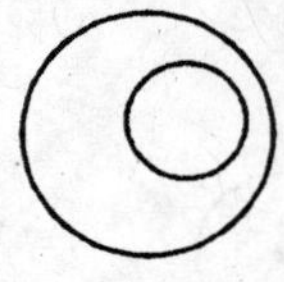

$$O < C_1C_2 < |r_1 - r_2|$$

किसी सरल रेखा और किसी वृत्त का प्रतिच्छेदन (Interreaction of a Straight Line and a Circles)

माना दी हुई रेखा $y = mx + c$

तथा वृत्त $x^2 + y^2 = a^2$

तब $x^2 + (mx + c)^2 = a^2$

या $(1 + m^2)x^2 + 2mcx + (c^2 - a^2) = 0 \qquad \text{...(i)}$

1. यदि समीकरण (i) के मूल वास्तविक तथा असमान हो, तो

$$4m^2c^2 - 4(1 + m^2)(c^2 - a^2) > 0$$

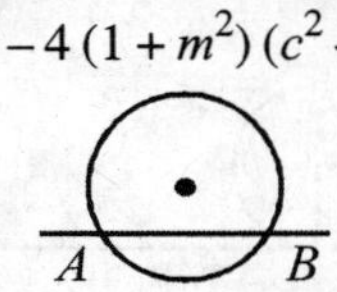

$$a > \left|\frac{C}{\sqrt{1+m^2}}\right|$$

इस दशा में सरल रेखा, वृत्त को दो वास्तविक और पृथक, बिन्दुओं में मिलती है।

2. यदि समीकरण (i) के मूल वास्तविक तथा समान हो, तब–

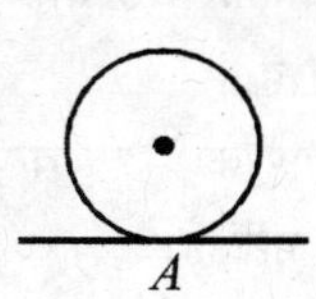

$$4m^2C^2 - 4(1 + m^2)(C^2 - a^2) = 0$$

सरल रेखा वृत्त को दो संपाती बिन्दुओं में मिलती है, अर्थात् रेखा वृत्त की स्पर्श रेखा होगी।

$$a = \left|\frac{C}{\sqrt{1+m^2}}\right|$$

नोट//✍.........

✍ स्पर्शी का प्रतिबन्ध $C = \pm a.\sqrt{1+m^2}$

3. यदि समीकरण (i) के मूल काल्पनिक हो, तब–
$$4m^2C^2 - 4(1+m^2)(C^2 - a^2) < 0$$
इस दशा में सरल रेखा, वृत्त को काल्पनिक बिन्दुओं में मिलती है।

$$a < \left|\frac{C}{\sqrt{1+m^2}}\right|$$

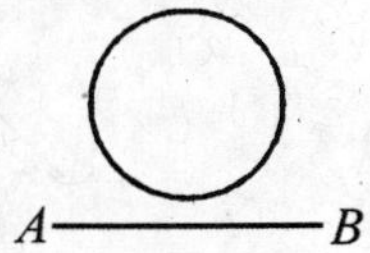

वृत्त के द्वारा बने अन्तः खण्ड की लम्बाई–

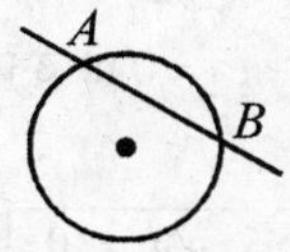

वृत्त का समीकरण, $x^2 + y^2 = a^2$

अन्तः खण्ड की लम्बाई $= 2\cdot\sqrt{\dfrac{a^2\cdot(1+m^2) - C^2}{(1+m^2)}}$

प्रवणता के पदों में स्पर्शी का समीकरण–
$$C = \pm a\cdot\sqrt{(1+m^2)}$$
यही रेखा $y = mx + C$
के दिये हुए वृत्त की स्पर्शी होने का प्रतिबन्ध है।
$$y = mx \pm a\cdot\sqrt{(1+m^2)}$$
यही 'm' के सब मानों के लिए वृत्त $x^2 + y^2 = a^2$ की स्पर्शी का समीकरण है।

दिये हुए बिन्दु पर स्पर्शी का समीकरण
(Equation of the Tangent at a Given Point)

वृत्त $x^2 + y^2 = a^2$ के बिन्दु (x_1, y_1) पर स्पर्शी का समीकरण–
$$\boxed{x x_1 + y y_1 = a^2}$$
वृत्त $x^2 + y^2 + 2gx + 2fy + C = 0$ के बिन्दु $P(x_1, y_1)$ पर स्पर्शी का समीकरण–
$$\boxed{xx_1 + yy_1 + g(x + x_1) + f(y + y_1) + C = 0}$$

अभिलम्ब (Normal)

वृत्त के किसी बिन्दु पर अभिलम्ब वह सरल रेखा है। जो उस बिन्दु पर खींची गई स्पर्शी पर लम्ब हो।

यदि स्पर्शी का समीकरण $(y - y_1) = m(x - x_1)$

तब अभिलम्ब का समीकरण $(y - y_1) = \dfrac{-1}{m}(x - x_1)$

दिये हुए बिन्दु पर अभिलम्ब का समीकरण
(Equation of the Normal at a Given Point)

वृत्त $x^2 + y^2 = a^2$ के बिन्दु $P(x_1, y_1)$ पर अभिलम्ब का समीकरण–
$$\boxed{xy_1 - yx_1 = 0}$$

वृत्त $x^2 + y^2 + 2gx + 2fy + C = 0$ के बिन्दु $P(x_1, y_1)$ पर अभिलम्ब का समीकरण–
$$\boxed{x(y_1 + f) - y\cdot(x_1 + g) + gy_1 - fx_1 = 0}$$

स्पर्श बिन्दु (Point of Contact)

माना वृत्त $x^2 + y^2 = a^2$ पर कोई रेखा $lx + my + n = 0$ किसी बिन्दु पर स्पर्श करती है। तब स्पर्श बिन्दु के निर्देशांक $\left(\dfrac{-a^2 l}{n}, \dfrac{-a^2 m}{n}\right)$ है।

बाह्य बिन्दु से खींचे गये स्पर्शी युग्म का समीकरण
(Equation of Pair of Tangents From an Enternal Point)

बिन्दु (x_1, y_1) से वृत्त $x^2 + y^2 + 2gx + 2fy + c = 0$ पर खींची गई स्पर्शियों का सम्मिलित समीकरण निम्न है–
$$\boxed{SS_1 = T^2}$$
$$x^2 + y^2 + 2gx + 2fy + C = 0 \quad ...(i)$$
$$x_1^2 + y_1^2 + 2gx_1 + 2fy_1 + C = 0 \quad ...(ii)$$
$$xx_1 + yy_1 + g(x + x_1) + f(y + y_1) + C = 0 \quad ...(iii)$$
समीकरण (i), (ii) तथा (iii) क्रमशः S, S_1, T को निरूपित करती हैं।

उस जीवा का समीकरण जिसका मध्य बिन्दु ज्ञात है–

कोई वृत्त $x^2 + y^2 = a^2$ तथा $M(x_1, y_1)$ जीवा AB का मध्य बिन्दु है। तब जीवा AB का समीकरण–

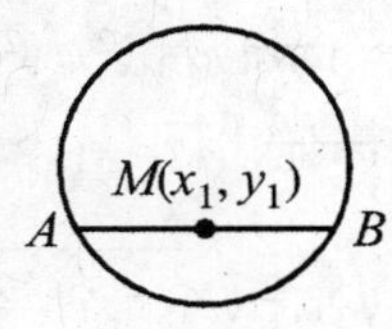

$$T = S_1$$
$$\boxed{x x_1 + yy_1 - a^2 = x_1^2 + y_1^2 - a^2}$$

नोट//✍.........

✍ दो वृत्तों $S_1 = 0$ और $S_2 = 0$ की उभयनिष्ट जीवा का समीकरण–

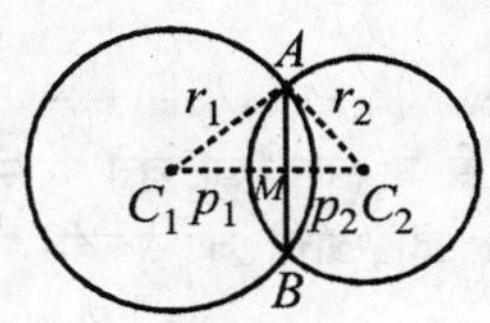

$$\boxed{S_1 - S_2 = 0}$$

जीवा की लम्बाई $= 2AM = 2\sqrt{r_1^2 - p_1^2} = 2\sqrt{r_2^2 - p_2^2}$

✍ वृत्तों $S_1 = 0$ और $S_2 = 0$ के परस्पर स्पर्श करने का प्रतिबन्ध इस स्थिति में उभयनिष्ट जीवा $S_1 - S_2 = 0$ एक उभयनिष्ट स्पर्श रेखा बन जायेगी।

✍ दिये हुए वृत्त $S_1 = 0$ और दी हुई रेखा $P = 0$ के प्रतिच्छेद बिन्दु से जाने वाले वृत्तों के परिवार का समीकरण–
$$\boxed{S + \lambda P = 0}$$

✍ वृत्तों $S_1 = 0$ और $S_2 = 0$ के प्रतिच्छेद बिन्दु से जाने वाले वृत्त का

समीकरण–

$$\boxed{S_1 + \lambda S_2 = 0} \quad (\lambda \neq -1)$$

✍ एक बिन्दु $A(x_1, y_1)$ की,

किसी वृत्त से महत्तम व न्यूनतम दूरी–

$AP = AO - r =$ न्यूनतम दूरी

$AB = AO + r =$ महत्तम दूरी

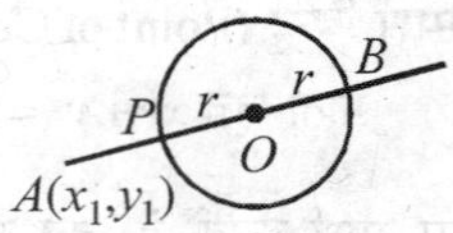

सम्पर्क जीवा (Chord of Contact)

किसी बिन्दु $P(x_1, y_1)$ से वृत्त $x^2 + y^2 = a^2$ पर सम्पर्क जीवा का समीकरण

$$\boxed{x \cdot x_1 + y \cdot y_1 = a^2}$$

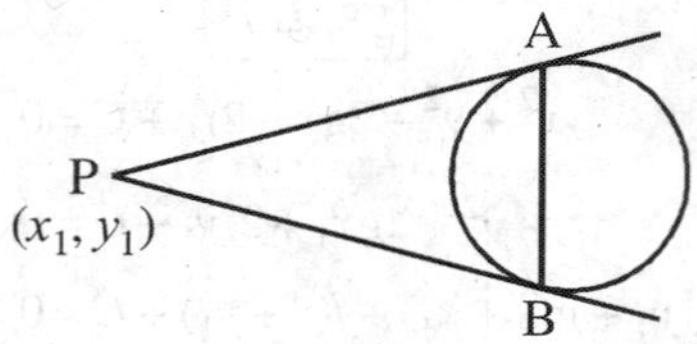

नोट//✍

✍ वृत्त के बाहर स्थित बिन्दु (x_1, y_1) की सम्पर्क जीवा के समीकरण का रूप वही है जो वृत्त पर स्थित बिन्दु (x_1, y_1) पर स्पर्श रेखा का है।

स्पर्श रेखा की लम्बाई (Length of tangent)

किसी बिन्दु (x_1, y_1) से किसी वृत्त $x^2 + y^2 + 2gx + 2fy + c = 0$ पर खीची गई स्पर्श रेखा की लम्बाई $\sqrt{S_1}$ है।

$$AP = \sqrt{S_1} \qquad \sqrt{S_1} = \sqrt{x_1^2 + y_1^2 + 2gx_1 + 2fy_1 + c}$$

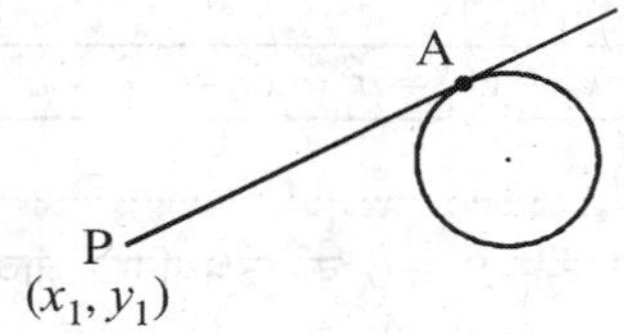

नोट//✍

✍ वृत्त पर बाह्य बिन्दु से दो स्पर्श रेखा, वृत्त पर से एक और अन्त: बिन्दु से कोई स्पर्श रेखा नहीं खींची जा सकती है।

नियामक वृत्त (Director Circle)

वृत्त $x^2 + y^2 = a^2$ के लिए नियामक वृत्त का समीकरण $x^2 + y^2 = 2a^2$ है।

लम्बकोणीय वृत्त (Orthogonal Circle)

दो वृत्त लम्बकोणीय कहलाते हैं। यदि उनके प्रतिच्छेदन बिन्दु पर समकोण कोण है। यदि दो वृत्त $x^2 + y^2 + 2g_1x + 2f_1y + c_1 = 0$ तथा $x^2 + y^2 + 2g_2x + 2f_2y + c_2 = 0$ एक दूसरे को लम्बकोणीय प्रतिच्छेदित करते हैं। तब–

$$\boxed{2(g_1 \cdot g_2 + f_1 \cdot f_2) = c_1 + c_2}$$

मूलाक्ष (Radical Axis)

उन बिन्दुओं का बिन्दुपथ जिनसे दो वृत्तों पर खींची गई स्पर्श रेखाओं की लम्बाई समान हो वृत्तों का मूलाक्ष कहलाता है।

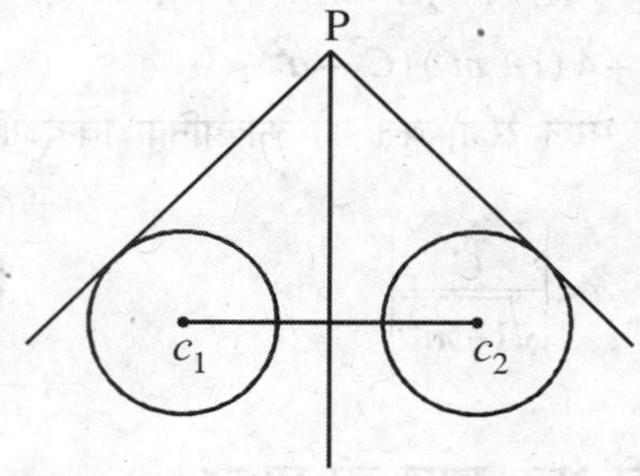

यदि दो वृत्त के समीकरण $S_1 = x^2 + y^2 + 2g_1x + 2f_1y + c_1 = 0$ व $S_2 = x^2 + y^2 + 2g_2x + 2f_2y + c_2 = 0$ तो उनके मूलाक्ष का बिन्दुपथ निम्न होगा–

$$\boxed{S_1 - S_2 = 0}$$

$$2(g_1 - g_2)x + 2(f_1 - f_2) + c_1 - c_2 = 0$$

समाक्ष वृत्त (Co-axial Circles)

वृत्तों के निकाय जिसमें प्रत्येक युग्म समान मूलाक्ष रखता हो, समाक्ष वृत्तों का निकाय कहलाता है।

कुछ महत्त्वपूर्ण तथ्य

1. $ax^2 + 24xy + by^2 + 2gx + 2fy + c = 0$ एक वृत्त प्रदर्शित करता है। यदि $a = b$ और $h = 0$ है।
2. यदि वृत्त $x^2 + y^2 + 2gx + c^2 = 0$ और $x^2 + y^2 + 2fy + c^2 = 0$ एक दूसरे को स्पर्श करते हैं, तो
$$\frac{1}{g^2} + \frac{1}{f^2} = \frac{1}{c^2}$$
3. यदि कोई रेखा $ax + by + c = 0$ किसी वृत्त $x^2 + y^2 = a^2$ की स्पर्शी है, तब
$$c^2 = r^2(a^2 + b^2)$$
4. यदि रेखा $lx + my + n = 0$ वृत्त $(x - h)^2 + (g - k)^2 = a^2$ को स्पर्श करती हैं, तो
$$(hl + mk + n)^2 = a^2(l^2 + m^2)$$
5. वृत्तों $(x - a)^2 + y^2 = a^2$ तथा $x^2 + (y - b) = b^2$ की उभयनिष्ठ जीवा की लम्बाई $\dfrac{2ab}{\sqrt{(a^2 + b^2)}}$ है।
6. यदि वृत्त $x^2 + y^2 + 2gx + 2fy + c = 0$ पर मूल बिन्दु से खींची गयी दो स्पर्शियाँ परस्पर लम्ब हैं, तो
$$g^2 + f^2 = 2c$$
7. वृत्त $x^2 + y^2 = a^2$ पर बिन्दु (x_1, y_1) से खींची गयी स्पर्शियों के बीच कोण $2\tan^{-1}\left(\dfrac{a}{\sqrt{x_1^2 + y_1^2 - a^2}}\right)$ होता है।

8. यदि रेखायें $l_1x+m_1y+n_1=0$ तथा $l_2x+m_2y+n_2=0$ अक्षों को चक्रीय बिन्दुओं पर काटती हैं, तब

$$l_1l_2=m_1m_2$$

9. यदि वृत्त $S=x^2+y^2+2gx+2fy+c=0$ द्वारा बिन्दु $P(x_1,y_1)$ पर आन्तरिक कोण θ हो, तो

$$\cot\frac{\theta}{2}=\frac{\sqrt{S_1}}{\sqrt{g^2+f^2-c}}$$

10. बिन्दु (h,k) से वृत्त $x^2+y^2=a^2$ पर खींची गई स्पर्शियाँ एवं उसकी स्पर्श जीवा से बने त्रिभुज का क्षेत्रफल $\frac{a}{h^2+k^2}(h^2+k^2-a^2)^{3/2}$ है।

11. यदि कोई वृत्त (x_1,y_1) तथा (x_2,y_2) से जाता है, तब–

$$(x-x_1)(x-x_2)+(y-y_1)(y-y_2)+\pi\begin{vmatrix}x & x_1 & x_2\\ y & y_1 & y_2\\ 1 & 1 & 1\end{vmatrix}=0$$

12. तीन असमरेखीय बिन्दुओं $A(x_1,y_1), B(x_2,y_2)$ व $C(x_3,y_3)$ से होकर जाने वाली वृत्त का समीकरण–

$$\begin{vmatrix}x^2+y^2 & x & y & 1\\ x_1^2+y_1^2 & x_1 & y_1 & 1\\ x_2^2+y_2^2 & x_2 & y_2 & 1\\ x_3^2+y_3^2 & x_3 & y_3 & 1\end{vmatrix}=0$$

13. यदि एक चतुर्भुज के सभी शीर्ष वृत्त की परिधि पर स्थित हों, तो चतुर्भुज को चक्रीय चतुर्भुज कहते हैं। चारों शीर्षों को समचक्रीय (concyclic) कहते हैं।

14. यदि वृत्त दोनों अक्षों को स्पर्श करता है, तब

$$c=g^2=f^2$$

15. **स्पर्श रेखा के विभिन्न रूप (Different forms of Equation of Tangents) :**

(i) **प्रवणता रूप (Slope form) :** वृत्त $x^2+y^2=r^2$ की स्पर्श रेखा का समीकरण $y=mx\pm a\sqrt{1+m^2}$ है तथा स्पर्श बिन्दु के निर्देशांक $\left(\pm\frac{am}{\sqrt{1+m^2}}, \pm\frac{a}{\sqrt{1+m^2}}\right)$ हैं।

(ii) **प्राचल रूप (Parametric form) :** वृत्त $x^2+y^2=a^2$ के बिन्दु $P(a\cos\theta, a\sin\theta)$ पर स्पर्श रेखा का समीकरण

$$x\cos\theta+y\sin\theta=a^2$$

16. **अभिलम्ब की समीकरण का प्राचलिक रूप (Parametric form of Equation of Normals) :** वृत्त के बिन्दु $P(a\cos\theta, a\sin\theta)$ पर $x^2+y^2=a^2$

अभिलम्ब का समीकरण, $y=x\tan\theta$

नोट//

वृत्त के किसी भी बिन्दु से खींचा गया अभिलम्ब वृत्त के केन्द्र से होकर जाता है।

17. वृत्त $x^2+y^2=r^2$ पर बाह्य बिन्दु से दो स्पर्श रेखा, वृत्त पर से एक स्पर्श रेखा व अन्त: बिन्दु से कोई स्पर्श रेखा नहीं खींची जा सकती है।

18. वृत्तों $x^2+y^2+ax+by+c=0$ तथा $x^2+y^2+bx+ay=0$ की उभयनिष्ठ जीवा की लम्बाई $\sqrt{\frac{1}{2}(a+b)^2-4c}$ है।

19. वृत्त $x^2+y^2=r^2$ द्वारा रेखा $\frac{x}{a}+\frac{y}{b}=1$ से अन्त: खण्डित जीवा की लम्बाई $2\sqrt{\left(\frac{r^2(a^2+b^2)-a^2b^2}{a^2+b^2}\right)}$ है।

20. मूल बिन्दु से वृत्त $x^2+y^2+2gx+2fy+c=0$ पर खींची गयी स्पर्शियों की स्पर्श जीवा की बिन्दु (g,f) से दूरी $\frac{(g^2+f^2-c)}{2\sqrt{g^2+f^2}}$ होती है।

□□□

वस्तुनिष्ठ प्रश्न

1. λ के मान जिनके लिए वृत्त
$x^2+y^2+6x+5+\lambda(x^2+y^2-8x+7)=0$
एक बिन्दु में परिवर्तित हो जायेगा–

(a) $\frac{6\pm4\sqrt{2}}{3}$ (b) $\frac{3\pm4\sqrt{2}}{3}$

(c) $\frac{4\pm3\sqrt{2}}{3}$ (d) कोई नहीं

2. यदि वृत्त की त्रिज्या r हो, तो वृत्त $x^2+y^2+2gx++2fy+c=0$ के अन्तर्गत समबाहु त्रिभुज का क्षेत्रफल होगा–

(a) $\frac{3\sqrt{3}}{2}r^2$ (b) $3\sqrt{3}r^2$

(c) $\frac{3\sqrt{3}}{4}r^2$ (d) कोई नहीं

3. समीकरण $x^2+y^2+4x+6y+13=0$ प्रदर्शित करता है–

(a) एक वृत्त

(b) एक बिन्दु

(c) दो विभिन्न रेखाओं का एक युग्म

(d) संपाती रेखाओं का एक युग्म

4. निम्न में से किस वृत्त के लिए बिन्दु $(3+3/\sqrt{2},\ 3\sqrt{2})$ पर रेखा $y-x+3=0$ अभिलम्ब होगी–

(a) $x^2+(y-3)^2=9$

(b) $(x-3)^2+y^2=9$

(c) $(x-3-3/\sqrt{2})^2+(y-3/\sqrt{2})^2=9$

(d) $(x-3/\sqrt{2})^2+(y-3/\sqrt{2})^2=9$

5. उस वृत्त का समीकरण जो दोनों अक्षों और सरल रेखा $4x+3y=6$ को प्रथम चतुर्थांश में स्पर्श करता है तथा इस रेखा के नीचे स्थित है, होगा–

(a) $x^2+y^2-6x-y+9=0$

(b) $4(x^2+y^2-x-6y)+1=0$

(c) $4x^2+4y^2-4x-4y+1=0$

(d) $x^2+y^2-6x-6y+9=0$

6. वृत्त $x^2+y^2=12$ पर उन बिन्दुओं पर स्पर्श रेखाएँ खींची गई हैं जहाँ यह वृत्त $x^2+y^2-5x+3y-2=0$ से मिलता है, तो इन स्पर्श रेखाओं का प्रतिच्छेद बिन्दु है–

(a) $(6, 18/5)$ (b) $(6, -18/5)$

(c) $(6, -6)$ (d) इनमें से कोई नहीं

7. वृत्त $x^2+y^2-6x-6y+14=0$ को बाह्य स्पर्श तथा y-अक्ष को भी स्पर्श करने वाले वृत्त के केन्द्र का बिन्दुपथ है–

(a) $y^2-6x-10y+14=0$ (b) $y^2-10x-6y+14=0$

(c) $x^2-6x-10y+14=0$ (d) $x^2-10x-6y+14=0$

8. यदि वृत्त $x^2+y^2+2x+2ky+6=0$ और $x^2+y^2+2ky+k=0$ एक दूसरे को लम्बकोणीय प्रतिच्छेद करते हैं, तो k का मान है–

(a) 2 या $\frac{3}{2}$ (b) -2 या $\frac{3}{2}$

(c) 2 या $-\frac{3}{2}$ (d) -2 या $-\frac{3}{2}$

9. माना AB वृत्त $x^2+y^2=r^2$ की एक जीवा है, जो केन्द्र पर समकोण बनाती है, तो बिन्दु P के वृत्त पर चलने पर ΔPAB के केन्द्रक का बिन्दुपथ है–

(a) एक दीर्घवृत्त (b) एक सरल रेखायुग्म

(c) एक परवलय (d) एक वृत्त

10. यदि वृत्त $x^2+y^2+6x+6y=2$ के बिन्दु P पर खींची गई स्पर्शी सरल रेखा $5x-2y+6=0$ से y-अक्ष के बिन्दु Q पर मिलती है, तो PQ की लम्बाई है–

(a) 5 (b) $3\sqrt{5}$

(c) 4 (d) $2\sqrt{5}$

11. रेखाओं $x^2-8x+12=0$ तथा $y^2-14y+45=0$ से बनने वाले वर्ग के अन्तःवृत्त का केन्द्र है–

(a) $(9,4)$ (b) $(4,9)$

(c) $(4,7)$ (d) $(7,4)$

12. उस वृत्त के केन्द्र का बिन्दुपथ, जो $(y-1)^2+x^2=1$ को बाह्य स्पर्श तथा x-अक्ष को भी स्पर्श करता है–

(a) $y=4x^2$

(b) $y^2=4x\cup(0,y), y\in R$

(c) $\{x^2=4y, y\geq0\}\cup\{(0,y), y<0\}$

(d) $x^2=y$

13. बिन्दु $P(1, 8)$ से वृत्त $x^2+y^2-6x-4y-11=0$ पर खींची गई स्पर्शियाँ वृत्त को A व B बिन्दुओं पर स्पर्श करती है। त्रिभुज PAB के परिवृत्त का समीकरण निम्न है–

(a) $x^2+y^2-2x+6y-29=0$

(b) $x^2+y^2-6x-4y+19=0$

(c) $x^2+y^2+4x-6y+19=0$

(d) $x^2+y^2-4x-10y+19=0$

14. वृत्त $x^2+y^2+4x-4y+4=0$ की उस स्पर्शी का समीकरण जो अक्षों पर समान अन्तः खण्ड काटती है, का मान होगा?

(a) $x+y=2$ (b) $x+y=2\sqrt{2}$

(c) $x+y=4$ (d) $x+y=8$

15. रेखाएँ $2x-3y=5$ तथा $3x-4y=7$ उस वृत्त के व्यास है। जिसका क्षेत्रफल 154 वर्ग मात्रक है। तब वृत्त का समीकरण होगा?

(a) $x^2+y^2+2x-2y=47$ (b) $x^2+y^2-2x+2y=47$

(c) $x^2+y^2-2x+2y=62$ (d) $x^2+y^2+2x-2y=62$

16. एक त्रिभुज जिसके शीर्ष $(a\cos t, a\sin t)$, $(b\sin t, -b\cos t)$ तथा $(1, 0)$ है, त्रिभुज के केन्द्रक का बिन्दुपथ होगा। जहाँ t वास्तविक संख्या है?

(a) $(3x-1)^2+(3y)^2=a^2+b^2$

(b) $(3x+1)^2+(3y)^2=a^2-b^2$

(c) $(3x+1)^2+(3y)^2=a^2-b^2$

(d) $(3x-1)^2+(3y)^2=a^2-b^2$

17. यदि रेखाएँ $2x+3y+1=0$ तथा $3x-y-4=0$ वृत्त के व्यास है, जिसकी परिधि 10π है, तब वृत्त का समीकरण होगा?

(a) $x^2+y^2-2x+2y-23=0$ (b) $x^2+y^2-2x-2y-23=0$

(c) $x^2+y^2+2x+2y-23=0$ (d) $x^2+y^2+2x-2y-23=0$

18. एक वृत्त बिन्दु (a, b) से होकर जाता है तथा वृत्त $x^2+y^2=4$ को लम्बकोणीय काटता है, तब उसके केन्द्र का बिन्दुपथ होगा?

(a) $2ax+2by+(a^2+b^2+4)=0$

(b) $2ax+2by-(a^2+b^2+4)=0$

(c) $2ax-2by+(a^2+b^2+4)=0$

(d) $2ax-2by-(a^2+b^2+4)=0$

19. यदि वृत्त $x^2+y^2+2ax+2cy+a=0$ तथा वृत्त $x^2+y^2-3ax+dy-1=0$ परस्पर P तथा Q पर काटते है, तब रेखा $5x+by-a=0$ बिन्दुओं P तथा Q से होकर जायेगी?

(a) a के किसी मान के लिये नहीं

(b) a के मात्र एक मान के लिये

(c) a के मात्र दो मान लिये

(d) a के अनन्त मान के लिये

20. एक वृत्त x-अक्ष को तथा दूसरे वृत्त जिसका केन्द्र $(0, 3)$ तथा त्रिज्या 2 है, को स्पर्श करता है। वृत्त के केन्द्र का बिन्दुपथ होगा?

(a) एक वृत्त (b) एक दीर्घवृत्त

(c) एक परवलय (d) एक अतिपरवल्य

21. वृत्त C जिसका केन्द्र $(0, 0)$ तथा त्रिज्या 3 है। जीवा वृत्त C के केन्द्र पर $2\pi/3$ का कोण बनाता है। जीवा के मध्य बिन्दु के बिन्दुपथ का समीकरण होगा?

(a) $x^2+y^2=3/2$ (b) $x^2+y^2=1$

(c) $x^2+y^2=27/4$ (d) $x^2+y^2=9/4$

22. वृत्तों के परिवार, जोकि बिन्दु $(-1, 1)$ से होकर गुजरते हैं तथा x-अक्ष का स्पर्श करते है। यदि (h, k) वृत्त के केन्द्र के निर्देशांक है, तब k का मान किस अन्तराल में होगा?

(a) $k \ge \frac{1}{2}$ (b) $-\frac{1}{2} \le k \le \frac{1}{2}$

(c) $k \le \frac{1}{2}$ (d) $0 < k < \frac{1}{2}$

23. वृत्त $x^2+y^2+2x+4y-3=0$ के व्यास का एक सिरा बिन्दु $P(1, 0)$ है, तो दूसरा सिरा होगा?

(a) $(3, 4)$ (b) $(3, -4)$

(c) $(-3, 4)$ (d) $(-3, -4)$

उत्तरमाला

1. (a)	**2.** (b)	**3.** (b)	**4.** (b)	**5.** (c)	**6.** (b)	**7.** (b)	**8.** (c)	**9.** (d)	**10.** (a)
11. (c)	**12.** (c)	**13.** (d)	**14.** (b)	**15.** (b)	**16.** (a)	**17.** (a)	**18.** (b)	**19.** (a)	**20.** (c)
21. (d)	**22.** (a)	**23.** (d)							

संकेत एवं हल

1. (a) दी गई समीकरण को मानक रूप में परिवर्तित करने पर,

$$\text{त्रिज्या, } r=\sqrt{g^2+f^2-c}$$

$$r^2=g^2+f^2-c=0$$

$\Rightarrow \quad 9\lambda^2-3\lambda+4=0$

हल करने पर,

$$\lambda=\frac{6\pm 4\sqrt{2}}{3}$$

2. (b)

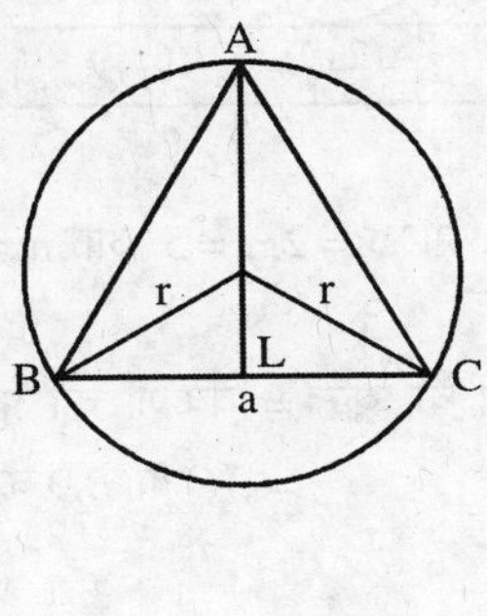

एक समबाहु त्रिभुज का क्षेत्रफल $=\frac{1}{2}a\cdot a\sin 60^\circ=\frac{\sqrt{3}}{4}a^2$

जहाँ त्रिभुज की भुजा a है। चित्र से,

$$\frac{a}{2}=r\cos 30^\circ$$

$\therefore \quad a=r\sqrt{3}$

$\therefore \quad \text{क्षेत्रफल}=\frac{3\sqrt{3}}{4}r^2$

3. (b) इस वृत्त की त्रिज्या, $r=0$

$\therefore x+2=0 \Rightarrow x=-2$

$y+3=0 \Rightarrow y=-3$

अत: बिन्दु $(-2,-3)$.

4. (b) दिया गया केन्द्र $(3, 0)$ अभिलम्ब के समी० को संतुष्ट करता है। इसकी स्पर्श बिन्दु से दूरी $=3=$ त्रिज्या है। अत: अभीष्ट वृत्त $(x-3)^2+y^2=3^2$ है।

5. (c) दोनों अक्षों को स्पर्श करने वाले वृत्त का समीकरण :

$$(x-h)^2+(y-h)^2=h^2$$

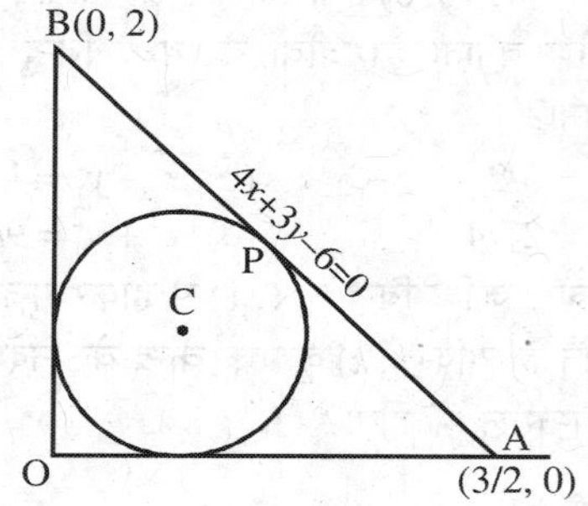

स्पर्श करने के प्रतिबन्ध से,

$$\frac{4h+3h-6}{\pm 5}=h$$

या $7h-6=\pm 5h$

$\therefore$ $h=3, 1/2$

चूँकि वृत्त रेखा के नीचे स्थित है अत: $h=3$ अस्वीकार्य है।

$\therefore$ $h=1/2$

यह मान (i) में रखने पर उत्तर प्राप्त होता है।

6. (b) $S=x^2+y^2-12=0$

$S'=x^2+y^2-5x+3y-2=0$

उभयनिष्ठ जीवा $S-S'=0$

या $5x-3y=10$ ...(i)

यदि जीवा (i) के सिरों पर खींची गई वृत्त $x^2+y^2=12$ की स्पर्शियाँ बिन्दु (h, k) पर प्रतिच्छेद करती हैं, तो जीवा, वृत्त $x^2+y^2=12$ के सापेक्ष बिन्दु (h, k) की सम्पर्क जीवा होगी जिसका समीकरण इस प्रकार है

$hx+ky=12$ ...(ii)

(i) और (ii) की तुलना करने पर,

$$\frac{h}{5}=\frac{k}{-3}=\frac{12}{10}$$

$\therefore$ $h=6, k=-\dfrac{18}{5}$

अत: अभीष्ट बिन्दु $=(6, -18/5)$

7. (b) माना (h, k) उस वृत्त का केन्द्र है, जो वृत्त $x^2+y^2-6x-6y+14=0$ और y-अक्ष को स्पर्श करता है।

अब $x^2+y^2+2(-3)x+2(-3)y+14$

वृत्त का केन्द्र $(3, 3)$ है।

और त्रिज्या $=\sqrt{3^2+3^2-14}$

$=\sqrt{9+9-14}$

$=\sqrt{18-14}$

$=\sqrt{4}=2$

चूँकि वृत्त y-अक्ष को स्पर्श करता है, अत: केन्द्र से y-अक्ष की दूरी त्रिज्या के बराबर होनी चाहिए। इसलिए, इसकी त्रिज्या h है। पुन: वृत्त बाह्य स्पर्श करते हैं, इसलिए दोनों केन्द्रों के बीच की दूरी = दोनों वृत्तों की त्रिज्याओं का योग

अत: $(h-3)^2+(k-3)^2=(2+h)^2$

$\Rightarrow$ $h^2+9-6h+k^2+9-6k=4+h^2+4h$

$\Rightarrow$ $k^2-10h-6k+14=0$

अत: (h, k) का बिन्दुपथ $y^2-10x-6y+14=0$ है।

8. (c) हम जानते हैं कि

$2g_1g_2+2f_1f_2=C_1+C_2$

$\Rightarrow$ $2(1)(0)+2(k)(k)=6+k$

$\Rightarrow$ $2k^2-k-6=0$

$\Rightarrow$ $k=-\dfrac{3}{2}, 2$

9. (d)

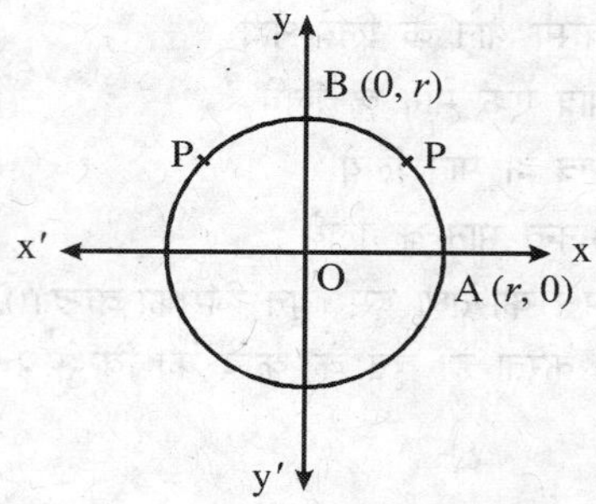

$A(r, 0), B=(0, r)$ और वृत्त पर कोई बिन्दु $P(r\cos\theta, r\sin\theta)$ है। यदि (x, y), ΔPAB का केन्द्रक है।

$3x=r\cos\theta+r+0$

तथा $3x=r\sin\theta+0+r$

$\therefore$ $(3x-r)^2+(3y-r)^2=r^2$

इस प्रकार बिन्दु P का बिन्दुपथ एक वृत्त है।

10. (a) रेखा $5x-2y+6=0$, y-अक्ष से बिन्दु $(0, 3)$ पर मिलती है।

PQ की लम्बाई $=\sqrt{x_1^2+y_1^2+6x_1+6y_1-2}$

$=\sqrt{0^2+3^2+6(0)+6(3)-2}$

$=\sqrt{25}=5$

11. (c) वर्ग, रेखाओं $x^2-8x+12=0$ तथा $y^2-14y+45=0$ से बना है, जिसके अन्दर वृत्त बना है।

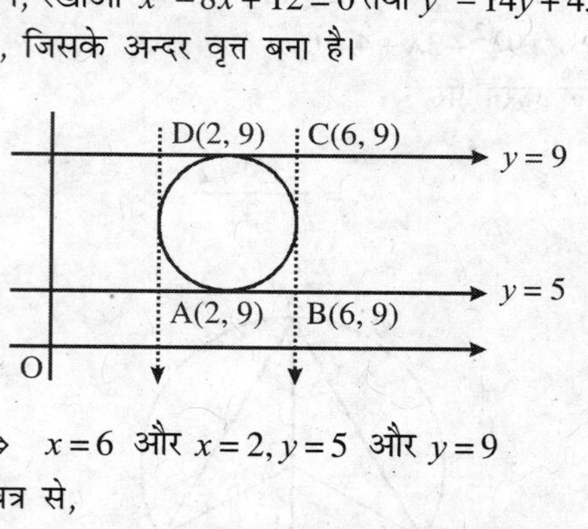

$\Rightarrow$ $x=6$ और $x=2, y=5$ और $y=9$

चित्र से,

वृत्त का केन्द = विकर्णों का प्रतिच्छेद बिन्दु

$=AC$ या BD का मध्य बिन्दु

$$= \left(\left(\frac{2+6}{2}\right), \left(\frac{5+9}{2}\right)\right)$$

$$= (4, 7)$$

अत: वृत का केन्द्र $= (4, 7)$

12. (c) माना (h, k) वृत्त का केन्द्र है जो x-अक्ष तथा $(y-1)^2 + x^2 = 1$ को स्पर्श करता है। चित्रानुसार, O व A के बीच की दूरी सदैव $1 + |k|$ होगी।

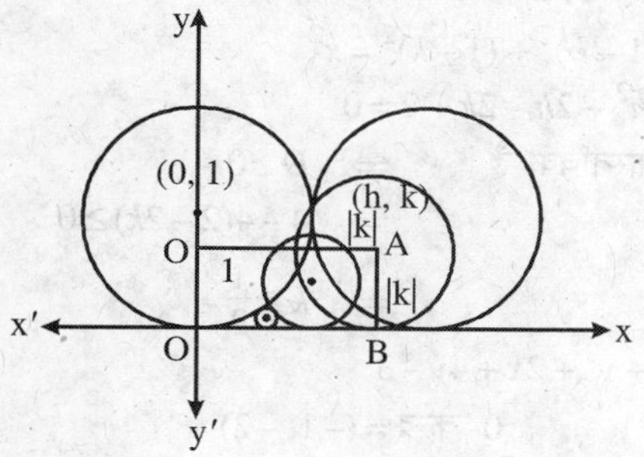

$$\sqrt{(h-0)^2 + (k-1)^2} = 1 + |k|$$

दोनों तरफ का वर्ग करने पर,

$$h^2 + k_2 - 2k + 1 = 1 + k^2 + 2|k|$$

$\Rightarrow$ $h^2 = 2|k| + 2k$

$\therefore$ केन्द्र का बिन्दुपथ

$$x^2 = 2|y| + 2y$$

जहाँ $|y| = \begin{cases} -y, & y < 0 \\ y, & y \geq 0 \end{cases}$

$\therefore$ $x^2 = 2y + 2y, y \geq 0$

और $x^2 = -2y + 2y, y < 0$

$\Rightarrow$ $x^2 = 4y$ जहाँ $y \geq 0$

और $x^2 = 0$ जहाँ $y > 0$

$\therefore$ $\{(x, y) : x^2 = 4y$ जहाँ $y \geq 0\} \cup \{(0, y) : y < 0\}$

13. (d) $P(1, 8)$ तथा $O(3, 2)$ इसके व्यास के शीर्ष हैं

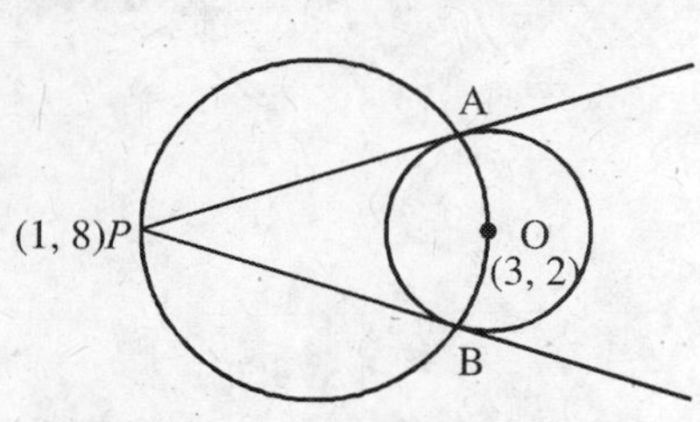

$\therefore$ $(x-1)(x-3) + (y-8)(y-2) = 0$

$\Rightarrow$ $x^2 + y^2 - 4x - 10y + 19 = 0$

14. (b) वृत्त का समीकरण $x^2 + y^2 + 4x - 4y + 4 = 0$ है, जिसका केन्द्र $(-2, 2)$ है।

माना अभीष्ट स्पर्श रेखा का समीकरण $x + y = a$ है, तब केन्द्र से डाला गया लम्ब त्रिज्या के बराबर होगा।

$\therefore$ $\left|\dfrac{-2+2-a}{\sqrt{2}}\right| = 2$ $\Rightarrow$ $a = 2\sqrt{2}$

15. (b) वृत्त के व्यासों के समीकरण

$2x - 3y = 5$ ...(i)

तथा $3x - 4y = 7$ है ...(ii)

समीकरण (i) तथा (ii) को हल करने पर

$x = 1,$ $y = -1$

$\therefore$ केन्द्र के निर्देशांक $(1, -1)$ तथा वृत्त का क्षेत्रफल $= \pi r^2$

$\Rightarrow$ $154 = \dfrac{22}{7}\pi r^2$ $\Rightarrow$ $r = 7$

वृत्त की समीकरण $(x-1)^2 + (y+1)^2 = 7^2$

$\Rightarrow$ $x^2 - 2x + 1 + y^2 + 2y + 1 = 49$

$\Rightarrow$ $x^2 + y^2 - 2x + 2y = 47$

16. (a) त्रिभुज के शीर्षो के निर्देशांक है,

$(a \cos t, a \sin t)$, $(b \sin t, -b \cos t)$ तथा $(1, 0)$ माध्यिका है।

$$x = \frac{a\cos t + b\sin t + 1}{3}$$

$\Rightarrow$ $3x - 1 = a \cos t + b \sin 1$ ...(i)

तथा $y = \dfrac{a\sin t - b\cos t + 0}{3}$

$\Rightarrow$ $3y = a \sin t - b \cos t$ ...(ii)

समीकरण (i) तथा (ii) को वर्ग करके जोड़ने पर,

$$(3x-1)^2 + (3y)^2 = (a \cos t + b \sin t) + (a\sin t - b\cos t)^2$$

$$\Rightarrow (3x-1)^2 + (3y)^2 = a^2 + b^2$$

17. (a) रेखाएँ $2x + 3y + 1 = 0$ तथा $3x - y - 4 = 0$ वृत्त के व्यास है।

समीकरण को हल करने पर

$x = 1$ तथा $y = -1$

वृत्त का केन्द्र $(1, -1)$ है और वृत्त की परिधि $= 10\pi$

$\Rightarrow$ $2\pi r = 10\pi$ $\Rightarrow$ $r = 5$

$\therefore$ वृत्त का समीकरण है

$$(x - x_1)^2 + (y - y_1)^2 = r^2$$

$\Rightarrow$ $(x-1)^2 + (y+1)^2 = 5^2$

$\Rightarrow$ $x^2 + 1 - 2x + y^2 + 2y + 1 = 25$

$\Rightarrow$ $x^2 + y^2 - 2x + 2y - 23 = 0$

18. (b) माना वृत्त

$S = x^2 + y^2 + 2gx + 2fy + c = 0$ ...(i)

यह (a, b) से होकर जाता है।

$\therefore$ $a^2 + b^2 + 2ag + 2bf + c = 0$ ...(ii)

S काटता है वृत्त $x^2 + y^2 - 4 = 0$ को समकोणीय

$\therefore$ $0 + 0 = c - 4$ $\Rightarrow$ $c = 4$ ...(iii)

समीकरण (iii) तथा (iv) से

$$2ag + 2bf + a^2 + b^2 + 4 = 0$$

$\therefore$ वृत्त बिन्दुपथ $(-g, -f)$ है।

$$-2ax - 2by + a^2 + b^2 + 4 = 0$$

या $2ax + 2by - (a^2 + b^2 + 4) = 0$

19. (a) रेखा PQ का समीकरण, अर्थात् उभयनिष्ठ जीवा $5ax + (2c - d)y + a + 1 = 0$ है

$5x + by - a = 0$ से तुलना करने पर,

$$\frac{5a}{5} = \frac{2c-d}{b} = \frac{a+1}{-a}$$

$\Rightarrow \quad a^2 + a + 1 = 0$ कोई वास्तविक मूल नहीं है।

20. (c) अभिष्ठ वृत्त की त्रिज्या त है, तब इसका केन्द्र $(a, r), r > 0$ है।

$\therefore \quad S = (x-a)^2 + (y-r)^2 = r^2 \quad$ ...(i)

S वृत्त $x^2 + (y-3)^2 = 4$ को स्पर्श करता है।

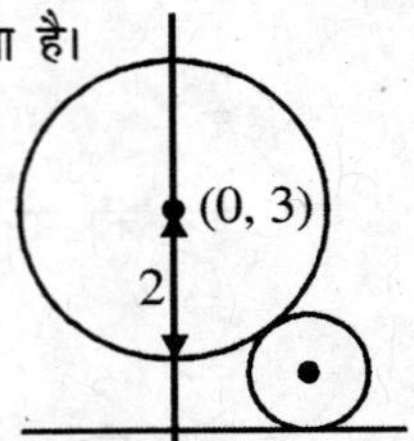

$\therefore \quad \sqrt{(a-0)^2 + (r-3)^2} = r + 4$

$\Rightarrow \quad a^2 + r^2 - 6r + 9 = r^2 + 8r + 16$

$\Rightarrow \quad a^2 = 14r + 7$

$\therefore$ केन्द्र (a, r) का बिन्दुपथ है

$x^2 = 14y + 7$ जो एक परवलय है।

21. (d)

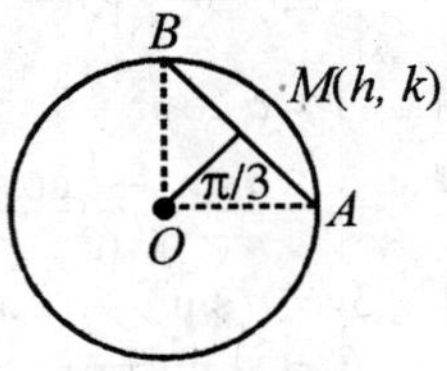

$$\frac{OM}{OM} = \cos\left(\frac{\pi}{3}\right) = \frac{1}{2}$$

$\Rightarrow \quad h^2 + k^2 = \frac{9}{4}$

$\Rightarrow \quad M$ का बिन्दुपथ $x^2 + y^2 = \frac{9}{4}$ है।

22. (a) वृत्त का समीकरण $= (x-h)^2 + (y-k)^2 = k^2$

यह $(-1, 1)$ से होकर जाता है, तब

$(-1-h)^2 + (1-k)^2 = k^2$

$h^2 + 2h - 2k + 2 = 0$

h वास्तविक है $\quad \Rightarrow \quad D \geq 0$

$\Rightarrow \quad 4 - 4(2 - 2k) \geq 0$

$\Rightarrow \quad k \geq \frac{1}{2}$

23. (d) $x^2 + y^2 + 2x + 4y - 3$

$\Rightarrow \quad 0$ केन्द्र $= (-1, -2)$

माना (α, β) अभीष्ट बिन्दु है,

तब, $\quad \frac{\alpha+1}{2} = -1, \quad \frac{\beta+0}{2} = -2$

$\Rightarrow \quad (\alpha, \beta) = (-3, -4)$

□□□

परवलय 3
Parabola

शाकव का व्याप समीकरण (General Equation of Conic Sections)

माना शांकव की नाभि $S(h, k)$ तथा नियता का समीकरण

$$lx + my + n = 0$$

शांकव का समीकरण–

$$(x-h)^2 + (y-k)^2 = e^2\left(\frac{(lx+my+n)^2}{l^2+m^2}\right)$$

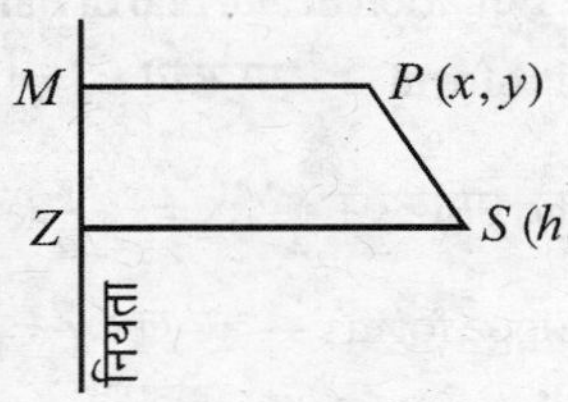

$e \rightarrow$ उपकेन्द्रता $\qquad \boxed{\frac{PS}{PM} = e}$

नोट//

- समीकरण $ax^2 + 2hxy + by^2 + 2gx + 2fy + c = 0$.

(i) एक रेखायुग्म निरूपित करेगी, यदि $\Delta = 0$.

(ii) एक वृत्त निरूपित करेगी, यदि $\Delta \neq 0, a = b$ तथा $h = 0$.

(iii) एक परवलय निरूपित करेगी, यदि $\Delta \neq 0, h^2 = ab$.

(iv) एक दीर्घवृत्त निरूपित करेगी, यदि $\Delta \neq 0, h^2 < ab$.

(v) एक अतिपरवलय निरूपित करेगी, यदि $\Delta \neq 0, h^2 > ab$.

(vi) एक समकोणीय अतिपरवलय निरूपित करेगी, यदि $\Delta \neq 0, h^2 > ab$ तथा $a + b = 0$.

(vii) $e < 1$, तो शांकव को दीर्घवृत्त कहते है।

(viii) $e = 1$, तो शांकव को परवलय कहते है।

(ix) $e > 1$ तो शांकव को अतिपरवलय कहते है।

परवलय का मानक समीकरण (Standard Equation of Parabola):

परवलय का मानक समीकरण $y^2 = 4ax$ है।

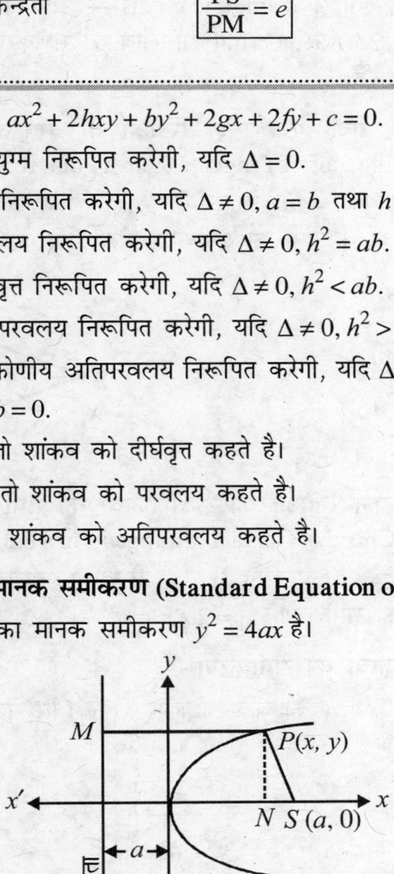

$$\frac{PS}{PM} = 1 \quad \Rightarrow \quad \boxed{PS = PM}$$

परवलय के लिए, $\qquad e = 1$

P की नाभि से दूरी $= P$ की नियता से दूरी

परवलय के अन्य मानक रूपों का समीकरण
(Equation of Different Standard Forms of a Parabola)

1. परवलय के इस रूप का समीकरण $y^2 = -4ax$ होता है।

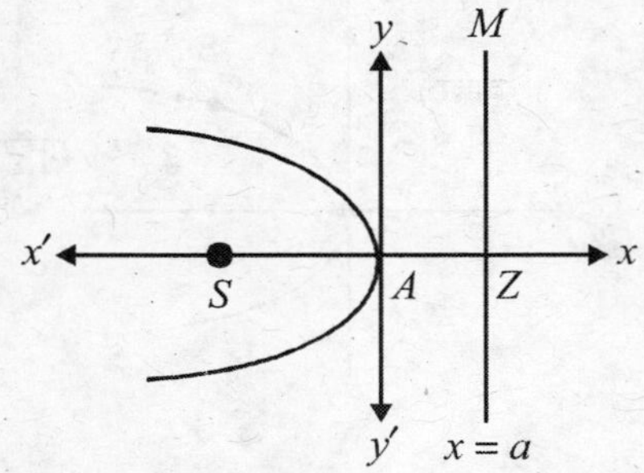

2. परवलय के इस रूप का समीकरण $x^2 = 4ay$ होता है।

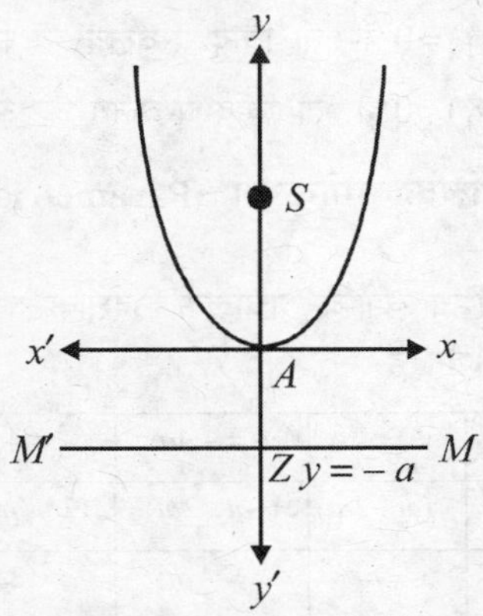

3. परवलय के इस रूप का समीकरण $x^2 = -4ay$ है।

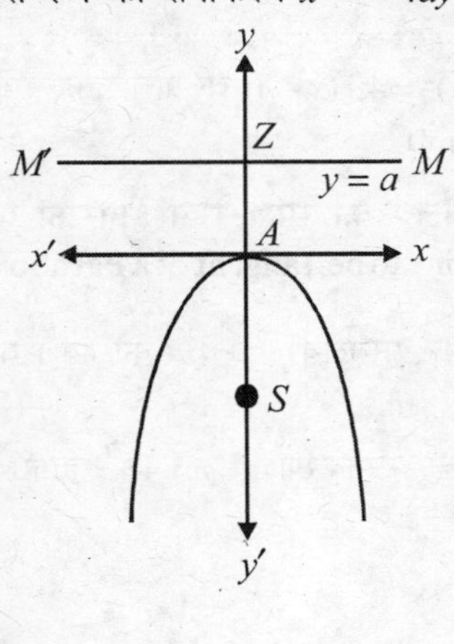

परवलय से सम्बन्धित पद (Terms Related to Parabola)

	$y^2=4ax$	$y^2=-4ax$	$x^2=4ay$	$x^2=-4ay$
शीर्ष के निर्देशांक	(0, 0)	(0, 0)	(0, 0)	(0, 0)
नाभि के निर्देशांक	$(a, 0)$	$(-a, 0)$	$(0, a)$	$(0, -a)$
अक्ष का समीकरण	$y=0$	$y=0$	$x=0$	$x=0$
नियता का समीकरण	$x=-a$	$x=a$	$y=-a$	$y=a$
नाभिक की लम्बाई	$4a$	$4a$	$4a$	$4a$
नाभिलम्ब के शीर्ष	$(a, \pm 2a)$	$(-a, \pm 2a)$	$(\pm 2a, a)$	$(\pm 2a, -a)$
नाभिलम्ब का समीकरण	$x=a$	$x=-a$	$y=a$	$y=-a$

परवलय के सापेक्ष किसी बिन्दु की स्थिति (Position of a Point with Respect to a Parabola)

माना परवलय का समीकरण $y^2=4ax$ है तथा कोई बिन्दु P के निर्देशांक (x_1, y_1) है, तब

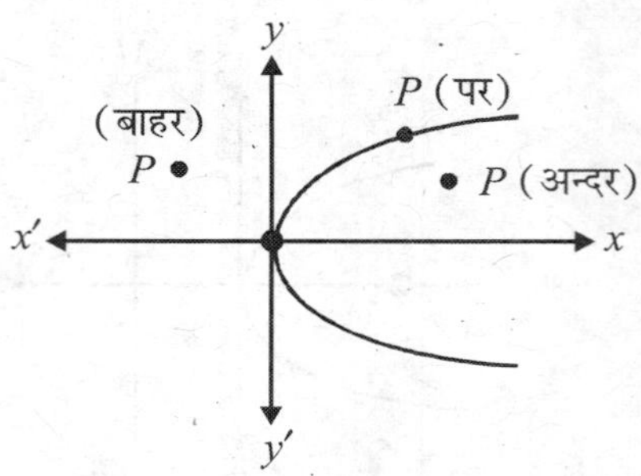

1. यदि $(y_1^2-4ax_1)>0$, तो बिन्दु परवलय के बाहर स्थित है।
2. यदि $(y_1^2-4ax_1)=0$ हो, तो बिन्दु परवलय पर स्थित होगा।
3. यदि $(y_1^2-4ax_1)<0$ हो, तो बिन्दु परवलय के अन्दर स्थित होगा।

परवलय की प्राचलिक समीकरण (Parametric Equation of a Parabola)

परवलय के विभिन्न रूपों के प्राचलिक निर्देशांक व प्राचलिक समीकरण निम्न सारणी में प्रदर्शित है–

परवलय	$y^2=4ax$	$y^2=-4ax$	$x^2=4ay$	$x^2=-4ay$
प्राचलिक निर्देशांक	$(at^2, 2at)$	$(-at^2, 2at)$	$(2at, at^2)$	$(2at, -at^2)$
प्राचलिक समीकरण	$x=at^2$	$x=-at^2$	$x=2at$	$x=2at$

नोट//

परवलय $(y-k)^2=4a(x-h)$ के प्राचलिक समीकरण $x=h+at^2$ व $y=k+2at$ है।

एक रेखा का परवलय की स्पर्श रेखा होने का प्रतिबन्ध (Condition of a Line to be Tangent of a Parabola)

रेखा $y=mx+c$, परवलय $y^2=4ax$ को स्पर्श करेगी, यदि $c=\frac{a}{m}$

$\therefore$ स्पर्श रेखा का समीकरण $y=mx+\frac{a}{m}$ होगा।

तथा स्पर्श बिन्दु के निर्देशांक $\left(\frac{a}{m^2}, \frac{2a}{m}\right)$ है।

स्पर्श रेखा के समीकरण के विभिन्न रूप (Different Forms of Equation of Tangents)

1. **बिन्दु रूप (Point form)**— परवलय $y^2=4ax$ के बिन्दु (x_1, y_1) पर स्पर्श रेखा का समीकरण $yy_1=2a(x+x_1)$ होता है।
2. **प्राचलिक रूप (Parametric form)**— परवलय $y^2=4ax$ के बिन्दु $(at^2, 2at)$ पर स्पर्श रेखा का समीकरण $ty=x+at^2$ होता है।
3. **प्रवणता रूप (Slope form)**— परवलय $y^2=4ax$ पर स्पर्श रेखा का समीकरण $y=mx+\frac{a}{m}$ होता है तथा स्पर्श बिन्दु के निर्देशांक $\left(\frac{a}{m^2}, \frac{2a}{m}\right)$ होते हैं।

परवलय के अभिलम्ब के समीकरण के विभिन्न रूप (Various Forms of Equation of Normal of Parabola)

1. **बिन्दु रूप (Point form)**— परवलय $y^2=4ax$ के बिन्दु (x_1, y_1) पर अभिलम्ब का समीकरण $y-y_1=-\frac{y_1}{2a}(x-x_1)$ होता है।
2. **प्रवणता रूप (Slope form)**— परवलय $y^2=4ax$ के अभिलम्ब का समीकरण $y=mx-2am-am^3$ होता है।
3. **प्राचलिक रूप (Parametric form)**— परवलय $y^2=4ax$ के बिन्दु $(at^2, 2at)$ पर खींचे गए अभिलम्ब का समीकरण $y+tx=2at+at^3$ होता है।

एक बिन्दु से खींची गयी स्पर्श रेखाओं के युग्म का समीकरण (Equation of the Pair of Tangents from a Point to a Parabola)

माना परवलय $y^2=4ax$ है। तब बिन्दु (x_1, y_1) से परवलय पर खींची गयी स्पर्श रेखाओं के युग्म का समीकरण नीचे दिया गया है।

$$\boxed{SS_1=T^2}$$

$S=y^2-4ax$

$S_1=y_1^2-4ax_1$

$T=yy_1-2a(x+x_1)$

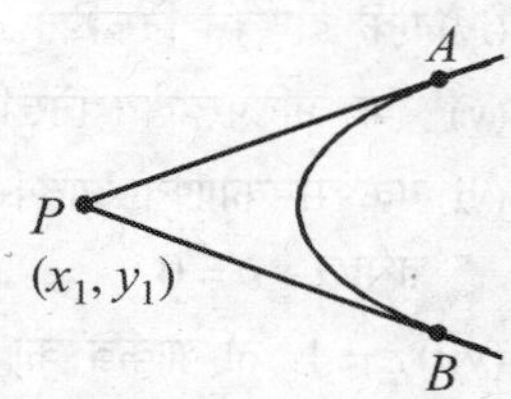

परवलय की स्पर्श रेखाओं की स्पर्शी जीवा का समीकरण (Equation of Chord of Contact of Tangents of a Parabola)

परवलय $y^2=4ax$ पर बिन्दु (x_1, y_1) से खींची गयी स्पर्श रेखाओं की स्पर्शीय जीवा का समीकरण $yy_1=2a(x+x_1)$ है।

समद्विभाजित जीवा का समीकरण–

परवलय $y^2=4ax$ की जीवा जो बिन्दु (x_1, y_1) पर समद्विभाजित होती है, का समीकरण–

$$\boxed{T=S_1}$$

$S_1=y_1^2-4ax_1$

$T_1=yy_1-2a(x+x_1)$

दो बिन्दुओं को मिलाने वाली जीवा का समीकरण
(Equation of the Chord Joining Two Given Points):

परवलय $y^2 = 4ax$ के दो बिन्दुओं (x_1, y_1) और (x_2, y_2) को मिलाने वाली जीवा का समीकरण–

$$\boxed{y \cdot (y_2 + y_1) = 4ax + y_1 \cdot y_2}$$

परवलय और एक सरल रेखा का प्रतिच्छेदन
(Inter Reaction of Parabola and a Straight Line):

माना दी रेखा $y = mx + C$ और परवलय का समीकरण $y^2 = 4ax$ तब–

$$(mx + C)^2 = 4ax$$
$$(mx + C)^2 - 4ax = 0$$
$$m^2x^2 + 2x(mc - 2a) + C^2 = 0$$

1. यदि बिन्दु वास्तविक तथा भिन्न है।
   तब, $\boxed{a > mC}$
2. यदि बिन्दु वास्तविक और संपाती है।
   तब, $\boxed{C = \frac{a}{m}}$
3. यदि बिन्दु काल्पनिक है।
   तब, $\boxed{a < mC}$

कुछ महत्त्वपूर्ण तथ्य

1. **परवलय का व्यास (Diameter of Parabola)**
   परवलय की समान्तर जीवाओं के मध्य बिन्दुओं के बिन्दुपथ को परवलय का व्यास कहते हैं।
   परवलय के व्यास का समीकरण $y = \frac{2a}{m}$ होगा यदि जीवा की प्रवणता m हो, तथा परवलय का समीकरण $y^2 = 4ax$ है।
2. (i) स्पर्शी की लम्बाई, $PT = y_1 \operatorname{cosec} \theta$
   (ii) अभिलम्ब की लम्बाई $= y_1 \sec \theta$
   (iii) अद्योस्पर्शी की लम्बाई $= y_1 \cot \theta$
   (iv) अद्योलम्ब की लम्बाई $= y_1 \tan \theta$

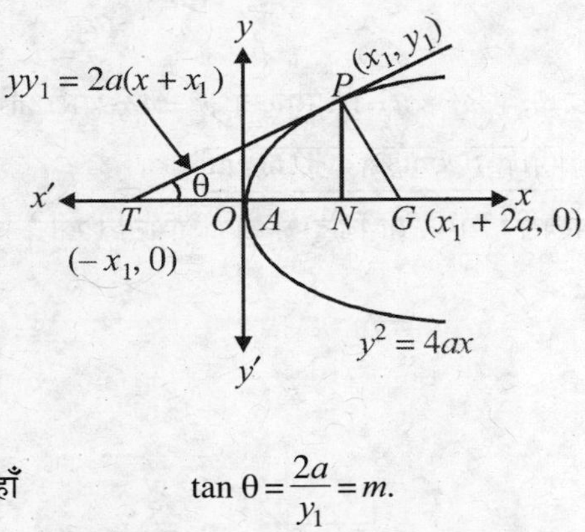

जहाँ $\tan \theta = \frac{2a}{y_1} = m.$

3. यदि परवलय $y^2 = 4ax$ के अन्दर एक समबाहु त्रिभुज बनाया गया है। जिसके शीर्ष परवलय पर स्थित है, तो इसकी प्रत्येक भुजा की लम्बाई $8a\sqrt{3}$ होती है।
4. दो परवलयों $y^2 = 4ax$ व $x^2 = 4by$ के बीच प्रतिच्छेद कोण $\tan^{-1}\left(\frac{3a^{1/3}b^{1/3}}{2(a^{2/3} + b^{2/3})}\right)$ होता है।
5. यदि रेखा $lx + my + n = 0$ परवलय $y^2 = 4ax$ को स्पर्श करती है, तो $ln = am^2$।
6. परवलय की किसी भी नाभीय जीवा को व्यास मानकर खींचा गया वृत्त नियता को स्पर्श करता है।
7. यदि रेखा $x \cos \alpha + y \sin \alpha = P$ परवलय $y^2 = 4ax$ को स्पर्श करती है। तब, $P \cos \alpha + a \sin^2 \alpha = 0$ और स्पर्श बिन्दु $(a \tan^2 \alpha, -2a \tan \alpha)$.
8. यदि रेखा $\frac{x}{l} + \frac{y}{m} = 1$ $y^2 = 4a(x + b)$ को स्पर्श करती है। तब, $m^2(1 + b) + al^2 = 0.$
9. रेखा $y = mx + c$ द्वारा परवलय $y^2 = 4ax$ से अन्त: खण्डित जीवा की लम्बाई $= \frac{4}{m^2}\sqrt{a(1 + m^2)(a - mc)}.$
10. परवलय $y^2 = 4ax$ का परस्पर लम्बवत् स्पर्शियों के प्रतिच्छेद बिन्दुओं का बिन्दुपथ इसकी नियता होती है।
11. यदि बिन्दु t_1 व t_2 पर खींचे गए अभिलम्ब परवलय पर मिलते हैं। तो, $t_1 t_2 = 2.$
12. बिन्दु (x_1, y_1) से परवलय $y^2 = 4ax$ पर खींची गयी स्पर्श रेखाओं एवं इसकी स्पर्श जीवा से बने त्रिभुज का क्षेत्रफल $\frac{1}{2a}(y_1^2 - 4ax_1)^{3/2}$ है।
13. किसी परवलय पर स्थित तीन बिन्दुओं को जोड़ने से प्राप्त त्रिभुज का क्षेत्रफल, इन बिन्दुओं पर खींची गयी स्पर्शियों से निर्मित त्रिभुज के क्षेत्रफल का दुगुना होता है।
14. (i) परवलयों $x^2 = 4by$ व $y^2 = 4ax$ की उभयनिष्ठ स्पर्शी $yb^{1/3} + xa^{1/3} + (ab)^{2/3} = 0$ होती है।
    (ii) परवलयों $x^2 = 4ay$ व $y^2 = 4ax$ के प्रतिच्छेद बिन्दु $(4a, 4a)$ है।
15. रेखा $y = mn + C$ परवलय $y^2 = 4ax$ पर अभिलम्ब होगी।
    यदि $C = -2am - am^3$.
16. परवलय $y^2 = 4ax$ के दो बिन्दुओं $P(at_1^2, 2at_1)$ व $Q(at_2^2, 2at_1)$ पर खींची गई स्पर्श रेखा के प्रतिच्छेद बिन्दु R के निर्देशांक $[(at_1t_2), a(t_1 + t_2)]$ होते हैं।

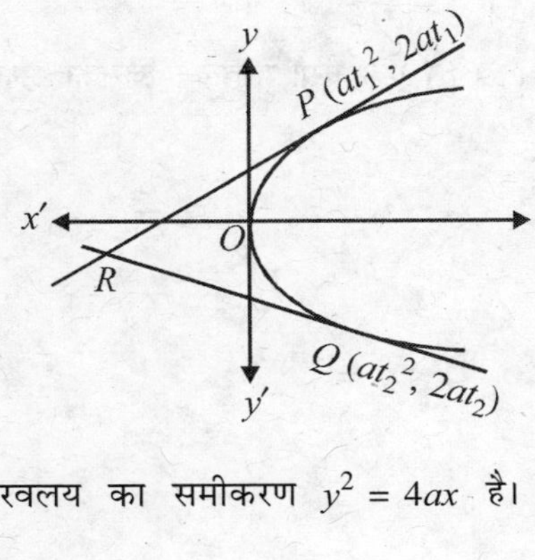

17. माना परवलय का समीकरण $y^2 = 4ax$ है। जिस पर बिन्दु

$P(at_1^2, 2at_1)$ व $Q(at_2^2, 2at_2)$ है।

इन बिन्दुओं पर खींचे गए अभिलम्बों के प्रतिच्छेदन बिन्दु के निर्देशांक $[2a + a(t_1^2 + t_2^2 + t_1 t_2), -at_1 t_2 (t_1 + t_2)]$ होते हैं।

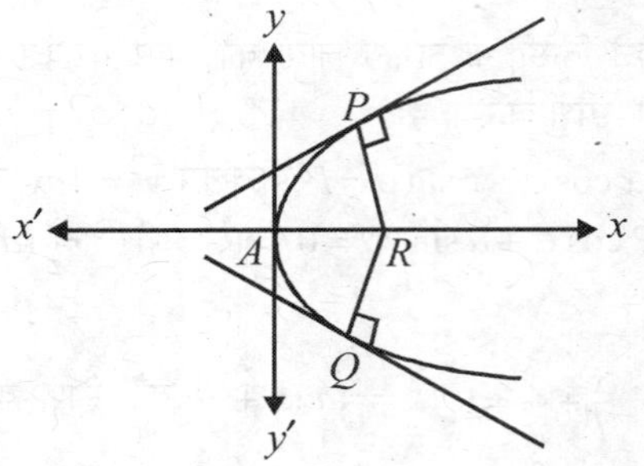

18. अभिलम्बों की प्रवणताओं का बीजीय योग शून्य होता है।
19. अभिलम्बों के पादों से बने त्रिभुज का केन्द्रक परवलय की अक्ष पर होता है।
20. यदि परवलय $y^2 = 4ax$ के बिन्दु t_1 पर खींचा गया अभिलम्ब पुनः परवलय को बिन्दु t_2 पर काटता है,

    तब $$t_2 = -t_1 - \frac{2}{t_1}$$
21. अभिलम्बों के पादों की कोटियों का बीजीय योग शून्य होता है।
22. किसी बिन्दु से परवलय पर तीन अभिलम्ब खींचे जा सकते हैं।
23. यदि परवलय की नाभीय जीवा के खण्डों की लम्बाई l_1 व l_2 हो, तब इसके नाभिलम्ब की लम्बाई $\frac{4l_1 l_2}{l_1 + l_2}$ होगी।
24. यदि नाभीय जीवा के एक शीर्ष के निर्देशांक $(at_1^2, 2at_1)$ हैं, तब दूसरे शीर्ष के निर्देशांक $\left(\frac{a}{t_1^2}, \frac{-2a}{t_1}\right)$ होंगे।
25. दो बिन्दुओं जिनके प्राचल t_1 व t_2 है, को मिलाने वाली जीवा नाभीय जीवा होगी, यदि $t_1 t_2 = -1$.
26. परवलय $y^2 = 4ax$ पर स्थित दो बिन्दुओं $P(at_1^2, 2at_1)$ व $Q(at_2^2, 2at_2)$ को मिलाने वाली जीवा का समीकरण $y(t_1 + t_2) = 2x + 2at_1 t_2$ है।
27. (i) $y^2 = 4a(x + a)$ एक ऐसा परवलय जिसका अक्ष x-अक्ष और फोकस मूलबिन्दु है।

    (ii) $y^2 = 4a(x - a)$ एक ऐसा परवलय जिसका अक्ष x-अक्ष और नियता y-अक्ष है।

    (iii) $x^2 = 4a(y + a)$ एक ऐसा परवलय जिसका फोकस मूलबिन्दु और अक्ष y-अक्ष है।

    (iv) $x^2 = 4a(y - a)$ एक ऐसा परवलय जिसका अक्ष y-अक्ष तथा नियता x-अक्ष है।
28. नाभिलम्ब के सिरों पर खींची गई स्पर्श रेखाएँ नियता पर लम्बवत् प्रतिच्छेद करती है।
29. किसी परवलय का अर्द्ध नाभिलम्ब परवलय की किसी भी नाभीय जीवा के खण्डों का हरात्मक माध्य होता है।
30. परवलय $y^2 = 4ax$ तथा $x^2 = 4by$ का प्रतिच्छेदन कोण
$$\tan^{-1}\left|\frac{3a^{1/3} b^{1/3}}{2(a^{2/3} + b^{2/3})}\right|$$
31. परवलय $y^2 = 4ax$ तथा $x^2 = 4by$ पर Common स्पर्शी का समीकरण इस प्रकार है–
$$a^{1/3} + x + b^{1/3} y + a^{2/3} . b^{2/3} = 0$$
32. परवलय का प्रत्येक व्यास इसके अक्ष के समान्तर होता है।
33. परवलय पर खींची गयी लम्बवत् स्पर्श रेखाओं की स्पर्शीय जीवा परवलय की नाभि से गुजरती है। नियता के किसी भी बिन्दु से परवलय पर खींची गयी स्पर्श रेखाएँ परस्पर 90° का कोण बनाती है।
34. परवलय की किसी नाभीय जीवा के एक सिरे पर खींची गयी स्पर्श रेखा दूसरे सिरे पर खींचे गए अभिलम्ब के समान्तर होती है।
35. त्रिभुज ABC का क्षेत्रफल $= \frac{1}{2} a^2 (t_1 - t_2)^3$.

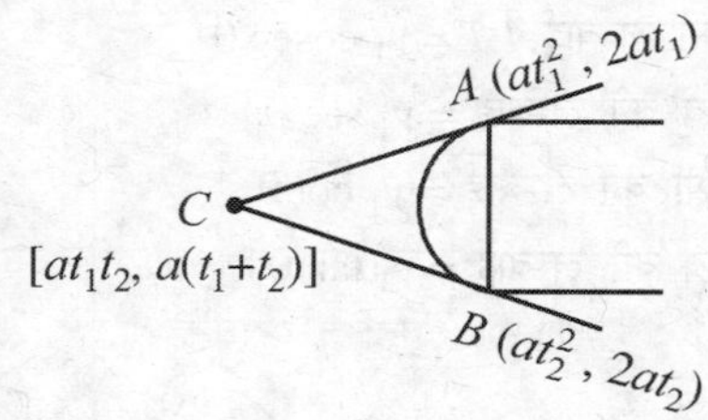

36. यदि रेखा $ln + my + n = 0$ परवलय $y^2 = 4ax$ पर अभिलम्ब है।

    तब– $\boxed{al(al^2 + 2m^2) + m^2 n = 0}$
37. किसी परवलय पर किसी बिन्दु से तीन अभिलम्ब खींचे जा सकते हैं।

वस्तुनिष्ठ प्रश्न

1. परवलय की नाभि के निर्देशांक $x^2-4x-8y-4=0$ है–
(a) $(1,2)$ (b) $(-2,-1)$
(c) $(0,2)$ (d) $(2,1)$

2. उस परवलय का समीकरण, जिसका शीर्ष और नाभि x-अक्ष पर मूल बिन्दु से क्रमशः a और a_1 दूरियों पर हैं–
(a) $y^2=4(a_1-a)(x-a_1)$ (b) $y^2=4(a_1-a)x$
(c) $y^2=4(a_1-a)(x-a)$ (d) इनमें से कोई नहीं

3. यदि परवलय $y^2=4ax$ द्वारा रेखा $lx+my+n=0$ से अन्तःखण्डित रेखाखण्ड, शीर्ष पर एक समकोण अन्तरित करता हो, तो
(a) $4am+n=0$ (b) $al+n=0$
(c) $4al+n=0$ (d) $4al+4am+n=0$

4. $y^2=16x$ की नाभीय जीवा, $(x-6)^2+y^2=2$ की स्पर्शी है तो इस जीवा की प्रवणता के सम्भव मान होंगे–
(a) $-2, 1/2$ (b) $1/2, 2$
(c) $-1/2, 2$ (d) $1, -1$

5. एक परवलय के अन्तर्गत बने त्रिभुज के क्षेत्रफल का इस त्रिभुज के शीर्षों पर खींची गई स्पर्शियों से बने त्रिभुज के क्षेत्रफल से अनुपात है–
(a) 1 (b) 2
(c) 1/2 (d) कोई नहीं

6. रेखा $lx+my+n=0$ परवलय $y^2=4ax$ का एक अभिलम्ब होगी, यदि–
(a) $al(2l^2+m^2)=-m^2n$ (b) $al(l^2+2m^2)+m^2n=0$
(c) $al(2l^2+m^2)=2m^2n$ (d) $al(l^2+2m^2)=m^2n$

7. परवलय $y^2=4ax$ के किसी बिन्दु पर अभिलम्ब जीवा, जिसकी कोटि, भुज के बराबर है, किस बिन्दु पर समकोण अन्तरित करती है–
(a) नाभि (b) शीर्ष
(c) नाभिलम्ब के शीर्ष (d) किसी पर नहीं

8. परवलय $y^2=4ax$ की उन जीवाओं के मध्य बिन्दुओं का बिन्दुपथ जो शीर्ष पर एक समकोण अन्तरित करते हैं–
(a) $y^2=a(x-2a)$ (b) $y^2=a(x+2a)$
(c) $y^2=2a(x+4a)$ (d) $y^2=2a(x-4a)$

9. प्राचलिक समीकरण $x=t^2+t+1, y=t^2-t+1$ द्वारा निरूपित वक्र है–
(a) परवलय (b) अतिपरवलय
(c) रेखायुग्म (d) दीर्घवृत्त

10. यदि $x+y=k, y^2=12x$ का अभिलम्ब है, तो k का मान है–
(a) -9 (b) -3
(c) 3 (d) 9

11. यदि रेखा $x-1=0$, परवलय $y^2-kx+8=0$ की नियता है, तो k का एक मान है
(a) 4 (b) 1/4
(c) 1/8 (d) 8

12. x-अक्ष के ऊपर वृत्त $(x-3)^2+y^2=9$ और परवलय y^2+4x को स्पर्श करने वाली उभयनिष्ठ स्पर्शी का समीकरण है–
(a) $\sqrt{3}y=x+3$ (b) $\sqrt{3}y=-(3x+1)$
(c) $\sqrt{3}y=3x+1$ (d) $\sqrt{3}y=-(x+3)$

13. परवलय $y^2+4y+4x+2=0$ की नियता का समीकरण है–
(a) $x=-1$ (b) $x=\frac{3}{2}$
(c) $x=-\frac{1}{3}$ (d) $x=1$

14. परवलय $y^2=4ax$ की नाभि को एक चर बिन्दु से जोड़ने वाली रेखा के मध्य बिन्दु का बिन्दुपथ एक अन्य परवलय होगा, जिसकी नियता है–
(a) $x=0$ (b) $x=\frac{a}{2}$
(c) $x=-a$ (d) $x=-\frac{a}{2}$

15. वक्रों $y^2=8x$ और $xy=-1$ की उभयनिष्ठ स्पर्शी का समीकरण है–
(a) $2y=x+8$ (b) $y=x+2$
(c) $3y=9x+2$ (d) $y=2x+1$

16. परवलय $y^2=16x$ की नाभिय जीवा (focal chord), वृत्त $(x-6)^2+y^2=2$ की स्पर्शी है, तो जीवा की प्रवणता के सम्भव मान हैं–
(a) $\left\{-2, \frac{1}{2}\right\}$ (b) $\left\{2, -\frac{1}{2}\right\}$
(c) $\{-1, 1\}$ (d) $\{-2, 2\}$

17. एक परवलय का अक्ष $y=x$ है ओर शीर्ष और नाभि मूलबिन्दु से क्रमशः $\sqrt{2}$ और $2\sqrt{2}$ की दूरी पर है। परवलय का समीकरण है–
(a) $(x-y)^2=4(x+y-2)$ (b) $(x+y)^2=2(x-y+2)$
(c) $(x-y)^2=8(x+y-2)$ (d) $(x+y)^2=2(x+y-2)$

18. परवलय $y^2+4y+4x+2=0$ की नियता का समीकरण होगा?
(a) $x=-1$ (b) $x=1$
(c) $x=-3/2$ (d) $x=3/2$

19. यदि परवलय के बिन्दु $(bt_1^2, 2bt_1)$ पर खींचा गया अभिलम्ब परवलय से फिर बिन्दु $(bt_2^2, 2bt_2)$ पर मिलता है, तब–
(a) $t_2=-t_1+2/t_1$ (b) $t_2=t_1-2/t_1$
(c) $t_2=t_1+2/t_1$ (d) $t_2=-t_1-2/t_1$

20. यदि $a\neq 0$ और रेखा $2bx+3cy+4d=0$ परवलय $y^2=4ax$ और परवलय $x^2=4ay$ के प्रतिच्छेद बिन्दु से होकर जाती है, तब–
(a) $d^2+(2b+3c)^2=0$ (b) $d^2+(3b+2c)^2=0$
(c) $d^2+(2b-3c)^2=0$ (d) $d^2+(3b-2c)^2=0$

21. वक्र $y^2=8x$ पर कोई बिन्दु Q है तथा बिन्दु $P(1,0)$ है। तब PQ के मध्य बिन्दु का बिन्दुपथ होगा?
(a) $x^2-4y+2=0$ (b) $x^2+4y+2=0$
(c) $y^2+4x+2=0$ (d) $y^2-4x+2=0$

22. परवलय $y = \frac{a^3x^2}{3} + \frac{a^2x}{2} - 2a$ के शीर्षों का बिन्दुपथ होगा?

(a) $xy = 105/64$ (b) $xy = 3/4$

(c) $xy = 35/16$ (d) $xy = 64/105$

23. परवलय की नाभि (0, 0) और नियता का समीकरण $x = 2$ है, तब परवलय का शीर्ष होगा?

(a) (2, 0) (b) (0, 2)

(c) (1, 0) (d) (0, 1)

उत्तरमाला

1. (d)	**2.** (c)	**3.** (c)	**4.** (d)	**5.** (b)	**6.** (b)	**7.** (a)	**8.** (d)	**9.** (a)	**10.** (d)
11. (a)	**12.** (a)	**13.** (b)	**14.** (a)	**15.** (b)	**16.** (c)	**17.** (c)	**18.** (d)	**19.** (d)	**20.** (a)
21. (d)	**22.** (a)	**23.** (c)							

संकेत एवं हल

1. (d) $(x-2)^2 = 8(y+1)$ या $X^2 = 4AY$

नाभि $X = 0, Y = A$

या $x - 2 = 0, y + 1 = 2 \quad \therefore (2, 1)$

2. (c) अक्ष, x-अक्ष के अनुदिश है तथा शीर्ष तथा नाभि के बीच की दूरी $a_1 - a = A$

$\therefore \quad Y^2 = 4AX$

या $(y-0)^2 = 4(a_1 - a)(x - a)$

3. (c) समघात बनाकर $A + B = 0$ रखें।

$$y^2 = 4ax\left(\frac{lx+my}{-n}\right)$$

$\therefore \quad 4al + n = 0$

4. (d) नाभि $(a, 0) = (4, 0)$. कोई नाभीय जीवा $y - 0 = m(x-4)$ या $mx - y - 4m = 0$. वृत्त $(6, 0)$ $\sqrt{2}$ पर स्पर्श करने के प्रतिबन्ध $p = r$ से,

$$\frac{6m-4m}{(m^2+1)} = \sqrt{2} \text{ या } 2m = \sqrt{2}\cdot\sqrt{(m^2+1)}$$

या $2m^2 = m^2 + 1 \Rightarrow m^2 = 1$

$\therefore \quad m = \pm 1$

5. (b) माना A, B, C बिन्दु $(at_1^2, 2at_1)$ आदि हैं। माना $B, C; C, A$ और A, B पर खींची गई स्पर्शियों के प्रतिच्छेद बिन्दु P, Q, R हैं।

$\therefore \quad P = \{at_1t_3, a(t_2+t_3)\}$ आदि।

ΔABC का क्षेत्रफल

$$= \frac{1}{2}\begin{vmatrix} at_1^2 & 2at_1 & 1 \\ at_2^2 & 2at_2 & 1 \\ at_3^2 & 2at_3 & 1 \end{vmatrix} \quad R_1 - R_2, R_2 - R_3 \text{ से}$$

$$= \frac{1}{2}\cdot a\cdot 2a\begin{vmatrix} t_1^2 - t_2^2 & t_1 - t_2 & 0 \\ t_2^2 - t_3^2 & t_2 - t_3 & 0 \\ at_3^2 & 2at_3 & 1 \end{vmatrix}$$

$$= a^2\cdot(t_1-t_2)(t_2-t_3)\begin{vmatrix} t_1+t_2 & 1 \\ t_2+t_3 & 1 \end{vmatrix}$$

$$= a^2(t_1-t_2)(t_2-t_3)(t_3-t_1)$$
$$= a^2(t_1-t_2)(t_2-t_3)(t_3-t_1)$$

ΔPQR का क्षेत्रफल

$$= \frac{1}{2}\begin{vmatrix} at_2t_3 & a(t_2+t_3) & 1 \\ at_3t_1 & a(t_3+t_1) & 1 \\ at_1t_2 & a(t_1+t_2) & 1 \end{vmatrix}$$

$R_1 - R_3$ और $R_2 - R_3$ से,

$$= \frac{1}{2}a.a\begin{vmatrix} t_3(t_2-t_1) & (t_2-t_1) & 0 \\ t_1(t_3-t_2) & (t_3-t_2) & 0 \\ at_1t_2 & a(t_1+t_2) & 1 \end{vmatrix}$$

$$= \frac{1}{2}a^2(t_2-t_1)(t_3-t_2)(t_3-t_1)$$

$$= \frac{1}{2}a^2(t_1-t_2)(t_2-t_3)(t_3-t_1)$$

$$= \frac{1}{2}\Delta ABC$$

$\therefore \quad \Delta ABC = 2\Delta PQR$

6. (b) $y = Mx + C$ परवलय $y^2 = 4ax$ का एक अभिलम्ब होगा यदि $C = -2aM - aM^3$. दी हुई रेखा के लिए $M = -\frac{l}{m}$ और

$C=-\frac{n}{m}$. इन मानों को रखने पर परिणाम (b) प्राप्त होता है।

7. (a) माना PQ अभिलम्ब जीवा है, जो $P(t_1)$ पर अभिलम्ब है। माना $Q(t_2)$ है, तो

$$t_2=-t_1-\frac{2}{t_1} \quad ...(i)$$

दिया है, $at_1^2=2at_1 \Rightarrow t_1=2 \quad \therefore =-3$

$\therefore \quad P=(4a,4a)$ और $Q=(9a,-6a)$

अब $S(a,0)$ नाभि है।

SP की प्रवणता $=\frac{4a}{3a}$ और SQ की प्रवणता $=-\frac{6a}{8a}$

स्पष्टत: $m_1m_2=-1$

अत: PQ नाभि पर समकोण अन्तरित करती है।

8. (d) माना P और Q क्रमश: t_1 और t_2 हैं। चूँकि PQ शीर्ष A पर $90°$ का कोण अन्तरित करती है, अत:

$$\frac{2}{t_1}\cdot\frac{2}{t_2}=-1 \quad \text{या } t_1t_2=-4 \quad ...(i)$$

माना PQ का मध्य-बिन्दु (h,k) है, तो

$$2h=a(t_1^2+t_2^2) \quad ...(ii)$$
$$2k=2a(t_1+t_2) \quad ...(iii)$$

बिन्दुपथ ज्ञात करने के लिए (i), (ii) और (iii) के बीच t_1,t_2 का विलोपन करना होगा।

$$2h=a[(t_1+t_2)^2-2t_1t_2]$$

$$2h=a\left[\frac{k^2}{a^2}+8\right]$$

$\therefore \quad 2ax=y^2+8a^2$

या $\quad y^2=2a(x-4a)$

9. (a) $\quad x=t^2+t+1 \quad ...(i)$

तथा $\quad y=t^2-t+1 \quad ...(ii)$

समी (i) तथा (ii) से

$$x-y=2t$$

अत: $\quad x=t^2+t+1$

$\Rightarrow \quad x=\left(\frac{x-y}{2}\right)^2+\left(\frac{x-y}{2}\right)+1$

$\Rightarrow \quad 4x=(x-y)^2+2x-2y+4$

$\Rightarrow \quad (x-y)^2=2(x+y-2)$

$\Rightarrow \quad x^2+y^2-2xy=2x+2y-4$

$\Rightarrow \quad x^2+y^2-2xy-2x-2y+4=0$

अब, $\Delta=1\cdot1\cdot4+2\cdot(-1)(-1)-1\times(-1)^2-1\times(-1)^2-4(-1)^2$

$$=4-2-1-1-4$$
$$=4\neq0$$

और $\quad ab-h^2=1\cdot1-(1)^2=1-1=0$

अत: यह एक परवलय का समीकरण है।

10. (d) $y=mx+c$, परवलय $y^2=4ax$ पर अभिलम्ब होगा, यदि $c=-2am-am^3$,

$y^2=12x$ [दिया है]

$\Rightarrow \quad y^2=4\cdot3\cdot x$

$\Rightarrow \quad a=3$

और $\quad x+y=k$

$\Rightarrow \quad m=-1$ और $c=k$

$\therefore \quad k=-2(3)(-1)-3(-1)^3=9$

11. (a) $y^2=kx-8 \Rightarrow y^2=k\left(x-\frac{8}{k}\right)$

मूलबिन्दु का परिवर्तन करने पर,

$Y^2=kX$, जहाँ $Y=0, X=x-\frac{8}{k}$

मानक परवलय की नियता, $X=-\frac{k}{4}$

$x=1$ भी $x=\frac{8}{k}-\frac{k}{4}$ के समान है।

$\therefore \frac{8}{k}-\frac{k}{4}=1$ को हल करने पर,

$$k=4$$

12. (a) $y^2=4x$ की कोई स्पर्शी, $y=mx+\frac{1}{m}$, $(a=1)$ के रूप की होगी और यह वृत्त $(x-3)^2+y^2+9$ को स्पर्श करेगी, यदि

$$\left|\frac{m(3)+\frac{1}{m}-0}{\sqrt{m^2+1}}\right|=3$$

$\therefore$ वृत्त का केन्द्र $(3,0)$ और त्रिज्या r है।

यदि $\quad \frac{3m^2+1}{m}=\pm\sqrt{m^2+1}$

$\Rightarrow \quad 3m^2+1=\pm3m\sqrt{m^2+1}$

$\Rightarrow \quad (3m^2+1)^2=(3m\sqrt{m^2+1})^2$

$\Rightarrow \quad 9m^4+1+6m^2=9m^2(m^2+1)$

$\Rightarrow \quad 9m^4+1+6m^2=9m^4+9m^2$

$\Rightarrow \quad 3m^2=1 \quad \Rightarrow \quad m=\pm\frac{1}{\sqrt3}$

स्पर्शी परवलय और वृत्त को x-अक्ष के ऊपर स्पर्श करें, तो प्रवणता धनात्मक होनी चाहिए।

$\therefore \quad m=\frac{1}{\sqrt3}$

और स्पर्शी का समीकरण $y=\frac{1}{\sqrt3}x+\sqrt3$

$\Rightarrow \quad \sqrt3y=x+3$

13. (b) $\because \quad y^2+4y+4x+2=0$

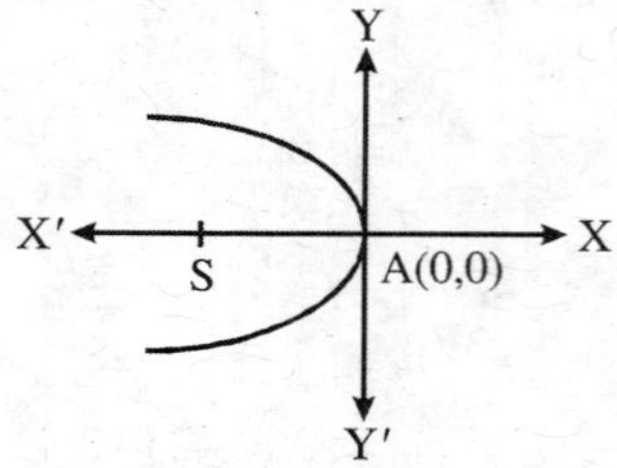

$\Rightarrow \quad (y+2)^2+4x-2=0$

$$\Rightarrow \quad (y+2)^2=-4\left(x-\frac{1}{2}\right)$$

$y+2=Y,\ x-\frac{1}{2}=X$ प्रतिस्थापित करने पर,

$$Y^2=-4X$$

यह एक परवलय है, जिसकी नियता $X=1$ है।

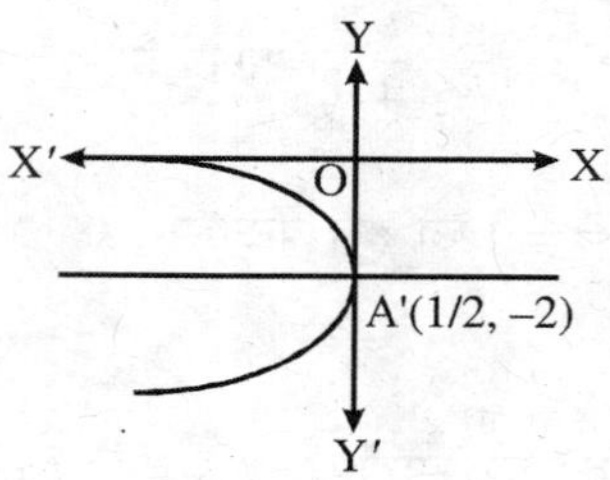

$$\Rightarrow \quad x-\frac{1}{2}=1 \quad \Rightarrow \quad x=\frac{3}{2}$$

14. (a) माना $P(h, k)$, नाभि $(a, 0)$ तथा परवलय के किसी बिन्दु $Q(x, y)$ को जोड़ने वाले रेखाखण्ड का मध्य बिन्दु है, तो

$$h=\frac{x+a}{2},\ k=\frac{y}{2}$$

$\Rightarrow \quad x=2h-a, y=2k$

उपरोक्त मान $y^2=4ax$ में रखने पर,

$$4k^2=4a(2h-a)$$

$$\Rightarrow \quad 4k^2=8ah-4a^2$$

$$\Rightarrow \quad k^2=2ah-a^2$$

अत: $P(h, k)$ बिन्दुपथ $y^2=2ax-a^2$

$$\Rightarrow \quad y^2=2a\left(x-\frac{a}{2}\right)$$

इसकी नियता $x-\frac{a}{2}+\frac{a}{2}=0 \quad \Rightarrow x=0$ है।

15. (b) वक्र $y^2=8x$ की स्पर्शी $y=mx+\frac{2}{m}$ है। अत: ये $xy=-1$ को सन्तुष्ट करेगी।

$$\therefore \quad x\left(mx+\frac{2}{m}\right)=-1 \quad \Rightarrow mx^2+\frac{2}{m}x+1=0$$

मूल समान हैं, तब

$$D=0$$

$$\Rightarrow \quad \frac{4}{m^2}-4m=0$$

$$\Rightarrow \quad m^3=1$$

$$\Rightarrow \quad m=1$$

अत: उभयनिष्ठ स्पर्शी का समीकरण $y=x+2$ है।

16. (c) दिया है, $y^2=16x$ की नाभिय जीवा वृत्त $(x-6)^2+y^2=2$ की स्पर्शी है।

परवलय की नाभि $(a, 0)=(4, 0)$ है।

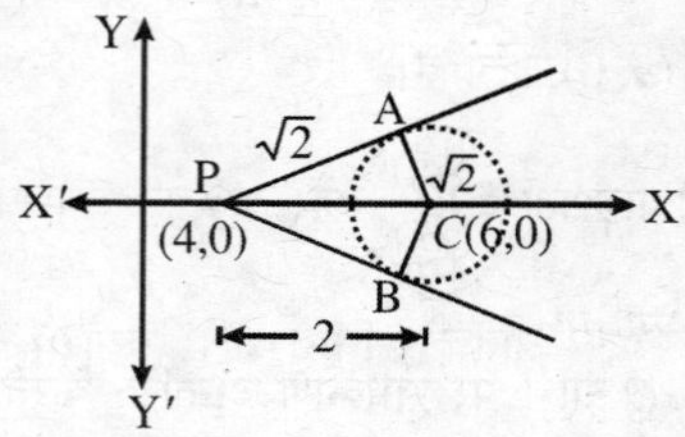

$(4, 0)$ से $(x-6)^2+y^2=2$ पर स्पर्शी खींची जाती है।

चूँकि PA, वृत्त की स्पर्शी है।

$$\therefore \quad \tan\theta = \text{स्पर्शी की प्रवणता}$$

$$=\frac{AC}{AP}=\frac{\sqrt{2}}{\sqrt{2}}=1$$

या $\quad \frac{BC}{BC}=-1$

$\therefore$ नाभिय जीवा की वृत्त स्पर्शी के रूप में प्रवणता $=\pm 1$.

17. (c) शीर्ष की मूलबिदु से दूरी $\sqrt{2}$ और नाभि की दूरी $2\sqrt{2}$ है।

$\therefore V(1, 1)$ और $F(2, 2)$

जहाँ नाभिलम्ब की लम्बाई $=4a=4\sqrt{2}$

परवलय की परिभाषा से,

$$PM^2=(4a)(PN)$$

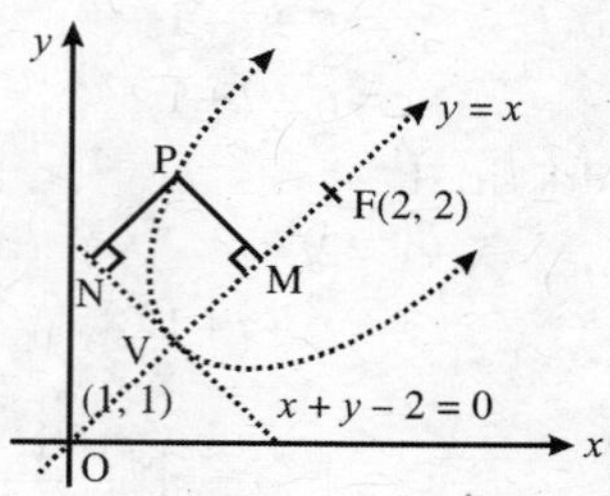

जहाँ, $PN, x+y-2=0$ पर डाले गए लम्ब की लम्बाई है।

$$\Rightarrow \quad \frac{(x-y)^2}{2}=4\sqrt{2}\left(\frac{x+y-2}{\sqrt{2}}\right)$$

$$\Rightarrow \quad (x-y)^2=8(x+y-2)$$

18. (d) परवलय का समीकरण

$$y^2+4y+4x+2=0$$

$$\Rightarrow \quad y^2+4y+4=-4x-2+4$$

$\Rightarrow \qquad (y+2)^2 = -4\left(x - \frac{1}{2}\right)$

माना $\quad y+2 = Y \quad$ तथा $\quad x - \frac{1}{2} = X$

$Y^2 = -4X \quad$ यहाँ, $\quad a = 1$

नियता का समीकरण $X = 1$ है।

$\Rightarrow \qquad x - \frac{1}{2} = 1 \qquad \Rightarrow \qquad x = \frac{3}{2}$

19. (d) मूल प्रमेय (तत्थ) $t_2 = -t_1 - \frac{2}{t_1}$

20. (a) वक्र $\quad y^2 = 4ax$

तथा $\quad x^2 = 4ay\,(a \neq 0)$

को सरल करने पर प्रतिच्छेद बिन्दु $(0, 0)$ तथा $(4a, 4a)$ दोनों बिन्दु रेखा पर है।

$2bx + 3cy + 4d = 0 \qquad \Rightarrow \qquad d = 0$

तथा $\quad 2b + 3c = 0 \qquad (\because a \neq 0)$

21. (d) $P = (1, 0)$

$Q = (h, k)$ तब $k^2 = 8h$

माना PQ के मध्य बिन्दु के निर्देशांक (α, β) है।

$\alpha = \frac{h+1}{2}, \qquad \beta = \frac{k+0}{2}$

$2\alpha - 1 = h, \qquad 2\beta = k$

$(2\beta)^2 = 8(2\alpha - 1)$

$\Rightarrow \qquad \beta^2 = 4\alpha - 2$

$\Rightarrow \qquad y^2 - 4x + 2 = 0$

22. (a) $y = \frac{1}{3}a^3x^2 + \frac{a^2}{2}x - 2a$

$\Rightarrow \qquad \left(x + \frac{3}{4a}\right)^2 = \frac{3}{a^3}\left(y + \frac{35}{16}a\right)$

शीर्ष $\qquad P(h, k) = \left(-\frac{3}{4a}, -\frac{35}{16}a\right)$

$\Rightarrow \qquad a = -\frac{3}{4a}, \qquad a = -\frac{16k}{35}$

$\Rightarrow$ शीर्ष P के बिन्दुपथ $xy = 105/64$ है।

23. (c) शीर्ष $= OB$ का मध्य बिन्दु

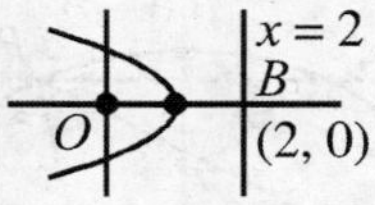

$= (1, 0)$

□□□

दीर्घवृत्त 4

(Ellipse)

दीर्घवृत्त का मानक समीकरण (Standard Equation of an Ellipse)

दीर्घवृत्त का मानक समीकरण $\frac{x^2}{a^2}+\frac{y^2}{b^2}=1$ है।

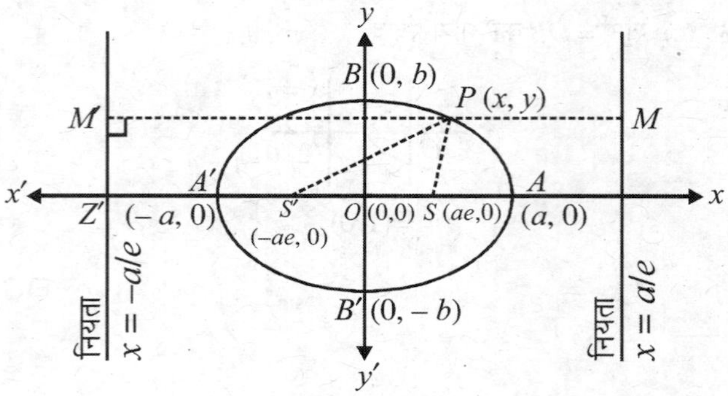

जहाँ $b^2=a^2(1-e^2),\ a>b$

इस दशा में दीर्घ अक्ष (Major axis) x-अक्ष के अनुदिश तथा लघु अक्ष (Minor axis) y-अक्ष के अनुदिश होता है,

तब, $AA'=2a$ तथा $BB'=2b$

इस दीर्घवृत्त की नाभियाँ S व S' क्रमशः $(ae, 0)$ व $(-ae, 0)$ है तथा नियताएँ MZ व $M'Z'$ क्रमशः $x=\frac{a}{e}$ व $x=-\frac{a}{e}$ है।

नोट

- दीर्घवृत्त का समीकरण, जिसकी नाभि (h, k) तथा नियता $lx+my+n=0$ तथा उत्केन्द्रता e हो,

$$(x-h)^2+(y-k)^2=e^2\frac{(lx+my+n)^2}{(l^2+m^2)}$$ है।

- समीकरण $ax^2+2xy+by^2+2gx+2fy+c=0$ एक दीर्घवृत्त को निरूपित करेगी।

यदि, $h^2<ab$ तथा $abc+2fgh-af^2-bg^2-ch^2\neq 0.$

दीर्घवृत्त के दूसरे रूप का समीकरण (Equation of Another Form of an Ellipse)

दीर्घवृत्त के दूसरे रूप का समीकरण $\frac{x^2}{a^2}+\frac{y^2}{b^2}=1$ है। जहाँ, $b>a$.

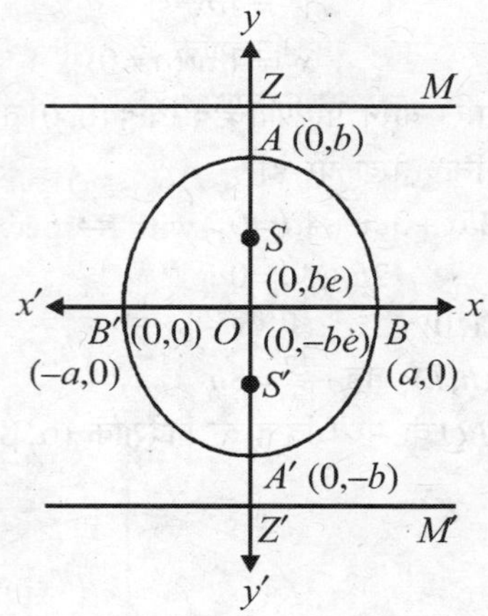

इस दशा में दीर्घ अक्ष (Major axis) y-अक्ष के अनुदिश तथा लघुअक्ष (Minor axis) x-अक्ष के अनुदिश होता है, तब $AA'=2b$ तथा $BB'=2a$, इस दीर्घवृत्त की नाभियाँ S व S' क्रमशः $(0, be)$ व $(0, -be)$ है तथा नियताएँ MZ व $M'Z'$ क्रमशः $y=\frac{b}{e}$ तथा $y=-\frac{b}{e}$ है।

दीर्घवृत्त $\frac{x^2}{a^2}+\frac{y^2}{b^2}=1$ से सम्बन्धित पद (Terms Related to an Ellipse $\frac{x^2}{a^2}+\frac{y^2}{b^2}=1$)

	दीर्घवृत्त $\frac{x^2}{a^2}+\frac{y^2}{b^2}=1$	
	जब $a>b$	**जब** $b>a$
केन्द्र O के निर्देशांक	$(0, 0)$	$(0, 0)$
शीर्षों के निर्देशांक	$(\pm a, 0)$	$(0, \pm b)$
दीर्घ अक्ष की लम्बाई	$2a$	$2b$
लघु अक्ष की लम्बाई	$2b$	$2a$
नाभियों के निर्देशांक	$(\pm ae, 0)$	$(0, \pm be)$
नियताओं के समीकरण	$x=\pm\frac{a}{e}$	$y=\pm\frac{b}{e}$
a, b व e में सम्बन्ध	$b^2=a^2(1-e^2)$	$a^2=b^2(1-e^2)$
नाभिलम्ब की लम्बाई	$\frac{2b^2}{a}$	$\frac{2a^2}{b}$
नभिलम्ब के शीर्षों के निर्देशांक	$\left(\pm ae, \pm\frac{b^2}{a}\right)$	$\left(\pm\frac{a^2}{b}, \pm be\right)$

नाभीय त्रिज्याएँ	$SP = a - ex_1$ व $S'P = a + ex_1$	$SP = b - ey_1$ व $S'P = b + ey_1$
नियताओं के बीच की दूरी	$2ae$	$2be$
शीर्षों पर स्पर्शियों के समीकरण	$x = -a$ व $x = a$	$y = b$ व $y = -b$

दीर्घवृत्त के प्राचलिक समीकरण व प्राचलिक निर्देशांक (Parametric Equation and Parametric Co-ordinates of an Ellipse)

माना दीर्घवृत्त का समीकरण $\frac{x^2}{a^2}+\frac{y^2}{b^2}=1$ है, तब $(a \cos \phi, b \sin \phi)$ दीर्घवृत्त के प्राचलिक निर्देशांक है तथा $x = a \cos \phi, y = b \sin \phi$ दीर्घवृत्त के प्राचलिक समीकरण है।

दीर्घवृत्त के सापेक्ष एक बिन्दु $P(x_1, y_1)$ की स्थिति (Position of a point $P(x_1, y_1)$ with Respect to the Ellipse)

माना दीर्घवृत्त का समीकरण $\frac{x^2}{a^2}+\frac{y^2}{b^2}=1$ है तथा बिन्दु P के निर्देशांक (x_1, y_1) है। यदि,

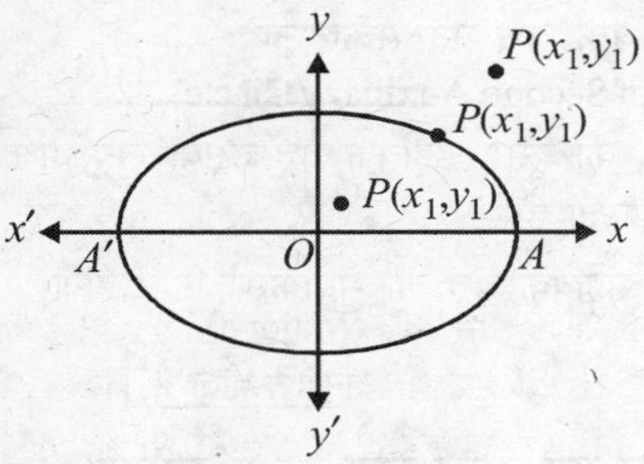

1. $\frac{x_1^2}{a^2}+\frac{y_1^2}{b^2}-1>0$ हो, तो बिन्दु दीर्घवृत्त के बाहर स्थित है।

2. $\frac{x_1^2}{a^2}+\frac{y_1^2}{b^2}-1=0$ हो, तो बिन्दु दीर्घवृत्त पर स्थित है।

3. $\frac{x_1^2}{a^2}+\frac{y_1^2}{b^2}-1<0$ हो, तो बिन्दु दीर्घवृत्त के अन्दर स्थित है।

दीर्घवृत्त के दो बिन्दुओं को मिलाने वाली जीवा का समीकरण (Equation of the Chord Joining Two Points on the Ellipse)

दीर्घवृत्त $\frac{x^2}{a^2}+\frac{y^2}{b^2}=1$ के दो बिन्दुओं $P(a\cos\theta, b\sin\theta)$, $Q(a\cos\phi, b\sin\phi)$ को मिलाने वाली जीवा का समीकरण–

$$\frac{x}{a}\cos\left(\frac{\theta+\phi}{2}\right)+\frac{y}{b}\sin\left(\frac{\theta+\phi}{2}\right)=\cos\left(\frac{\theta-\phi}{2}\right) \text{ है।}$$

एक रेखा के दीर्घवृत्त की स्पर्श रेखा होने का प्रतिबन्ध (Condition For a Line to be a Tangent to an Ellipse)

1. रेखा $y=mx+c$ दीर्घवृत्त $\frac{x^2}{a^2}+\frac{y^2}{b^2}=1$ को स्पर्श करेगी अर्थात् रेखा $y = mx + c$ दीर्घवृत्त $\frac{x^2}{a^2}+\frac{y^2}{b^2}=1$ की स्पर्श रेखा होगी, यदि $c^2 = a^2m^2 + b^2$ हो।

2. दीर्घवृत्त $\frac{x^2}{a^2}+\frac{y^2}{b^2}=1$ की स्पर्श रेखा $y=mx\pm\sqrt{a^2m^2+b^2}$ तथा स्पर्श बिन्दु $\left(\pm\frac{a^2m}{c},\pm\frac{b^2}{c}\right)$ होते है। इन्हें m बिन्दु (m-point) कहते है।

स्पर्श रेखा के समीकरण के विभिन्न रूप (Different Forms of the Equation of Tangent)

1. **प्रवणता रूप (Slope form)** — दीर्घवृत्त $\frac{x^2}{a^2}+\frac{y^2}{b^2}=1$ की स्पर्श रेखा का समीकरण $y=mx\pm\sqrt{a^2m^2+b^2}$ तथा स्पर्श बिन्दु के निर्देशांक $\left(\pm\frac{a^2m}{c},\pm\frac{b^2}{c}\right)$ है।

2. **बिन्दु रूप (Point form)** — दीर्घवृत्त $\frac{x^2}{a^2}+\frac{y^2}{b^2}=1$ के बिन्दु (x_1, y_1) पर स्पर्श रेखा का समीकरण $\frac{xx_1}{a^2}+\frac{yy_1}{b^2}=1$ है।

3. **प्राचलिक रूप (Parametric form)** — दीर्घवृत्त $\frac{x^2}{a^2}+\frac{y^2}{b^2}=1$ के बिन्दु $(a \cos \theta, b \sin \theta)$ पर स्पर्श रेखा का समीकरण $\frac{x}{a}\cos\theta+\frac{y}{b}\sin\theta=1$ होता है।

नियामक वृत्त (Director Circle)

दीर्घवृत्त $\frac{x^2}{a^2}+\frac{y^2}{b^2}=1$ के नियामक वृत्त का समीकरण $x^2+y^2=a^2+b^2$ है।

एक बिन्दु से दीर्घवृत्त पर खींचे गये स्पर्श रेखा युग्म का समीकरण (Equation of a Pair of Tangents Drawn from a Point of an Ellipse)

दीर्घवृत्त $\frac{x^2}{a^2}+\frac{y^2}{b^2}=1$ के बिन्दु $P(x_1, y_1)$ पर खींची गई स्पर्श रेखायुग्म का समीकरण $\left(\frac{x^2}{a^2}+\frac{y^2}{b^2}-1\right)\left(\frac{x_1^2}{a^2}+\frac{y_1^2}{b^2}-1\right)$

$$=\left(\frac{xx_1}{a^2}+\frac{yy_1}{b^2}-1\right)$$

अर्थात्, $SS_1 = T^2$ है।

जहाँ $S=\left(\frac{x^2}{a^2}+\frac{y^2}{b^2}-1\right)$

$$S_1=\left(\frac{x_1^2}{a^2}+\frac{y_1^2}{b^2}-1\right)$$

तथा $$T=\frac{xx_1}{a^2}+\frac{yy_1}{b^2}-1$$

एक बिन्दु से दीर्घवृत्त पर खींची गई स्पर्शी रेखाओं की स्पर्शीय जीवा का समीकरण
(Equation of the Chord of Contact of Tangents Drawn from a Point to an Ellipse)

दीर्घवृत्त $\frac{x^2}{a^2}+\frac{y^2}{b^2}=1$ के बिन्दु $P(x_1, y_1)$ पर खींची गई स्पर्श रेखाओं की स्पर्शीय जीवा का समीकरण $\frac{xx_1}{a^2}+\frac{yy_1}{b^2}=1$ है।

अभिलम्ब की समीकरण के विभिन्न रूप
(Different Forms of Equation of Normals)

1. **बिन्दु रूप (Point form)**— दीर्घवृत्त के बिन्दु $\frac{x^2}{a^2}+\frac{y^2}{b^2}=1$ के बिन्दु (x_1, y_1) पर अभिलम्ब का समीकरण $\frac{a^2x}{x_1}-\frac{b^2y}{y_1}=a^2-b^2$ है।

2. **प्रवणता रूप (Slope form)**— दीर्घवृत्त $\frac{x^2}{a^2}+\frac{y^2}{b^2}=1$ के अभिलम्ब का समीकरण $y=mx\mp\frac{m(a^2-b^2)}{\sqrt{a^2+b^2m^2}}$ तथा स्पर्श बिन्दु $\left(\pm\frac{a^2}{\sqrt{a^2+b^2m^2}},\pm\frac{mb^2}{\sqrt{a^2+b^2m^2}}\right)$ है।

3. **प्राचलिक रूप (Parametric form)**— दीर्घवृत्त $\frac{x^2}{a^2}+\frac{y^2}{b^2}=1$ के बिन्दु $(a\cos\theta, b\sin\theta)$ पर अभिलम्ब का समीकरण $ax\sec\theta-by$ $\operatorname{cosec}\theta=a^2-b^2$ है।

सहायक वृत्त (Auxilary Circle)

किसी भी दीर्घवृत्त के दीर्घ अक्ष को व्यास मानकर खींचे गये। किसी वृत्त को सहायक वृत्त कहा जाता है।

समीकरण $\frac{x^2}{a^2}+\frac{y^2}{b^2}=1$ का सहायक वृत्त का समीकरण $x^2+y^2=a^2$ हैं।

किसी बिन्दु का उत्केन्द्र कोण (Eccentric Angle of a Point)

माना दीर्घवृत्त पर कोई बिन्दु A हैं। बिन्दु A से लम्ब खींचते है तथा AM को आगे बढ़ाते है। AM सहायक वृत्त को बिन्दु B पर स्पर्श करता है तब कोण $BOM=\theta$ को दीर्घवृत्त के बिन्दु P पर उत्केन्द्र कोण कहते हैं।

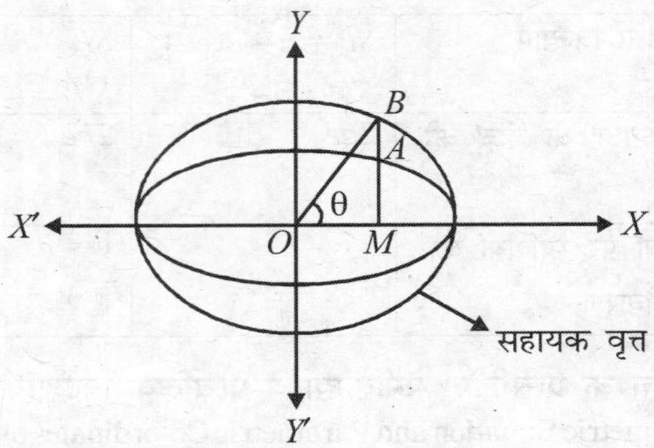

दीर्घवृत्त के जीवा का समीकरण (Equation of Chord of Ellipse)

दीर्घवृत्त के जीवा का समीकरण जब (x_1, y_1) जीवा को समद्विभाषित करता हों।

$$\boxed{T=S_1}$$

$$T=\frac{xx_1}{a^2}+\frac{yy_1}{b^2}-1$$

$$S_1=\frac{x_1^2}{a^2}+\frac{y^2}{b^2}-1$$

द्वितीय सहायक वृत्त की संकल्पना
(Concept of Second Auxiliary Circle)

दीर्घवृत्त का दूसरा सहायक वृत्त उसके लघु अक्ष को व्यास मानकर खींचा जा सकता हैं।

द्वितीय सहायक वृत्त का समीकरण निम्न होगा।

$$\boxed{x^2+y^2=b^2}$$

दीर्घवृत्त और एक सरल रेखा का प्रतिच्छेदन
(Inter-reaction of Ellipse and a Straight Line)

माना दीर्घवृत्त का समीकरण $\frac{x^2}{a^2}+\frac{y^2}{b^2}=1$ और रेखा का समीकरण $y=mx+c$ तब $(a^2m^2+b^2)x^2+2mca^2x+a^2(c^2-b^2)=0$.

इसलिए प्रत्येक रेखा दीर्घवृत्त को दो बिन्दुओं पर काटती है। ये बिन्दु वास्तविक, संपाती अथवा काल्पनिक होंगे।

यदि, $(2mca^2)^2-4(b^2+a^2m^2)a^2(c^2-b^2)>=<0$

अर्थात्, $\boxed{c^2>=<(a^2m^2+b^2)}$

अन्तः खण्ड की लम्बाई और उसके मध्य बिन्दु के निर्देशांक (Length of Intercept and Co-ordinate of Middle Point)

मान लो रेखा $y=mx+c$ और दीर्घवृत्त $\frac{x^2}{a^2}+\frac{y^2}{b^2}=1$ ।

तब, अन्तः खण्ड की लम्बाई

$$=\frac{2ab}{(a^2m^2+b^2)}\sqrt{\{(a^2m^2+b^2-c^2)(1+m^2)\}}$$

मध्य बिन्दु के निर्देशांक $\equiv\left(\frac{-a^2mc}{a^2m^2+b^2},\frac{b^2c}{a^2m^2+b^2}\right)$

कुछ महत्त्वपूर्ण तथ्य

1. **दीर्घवृत्त का व्यास (Diamter of an Ellipse)**

दीर्घवृत्त की समान्तर जीवाओं के मध्य बिन्दुओं का बिन्दुपथ दीर्घवृत्त का व्यास कहलाता है। दीर्घवृत्त के व्यास का समीकरण $y=-\frac{b^2x}{a^2m}$ होता है।

दीर्घवृत्त के दो व्यास जो एक-दूसरे की समान्तर जीवाओं को समद्विभाजित करते है, संयुग्मी व्यास कहलाते है।

अत: दो व्यास $y=m_1x$ व $y=m_2x$ संयुग्मी होंगे।

यदि $$m_1m_2=-\frac{b^2}{a^2}$$

2. किसी बाह्य बिन्दु से दीर्घवृत्त पर दो स्पर्श रेखा खींची जा सकती है।

3. यदि रेखा $ln+my+n=0$ जब किसी दीर्घवृत्त $\frac{x^2}{a^2}+\frac{y^2}{b^2}=1$ पर स्पर्श करती है।

तब, $$\boxed{a^2l^2+b^2m^2=n^2}$$

4. यदि दीर्घवृत्त $\frac{x^2}{a^2}+\frac{y^2}{b^2}=1$ सरल रेखा $ln+my+n=0$ अभिलम्ब होगी। यदि, $\frac{a^2}{l^2}+\frac{b^2}{m^2}=\frac{(a^2-b^2)^2}{n^2}$

5. यदि दीर्घवृत्त का केन्द्र (h,k) व अक्ष निर्देशांक अक्षों के समान्तर हो, तो दीर्घवृत्त का समीकरण

$$\frac{(x-h)^2}{a^2}+\frac{(y-k)^2}{b^2}=1$$

या $$\frac{X^2}{a^2}+\frac{Y^2}{b^2}=1$$

जहाँ $$x=X+h \quad \text{व} \quad y=Y+k$$

6. यदि रेखा $x\cos\alpha+y\sin\alpha=P$ दीर्घवृत्त $\frac{x^2}{a^2}+\frac{y^2}{b^2}=1$ पर स्पर्श करती है। तब, $a^2\cos^2\alpha+b^2\sin^2\alpha=P^2$ और स्पर्श बिन्दु $\left(\frac{a^2\cos\alpha}{P},\frac{b^2\sin\alpha}{P}\right)$.

7. दीर्घवृत्त $\frac{x^2}{a^2}+\frac{y^2}{b^2}=1$ पर खींची गई परस्पर लम्बवत् स्पर्शियों के प्रतिच्छेद बिन्दुओं का बिन्दुपथ एक वृत्त होता है।

8. यदि दीर्घवृत्त $\frac{x^2}{a^2}+\frac{y^2}{b^2}=1$ की कोई भी स्पर्श रेखा अक्षों से क्रमश: h व k लम्बाई के अन्त: खण्ड काटती है, तो $\frac{a^2}{h^2}+\frac{b^2}{k^2}=1.$

9. यदि $y=mx+C$, $\frac{x^2}{a^2}+\frac{y^2}{b^2}=1$ पर अभिलम्ब है।

तब, $$C^2=\frac{m^2(a^2-b^2)^2}{(a^2+b^2m^2)}.$$

10. किसी दीर्घवृत्त के बिन्दु A पर खींची गयी स्पर्श रेखा व अभिलम्ब नाभीय दूरियों के बीच अन्त: व बाह्य कोणों को समद्विभाजित करते हैं।

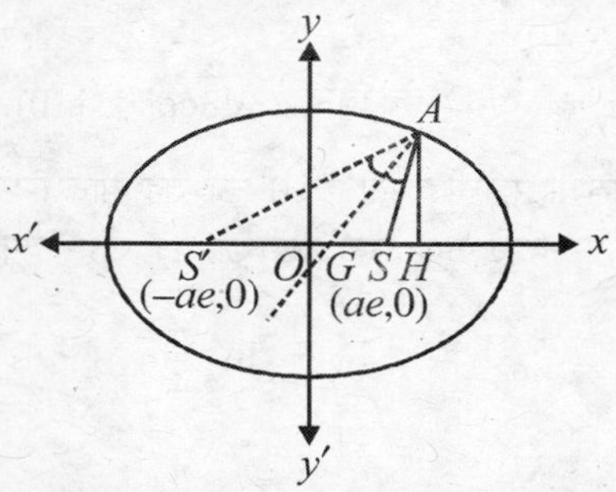

नाभीय दूरियों के बीच अन्त: व बाह्य कोणों को समद्विभाजित करते है।

11. दीर्घवृत्त के नाभीय दूरियों का गुणनफल अर्धव्यास, जोकि बिन्दु से जाने वाले व्यास का संयुग्मी है, के वर्ग के बराबर होता है।

$$SP-S'A=OD^2$$

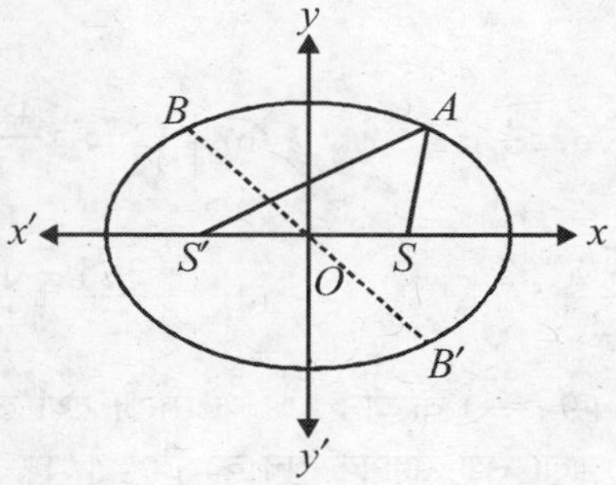

12. दीर्घवृत्त की अद्यो-स्पर्शी की लम्बाई $=\frac{a^2}{x_1}-x_1$ तथा अद्यो लम्ब की लम्बाई $=(1-e^2)\,x_1$.

13. किसी दीर्घवृत्त पर खींची गई स्पर्श रेखाओं पर नाभियों से खींचे गये लम्बों के पाद का बिन्दुपथ एक सहायक वृत्त (Auxiliary circle) होता है।

14. संयुग्मी व्यास के युग्म पर बने उत्केन्द्र कोणों का अन्तर एक समकोण होता है।

वस्तुनिष्ठ प्रश्न

1. यदि $a > 2b > 0$, का वह धनात्मक मान, जिसके लिए $y=mx-b\sqrt{1+m^2}$, $x^2+y^2=b^2$ और $(x-a)^2+y^2=b^2$ की उभयनिष्ठ स्पर्शी है,

(a) $\frac{2b}{a-2b}$ (b) $\frac{b}{a-2b}$

(c) $\frac{2b}{\sqrt{a^2-4b^2}}$ (d) $\frac{\sqrt{a^2-4b^2}}{2b}$

2. दीर्घवृत्त $\frac{x^2}{27}+y^2=1$, के बिन्दु $(3\sqrt{3}\cos\theta, \sin\theta)$ {जहाँ $\theta \in (0, \pi/2)$}पर स्पर्शी खींची जाती है। θ का वह मान जिसके लिए स्पर्शी द्वारा अक्षों पर काटे गए अन्त: खण्डों का योग न्यूनतम है, है

(a) $\frac{\pi}{8}$ (b) $\frac{\pi}{4}$

(c) $\frac{\pi}{2}$ (d) $\frac{\pi}{3}$

3. दीर्घवृत्त $x^2+4y^2=16$ के किसी बिन्दु P पर अभिलम्ब x-अक्ष से बिन्दु Q पर मिलता है। यदि रेखाखण्ड PQ का मध्य बिन्दु M है, तब M का बिन्दुपथ दिए गए दीर्घवृत्त के नाभिलम्बों को किन बिन्दुओं पर काटता है?

(a) $\left(+2\sqrt{3}, \pm\frac{1}{7}\right)$ (b) $\left(+2\sqrt{3}, \pm\frac{4\sqrt{3}}{7}\right)$

(c) $\left(+\frac{3\sqrt{5}}{2}, \pm\frac{2}{7}\right)$ (d) $\left(+\frac{3\sqrt{5}}{2}, \pm\frac{\sqrt{19}}{4}\right)$

4. दीर्घवृत्त $x^2+9y^2=9$ के दीर्घ अक्ष के सिरे A तथा लघु अक्ष के सिरे B से जाने वाली रेखा सहायक वृत्त को बिन्दु M पर काटती है। शीर्ष बिन्दुओं A, M व मूलबिन्दु O से बने त्रिभुज का क्षेत्रफल है

(a) $\frac{21}{10}$ वर्ग इकाई (b) $\frac{27}{10}$ वर्ग इकाई

(c) $\frac{31}{10}$ वर्ग इकाई (d) $\frac{29}{10}$ वर्ग इकाई

5. यदि नाभियों को मिलाने वाली रेखा लघु अक्ष के एक सिरे पर $90°$ का कोण अन्तरित करती है।

(a) $\frac{1}{\sqrt{3}}$ (b) $\frac{1}{\sqrt{6}}$

(c) $\frac{1}{\sqrt{2}}$ (d) इनमें से कोई नहीं

6. उस दीर्घवृत्त की उत्केन्द्रता जिसके संयुग्मी व्यास $2y = x$ और $3y = -2x$ है–

(a) $\frac{1}{\sqrt{3}}$ (b) $\sqrt{\frac{2}{3}}$

(c) $\frac{2}{3}$ (d) $\frac{1}{3}$

7. समीकरण $\frac{x^2}{10-a}+\frac{y^2}{4-a}=1$ एक दीर्घवृत्त को प्रदर्शित करेगा, यदि–

(a) $4<a<10$ (b) $a>10$

(c) $a<4$ (d) $a>4$

8. यदि e_1 और e_2 क्रमश: दीर्घवृत्त $9x^2+4y^2=36$ और अतिपरवलय $9x^2-4y^2=36$ की उत्केन्द्रताएँ हैं, तो–

(a) $e_1^2+e_2^2>4$ (b) $e_1^2+e_2^2<4$

(c) $e_1^2+e_2^2>3$ (d) $e_1^2+e_2^2=2$

9. दीर्घवृत्त $\frac{x^2}{9}+\frac{y^2}{5}=1$ के नाभिलम्ब के सिरों पर स्पर्शियाँ खींची गई हैं, इस प्रकार बने चतुर्भुज का क्षेत्रफल है–

(a) $\frac{27}{4}$ (b) $\frac{27}{55}$

(c) 27 (d) $\frac{27}{2}$

10. दीर्घवृत्त $\frac{x^2}{a^2}+\frac{y^2}{b^2}=1$ की किसी स्पर्शी पर लघु अक्ष पर स्थित उन दो बिन्दुओं से खींचे गये लम्बों के वर्गों का योग, जिनकी प्रत्येक की दूरी केन्द्र से $\sqrt{a^2-b^2}$ है, होगा

(a) $2a^2$ (b) $2b^2$

(c) a^2 (d) b^2

11. वक्र $x^2+2y^2=2$ पर स्पर्शिश खींची गयी हैं। स्पर्शियों द्वारा निर्देशाक्षों की बीच काटे गये अन्त: खण्ड के मध्य-बिन्दु का बिन्दुपथ है–

(a) $\frac{1}{2x^2}+\frac{1}{4y^2}=1$ (b) $\frac{1}{2x^2}+\frac{1}{y^2}=1$

(c) $\frac{1}{x^2}+\frac{1}{2y^2}=1$ (d) $\frac{1}{4x^2}+\frac{1}{2y^2}=1$

12. दीर्घवृत्त $\frac{x^2}{a^2}+\frac{y^2}{b^2}=1$ की, बिन्दु $P(a\cos\theta, b\sin\theta)$ पर स्पर्शी इसके सहायक वृत्त (auxiliary circle) से दो बिन्दुओं पर मिलती है जिनको मिलाने वाली जीवा, केन्द्र पर एक समकोण अन्तरित करती है, तो दीर्घवृत्त की उत्केन्द्रता है–

(a) $(1+\sin^2\theta)^{-3/2}$ (b) $(1+\sin^2\theta)^{-2}$

(c) $(1+\sin^2\theta)^{-1}$ (d) $(1+\sin^2\theta)^{-1/2}$

13. एक वृत्त जिसका केन्द्र $(0, 3)$ है, वृत्त की त्रिज्या दीर्घवृत्त $\frac{x^2}{16}+\frac{y^2}{9}=1$ के नाभि से जोकर जाती है, तब त्रिज्या होगी?

(a) 4 (b) 3

(c) $\sqrt{72}$ (d) $\frac{7}{2}$

14. दीर्घवृत्त का समीकरण, जिसकी नाभियाँ $(\pm 2, 0)$ तथा उत्केन्द्रता $\frac{1}{2}$ है का मान क्या होगा?

(a) $\frac{x^2}{12}+\frac{y^2}{16}=1$ (b) $\frac{x^2}{16}+\frac{y^2}{12}=1$

(c) $\frac{x^2}{16}+\frac{y^2}{8}=1$ (d) इनमें से कोई नहीं

15. एक दीर्घवृत्त का केन्द्र मूल बिन्दु तथा उत्केन्द्रता $\frac{1}{2}$ है यदि एक नियता $x = 4$ है, तब दीर्घवृत्त का समीकरण होगा?

(a) $3x^2+4y^2=1$ (b) $3x^2+4y^2=12$

(c) $4x^2+3y^2=12$ (d) $4x^2+3y^2=1$

16. एक दीर्घवृत्त की अर्ध लघु अक्ष OB है F तथा F' उसकी नाभियाँ है, कोण FBF' समकोण हो, तब दीर्घवृत्त की उत्केन्द्रता होगी?

(a) $\frac{1}{2}$ (b) $\frac{1}{4}$

(c) $\frac{1}{\sqrt{2}}$ (d) इनमें से कोई नहीं

17. दीर्घवृत्त के नाभियों के बीच दूरी 6 और लघु अक्ष की लम्बाई 8 है, तब उत्केन्द्रता होगी?

(a) $\frac{3}{5}$ (b) $\frac{1}{2}$

(c) $\frac{4}{5}$ (d) $\frac{1}{\sqrt{5}}$

18. एक दीर्घवृत्त की नाभि मूल बिन्दु पर है तथा नियता $x = 4$ और उत्केन्द्रता $\frac{1}{2}$ है अर्द्ध-अक्ष की लम्बाई होगी?

(a) $\frac{5}{3}$ (b) $\frac{8}{3}$

(c) $\frac{2}{3}$ (d) $\frac{4}{3}$

19. S और S' एक दीर्घवृत्त की नाभियाँ हैं तथा B लघु अक्ष का एक सिरा है। यदि $SS'B$ एक समबाहु त्रिभुज हो, तो दीर्घवृत्त की उत्केन्द्रता होगी–

(a) 1/4 (b) 1/3

(c) 1/2 (d) 2/3

20. यदि $P(x, y), F_1 = (3, 0), F_2 = (-3, 0)$ और $16x^2 + 25y^2 = 400$ तो $PF_1 + PF_2$ का मान है–

(a) 12 (b) 10

(c) 6 (d) 8

21. दीर्घवृत्त $\frac{x^2}{16}+\frac{y^2}{25}=1$ पर कोई बिन्दु P है तथा S और S' इसकी नाभियाँ हैं, तो $PS + PS' =$

(a) 10 (b) 12

(c) 6 (d) 8

22. एक दीर्घवृत्त का अर्द्ध लघु अक्ष OB है। इसकी नाभियाँ F, F' हैं और $\angle FBF'$ एक समकोण है। तो दीर्घवृत्त की उत्केन्द्रता है–

(a) $\frac{1}{\sqrt{2}}$ (b) $\frac{1}{\sqrt{3}}$

(c) $\frac{1}{2}$ (d) कोई नहीं

23. दीर्घवृत्त $\frac{x^2}{6}+\frac{y^2}{2}=1$ पर स्थित उस बिन्दु की उत्केन्द्रता जिसकी दीर्घवृत्त के केन्द्र से दूरी 2 है–

(a) 300° (b) 45°

(c) 210° (d) 270°

24. दीर्घवृत्त $\frac{x^2}{16}+\frac{y^2}{9}=1$ की नाभियों से होकर जाने वाले वृत्त दीर्घवृत्त के केन्द्र $(0, 3)$ है, तो इसकी त्रिज्या है–

(a) $\sqrt{12}$ (b) 7/2

(c) 4 (d) 3

25. समीकरण $\frac{x^2}{10-a}+\frac{y^2}{4-a}=1$ एक दीर्घवृत्त को प्रदर्शित करेगा, यदि–

(a) $4 < a < 10$ (b) $a > 10$

(c) $a < 4$ (d) $a > 4$

उत्तरमाला

1. (c)	2. (d)	3. (a)	4. (b)	5. (b)	6. (b)	7. (c)	8. (b,c)	9. (c)	10. (a)
11. (a)	12. (d)	13. (a)	14. (b)	15. (b)	16. (c)	17. (a)	18. (b)	19. (c)	20. (b)
21. (a)	22. (a)	23. (c)	24. (c)	25. (a)					

संकेत एवं हल

1. (c) प्रश्न से, $y = mx - b\sqrt{1+m^2}$

वृत्तों को स्पर्श करती है।

केन्द्रें के बीच की दूरी = दोनों वृत्तों की त्रिज्या का योग

$$\frac{|ma-0-b\sqrt{1+m^2}|}{\sqrt{m^2+1}} = b$$

और $$\frac{|-b\sqrt{1+m^2}|}{\sqrt{m^2+1}} = b$$

$\Rightarrow \quad |ma-b\sqrt{1+m^2}| = |-b\sqrt{1+m^2}|$

$\Rightarrow \quad m^2a^2 - 2abm\sqrt{1+m^2} + b^2(1+m^2) = b^2(1+m^2)$

$\Rightarrow \quad ma - 2b\sqrt{1+m^2} = 0$

$\Rightarrow \quad m = \frac{2b}{\sqrt{a^2-4b^2}}$

2. (d) प्रश्न से, $\frac{x^2}{27}+\frac{y^2}{1}=1$ की एक स्पर्शी $(3\sqrt{3}\cos\theta, \sin\theta)$ पर खींची जाती है।

$\Rightarrow$ स्पर्शी का समीकरण $\frac{x\cos\theta}{3\sqrt{3}}+\frac{y\sin\theta}{1}=1$

अन्त: खण्डों का योग $= (3\sqrt{3}\sec\theta + \operatorname{cosec}\theta) = f(\theta)$

(जिसे न्यूनतम करना है)

$\Rightarrow \quad f'(\theta) = \frac{3\sqrt{3}\sin^3\theta - \cos^3\theta}{\sin^2\theta\cos^2\theta}$

$f'(\theta) = 0$ रखने पर,

$\sin^3\theta = \frac{1}{3^{3/2}}\cos^2\theta$

$\Rightarrow \quad \tan\theta = \frac{1}{\sqrt{3}} \quad \Rightarrow \quad \theta = \frac{\pi}{6}$

और $\theta = \frac{\pi}{6}$ पर, $\quad f''(\theta) > 0$

$\therefore \quad \theta = \frac{\pi}{6}$ पर $f(\theta)$ न्यूनतम है।

3. (a) दिया है, $\frac{x^2}{16}+\frac{y^2}{4}=1$

$a = 4, \qquad b = 2$

अभिलम्ब के समीकरण से,

$$4x\sec\theta - 2y\operatorname{cosec}\theta = 12$$

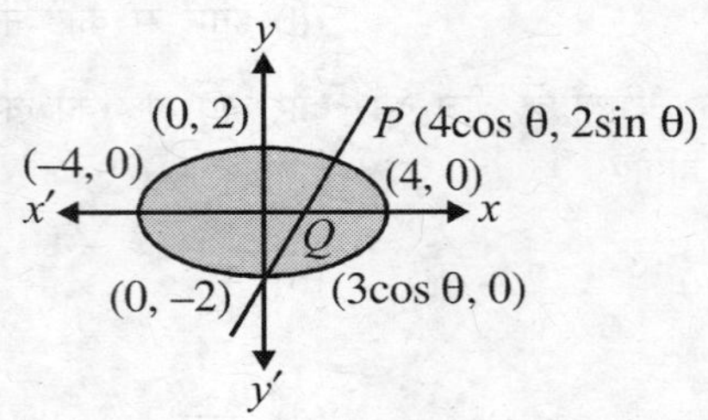

PQ का मध्य बिन्दु $= M\left(\frac{7\cos\theta}{2}, \sin\theta\right)(h,k)$ (माना)

$\therefore \quad h = \frac{7\cos\theta}{2} \quad \Rightarrow \quad \cos\theta = \frac{2h}{7}$

और $\quad k = \sin\theta$

$\therefore \quad \frac{4h^2}{49} + k^2 = 1$

अत: बिन्दुपथ

$$\frac{4x^2}{49} + y^2 = 1 \qquad ...(i)$$

दिए गए दीर्घवृत्त के लिए

$e^2 = 1 - \frac{4}{16} = \frac{3}{4} \qquad e = \frac{\sqrt{3}}{2}$

$$x = \pm 4 \times \frac{\sqrt{3}}{2} = \pm 2\sqrt{3} \quad (\because x = \pm ae) \qquad ...(ii)$$

समीकरण (i) तथा (ii) को हल करने पर,

$$\frac{4}{49}\times 12 + y^2 = 1$$

$$y^2 = 1 - \frac{48}{49} = \frac{1}{49}$$

$$\Rightarrow \quad y = \pm \frac{1}{7}$$

$\therefore$ अभीष्ट बिन्दु $\left(\pm 2\sqrt{3}, \pm \frac{1}{7}\right)$ हैं।

4. (b) सहायक वृत्त का समीकरण

$$x^2 + y^2 = 9 \quad ...(i)$$

तथा रेखा AM का समीकरण

$$\frac{x}{3} + \frac{y}{1} = 1 \quad ...(ii)$$

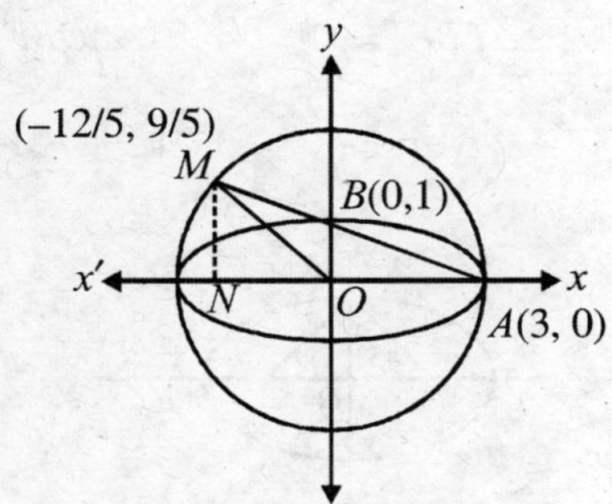

समीकरण (i) तथा (ii) से,

$$M\left(-\frac{12}{5}, \frac{9}{5}\right)$$

अब, ΔAOM का क्षेत्रफल

$$= \frac{1}{2} \times \text{OA} \times \text{MN} = \frac{1}{2} \times 3 \times \frac{9}{5}$$

$$= \frac{27}{10} \text{ वर्ग इकाई}$$

5. (b)

6. (b) संयुग्मी व्यासों की प्रवणताएँ $m_1 = 1/2, m_2 = -2/3$

$$\therefore \quad m_1 m_2 = \left(\frac{1}{2}\right)\left(-\frac{2}{3}\right) = -\frac{1}{3} = -\frac{b^2}{a^2}$$

$$\Rightarrow \quad \frac{b^2}{a^2} = \frac{1}{3}$$

$$\therefore \quad e^2 = 1 - \frac{b^2}{a^2} = 1 - \frac{1}{3} = \frac{2}{3}$$

अर्थात् $\quad e = \sqrt{\frac{2}{3}}$

7. (c) a^2 तथा b^2 दोनों $+ive$ होने चाहिए

$\Rightarrow \quad 10 - a > 0, 4 - a > 0$

$\therefore \quad a < 10, a < 4$

$\therefore \quad a < 4$

8. (b,c) $\quad \frac{x^2}{4} + \frac{y^2}{9} = 1, \qquad \frac{x^2}{4} - \frac{y^2}{9} = 1$

y-अक्ष के अनुदिश दीर्घ अक्ष $a^2 = 9, b^2 = 4$

x-अक्ष के अनुदिश अनुप्रस्थ अक्ष $a^2 = 4, b^2 = 9$

$$e_1^2 = 1 - \frac{b^2}{a^2} = 1 - \frac{4}{9} = \frac{5}{9}$$

$$e_2^2 = 1 + \frac{b^2}{a^2} = 1 + \frac{9}{4} = \frac{13}{4}$$

$$e_1^2 + e_2^2 = \frac{5}{9} + \frac{13}{4} = \frac{137}{36} > 3 \text{ परन्तु } < 4.$$

9. (c) $e^2 = 1 - \frac{b^2}{a^2} = 1 - \frac{5}{9} = \frac{4}{9} \quad \therefore \quad e = \frac{2}{3}$

$$\text{L} = \left(ae, \frac{b^2}{a}\right) = \left(3 \cdot \frac{2}{3}, \frac{5}{3}\right) = \left(2, \frac{5}{3}\right)$$

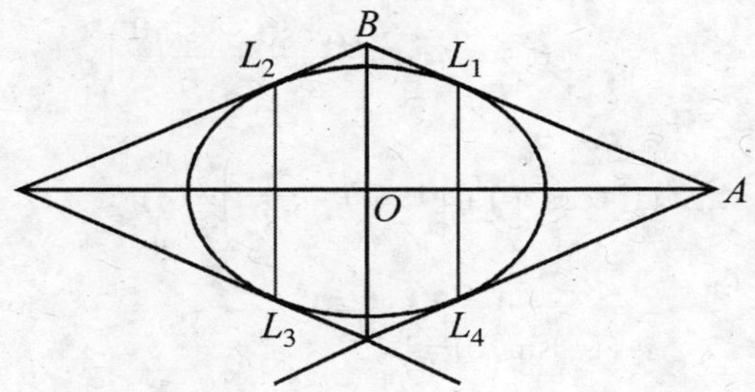

L पर स्पर्शी : $\frac{x \cdot 2}{9} + \frac{y \cdot 5/3}{5} = 1$

या $\quad \frac{2x}{9} + \frac{y}{3} = 1 \quad$ या $\quad \frac{x}{A} + \frac{y}{B} = 1$

नाभिलम्ब के चार सिरों पर चार स्पर्शियाँ होंगी जो एक समान्तर चतुर्भुज बनायेंगी। जिसका क्षेत्रफल ΔOAB का चार गुना होगा।

क्षेत्रफल $\quad OAB = 4\left(\frac{1}{2}AB\right) = 4\left(\frac{1}{2} \cdot \frac{9}{2} \cdot 3\right) = 27$

10. (a) दीर्घवृत्त की कोई स्पर्शी

$$mx - y + mx - y + \sqrt{(a^2m^2 + b^2)} = 0 \quad ...(i)$$

लघु अक्ष पर कोई दो बिन्दु, जो केन्द्र से $\sqrt{(a^2 - b^2)}$ की दूरी पर हैं $(0, k)$ और $(0, -k)$ हैं, जहाँ $k = \sqrt{(a^2 - b^2)}$.

यदि नकी लाम्बिक दूरियाँ p_1 और p_2 हों, तो

$$p_1^2 + p_2^2 = \left[\frac{\sqrt{(a^2m^2 + b^2)} - k}{\sqrt{(1+m^2)}}\right]^2 + \left[\frac{\sqrt{(a^2m^2 + b^2)} + k}{\sqrt{(1+m^2)}}\right]^2$$

$$=2\left[\frac{a^2m^2+b^2+a^2-b^2}{1+m^2}\right]=2.a^2$$

$(\because k^2=a^2-b^2)$

11. (a) दीर्घवृत्त $\frac{x^2}{2}+\frac{y^2}{1}=1$ पर स्थित कोई बिन्दु $(\sqrt{2}\cos\theta,\sin\theta)$ है। जिस पर स्पर्शी $\frac{x\cos\theta}{\sqrt{2}}+\frac{y\sin\theta}{1}=1$ है। माना स्पर्शी द्वारा अक्षों के बीच काटे गये अन्त: खण्ड का मध्य-बिन्दु (h, k) है, तो $2h=\frac{\sqrt{2}}{\cos\theta}, 2k=\frac{1}{\sin\theta}$

12. (d) बिन्दु 'θ' पर स्पर्शी है।

$$\frac{x\cos\theta}{a}+\frac{y\sin\theta}{b}=1$$

सहायक वृत्त है $x^2+y^2=a^2$

इसे समाघात बनाकर $A+B=0$ का प्रयोग करें, क्योंकि मूलबिन्दु को प्रतिच्छेद बिन्दुओं मिलाने वाली रेखाएँ परस्पर लम्ब हैं।

$$\therefore \quad x^2+y^2=a^2\left(\frac{x\cos\theta}{a}+\frac{y\sin\theta}{b}\right)^2$$

$$\therefore \quad (1-\cos^2\theta)+\left(1-\sin^2\theta\cdot\frac{a^2}{b^2}\right)=0$$

या $\quad -e^2\sin^2\theta=-(1-e^2)$

$\therefore \quad e^2(1+\sin^2\theta)=1$

$\therefore \quad e=(1+\sin^2\theta)^{-1/2}$

13. (a) दीर्घवृत्त है,

$$\frac{x^2}{16}+\frac{y^2}{9}=1$$

$$e^2=\frac{16-9}{16}=\frac{7}{16} \Rightarrow e=\frac{\sqrt{7}}{4}$$

$\therefore$ नाभि $F_1(\sqrt{7},0),\ F_2(-\sqrt{7},0)$ है।

$B(0, 3)$ लघु अक्ष का एक सिरा है।

$\therefore$ अभीष्ठ वृत्त की त्रिज्या $=BF_1=\sqrt{7+9}=4$

14. (b) दीर्घवृत्त $\frac{x^2}{a^2}+\frac{y^2}{b^2}=1$ के नाभि के निर्देशांक $(\pm ae, 0)$ है।

$\because \quad e=\frac{1}{2}, \quad ae=2$

$\Rightarrow \quad a=4$

$\therefore \quad b^2=a^2(1-e^2)$

$\quad =16\left(1-\frac{1}{4}\right)=12$

अत: दीर्घवृत्त का समीकरण

$$\frac{x^2}{16}+\frac{y^2}{12}=1 \text{ है।}$$

15. (b) $e=\frac{1}{2}$, नियता, $x=\frac{a}{e} \Rightarrow 4=\frac{a}{e}$

$\therefore \quad a=4\times\frac{1}{2}=2$

$\therefore \quad b=2\sqrt{1-\frac{1}{4}}=\sqrt{3}$

दीर्घवृत्त का समीकरण

$$\frac{x^2}{4}+\frac{y^2}{3}=1$$

$\Rightarrow \quad 3x^2+4y^2=12$

16. (c) $\angle FBF'=90^\circ \Rightarrow \angle OBF'=45^\circ$

$\Rightarrow \quad ae=b$ तथा $e^2=1-\frac{b^2}{a^2}$

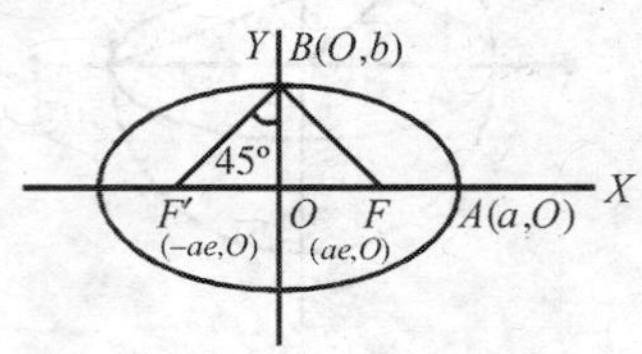

$\Rightarrow \quad e^2=1-\frac{a^2e^2}{a^2} \Rightarrow e^2=1-e^2$

$\Rightarrow \quad 2e^2=1 \Rightarrow e=\frac{1}{\sqrt{2}}$

17. (a) ज्ञात है, $2ae=6$ तथा $2b=8$

$\Rightarrow \quad ae=3$ तथा $b=4$

$\Rightarrow \quad \frac{ae}{b}=\frac{3}{4}$

$\Rightarrow \quad e^2=\frac{9}{16}\left(\frac{b^2}{a^2}\right)$

हम जानते है, कि

$$\frac{b^2}{a^2}=1-e^2$$

$\Rightarrow \quad e^2=\frac{9}{16}(1-e^2)$

$\Rightarrow \quad e^2\left(\frac{16+9}{16}\right)=\frac{9}{16}$

$\Rightarrow \quad e^2=\frac{9}{16}\times\frac{16}{25}=\frac{9}{25}$

$\Rightarrow \quad e=\frac{3}{5}$

18. (b) $\frac{a}{e} - ae = 4$

$\Rightarrow \quad 2a - \frac{a}{2} = 4$

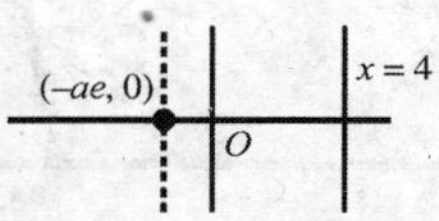

$\Rightarrow \quad a = \frac{8}{3}$

19. (c) $SS' = 2ae, S = (ae, 0)$ और $B = (0, b)$

$\therefore \quad SB = \sqrt{b^2 + a^2e^2} = a$

अब Δ समबाहु है

$\therefore \quad SS' = SB$ या $2ae = a$

20. (b) $\frac{x^2}{25} + \frac{y^2}{16} = 1$

$e^2 = 1 - \frac{b^2}{a^2} = 1 - \frac{16}{25}$

$\therefore \quad e = \frac{3}{5}$

$\therefore$ नाभियाँ $(\pm ae, 0) = (\pm 3, 0)$

अत: दिये हुए बिन्दु F_1 और F_2 दीर्घवृत्त की नाभियाँ हैं।

$\therefore \quad PF_1 + PF_2 = 2a = 2.5 = 10$

दीर्घवृत्त में किसी बिन्दु की नाभीय दूरियों का योग दीर्घाक्ष की लम्बाई के बराबर होता है।

21. (a) $PS + PS' = 2a = 10 \ (a > b)$

22. (a) $m_1 m_2 = -1$ से

$-\frac{b}{ae} \cdot \frac{b}{ae} = -1$ या $b^2 = a^2e^2$

या $a^2(1 - e^2) = a^2e^2 \quad \therefore 2e^2 = 1$

या $e = 1/\sqrt{2}.9\left(x - \frac{1}{3}\right)^2 + 12(y-1)^2 = 1$

23. (c) $a^2 = 6, b^2 = 2$

माना बिन्दु $P\ (a\cos\theta, b\sin\theta)$ है

तथा $CP = 2 \Rightarrow a^2\cos^2\theta + b^2\sin^2\theta = 4$

या $6\cos^2\theta + 2\,(1 - \cos^2\theta) = 4$

या $2\cos^2\theta = 1$

$\therefore \quad \cos\theta = \frac{1}{\sqrt{2}} \Rightarrow \theta = \frac{\pi}{4}$

24. (c) $e = 1 - \frac{b^2}{a^2} = 1 - \frac{9}{16} \quad \therefore \quad e = \frac{\sqrt{7}}{4}$

$\therefore$ नाभियाँ हैं : $(\pm ae, 0)$ या $(\pm\sqrt{7}, 0)$. केन्द्र $(0, 3)$

$\therefore$ त्रिज्या $= \sqrt{7+9} = 4$

25. (a) $\frac{x^2}{10-a} + \frac{y^2}{4-a} = 1$

$a - 2 > 0, 5 - a > 0$

$\therefore \quad a > 2, 5 > a$

या $\quad 2 > a < 5$

□□□

अतिपरवलय 5

Hyperbola

परिभाषा (Definition)

उस बिन्दु का बिन्दुपथ जो समतल में इस प्रकार गति करता है, कि उसकी निश्चित बिन्दु व निश्चित सरल रेखा से दूरियों का अनुपात अचर होता है। अतिपरवलय (Hyperbola) कहलाता है।

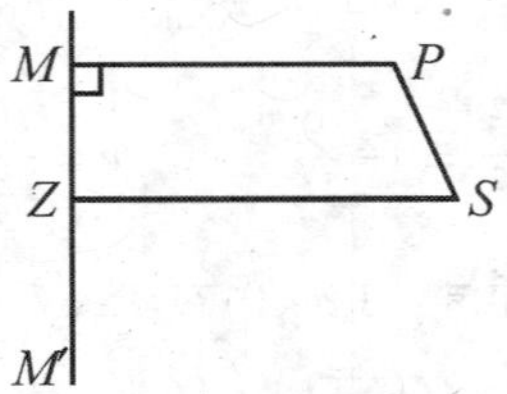

अतिपरवलय के लिए, माना बिन्दु P अतिपरवलय पर स्थित है।

$$\frac{PS}{PM}=e, \quad e>1$$

$$\boxed{PS=e\cdot PM}$$

जहाँ, S नाभि तथा MZM' अतिपरवलय की नियता है।

अतिपरवलय का मानक समीकरण (Standard Equation of Hyperbola)

अतिपरवलय का मानक समीकरण $\frac{x^2}{a^2}-\frac{y^2}{b^2}=1$ है,

जहाँ, $b^2=a^2(e^2-1)$

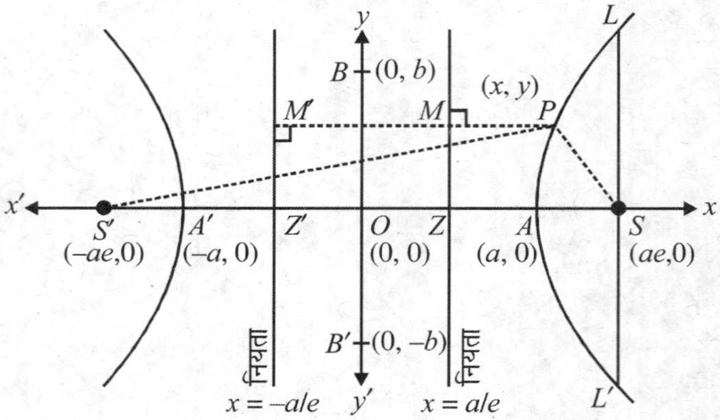

संयुग्मी अतिपरवलय (Conjugate Hyperbola)

अतिपरवलय $\frac{x^2}{a^2}-\frac{y^2}{b^2}=1$ का संयुग्मी अतिपरवलय $-\frac{x^2}{a^2}-\frac{y^2}{b^2}=1$ है।

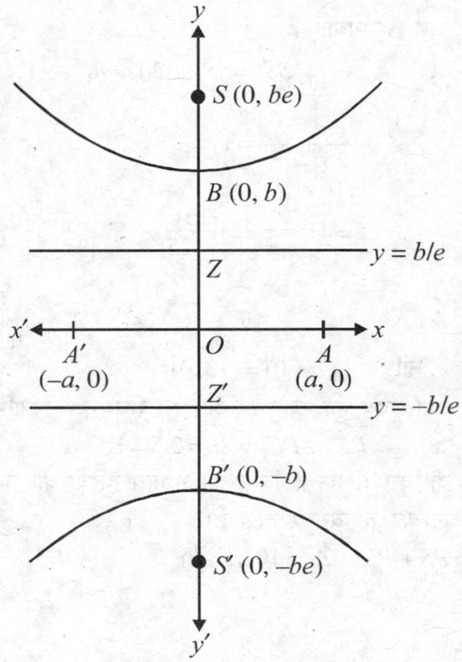

अतिपरवलय व संयुग्मी अतिपरवलय से सम्बन्धित पद (Terms related to Hyperbola and Conjugate Hyperbola)

	अतिपरवलय $\frac{x^2}{a^2}-\frac{y^2}{b^2}=1$	संयुग्मी अतिपरवलय $-\frac{x^2}{a^2}+\frac{y^2}{b^2}=1$
केन्द्र O के निर्देशांक	(0, 0)	(0, 0)
शीर्षों के निर्देशांक	$A(a, 0)$ तथा $A'(-a, 0)$	$B(0, b)$ तथा $B'(0, -b)$
नाभियों के निर्देशांक	$S(ae, 0)$ तथा $S'(-ae, 0)$	$S(0, be)$ तथा $S'(0, -be)$
अनुप्रस्थ अक्ष की लम्बाई	$2a$	$2b$
संयुग्मी अक्ष की लम्बाई	$2b$	$2a$
नियताओं के समीकरण	$x=\pm\frac{a}{e}$	$y=\pm\frac{b}{e}$
उत्क्रेन्द्रता	$e=\sqrt{1+\frac{b^2}{a^2}}$	$e=\sqrt{1+\frac{a^2}{b^2}}$
नाभिलम्ब की लम्बाई	$\frac{2b^2}{a}$	$\frac{2a^2}{b}$
अनुप्रस्थ अक्ष का समीकरण	$y=0$	$x=0$

संयुग्मी अक्ष का समीकरण	$x=0$	$y=0$
नाभियों के बीच की दूरी	$2ae$	$2be$
किसी बिन्दु की नाभीय दूरी	$SP=ex_1-a$ $SP'=ex_1+a$	$SP=ey_1-b$ $SP'=ey_1-b$

नोट//

- यदि अतिपरवलय का केन्द्र (x_1, y_1) तथा अक्ष निर्देशांक अक्षों के समान्तर हो, तो अतिपरवलय का समीकरण निम्न है–

$$\frac{(x-x_1)^2}{a^2}-\frac{(y-y_1)^2}{b^2}=1$$

$$\frac{x^2}{a^2}-\frac{y^2}{b^2}=1$$

जहाँ, $x=(x+x_1)$, $y=(y+y_1)$

- किसी बिन्दु की नाभियों से दूरियों का अन्तर अचर रहता है।

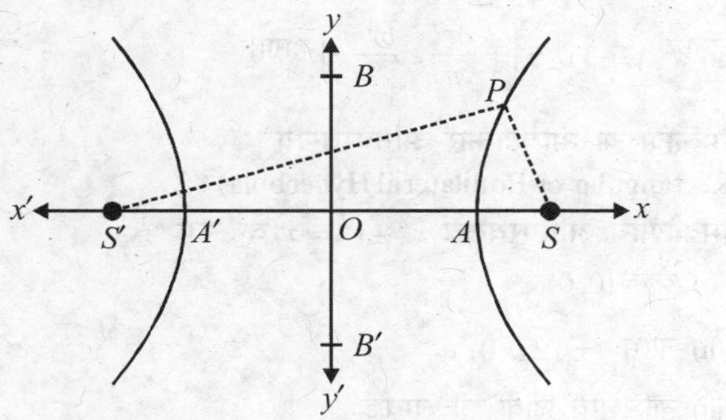

$$S'P-SP=(ex_1+a)-(ex_1-a)$$
$$=ex_1+a-ex_1+a=2a$$

अतिपरवलय के सापेक्ष एक बिन्दु $P(x_1, y_1)$ की स्थिति (Position of a Point with Respect to the Hyperbola)

माना अतिपरवलय का समीकरण $\frac{x^2}{a^2}-\frac{y^2}{b^2}=1$ है तथा बिन्दु P के निर्देशांक (x_1, y_1) हैं, यदि

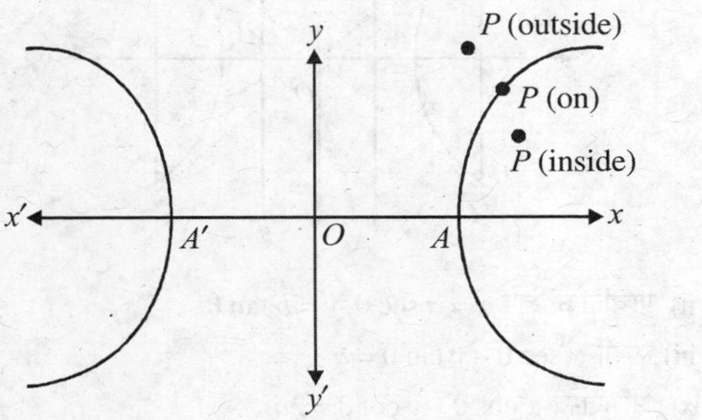

1. $\frac{x_1^2}{a^2}-\frac{y_1^2}{b^2}-1>0$ हो, तो बिन्दु अतिपरवलय के बाहर स्थित है।
2. $\frac{x_1^2}{a^2}-\frac{y_1^2}{b^2}-1=0$ हो, तो बिन्दु अतिपरवलय पर स्थित है।
3. $\frac{x_1^2}{a^2}-\frac{y_1^2}{b^2}-1<0$ हो, तो बिन्दु अतिपरवलय के अन्दर स्थित है।

अतिपरवलय की प्राचलिक समीकरण तथा प्राचलिक निर्देशांक Parameteric Equation of and Parametric Co-ordinates of a Hypberbola)

माना अतिपरवलय का समीकरण $\frac{x^2}{a^2}-\frac{y^2}{b^2}=1$ है, तब $(a\sec\theta, b\tan\theta)$ अतिपरवलय के प्राचलिक निर्देशांक हैं तथा समीकरण $x=a\sec\theta$ तथा $y=b\tan\theta$ अतिपरवलय $\frac{x^2}{a^2}-\frac{y^2}{b^2}=1$ की प्राचलिक समीकरण है।

रेखा व अतिपरवलय का प्रतिच्छेदन (Intersection of a Line and a Hyperbola)

माना अतिपरवलय व रेखा के समीकरण निम्न हैं–

$$\frac{x^2}{a^2}-\frac{y^2}{b^2}=1 \quad ...(i)$$

तथा
$$y=mx+c \quad ...(ii)$$

समीकरण (i) व (ii) से,

$$\frac{x^2}{a^2}-\frac{(mx+c)^2}{b^2}=1$$

$$\Rightarrow \quad (a^2m^2-b^2)x^2+2mca^2x+a^2(b^2+c^2)=0$$

यह समीकरण x में द्विघात समीकरण है। दो बिन्दुओं पर प्रतिच्छेदित करती है, जो वास्तविक, सम्पाती या काल्पनिक होंगे, यदि क्रमश: $c^2>,=,<a^2m^2-b^2$ होंगे।

एक रेखा के अतिपरवलय की स्पर्श रेखा होने का प्रतिबन्ध (Condition for a Line to be a Tangent to a Hyperbola)

रेखा $y=mx+c$ अतिपरवलय $\frac{x^2}{a^2}-\frac{y^2}{b^2}=1$ को स्पर्श करेगी।

यदि, $c^2=a^2m^2-b^2$ हो।

स्पर्श रेखा $y=mx\pm\sqrt{a^2m^2-b^2}$ होगी तथा स्पर्श बिन्दु $\left(\pm\frac{a^2m}{c}, \pm\frac{b^2}{c}\right)$ होते हैं।

स्पर्श रेखा की समीकरण के विभिन्न रूप (Different Forms of the Equation of Tangent)

1. **प्रवणता रूप (Slope Form) :** स्पर्श रेखा का समीकरण $y=mx\pm\sqrt{a^2m^2-b^2}$ तथा स्पर्श बिन्दु के निर्देशांक $\left(\pm\frac{a^2m}{\sqrt{a^2m^2-b^2}}, \pm\frac{b^2}{\sqrt{a^2m^2-b^2}}\right)$ है।

2. **बिन्दु रूप (Point Form):** (x_1, y_1) पर स्पर्श रेखा का समीकरण $\frac{xx_1}{a^2}-\frac{yy_1}{b^2}=1$ है।

3. **प्राचलिक रूप (Parametric Form):** अतिपरवलय $\frac{x^2}{a^2}-\frac{y^2}{b^2}=1$ के बिन्दु $(a \sec\theta, b \tan\theta)$ पर स्पर्श रेखा का समीकरण $\frac{x}{a}\sec\theta-\frac{y^2}{b^2}\tan\theta=1$ है।

अभिलम्ब की समीकरण के विभिन्न रूप
(Different Forms of Equation of Normal)

1. **बिन्दु रूप (Pont Form):** (x_1, y_1) पर अभिलम्ब का समीकरण $\frac{a^2x}{x_1}+\frac{b^2y}{y_1}=a^2+b^2$ है।
2. **प्रवणता रूप (Slope Form):** अभिलम्ब का समीकरण $y=mx\mp\frac{m(a^2+b^2)}{\sqrt{a^2-b^2m^2}}$ है।
3. **प्राचलिक रूप (Parametric Form):** अतिपरवलय $\frac{x^2}{a^2}-\frac{y^2}{b^2}=1$ के बिन्दु $(a\sec\theta, b\tan\theta)$ पर अभिलम्ब का समीकरण $ax\cos\theta + by\cot\theta = a^2+b^2$ है।

नियामक वृत्त (Director Circle)

अतिपरवलय $\frac{x^2}{a^2}-\frac{y^2}{b^2}=1$ के नियामक वृत्त का समीकरण $x^2+y^2 = a^2-b^2$ है।

एक बिन्दु से अतिपरवलय पर खींचे गए स्पर्श रेखायुग्म का समीकरण Equation of a Pair of Tangents Drawn From a Point to a Hyperbola)

अतिपरवलय $\frac{x^2}{a^2}-\frac{y^2}{b^2}=1$ पर बिन्दु (x_1, y_1) से खींची गयी स्पर्श रेखायुग्म का समीकरण निम्न है–

$$SS_1 = T^2$$

$$S=\left(\frac{x^2}{a^2}-\frac{y^2}{b^2}-1\right)$$

$$S_1=\left(\frac{x_1^2}{a^2}-\frac{y_1^2}{b^2}-1\right)$$

$$T=\frac{xx_1}{a^2}-\frac{yy_1}{b^2}-1$$

1. किसी बिन्दु से अतिपरवलय पर चार अभिलम्ब खींचे जा सकते हैं।
2. अतिपरवलय $\frac{x^2}{a^2}-\frac{y^2}{b^2}=1$ के बिन्दु (x_1, y_1) पर समद्विभाजित जीवा का समीकरण $T=S_1$ है।

$$T=\frac{xx_1}{a^2}-\frac{yy_1}{b^2}-1$$

$$S_1=\frac{x_1^2}{a^2}-\frac{y_1^2}{b^2}-1$$

3. अद्यो स्पर्शी (Sub-tangent) की लम्बाई $= x_1-\frac{a^2}{x_1}$
4. अद्योलम्ब (Sub-normal) की लम्बाई $=(e^2-1)x_1$
5. अतिपरवलय पर बाह्य बिन्दु से दो स्पर्श रेखा खींची जा सकती है।

ध्रुव तथा ध्रुवी (Pole and Polar)

ध्रुवी का समीकरण $\frac{xx_1}{a^2}-\frac{yy_1}{b^2}=1$ है।

अतिपरवलय $\frac{x^2}{a^2}-\frac{y^2}{b^2}=1$ के सापेक्ष दी गई रेखा $lx+my+n=0$ का ध्रुव $(x_1, y_1)=\left(-\frac{a^2l}{n}, \frac{b^2m}{n}\right)$ होगा।

समकोण या आयताकार अतिपरवलय
(Rectangular or Equilateral Hyperbola)
समकोणीय अतिपरवलय $x^2-y^2=a^2$ के रूप में—

(i) केन्द्र (0, 0)
(ii) नाभि $(\pm\sqrt{2}\,a, 0)$
(iii) नाभिलम्ब जीवा की लम्बाई $2a$
(iv) नियताएँ $x=\pm\frac{a}{\sqrt{2}}$
(v) अनन्त स्पर्शियों का समीकरण $x\pm y=0$
(vi) उत्केन्द्रता $e=\sqrt{2}$

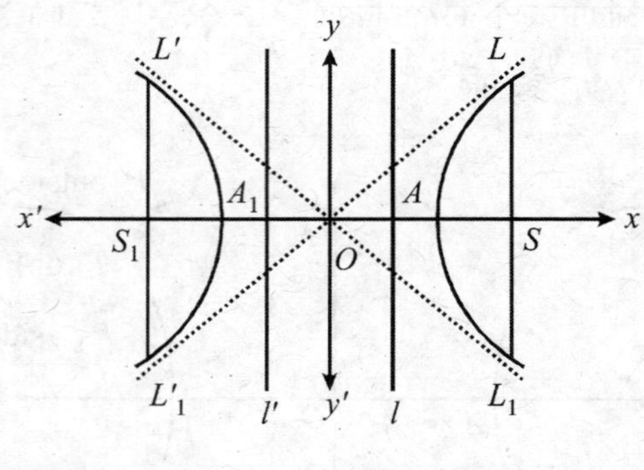

(vii) प्राचलिक रूप $x=a\sec\theta, y=b\tan\theta$
(viii) स्पर्शी $x\sec\theta-y\tan\theta=a$
(ix) अभिलम्ब $x\cos\theta-y\cot\theta=2a$

समकोणीय अतिपरवलय $x^2-y^2=a^2$ के रूप में—

(i) केन्द्र (0, 0)
(ii) नाभि $(\sqrt{2}c, \sqrt{2}c), (-\sqrt{2}c, -\sqrt{2}c)$

(iii) नाभिलम्ब की लम्बाई $2\sqrt{2}c$

(iv) नियताएँ $x + y = \pm\sqrt{2}c$

(v) अनन्त स्पर्शियाँ लम्ब रेखाएँ $x = 0, y = 0$

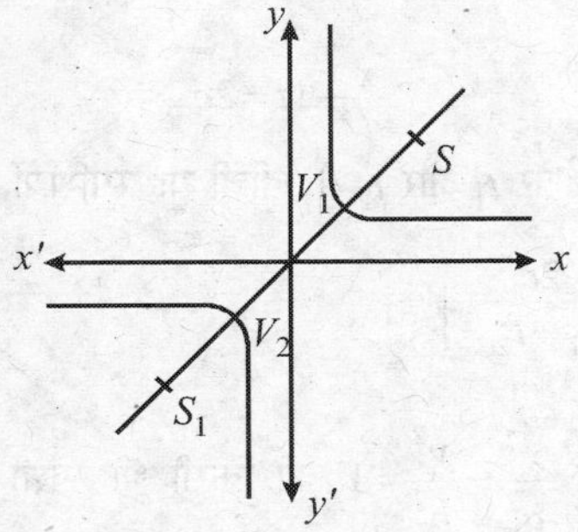

(vi) उत्केन्द्रता $e = \sqrt{2}$

(vii) प्राचलिक रूप $x = ct, y = \frac{c}{t}$

(viii) स्पर्शी $x + yt^2 = 2ct$

(ix) अभिलम्ब $t^2 x - y = c\left(t^3 \frac{1}{t}\right)$

(x) शीर्षों के निर्देशांक $(c, c), (-c, -c)$

नोट//

✍ किसी बिन्दु (x_1, y_1) से अतिपरवलय $\frac{x^2}{a^2} - \frac{y^2}{b^2} = 1$ पर खींची गई स्पर्श रेखाओं की स्पर्श जीवा का समीकरण

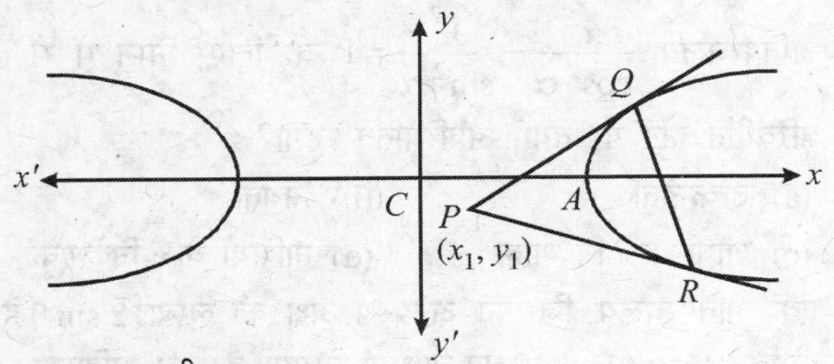

QR का समीकरण

$$\frac{xx_1}{a^2} - \frac{yy_1}{b^2} = 1$$

✍ अतिपरवलय $\frac{x^2}{a^2} - \frac{y^2}{b^2} = 1$ की उस जीवा का समीकरण, जो बिन्दु (x_1, y_1) पर समद्विभाजित होती है

$$\frac{xx_1}{a^2} - \frac{yy_1}{b^2} - 1 = \frac{x_1^2}{a^2} - \frac{y_1^2}{b^2} - 1$$

✍ अितिपरवलय $\frac{x^2}{a^2} - \frac{y^2}{b^2} = 1$ पर स्थित दो बिन्दुओं $P(a\sec\theta_1, b\tan\theta_1)$ व $Q(a\sec\theta_2, b\tan\theta_2)$ को मिलाने वाली रेखा का समीकरण

$$\frac{x}{a}\cos\left(\frac{\theta_1 - \theta_2}{2}\right) - \frac{y}{b}\sin\left(\frac{\theta_1 + \theta_2}{2}\right) = \cos\left(\frac{\theta_1 + \theta_2}{2}\right)$$

कुछ महत्त्वपूर्ण तथ्य

1. सरल रेखा $lx + my + n = 0$ अतिपरवलय को स्पर्श करेगी। यदि, $a^2l^2 - b^2m^2 = n^2$.
2. सरल रेखा $x\cos\alpha + y\sin\alpha = p$ अतिपरवलय को स्पर्श करेगी। यदि, $p^2 = a^2\cos^2\alpha - b^2\sin^2\alpha$.
3. किसी बिन्दु पर किसी अतिपरवलय पर चार अभिलम्ब खींचे जा सकते हैं।
4. दीर्घवृत्त तथा अतिपरवलय दोनों शांकवों का केन्द्र एक ही बिन्दु C होता है। इसलिए दोनों वक्र परस्पर **संकेन्द्र शांकव** (Central Conis) कहलाते हैं।
5. किसी बाह्य बिन्दु से अतिपरवलय पर दो स्पर्श रेखा खींची जा सकती हैं।
6. अतिपरवलय $\frac{x^2}{a^2} - \frac{y^2}{b^2} = 1$ की दो अनन्तस्पर्शियों का समीकरण $y = \pm\frac{b}{a}x$ या $\frac{x}{a} \pm \frac{y}{b} = 0$ है।
7. सरल रेखा $lx + my + n = 0$ अतिपरवलय $\frac{x^2}{a^2} - \frac{y^2}{b^2} = 1$ पर अभिलम्ब होगी। यदि, $\frac{a^2}{l^2} - \frac{b^2}{m^2} = \frac{(a^2 + b^2)}{n^2}$ ।
8. अतिपरवलयों $\frac{x^2}{a^2} - \frac{y^2}{b^2} = 1$ तथा $\frac{y^2}{a^2} - \frac{x^2}{b^2} = 1$ की उभयनिष्ठ स्पर्श रेखा $x + y = \sqrt{a^2 - b^2}$ है।
9. अतिपरवलय $\frac{x^2}{a^2} - \frac{y^2}{b^2} = 1$ की किसी भी स्पर्शी पर इसकी नाभियों से डाले गये लम्बों का गुणनफल b^2 होता है।
10. अतिपरवलय $\frac{x^2}{a^2} - \frac{y^2}{b^2} = 1$ के द्वारा $y = mx + c$ पर जीवा की लम्बाई $= \frac{2ab}{b^2 - a^2m^2}\sqrt{[c^2 - (a^2m^2 - b^2)](1 + m^2)}$ ।
11. शांकव $ax^2 + by^2 + 2hxy + 2gx + 2fy + c = 0$ अतिपरवलय प्रदर्शित करेगा। यदि, $h^2 > ab$.
12. अतिपरवलय $\frac{x^2}{a^2} - \frac{y^2}{b^2} = 1$ पर परस्पर लम्ब स्पर्शियों के प्रतिच्छेदन बिन्दु का बिन्दुपथ एक वृत्त होता है।
13. रेखाओं $ax\sec\theta + by\tan\theta = a$ तथा $ax\tan\theta + by\sec\theta = b$ जहाँ θ एक प्राचल है, के प्रतिच्छेदन बिन्दु का बिन्दुपथ एक अतिपरवलय होता है।
14. समीकरण $x = a\cosh\theta$ तथा $y = b\sinh\theta$ भी अतिपरवलय $\frac{x^2}{a^2} - \frac{y^2}{b^2} = 1$ के प्राचलिक समीकरण है तथा किसी बिन्दु के निर्देशांक $(a\cosh\theta, b\sinh\theta)$ अतिपरवलय $\frac{x^2}{a^2} - \frac{y^2}{b^2} = 1$ के

प्राचलिक निर्देशांक हैं, जहाँ $\cos h\theta=\frac{e^{\theta}+e^{-\theta}}{2}$ तथा $h\theta=\frac{e^{\theta}-e^{-\theta}}{2}$ ।

15. अतिपरवलय व इसके संयुग्मी अतिपरवलय की समान अनन्तस्पर्शियाँ होती है।

16. अतिपरवलय $\frac{x^2}{a^2}-\frac{y^2}{b^2}=1$ की अनन्तस्पर्शियों के बीच का कोण $2\tan^{-1}\left(\frac{b}{a}\right)$ होता है।

17. यदि किसी अतिपरवलय की अनन्तस्पर्शियों के बीच का कोण समकोण हो, तो अतिपरवलय को समकोणीय अतिपरवलय कहते हैं। इसकी समीकरण $x^2-y^2=a^2$ है तथा इसकी उत्केन्द्रता $\sqrt{2}$ होती है।

18. जब समोणीय अतिपरवलय का केन्द्र मूलबिन्दू हो तथा इसकी अनन्तस्पर्शियाँ निर्देशांक अक्षों के सम्पाती हो, तो समकोणीय अतिपरवलय का समीकरण $xy=c^2$ है।

19. (x_1, y_1) से अतिपरवलय $xy=c^2$ पर स्पर्शी का समीकरण $xy_1+yx_1=2c^2$ और $\boxed{\frac{x}{x_1}+\frac{y}{y_1}=2}$।

20. $\left(ct, \frac{c}{t}\right)$ से अतिपरवलय $xy=c^2$ पर स्पर्शी का समीकरण

$$\frac{x}{t}+yt=2c$$

21. वक्र $xy=c^2$ पर t_1 और t_2 से खींची गई स्पर्शियों का प्रतिच्छेद बिन्दु $\left(\frac{2ct_1t_2}{t_1+t_2}, \frac{2c}{t_1+t_2}\right)$ है।

22. अतिपरवलय $\frac{x^2}{a^2}-\frac{y^2}{b^2}=1$ की किसी भी स्पर्शी पर इसकी नाभियों से डाले गए लम्बों का गुणनफल b^2 होता है।

वस्तुनिष्ठ प्रश्न

1. यदि रेखा $2x+\sqrt{6}y=2$, अतिपरवलय $x^2-2y^2=4$ को स्पर्श करती है, तो स्पर्श बिन्दु के निर्देशांक हैं।

(a) $\left(\frac{1}{2}, \frac{1}{\sqrt{6}}\right)$ (b) $(4, -\sqrt{6})$

(c) $(-2, \sqrt{6})$ (d) $(-5, 2\sqrt{6})$

2. माना बिन्दु A पर स्थित शीर्ष वाला अतिपरवलय $x^2-2y^2-2\sqrt{2}x-4\sqrt{2}y-6=0$ है। माना इसके नाभिलम्ब के शीर्षों में से एक शीर्ष B है। यदि बिन्दु A के निकटतम अतिपरवलय की नाभि C है, तब ΔABC का क्षेत्रफल है।

(a) $\left(1+\sqrt{\frac{2}{3}}\right)$ वर्ग इकाई (b) $\left(\sqrt{\frac{3}{2}}+1\right)$ वर्ग इकाई

(c) $\left(1-\sqrt{\frac{2}{3}}\right)$ वर्ग इकाई (d) $\left(\sqrt{\frac{2}{3}}-1\right)$ वर्ग इकाई

3. यदि e_1 दीर्घवृत्त $\frac{x^2}{16}+\frac{y^2}{25}$ की उत्केन्द्रता है और e_2 दीर्घवृत्त की नाभियों से होकर जाने वाले अतिपरवलय की नाभि है और $e_1e_2=1$, तो अतिपरवलय का समीकरण है।

(a) $\frac{x^2}{16}-\frac{y^2}{9}=-1$ (b) $\frac{x^2}{9}-\frac{y^2}{16}=1$

(c) $\frac{x^2}{9}-\frac{y^2}{25}=1$ (d) इनमें से कोई नहीं

4. अतिपरवलय $\frac{x^2}{\cos^2\alpha}-\frac{y^2}{\sin^2\alpha}=1$ के लिए, निम्न में से α के परिवर्तित होने पर क्या, अपरिवर्तित रहेगा?

(a) उत्केन्द्रता (b) नियता

(c) शीर्षों के x-निर्देशांक (d) नाभियों के x-निर्देशांक

5. एक अतिपरवलय, जिसकी अनुप्रस्थ अक्ष की लम्बाई $2\sin\theta$ है तथा दीर्घवत्त $3x^2+4y^2=12$ की नाभियाँ सम्पाती हैं। तब अतिपरवलय की समीकरण है।

(a) $x^2\sin^2\theta-y^2\cos^2\theta=1$

(b) $x^2\cos^2\theta-y^2\sin^2\theta=1$

(c) $x^2\operatorname{cosec}^2\theta-y^2\sec^2\theta=1$

(d) $x^2\sec^2\theta-y^2\operatorname{cosec}^2\theta=1$

6. समकोणीय अतिपरवलय $xy=c^2$ पर स्थित बिन्दु (x_1, y_1) तथा (x_2, y_2) को जोड़ने वाली जीवा का समीकरण होगा?

(a) $\frac{x}{x_1+x_2}+\frac{y}{y_1+y_2}=1$ (b) $\frac{x}{x_1-x_2}+\frac{y}{y_1-y_2}=1$

(c) $\frac{x}{y_1+y_2}+\frac{y}{x_1+x_2}=1$ (d) $\frac{x}{y_1-y_2}+\frac{y}{x_1-x_2}=1$

7. दीर्घवृत्त $\frac{x^2}{16}+\frac{y^2}{b^2}=1$ की नाभियाँ और अतिपरवलय $\frac{x^2}{144}-\frac{y^2}{81}=\frac{1}{25}$

की नाभियाँ है, तब b^2 का मान होगा?

(a) 1 (b) 5
(c) 7 (d) 9

8. अतपरवलय $\frac{x^2}{a^2}-\frac{y^2}{b^2}=1$ की स्पर्शी $y=\alpha x+\beta$ है, बिन्दु (α, β) का बिन्दुपथ होगा?

(a) एक वृत्त (b) एक दीर्घवृत्त
(c) एक अतिपरवलय (d) एक परवलय

9. अतिपरवलय $\frac{x^2}{\cos^2\alpha}-\frac{y^2}{\sin^2\alpha}=1$ के लिए कौन अचर रहेगा, जब α चर है?

(a) नियता (b) शीर्ष की भुज
(c) नाभि का भुज (d) उत्केन्द्रता

10. अतिपरवलय $9x^2-16y^2+18x+32y-151=0$ की नाभियाँ है–

(a) $(4,1)(-6,1)$ (b) $(2,3),(5,7)$
(c) $(0,0),(5,3)$ (d) इनमें से कोई नहीं

11. अतिपरवलय $4x^2-9y^2-36=0$ की नाभियाँ हैं–

(a) $[\pm\sqrt{(13)},0]$ (b) $[0,\pm\sqrt{(12)}]$
(c) $[\pm\sqrt{(11)},0]$ (d) $[\pm\sqrt{(12)},0]$

12. यदि e_1 और e_2 क्रमशः दीर्घवृत्त $\frac{x^2}{25}+\frac{y^2}{9}=1$ और अतिपरवलय $9x^2-16y^2=144$ की उत्केन्द्रताएँ हैं, तो $e_1e_2=$

(a) >1 (b) $<1/2$
(c) 16/25 (d) 1

13. उस अतिपरवलय की उत्केन्द्रता, जिसका नाभिलम्ब 12 और अर्द्ध-संयुग्मी अक्ष $2\sqrt{3}$ है, होगी–

(a) $\sqrt{3}/2$ (b) $2\sqrt{3}$
(c) 2 (d) 3

14. यदि समकोणिक अतिपरवलय $xy=\lambda$ की उत्केन्द्रता $e(\lambda)$ हो, तो $e(1)-e(6)$ का मान है–

(a) 2 (b) 3
(c) 0 (d) 1

15. अतिपरवलय $9x^2-36x-16y^2+96y-252=0$ का केन्द्र है–

(a) $(-2,3)$ (b) $(2,-3)$
(c) $(2,3)$ (d) $(-2,-3)$

16. अतिपरवलय $9x^2-36x-16y^2+96y-252=0$ के शीर्ष हैं–

(a) $(-6,3),(-6,-3)$ (b) $(6,3),(-2,3)$
(c) $(6,3),(-6,3)$ (d) कोई नहीं

17. दीर्घवृत्त $ax^2+16y^2=16a$ और अतिपरवलय $\left(\frac{x}{12}\right)^2-\left(\frac{y}{9}\right)^2=\left(\frac{1}{5}\right)^2$ की नाभियाँ संपाती हैं, तो

(a) $\sqrt{3}$ (b) $\sqrt{7}$
(c) 3 (d) 7

18. अतिपरवलय $x^2/a^2-y^2/b^2=1$ का केन्द्र C है। अतिपरवलय के किसी बिन्दु P पर खींची गई स्पर्शी, रेखाओं $bx-ay=0$ और $bx+ay=0$ से क्रमशः बिन्दुओं Q और R पर मिलती है। दिखाइये कि $CQ\cdot CR=$

(a) $\frac{1}{a^2}+\frac{1}{b^2}$ (b) $\frac{1}{a^2}-\frac{1}{b^2}$
(c) a^2+b^2 (d) a^2-b^2

19. $2x+\sqrt{6}y=2$ अतिपरवलय $x^2-2y^2=4$ को स्पर्श करती है, तो स्पर्श बिन्दु हैं–

(a) $(4,\sqrt{6})$ (b) $(-2,\sqrt{6})$
(c) $\left(\frac{1}{2},\frac{1}{\sqrt{6}}\right)$ (d) $(4,-\sqrt{6})$

20. अतिपरवलय $4y^2=x^2-1$ के बिन्दु $(1,0)$ पर खींची गई स्पर्शी का समीकरण है–

(a) $y=4$ (b) $x=4$
(c) $x=1$ (d) $y=1$

21. यदि रेखा $ax+by+c=0$ अतिपरवलय $xy=1$ का एक अभिलम्ब हो, तो

(a) $b>0, a<0$ (b) $a<0, b<0$
(c) $a>0, b>0$ (d) $a>0, b<0$

22. मान लो $P(a\sec\theta, b\tan\theta)$ और अतिपरवलय $\frac{x^2}{a^2}-\frac{y^2}{b^2}=1$ पर दो बिन्दु हैं। यदि P और Q पर खींचे गए अभिलम्बों का प्रतिच्छेद बिन्दु (h,k) हो, तो k का मान होगा–

(a) $\frac{a^2+b^2}{b}$ (b) $-\left(\frac{a^2+b^2}{b}\right)$
(c) $\frac{a^2+b^2}{a}$ (d) $-\left(\frac{a^2+b^2}{a}\right)$

23. यदि किसी बिन्दु P पर समकोणिक अतिपरवलय $x^2-y^2=4$ का अभिलम्ब, अक्ष से G और g में मिलता है तथा अतिपरवलय का केन्द्र C है, तो–

(a) $PG=Pg$ (b) $Gg=2PC$
(c) $PG=PC$ (d) $Pg=PC$

उत्तरमाला

1. (b)	2. (d)	3. (a)	4. (d)	5. (c)	6. (a)	7. (c)	8. (c)	9. (c)	10. (a)
11. (a)	12. (d)	13. (c)	14. (c)	15. (c)	16. (c)	17. (d)	18. (c)	19. (b)	20. (c)
21. (a,d)	22. (b)	23. (a,b,c,d)							

संकेत एवं हल

1. (b) हम जानते हैं, कि बिन्दु (x_1, y_1) पर स्पर्शी का समीकरण $xx_1 - 2yy_1 = 4$ होता है, जोकि $2x + \sqrt{6}y = 2$ के समान है।

$\therefore \quad \frac{x_1}{2} = -\frac{2y_1}{\sqrt{6}} = \frac{4}{2}$

$\Rightarrow \quad x_1 = 4$

और $\quad y_1 = -\sqrt{6}$

अत: स्पर्श बिन्दु $(4, -\sqrt{6})$ है।

2. (d) दिया है, अतिपरवलय

$x^2 - 2y^2 - 2\sqrt{2}x - 4\sqrt{2u} - 6 = 0$ जिसे निम्न रूप में लिखा जा सकता है $\frac{(x-\sqrt{2})^2}{4} - \frac{(y+\sqrt{2})^2}{2} = 1$

$A(x, y)$ के लिए,

$$e = \sqrt{1 + \frac{2}{4}} = \sqrt{\frac{3}{2}}$$

$\therefore \quad x - \sqrt{2} = 2$

$\Rightarrow \quad x = 2 + \sqrt{2}$

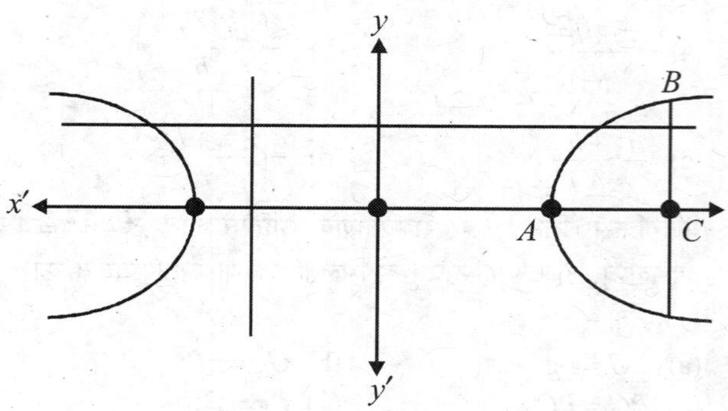

$C(x, y)$ के लिए,

$$x - \sqrt{2} = ae = \sqrt{6}$$

$$x = \sqrt{6} + \sqrt{2}$$

अब, $\quad AC = \sqrt{6} + \sqrt{2} - 2 - \sqrt{2} = \sqrt{6} - 2$

$$BC = \frac{b^2}{a^2} = \frac{2}{2} = 1$$

$$\text{क्षेत्रफल} = \frac{1}{2} \times (\sqrt{6} - 2) \times BC$$

$$= \frac{1}{2} \times (\sqrt{6} - 2) \times 1$$

$$= \left(\sqrt{\frac{3}{2}} - 1\right) \text{ वर्ग इकाई}$$

3. (a) $\frac{x^2}{16} + \frac{y^2}{25} = 1$ की उत्केन्द्रता

$$e_1 = \sqrt{1 - \frac{16}{25}} = \frac{3}{5}$$

$\therefore \quad e_2 = \frac{5}{3}.$

अत: दीर्घवृत्त की नाभियाँ $(0, \pm 3)$ हैं।

$\therefore$ अतिपरवलय का समीकरण $\frac{x^2}{16} - \frac{y^2}{9} = -1$ है।

4. (d) दिए गए अतिपरवलय का समीकरण

$$\frac{x^2}{\cos^2\alpha} - \frac{y^2}{\sin^2\alpha} = 1$$

$\Rightarrow \quad a^2 = \cos^2\alpha, \quad b^2 = \sin^2\alpha$

(मानक समीकरण $\frac{x^2}{a^2} - \frac{y^2}{b^2} = 1$ से तुलना करने पर)

हम जानते हैं, कि

नाभि $= (\pm ae, 0)$

जहाँ, $\quad ae = \sqrt{a^2 + b^2} = \sqrt{\cos^2\alpha + \sin^2\alpha} = 1$

$\therefore \quad$ नाभि $= (\pm 1, 0)$

तथा $\quad$ शीर्ष $= (\pm \cos\alpha, 0)$

तथा $\quad ae = 1 \quad$ या $\quad e = \frac{1}{\cos\alpha}$

$\therefore$ नाभियाँ, α के परिवर्तन पर अचर रहती हैं।

5. (c) दिए गए दीर्घवृत्त का समीकरण $\frac{x^2}{4}+\frac{y^2}{3}=1$

$\Rightarrow \quad a=2, \quad b=\sqrt{3}$

$\therefore \quad 3=4(1-e^2) \quad \Rightarrow \quad e=\frac{1}{2}$

$\therefore \quad ae=1$

अतिपरवलय की उत्केन्द्रता e_1 के लिये

$e_1 \sin\theta = 1$

$\Rightarrow \quad e_1 = \text{cosec}\,\theta$

$\therefore \quad b^2=\sin^2\theta(\text{cosec}^2\theta-1)=\cos^2\theta$

अत: अतिपरवलय की समीकरण निम्न है

$$\frac{x^2}{\sin^2\theta}-\frac{y^2}{\cos^2\theta}=1$$

$\Rightarrow \quad x^2\,\text{cosec}^2\theta - y^2\sec^2\theta=1$

6. (a) PQ का ढ़ाल (slope) प्रवणता

$$=\frac{y_2-y_1}{x_2-x_1}=\frac{c^2(1/x_1-1/x_2)}{x_2-x_1}=-\frac{c^2}{x_1x_2}$$

$\therefore$ जीवा PQ का समीकरण है

$$y-y_1=-\frac{c^2}{x_1x_2}(x-x_1)$$

$\Rightarrow yx_1x_2+c^2x=c^2x_1+y_1x_1x_2=c^2(x_1+x_2)\;[x_1y_1=c^2]$

$$\Rightarrow \quad \frac{x}{x_1+x_2}+\frac{yx_1x_2}{c^2(x_1+x_2)}=1$$

$$\Rightarrow \quad \frac{x}{x_1+x_2}+\frac{y}{y_1+y_2}=1\left[\frac{1}{y_1+y_2}=\frac{x_1x_2}{c^2(x_1+x_2)}\right]$$

7. (c) अतिपरवलय में, $a^2=\frac{144}{25}, b^2=\frac{81}{25}$

$$\therefore \quad e^2=\frac{1+b^2}{a^2}=1+\frac{81}{144}=\frac{25}{16}$$

$\Rightarrow \quad e=\frac{5}{4}$

$\therefore$ नाभियाँ $(\pm ae, 0)=(\pm 3, 0)$

दीर्घवृत्त में,

$$e^2=1-\frac{b^2}{a^2}=1-\frac{b^2}{16}$$

$$\Rightarrow \quad e=\frac{1}{4}\sqrt{16-b^2}$$

नाभियाँ $(\pm 4e, 0)$ है।

$\Rightarrow \quad \sqrt{16-b^2}=3 \quad \Rightarrow \quad b^2=7$

8. (c) $y=\alpha x+\beta$ अतिपरवलय की स्पर्शी है।

$$\frac{x^2}{a^2}-\frac{y^2}{b^2}=1 \quad \Rightarrow \quad \beta^2=a^2\alpha^2-b^2$$

$\Rightarrow \quad (\alpha,\beta)$ का बिन्दुपथ है $a^2x^2-y^2=b^2$

9. (c) $\quad a^2=\cos^2\alpha, b^2=\sin^2\alpha$

$b^2=a^2(e^2-1)$

$\Rightarrow \quad e=\sec\alpha$

$\Rightarrow \quad$ भुजा $=\pm ae=\pm 1$ जो अचर है। जब α चर है।

10. (a) दिए हुए समीकरण को निम्नवत् लिख सकते हैं–

$9(x^2+2x)-16(y^2-2y)=151$

या $9(x^2+2x+1)-16(y^2-2y+1)=151+9-16=144$

$$\frac{(x+1)^2}{16}-\frac{(y-1)^2}{9}=1$$

या $\quad \frac{X^2}{16}-\frac{Y^2}{9}=1$

जहाँ $X=x+1, Y=y-1, a^2=16, b^2=9$

केन्द्र : $X=0, Y=0$ अर्थात् $(-1, 1)$

$b^2=a^2(e^2-1) \quad \therefore \quad e=5/4$

नाभियाँ $\quad X=\pm ae, Y=0$

या $\quad x+1=\pm 4\cdot 5/4, y-1=0$

या $\quad (4,1)$ और $(-6,1)$

नियतायें : $X=\pm a/3$ या $x+1=\pm 16/5$

या $\quad 5x-11=0, \quad 5x+21=0$

11. (a) $a^2=9, b^2=4$

$$\therefore \quad e^2=1+\frac{b^2}{a^2}=\frac{13}{9}$$

12. (d) $e_1 : e_2=\frac{4}{5}\cdot\frac{5}{4}=1$

13. (c) $2.\frac{b^2}{a}=12$ और $b=2\sqrt{3}$

$\therefore \quad a=2$

14. (c) समकोणीय अतिपरवलय $xy=c^2$ की उत्केन्द्रता $\sqrt{2}$ है। यह c^2 से स्वतन्त्र है।

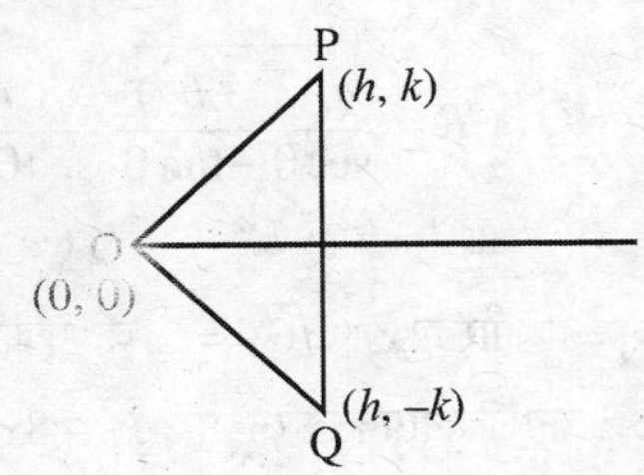

$\therefore \quad e(1)-e(6)=\sqrt{2}-\sqrt{2}=0$

15. (c) $\frac{X^2}{A^2}-\frac{Y^2}{B^2}=1$ के रूप में परिवर्तित करने पर,

केन्द्र $X=0, Y=0$ द्वारा दिया जाता है।

16. (c) समीकरण को निम्नवत् लिखने पर,

$9(x^2-4x+4-4)-16(y^2-6y+9-9)=252$

$9(x-2)^2-16(y-3)^2=252+36-144=144$

या $\frac{(x-2)^2}{16}-\frac{(y-3)^2}{9}=1$

या $\frac{X^2}{A^2}-\frac{Y^2}{B^2}=1$

$\therefore$ शीर्ष हैं : $X=\pm A, Y=0$

या $(x-2)=\pm 4, y-3=0$

या $x=6,-2$ और $y=3$

$\therefore$ शीर्ष हैं : $(6, 3), (-2, 3)$.

17. (d) $a_1e_1=a_2e_2$ या $a_1^2e_1^2=a_2^2e_2^2$

या $a_1^2\left(1-\frac{b_1^2}{a_1^2}\right)=a_2^2\left(1-\frac{b_2^2}{a_2^2}\right)$

या $a_1^2-b_1^2=a_2^2+b_2^2$

$$16-a=\left(\frac{12}{5}\right)^2+\left(\frac{9}{5}\right)^2$$

$$=\frac{225}{25}=9$$

$\therefore$ $a=7$

18. (c) $P=(a\sec\theta, b\tan\theta)$

P पर स्पर्शी : $\frac{x\sec\theta}{a}-\frac{y\tan\theta}{b}=1$

यह $bx-ay=0$ अर्थात् $\frac{x}{a}=\frac{y}{b}$ से Q में मिलती है।

$\therefore$ $Q=\left(\frac{a}{\sec\theta-\tan\theta},\frac{b}{\sec\theta-\tan\theta}\right)$

यह $bx+ay=0$ अर्थात् $\frac{x}{a}=-\frac{y}{b}$ से R में मिलती है।

$\therefore$ $R=\left(\frac{a}{\sec\theta+\tan\theta},\frac{-b}{\sec\theta+\tan\theta}\right)$

$\therefore$ $CQ\,.\,CR=\frac{\sqrt{(a^2+b^2)}}{\sec\theta-\tan\theta}\cdot\frac{\sqrt{(a^2+b^2)}}{\sec\theta+\tan\theta}$

$=a^2+b^2$ $\quad(\because \sec^2-\tan^2=1)$

19. (b) $xx_1-2yy_1=4$ और $2x+\sqrt{6}y=2$ के गुणांकों की तुलना करें।

विकल्प : y का विलोपन करने पर, $x^2-8x+16=0$

या $(x-4)^2=0$

$\therefore$ $x=4$ जिसमें $y=-\sqrt{6}$

20. (c) $4y(0)=x\,.\,1-1$

$\therefore$ $x=1$

21. (a,d) $y=\frac{1}{x}$

$\therefore$ $\frac{dy}{dx}=-\frac{1}{x^2}=$ स्पर्शी की प्रवणता

अत: अभिलम्ब की प्रवणता $x^2=-\frac{a}{b}=$ दी हुई रेखा की प्रवणता

चूँकि $x^2>0$ अत: $-\frac{a}{b}>0$ अर्थात् $\frac{a}{b}<0$.

जिसका अर्थ है कि a और b विपरीत चिन्ह के हैं।

22. (b) बिन्दुओं θ, ϕ पर अभिलम्ब, जहाँ $\phi=\frac{\pi}{2}-\theta$ हैं, बिन्दु (h, k) से होकर जाते हैं।

$\therefore$ $ah\cos\theta+bk\cot\theta=a^2+b^2$

$ah\sin\theta+bk\tan\theta=a^2+b^2$

h का विलोपन करने पर,

$bk\,(\cot\theta\sin\theta-\tan\theta\cos\theta)$

$=(a^2+b^2)(\sin\theta-\cos\theta)$

या $k=-(a^2+b^2)/b$

23. (a,b,c,d)

बिन्दु $P(x_1, y_1)$ पर अतिपरवलय का अभिलम्ब

$$\frac{x-x_1}{f_x}=\frac{y-y_1}{f_y}$$

$$\frac{x-x_1}{2x_1}=\frac{y-y_1}{-2y_1}$$

या $xy_1+yx_1=2x_1y_1$

या $\frac{x}{2x_1}+\frac{y}{2y_1}=1$ $\therefore$ $P(x_1, y_1), C_1(2x_1, 0)$

$g=(0, 2y_1)$ और $C=(0, 0)$ आदि।

$$PC=\sqrt{x_1^2+y_1^2}=PG=Pg$$

और $Gg=2\sqrt{x_1^2+y_1^2}=2PC$

□□□

त्रिकोणमितीय अनुपात, सर्वसमिकाएँ और समीकरण 6

(Trigonometric Ratios, Identities and Equations)

षष्टिक पद्धति (Sexagesimal System)

1 समकोण $= 90°$ (90 अंश)

$1° = 60'$ (60 मिनट)

$1' = 60''$ (60 सेकण्ड)

शतिक पद्धति (Centensimal System)

1 समकोण $= 100^g$ (100 ग्रेड)

$1^g = 100'$ (100 मिनट)

$1' = 100''$ (100 सेकण्ड)

वृत्तीय पद्धति (Circular System)

यदि किसी वृत्त की त्रिज्या r तथा l लम्बाई के चाप द्वारा केन्द्र पर अन्तरित कोण θ^c है, तब–

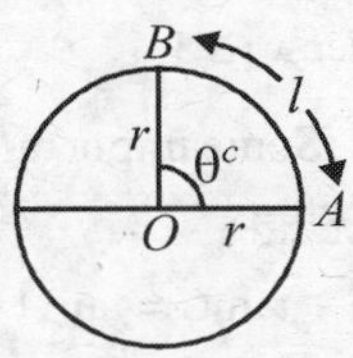

$$\theta = \frac{l}{r}$$

अंश, रेडियन व ग्रेड में सम्बन्ध
(Relation Among Degree, Radian and Grade)

$$180° = \pi^c = 100^g$$

तथा 1 रेडियन $= 57°17'44.8''$

$$\theta° = \frac{\pi}{180°} \times \theta \text{ (रेडियन)}$$

नोट

- $\cos^2\theta + \sin^2\theta = 1$
- (a) $1 + \tan^2\theta = \sec^2\theta$
  (b) $\sec^2\theta - \tan^2\theta = 1$
- (a) $1 + \cot^2\theta = \text{cosec}^2\theta$
  (b) $\text{cosec}^2\theta - \cot^2\theta = 1$

विभिन्न महत्त्वपूर्ण कोणों के त्रिकोणमितीय अनुपात

1. (a) $\sin 15° = \frac{\sqrt{3}-1}{2\sqrt{2}}$

   (b) $\cos 15° = \frac{\sqrt{3}+1}{2\sqrt{2}}$

   $\tan 15° = \cot 75° = 2 - \sqrt{3}$

   $\cot 15° = \tan 75° = 2 + \sqrt{3}$

2. (a) $\tan 22\frac{1°}{2} = \sqrt{2} - 1$

   (b) $\cot 22\frac{1°}{2} = \sqrt{2} + 1$

3. $\sin 18° = \cos 72° = \frac{\sqrt{5}-1}{4}$

4. (a) $\sin 22\frac{1°}{2} = \frac{\sqrt{2-\sqrt{2}}}{2}$

   (b) $\cos 22\frac{1°}{2} = \frac{\sqrt{2+\sqrt{2}}}{2}$

योग और अन्तर के सूत्र

1. $\sin(A+B) = \sin A\cos B + \cos A\sin B$
2. $\sin(A-B) = \sin A\cos B - \cos A\sin B$
3. $\cos(A+B) = \cos A\cos B - \sin A\sin B$
4. $\cos(A-B) = \cos A\cos B + \sin A\sin B$
5. $\tan(A+B) = \frac{\tan A + \tan B}{1 - \tan A\tan B}$
6. $\tan(A-B) = \frac{\tan A - \tan B}{1 + \tan A\tan B}$
7. $\cot(A+B) = \frac{\cot A\cot B - 1}{\cot A + \cot B}$
8. $\cot(A-B) = \frac{\cot A\cot B + 1}{\cot B - \cot A}$
9. $\sin(A+B)\sin(A-B) = \sin^2 A - \sin^2 B = \cos^2 B - \cos^2 A$
10. $\cos(A+B)\cos(A-B) = \cos^2 A - \sin^2 B = \cos^2 B - \sin^2 A$

गुणनफल का योग व अन्तर में रूपान्तरण
(Transofrmation of Multiplication into Sum And Difference)

1. $2\sin A\cos B = \sin(A+B) + \sin(A-B)$
2. $2\cos A\sin B = \sin(A+B) - \sin(A-B)$
3. $2\cos A\cos B = \cos(A+B) + \cos(A-B)$
4. $2\sin A\sin B = \cos(A-B) - \cos(A+B)$

सूत्र–

1. $\sin C + \sin D = 2\sin\left(\frac{C+D}{2}\right)\cdot\cos\left(\frac{C-D}{2}\right)$
2. $\sin C - \sin D = 2\cos\left(\frac{C+D}{2}\right)\cdot\sin\left(\frac{C-D}{2}\right)$
3. $\cos C + \cos D = 2\cos\left(\frac{C+D}{2}\right)\cdot\cos\left(\frac{C-D}{2}\right)$
4. $\cos C - \cos D = 2\sin\left(\frac{C+D}{2}\right)\cdot\sin\left(\frac{D-C}{2}\right)$

कोण के दोगुने से सम्बन्धित सूत्र–

1. $\sin 2\theta = 2\sin\theta\cos\theta = \frac{2\tan\theta}{1+\tan^2\theta}$
2. $\cos 2\theta = \cos^2\theta - \sin^2\theta = 1 - 2\sin^2\theta$
$$= 2\cos^2\theta - 1 = \frac{1-\tan^2\theta}{1+\tan^2\theta}$$
3. $\cos^2\theta = \frac{1}{2}(1+\cos 2\theta), \sin^2\theta = \frac{1}{2}(1-\cos 2\theta)$
4. $\tan 2\theta = \frac{2\tan\theta}{1-\tan^2\theta}$
5. $\cot 2\theta = \frac{\cot^2\theta - 1}{2\cot\theta}$
6. $\sin 3\theta = 3\sin\theta - 4\sin^3\theta$
7. $\cos 3\theta = 4\cos^3\theta - 3\cos\theta$
8. $\tan 3\theta = \frac{3\tan\theta - \tan^3\theta}{1-3\tan^2\theta}$
9. $\cot 3\theta = \frac{\cot^3\theta - 3\cot\theta}{3\cot^2\theta - 1} = \frac{3\cot\theta - \cot^3\theta}{1-3\cot^2\theta}$
10. $1 - \cos A = 2\sin^2\frac{A}{2}$
11. $1 + \cos A = 2\cos^2\frac{A}{2}$
12. $\sin(\alpha) + \sin(\alpha+\beta) + \sin(\alpha+2\beta) + \ldots + \sin[\alpha+(n-1)\beta]$
$$= \frac{\sin\left\{\alpha+(n-1)\left(\frac{\beta}{2}\right)\right\}\sin\left(\frac{n\beta}{2}\right)}{\sin\left(\frac{\beta}{2}\right)},\ \beta \neq 2n\pi$$
13. $\cos(\alpha) + \cos(\alpha+\beta) + \cos(\alpha+2\beta) + \ldots + \cos[\alpha+(n-1)\beta]$
$$= \frac{\cos\left\{\alpha+(n-1)\frac{\beta}{2}\right\}\sin\frac{n\beta}{2}}{\sin\frac{\beta}{2}},\ \beta \neq 2n\pi$$

आवर्ती फलन (Periodic Function)

फलन $f(x)$ को आवर्ती फलन कहते हैं, यदि एक न्यूनतम धनात्मक वास्तविक संख्या T इस प्रकार है कि $f(x+T) = f(x)$, T को फलन $f(x)$ का आवर्त्तमान कहते हैं। स्पष्ट है, कि यदि T, फलन $f(x)$ का आवर्त्तमान है, तो

$$f(x+T) = f(x+2T) = f(x+3T) = \ldots$$

1. यदि T आवर्ती फलन $f(x)$ का आवर्त्तमान है, तो फलन $f(ax+b)$, जहाँ a और b कोई दो संख्याएँ हैं, भी आवर्ती फलन है और इसका आवर्त्तमान $\frac{T}{|a|}$ होता है।
2. यदि T_1 और T_2 क्रमशः आवर्ती फलनों $f_1(x)$ और $f_2(x)$ के आवर्त्तमान हैं, तो फलन $af_1(x) + bf_2(x)$, जहाँ a और b कोई दो संख्याएँ हैं, भी आवर्ती फलन है और इसका आवर्त्तमान T होता है, जोकि T_1 और T_2 का ल० स० (LCM) है अर्थात् T ऐसी सबसे छोटी धनात्मक संख्या ह, जोकि T_1 एवं T_2 दोनों से विभाज्य है।
3. यदि दो आवर्ती फलनों $f_1(x)$ और $f_2(x)$ के आवर्त्तमान समान (माना T) हैं, तो फलन $af_1(x) + bf_2(x)$, जहाँ a और b कोई दो संख्याएँ हैं, भी आवर्ती फलन और इसका आवर्त्तमान भी T ही होगा।

अधिकतम व न्यूनतम मान (Maximum and Minimum Value)

1. यदि $f(x) = a\cos x + b\sin x + c$,
तब $c - \sqrt{a^2+b^2} \le f(x) \le c + \sqrt{a^2+b^2}$
2. $-1 \le \sin x \le 1, |\sin x| \le 1$
3. $-1 \le \cos x \le 1, |\cos x| \le 1$
4. $-\infty \le \tan x \le \infty, -\infty \le \cot x \le \infty$
5. $|\sec x| \ge 1, |\operatorname{cosec} x| \ge 1$

कुछ मुख्य सर्वसमिकाएँ (Some important conditional indentities)

1. यदि $A + B + C = \pi$, तब–
(i) $\tan A + \tan B + \tan C = \tan A \tan B \tan C$
(ii) $\cot A\cot B + \cot B\cot C + \cot C\cot A = 1$
(iii) $\sin 2A + \sin 2B + \cos 2C = 4\sin A\sin B\sin C$
(iv) $\cos 2A + \cos 2B + \cos 2C = -1 - 4\cos A\cos B\cos C$
(v) $\cos^2 A + \cos^2 B + \cos^2 C = 1 - 2\cos A\cos B\cos C$
(vi) $\cos A + \cos B + \cos C = 1 + 4\sin\frac{A}{2}\sin\frac{B}{2}\sin\frac{C}{2}$
(vii) $\tan\frac{A}{2}\tan\frac{B}{2} + \tan\frac{B}{2}\tan\frac{C}{2} + \tan\frac{C}{2}\tan\frac{A}{2} = 1$
(viii) $\cot\frac{A}{2} + \cot\frac{B}{2} + \cot\frac{C}{2} = \cot\frac{A}{2}\cot\frac{B}{2}\cot\frac{C}{2}$
2. यदि A, B, C किसी Δ के कोण है, तब–
$$\sin(A+B+C) = \sin\pi = 0$$
और
$$\cos(A+B+C) = \cos\pi = -1$$
$$\sin A\sin B\sin C = \sin A\cos B\cos C + \cos A\sin B\cos C + \cos A\cos B\sin C$$
$$1 + \cos A\cos B\cos C = \cos A\sin B\sin C + \sin A\cos B\sin C + \sin A\sin B\cos C$$
$$\tan(A+B+C) = \tan\pi = 0$$
$\therefore\ \tan A + \tan B + \tan C = \tan A\tan B\tan C$
$\tan A\tan B\tan C$ से भाग करने पर
$\cot A\cot B + \cot B\cot C + \cot C\cot A = 1$

किसी बहुभुज की भुजा तथा अन्तः कोण के बीच सम्बन्ध (Relation Between Sides and Interior Angles of a Regular Polygon)

1. n भुजा वाले बहुभुज के अन्तः कोणों का जोड़ $= (2n-4) \times 90°$.
2. n भुजा वाले समबाहुभुज का प्रत्येक अन्तः कोण $= \frac{2n-4}{n} \times 90°$.

कुछ प्रयोगात्मक परिणाम (Some Useful Results)

1. $\sin n\pi = 0, \quad n \in I$
2. $\cos n\pi = (-1)^n, \quad n \in I$
3. $\sin(n\pi + \theta) = (-1)^n \sin\theta, \quad n \in I$
4. $\cos(n\pi + \theta) = (-1)^n \cos\theta, \quad n \in I$
5. $\sin\left(\frac{np}{2} + ?\right) = \begin{cases} (-1)^{\frac{n-1}{2}} \cos ?, \text{ यदि } n \text{ विषम है} \\ (-1)^{\frac{n}{2}} \sin ?, \text{ यदि } n \text{ सम है} \end{cases}$
6. $\cos\left(\frac{np}{2} + ?\right) = \begin{cases} (-1)^{\frac{n+1}{2}} \sin ?, \text{ यदि } n \text{ विषम है} \\ (-1)^{\frac{n}{2}} \cos ?, \text{ यदि } n \text{ सम है} \end{cases}$
7. $\cos\left(\frac{np}{2} - ?\right) = \begin{cases} (-1)^{\frac{n-1}{2}} \cos ?, \text{ यदि } n \text{ विषम है} \\ (-1)^{\frac{n}{2}} \sin ?, \text{ यदि } n \text{ सम है} \end{cases}$
8. $\tan\left(\frac{np}{2} + ?\right) = \begin{cases} -\cot ?, \text{ यदि } n \text{ विषम है} \\ \tan ?, \text{ यदि } n \text{ सम है} \end{cases}$
9. $\sin(n\pi + (-1)^n\theta) = \sin\theta$
10. $\cos(2n\pi \pm \theta) = \cos\theta$
11. $\tan(n\pi + \theta) = \tan\theta$
12. $\cos\alpha \cdot \cos 2\alpha \cdot \cos 2^2\alpha \ldots \cos(2^{n-1}\alpha)$

$$= \begin{cases} \frac{\sin 2^n a}{2^n \sin a}, & \text{if } a \neq n\pi \\ 1 & \text{if } a = 2kp \\ -1 & \text{if } a = (2k+1)p \end{cases}$$

$a\cos\theta + b\sin\theta$ का ध्रुवीरूप और उच्चिष्ठ तथा निम्निष्ठ मान (Polar form and maximum and minimum values of $a\cos\theta + b\sin\theta$)

माना, $x = a\cos\theta + b\sin\theta$

(i) प्रतिस्थापित $a = r\cos\alpha, b = r\sin\alpha$ तब,

$r = \sqrt{a^2+b^2}$

और $\tan\alpha = \frac{b}{a}$ तब,

$x = r\cos(\theta - \alpha)$

(ii) प्रतिस्थापित $a = r\sin\alpha, b = r\cos\alpha$,

तथा $r = \sqrt{a^2+b^2}$

तब, $x = r\sin(\theta + \alpha)$

त्रिकोणमितीय सर्वसमिका (Trigonometric Identity)

त्रिकोणमितीय अनुपातों के अज्ञात कोण के सभी मानों द्वारा सन्तुष्ट होती है।

त्रिकोणमितीय समीकरण के हल या मूल (Solutions or Roots of a Trigonometric Eqution)

त्रिकोणमितीय समीकरण को सन्तुष्ट करने वाले अज्ञात कोण के मान को त्रिकोणमितीय समीकरण के मूल या हल कहते हैं। इन्हें दो भागों में बाँटा गया हैं।

1. मुख्य हल 2. व्यापक हल

1. **मुख्य हल (Principal Solution) :** त्रिकोणमितीय समीकरण को सन्तुष्ट करने वाले अज्ञात कोण के न्यूनतम मान को मुख्य हल कहते हैं।
2. **व्यापक हल (General Solution) :** वह हल जिसमें त्रिकोणमितीय समीकरण को सन्तुष्ट करने वाले सभी सम्भव हल होते हैं, व्यापक हल कहलाता है।

त्रिकोणमितीय समीकरण (Trigonometric Equations)

ऐसे समीकरण जिसमें किसी अज्ञात कोण के एक अथवा एक से अधिक त्रिकोणमितीय फलनों का समावेश होता हैं। त्रिकोणमितीय समीकरण कहते हैं।

उदाहरण– $\cot\theta - \tan\theta = \sec\theta$

किसी त्रिकोणमिती समीकरण का व्यापक हल जिसमें एक चर हैं। नीचे दिये गये हैं।

1. $\sin\theta = 0 \Rightarrow \theta = n\pi$ where, $n \in I$
2. $\cos\theta = 0 \Rightarrow \theta = (2n+1)\frac{\pi}{2}$ where, $n \in I$
3. $\tan\theta = 0 \Rightarrow \theta = n\pi$ where, $n \in I$
4. $\sin\theta = 1 \Rightarrow \theta = 2n\pi + \frac{\pi}{2}$
5. $\sin\theta = -1 \Rightarrow \theta = 2n\pi + \frac{3\pi}{2}$
6. $\cos\theta = 1 \Rightarrow \theta = 2n\pi$
7. $\cos\theta = -1 \Rightarrow \theta = 2n\pi + \pi$
8. $\sin^2\theta = 1 \Rightarrow \theta = n\pi + \frac{\pi}{2}$
9. $\cos^2\theta = 1 \Rightarrow \theta = n\pi$
10. $\sin\theta = \sin\alpha \Rightarrow \theta = n\pi + (-1)^n\alpha$
11. $\cos\theta = \cos\alpha \Rightarrow \theta = 2n\pi \pm \alpha$
12. $\tan\theta = \tan\alpha \Rightarrow \theta = n\pi + \alpha$
13. $\sin\theta = -\sin\alpha \Rightarrow \theta = n\pi + (-1)^n(-\alpha)$
14. $\cos\theta = -\cos\alpha \Rightarrow \theta = 2n\pi + (\pi - \alpha)\pi$
15. $\tan\theta = -\tan\alpha \Rightarrow \theta = n\pi - \alpha$
16. $\sin^2\theta = \sin^2\alpha \Rightarrow \theta = n\pi \pm \alpha$
17. $\cos^2\theta = \cos^2\alpha \Rightarrow \theta = n\pi \pm \alpha$
18. $\tan^2\theta = \tan^2\alpha \Rightarrow \theta = n\pi \pm \alpha$

$a\cos\theta + b\sin\theta = c$ के रूप की त्रिकोणमितीय समीकरण का हल (Solution of Trigonometric Equation of the form $a\cos\theta + b\sin\theta = c$)

$$a\cos\theta + b\sin\theta = c$$

दोनों पक्षों में $\sqrt{a^2+b^2}$ से भाग देने पर

$$\frac{a}{\sqrt{a^2+b^2}}\cos\theta + \frac{b}{\sqrt{a^2+b^2}}\sin\theta = \frac{c}{\sqrt{a^2+b^2}} \quad \text{...(i)}$$

माना, $\sin\alpha = \frac{b}{\sqrt{a^2+b^2}}$ तथा $\cos\alpha = \frac{a}{\sqrt{a^2+b^2}}$

समीकरण (i) से,

$$\cos\theta\cos\alpha + \sin\theta\sin\alpha = \frac{c}{\sqrt{a^2+b^2}}$$

$$\Rightarrow \quad \cos(\theta-\alpha) = \frac{c}{\sqrt{a^2+b^2}}$$

यदि $|c| > \sqrt{a^2+b^2}$

तब समीकरण $a\cos\theta + b\sin\theta = c$ का कोई हल नहीं है।

तथा यदि $|c| \le \sqrt{a^2+b^2}$, तब माना

$$\cos\phi = \frac{|c|}{\sqrt{a^2+b^2}}$$

$$\Rightarrow \quad \cos(\theta-\alpha) = \cos\phi$$

$$\Rightarrow \quad \theta - \alpha = 2n\pi \pm \phi$$

$$\Rightarrow \quad \theta = 2n\pi \pm \phi + \alpha, n \in I$$

नोट

- cosec θ, sec θ व cot θ वाली समीकरणों के व्यापक हल क्रमशः sinθ, cos θ, tan θ वाली समीकरणों के समान होते हैं।

कुछ महत्त्वपूर्ण तथ्य

1. $\sin\theta\sin(60°-\theta)\sin(60°+\theta) = \frac{1}{4}\sin 3\theta$
2. $\cos\theta\cos(60°-\theta)\cos(60°+\theta) = \frac{1}{4}\cos 3\theta$
3. $\tan\theta\tan(60°-\theta)\tan(60°+\theta) = \tan 3\theta$
4. (a) $\cos 36° - \cos 72° = \frac{1}{2}$

   (b) $\cos 36° \cos 72° = \frac{1}{4}$
5. If $\cos x + \cos y = a$

   तथा $\sin x + \sin y = b$, तब,

   (a) $\sin(x+y) = \frac{2ab}{a^2+b^2}$

   (b) $\cos(x+y) = \frac{a^2-b^2}{a^2+b^2}$

   (c) $\tan(x+y) = \frac{2ab}{a^2-b^2}$

   (d) $\tan\left(\frac{x+y}{2}\right) = \frac{b}{a}$
6. If $\cos x - \cos y = a$

   तथा $\sin x - \sin y = b$, then

   (a) $\sin(x+y) = -\frac{2ab}{a^2+b^2}$

   (b) $\cos(x+y) = \frac{b^2-a^2}{b^2+a^2}$

   (c) $\tan(x+y) = -\frac{2ab}{a^2-b^2}$

   (d) $\tan\left(\frac{x+y}{2}\right) = -\frac{a}{b}$
7. (a) $\sin\theta + \sin\left(\theta+\frac{2\pi}{3}\right) + \sin\left(\theta+\frac{4\pi}{3}\right) = 0$

   (b) $\cos\theta + \cos\left(\theta+\frac{2\pi}{3}\right) + \cos\left(\theta+\frac{4\pi}{3}\right) = 0$
8. (a) $\sin(A+B+C) = \sin A\cos B\cos C + \cos A\sin B\cos C + \cos A\cos B\sin C - \sin A\sin B\sin C$

   (b) $\cos(A+B+C) = \cos A\cos B\cos C - \cos A\sin B\sin C - \sin A\cos B\sin C - \sin A\sin B\cos C$

   (c) $\tan(A+B+C) = \frac{\tan A + \tan B + \tan C - \tan A\tan B\tan C}{1 - \tan A\tan B - \tan B\tan C - \tan C\tan A}$
9. (a) $\sin 15° + \cos 15° = \sqrt{\frac{3}{2}} = \sin 75° + \cos 75°$

   (b) $\cos 15° - \sin 15° = \frac{1}{\sqrt{2}} = \sin 75° - \cos 75°$

   (c) $\tan 15° + \cot 15° = 4 = \tan 75° + \cot 75°$

   (d) $\cot 15° - \tan 15° = 2\sqrt{3} = \tan 75° - \cot 75°$
10. (a) $\sin 7\frac{1°}{2} = \sqrt{\frac{2\sqrt{2}-\sqrt{3}-1}{4\sqrt{2}}} = \cos 82\frac{1°}{2}$

    (b) $\cos 7\frac{1°}{2} = \sqrt{\frac{2\sqrt{2}+\sqrt{3}-1}{4\sqrt{2}}} = \sin 82\frac{1°}{2}$

    (c) $\tan 7\frac{1°}{2} = \sqrt{\frac{2\sqrt{2}-\sqrt{3}+1}{2\sqrt{2}+\sqrt{3}+1}}$

    $= (\sqrt{3}-\sqrt{2})(\sqrt{2}-1)$

    $= \sqrt{6}-\sqrt{4}-\sqrt{3}+\sqrt{2} = \cot 82\frac{1°}{2}$

    (d) $\cot 7\frac{1°}{2} = \sqrt{\frac{2\sqrt{2}+\sqrt{3}+1}{2\sqrt{2}-\sqrt{3}-1}}$

    $= (\sqrt{3}+\sqrt{2})(\sqrt{2}+1)$

    $= \sqrt{6}+\sqrt{4}+\sqrt{3}+\sqrt{2} = \tan 82\frac{1°}{2}$

वस्तुनिष्ठ प्रश्न

1. यदि θ, ϕ न्यूनकोण हैं, $\sin\theta = 1/2, \cos\phi = 1/3$, तो $(\theta + \phi) \in$

(c) $(2\pi/3, 5\pi/6)$ (d) $(5\pi/6, \pi)$
(a) $(\pi/3, \pi/2)$ (b) $(\pi/2, 2\pi/3)$

2. समीकरण $\sin^2\theta = \dfrac{x^2+y^2}{2xy}$ सम्भव होगा यदि–

(a) $x = -y$ (b) $x = y$
(c) $2x = y$ (d) इनमें से कोई नहीं

3. $\sin 47° + \sin 61° - \sin 11° - \sin 25° =$

(a) $\sin 36°$ (b) $\cos 36°$
(c) $\sin 7°$ (d) $\cos 7°$

4. यदि $\theta = \dfrac{\pi}{2^n+1}$, तो

$2^n \cos\theta \cos 2\theta \cos 2^2\theta \ldots \cos 2^{n-1}\theta =$

(a) 0 (b) 1
(c) 1/2 (d) कोई नहीं

5. $2\sin^2\theta - 3\sin\theta - 2 = 0$, तो $\theta =$

(a) $n\pi + (-1)^n \dfrac{7\pi}{6}$ (b) $n\pi - (-1)^n \pi/6$
(c) $n\pi + (-1)^n \pi/2$ (d) $n\pi + (-1)^n \pi/6$

6. समीकरण $\cos^2\theta + \sin\theta + 1 = 0$ का हल किस अन्तराल में स्थित है–

(a) $\left(\dfrac{3\pi}{4}, \dfrac{5\pi}{4}\right)$ (b) $\left(\dfrac{5\pi}{4}, \dfrac{7\pi}{4}\right)$
(c) $\left(-\dfrac{\pi}{4}, \dfrac{\pi}{4}\right)$ (d) $\left(\dfrac{\pi}{4}, \dfrac{3\pi}{4}\right)$

7. $\cos\theta = -\dfrac{1}{\sqrt{2}}$, $\tan\theta = 1$

(a) $2n\pi + \pi/3$ (b) $2n\pi + \pi/6$
(c) $2n\pi + \pi/4$ (d) $2n\pi + 5\pi/4$

8. यदि $\alpha + \beta = \dfrac{\pi}{7}$ और $\beta + \gamma = \alpha$ हो तो $\tan\alpha$ बराबर है–

(a) $\tan\beta + 2\tan\gamma$ (b) $2\tan\beta + \tan\gamma$
(c) $2(\tan\beta + \tan\gamma)$ (d) $\tan\beta + \tan\gamma$

9. प्रतिबन्ध $0 \geq \alpha_1, \alpha_2, \ldots, \alpha_n \leq \dfrac{\pi}{2}$ और

$(\cot\alpha_1)(\cot\alpha_2)\ldots(\cot\alpha_n) = 1$ के अन्तर्गत

$(\cos\alpha_1)(\cos\alpha_2)\ldots(\cos\alpha_n)$ का अधिकतम मान है–

(a) $\dfrac{1}{2n}$ (b) 1
(c) $\dfrac{1}{2^{n/2}}$ (d) $\dfrac{1}{2^n}$

10. दिया है, कि θ और ϕ दोनों न्यूनकोण हैं, $\sin\theta = \dfrac{1}{2}$, $\cos\phi = \dfrac{1}{3}$, तो $\theta + \phi$ का मान होगा–

(a) $\left(\dfrac{2\pi}{3}, \dfrac{5\pi}{6}\right]$ में (b) $\left(\dfrac{5\pi}{6}, \pi\right]$ में
(c) $\left(\dfrac{\pi}{3}, \dfrac{\pi}{6}\right]$ में (d) $\left(\dfrac{\pi}{2}, \dfrac{2\pi}{3}\right)$ में

11. उन क्रमिक युग्मों (ordered pairs) की संख्या, जहाँ $\alpha, \beta \in (-\pi, \pi)$, जो $\cos(\alpha - \beta) = 1$ और $\cos(\alpha + \beta) = \dfrac{1}{e}$ को सन्तुष्ट करते हैं, है

(a) 2 (b) 4
(c) 0 (d) 1

12. माना $\theta \in \left(0, \dfrac{\pi}{4}\right)$ और $t_1 = (\tan\theta)^{\tan\theta}$, $t_2 = (\tan\theta)^{\cot\theta}$, $t_3 = (\cot\theta)^{\tan\theta}$ और $t_4 = (\cot\theta)^{\cot\theta}$, तब

(a) $t_3 > t_1 > t_2 > t_4$ (b) $t_2 > t_3 > t_1 > t_4$
(c) $t_1 > t_2 > t_3 > t_4$ (d) $t_4 > t_3 > t_1 > t_2$

13. माना n एक विषम संख्या है। यदि प्रत्येक θ के लिए $\sin n\theta = \sum_{r=0}^{n} b_r \sin^r\theta$ हो, तो–

(a) $b_0 = -1, b_1 = n$ (b) $b_0 = 0, b_1 = n^2 - 3n + 3$
(c) $b_0 = 1, b_1 = 3$ (d) $b_0 = 0, b_1 = n$

14. k के उन पूर्णांक मानों की संख्या जिनके लिए समीकरण $7\cos x + 5\sin x = 2k + 1$ का एक हल होगा, है–

(a) 10 (b) 12
(c) 4 (d) 8

15. समीकरण युग्म $2\sin^2\theta - \cos 2\theta = 0$ और $2\cos^2\theta - 3\sin\theta = 0$ के अन्तराल $[0, 2\pi]$ में हलों की संख्या है–

(a) 0 (b) 1
(c) 2 (d) 4

16. यदि $\cos x + \cos y + \cos\alpha = 0$ तथा $\sin x + \sin y + \sin\alpha = 0$ तब $\cot\left(\dfrac{x+y}{2}\right)$ का मान होगा–

(a) $\sin\alpha$ (b) $\cos\alpha$
(c) $\cot\alpha$ (d) $2\sin\alpha$

17. यदि $\sin(\alpha + \beta) = 1$, $\sin(\alpha - \beta) = \dfrac{1}{2}$, तब $\tan(\alpha + 2\beta)$ $\tan(2\alpha + \beta)$ का मान होगा?

(a) 1 (b) -1
(c) 0 (d) इनमें से कोई नहीं

18. माना α, β के मान इस प्रकार $\pi < \alpha - \beta < 3\pi$ है। यदि $\sin\alpha + \sin\beta = -\dfrac{21}{65}$ तथा $\cos\alpha + \cos\beta = -\dfrac{27}{65}$, तब $\cos\dfrac{\alpha - \beta}{2}$ का मान होगा?

(a) $\dfrac{6}{65}$ (b) $\dfrac{3}{\sqrt{130}}$

(c) $\frac{-3}{\sqrt{130}}$ (d) $\frac{6}{65}$

19. यदि $u = \sqrt{(a^2 \cos^2 \theta + b^2 \sin^2 \theta)} + \sqrt{(a^2 \sin^2 \theta + b^2 \cos^2 \theta)}$, तब u^2 के अधिकतम व न्यूनतम मान का अन्तर होगा?

(a) $(a+b)^2$ (b) $2\sqrt{a^2+b^2}$
(c) $2(a^2+b^2)$ (d) $(a-b)^2$

20. यदि $0 < x < \pi$ तथा $\cos x + \sin x = 1/2$, तब $\tan x$ का मान होगा?

(a) $(1-\sqrt{7})/4$ (b) $(4-\sqrt{7})/3$
(c) $-(1+\sqrt{7})/3$ (d) $(1+\sqrt{7})/4$

21. समीकरण $\tan 5\theta = \cot 2\theta$ का सरल हल है–

(a) $\theta = \frac{n\pi}{7} + \frac{\pi}{14}$ (b) $\theta = \frac{n\pi}{7} + \frac{\pi}{5}$
(c) $\theta = \frac{n\pi}{7} + \frac{\pi}{2}$ (d) $\theta = \frac{n\pi}{7} + \frac{\pi}{3}, n \in Z$

उत्तरमाला

1. (b)	2. (b)	3. (d)	4. (b)	5. (d)	6. (b)	7. (d)	8. (a)	9. (c)	10. (d)
11. (b)	12. (d)	13. (d)	14. (d)	15. (b)	16. (c)	17. (a)	18. (c)	19. (d)	20. (c)
21. (a)									

संकेत एवं हल

1. (b) $\sin\theta = \frac{1}{2}$ $\therefore \theta = \frac{\pi}{6}$ ...(i)

$\sin\theta = \sin\frac{\pi}{6}$

$\sin\phi = \frac{1}{3}$

अब $\frac{1}{2} > \frac{1}{3} > 0$ या $\cos\frac{\pi}{3} > \cos\phi > \cos\frac{\pi}{2}$

$\therefore \frac{\pi}{3} < \phi < \frac{\pi}{2}$ ...(ii)

(i) और (ii) को जोड़ने पर,

$$\frac{\pi}{2} < \theta + \phi < \frac{2\pi}{3}$$

2. (b) $\sin^2\theta = \frac{1}{2}\left(\frac{x}{y} + \frac{y}{x}\right) \geq \frac{1}{2}.2$ या ≤ 1

चूँकि $\sin^2\theta$ का मान 1 से अधिक नहीं हो सकता अत: केवल समिका का चिन्ह (=) ही रहेगा।

$\sin^2\theta = 1$ $\therefore$ $\theta = 90°$

$\therefore$ $1 = \frac{x^2+y^2}{2xy}$ या $(x-y)^2 = 0$

या $x - y = 0$ या $x = y$

3. (d) $2 \sin 54° + \cos 7° - 2 \sin 18° - \cos 7°$

$= 2\cos 7° (\cos 36° - \sin 18°)$

$= 2 \cos 7° \left(\frac{\sqrt{5}+1}{4} - \frac{\sqrt{5}-1}{4}\right) = \cos 7°$

4. (b) L.H.S. $= 2^n . \frac{1}{2^n \sin\theta} (\sin 2^n \theta) = 1$

$\because \sin 2^n\theta = \sin 2^n . \frac{\pi}{2^n+1}$

$= \sin\left(\pi - \frac{\pi}{2^n+1}\right)$

$= \sin\frac{\pi}{2^n+1} = \sin\theta$

5. (d) $(s-2)(2s+1) = 0$

$\therefore s = -\frac{1}{2} = -\sin\frac{\pi}{6} = \sin\left(-\frac{\pi}{6}\right)$

6. (b) $\cos^2\theta - \sin\theta + 2 = 0$

$\Rightarrow (\sin\theta + 1)(\sin\theta - 2) = 0$

$\therefore \sin\theta = -1 = \sin\frac{3\pi}{2}$

$\therefore \theta = \frac{3\pi}{2} = \frac{6\pi}{4} \in \left(\frac{5\pi}{4}, \frac{7\pi}{4}\right)$

7. (d)

8. (a) $\therefore\ \alpha+\beta=\frac{\pi}{7} \Rightarrow \alpha=\frac{\pi}{2}-\beta$

$\Rightarrow \tan\alpha = \tan\left(\frac{\pi}{2}-\beta\right)$

$\Rightarrow \tan\alpha = \cot\beta$

$\Rightarrow \tan\alpha\tan\beta = 1$

पुनः: $\beta+\gamma=\alpha$

$\Rightarrow \gamma = (\alpha-\beta)$

$\Rightarrow \tan\gamma = \tan(\alpha-\beta)$

$\Rightarrow \tan\gamma = \frac{\tan\alpha-\tan\beta}{1+\tan\alpha\tan\beta}$

$\Rightarrow \tan\gamma = \frac{\tan\alpha-\tan\beta}{1+1}$

$\Rightarrow 2\tan\gamma = \tan\alpha-\tan\beta$

$\Rightarrow \tan\alpha = \tan\beta+2\tan\gamma$

9. (c) $\cot\alpha_1 . \cot\alpha_2 \dots \cot\alpha_n = 1$

$\Rightarrow \frac{\cos\alpha_1}{\sin\alpha_1}.\frac{\cos\alpha_2}{\sin\alpha_2}.\frac{\cos\alpha_2}{\sin\alpha_2}\dots\frac{\cos\alpha_n}{\sin\alpha_n}=1$

माना $\cos\alpha_1 . \cos\alpha_2 \dots \cos\alpha_n = k$ ...(i)

और $\sin\alpha_1 . \sin\alpha_2 \dots \sin\alpha_n = k$ ...(ii)

समी (i) व (ii) की गुणा करने पर,

$k^2 = (\cos\alpha_1 . \cos\alpha_2 . \cos\alpha_3 \dots \cos\alpha_n)$
$(\sin\alpha_1 . \sin\alpha_2 . \sin\alpha_3 \dots \sin\alpha_n)$

$\Rightarrow k^2 = \frac{1}{2\times2\times2\dots n \text{ बार}}(2\sin\alpha_1.\cos\alpha_1).(2\sin\alpha_2\cos\alpha_2)$
$\dots(2\sin\alpha_n\cos\alpha_n)$

$\Rightarrow k^2 = \frac{1}{2^n}(\sin 2\alpha_1)(\sin 2\alpha_2)\dots(\sin 2\alpha_n)$

$\geq \frac{1}{2^n}$ $[\because \sin 2\alpha_i \leq 1, \forall\ 1 \leq 1 < n]$

$\Rightarrow k \geq \frac{1}{2^{n/2}}$

$\therefore \cos\alpha_1.\cos\alpha_2 \dots \cos\alpha_n$ का अधिकतम मान $=\frac{1}{2^{n/2}}$

10. (d) $\therefore \sin\theta=\frac{1}{2}$ और $\cos\phi=\frac{1}{3}$

$\Rightarrow \theta=\frac{\pi}{6}$ और $0<\left(\cos\phi=\frac{1}{3}\right)<\frac{1}{2}\ \left(\because 0<\frac{1}{3}<\frac{1}{2}\right)$

$\Rightarrow \theta=\frac{\pi}{6}$ और $\cos^{-1}(0)>\phi>\cos^{-1}\left(\frac{1}{2}\right)$

[चिन्ह बदलेगा, क्योंकि $\cos x, \left(0, \frac{\pi}{2}\right)$ में ह्रासमान फलन है]

$\Rightarrow \theta=\frac{\pi}{6}$ और $\frac{\pi}{3}<\phi<\frac{\pi}{2}$

या $\frac{\pi}{2}<\theta+\phi<\frac{2\pi}{3}$

$\therefore \theta\in\left(\frac{\pi}{2}, \frac{2\pi}{3}\right)$

11. (b) $\because \cos(\alpha-\beta)=1$

$\Rightarrow \alpha-\beta=n\pi$

परन्तु $-2\pi<\alpha-\beta<2\pi$ $[\because \alpha,\beta\in(-\pi,\pi)]$

$\therefore \alpha-\beta=0$

अतः $\cos(\alpha+\beta)=\frac{1}{e}$

$\Rightarrow \cos 2\alpha=\frac{1}{e}<1$, जोकि α के चार मानों के लिए सत्य है।

$\therefore -2\pi<2\alpha<2\pi$

12. (d) जब $\theta\in\left(0, \frac{\pi}{4}\right)$, $\tan\theta<\cot\theta$

$\because \tan\theta<1$ और $\cot\theta>1$

$\therefore t_4>t_3, t_1>t_2$ तथा $t_3>t_1$ जोकि केवल विकल्प (*d*) में है।

13. (d) $\sin n\theta=\sum_{r=0}^{n} b_r\sin^r\theta$ (दिया है)

$\theta=0$ रखने पर, $b_0=0$

$\therefore \sin n\theta = \sum_{r=0}^{n} b_r\sin^r\theta$

$\Rightarrow \frac{\sin n\theta}{\sin} = \sum_{r=0}^{n} b_r(\sin\theta)^{r-1}$

$\lim\theta\to0$ रखने पर

$\Rightarrow \lim_{\theta\to0}\frac{\sin n\theta}{\sin\theta}=\lim_{\theta\to0}\sum_{r=1}^{n} b_r(\sin\theta)^{r-1}$

$\Rightarrow \lim_{\theta\to0}\frac{n\theta\frac{\sin n\theta}{n\theta}}{\theta\frac{\sin\theta}{\theta}}=b_1+0+0+0\dots$

$\sin\theta$ की बड़ी घातों के लिए शेष मान शून्य होंगे।

$\therefore \frac{n\cdot1}{1}=b_1 \Rightarrow b_1=n$

14. (d) हम जानते हैं कि

$-\sqrt{a^2+b^2}\leq a\sin x+b\cos x\leq\sqrt{a^2+b^2}$

$\therefore -\sqrt{74}\leq\cos x+5\sin x\leq\sqrt{74}$

अर्थात् $-\sqrt{74}\leq 2k+1\leq\sqrt{74}$

चूँकि k एक पूर्णांक है।

$-9<2k+1<9$

$\Rightarrow -10<2k<8$

$\Rightarrow -5<k<4$

k के सम्भव पूर्णांक मानों की संख्या $=8$

15. (b) $2\sin^2\theta-\cos 2\theta=0$

$\Rightarrow 2\sin^2\theta-1+2\sin^2\theta=0$

$$\Rightarrow \quad \sin^2\theta = \frac{1}{4} \quad \Rightarrow \quad \sin\theta = \pm\frac{1}{2}$$

तथा $\quad 2\cos^2\theta - 3\sin\theta = 0$

$\Rightarrow \quad 2 - 2\sin^2\theta - 3\sin\theta = 0$

$\Rightarrow \quad (2\sin\theta - 1)(\sin\theta + 2) = 0$

$\Rightarrow \quad \sin\theta = \frac{1}{2}$ ($\sin\theta = -2$ सम्भव नहीं है)

अतः अन्तराल $[0, 2\pi]$ में हलों की संख्या 2 है।

16. (c) $\cos x + \cos y + \cos\alpha = 0$

$\cos x + \cos y = -\cos\alpha$

$\sin x + \sin y + \sin\alpha = 0$

$\sin x + \sin y = -\sin\alpha$

$$\therefore \quad \cot\left(\frac{x+y}{2}\right) = \frac{\cos\left(\frac{x+y}{2}\right)}{\sin\left(\frac{x+y}{2}\right)}$$

$$= \frac{2\cos\left(\frac{x+y}{2}\right)}{2\sin\left(\frac{x+y}{2}\right)} \times \frac{\cos\left(\frac{x-y}{2}\right)}{\cos\left(\frac{x-y}{2}\right)}$$

$$= \frac{\cos x + \cos y}{\sin x + \sin y} = \frac{-\cos\alpha}{-\sin\alpha} = \cot\alpha.$$

17. (a) $\sin(\alpha+\beta) = 1 \quad \Rightarrow \quad \alpha+\beta = \pi/2$

$\sin(\alpha-\beta) = 1/2 \quad \Rightarrow \quad \alpha-\beta = \pi/6$

$\therefore \quad \tan(\alpha+2\beta)\tan(2\alpha+\beta)$

$$= \tan\frac{2\pi}{3}\tan\frac{5\pi}{6}$$

$$= \left(-\frac{1}{\sqrt{3}}\right)(-\sqrt{3}) = 1$$

18. (c) $\pi - \alpha - \beta < 3\pi$

$$\Rightarrow \quad \frac{\pi}{2} < \frac{\alpha-\beta}{2} < \frac{3\pi}{2}$$

$$\Rightarrow \quad \cos\frac{\alpha-\beta}{2} < 0$$

$$\sin\alpha + \sin\beta = -\frac{21}{65}$$

$$\Rightarrow \quad 2\sin\frac{\alpha+\beta}{2}\cos\frac{\alpha-\beta}{2} = -\frac{21}{65} \quad \text{...(i)}$$

$$\Rightarrow \quad 2\cos\frac{\alpha+\beta}{2}\cos\frac{\alpha-\beta}{2} = -\frac{27}{65} \quad \text{...(ii)}$$

वर्ग करके (i) व (ii) को जोड़ने पर

$$4\cos^2\frac{\alpha-\beta}{2} = \frac{(21)^2 + (27)^2}{(65)^2} = \frac{1170}{65\times65}$$

$$\therefore \quad \cos^2\frac{\alpha-\beta}{2} = \frac{9}{130}$$

$$\Rightarrow \quad \cos\frac{\alpha-\beta}{2} = -\frac{3}{\sqrt{130}}$$

19. (d) $u^2\, a^2 + b^2 + 2\sqrt{[\{a^2\cos^2\theta + b^2\sin^2\theta\}}\sqrt{\{a^2\sin^2\theta + b^2\cos^2\theta\}]}$

$$= a^2 + b^2 + 2\sqrt{\{(a^2+b^4)\sin^2\theta\cos^2\theta + a^2b^2(\cos^4\theta + \sin^4\theta)\}}$$

$$= a^2 + b^2 + 2\sqrt{\left\{a^2b^2 + \frac{(a^2-b^2)^2}{4}\sin^2 2\theta\right\}}$$

$\therefore \quad u^2_{max} = a^2 + b^2 + (a^2 + b^2)$

$u^2_{min} = a^2 + b^2 + 2ab$

$\therefore \quad u^2_{max} - u^2_{min} = a^2 + b^2 - 2ab = (a-b)^2$

20. (c) $\sin x + \cos x = \frac{1}{2}$

$$\Rightarrow \quad 1 + \sin 2x = \frac{1}{4}$$

$$\Rightarrow \quad \sin 2x = -\frac{3}{4}$$

$0 < x < \pi, \pi < 2x < 2\pi$

$\Rightarrow \quad \pi/2 < x < \pi$

$$\therefore \quad \frac{2\tan x}{1+\tan^2 x} = -\frac{3}{4}$$

$\Rightarrow \quad 3\tan^2 x + 8\tan x + 3 = 0$

$$\Rightarrow \quad \tan x = \frac{-4 \pm \sqrt{7}}{3}$$

21. (a) $\tan 5\theta = \cot 2\theta$

$$\tan 5\theta = \tan\left(\frac{\pi}{2} - 2\theta\right)$$

$$5\theta = n\pi + \frac{\pi}{2} - 2\theta$$

$$7\theta = n\pi + \frac{\pi}{2}$$

$$\theta = \frac{n\pi}{7} + \frac{\pi}{14}$$

□□□

प्रतिलोम त्रिकोणमितीय फलन 7

(Inverse Trigonometric Functions)

प्रतिलोम त्रिकोणमितीय फलन (Inverse Trigonometric Function)

हम जानते हैं, कि यदि $f : X \longrightarrow Y$ एकैकी आच्छादक फलन है तो एक अद्वितीय फलन $g : Y \longrightarrow X$ इस प्रकार परिभाषित किया जा सकता है कि $g(y) = x$, जहाँ $x \in X$ इस प्रकार है कि $y = f(x)$

फलन g को f का प्रतिलोम फलन कहते हैं। जिसे f^{-1} से प्रदर्शित किया जाता है, स्पष्ट है, कि

1. $f^{-1}(y) = x \;\Leftrightarrow\; f(x) = y$
2. फलन f^{-1} का डोमेन = फलन f का परिसर
3. फलन f^{-1} का परिसर = फलन f का डोमेन

प्रतिलोम त्रिकोणमितीय फलनों के प्रान्त तथा परास (Domain and Range of Inverse Trigonometric Functions)

क्रमांक	फलन	प्रान्त	परास
1.	$\sin^{-1} x$	$[-1, 1]$	$\left[-\frac{\pi}{2}, \frac{\pi}{2}\right]$
2.	$\cos^{-1} x$	$[-1, 1]$	$[0, \pi]$
3.	$\tan^{-1} x$	R	$\left(-\frac{\pi}{2}, \frac{\pi}{2}\right)$
4.	$\text{cosec}^{-1} x$	$(-\infty, 1] \cup [1, \infty)$	$\left[-\frac{\pi}{2}, \frac{\pi}{2}\right] - \{0\}$
5.	$\sec^{-1} x$	$(-\infty, -1] \cup [1, \infty)$	$[0, \pi] - \{\pi/2\}$
6.	$\cot^{-1} x$	R	$(0, \pi)$

प्रतिलोम त्रिकोणमितीय फलनों के गुण (Properties of Inverse Circular Functions)

1. $\sin^{-1}(\sin\theta) = \theta$ तथा $\sin(\sin^{-1} x) = x$

   यदि $x = \sin\theta$, तब $\theta = \sin^{-1} x = \sin^{-1}(\sin\theta)$

   तथा $\sin(\sin^{-1}x) = \sin(\theta) = x$

   (i) $\sin^{-1}(\sin\theta) = \theta, \quad -\frac{\pi}{2} \le \theta \le \frac{\pi}{2}$

   $\sin(\sin^{-1}x) = x \quad -1 \le x \le 1$

   इसी प्रकार,

   (ii) $\cos^{-1}(\cos\theta) = \theta, \quad 0 \le \theta \le \pi$

   $\cos(\cos^{-1}x) = x \quad -1 \le x \le 1$

   (iii) $\tan^{-1}(\tan\theta) = \theta, \quad -\frac{\pi}{2} < \theta < \frac{\pi}{2}$

   $\tan(\tan^{-1}x) = x \quad x \in R$

   (iv) $\cot^{-1}(\cot\theta) = \theta, \quad 0 < \theta < \pi$

   $\cot(\cot^{-1} x) = x, -\infty < x < \infty$

   (v) $\sec^{-1}(\sec\theta) = \theta, \quad 0 \le \theta \le \pi, \quad \theta \ne \frac{\pi}{2}$

   (v) $\sec(\sec^{-1} x) = x, x \le -1$ or $x \ge 1$

   (vi) $\text{cosec}^{-1}(\text{cosec}\,\theta) = \theta, -\frac{\pi}{2} \le \theta \le \frac{\pi}{2}, \quad \theta \ne 0$

   (vi) $\text{cosec}(\text{cosec}^{-1}x) = x, x \le -1$ or $x \ge 1$

   (vii) $\sin^{-1}x = \text{cosec}^{-1}\frac{1}{x}$ or $\text{cosec}^{-1}x = \sin^{-1}\frac{1}{x}$

2. (i) $\sin^{-1}(-x) = -\sin^{-1}x, \quad -1 \le x \le 1$

   (ii) $\cos^{-1}(-x) = \pi - \cos^{-1}x, \quad -1 \le x \le 1$

   (iii) $\tan^{-1}(-x) = -\tan^{-1}x, \quad -\infty < x < \infty$

   (iv) $\cot^{-1}(-x) = \pi - \cot^{-1}x, \quad -\infty < x < \infty$

   (v) $\sec^{-1}(-x) = \pi - \sec^{-1}x, \quad x \le -1$ or $x \ge 1$

   (vi) $\text{cosec}^{-1}(-x) = -\text{cosec}^{-1}x, \quad x \le -1$ or $x \ge 1$

3. (i) $\sin^{-1}x + \cos^{-1}x = \frac{\pi}{2}, \quad -1 \le x \le 1$

   (ii) $\sec^{-1}x + \text{cosec}^{-1}x = \frac{\pi}{2}, \quad x \le -1$ or $x \ge 1$

   (iii) $\tan^{-1}x + \cot^{-1}x = \frac{\pi}{2}, \quad -\infty < x < \infty$

4. (i) $\sin^{-1}\left(\frac{1}{x}\right) = \text{cosec}^{-1}x \quad x \in (-\infty, -1] \cup [1, \infty)$

   (ii) $\cos^{-1}\left(\frac{1}{x}\right) = \sec^{-1}x \quad x \in (-\infty, -1] \cup [1, \infty)$

   (iii) $\tan^{-1}\left(\frac{1}{x}\right) = \begin{cases} \cot^{-1} x & x > 0 \\ -\pi + \cot^{-1} x & x < 0 \end{cases}$

प्रतिलोम त्रिकोणमितीय फलनों का परिवर्तन (Conversions of Inverse Circular Functions)

1. $\sin^{-1} x = \cos^{-1}\sqrt{1-x^2}$

$$= \tan^{-1}\frac{x}{\sqrt{1-x^2}}$$

$$= \cot^{-1}\frac{\sqrt{1-x^2}}{x}$$

$$= \text{cosec}^{-1}\frac{1}{x}$$

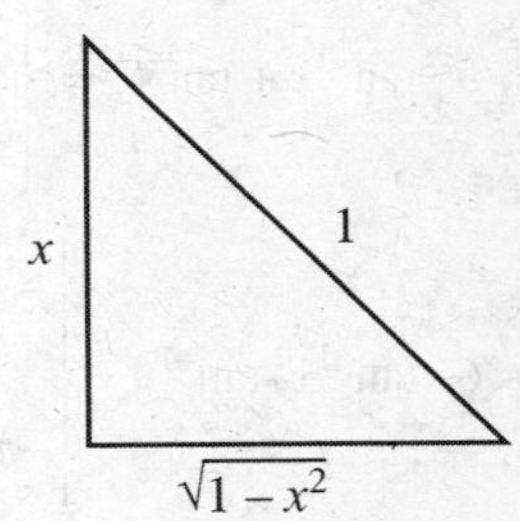

$$= \sec^{-1}\frac{1}{\sqrt{1-x^2}}$$

2. $\cos^{-1}x = \sin^{-1}\sqrt{1-x^2} = \tan^{-1}\frac{\sqrt{1-x^2}}{x}$

$$= \cot^{-1}\frac{x}{\sqrt{1-x^2}} = \text{cosec}^{-1}\frac{1}{\sqrt{1-x^2}} = \sec^{-1}\frac{1}{x}$$

3. $\tan^{-1}x = \sin^{-1}\frac{x}{\sqrt{1+x^2}}$

$$= \cos^{-1}\frac{1}{\sqrt{1+x^2}}$$

$$= \cot^{-1}\frac{1}{x}$$

$$= \text{cosec}^{-1}\frac{\sqrt{1+x^2}}{x}$$

$$= \sec^{-1}\sqrt{1+x^2}$$

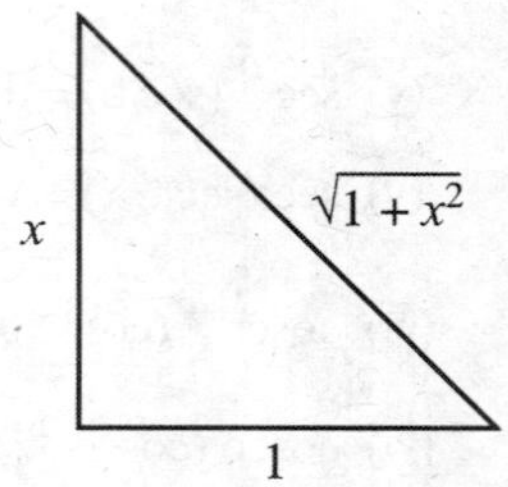

4. $\cot^{-1}x = \begin{cases} \tan^{-1}\frac{1}{x}, & x > 0 \\ p + \tan^{-1}\frac{1}{x}, & x < 0 \end{cases}$

5. $\sec^{-1}x = \cos^{-1}\frac{1}{x}, x \le -1 \text{ or } x \ge 1$

6. $\text{cosec}^{-1}x = \sin^{-1}\frac{1}{x}, x \le -1 \text{ or } x \ge 1$

प्रतिलोम त्रिकोणमितीय फलनों का जोड़ और अन्तर के सूत्र (Formulae for Sum and Difference of Inverse Functions)

1. $\sin^{-1}x \pm \sin^{-1}y = \sin^{-1}(x\sqrt{1-y^2} \pm y\sqrt{1-x^2}),$
$$x, y \ge 0, x^2+y^2 \le 1$$

2. $\sin^{-1}x \pm \sin^{-1}y = \pi - \sin^{-1}(x\sqrt{1-y^2} \pm y\sqrt{1-x^2}),$
$$x, y \ge 0, x^2+y^2 > 1$$

3. $\cos^{-1}x \pm \cos^{-1}y = \cos^{-1}(xy\, m\sqrt{1-x^2}\sqrt{1-y^2}),$
$$x, y \ge 0, x^2+y^2 \le 1$$

4. $\cos^{-1}x \pm \cos^{-1}y = \pi - \cos^{-1}(xy\, m\sqrt{1-x^2}\sqrt{1-y^2})$

5. $\tan^{-1}x + \tan^{-1}y = \begin{cases} \frac{\pi}{2}, & x > 0,\ y > 0 \\ -\frac{\pi}{2}, & x < 0,\ y < 0 \end{cases} \quad xy = 1$

6. $\tan^{-1}x + \tan^{-1}y = \begin{cases} \pi + \tan^{-1}\left(\frac{x+y}{1-xy}\right), & x > 0, y > 0,\ xy > 1 \\ -\pi + \tan^{-1}\left(\frac{x+y}{1-xy}\right), & x < 0, y < 0,\ xy < 1 \end{cases}$

7. $\tan^{-1}x + \tan^{-1}y + \tan^{-1}z = \tan^{-1}\left(\frac{x+y+z-xyz}{1-xy-xz-yz}\right)$

8. $\tan^{-1}x - \tan^{-1}y$

$\tan^{-1}\left(\frac{x-y}{1+xy}\right)$ यदि $xy > -1$

$\pi + \tan^{-1}\left(\frac{x-y}{1+xy}\right)$, यदि $x > 0,\ y < 0$ तथा $xy < -1$

$-\pi + \tan^{-1}\left(\frac{x-y}{1+xy}\right)$, यदि $x < 0,\ y > 0$ तथा $xy < -1$

कुछ महत्वपूर्ण तथ्य

1. $2\tan^{-1}x = \sin^{-1}\frac{2x}{1+x^2}, \qquad |x| \le 1$

$$= \cos^{-1}\frac{1-x^2}{1+x^2}, \qquad x \ge 0$$

$$= \tan^{-1}\frac{2x}{1-x^2}, \qquad |x| < 1$$

2. $\pi - 2\tan^{-1}x = \sin^{-1}\frac{2x}{1+x^2}, \qquad |x| > 1$

3. $2\sin^{-1}x = \sin^{-1}\left(2x\sqrt{1-x^2}\right)$

4. $2\cos^{-1}x = \cos^{-1}(2x^2-1)$

5. $3\sin^{-1}x = \sin^{-1}(3x-4x^3)$

6. $3\tan^{-1}x = \tan^{-1}\frac{3x-x^3}{1-3x^2}$

7. यदि $\sin^{-1}x + \sin^{-1}y = \theta$, तब $\cos^{-1}x + \cos^{-1}y = \pi - \theta$

8. यदि $\cos^{-1}x + \cos^{-1}y + \cos^{-1}z = \pi$, तब $x^2+y^2+z^2+2xyz = 1$

9. यदि $\cos^{-1}x + \cos^{-1}y + \cos^{-1}z = 3\pi$, तब $xy+yz+zx = 3$

10. यदि $\cos^{-1}x + \cos^{-1}y = \theta$, तब $\sin^{-1}x + \sin^{-1}y = \pi - \theta$

1. यदि $\tan^{-1}x + \tan^{-1}y + \tan^{-1}z = \frac{\pi}{2}$, तब $xy+yz+zx = 1$

2. यदि $\tan^{-1}x + \tan^{-1}y + \tan^{-1}z = \pi$, तब $x+y+z = xyz$

3. यदि $\tan^{-1}x + \tan^{-1}y = \frac{\pi}{2}$, तब $xy = 1$

4. यदि $\cot^{-1}x + \cot^{-1}y = \frac{\pi}{2}$, तब $xy = 1$

5. यदि $\sin^{-1}x + \sin^{-1}y = \theta$, तब $\cos^{-1}x + \cos^{-1}y = \pi - \theta$

6. यदि $\cos^{-1}x + \cos^{-1}y = \theta$, तब $\sin^{-1}x + \sin^{-1}y = \pi - \theta$

7. यदि $\sin^{-1}x + \sin^{-1}y + \sin^{-1}z = \frac{\pi}{2}$, तब $x^2+y^2+z^2+2xyz = 1$

8. यदि $\sin^{-1}x + \sin^{-1}y + \sin^{-1}z = \pi$,

तब $x\sqrt{1-x^2} + y\sqrt{1-y^2} + z\sqrt{1-z^2} = 2xyz$

9. यदि $\cos^{-1}x+\cos^{-1}y+\cos^{-1}z=3\pi$, तब $xy+yz+zx=3$

10. यदि $\cos^{-1}x+\cos^{-1}y+\cos^{-1}z=\pi$, तब $x^2+y^2+z^2+2xyz=1$

11. यदि $\sin^{-1}x+\sin^{-1}y+\sin^{-1}z=\frac{3\pi}{2}$, तब $xy+yz+zx=3$

12. यदि $\cos^{-1}\frac{x}{a}+\cos^{-1}\frac{y}{b}=\theta$, तब

$$\frac{x^2}{a^2}-\frac{2xy}{ab}\cos\theta+\frac{y^2}{b^2}=\sin^2\theta$$

वस्तुनिष्ठ प्रश्न

1. यदि $\sin(\cot^{-1}(1+x))=\cos(\tan^{-1}x)$ तो $x=$

(a) 1 (b) 0
(c) 1/2 (d) –1/2

2. यदि $x^2+y^2+z^2=r^2$, तो

$$\tan^{-1}\frac{xy}{zr}+\tan^{-1}\frac{xy}{xr}+\tan^{-1}\frac{zx}{yr}=$$

(a) π (b) 0
(c) $\pi/2$ (d) इनमें से कोई नहीं

3. $\tan^{-1}x+\cos^{-1}\frac{y}{\sqrt{1+y^2}}=\sin\frac{3}{\sqrt{10}}$

या $\tan^{-1}x+\cot^{-1}y=\tan^{-1}3$

के धन पूर्णांकीय हलों की संख्या है–

(a) 1 (b) 2
(c) 3 (d) 4

4. यदि $x=\sin(2\tan^{-1}2)$, $y=\sin\left(\frac{1}{2}\tan^{-1}\frac{4}{3}\right)$ तो,

(a) $x>y$ तथा $y^2=x$ (b) $y^2=1+x$
(c) $x>y$ तथा $y^2=1-x$ (d) $x<y$

5. $\tan\left\{\cos^{-1}\left(\frac{4}{5}\right)+\tan^{-1}\left(\frac{2}{3}\right)\right\}$ का मान है–

(a) $\frac{17}{6}$ (b) $\frac{6}{17}$
(c) $\frac{16}{7}$ (d) इनमें से कोई नहीं

6. $\sin^{-1}\left(\sin\frac{2\pi}{3}\right)$ का मुख्य मान (principal value) है–

(a) $-\frac{2\pi}{3}$ (b) $\frac{2\pi}{3}$
(c) $\frac{5\pi}{3}$ (d) $\frac{\pi}{3}$

7. $\tan^{-1}\sqrt{x(x+1)}+\sin^{-1}\sqrt{x^2+x+1}=\frac{\pi}{2}$ के वास्तविक हलों की संख्या है–

(a) दो (b) अनन्त
(c) शून्य (d) एक

8. यदि $0<|x|<\sqrt{2}$ के लिए,

$$\sin^{-1}\left(x-\frac{x^2}{2}+\frac{x^3}{4}+...\right)+\cos^{-1}\left(x^2-\frac{x^4}{2}+\frac{x^6}{4}-...\right)=\frac{\pi}{2}$$

तो x बराबर है–

(a) $-\frac{1}{2}$ (b) –1
(c) $\frac{1}{2}$ (d) 1

9. x का वह मान जिसके लिए $\sin\{\cot^{-1}(1+x)\}=\cos(\tan^{-1}x)$ है, है–

(a) 0 (b) $-\frac{1}{2}$
(c) $\frac{1}{2}$ (d) 1

10. यदि $0<x<1$, तब

$$\sqrt{1+x^2}[\{x\cos(\cot^{-1}x)+\sin(\cot^{-1}x)\}+\sin(\cot^{-1}x)]^2$$

बराबर है–

(a) $x\sqrt{1+x^2}$ (b) $\sqrt{1+x^2}$
(c) $\frac{x}{\sqrt{1+x^2}}$ (d) x

11. यदि $\cot^{-1}(\sqrt{\cos\alpha})-\tan^{-1}(\sqrt{\cos\alpha})=x$, तब $\sin x=$–

(a) $\tan^2\frac{\alpha}{2}$ (b) $\cot^2\frac{\alpha}{2}$
(c) $\tan\alpha$ (d) $\cot(\alpha/2)$

12. $\tan^{-1}(1/4)+\tan^{-1}(2/9)=$–

(a) $\frac{1}{2}\cos^{-1}\left(\frac{3}{5}\right)$ (b) $\frac{1}{2}\sin^{-1}\left(\frac{3}{5}\right)$
(c) $\frac{1}{2}\tan^{-1}\left(\frac{3}{5}\right)$ (d) $\tan^{-1}\left(\frac{1}{2}\right)$

13. त्रिकोणमितीय समीकरण $\sin^{-1}x=2\sin^{-1}a$ एक हल है–

(a) a के सभी वास्तविक मान (b) $|a|<\frac{1}{2}$

(c) $|a|\geq\frac{1}{\sqrt{2}}$ (d) $\frac{1}{2}<|a|<\frac{1}{\sqrt{2}}$

14. यदि $\cos^{-1}x-\cos^{-1}(y/2)=\alpha$, तब $4x^2-4xy\cos\alpha+y^2$ बराबर है–

(a) 4 (b) $2\sin 2\alpha$

(c) $-4\sin^2\alpha$ (d) $4\sin^2\alpha$

15. यदि $\sin^{-1}\left(\frac{x}{5}\right)+\operatorname{cosec}^{-1}\left(\frac{5}{4}\right)$ तब x का मान है–

(a) 3 (b) 4

(c) 5 (d) 1

16. $\cot\left(\operatorname{cosec}^{-1}\frac{5}{3}+\tan^{-1}\frac{2}{3}\right)$ का मान होगा?

(a) $\frac{5}{17}$ (b) $\frac{6}{17}$

(c) $\frac{3}{17}$ (d) $\frac{4}{17}$

17. $\cos\left[\cos^{-1}\left(-\frac{\sqrt{3}}{2}\right)+\frac{\pi}{6}\right]=$

(a) $\sqrt{3}/2$ (b) 1/2

(c) –1 (d) 1

18. यदि $\sin^{-1}x=\frac{\pi}{5}, x\in(-1,1)$ तो $\cos^{-1}x=$

(a) $\frac{3\pi}{10}$ (b) $\frac{9\pi}{10}$

(c) $\frac{3\pi}{10}$ (d) $\frac{5\pi}{10}$

19. $\tan(\cos^{-1}x)$ बराबर है–

(a) $\frac{\sqrt{1+x^2}}{x}$ (b) $\sqrt{1-x^2}$

(c) $\frac{\sqrt{1-x^2}}{x}$ (d) $\frac{x}{1-x^2}$

20. $\sin^{-1}(-\sqrt{3}/2)$ का मुख्य मान है–

(a) $4\pi/3$ (b) $5\pi/3$

(c) $-2\pi/3$ (d) $-\pi/3$

21. $x=1/5$ पर $\cos(2\cos^{-1}x+\sin^{-1}x)$ का मान है–

(a) $\frac{2\sqrt{6}}{5}$ (b) $-\frac{2\sqrt{6}}{5}$

(c) $\frac{3\sqrt{6}}{5}$ (d) कोई नहीं

उत्तरमाला

1. (a)	**2.** (c)	**3.** (b)	**4.** (c)	**5.** (a)	**6.** (d)	**7.** (a)	**8.** (d)	**9.** (b)	**10.** (a)
11. (a)	**12.** (d)	**13.** (c)	**14.** (d)	**15.** (a)	**16.** (b)	**17.** (c)	**18.** (c)	**19.** (c)	**20.** (d)
21. (b)									

संकेत एवं हल

1. (a) हम जानते हैं कि

$$\cot^{-1}t=\sin^{-1}\frac{1}{\sqrt{1+t^2}}, t=x+1$$

और $$\tan^{-1}p=\cos^{-1}\frac{1}{\sqrt{1+p^2}}, p=x$$

अत: दिये हुए सम्बन्ध से

$$\frac{1}{\sqrt{1+(x+1)^2}}=\frac{1}{\sqrt{1+x^2}}$$

या $$x^2+2x+2=x^2+1$$

या $$2x=-1 \quad \therefore \quad x=-\frac{1}{2}$$

2. (c) अन्तिम दो पदों को संयुक्त करने पर,

$$\tan^{-1}\frac{\frac{z}{r}\left(\frac{y}{x}+\frac{x}{y}\right)}{1-\frac{z^2}{r^2}}=\tan^{-1}\frac{zr}{xy}\cdot\frac{x^2+y^2}{x^2+y^2}=\cot^{-1}\frac{xy}{zr}$$

$$\therefore \quad \text{L.H.S.}=\tan^{-1}\frac{xy}{zr}+\cot^{-1}\frac{xy}{zr}=\frac{\pi}{2}$$

3. (b) दिये हुए समीकरण को निम्नवत् लिख सकते हैं:

$$\tan^{-1}x+\tan^{-1}\frac{1}{y}=\tan^{-1}3$$

या $$\tan^{-1}\frac{x+(1/y)}{1-x.(1/y)}=\tan^{-1}3$$

$$\therefore \quad xy+1=3(y-x)$$

$$\therefore \quad y=\frac{3x+1}{3-x}$$

जो कि दो चर राशियों में केवल एक समीकरण है अत: $x=k$ चुनने पर,

$$\therefore \quad y=\frac{3x+1}{3-k}$$

पुन: हमें केवल धन पूर्णांकीय हल ज्ञात करने हैं। यह तभी सम्भव है जब $k=1$ या 2 हो, अन्य मानों के लिए सम्भव नहीं है।

अत: $(1,2),(2,7)$ केवल दो धन पूर्णांकीय हल है।

4. (c) $$2\tan^{-1}x=\sin^{-1}\frac{2x}{1+x^2}=\sin^{-1}\frac{4}{5}$$

$$\therefore \quad x=4/5$$

R.H.S.= $\sin\frac{\theta}{2}$, जहाँ $\tan^{-1}\frac{4}{3}=\theta$, तो

$$\tan\theta=\frac{4}{3} \quad \therefore \quad \cos\theta=\frac{3}{5}$$

$$2\sin^2\frac{\theta}{2}=1-\cos\theta=\frac{2}{5}$$

$$\therefore \quad \sin\frac{\theta}{2}=\frac{1}{\sqrt{5}}=y$$

स्पष्टत: $x>y$ तो $\quad -x=1-\frac{4}{5}=\frac{1}{5}=y^2$

5. (a) हम जानते हैं कि $\tan\left\{\cos^{-1}\left(\frac{4}{5}\right)+\tan^{-1}\left(\frac{2}{3}\right)\right\}$

$$=\tan\left\{\tan^{-1}\left(\frac{3}{4}\right)+\tan^{-1}\left(\frac{2}{3}\right)\right\}$$

$$\left\{\because \cos^{-1}\left(\frac{4}{5}\right)+\tan^{-1}\left(\frac{3}{4}\right)\right\}$$

$$=\tan\left\{\tan^{-1}\left(\frac{\frac{3}{4}+\frac{2}{3}}{1-\frac{3}{4}.\frac{2}{3}}\right)\right\}$$

$$=\tan\left\{\tan^{-1}\left(\frac{17}{6}\right)\right\}=\frac{17}{6}$$

6. (d) $$\sin^{-1}\left(\sin\frac{2\pi}{3}\right)=\sin^{-1}\left\{\sin\left(\pi-\frac{\pi}{3}\right)\right\}$$

$$=\sin^{-1}\left(\sin\frac{\pi}{3}\right)=\frac{\pi}{3}$$

7. (a) दिए गए फलन से स्पष्ट है कि

(1) $x(x+1)\geq 0$ $\quad\because$ वर्गमूल फलन का प्रान्त है।

(2) $x^2+x+1\geq 0$ $\quad\because$ वर्गमूल फलन का प्रान्त है।

(3) $x^2+x+1\leq 0$ $\quad\because \sqrt{x^2+x+1}\leq 1$

$\therefore \sin^{-1}x$ फलन का प्रान्त है।

$$0\geq x^2+x+1\geq 1\cap x^2+x\geq 0$$

$$\Rightarrow \quad 0\geq x^2+x+1\geq 1\cap x^2+x+1\geq 1$$

$$\Rightarrow \quad x^2+x+1=1$$

$$\Rightarrow \quad x^2+x=0 \quad\Rightarrow\quad x(x+1)=0$$

अत: $\quad x=0, x=-1$

8. (d) हम जानते हैं, कि

$$\sin^{-1}(\alpha)+\cos^{-1}(\alpha)=\frac{\pi}{2}$$

$\therefore \alpha$ दोनों फलनों में समान होगा।

$$\Rightarrow \quad x-\frac{x^2}{2}+\frac{x^3}{4}-...=x^2-\frac{x^4}{2}+\frac{x^6}{4}-...$$

$$\Rightarrow \quad \frac{x}{1-\frac{x}{2}}=\frac{x^2}{1-\frac{x^2}{2}}$$

$$\Rightarrow \quad \frac{2x}{2+x}=\frac{2x^2}{2+x^2}$$

$$\Rightarrow \quad 2x(2+x^2)=2x^2(2+x)$$

$$\Rightarrow \quad 4x+2x^3=4x^2+2x^3$$

$$\Rightarrow x(4+2x^2-4x-2x^2)=0$$

$\Rightarrow \quad x=0$ या $4-4x=0$

$\Rightarrow \quad x=0$ या $x=1$

$$\because \quad 0<|x|<\sqrt{2}, \quad x\neq 0$$

$$\therefore \quad x=1$$

9. (b) दिया है $\quad \sin\{\cot^{-1}(1+x)\}=\cos(\tan^{-1}x)$ ...(i)

और हम जानते हैं, कि

$$\cot^{-1}\theta=\sin^{-1}\left(\frac{1}{\sqrt{1+\theta^2}}\right)$$

$$\tan^{-1}\theta=\cos^{-1}\left(\frac{1}{\sqrt{1+\theta^2}}\right)$$

$\therefore$ समी (i) से

$$\sin\left(\sin^{-1}\frac{1}{\sqrt{1+(1+x)^2}}\right)=\cos\left(\cos^{-1}\frac{1}{\sqrt{1+x^2}}\right)$$

$$\Rightarrow \frac{1}{\sqrt{1+(1+x)^2}} = \frac{1}{\sqrt{1+x^2}}$$

$$\Rightarrow 1+x^2+2x+1 = x^2+1$$

$$\therefore \quad x = -\frac{1}{2}$$

10. (a) दिया है, $0 < x < 1$

माना $\cot^{-1} x = \theta$

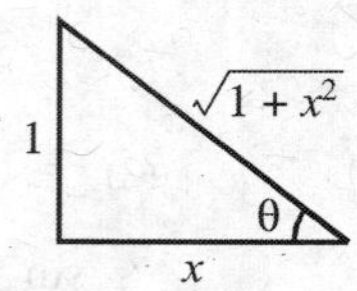

$$\Rightarrow \quad \cot\theta = x$$

$$\therefore \quad \sin\theta = \frac{1}{\sqrt{1+x^2}} = \sin(\cot^{-1}x)$$

तथा $\cos\theta = \frac{x}{\sqrt{1+x^2}} = \cos(\cot^{-1}x)$

अब $\sqrt{1+x^2}\,[\{x\cos(\cot^{-1}x)+\sin(\cot^{-1}x)\}^2-1]^{1/2}$

$$= \sqrt{1+x^2}\left[\left\{x.\frac{x}{\sqrt{1+x^2}}+\frac{1}{\sqrt{1+x^2}}\right\}^2-1\right]^{1/2}$$

$$= \sqrt{1+x^2}\left[\left(\frac{1-x}{\sqrt{1+x^2}}\right)^2-1\right]^{1/2}$$

$$= \sqrt{1+x^2}\,[1+x^2-1]^{1/2} = x\sqrt{1+x^2}$$

11. (a) $\cot^{-1}(\sqrt{\cos\alpha})-\tan^{-1}\sqrt{\cos\alpha} = x$

$$\Rightarrow \tan^{-1}\frac{1}{\sqrt{\cos\alpha}}-\tan^{-1}\sqrt{\cos\alpha} = x$$

$$\Rightarrow \tan^{-1}\frac{\frac{1}{\sqrt{\cos\alpha}}-\sqrt{\cos\alpha}}{1+\frac{1}{\sqrt{\cos\alpha}}\times\sqrt{\cos\alpha}} = x$$

$$\Rightarrow \tan x = \frac{1-\cos\alpha}{2\sqrt{\cos\alpha}}$$

$$\Rightarrow \sin x = \frac{\tan x}{\sqrt{1+\tan^2 x}} = \frac{1-\cos\alpha}{\sqrt{4\cos x+(1-\cos\alpha)^2}}$$

$$\Rightarrow \sin x = \frac{1-\cos\alpha}{\sqrt{(1-\cos\alpha)^2}} = \frac{2\sin^2\alpha/2}{2\cos^2\alpha/2} = \tan^2\left(\frac{\alpha}{2}\right)$$

12. (d) $\tan^{-1}(1/4)+\tan^{-1}(2/9) = \tan^{-1}\left(\frac{1/4\times 2/9}{1-(1/4\times 2/9)}\right)$

$$= \tan^{-1}\left(\frac{17}{34}\right) = \tan^{-1}\left(\frac{1}{2}\right)$$

13. (c) समीकरण $\sin^{-1}x = 2\sin^{-1}a$ का हल है, यदि–

$$-(\pi/2) \le 2\sin^{-1}a \le \pi/2$$

अर्थात् $-\frac{\pi}{4} \le \sin^{-1}a \le \frac{\pi}{4}$

अर्थात् $-(1/\sqrt{2}) \le \cdot \le 1/\sqrt{2}$ *i.e.*, $|a| \le 1/\sqrt{2}$

14. (d) $\cos^{-1}x - \cos^{-1}(y/2) = \alpha$

$$\Rightarrow \frac{xy}{2}+\sqrt{1-x^2}\sqrt{1-\frac{y^2}{4}} = \cos\alpha$$

$$\Rightarrow \left(\cos\alpha-\frac{xy}{2}\right)^2 = (1-x^2)\left(1-\frac{y^2}{4}\right)$$

$$\Rightarrow \cos^2\alpha+\frac{x^2y^2}{4}-xy\cos\alpha$$

$$= 1-x^2-\frac{y^2}{4}+\frac{x^2y^2}{4}$$

$$\Rightarrow 4x^2-4xy\cos\alpha+y^2 = 4(1-\cos^2\alpha)$$

$$= 4\sin^2\alpha$$

15. (a) $\sin^{-1}\left(\frac{x}{5}\right)+\text{cosec}^{-1}\left(\frac{5}{4}\right) = \frac{\pi}{2}$

$$\Rightarrow \sin^{-1}\left(\frac{x}{5}\right) = \frac{\pi}{2}-\sin^{-1}\left(\frac{4}{5}\right) = \cos^{-1}\left(\frac{4}{5}\right)$$

$$\Rightarrow \sin^{-1}\left(\frac{x}{5}\right) = \sin^{-1}\left(\frac{3}{5}\right) \quad \Rightarrow \quad x = 3.$$

16. (b) $\cot\left(\text{cosec}^{-1}\frac{5}{3}+\tan^{-1}\frac{2}{3}\right) = \cot\left(\tan^{-1}\frac{3}{4}+\tan^{-1}\frac{2}{3}\right)$

$$= \cot\tan^{-1}\frac{17}{6}$$

$$= \cot\cot^{-1}\frac{6}{17} = \frac{6}{17}$$

17. (c) $\cos^{-1}(-x) = \pi - \cos^{-1}x$

तथा $\cos\pi = -1$

18. (c) $\cos^{-1}x = \frac{\pi}{2} - \sin^{-1}x$

19. (c) $\cos^{-1}x = \tan^{-1}\frac{\sqrt{1-x^2}}{x}$

20. (d) $\sin^{-1}\left[\sin\left(-\frac{\pi}{3}\right)\right]$

21. (b) $E = \cos\{\pi/2+\cos^{-1}x\}$

$$= -\sin(\cos^{-1}x) = -\sqrt{1-x^2}$$

$$= -\sqrt{1-\frac{1}{25}} = -\frac{2\sqrt{6}}{5}$$

□□□

त्रिभुजों के गुण 8

(Properties of Triangles)

त्रिभुज के गुण (Properties of Triangle)

किसी त्रिभुज ABC में

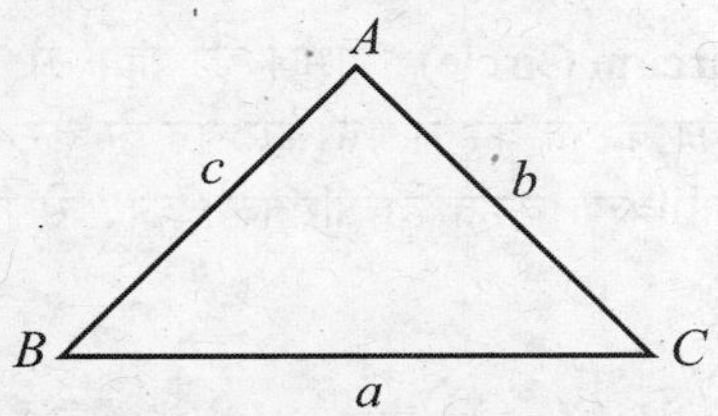

अर्द्ध परिमाप s से प्रदर्शित करते हैं और S त्रिभुज के क्षेत्रफल को प्रदर्शित करते हैं। $2s = a + b + c$.

1. ज्या नियम (Sine Rule)

ΔABC में,

$$\frac{a}{\sin A} = \frac{b}{\sin B} = \frac{c}{\sin C} = 2R$$

जहाँ, R ΔABC के परिकृत वृत्त की त्रिज्या है।

2. कोज्या नियम (Cosine rule)

किसी त्रिभुज ABC में,

(i) $\cos A = \dfrac{b^2 + c^2 - a^2}{2bc}$

या $a^2 = b^2 + c^2 - 2bc \cos A$

(ii) $\cos B = \dfrac{c^2 + a^2 - b^2}{2ac}$

या $b^2 = c^2 + a^2 - 2ca \cos B$

(iii) $\cos C = \dfrac{a^2 + b^2 - c^2}{2ab}$

या $c^2 = a^2 + b^2 - 2ab \cos C$

3. त्रिभुज के अर्द्ध कोण (Half Angle of Triangle)

ΔABC में $2s = a + b + c$

जहाँ, s ΔABC का अर्द्ध परिमाप है।

(a) $\sin\dfrac{A}{2} = \sqrt{\dfrac{(s-b)(s-c)}{bc}}$

$\sin\dfrac{B}{2} = \sqrt{\dfrac{(s-c)(s-a)}{ac}}$

$\sin\dfrac{C}{2} = \sqrt{\dfrac{(s-a)(s-b)}{ab}}$

(b) $\cos\dfrac{A}{2} = \sqrt{\dfrac{s(s-a)}{bc}}$

$\cos\dfrac{B}{2} = \sqrt{\dfrac{s(s-b)}{ac}}$

$\cos\dfrac{C}{2} = \sqrt{\dfrac{s(s-c)}{ab}}$

(c) $\tan\dfrac{A}{2} = \sqrt{\dfrac{(s-b)(s-c)}{s(s-a)}}$

$\tan\dfrac{B}{2} = \sqrt{\dfrac{(s-c)(s-a)}{s(s-b)}}$

$\tan\dfrac{C}{2} = \sqrt{\dfrac{(s-a)(s-b)}{s(s-c)}}$

4. नैपियर की अनुरूपता (Napier's Analogy)

(i) $\tan\left(\dfrac{A-B}{2}\right) = \left(\dfrac{a-b}{a+b}\right)\cot\dfrac{C}{2}$

(ii) $\tan\left(\dfrac{B-C}{2}\right) = \left(\dfrac{b-c}{b+c}\right)\cot\dfrac{A}{2}$

(iii) $\tan\left(\dfrac{C-A}{2}\right) = \left(\dfrac{c-a}{c+a}\right)\cot\dfrac{B}{2}$

5. प्रक्षेप सूत्र (Projection Formula)

किसी त्रिभुज ABC में,

(i) $a = b\cos C + c\cos B$

(ii) $b = a\cos C + c\cos A$

(iii) $c = a\cos B + b\cos A$

6. मोलविडे का सूत्र (Mollwede's Formula)

ΔABC में,

$$\frac{a+b}{c} = \frac{\cos\frac{(A-B)}{2}}{\cos\frac{C}{2}}, \quad \frac{a-b}{c} = \frac{\sin\frac{(A-B)}{2}}{\cos\frac{C}{2}}$$

7. माध्यिका की प्रमेय (अपोलोनियम प्रमेय)

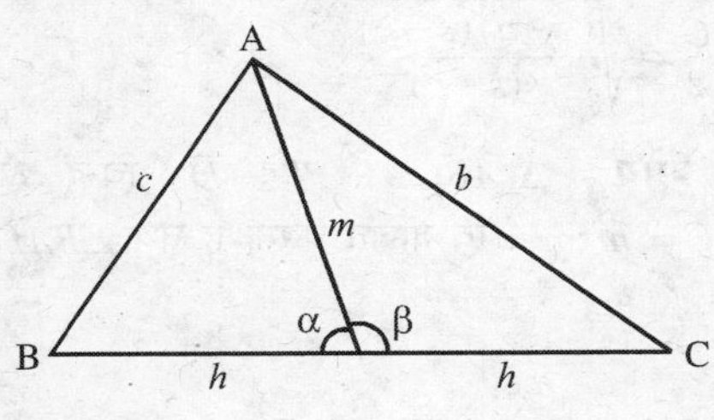

$$b^2+c^2=(h^2+m^2)=2\left\{m^2+\left(\frac{a}{2}\right)^2\right\}$$

त्रिभुज का क्षेत्रफल (Area of Triangle)

1. त्रिभुज ABC के क्षेत्रफल को प्रदर्शित करें, तब–

(i) $\Delta=\frac{1}{2}bc\sin A$

(ii) $\Delta=\frac{1}{2}ca\sin B$

(iii) $\Delta=\frac{1}{2}ab\sin C$

(iv) ΔABC में,

यदि $a+b+c=2s,$

तब, $\Delta=\sqrt{s(s-a)(s-b)(s-c)}$

2. यदि ΔABC का क्षेत्रफल Δ हो तथा R इसके परिवृत्त की त्रिज्या हो, तो

$$\Delta=\frac{abc}{4R}$$

3. ΔABC में,

(i) $\sin\frac{A}{2}=\sqrt{\frac{(s-b)(s-c)}{bc}}$

(ii) $\sin\frac{B}{2}=\sqrt{\frac{(s-c)(s-a)}{ca}}$

(iii) $\sin\frac{C}{2}=\sqrt{\frac{(s-a)(s-b)}{ab}}$

(iv) $\cos\frac{A}{2}=\sqrt{\frac{s(s-a)}{bc}}$

(v) $\cos\frac{B}{2}=\sqrt{\frac{s(s-b)}{ca}}$

(vi) $\cos\frac{C}{2}=\sqrt{\frac{s(s-c)}{ab}}$

(vii) $\tan\frac{A}{2}=\sqrt{\frac{(s-b)(s-c)}{s(s-a)}}$

(viii) $\tan\frac{B}{2}=\sqrt{\frac{(s-c)(s-a)}{s(s-b)}}$

(ix) $\tan\frac{C}{2}=\sqrt{\frac{(s-a)(s-b)}{s(s-c)}}$

4. ***m – n* प्रमेय :** ΔABC में यदि D बिन्दु आधार BC को $BD:DC=m:n$ में विभाजित करता है तथा $\angle BAD=\alpha$

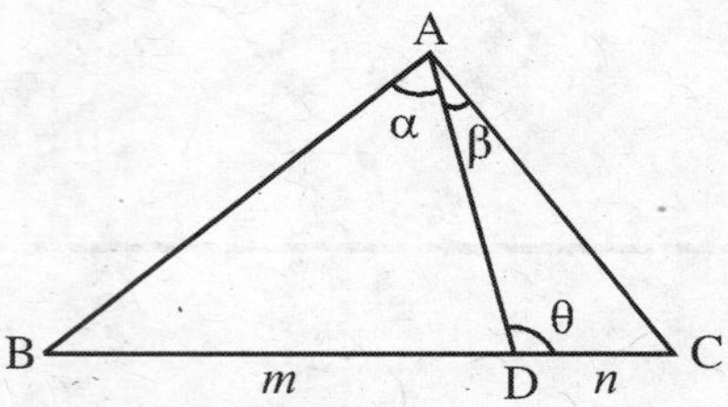

$\Rightarrow \angle CAD=\beta,\ \angle CDA=\theta$

(i) $(m+n)\cot\theta=m\cot\alpha-n\cot\beta$

(ii) $(m+n)\cot\theta=n\cot B-m\cot C$

त्रिभुज के गुण (वृत्तों का त्रिभुज के साथ सम्बन्ध)
[Properties of Triangles (Circles Connected with Triangles)]

1. **परिवृत्त (Circum Circle) :** त्रिभुज के शीर्षों से होकर जाने वाला वृत्त त्रिभुज का परिवृत्त कहलाता है। इस वृत्त के केन्द्र को परिकेन्द्र तथा त्रिज्या को परित्रिज्या कहते है। परित्रिज्या को R से निरूपित करते है।

(i) $R=\frac{abc}{4\Delta}$

(ii) $R=\frac{a}{2\sin A}=\frac{b}{2\sin B}=\frac{c}{2\sin C}$

2. **त्रिभुज का अन्तः वृत्त (Incircle of a Triangle)**

(i) $r=\frac{\Delta}{s}$

(ii) $r=(s-a)\tan\frac{A}{2}$

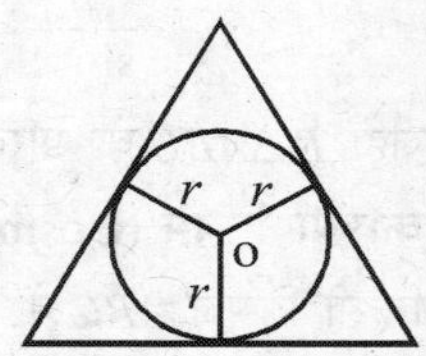

(iii) $r=(s-b)\tan\frac{B}{2}$

(iv) $r=(s-c)\tan\frac{C}{2}$

(v) $r=4R\sin\frac{A}{2}\sin\frac{B}{2}\sin\frac{C}{2}$

(vi) $r=\frac{a\sin\frac{B}{2}\sin\frac{C}{2}}{\cos\frac{A}{2}}=\frac{b\sin\frac{A}{2}\sin\frac{C}{2}}{\cos\frac{B}{2}}=\frac{c\sin\frac{B}{2}\sin\frac{A}{2}}{\cos\frac{C}{2}}$

3. **बहिवृत्त (Escribed Circle) :** ΔABC की भुजा BC व दो बढ़ी हुई भुजाओं AB व AC को स्पर्श करने वाले वृत्त को बहिवृत्त कहते हैं। इन वृत्तों के केन्द्रों को बहिकेन्द्र कहते हैं।

(i) $r_1=\frac{\Delta}{s-a},\ r_2=\frac{\Delta}{s-b},\ r_3=\frac{\Delta}{s-c}$

(ii) $r_1=s\tan\frac{A}{2}$

$r_2=s\tan\frac{B}{2}$

$r_3=s\tan\frac{C}{2}$

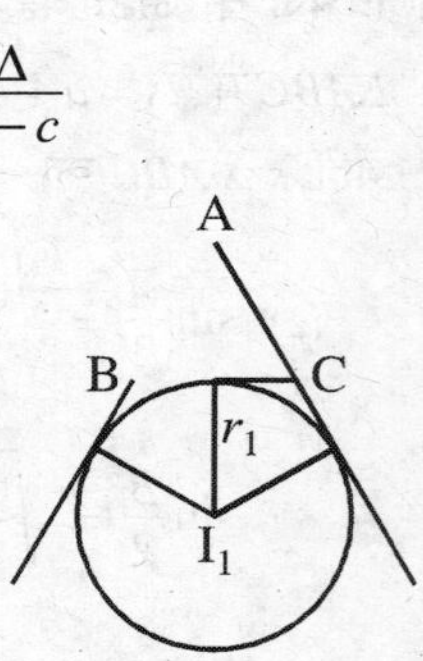

(iii) $r_1 = 4R\sin\frac{A}{2}\cos\frac{B}{2}\cos\frac{C}{2}$

$r_2 = 4R\cos\frac{A}{2}\sin\frac{B}{2}\cos\frac{C}{2}$

$r_3 = 4R\cos\frac{A}{2}\cos\frac{B}{2}\sin\frac{C}{2}$

(iv) $r_1 = a\dfrac{\cos\frac{B}{2}\cos\frac{C}{2}}{\cos\frac{A}{2}}$

$r_2 = b\dfrac{\cos\frac{C}{2}\cos\frac{A}{2}}{\cos\frac{B}{2}}$

$r_3 = c\dfrac{\cos\frac{A}{2}\cos\frac{B}{2}}{\cos\frac{C}{2}}$

4. r, R, r_1, r_2, r_3 के बीच सम्बन्ध (Relation between r, r_1, r_2, r_3, R):

(i) $r_1 + r_2 + r_3 - r = 4R$

(ii) $\frac{1}{r_1}+\frac{1}{r_2}+\frac{1}{r_3}=\frac{1}{r}$

(iii) $\frac{1}{r^2}+\frac{1}{r_1^2}+\frac{1}{r_2^2}+\frac{1}{r_3^2}=\frac{a^2+b^2+c^2}{\Delta^2}$

(iv) $r_1r_2+r_2r_3+r_3r_1=s^2$

5. त्रिभुज का लम्ब केन्द्र (Orthocentre of a Triangle): त्रिभुज के शीर्षों से सम्मुख भुजाओं पर डाले गए लम्ब जिस बिन्दु पर बिन्दुगी होते हैं। उसे लम्ब केन्द्र कहते हैं।

(i) $AO = 2R\cos A$

(ii) $BO = 2R\cos B$

(iii) $CO = 2R\cos C$

(iv) $DO = 2R\cos B\cos C$

(v) $EO = 2R\cos C\cos A$

(vi) $FO = 2R\cos A\cos B$

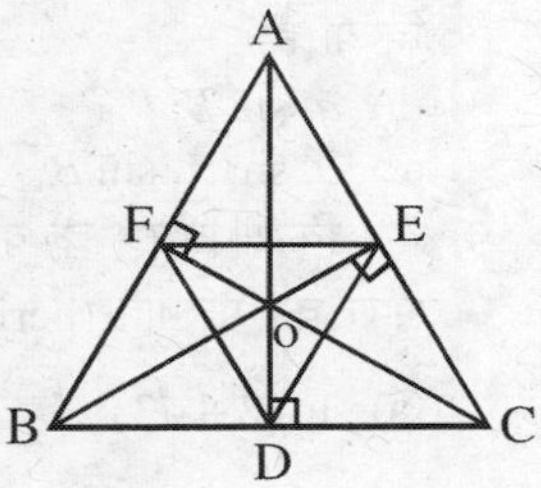

समबहुभुज (Regular Polygon)

समबहुभुज वह भुज है। जिसकी सभी भुजाएँ समान तथा सभी कोण समान होते हैं।

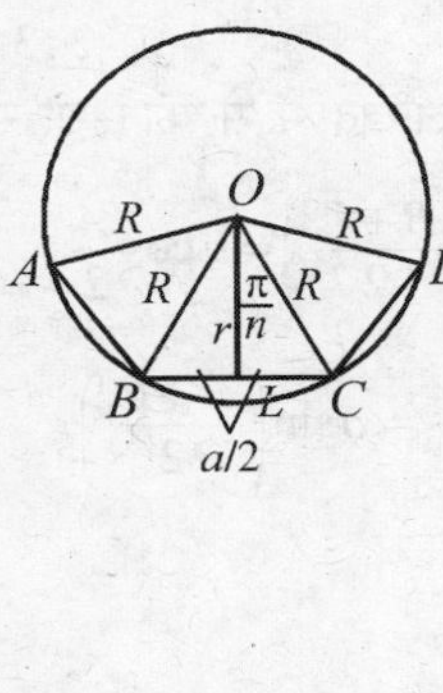

$\angle BOC = 2\pi/n$ तथा $\angle BOL = \angle LOC = \pi/n$, इसलिए ΔCOL से हमें प्राप्त होता है, कि–

(i) $R = \frac{a}{2}\operatorname{cosec}\frac{p}{n}$

(ii) $r = \frac{a}{2}\cot\frac{p}{n}$

जहाँ a = बहुभुज की भुजा की लम्बाई

(iii) n भुजा वाले बहुभुज का क्षेत्रफल

$n\times\Delta OBC$ का क्षेत्रफल $= n\times\frac{1}{2}BC\times OL$

$= n\times\frac{a}{2}\times\frac{a}{2}\cot\left(\frac{\pi}{n}\right)$

$= \frac{1}{4}na^2\cot\frac{p}{n}$

$= \frac{n}{2}R^2\sin\frac{2\pi}{n}$

$= nr^2\tan\frac{p}{n}$

चक्रीय चतुर्भुज (Cyclic Quadrilateral)

1. चक्रीय चतुर्भुज वह कहलाता हैं, जिसके चारों शीर्ष किसी वृत्त पर होते हैं।

माना $2s = a+b+c+d$

2. ***ABCD* किसी चक्रीय चतुर्भुज में :**

$\angle B + \angle D = 180°$

$\angle A + \angle C = 180°$

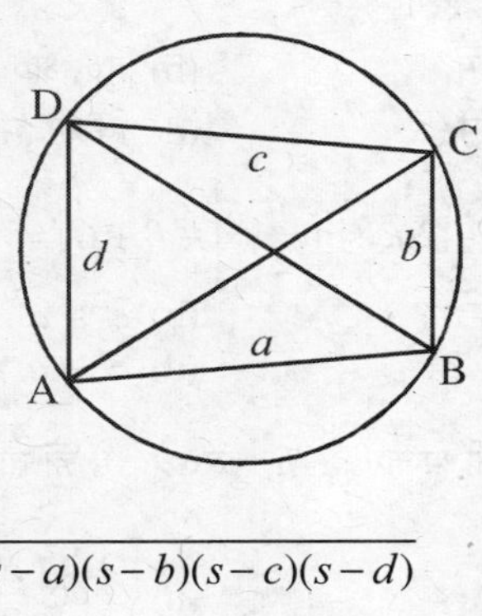

(i) $\Delta = \sqrt{s(s-a)(s-b)(s-c)(s-d)}$

(ii) $\cos B = \frac{a^2+b^2-c^2-d^2}{2(ab+cd)}$

2. **चक्रीय चतुर्भुज का परिवृत्त :** यदि R परित्रिज्या है किसी चक्रीय चतुर्भुज $ABCD$, तब–

$$R = \frac{1}{4}\sqrt{\frac{(ac+bd)(ad+bc)(ab+cd)}{(s-a)(s-b)(s-c)(s-d)}}$$

कुछ महत्त्वपूर्ण तथ्य

1. किसी त्रिभुज का लम्बकेन्द्र उस त्रिभुज के पाद त्रिभुज का अन्त: केन्द्र होता है।

2. (i) $\tan\frac{A}{2}+\tan\frac{B}{2}=\frac{c}{s}\cot\frac{C}{2}=\frac{c}{\Delta}(s-c)$

   (ii) $\tan\frac{A}{2}-\tan\frac{B}{2}=\frac{a-b}{\Delta}(s-c)$

   (iii) $\cot\frac{A}{2}+\cot\frac{B}{2}=\frac{c}{(s-c)}\cot\frac{C}{2}$

3. पाद त्रिभुज ((Pedal triangle) की परित्रिज्या $\frac{R}{2}$ होती है।

4. किसी समकोण त्रिभुज के कर्ण का मध्य बिन्दु त्रिभुज का परिकेन्द्र होता है।

5. किसी समकोण त्रिभुज में लम्बकेन्द्र, समकोण बनाने वाली भुजाओं का प्रतिच्छेद बिन्दु होता है।

6. त्रिभुज की भुजाओं पर उनके विपरीत शीर्ष से डाले गए लम्बों का प्रतिच्छेद बिन्दु लम्बकेन्द्र कहलाता है, तथा इन लम्बों के पादों को मिलाने वाले त्रिभुज को पाद त्रिभुज (Pedal triangle) कहते हैं।

7. किसी समकोण त्रिभुज के कर्ण का मध्य बिन्दु तीनों शीर्षों से समान दूरी पर होता है।

8. किसी त्रिभुज के पाद त्रिभुज का परिकेन्द्र त्रिभुज के परिकेन्द्र व लम्बकेन्द्र को मिलाने वाली रेखा को समद्विभाजित करता है।

9. n भुजा के बहुभुज के अन्त:कोणों का योगफल $(n-2)\pi$ तथा प्रत्येक कोण $\frac{(n-2)\pi}{n}$ होता है।

10. बहुभुज के बाह्य कोणों का योगफल 360° होता है।

11. बहुभुज के केन्द्रक, परिकेन्द्र तथा अन्त: केन्द्र एक ही होते हैं।

12. पाद त्रिभुज का क्षेत्रफल $2\Delta\cos A\cos B\cos C$ होता है।

वस्तुनिष्ठ प्रश्न

1. समीकरण $6x^2-5x+1=0$ के मूल $\tan\frac{A}{2}$ और $\tan\frac{B}{2}$ हैं, जहाँ A, B, C एक त्रिभुज के कोण हैं, तो–

(a) $a^2+b^2>c^2$ (b) $a^2-b^2=c^2$

(c) $a^2+b^2=c^2$ (d) कोई नहीं

2. यदि $\tan(A/2), \tan(B/2), \tan(C/2)$ स०श्रे० में हों, तो $\cos A, \cos B, \cos C$ होंगे–

(a) स० श्रे० में (b) गु० श्रे० में

(c) ह० श्रे० में (d) किसी में नहीं

3. त्रिभुज ABC में, $2ac\sin\frac{1}{2}(A-B+C)=$

(a) $b^2-c^2-a^2$ (b) $c^2-a^2-b^2$

(c) $a^2+b^2-c^2$ (d) $c^2+a^2-b^2$

4. यदि ΔABC की भुजाएँ, a, b, c स०श्रे० में हों तो $\tan\frac{A}{2}+\tan\frac{C}{2}=$

(a) $\frac{2}{3}\cot\frac{A}{2}$ (b) $\frac{2}{3}\cot\frac{B}{2}$

(c) $\frac{2}{3}\cot\frac{C}{2}$ (d) कोई नहीं

5. यदि त्रिभुज ABC में, $a=6, b=3$ और $\cos(A-B)=4/5$, तो इसका क्षेत्रफल वर्ग इकाई में होगा–

(a) 9 (b) 12

(c) 3 (d) 6

6. त्रिभुज ABC में, $2ac\sin\frac{1}{2}(A-B+C)$ बराबर है–

(a) $b^2-c^2-a^2$ (b) $c^2-a^2-b^2$

(c) $a^2+b^2-c^2$ (d) $c^2+a^2-b^2$

7. त्रिभुज ABC में, यदि $\angle C=\frac{\pi}{2}$, r अन्त:वृत्त की त्रिज्या और R परिवृत्त की त्रिज्या हो, तो $2(r+R)$ बराबर है–

(a) $c+a$ (b) $a+b+c$

(c) $a+b$ (d) $b+c$

8. निम्नलिखित में से किस विकल्प में दी गई सूचना एक अद्वितीय न्यूनकोण त्रिभुज ABC को प्रदर्शित नहीं करती है? (R परिवृत्त की त्रिज्या है)

(a) $a, \sin B, R$ (b) $a, \sin A, R$

(c) $a, \sin A, \sin B$ (d) a, b, c

9. यदि किसी त्रिभुज के कोण $4:1:1$ के अनुपात में हैं, तो सबसे बड़ी भुजा का परिमाप (perimeter) से अनुपात है–

(a) $1:(2+\sqrt{3})$ (b) $2:3$

(c) $\sqrt{3}:(2+\sqrt{3})$ (d) $1:6$

10. एक त्रिभुज की भुजाएँ $1:\sqrt{3}:2$ के अनुपात में हैं, तो त्रिभुज के कोणों का अनुपात होगा–

(a) $3:2:1$ (b) $1:2:3$

(c) $1:3:5$ (d) $2:3$

11. ΔABC में, निम्नलिखित में से कौन-सा सत्य है?

(a) $(b-c)\cos\left(\frac{B+C}{2}\right)=a\cos\frac{A}{2}$

(b) $(b+c)\cos\frac{A}{2}=a\sin\left(\frac{B+C}{2}\right)$

(c) $(b-c)\cos\frac{A}{2} = a\sin\left(\frac{B-C}{2}\right)$

(d) $(b+c)\cos\left(\frac{B+C}{2}\right) = a\sin\frac{A}{2}$

12. एक समद्विबाहु त्रिभुज, का एक कोण $\frac{2\pi}{3}$ है तथा अन्तःवृत्त की त्रिज्या $\sqrt{3}$ है। त्रिभुज का क्षेत्रफल है–

(a) $4\sqrt{3}$ (b) $12-7\sqrt{3}$

(c) $12+7\sqrt{3}$ (d) इनमें से कोई नहीं

13. एक त्रिभुज ABC में $a = 4, b = 3, \angle A = 60^o$. तब c मूल है, समीकरण का–

(a) $c^2-3c-7=0$ (b) $c^2+3c+7=0$

(c) $c^2-3c+7=0$ (d) $c^2+3c-7=0$

14. एक त्रिभुज ABC में, $2a\sin\frac{1}{2}(A-B+C) =$ –

(a) $a^2+b^2-c^2$ (b) $c^2+a^2-b^2$

(c) $b^2-c^2-a^2$ (d) $c^2-a^2-b^2$

15. त्रिभुज ABC में, यदि $\tan\frac{A}{2} = \frac{5}{6}, \tan\frac{C}{2} = \frac{2}{5}$, तब–

(a) a, c, b समान्तर श्रेणी में हैं

(b) a, b, c समान्तर श्रेणी में हैं

(c) b, a, c समान्तर श्रेणी में हैं

(d) a, b, c गुणोत्तर श्रेणी में हैं

16. त्रिभुज ABC में, माधियाकएँ AD तथा BE डाले गये है। यदि $AD = 4$, $\angle DAB = \frac{\pi}{6}$ तथा $\angle ABE = \frac{\pi}{3}$, तब त्रिभुज ABC का क्षेत्रफल है–

(a) $\frac{16}{3}$ (b) $\frac{32}{3\sqrt{3}}$

(c) $\frac{64}{3}$ (d) $\frac{8}{3}$

17. एक त्रिभुज ABC की भुजाये क्रमशः $\sin\alpha$, $\cos\alpha$ तथा $\sqrt{1+\sin\alpha\cos\alpha}$ है। जबकि $0 < \alpha < \pi/2$ तब त्रिभुज का महत्तम कोण है–

(a) 60° (b) 90°

(c) 120° (d) 150°

18. त्रिभुज ABC में $\angle C = \pi/2$ है। यदि r और R ΔABC के अन्तः वृत की त्रिज्या और परिवतृत की त्रिज्या है तब $2(r+R)$ बराबर है–

(a) $a+b$ (b) $b+c$

(c) $c+a$ (d) $a+b+c$

19. यदि त्रिभुज PQR में $\sin P, \sin Q, \sin R$ समान्तर श्रेणी में है, तब–

(a) शीर्ष लम्ब समान्तर श्रेणी में है

(b) शीर्ष लम्ब हरात्मक श्रेणी में है

(c) माध्यिकाएँ गुणोत्तर श्रेणी में है

(d) माध्यिकाएँ समान्तर श्रेणी में है

20. समकोण त्रिभुज के शीर्ष $A(h, k)$ $B(1, 1)$ तथा $C(2, 1)$ है। जिसका कर्ण AC है। यदि त्रिभुज का क्षेफल 1 है, तब K का मान होगा?

(a) $\{0, 2\}$ (b) $\{-1, 3\}$

(c) $\{-3, -2\}$ (d) $\{1, 3\}$

उत्तरमाला

1. (c)	**2.** (a)	**3.** (d)	**4.** (b)	**5.** (c)	**6.** (d)	**7.** (c)	**8.** (a)	**9.** (c)	**10.** (b)
11. (c)	**12.** (c)	**13.** (a)	**14.** (b)	**15.** (b)	**16.** (b)	**17.** (c)	**18.** (a)	**19.** (b)	**20.** (b)

संकेत एवं हल

1. (c) $\tan\left(\frac{A}{2}+\frac{B}{2}\right) = \dfrac{\tan\frac{A}{2}+\tan\frac{B}{2}}{1-\tan\frac{A}{2}\tan\frac{B}{2}} = \dfrac{\frac{5}{6}}{1-\frac{1}{6}} = 1$

$\therefore \quad \frac{A}{2}+\frac{B}{2} = \frac{\pi}{4}$ या $A+B = \frac{\pi}{2}$

$\therefore \quad \angle C = \frac{\pi}{2}$

$\therefore \quad a^2+b^2 = c^2$ (समकोण त्रिभुज में)

2. (a) $\tan\frac{A}{2}-\tan\frac{B}{2} = \tan\frac{B}{2}-\tan\frac{C}{2}$

$\Rightarrow \dfrac{\sin\frac{(A-B)}{2}}{\cos\frac{A}{2}\cos\frac{B}{2}} = \dfrac{\sin\frac{(B-C)}{2}}{\cos\frac{B}{2}\cos\frac{C}{2}}$

या $\sin\frac{A-B}{2}\cos\frac{C}{2} = \sin\frac{B-C}{2}\cos A$

या $2\sin\frac{A-B}{2}\sin\frac{A+B}{2} = 2\sin\frac{B-C}{2}\sin\frac{B+C}{2}$

या $\quad \cos B - \cos A = \cos C - \cos B$

या $\cos A, \cos B$ और $\cos C$ स० श्रे० में हैं।

3. (d) $\quad A + C - B = A + B + C - 2B$

$$= 2\left(\frac{\pi}{2} - B\right)$$

$\therefore \quad 2ac \sin \frac{1}{2}(A + C - B) = 2ac \cos B$

$$= c^2 + a^2 - b^2$$

4. (b) $\quad 2b = a + c$

$\therefore \quad 3b = 2s \quad$ ...(i)

$$\tan\frac{A}{2} + \tan\frac{C}{2} = \frac{b}{s}\cot\frac{B}{2} = \frac{2b}{2s}\cot\frac{B}{2}$$

$$= \frac{2b}{3b}\cot\frac{B}{2} = \frac{2}{3}\cot\frac{B}{2} \quad \text{[(i) से]}$$

5. (c) $\quad \Delta = \frac{1}{2}ab\sin C = 9\sin C \quad$ ...(i)

$$\cos(A - B) = \frac{4}{5} \Rightarrow \frac{1-t^2}{1+t^2} = \frac{4}{5}$$

$\therefore \quad \frac{2t^2}{2} = \frac{1}{9} \quad$ (योगान्तर प्रमेय से)

$\therefore \quad t = \tan\frac{A-B}{2} = \frac{1}{3}$

या $\quad \frac{a-b}{a+b}\cot\frac{C}{2} = \frac{1}{3} \quad$ (निपियर प्रमेय से)

$\therefore \quad \frac{3}{9}\cot\frac{C}{2} = \frac{1}{3} \quad \therefore \quad \cot\frac{C}{2} = 1$

$\therefore \quad \frac{C}{2} = 45° \quad$ Þ $C = 90°$

$\therefore \quad \Delta = 9$ वर्ग इकाई $\quad$ [समी० (i) से]

6. (d) हम जानते हैं, कि $A + B + C$ में,

दोनों पक्षों में से $2B$ घटाने पर,

$$A + C - B = 180 - 2B$$

अब $\quad 2ac\sin\left[\frac{1}{2}(A - B + C)\right] = 2ac\sin(90° - B)$

$$= 2ac\cos B$$

$$= \frac{2ac.(a^2 + c^2 - b^2)}{2ae}$$

$$= a^2 + c^2 - b^2$$

7. (c) यहाँ $\quad R^2 = MC^2 = \frac{1}{4}(a^2 + b^2) \quad$ (मूल बिन्दु से दूरी)

$$= \frac{1}{4}c^2 \quad \text{(पाइथागोरस प्रमेय से)}$$

$\Rightarrow \quad R = \frac{c}{2}$

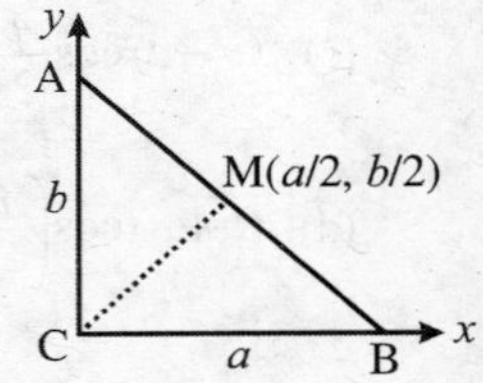

$$r = (s - c)\tan\left(\frac{C}{2}\right)$$

$$= (s - c)\tan\frac{\pi}{4} = s - c$$

अत: $\quad 2(r + R) = 2r + 2R = 2s - 2c + c$

$$= a + b + c - c = a + b$$

8. (a) $a, \sin B, R$ दिए गए हैं और $b = 2R\sin B, \sin A = \frac{a\sin B}{b}$ ज्ञात किए जा सकते हैं। अत: $\sin C$ ज्ञात जा सकता है तथा भुजा c भी ज्ञात सकते हैं।

(b) $a, \sin A, R$ के लिए,

$$\frac{b}{\sin B} = \frac{d}{\sin C} = 2R$$

लेकिन इनमें b और c का ठीक मान ज्ञात नहीं किया जा सकता।

(c) $a, \sin A, \sin B$ दिए गए हैं और

$b = \frac{a}{\sin A}\sin B, c = \frac{a}{\sin A}\sin C$ ज्ञात किए जा सकते हैं।

अत: तीनों भुजाएँ अद्वितीय हैं।

(d) तीन भुजाएँ एक अद्वितीय न्यूनकोण त्रिभुज बना सकती हैं।

9. (c) कोणों का अनुपात 4 : 1 : 1 है।

$\therefore \quad 4x + x + x = 180°$

$\Rightarrow \quad x = 30°$

$\therefore \quad \angle A = 120°, \ \angle B = \angle C = 30°$

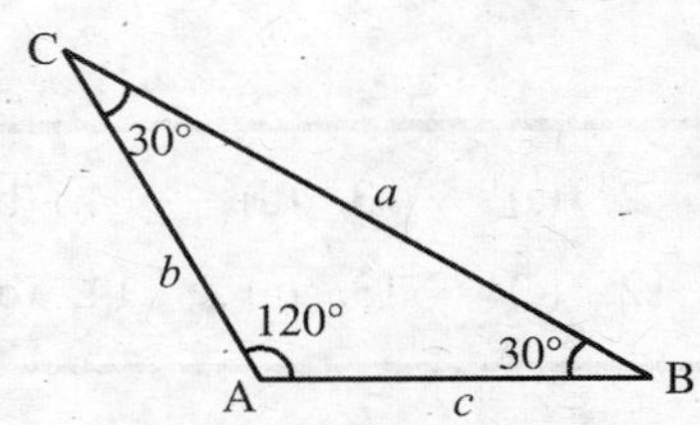

अत: सबसे बड़ी भुजा का, त्रिभुज के परिणाम से अनुपात

$$= \frac{a}{a + b + c}$$

माना $\quad b = c = x$

$\Rightarrow \quad a^2 = b^2 + c^2 - 2bc\cos A$

$\Rightarrow \quad a^2 = 2x^2 - 2x^2\cos A = 2x^2(1 - \cos A)$

$\Rightarrow \quad a^2 = 4x^2\sin^3\frac{A}{2}$

$\Rightarrow \quad a = 2x\sin\frac{A}{2}$

$\Rightarrow \quad a = 2x\sin 60° = \sqrt{3}x$

अत: अभीष्ट अनुपात

$$\frac{a}{a+b+c}=\frac{\sqrt{3}\,x}{\sqrt{3}\,x+x+x}=\frac{\sqrt{3}}{2+\sqrt{3}}$$

10. (b) यहाँ $a:b:c=1:\sqrt{3}:2$

$\Rightarrow$ $c^2=a^2+b^2$

$\therefore$ त्रिभुज, $\angle C$ पर समकोण है।

या $\angle C=90°$

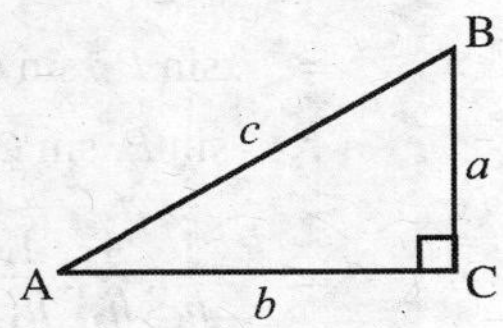

और $\frac{a}{b}=\frac{1}{\sqrt{3}}$

$\Rightarrow$ $\tan A=\frac{1}{\sqrt{3}}$

$\Rightarrow$ $A=30°$ और $B=60°$ ($\because A+B=90°$)

$\therefore$ कोणों का अनुपात, $A:B:C=30+60+90$

या $A:B:C=1:2:3$

11. (c) चूँकि a, b, c त्रिभुज की भुजाएँ हैं।

$$\therefore \quad \frac{b+c}{a}=\frac{k(\sin B+\sin C)}{k\sin A}$$

$$=\frac{2\sin\left(\frac{B+C}{2}\right)\cos\left(\frac{B-C}{2}\right)}{2\sin\frac{A}{2}\cos\frac{A}{2}}$$

$$\therefore \quad \frac{b+c}{a}=\frac{\cos\left(\frac{B-C}{2}\right)}{\sin\frac{A}{2}}$$

साथ ही, $\frac{b-c}{a}=\frac{\sin\left(\frac{B-C}{2}\right)}{\cos\frac{A}{2}}$

12. (c) माना $AB=AC$ और $\angle A=120°$

$\therefore$ त्रिभुज का क्षेत्रफल $=\frac{1}{2}a^2\sin 120°$

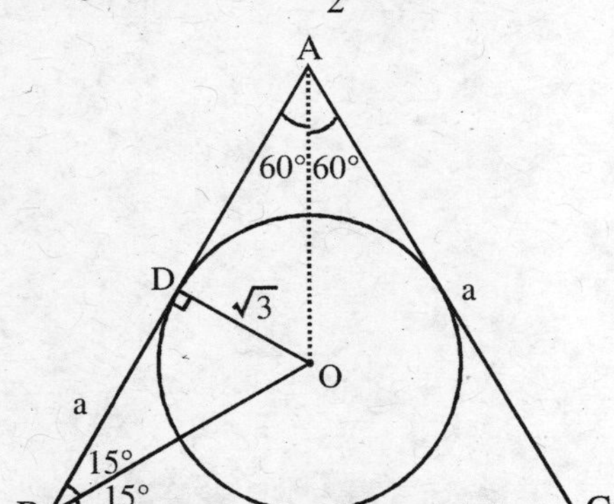

जहाँ, $a=AD+BD$

$=\sqrt{3}\tan 30°+\sqrt{3}\cot 15°$

$=1+\sqrt{3}\left(\frac{1+\tan 45°\tan 30°}{\tan 45°-\tan 30°}\right)$

$=1+\sqrt{3}\left(\frac{\sqrt{3}+1}{\sqrt{3}-1}\right)$

$\therefore$ $a=4+2\sqrt{3}$

अत: त्रिभुज का क्षेत्रफल $=\frac{1}{2}(4+2\sqrt{3})^2\sin 120°$

$=12+7\sqrt{3}$

क्षेत्रफल $=\frac{1}{2}(4+2\sqrt{3})^2\sin 120°$

$=\frac{1}{2}(16+12+16\sqrt{3})\times\frac{\sqrt{3}}{2}$

$=(7+4\sqrt{3})\sqrt{3}$

$=12+7\sqrt{3}$ वर्ग इकाई

13. (a) $\cos A=\frac{b^2+c^2-a^2}{2bc}$

ज्ञात है, $a=4,\ b=3$ तथा $\angle A=60°$

$$\cos 60°=\frac{(3)^2+c^2-(4)^4}{2\times 3\times c}$$

$\Rightarrow$ $\frac{1}{2}=\frac{c^2-7}{6c}$

$\Rightarrow$ $c^2-7=3c \quad\Rightarrow\quad c^2-3c-7=0$

14. (b) हम जानते है, $A+B+C=\pi$

$\Rightarrow$ $A+C=\pi-B$

$\Rightarrow$ $\frac{A+B+C}{2}=\frac{\pi}{2}-B$

$\Rightarrow$ $2ca\sin\left(\frac{A-B+C}{2}\right)=2ca\sin\left(\frac{\pi}{2}-B\right)$

$=2a\cos B=2ca\left(\frac{c^2+a^2-b^2}{2ca}\right)=c^2+a^2-b^2.$

15. (b) $\tan\frac{A}{2}\times\tan\frac{C}{2}=\sqrt{\frac{(s-b)(s-c)}{s(s-a)}\frac{(s-a)(s-b)}{s(s-c)}}=\frac{1}{3}$

$\Rightarrow$ $\frac{s-b}{s}=\frac{1}{3} \quad\Rightarrow\quad a+c=2b$

16. (b) $OB=OA\tan 30°=\frac{2}{3}AD\tan 30°=\frac{8}{3\sqrt{3}}$

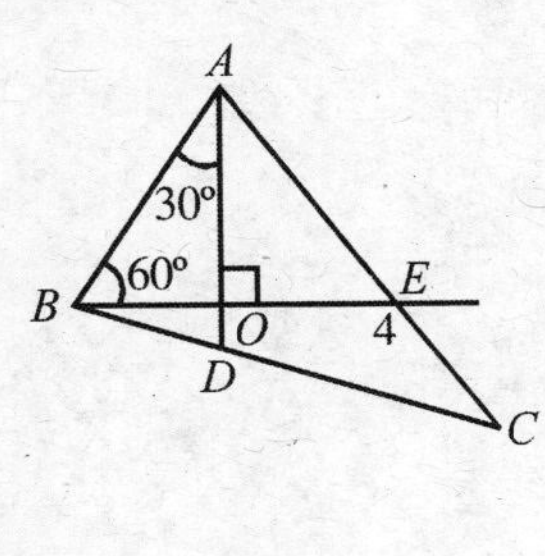

$\therefore \quad \Delta ADB = \frac{1}{2} \times 4 \times \frac{8}{3\sqrt{3}} = \frac{16}{3\sqrt{3}}$

$\therefore \quad \Delta ABC = 2\Delta ADB = \frac{32}{3\sqrt{3}}$

17. (c) माना भुजा $\sqrt{1 + \sin\alpha\cos\alpha}$ के विपरीत कोण Q है, तब θ त्रिभुज का महत्तम कोण होगा–

$$\therefore \quad \cos\theta = \frac{\sin^2\alpha + \cos^2\alpha - (1 + \sin\alpha\cos\alpha)}{2\sin\alpha\cos\alpha}$$

$$= -\frac{1}{2} \quad \Rightarrow \quad \theta = 120^\circ.$$

18. (a) $\angle C = \pi/2 \quad \Rightarrow \quad R = \frac{c}{2\sin C} = \frac{c}{2}$

तथा $\quad r = (s-c)\tan C/2$

$= (s-c)\tan \pi/4 = s - c$

$\therefore \quad 2(r+R) = (2s - 2c) + c$

$= a + b + c - 2c + c = a + b.$

19. (b) त्रिभुज PQR में, यदि कोण P, Q, R के विपरीत भुजाओं की लम्बाईयाँ क्रमशः p, q, r है। यदि P, Q, R से शीर्ष लम्बों की लम्बाईयाँ h_1, h_2, h_3 है, तब, $\quad h_1 = q\sin R,$

$h_2 = r\sin P, \quad h_3 = p\sin Q$

$\because \quad p/\sin P = q/\sin Q = r/\sin R = \lambda$ (say)

$\therefore \quad p = \lambda\sin P, \quad q = \lambda\sin Q, \quad r = \lambda\sin R.$

$\therefore \quad \frac{1}{h_1} : \frac{1}{h_2} : \frac{1}{h_3}$

$$= \frac{1}{\lambda\sin Q\sin R} : \frac{1}{\lambda\sin R\sin P} : \frac{1}{\lambda\sin P\sin Q}$$

$= \quad \sin P : \sin Q : \sin R$

$\therefore$ $\sin P, \sin Q, \sin R$ समान्तर श्रेणी में है।

$\Rightarrow$ $\frac{1}{h_1}, \frac{1}{h_2}, \frac{1}{h_3}$ समान्तर श्रेणी में है।

$\Rightarrow$ h_1, h_2, h_3 हरात्मक श्रेणी में है।

20. (b) ΔABC का क्षेत्रफल $= \frac{1}{2} \times AB \times BC$

$$1 = \frac{1}{2} \times 1 \times (k-1)$$

$$k = -1, 3$$

अतः k के मानों का समुच्चय $\{-1, 3\}$ हैं।

□□□

ऊँचाई व दूरी 9

(Heights and Distances)

उन्नयन कोण (Angle of Elevation)

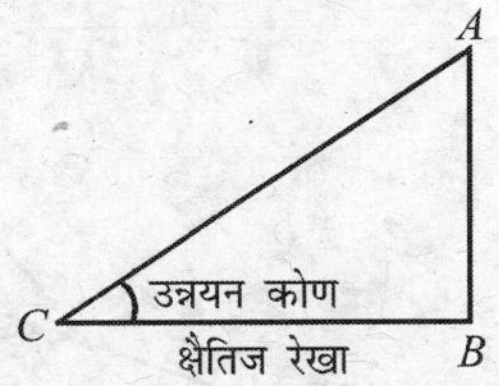

अवनमन कोण (Angle of Depression)

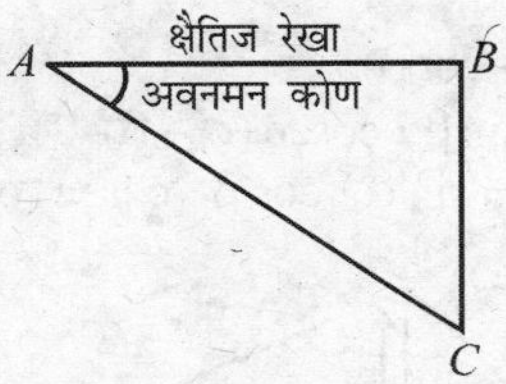

त्रिभुज के ज्यामितीय गुण तथा सूत्र–

1. समद्विबाहु त्रिभुज में माध्यिका, आधार पर लम्ब होती है।
2. समरूप त्रिभुजों में संगत भुजाएँ समानुपाती होती हैं।
3. त्रिभुज में बहिष्कोण, अन्त: सम्मुख कोणों के योग के बराबर है।
4. किसी त्रिभुज में किसी कोण का अन्त: अर्धक सामने की भुजा को अन्य दो भुजाओं के अनुपात में विभाजित करता है।

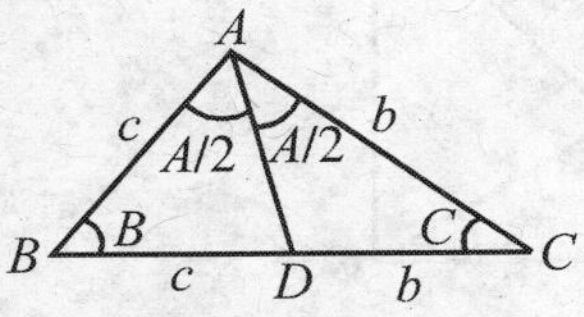

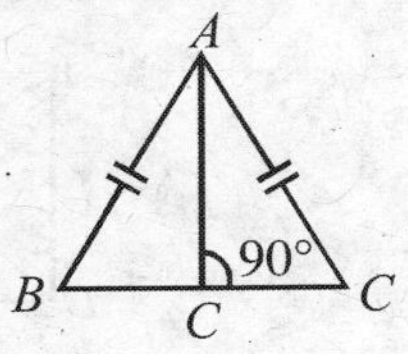

5. **ज्या नियम (Sine Rule) :**

$$\frac{a}{\sin A}=\frac{b}{\sin B}=\frac{c}{\sin C}=2R,$$

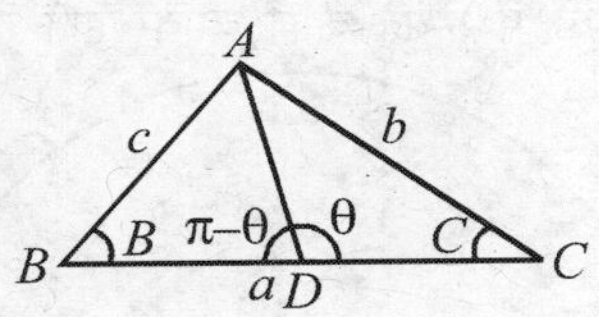

जहाँ, R त्रिभुज ABC की परित्रिज्या है। $R=\dfrac{abc}{4\Delta}$,

जहाँ, Δ त्रिभुज ABC का क्षेत्रफल है।

6. **कोज्या नियम (Cosine Rule) :**

$$a^2=b^2+c^2-2bc\cos A$$

या $$\cos A=\frac{b^2+c^2-a^2}{2bc}$$

7. **प्रक्षेप सूत्र (Projection Formula) :**

$$a=b\cos C+c\cos B$$

अपोलोनियस प्रमेय (Appolonius Theorem)

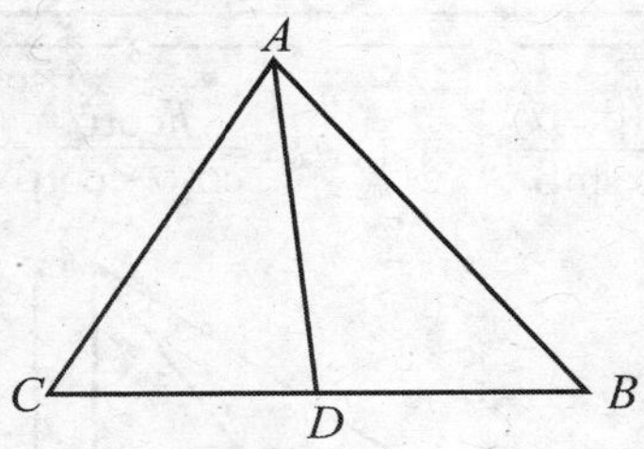

यदि ΔABC में AD माध्यिका है, तब–

$$AB^2+AC^2=2(AD^2+BD^2)$$

***m-n* प्रमेय (त्रिकोणमितीय प्रमेय)**

यदि D, BC को $m:n$ में विभाजित करता है, तब

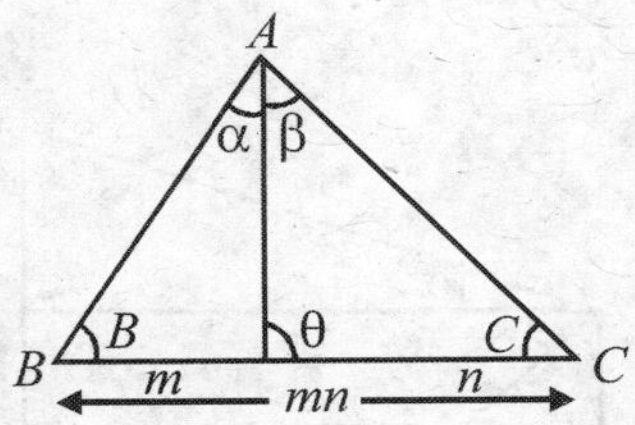

1. $(m+n)\cot\theta=n\cot B-m\cot C$
2. $(m+n)\cot\theta=m\cot\alpha-n\cot\beta$

त्रिकोणमितीय परिणाम–

1. $\tan A\pm\tan B=\dfrac{\sin(A\pm B)}{\cos A\cos B}$
2. $\cot A\pm\cot B=\dfrac{\sin(B\pm A)}{\sin A\sin B}$
3. $\cos(\alpha+\beta)\cdot\cos(\alpha-\beta)=\cos^2\alpha-\sin^2\beta$
4. $\sin(\alpha+\beta)\sin(\alpha-\beta)=\sin^2\alpha-\sin^2\beta=\cos^2\beta-\cos^2\alpha$

टॉलमी प्रमेय (Ptolemy's Theorem)

चक्रीय चतुर्भुज $ABCD$,

$$AB\cdot CD+AD\cdot BC=AC\cdot BD$$

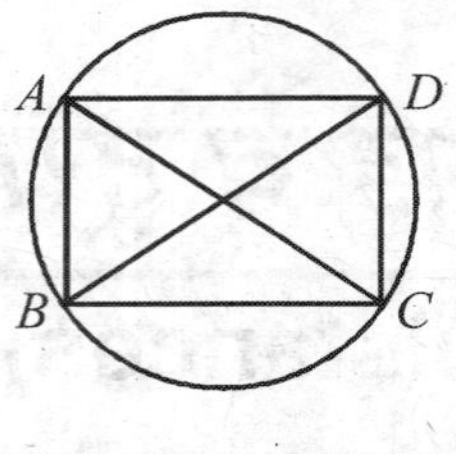

नोट//✍

✍ $a = h(\cot\alpha - \cot\beta)$

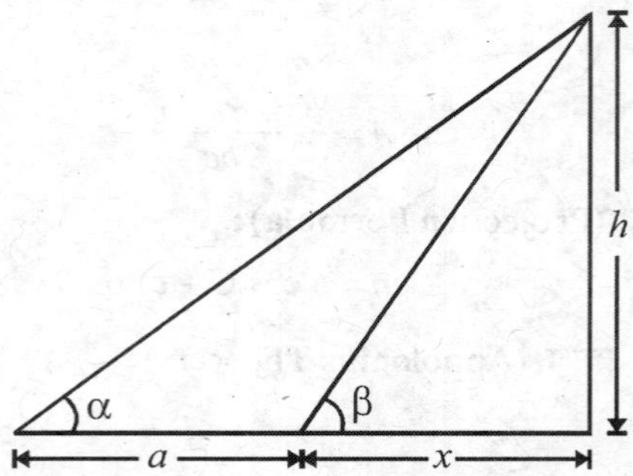

✍ $h = \dfrac{H\sin(\beta-\alpha)}{\cos\alpha\sin\beta}$ तथा $H = \dfrac{h\cot\alpha}{\cot\alpha - \cot\beta}$

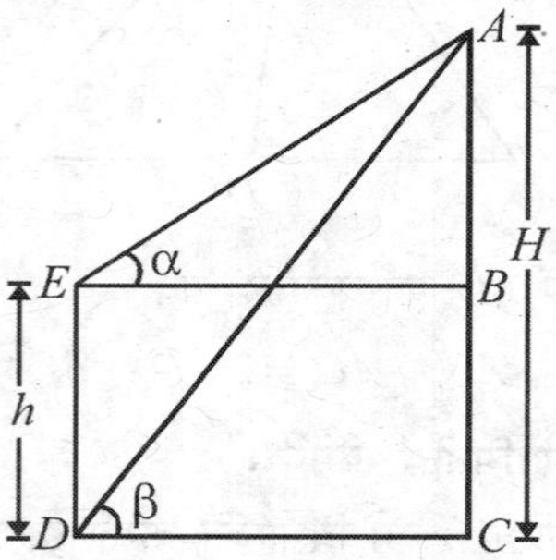

✍ $H = \dfrac{a\sin(\alpha+\beta)}{\sin(\beta-\alpha)}$

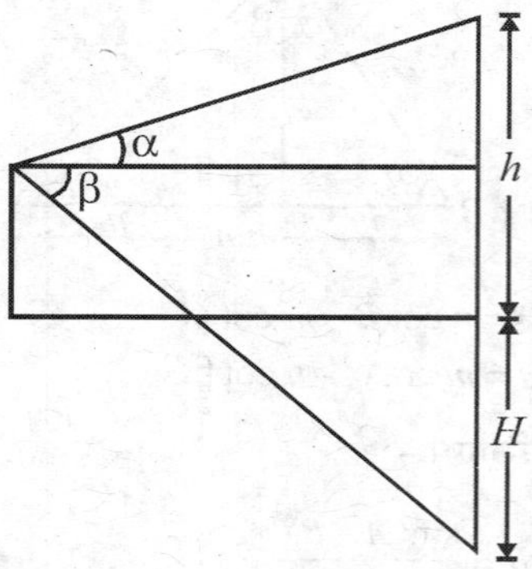

✍ $H = x\cot\alpha\tan(\alpha+\beta)$

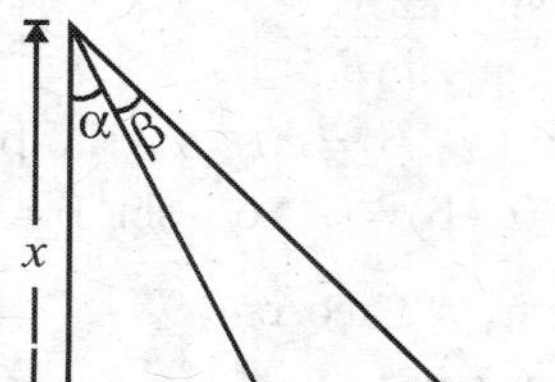

कुछ महत्त्वपूर्ण तथ्य

1. किसी ΔABC में यदि DE समान्तर AB तब–

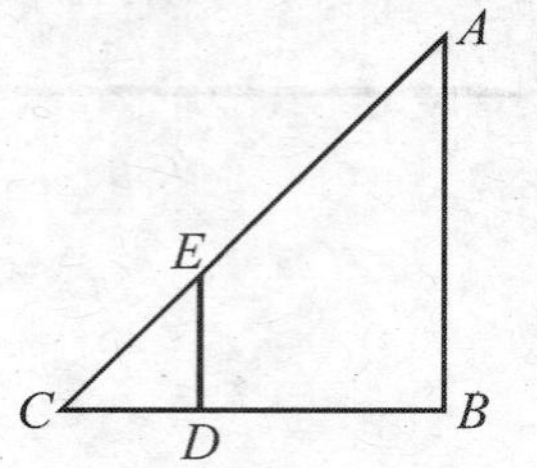

$$\frac{AB}{DE} = \frac{BC}{DC} = \frac{AC}{EC}$$

2. यदि $AB = CD$, तब– $x = y\tan\left(\dfrac{\alpha+\beta}{2}\right)$

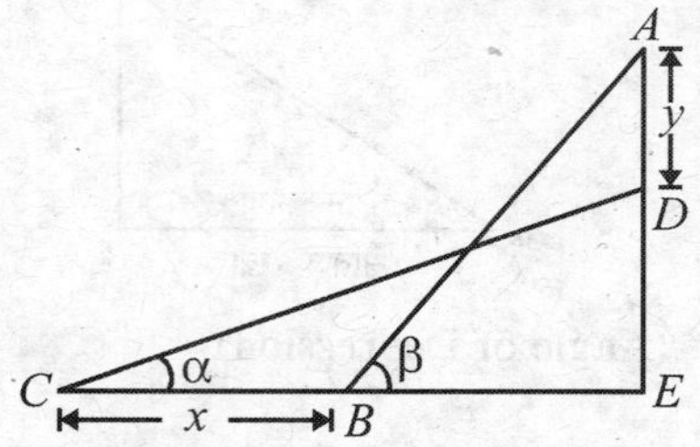

3. $a = h(\cot\alpha + \cot\beta)$
   $h = a\sin\alpha \cdot \sin\beta \cdot \text{cosec}(\alpha+\beta)$
   $d = h\cot\beta = a\sin\alpha \cdot \cos\beta \cdot \text{cosec}(\alpha+\beta)$

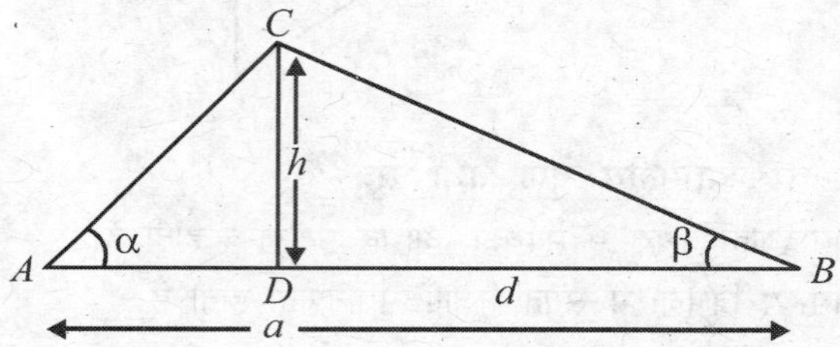

4. $H = \dfrac{h\cot\beta}{\cot\alpha}$

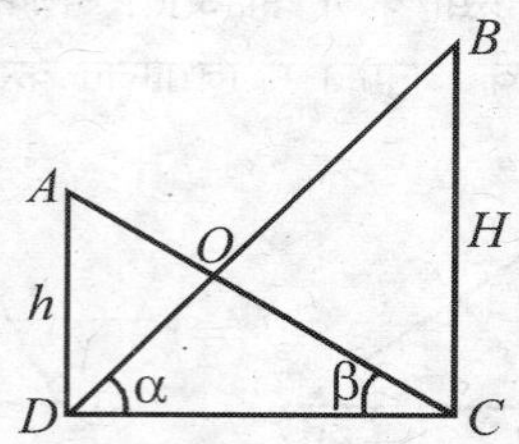

5. एक समतल पर लम्बवत् कोई रेखा उस समतल पर स्थित प्रत्येक बिन्दु के लम्बवत् होती है।
6. उन्नयन कोण व अवनमन कोण सदैव न्यूनकोण होते हैं।
7. एक की वृत्तखण्ड में स्थित कोण बराबर होते हैं।

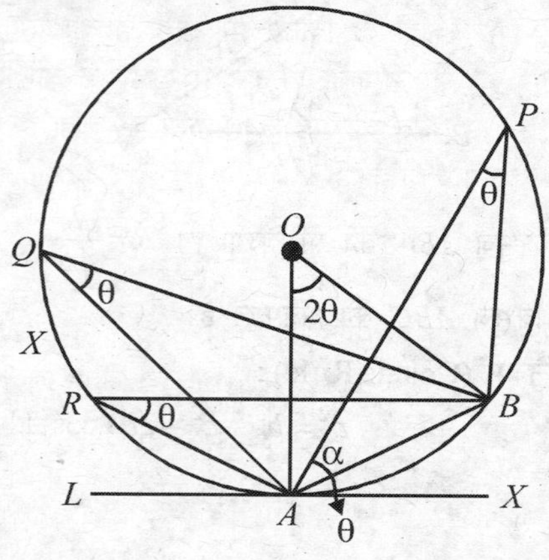

वस्तुनिष्ठ प्रश्न

1. दो गाँव के बीच की दूरी 60 किमी है। गाँव A के 150 छात्रों तथा गाँव B के 50 छात्रों के लिए एक स्कूल बनाना है। यदि 200 छात्रों द्वारा तय की गई दूरी को जितना सम्भव हो सके, छोटा रखना हो, तो स्कूल बनेगा–
(a) गाँव A (b) गाँव B में 45 किमी दूर
(c) गाँव B में (d) गाँव A में 45 किमी दूर

2. एक 60 मी ऊँचे प्रकाश स्तम्भ से, जिसका तल समुद्र तल पर है, एक नाव का अवनमन कोण (angle of depression) 15° है। नाव की प्रकाश स्तम्भ के पाद से दूरी है–
(a) $\left(\frac{\sqrt{3}+1}{\sqrt{3}-1}\right)^2$ मी (b) $\left(\frac{\sqrt{3}-1}{\sqrt{3}+1}\right)60$ मी
(c) $\left(\frac{\sqrt{3}+1}{\sqrt{3}-1}\right)60$ मी (d) इनमें से कोई नहीं

3. एक त्रिभुजाकार पार्क ABC में एक खंभा (pole) ऊर्ध्वाधर (vertically) खड़ा है। यदि पार्क के प्रत्येक कोने से खंभे के शीर्ष का उन्नयन कोण समान है, तो ΔABC में खम्भे का पाद होगा।
(a) अन्त:केन्द्र पर (b) लम्बकेन्द्र पर
(c) केन्द्रक पर (d) परिकेन्द्र पर

4. एक आदमी 100 मी ऊँची मीनार से, मीनार की ओर आती एक कार को 30° के अवनमन कोण पर देखता है। कुछ समय बाद कार का अवनमन कोण 60° हो जाता है। कार द्वारा इस समय में तय की गई दूरी (मीटर में) है–
(a) $\frac{100\sqrt{3}}{3}$ (b) $200\sqrt{3}$
(c) $\frac{200\sqrt{3}}{3}$ (d) $100\sqrt{3}$

5. एक ऊर्ध्वाधर दण्ड का ऊपरी $\left(\frac{3}{4}\right)$ भाग उसके आधार से 40 मीटर दूर एक बिन्दु पर $\tan^{-1}\left(\frac{3}{5}\right)$ का कोण बनाता है। दण्ड की सम्भावित ऊँचाई है?
(a) 40 मीटर (b) 60 मीटर
(c) 80 मीटर (d) 20 मीटर

6. एक मनुष्य एक नदी के किनारे पर खड़ा है वह देखता है, कि नदी के दूसरे सीधे और समान्तर किनारे पर खड़े पेड़ की चोटी का उन्नयन कोण 60° है और जब वह पेड़ से 40 मीटर दूर जाता है, तो उन्नयन कोण 30° है। नदी की चौड़ाई है?
(a) 20 मीटर (b) 30 मीटर
(c) 40 मीटर (d) 60 मीटर

7. एक वृत्ताकार पार्क के केन्द्र पर मीनार खड़ी है उसकी परिधि पर स्थित A और B दो बिन्दु ऐसे है, कि $(AB = a)$ मीनार के पाद पर 60° का कोण बनाते है। A या B से मीनार की चोटी का उन्नयन कोण 30° है। मीनार की ऊँचाई है?
(a) $2a\sqrt{3}$ (b) $\frac{a}{\sqrt{3}}$
(c) $a\sqrt{3}$ (d) $\frac{2a}{\sqrt{3}}$

8. ऊर्ध्वाधर खम्भा AB, जिसका किनारा B धरातल पर व A ऊपर है। एक आदमी धरातल पर स्थित बिन्दु C से शीर्ष A का उन्नयन कोण 60° पाता है। यदि वह रेखा BC के अनुदिश खम्भे से दूर बिन्दु D तक इस प्रकार जाता है, कि $CD = 7$ मीटर, तो बिन्दु D से बिन्दु A का उन्नयन कोण 45° रह जाता है, तब खम्भे की ऊँचाई क्या होगी?
(a) $\frac{7\sqrt{3}}{2}\frac{1}{\sqrt{3}+1}$ मीटर (b) $\frac{7\sqrt{3}}{2}\frac{1}{\sqrt{3}-1}$ मीटर
(c) $\frac{7\sqrt{3}}{2}(\sqrt{3}+1)$ मीटर (d) $\frac{7\sqrt{3}}{2}(\sqrt{3}-1)$ मीटर

9. 60 मीटर ऊँचे एक प्रकाश-स्तम्भ के शिखर से जिसका आधार समुद्र तल पर है, एक नाव का अवनमन कोण 15° है। नाव की प्रकाश स्तम्भ से दूरी (मीटर में) है–
(a) $\left(\frac{\sqrt{3}-1}{\sqrt{3}+1}\right)^2$ (b) कोई नहीं
(c) $\left(\frac{\sqrt{3}-1}{\sqrt{3}+1}\right)60$ (d) $\left(\frac{\sqrt{3}+1}{\sqrt{3}-1}\right)60$

10. एक टी०वी० टावर के शिखर का उन्नयन कोण, इसके पाद (foot) से जाने वाले क्षैतिज समतल पर एक सरल रेखा में स्थित तीन बिन्दुओं A, B, C से क्रमशः $\alpha, 2\alpha, 3\alpha$ है। यदि $AB = \alpha$, तो टावर की ऊँचाई है–
(a) $a \sin 2\alpha$ (b) $a \sin 3\alpha$
(c) $a \tan \alpha$ (d) $a \sin \alpha$

11. एक हवाई जहाज जो भूमि से 300 मीटर की ऊँचाई पर उड़ रहा है। एक दूसरे हवाई जहाज के ठीक ऊर्ध्वाधर ऊपर से गुजरता है, उसी क्षण भूमि पर स्थित एक ही बिन्दु से दोनों हवाई जहाजों के उन्नयन कोण क्रमशः 60° और 45° पाये गए। तब निचले हवाई जहाज की भूमि से ऊँचाई मीटर में है–
(a) 50 (b) $150(\sqrt{3}+1)$
(c) $100\sqrt{3}$ (d) $100/\sqrt{3}$

12. एक पेड़ का ऊपरी भाग वायु के झोंके से टूटकर भूमि पर एक बिन्दु से जा लगता है। यदि इस बिन्दु की दूरी पेड़ के आधार से 10 मीटर हो और टूटा हुआ भाग क्षैतिज से 45° का कोण बनाये, तो पेड़ की सम्पूर्ण ऊँचाई है–
(a) $10(1+\sqrt{2})$ मी (b) $10(1+\sqrt{3}/2)$ मी
(c) 15 मी (d) 20 मी

13. दो ऊर्ध्वाधर मीनारों की चोटियों के उन्नयन कोण, उनके आधारों को

मिलाने वाली रेखा के मध्य बिन्दु से देखे जाने पर, क्रमश: $60°$ और $30°$ पाये गए। मीनारों की ऊँचाइयों का अनुपात है–

(a) $3:2$ (b) $3:1$
(c) $2:1$ (d) $\sqrt{3}:1$

14. दो ऊर्ध्वाधर खम्भे AL और BM जिनकी ऊँचाइयाँ क्रमश: 20 मीटर और 80 मीटर हैं, एक-दूसरे से अलग क्षैतिज समतल पर खड़े हैं। यदि A, B खम्बे के पाद हों, तथा AM व BL परस्पर P पर प्रतिच्छेद करते हों, तो P की ऊँचाई है–

(a) 16 मी (b) 15 मी
(c) 50 मी (d) 18 मी

15. PQ एक दी हुई ऊँचाई a का खम्भा है और AB इससे कुछ दूरी पर एक मीनार है। α और β मीनार की चोटी B का क्रमश: P और Q पर उन्नयन कोण हैं। मीनार की ऊँचाई है–

(a) $\dfrac{a\sin\alpha\sin\beta}{\sin(\alpha-\beta)}$ (c) $\dfrac{a\sin\alpha\cos\beta}{\sin(\alpha-\beta)}$

(b) $\dfrac{a\cos\alpha\cos\beta}{\sin(\alpha-\beta)}$ (d) कुछ नहीं

16. एक सीढ़ी एक दीवार पर क्षैतिज से किसी कोण α पर झुकी है इसके पाद (foot) को दीवार से किसी दूरी a तक खींचा जाता है जिससे यह दीवार पर नीचे की किसी दूरी b तक फिसल जाती है और क्षैतिज से कोण β बनाती है, तो–

(a) $a = b\cot\dfrac{\alpha+\beta}{2}$ (b) $a\tan\dfrac{\alpha-\beta}{2}$

(c) $a = b\tan\dfrac{\alpha+\beta}{2}$ (d) कोई नहीं

17. एक भवन पर खड़ी 20 मीटर ऊँची चिमनी, भवन के पाद से 70 मीटर दूरी पर एक कोण अन्तरित करती है। जिसका tangent 1/6 है। भवन की ऊँचाई मीटर है–

(a) 40 (b) 50
(c) 60 (d) कोई नहीं

18. एक खम्भा एक त्रिभुजाकार पार्क ABC के अन्दर ऊर्ध्वाधर खड़ा है। यदि पार्क के प्रत्येक कोने से खम्भे के शीर्ष का उन्नयन कोण समान हो, तो ΔABC में खम्भे का पाद (foot) स्थित है–

(a) अन्त: केन्द्र पर (b) लम्बकेन्द्र पर
(c) केन्द्रक पर (d) परिकेन्द्र पर

19. 6 मीटर ऊँचा एक ध्वज-दण्ड जो एक मीनार के शिखर पर लगा है भूमि के अनुदिश अपनी $2\sqrt{3}$ मीटर लम्बी परछाई बनाता है, तो सूर्य का उन्नयन कोण है–

(a) $30°$ (b) $60°$
(c) $45°$ (d) कोई नहीं

20. किसी झील के तल से h ऊँचाई पर स्थित किसी बिन्दु पर एक बादल का उन्नयन कोण α है तथा झील में इसके प्रतिबिम्ब का अवनमन कोण β है। तो झील के तल से बादल की ऊँचाई है–

(a) $\dfrac{h\sin(\beta+\alpha)}{\sin(\beta-\alpha)}$ (b) $\dfrac{h\sin(\beta-\alpha)}{\sin(\beta+\alpha)}$

(c) $\dfrac{h\sin(\alpha+\beta)}{\sin(\alpha-\beta)}$ (d) इनमें से कोई नहीं

21. एक वर्ग $ABCD$ की प्रत्येक भुजा वर्ग के केन्द्र पर खड़ी h ऊँचाई की मीनार की चोटी पर $60°$ का कोण अन्तरित करती है। यदि वर्ग की भुजा a हो, तो–

(a) $2h^2 = a^2$ (b) $h^2 = 2a^2$
(c) $3a^2 = 2h^2$ (d) $2a^2 = 3h^2$

उत्तरमाला

1. (a)	2. (c)	3. (d)	4. (c)	5. (a)	6. (a)	7. (b)	8. (c)	9. (d)	10. (a)
11. (c)	12. (a)	13. (b)	14. (a)	15. (c)	16. (c)	17. (b)	18. (b)	19. (b)	20. (a)
21. (a)									

उत्तरमाला

1. (a) कुल तय की गई दूरी $= 150x + 50(60 - x)$

मान $f(x) = 100x + 3000, 0 \le x \le 60$

जहाँ $f(x)$ न्यूनतम है, तब $x = 0$

अतः स्कूल, गाँव A में बनाना चाहिए।

2. (c) माना OA प्रकाश स्तम्भ है तथा B, नाव की स्थिति है।

दिया है, कि $\angle OBA = \angle BAL = 15°$

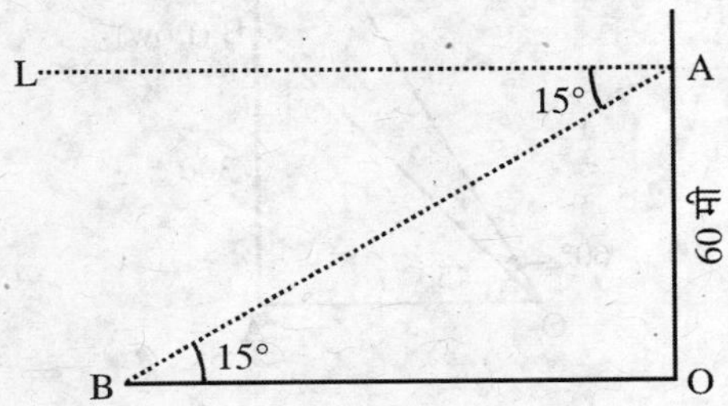

समकोण ΔAOB में,

$$\tan 15° = \frac{60}{OB}$$

$$\Rightarrow \quad OB = 60 \cot 15° = 60 \cot(45° - 30°)$$

$$= 60\left(\frac{\cot 45°.\cot 30° + 1}{\cot 30° - \cot 45°}\right)$$

$$= 60\left(\frac{\sqrt{3}+1}{\sqrt{3}-1}\right) \text{ मी}$$

3. (d) माना OP खंभा है।

तथा $\angle PAO = \angle PBO = \angle PCO = \alpha$

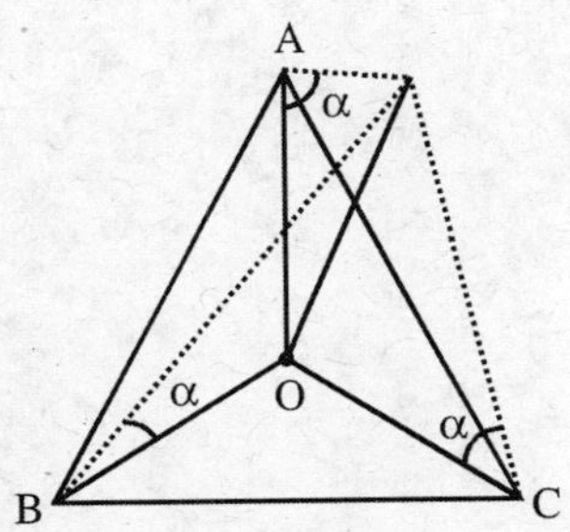

$$\frac{OP}{OB} = \tan\alpha \quad \Rightarrow \quad OB = OP \cot\alpha \quad \text{...(i)}$$

इसी प्रकार, $OA = OP \cot\alpha$ ...(ii)

और $OC = OP \cot\alpha$ ...(iii)

समी॰ (i), (ii) व (iii) से,

$$OA = OB = OC$$

$\Rightarrow O$ वृत्त का परिकेन्द्र है।

4. (c) ΔQPB में, $\frac{100}{PB} = \tan 60°$

$\Rightarrow$ $PB = 100 \cot 60°$ ...(i)

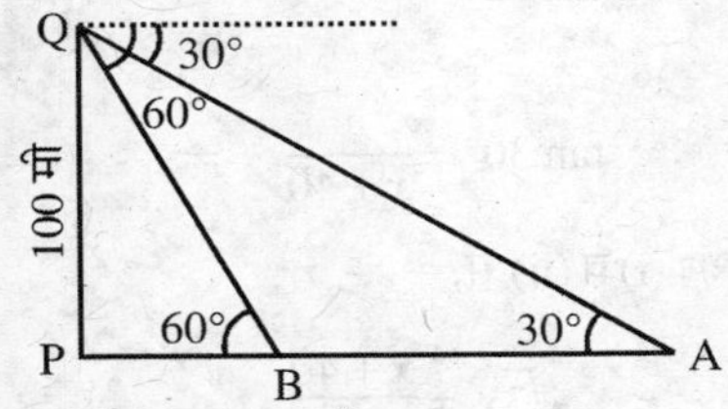

पुनः समकोण ΔQPA में,

$$\frac{100}{PA} = \tan 30°$$

$\Rightarrow$ $PA = 100 \cot 30°$ ...(ii)

और $BA = PA - PB$

$$= 100 \cot 30° - 100 \cot 60°$$

$$= 100 (\cot 30° - \cot 60°)$$

$$= 100\left(\sqrt{3} - \frac{1}{\sqrt{3}}\right) = 100\left(\frac{3=1}{\sqrt{3}}\right)$$

$$= \frac{200}{\sqrt{3}} = \frac{200\sqrt{3}}{3} \text{ मी}$$

5. (a)

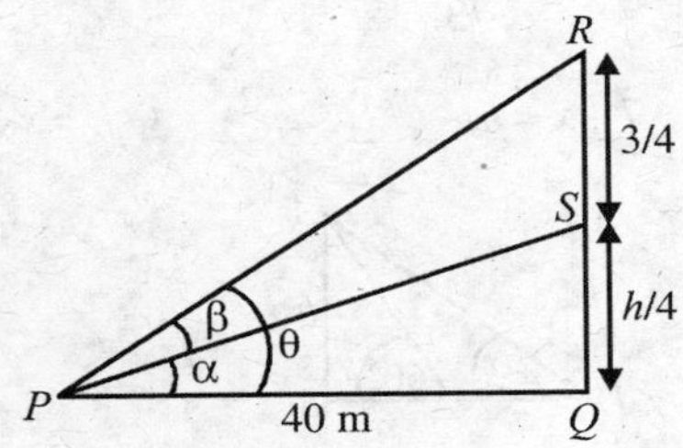

$$\theta = \alpha + \beta \qquad \beta = \tan^{-}\left(\frac{3}{5}\right)$$

अथवा, $\beta = \theta - \alpha$

$$\tan\beta = \frac{\tan\theta - \tan\alpha}{1 + \tan\theta \cdot \tan\alpha}$$

या $$\frac{3}{5} = \frac{\frac{h}{40} - \frac{h}{160}}{1 + \frac{h}{40} \cdot \frac{h}{160}}$$

या $h^2 - 200h + 6400 = 0$

$\Rightarrow$ $h = 40$ या 160 मीटर

$\therefore$ सम्भावित ऊँचाई $= 40$ मीटर

6. (a)

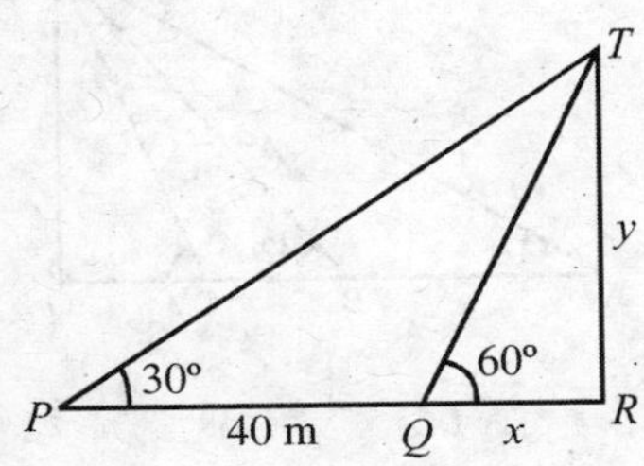

चित्र से–

$$\tan 60^\circ = \frac{y}{x} \Rightarrow y = \sqrt{3}x \quad ...(i)$$

$$\tan 30^\circ = \frac{y}{x+40} \Rightarrow y = \frac{x+40}{\sqrt{3}} \quad ...(ii)$$

समीकरण (i) व (ii) से,

$$\sqrt{3}x = \frac{x+40}{\sqrt{3}}$$

$$\Rightarrow \quad x = 20 \text{ मीटर}$$

7. (b) $\Delta\, OAB$ समबाहु है

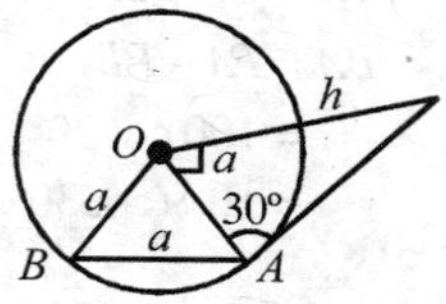

$\therefore \quad OA = OB = AB = a$

तब, $\tan 30^\circ = \dfrac{h}{a}$

$\therefore \quad h = \dfrac{a}{\sqrt{3}}$

8. (c) $7 + x = h, \qquad h = x\sqrt{3}$

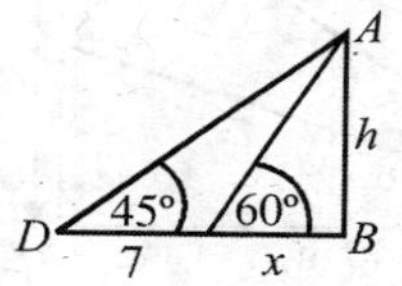

$\Rightarrow \quad h(1 - \frac{1}{\sqrt{3}}) = 7$

$\Rightarrow \quad h = \dfrac{7\sqrt{3}}{\sqrt{3}-1} = \dfrac{7\sqrt{3}}{2}(\sqrt{3}+1)$ मीटर

9. (d)

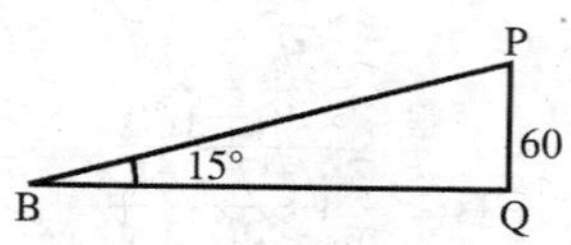

$BQ = 60 \cot 15^\circ = 60 \tan 75^\circ$
$= 60 \tan (45^\circ + 30^\circ)$ आदि।

10. (a)

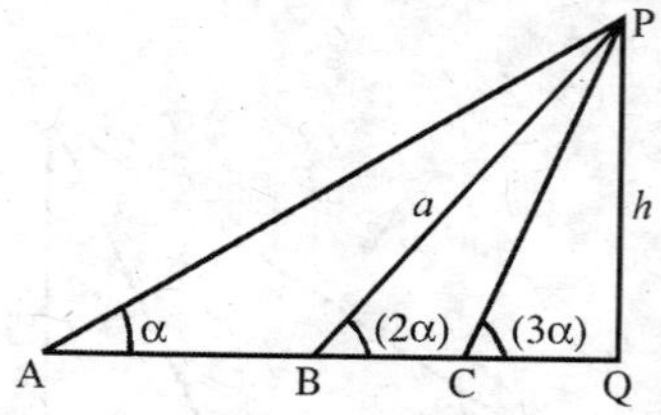

$AB = a$

$\therefore \quad BP = a$, समद्विबाहु त्रिभुज ABP से

$\therefore \quad h = BP \sin 2\alpha = a \sin 2\alpha$

11. (c) B और C क्रमशः निचले व ऊपर के हवाई जहाजों को प्रदर्शित करते हैं, जहाँ $AC = 300$। बिन्दु O पर B और C के उन्नयन कोण क्रमशः 45° और 60° हैं।

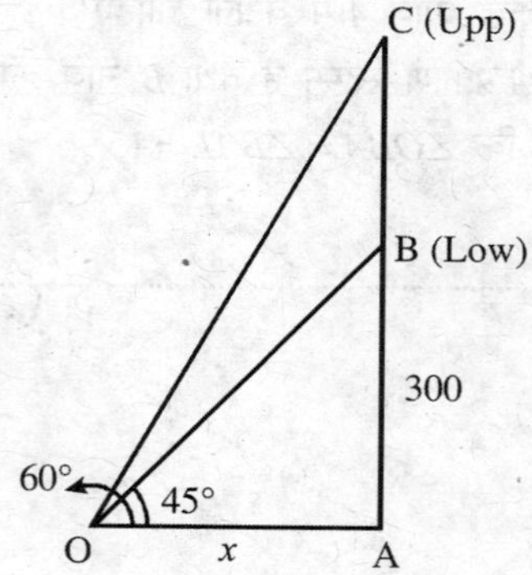

$\therefore \quad AB = OA \tan 45^\circ = OA = x$ माना

$AC = OA \tan 60^\circ$

या $300 = x\sqrt{3}$

$\therefore \quad x = 100\sqrt{3}$

12. (a)

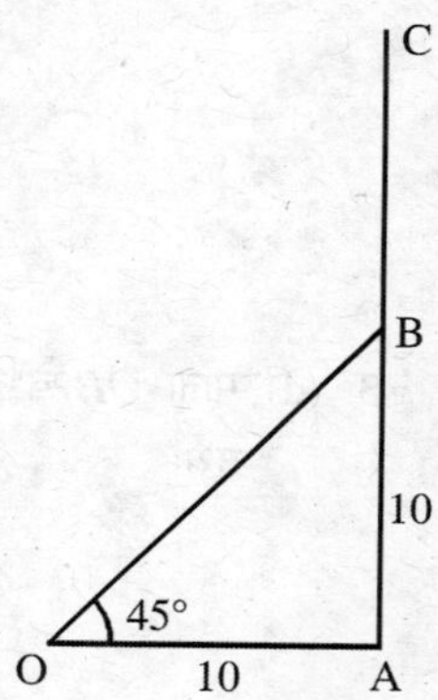

$AC = 10 = AB$

$BC = BC' = \sqrt{(10^2 + 10^2)}$

$= 10\sqrt{2}$

$\therefore \quad AC = AB + BC$

$= 10(1 + \sqrt{2})$ मी

13. (b)

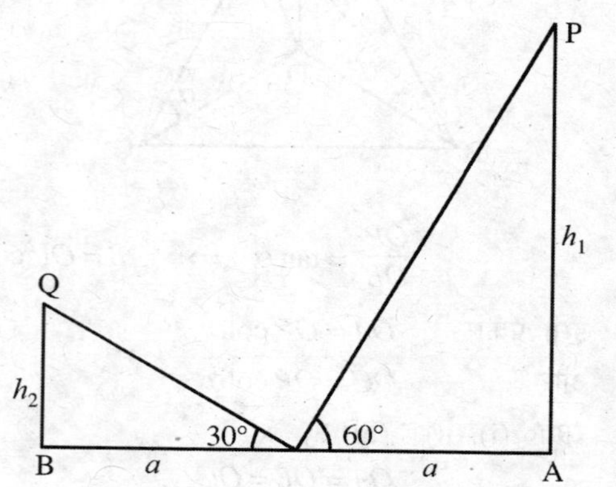

$$\frac{h_1}{h_2} = \frac{a \tan 60^\circ}{a \tan 30^\circ} = \frac{3}{1}$$

14. (a)

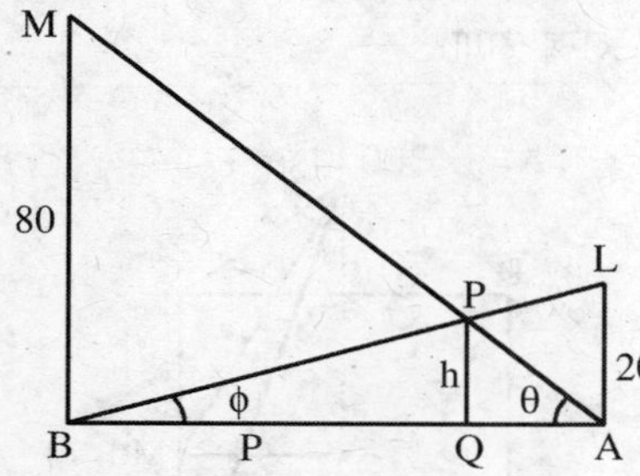

$\tan\theta = \dfrac{80}{AB} = \dfrac{h}{QA}$ $\quad\therefore\quad$ $AQ = h\cdot\dfrac{AB}{80}$

$\tan\phi = \dfrac{20}{AB} = \dfrac{h}{BQ}$ $\quad\therefore\quad$ $BQ = h\cdot\dfrac{AB}{20}$

अब $AB = AQ + BQ = h\cdot AB\left(\dfrac{1}{80}+\dfrac{1}{20}\right)$

या $\quad 1 = h\left(\dfrac{1+4}{80}\right)$ या $\quad h = \dfrac{80}{5} = 16$

$\Rightarrow \quad h = 16$ मीटर

15. (c)

16. (c)

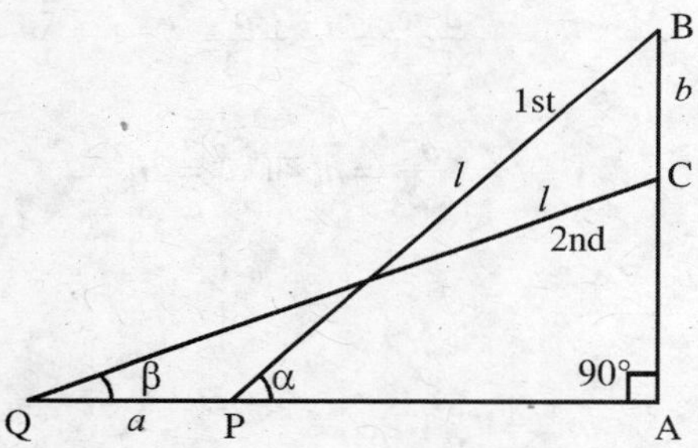

$BC = AB - AC = b = l\,(\sin\alpha - \sin\beta)$

$PQ = AQ - AP = a = l\,(\cos\beta - \sin\alpha)$

भाग देने पर

$$\frac{a}{b} = \tan\frac{\alpha+\beta}{2}$$

17. (b)

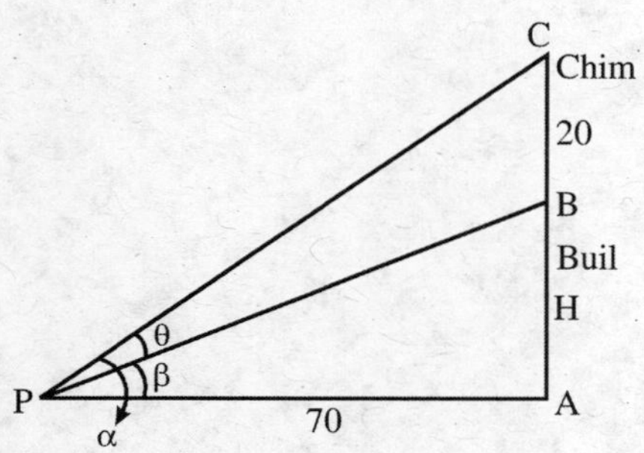

$$\alpha = \theta + \beta$$

$$\tan\theta = \frac{1}{6},\ \tan a = \frac{H+20}{70},\ \tan b = \frac{H}{70}$$

$$\therefore \quad \tan\alpha = \frac{\tan\alpha + \tan\beta}{1-\tan\theta\tan\beta}$$

$\therefore \quad H^2 + 20H - 3500 = 0$

या $\quad (h-50)(H+70) = 0$

18. (b) $OP = h$ ऊर्ध्वाधर खम्भा है जो मध्य-बिन्दुओं E और F पर क्रमशः 45° और 15° अन्तरित करता है।

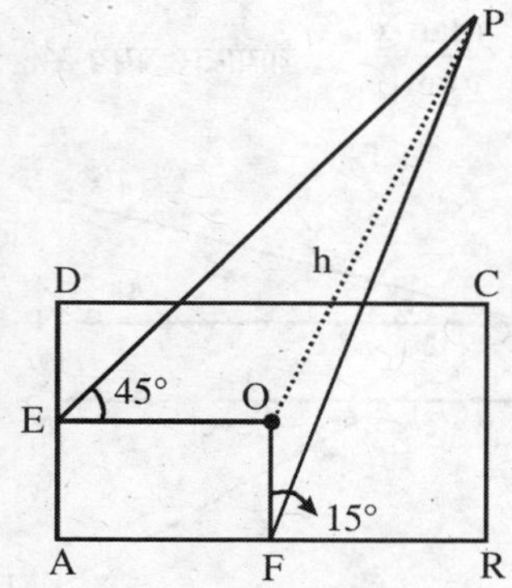

तथा $\quad AC = BD = 1200$ मीटर = विकर्ण की लम्बाई

$\therefore \quad EF = \dfrac{1}{2}BD = 600$ मीटर

$OE = h\cot 45^\circ = h$

$OF = \text{h}\cot 15^\circ = h(2+\sqrt{3})$

$\therefore \quad EF^2 = \text{OE}^2 + \text{OF}^2 = h^2[1+(2+\sqrt{3})^2]$

$EF^2 = h^2[8+4\sqrt{3}]$

या $\quad 600\times 600 = h^2.4(2+\sqrt{3})$

$\therefore \quad h^2 = \dfrac{600\times 600}{4(2+\sqrt{3})}$

$= \dfrac{600\times 150}{(2+\sqrt{3})} = \dfrac{(300)^2}{(2+\sqrt{3})}$

या $\quad h = 300\sqrt{2-\sqrt{3}}$ मीटर

19. (b) माना मीनार की ऊँचाई h है और $PQ = 6$ की, भूमि पर परछाई $AB = 2\sqrt{3}$ है।

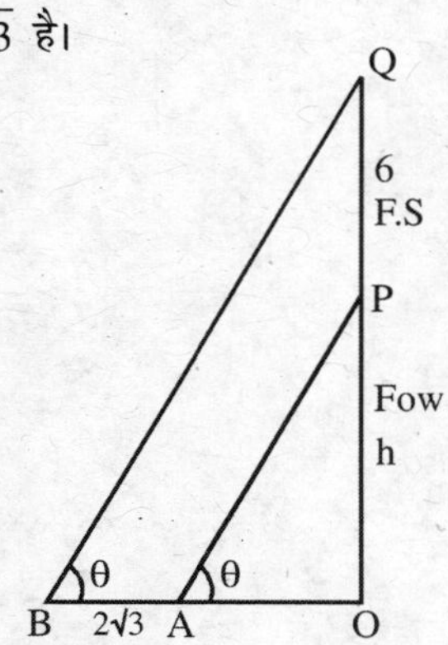

यदि $OA = x$, तो

$$\frac{h}{x} = \frac{h+6}{x+2\sqrt{3}} = \tan\theta$$

$\therefore \quad 2\sqrt{3}h = 6x$

$\therefore \quad \frac{h}{x} = \frac{6}{2\sqrt{3}} = \sqrt{3} = \tan q$

$\therefore \quad \theta = 60°$

20. (a) $\frac{x-h}{x+h} = \frac{y\tan\alpha}{y\tan\beta}$ योगान्तर प्रमेय से

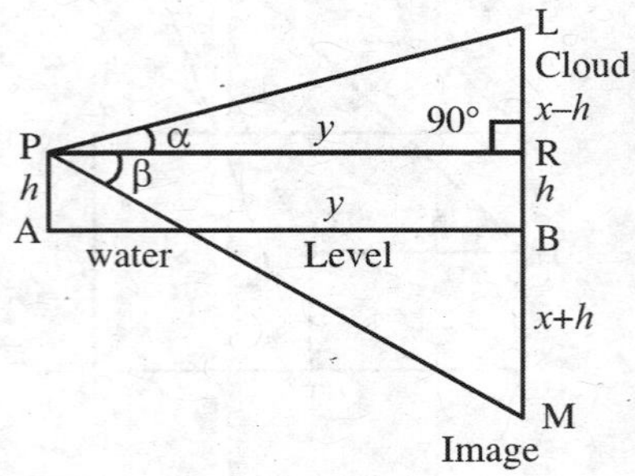

$$\frac{2x}{2h} = \frac{\tan\alpha + \tan\beta}{\tan\beta - \tan\alpha} = \frac{\sin(\alpha+\beta)}{\sin(\beta-\alpha)}$$

या $\quad \frac{\cot\alpha + \cot\beta}{\cot\alpha - \cot\beta} = \frac{\sin(\alpha+\beta)}{\sin(\beta-\alpha)}$

या $\quad x =$ आदि।

21. (a) $PB = PC$ और चूँकि BC, बिन्दु P पर $60°$ का कोण अन्तरित करती है, अत: समद्विबाहु ΔPBC समबाहु हो जाता है। यदि BC का मध्य-बिन्दु M हो, तो PM, कोण P का अर्द्धक होगा और यह BC पर लम्ब होगा।

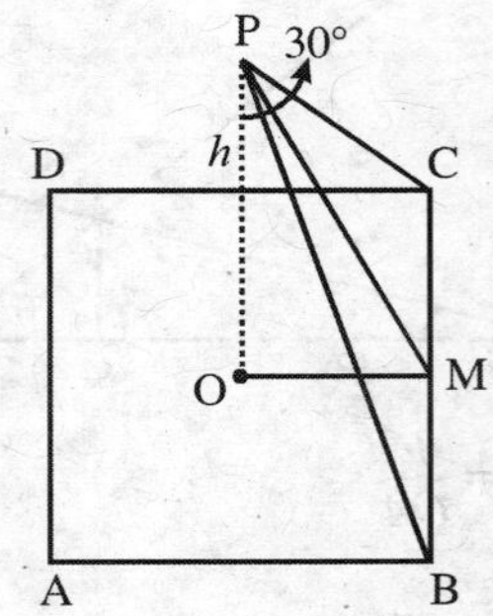

अब समकोण ΔPBM में,

$$\frac{CM}{PM} = \tan 30° = \frac{1}{\sqrt{3}}$$

$\therefore \quad PM = \sqrt{3}\,.\,CM = \sqrt{3}.\frac{a}{2}$

पुन समकोण ΔOPM से,

$$PM^2 = OP^2 + OM^2$$

या $\quad \frac{3}{4}a^2 = h^2 + \frac{a^2}{4}$

या $\quad \frac{a^2}{2} = h^2$ या $a^2 = 2h^2$

□□□

समुच्चय सिद्धान्त 10

(Set Theory)

समुच्चय (Definition)

सुनिश्चित एवं सुस्पष्ट वस्तुओं के सुपरिभाषित (well-defined) समूह या संग्रह (collection) को समुच्चय कहते हैं। एक समुच्चय के अवयव कुछ भी हो सकते हैं। समुच्चय प्रायः $A, B, C, ...$ से निरूपित किये जाते हैं। यदि कोई वस्तु a समुच्चय A का एक अवयव है तो हम इसे $a \in A$ लिखते हैं और यदि यह A का अवयव नहीं है तो इसे $a \notin A$ लिखते है।

समुच्चयों का निरूपण–

1. **तालिका विधि (Taublar Form) :** इस विधि में हम समुच्चय के अवयवों को एक मंझले कोष्ठक में सूचीबद्ध करते हैं, जैसे–
$$A = \{a, e, i, o, u\}$$
या
$$A = \{2, 4, 6, 8, 10\}$$
2. **गुण विधि (Property Form) :** इस विधि में समुच्चय को निरूपित करने का ढंग निम्न है $A = \{x : P(x)\}$,
जहाँ $P(x)$ वह गुण है जिसे x सन्तुष्ट करता है।
$A = \{x : x$ अंग्रेजी वर्णमाला का एक स्वर है$\}$
या $A = \{x : x$ एक सम संख्या $\leq 10\}$

इसे **समुच्चय निर्माण विधि** (set builder method) भी कहते हैं।

समान समुच्चय (Equal Sets)

यदि A और B ऐसे दो समुच्चय हो, कि A का प्रत्येक अवयव B का भी अवयव हो और B का प्रत्येक अवयव A का भी अवयव हो, तो दोनों समान या बराबर कहे जाते हैं और इन्हें $A = B$ के रूप में लिखते हैं। प्रतीकात्मक भाषा में–

$$x \in A \quad \Rightarrow \quad x \in B$$
और
$$x \in B \quad \Rightarrow \quad x \in A$$
$$A = B \quad \Leftrightarrow \quad (x \in A \Leftrightarrow x \in B)$$

यदि A और B सम नहीं हैं, तो इस तथ्य को $A \neq B$ से निरूपित करते हैं।

रिक्त समुच्चय (Empty Set)

ऐसा समुच्चय जिसमें कोई भी अवयव नहीं होता है, रिक्त समुच्चय कहलाता है। इसे ϕ या $\{\ \}$ से निरूपित करते हैं।

जैसे–
$$A = \{x : x \in N \text{ तथा } 3 < x < 4\}$$
$$= \phi$$

ऐसा समुच्चय जिसमें कम से कम एक अवयव होता है, अरिक्त समुच्चय (Non-empty or non-void set) कहलाता है।

एकल समुच्चय (Singleton set)

वे समुच्चय जिनमें केवल एक अवयव होता है, एकल समुच्चय कहलाते हैं।

जैसे–
$$A = \{x : x \in \text{N तथा } 3 < x < 5\}$$

परिमित समुच्चय (Finite set)

यदि किसी समुच्चय में अवयवों की संख्या परिमित हो, तो उसे परिमित समुच्चय कहते हैं।

समुच्चय $= \{1, 4, 16, 64\}$ एक परिमित समुच्चय है, क्योंकि इसमें केवल चार अवयव हैं।

अनन्त समुच्चय (Infinite set)

यदि किसी समुच्चय में अवयवों की संख्या अनन्त हो, तो वह अनन्त समुच्चय कहलाता है। समुच्चय $\{1, 3, 9, 27, 81, ...\}$ एक अनन्त समुच्चय है।

समतुल्य समुच्चय (Equivalent set)

यदि दो परिमित समुच्चय A व B की कार्डिनल संख्या समान है अर्थात् $n(A) = n(B)$ हैं, तो दोनों समुच्चय समतुल्य समुच्चय होंगे।

उपसमुच्चय (Subset)

माना A व B दो समुच्चय हैं। यदि समुच्चय A का प्रत्येक अवयव, समुच्चय B का अवयव हो, तो सपुच्चय A को समुच्चय B का उपसमुच्चय (Subset) कहते हैं तथा इसे $A \subseteq B$ से निरूपित करते हैं और "A, B का उपसमुच्चय है" पढ़ते हैं।

यदि x, समुच्चय A का अवयव हो तथा $A \subseteq B$ है, तब
$$x \in A \Rightarrow x \in B$$

यदि A, B का उपसमुच्चय नहीं है, तो '$A \subseteq B$' लिखते हैं तथा 'A, B का उपसमुच्चय नहीं है' पढ़ते हैं।

उचित उपसमुच्चय (Proper set)

समुच्चय A को समुच्चय B का उचित उपसमुच्चय कहते हैं, यदि समुच्चय A का प्रत्येक अवयव समुच्चय B में हो, परन्तु समुच्चय B में कम से कम एक अवयव ऐसा हो, जो A का अवयव ना हो।

अधिसमुच्चय (Superset)

यदि समुच्चय A, समुच्चय B का उपसमुच्चय हो, तो समुच्चय B को समुच्चय A का अधिसमुच्चय कहते हैं। इसे '$B \supseteq A$' से निरूपित करते हैं।

घात समुच्चय (Power set)

माना A एक समुच्चय है, तब A के सभी उपसमुच्चंयों के संग्रह को A का घात समुच्चय कहते हैं। इसे $P(A)$ से निरूपित करते हैं।
$$P(A) = \{x : x \subseteq A\}$$

संख्याओं के कुछ महत्त्वपूर्ण समुच्चय

1. धन पूर्णांकों के समुच्चय को प्रतीक I^+ से निरूपित करते हैं, अर्थात्
$$I^+ = \{1, 2, 3, 4, 5, ...\}.$$
2. ऋण पूर्णांकों के समुच्चय को प्रतीक I^- से निरूपित करते हैं, अर्थात्
$$I^- = \{-1, -2, -3, -4, -5, ...\}.$$
3. पूर्णांकों के समुच्चय को प्रतीक I तथा Z से निरूपित करते हैं, अर्थात्
I या $Z = \{..... -5, -4, -3, -2, -1, 0, 1, 2, 3, 4, 5, ...\}.$
4. परिमेय संख्याओं के समुच्चय को प्रतीक Q से निरूपित करते हैं
$$Q = \{x : x = p/q, p, q \in I, \text{परन्तु}, q \neq 0\}.$$
5. वास्तविक संख्याओं (पूर्णांक, परिमेय, अपरिमेय) के समुच्चय को R से निरूपित करते हैं, अर्थात्
$$R = \{x : x \text{ एक वास्तविक संख्या है}\}$$
6. अधिकल्पित संख्याओं के समुच्चय को C से निरूपित करते हैं, अर्थात्
$C = \{x : x = a + ib, a \in R, b \in R\}$; $i^2 = -1$
उपरोक्त सभी समुच्चयों के लिये,
$$I^+ \subset I \subset Q \subset R \subset C$$
$$I^- \subset I \subset Q \subset R \subset C$$

समष्टीय समुच्चय (Universal Set)

कभी-कभी ऐसा होता है, कि सभी विचाराधीन समुच्चय किसी एक ही समुच्चय U के उपसमुच्चय होते हैं। उस अवस्था में समुच्चय U को समष्टीय समुच्चय कहते हैं।

यदि $A = \{a\}, B = \{a, b, c\}, C = \{x, y, z\}, D = \{p, q, r, s\}$ तो अंग्रेजी वर्णमाला के अक्षरों का समुच्चय इन सबका समष्टीय समुच्चय हो सकता है।

असंयुक्त (विसंघीत) समुच्चय (Disjoint Sets)

यदि A और B दो समुच्चयों का एक भी अवयव उभयनिष्ठ न हो, तो A और B असंयुक्त समुच्चय कहलाते हैं।

यदि $A = \{1, 3\}$ और $B = \{2, 5\}$ तो A और B असंयुक्त समुच्चय है, क्योंकि कोई भी अवयव उभयनिष्ठ नहीं है।

वेग आरेख (Venn Diagram)

भिन्न-भिन्न प्रकार के समुच्चयों व उनकी क्रियाओं का ज्यामितीय निरूपण वेन आरेख कहलाता है। इन्हें चित्रों या आरेखों द्वारा प्रदर्शित करते हैं। समष्टीय समुच्चयों की आयताकार आकृति एवं समष्टीय समुच्चय के उपसमुच्चयों को आकृति के अन्दर वाले क्षेत्र से निरूपित करते हैं तथा उपसमुच्चयों को अन्त: वृत्त से निरूपित करते हैं।

पूरक समुच्चय (Complement Set)

यदि U एक समष्टि समुच्चय है तथा $A \subset U$, तब A के पूरक समुच्चय को A' या $U - A$ से निरूपित करते हैं।
$$A' = U - A = \{x : x \in U \text{ परन्तु } x \notin A\}$$
स्पष्ट है कि यदि $\quad x \in A' \iff x \notin A$

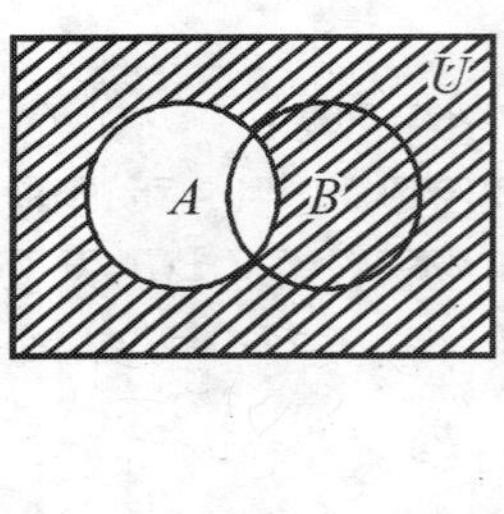

नोट//✍

✍ $\phi = U'$

✍ $\phi' = U$

✍ $(A')' = A$

✍ $A \cup A' = U$

✍ $A \cap A' = \phi$

समुच्चयों पर सक्रियाएँ (Operations on Sets)

1. **समुच्चयों का सम्मिलन (Union of Sets) :** माना A व B दो समुच्चय हैं तब समुच्चयों A व B के सम्मिलन को $A \cup B$ से निरूपित करते हैं तथा इसमें वे सभी अवयव होते हैं जो या तो A में या B में या दोनों A व B में हो।
$$A \cup B = \{x : x \in A \text{ या } x \in B\}$$
$x \in A \cup B$
$x \in A$ या $x \in B$
$x \notin A \cup B$

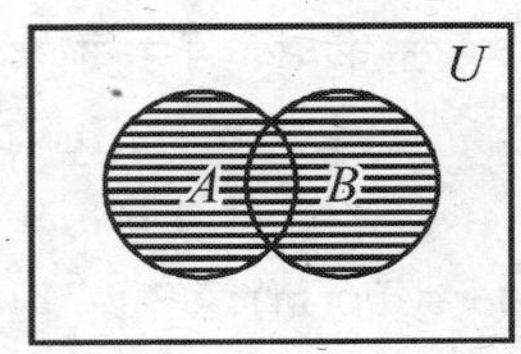

$A \cup B$

$x \notin A$ तथा $x \notin B$

2. **समुच्चयों का प्रतिच्छेदन (Intersection of Sets) :** यदि A व B दो समुच्चय हैं, तो समुच्चयों A व B के प्रतिच्छेदन को $A \cap B$ से निरूपित करते हैं तथा $A \cap B$ में वे अवयव होते हैं, जो A व B दोनों में होते हैं।
$$A \cap B = \{x : x \in A \text{ तथा } x \in B\}$$
स्पष्ट है, कि यदि $\quad x \in A \cap B$
$x \in A$ तथा $x \in B$

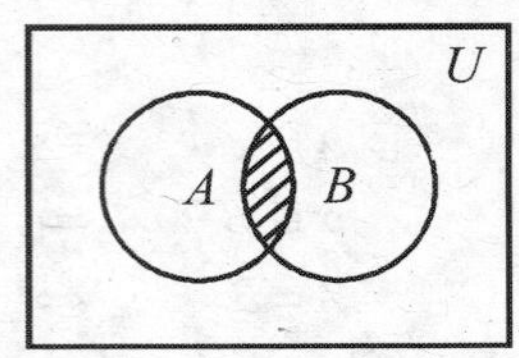

$A \cap B$

3. **समुच्चयों का अन्तर (Difference of Sets) :**
$$A - B = \{x : x \in A \text{ परन्तु } x \notin B\}$$
$$B - A = \{x : x \in B \text{ परन्तु } x \notin A\}$$

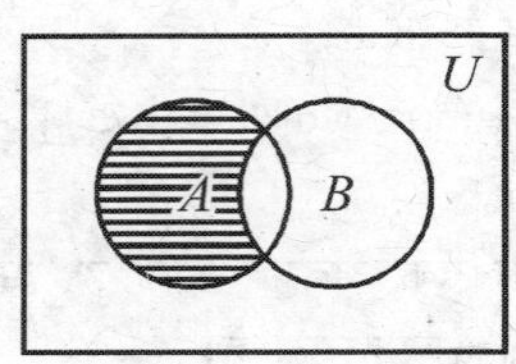

$A - B$

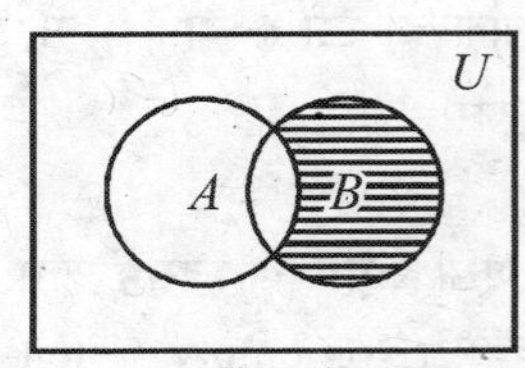

$B - A$

4. समुच्चयों का सममित अन्तर (Symmetric Difference of Sets): यदि A व B दो समुच्चय हैं, तब समुच्चय $(A-B)\bigcup(B-A)$ को समुच्चय A व B का सममित अन्तर कहते हैं तथा इसे $A\,\Delta\, B$ से निरूपित करते हैं।

समुच्चयों के बीजगणित के नियम (Laws of Algebra of Sets)

यदि A, B व C तीन समुच्चय है, तब–

1. क्रमविनिमेय नियम (Commutative Laws)
(a) $A\cup B=B\cup A$
(b) $A\cap B=B\cap A$

2. वितरण नियम (Distributive Laws)
(a) $A\cup(B\cap C)=(A\cup B)\cap(A\cup C)$
(b) $A\cap(B\cup C)=(A\cap B)\cup(A\cap C)$

3. साहचर्य नियम (Associative Laws)
(a) $(A\cup B)\cup C=A\cup(B\cup C)$
(b) $A\cap(B\cap C)=(A\cap B)\cap C$

4. वर्गसम नियम (Idempotent Laws)
(a) $A\cup A=A$
(b) $A\cap A=A$

5. तत्समक नियम (Identity Laws)
(a) $A\cup\phi=A$
(b) $A\cap U=A$

6. डी-मार्गन के नियम (De-morgan's Laws)
(a) $(A\cup B)'=A'\cap B'$
(b) $(A\cap B)'=A'\cup B'$

7. (a) $A-(B\cup C)=(A-B)\cup(A-C)$
(b) $A-(B\cap C)=(A-B)\cap(A-C)$
(c) $A\cap(B-C)=(A\cap B)-(A\cap C)$
(d) $A\cap(B\,\Delta\, C)=(A\cap B)\,\Delta\,(A\cap C)$

8. (a) $A-B=A\cap B'$
(b) $B-A=B\cap A'$
(c) $A-B=A\Leftrightarrow A\cap B=\phi$
(d) $(A-B)\cup B=A\cup B$
(e) $(A-B)\cap B=\phi$
(f) $(A-B)\cup(B-A)=(A\cup B)-(A\cap B)$

महत्त्वपूर्ण नियम (Important Rule)

1. $n(A\cup B)=n(A)+n(B)-n(A\cap B)$
2. $n(A\cup B)=n(A)+n(B)$, यदि $A\cap B=\phi$
3. $n(A-B)=n(A)-n(A\cap B)$
4. $n(A\,\Delta\, B)=n(A-B)+n(B-A)$
$=n(A)+n(B)-2n(A\cap B)$
5. $n(A\cup B\cup C)=n(A)+n(B)+n(C)-n(A\cap B)$
$-n(B\cap C)-n(A\cap C)+n(A\cap B\cap C)$
6. $n(A'\cup B')=n(U)-n(A\cap B)$
7. $n(A'\cap B')=n(U)-n(A\cup B)$

क्रमित युग्म (Ordered Pair)

विशिष्ट क्रम में व्यवस्थित दो अवयव a व b क्रमित युग्म बनाते हैं। क्रमित युग्म (a, b) में 'a' को प्रथम अवयव तथा 'b' को द्वितीय अवयव कहते हैं।

परिभाषा से पूर्णत: स्पष्ट है, कि–
(i) $(a, b)\neq(b, a)$
(ii) $(a, b)=(c, d)$ यदि और केवल यदि $a=c$ तथा $b=d$

समुच्चयों का कार्तीय गुणनफल (Cartesian Product of Sets)

यदि A और B कोई दो समुच्चय हैं और $a\in A, b\in B$ तो सभी सम्भव क्रमित युग्मों (a, b) से बने समुच्चय को A और B का कार्तीय गुणनफल कहते हैं। इसे $A\times B$ के रूप में लिखा जाता है और इसे पढ़ते है 'A क्रास B'।

इस समुच्चय को नियम रूप से इस प्रकार लिखते हैं–

दूसरे शब्दों में, $A\times B$ उन सभी क्रमित-युग्मों का समुच्चय होता है जिसके पहले अवयव A के अवयव हैं और दूसरे अवयव B के अवयव हैं।

उदाहरण– यदि $\mathrm{A}=\{1, 2\}, \mathrm{B}=\{3, 4, 5\}$, तो $A\times B$ और $B\times A$ ज्ञात करों।

इस प्रकार,
$A\times B=\{(1, 3), (1, 4), (1, 5), (2, 3), (2, 4), (2, 5)\}$

कार्तीय गुणन से सम्बन्धित तथ्य (Facts Related to Cartesian Product)

यदि A, B व C तीन अरिक्त समुच्चय है, तब–

1. $A\times(B\cap C)=(A\times B)\cap(A\times C)$
2. $A\times(B\cup C)=(A\times B)\cup(A\times C)$
3. $(A\times B)\cap(C\times D)=(A\cap C)\times(B\cap D)$
4. $A\times(B-C)=(A\times B)-(A\times C)$
5. $A\times B=B\times A\Leftrightarrow A=B$
6. यदि $A\subseteq B\Rightarrow A\times C\subseteq B\times C$
7. $A\subseteq B$ तथा $C\subseteq D\Rightarrow A\times C\subseteq B\times D$
8. यदि $A\subseteq B\Rightarrow A\times B\subseteq(A\times B)\cap(B\times A)$
9. $A\times(B'\cup C')'=(A\times B)\cap(A\times C)$
10. $A\times(B'\cap C')'=(A\times B)\cup(A\times C)$
11. यदि A व B में n अवयव उभयनिष्ठ है, तब $A\times B$ व $B\times A$ में n^2 अवयव उभयनिष्ठ होंगे।

एक से अधिक समुच्चयों का कार्तीय गुणन

यदि $A_1, A_2, A_3, \ldots, A_n$ समुच्चय हैं, तो समुच्चयों का कार्तीय गुणनफल एक समुच्चय है जिसके अवयव n-युग्म (n-tuples) $(a_1, a_2, a_3, \ldots, a_n)$ हैं।

अर्थात् $A_1\times A_2\times A_3\times\ldots\times A_n=\{(a_1, a_2, a_3, \ldots, a_n)\,;\, a_1\in A_1, a_2\in A_2, \ldots, a_n\in A_n\}$

सम्बन्ध (Relation)

माना A व B दो अरिक्त समुच्चय हैं, तब A से B में सम्बन्ध R, $A\times B$ का एक उपसमुच्चय है।

अत: यदि R, A से B में एक सम्बन्ध है, तो $R \subseteq A \times B$

यदि $(a, b) \in R$ है, तो इसे $a R b$ लिखते हैं तथा 'a का सम्बन्ध b से है' पढ़ते हैं। यदि $(a, b) \notin R$ हो, तो $a R b$ लिखते हैं तथा 'a का सम्बन्ध b से नहीं है' पढ़ते हैं।

सम्बन्धों के प्रकार (Types of Relations)

1. **रिक्त सम्बन्ध (Void Relation) :** माना A एक समुच्चय है तथा $\phi \subseteq A \times A$, इसलिए यह A पर एक सम्बन्ध है। यह सम्बन्ध रिक्त सम्बन्ध कहलाता है।
2. **समष्टि सम्बन्ध (Universal Relation) :** माना A एक समुच्चय है तथा $A \times A \subseteq A \times A$, इसलिए यह A पर एक सम्बन्ध है। यह सम्बन्ध A पर समष्टि सम्बन्ध कहलाता है।
3. **तत्समक सम्बन्ध (Identity Relation) :** माना A एक समुच्चय है तब I_A को A पर इकाई सम्बन्ध कहते हैं।

$$I_A = \{(a, a) : a \in A\}$$

सम्बन्ध का डोमेन (Domain) और परिसर (Range)

1. **डोमेन (Domain) :** मान लीजिये R समुच्चय A से समुच्चय B में एक सम्बन्ध है अर्थात् $R \subseteq A \times B$ तो R के क्रमित युग्मों के सभी प्रथम अवयवों (First elements of the ordered pairs) का समुच्चय डोमेन या Dom (R) कहलाता है, अर्थात् Dom $(R) = \{x : x \in A$ तथा $(x, y) \in R\}$।
2. **परिसर (Range) :** R के क्रमित युग्मों के सभी द्वितीय अवयवों (Secondary elements of the ordered pairs) का समुच्चय परिसर या Range (R) कहलाता है अर्थात् Range $(R) = \{y : y \in B$ तथा $(x, y) \in R\}$।

सम्बन्ध के विभिन्न प्रकार (Various Types of Relations)

मान लीजिये R, A से B में एक सम्बन्ध है जहाँ $R = \{x, Y) : x \in A, y \in B\}$ तो सम्बन्ध R का प्रतिलोम सम्बन्ध वह समुच्चय है जो R के प्रत्येक क्रमित युग्म के अवयवों को परस्पर बदल देने से प्राप्त होता है। इसे R^{-1} से निरूपित किया जाता है।

$R^{-1} = \{(y, x) : y \in B, x \in A$ तथा $(x, y) \in R\}$

इस प्रकार $(x, y) \in R \Leftrightarrow (y, x) \in R^{-1}$

स्पष्ट है, कि परिसर $R^{-1} =$ डोमेन R

और डोमेन $R^{-1} =$ परिसर R.

उदाहरण– माना लो $A = \{x, y, z\}$ तथा $B = \{1, 2, 3\}$

और $R = \{(x, 2), (y, 3), (z, 1), (z, 2)\}$ हो, तो

$R^{-1} = \{(2, x), (3, y), (1, z), (2, z)\}$

1. **सममित सम्बन्ध (Symmetric Relation) :** जो सम्बन्ध x और y में है यदि वहीं y और x में हो, अर्थात् x और y के स्थान बदले जा सकें तो सममित सम्बन्ध कहलाता है।

   दूसरे शब्दों में, यदि $x, y \in A$ और यदि $xRy \Rightarrow yRx$ अर्थात् $(x, y) \in R \Rightarrow (y, x) \in R$ तो सममित सम्बन्ध होता है।

   उदाहरण– समतल में स्थित रेखाओं में सम्बन्ध **'लम्ब'** सममित है, क्योंकि यदि रेखा x, y पर लम्ब है, तो y, x पर लम्ब है।
2. **स्वतुल्य सम्बन्ध (Reflexive Relation) :** समुच्चय A पर सम्बन्ध R इस प्रकार हो, कि A का प्रत्येक अवयव स्वयं से R द्वारा सम्बन्धित हो, तो **स्वतुल्य सम्बन्ध** कहलाता है।

   अर्थात् सभी $x \in A$ के लिए xRx.

   उदाहरण– सम्बन्ध रेखा x, y के समान्तर है, स्वतुल्य है, क्योंकि रेखा x स्वयं के भी समान्तर होगी।
3. **संक्रमक सम्बन्ध (Transitive Relation) :** यदि जो सम्बन्ध x और y में है और वही y और z में हो तथा वही x और z में हो जाये, तो यह **संक्रमक सम्बन्ध** कहलाता है।

   दूसरे शब्दों में, समुच्चय A पर सम्बन्ध R संक्रमक कहलाता है, यदि xRy और $yRz \Rightarrow xRy, x, y, z \in A$.

   उदाहरण– यदि $x = y, y = z$, तो $x = z$, अत: संक्रमक सम्बन्ध है।
4. **प्रतिसममित सम्बन्ध (Antisymmetric Relation) :** यदि $x, y \in A$ तथा A पर परिभाषित सम्बन्ध R इस प्रकार हो, कि xRy और $yRx \Rightarrow x = y$ (अर्थात् x, y में सम्बन्ध और y, x में सम्बन्ध तभी सत्य है जबकि $x = y$), तो यह प्रतिसमिमित सम्बन्ध कहलाता है।

   दूसरे शब्दों में, यदि $(a, b) \in R$ और $(b, a) \in R \Rightarrow a = b$ तो प्रतिसममित सम्बन्ध होता है।

   उदाहरण– धनपूर्णांक में सम्बन्ध 'x विभाजित करता है y को' प्रतिसममित सम्बन्ध है, क्योंकि x विभाजित करता है y को, और y विभाजित करता है x को' तभी सत्य है, जबकि $x = y$.

तुल्यता सम्बन्ध (Equivalence Relation)

वह सम्बन्ध जो सममित, स्वतुल्य और संक्रमक हो तुल्यता सम्बन्ध कहलाता है। अर्थात् समुच्चय A में–

(i) $xRy \Rightarrow yRx, x, y \in A$,

(ii) xRx, सभी $x \in A$,के लिए,

(iii) xRy, और $yRz \Rightarrow xRz, x, y, z \in A$

सम्बन्धों का संयोजन (Composition Relation)

यदि समुच्चय A से B तथा B से C पर क्रमश: सम्बन्ध R व S हो, तब A से C पर सम्बन्ध S व R होगा जो निम्न प्रकार से परिभाषित है–

$(a, c) \in S$ व $R \Leftrightarrow \exists\, b \in B$ s.t. $(a, b) \in R$ तथा $(b, c) \in S$ यह सम्बन्ध R व S का संयोजन कहलाता है।

फलन (Function)

माना A व B दो अरिक्त समुच्चय हैं, तब $A \times B$ का उपसमुच्चय f, A से B में फलन कहलाता है। यदि और केवल यदि प्रत्येक $a \in A$ के लिए B में एक अद्वितीय अवयव $b \in B$ इस प्रकार हो, कि

$$(a, b) \in f$$

फलन को प्रतिचित्रण (Mapping), रूपान्तरण (Transformations), प्रचालक (Operators) भी कहते हैं।

$f : A \to B$ या $A \xrightarrow{f} B$ द्वारा फलन या प्रतिचित्रण को निरूपित करते हैं

फलन के प्रान्त, परास व सहप्रान्त (Domain, Range and Co-domain of Function)

माना $f : A \to B$ है, तब A को f का प्रान्त कहते हैं, जबकि B को f का सह-प्रान्त कहते हैं।

समुच्चय $f(A)=\{f(x): x\in A\}$ को f की परास कहते हैं।

फलन का प्रतिलोम (Inverse of a Function)

यदि $f: A\to B$ एक एकैकी व आच्छादक प्रतिचित्रण है तथा माना $b\in B$, तब A में एक अवयव a इस प्रकार होगा कि $f(a)=b$, तब

$$f^{-1}: B\to A: f^{-1}(b)=a \Leftrightarrow f(a)=b$$

फलन f^{-1} को f का प्रतिलोम फलन कहते हैं।

दो फलनों का संयोजन (Composition of Two Functions)

माना $f: A\to B$ तथा $g: B\to C$ दो फलन है, तब फलन gof: $A\to C$ इस प्रकार परिभाषित है, कि–

$$(gof)(x)=g[f(x)]\ \forall\ x\in A$$

तब फलन gof को दो फलनों का संयोजन कहते हैं।

कुछ महत्त्वपूर्ण तथ्य

1. अवयवों की पुनरावृत्ति से समुच्चय पर कोई प्रभाव नहीं पड़ता है अर्थात् $\{1, 2, 3\}$ व $\{1, 2, 2, 3\}$ दोनों ही समान समुच्चय हैं।
2. किसी भी समुच्चय को लिखते समय अवयवों के क्रम का ध्यान नहीं रखा जाता है। जैसे– $\{a, e, i, o, u\}$ व $\{e, i, o, u, a\}$ दोनों ही समान समुच्चय को निरूपित करते हैं।
3. रिक्त समुच्चय ϕ एक अद्वितीय (unique) समुच्चय हैं।
4. रिक्त समुच्चय प्रत्येक समुच्चय का उपसमुच्चय होता है।
5. प्रत्येक समुच्चय स्वयं का उपसमुच्चय होता है।
6. n अवयव वाले समुच्चय में उपसमुच्चयों की संख्या 2^n होती है।
7. n अवयवों में से γ अवयव लेकर n_{c_γ} उपसमुच्चय बनेंगे।
8. n-अवयवों में से n अवयव लेकर ${}^nC_n$ उपसमुच्चय बनेंगे। इसके अतिरिक्त रिक्त समुच्चय भी एक उपसमुच्चय है।
   समस्त उपसमुच्चयों की संख्या
   $= \text{रिक्त समुच्चय} + {}^nC_1 + {}^nC_2 + {}^nC_3 + \ldots + {}^nC_n$
   $= 1 + {}^nC_1 + {}^nC_2 + {}^nC_3 + \ldots + \ldots + {}^nC_n$
   $= {}^nC_0 + {}^nC_1 + {}^nC_2 + {}^nC_3 + \ldots + \ldots + {}^nC_n$
   $= (1+1)^n = 2^n.$
9. यदि A एक n अवयव वाला परिमित समुच्चय है, तो $P(A)$ में अवयवों की संख्या 2^n होगी।
10. घात समुच्चय का प्रत्येक अवयव स्वयं एक समुच्चय होता है।
11. दिए गए समुच्चय का घात समुच्चय सदैव अरिक्त होता है।
12. यदि समुच्चय A पर R एक समतुल्य सम्बन्ध है, तब R^{-1} भी समतुल्य सम्बन्ध होगा अर्थात् समतुल्य का प्रतिलोम भी समतुल्य सम्बन्ध होगा।
13. किसी समुच्चय पर समतुल्य सम्बन्धों का सम्मिलन आवश्यक रूप से समतुल्य सम्बन्ध नहीं होता है।
14. समुच्चय A पर स्वतुल्य सम्बन्ध आवश्यक रूप से सममित नहीं होता है।
15. समुच्चय A पर सम्बन्ध R सममित नहीं होगा यदि A में कम से कम दो अवयव a व b इस प्रकार हो, कि $(a, b)\in R$ परन्तु $(b, a)\in R$.
16. दो समतुल्य सम्बन्धों का प्रतिच्छेदन भी समतुल्य सम्बन्ध होता है।
17. यदि A व B में क्रमशः m व n अवयव हो, तब A से B में एकैकी फलन की संख्या $= \begin{cases} {}^nP_m, \text{ यदि } n\geq m \\ 0, \text{ यदि } n<m \end{cases}$
18. n अवयवों वाले समुच्चयों के उचित उपसमुच्चयों की संख्या 2^n-1 होती है।
19. यदि A तथा B दो अरिक्त समुच्चय है जिनमें m व n अवयव है, तब–
    (i) $A\times B$ में अवयवों की संख्या $= mn$
    (ii) A से B में सम्बन्धों की संख्या $= 2^{mn}$
    (iii) A से B में फलनों की संख्या $= n^m$
    (iv) A से B में एकैकी फलनों की संख्या $= \begin{cases} {}^nP_m, \text{ यदि } m\leq n \\ 0, \text{ यदि } m>n \end{cases}$
    (v) A से B में आच्छादक फलनों की संख्या
    $$= \begin{cases} 0 & \text{यदि } m<n \\ \sum_{r=1}^{0}(-1)^{n-rn}C_r r^m & \text{यदि } m\geq n \end{cases}$$
    (vi) A से B में एकैकी आच्छादक फलनों की संख्या
    $$= \begin{cases} n!, & \text{यदि } m=n \\ 0, & \text{यदि } m\neq n \end{cases}$$
20. दो सम्बन्धों R व S के लिए संयोजित सम्बन्ध RoS तथा SoR रिक्त सम्बन्ध हो सकते हैं।
21. अरिक्त समुच्चय पर इकाई सम्बन्ध प्रतिसममित (Antisymmetric) होता है।
22. $\{a, b\}$ तथा $\{b, a\}$ दो समान समुच्चय हैं, परन्तु (a, b) तथा (b, a) दो समान क्रमित युग्म नहीं है।
23. अरिक्त समुच्चय पर समष्टि सम्बन्ध तथा इकाई सम्बन्ध सदैव स्वतुल्य, सममित तथा संक्रामक होते हैं।
24. समुच्चय A से समुच्चय B में कुल सम्बन्धों की संख्या $2^{n(A)n(B)}$ होती है।
25. माना A व B दो अरिक्त परिमित समुच्चय है तथा $f: A\to B$ एक फलन है यदि यह फलन–
    (a) एकैकी होगा, तब $n(A)\leq n(B)$
    (b) आच्छादक होगा, तब $n(A)\geq n(B)$
    (c) एकैकी आच्छादक होगा, तब $n(A)=n(B)$
26. $n(\geq 2)$ अवयवों वाले परिमित समुच्चय से 2 अवयव वाले आच्छाक फलनों की संख्या $= 2^n-2$
27. यदि f एक फलन है, तब Dom (f) = Range (f^{-1}) तथा Range (f) = Dom (f^{-1})
28. दो समफलनों का गुणनफल सम फलन तथा सम व विषम फलनों का गुणनफल विषम फलन होता है।
29. यदि A एक अरिक्त समुच्चय है जिसमें n अवयव है, तब
    (a) $A\times A$ में अवयवों की संख्या $= n^2$

(b) A से A में सम्बन्धों की संख्या $= 2^{n^2}$

(c) A से A में फलनों की संख्या $= n^n$

(d) A से A में एकैकी फलनों की संख्या $= n!$

(d) A से A में आच्छादक फलनों की संख्या

$$= \sum_{r=1}^{n} (-1)^{n-r}\ {}^nC_r r^n$$

(e) A से A में एकैकी आच्छादक फलनों की संख्या $= n!$

30. दो फलनों का संयोजन क्रम विनिमेय नहीं होता है, अर्थात्

$$fog \neq gof$$

31. माना f, g, h तीन फलन इस प्रकार है, कि $(for)\, oh$ व $fo\,(goh)$ का अस्तित्व है, तब $(fog)\, oh = fo\,(goh)$

32. फलन का प्रतिलोम फलन तभी ज्ञात किया जा सकता है। जब फलन एकैकी व आच्छादक हो।

$$f^{-1}(B) \subseteq A$$

33. दो एकैकी आच्छादक फलनों का संयोजन भी एकैकी आच्छादक फलन होता है।

वस्तुनिष्ठ प्रश्न

1. एक समुच्चय में n अवयव हैं। घात समुच्चय (Power set) में होंगे?

(a) n अवयव (b) 2^n अवयव
(c) n^2 अवयव (d) इनमें से कोई नहीं

2. $A = \{1, 2, ... n\}, n \geq 2$, से $B = \{a, b\}$ में आच्छादक प्रतिचित्रिणों की संख्या है।

(a) ${}^nP_2$ (b) $2^n - 2$
(c) $2^n - 1$ (d) इनमें से कोई नहीं

3. दिया है $f(x) = \log\left(\frac{1+x}{1-x}\right), g(x) = \frac{3x+x^3}{1+3x^2}$, तो $fog\,(x)$ बराबर है–

(a) $-f(x)$ (b) $3f(x)$
(c) $[f(x)]^3$ (d) इनमें से कोई नहीं

4. मान लो f एक एकैकी प्रतिचित्रण है। जिसका डोमेन $\{x, y, z\}$ तथा परिसर $\{1, 2, 3\}$ इस प्रकार हैं कि निम्न में से केवल एक ही कथन सही है और शेष गलत हैं:

$f(x) = 1, f(y) \neq 1, f(z) \neq 2$, तो $f^{-1}(1)$ का मान है।

(a) x (b) y
(c) z (d) इनमें से कोई नहीं

5. समुच्चय A में 3 अवयव तथा B में 4 अवयव हैं उन एकैकी प्रतिचित्रणों की संख्या जो A से B में परिभाषित किये जा सकते हैं।

(a) 144 (b) 12
(c) 24 (d) 64

6. माना $R = \{(1, 3), (4, 2), (2, 4), (2, 3), (3, 1)\}$ समुच्चय $A = \{1, 2, 3, 4\}$ पर एक सम्बन्ध है, तब R होगी?

(a) फलन (b) सक्रमक
(c) सममित नहीं (d) स्वतुल्य

7. माना $R = \{(3, 3), (6, 6), (9, 9), (12, 12), (6, 12), (3, 9), (3, 12), (3, 6)\}$ समुच्चय $A = \{3, 6, 9, 12\}$ पर सम्बन्ध है, यह सम्बन्ध होगा?

(a) स्वतुल्य और संक्रमक केवल
(b) केवल स्वतुल्य
(c) एक तुल्यता
(d) केवल स्वतुल्य और सममित

8. W अंग्रेजी के शब्दों का समुच्चय है। एक सम्बन्ध R, R से परिभाषित है। $R \times R = \{(x, y) \in W \times W$ शब्द x तथा y में कम से कम एक अक्षर उभयनिष्ट होगा$\}$ तब R होगा–

(a) सममित, संक्रमक परन्तु स्वतुल्य नहीं
(b) स्वतुल्य, संक्रमक परन्तु सममित नहीं
(c) स्वतुल्य, सममित परन्तु संक्रमक नहीं
(d) एक तुल्यता सम्बन्ध

9. समुच्चय $S = \{1, 2, 3, ..., 12\}$ को समान साइज A, B, C में बाँटा गया है। $A \cup B \cup C = S, A \cap B = B \cap C = A \cap C = \phi$. S को बाँटने के तरीके होंगे?

(a) $\frac{12!}{3!(3!)^4}$ (b) $\frac{12!}{(4!)^3}$
(c) $\frac{12!}{(3!)^4}$ (d) $\frac{12!}{3!(4!)^3}$

निर्देश: नीचे दिये गये कथनों के लिए सही विकल्प चुनिए–

(a) कथन-1 सत्य है, कथन-2 असत्य है
(b) कथन-1 असत्य है, कथन-2 सत्य है
(c) कथन-1 तथा कथन-2 सत्य है, कथन-2, कथन-1 की सही व्याख्या करता है
(d) कथन-1 तथा कथन-2 सत्य है, कथन-2, कथन-1 की सही व्याख्या नहीं करता है

10. **कथन-1 :** प्रत्येक प्राकृतिक संख्या $n \geq 2$ के लिये–

$$\frac{1}{\sqrt{1}} + \frac{1}{\sqrt{2}} + ... + \frac{1}{\sqrt{n}} > \sqrt{n}$$

कथन-2 : प्रत्येक प्राकृतिक संख्या $n \geq 2$ के लिये–

$$\sqrt{n(n+1)} < n+1$$

11. माना $f: N \to Y$ एक फलन है, जोकि इस प्रकार परिभाषित है, $f(x) = 4x+3$, जहाँ $Y = \{y \in N: y = 4x+3$ कुछ $x \in N$ के लिए$\}$ दिखाइये, कि f उल्टा है और इसका प्रतिलोम है–

(a) $g(y) = \dfrac{3y+4}{3}$ (b) $g(y) = 4 + \dfrac{y+3}{4}$

(c) $g(y) = \dfrac{y+3}{4}$ (d) $g(y) = \dfrac{y-3}{4}$

12. माना R एक वास्तविक रेखा है, तब $R \times R$ के निम्न उपसमुच्चयों की कल्पना कीजिए–

$S = \{(x, y) : y = x + 1$ तथा $0 < x < 2\}$

$T = \{(x, y) : x - y$ एक पूर्णांक है$\}$

तब निम्न में से कौन-सा कथन सही होगा?

(a) R पर, T समतुल्य सम्बन्ध है परन्तु S नहीं है

(b) R पर, न S और न ही T समतुल्य सम्बन्ध नहीं हैं

(c) R पर, S व T दोनों समतुल्य सम्बन्ध हैं

(d) R पर, S समतुल्य सम्बन्ध है परन्तु T नहीं है

13. यदि X और Y कोई दो समुच्चय हों, तो $X \cap (Y \cup X)' =$

(a) ϕ (b) X

(c) Y (d) इनमें से कोई नहीं

14. A और B दो समुच्चय हैं जिनमें क्रमश: 3 और 5 अवयव हैं तथा 2 अवयव उभयनिष्ठ हैं, तो $A \times B$ में अवयवों की संख्या है–

(a) 36 (b) 6

(c) 15 (d) इनमें से कोई नहीं

15. मान लो R, एक परिमित समुच्चय A से दूसरे परिमित समुच्चय B में एक सम्बन्ध है। यदि A और B में क्रमश: m और n अवयव हों, तो A से B में सम्बन्धों की संख्या है–

(a) $2mn$ (b) m^n

(c) 2^{mn} (d) $2^{mn} - 1$

16. मान लो R एक परिमित समुच्चय A पर एक स्वतुल्य सम्बन्ध है। यदि A में n अवयव हैं और R में m क्रमित युग्म हैं, तो–

(a) $m \leq n$ (b) $m \geq n$

(c) $m = n$ (d) इनमें से कोई नहीं

17. दिया है, कि $R = \{(1, 2), (2, 3)\}$ समुच्चय $\{1, 2, 3\}$ पर एक सम्बन्ध है। उन क्रमित युग्मों की संख्या, जिनको R में जोड़ने पर यह एक तुल्यता सम्बन्ध हो जायेगा, है–

(a) 7 (b) 8

(c) 5 (d) 6

18. यदि A और B दो परिमित समुच्चय हैं जिनमें क्रमश: m और n अवयव हैं तो A से B में प्रतिचित्रणों की कुल संख्या है–

(a) m^n (b) n^m

(c) mn (d) 2^{mn}

19. मान लो A एक समुच्चय है जिसमें 10 भिन्न-भिन्न अवयव हैं, तो A से A में विभिन्न प्रतिचित्रणों की कुल संख्या है–

(a) 2^{10} (b) $2^{10} - 1$

(c) 101 (d) 10^{10}

20. यदि $E = \{1, 2, 3, 4\}$ और $F = \{1, 2\}$, तो E से F में आच्छदक फलनों की संख्या अच्छादक है–

(a) 6 (b) 4

(c) 14 (d) 16

उत्तरमाला

1. (a)	2. (a)	3. (a)	4. (a)	5. (a)	6. (c)	7. (a)	8. (c)	9. (d)	10. (c)
11. (d)	12. (a)	13. (a)	14. (c)	15. (c)	16. (b)	17. (a)	18. (b)	19. (d)	20. (c)

संकेत एवं हल

1. (a)

2. (a) $f: A \to B$ जहाँ A में n अवयव तथा B में 2 अवयव है।
A का प्रत्येक अवयव B के 2 अवयवों से सम्बद्ध हो सकता है। अत: कुल $2 \,.\, 2 \,.\, 2 \ldots n$ बार $= 2^n$ प्रतिचित्रण होंगे। परन्तु यदि A का प्रत्येक अवयव B के केवल एक अवयव a से अथवा B के केवल एक अवयव b से सम्बद्ध होता है। तो इन दो दशाओं में प्रतिचित्रण आच्छादक नहीं होगा। अत: आच्छादक प्रतिचित्रणों की संख्या $= 2^n - 2$

3. (a) $$g(x) = \frac{3x + x^3}{1 + 3x^2} = y, \text{ माना} \quad \ldots(i)$$

$$\therefore \quad f[g(x)] = f(y) = \log\left(\frac{1+y}{1-y}\right)$$

$$= \log\left(\frac{1+x}{1-x}\right)^3$$

(i) से y का मान रखने पर,

$$= 3\log\left(\frac{1+x}{1-x}\right) = 3f(x)$$

4. (a) ध्यन दें कि f एकैक (injective) है।

I. माना $f(x) = 1$ सत्य है, तो अन्य दो गलत होंगे।
$\therefore$ $f(y) = 1, f(z) = 2$ यह सम्भव नहीं है, क्योंकि प्रश्नानुसार प्रतिचित्रण एकैकी है जबकि इस दशा में यह बहु–एक हो जाता है।

II. यदि $f(y) \neq 1$ सत्य है, तो अन्य दो गलत होंगे।
$\therefore$ $f(x) = 2$ या $3, f(y) = 2$ या 3
$f(z) = 2$
यह भी एकैकी की परिभाषा का विरोध करता है।

III. अब माना $f(z) \neq 2$ सत्य है, तो अन्य दो गलत होंगे।
$\therefore$ $f(x) = 2$ या $3, f(y) = 1, f(z) = 1$ या 3
$\therefore$ $f(z) = 3$ केवल $\quad [\because f(y) = 1]$
अत: $f(x) = 2$ केवल, एकैकी की परिभाषा को ध्यान में रखते हुए चूँकि $f(y) = 1$ अत: $f^{-1}(1) = y$.

5. (a) A में 3 अवयव हैं और B में 4 हैं। एकैकी प्रतिचित्रपण के लिए A का प्रथम अवयव B के 4 अवयवों में से किसी एक से, दूसरा अवयव B के 3 में से एक से तथा तीसरा अवयव B के 2 में से एक से सम्बद्ध हो कसता है।
$\therefore \quad 4 \,.\, 3 \,.\, 2 = 24$
संक्षेप में, ${}^4P_3$.

6. (c) माना, $R = \{(1, 3), (4, 2), (2, 4), (2, 3), (3, 1)\}$ समुच्चय
तथा $A = \{1, 2, 3, 4\}$ पर सम्बन्ध है, तब,

(i) चूँकि $(2, 4) \in R$ और $(2, 3) \in R$,
इसलिए R फलन नहीं है।

(ii) चूँकि $(1, 3) \in R$ और $(3, 1) \in R$, परन्तु $(1, 1) \in R$,
इसलिए R संक्रमक नहीं है।

(iii) चूँकि $(2, 3) \in R$ परन्तु $(3, 2) \in R$,
इसलिए R सममित नहीं है।

(iv) चूँकि $(4, 4) \in R$, R स्वतुल्य नहीं है।

7. (a) चूँकि, $(3, 3), (6, 6), (9, 9), (12, 12) \in R$
$\Rightarrow R$ स्वतुल्य सम्बन्ध है।
अब $(6, 12) \in R$ परन्तु $(12, 6) \in R$, इसलिए सममित नहीं है।
$(3, 6), (6, 12) \in R$
$\Rightarrow \quad (3, 12) \in R$
$\therefore \quad R$ संक्रमक है।

8. (c) माना $W = \{\text{CAT, TOY, YOU,....}\}$
R एक स्वतुल्य, सममित परन्तु संक्रमक नहीं
चूँकि ${}_{\text{CAT}}R_{\text{TOY}}, {}_{\text{TOY}}R_{\text{YOU}} \Rightarrow {}_{\text{CAT}}R_{\text{YOU}}$

9. (d) तरीकों की संख्या $= {}^{12}C_4 \times {}^8C_4 \times {}^4C_4 = \dfrac{12!}{(4!)^3}$

10. (c) कथन-1 चूँकि $n \geq 2$ के लिए
$$n < n+1 \Rightarrow \sqrt{n(n+1)} < n+1$$
$\therefore$ कथन-2 सत्य है।
$$\sqrt{1} < \sqrt{2} < \sqrt{3} < \ldots\ldots < \sqrt{n}$$
$$\Rightarrow \quad \frac{1}{\sqrt{1}} > \frac{1}{\sqrt{n}}, \frac{1}{\sqrt{2}} > \frac{1}{\sqrt{n}}, \frac{1}{\sqrt{3}} > \frac{1}{\sqrt{n}}, \ldots\ldots$$
$$\Rightarrow \quad \frac{1}{\sqrt{1}} + \frac{1}{\sqrt{2}} + \frac{1}{\sqrt{3}} + \ldots\ldots \frac{1}{\sqrt{n}} > \frac{n}{\sqrt{n}}$$
$= \sqrt{n}, n > 2$ के लिए सत्य है।
$$\Rightarrow \quad \sqrt{n} < \sqrt{n+1} \forall n \geq 2$$
$\therefore$ कथन-1 के लिए कथन-2 सही है।

11. (d) $f(x) = 4x + 3, f: N \to Y$,
$$Y = \{y \in N : y = 4x + 3, x \in N\}$$
$\therefore$ Y, f का परास है।
यह भी साफ है, f एकांकी है, इसलिए f व्युत्क्रमीय है।
$$y = f(x) = 4x + 3 \Rightarrow x = f^{-1}(y) = \frac{y-3}{4}$$
अत: $f^{-1}(y) = g(y) = \dfrac{y-3}{4}$

12. (a) $T = \{(x, y) : x - y$ एक पूर्णांक है$\}$
स्वतुल्य $\quad x - x = 0$ पूर्णांक है।
$\Rightarrow \quad (x, x) \in T \, \forall \, x \in R$
$\therefore$ T स्वतुल्य है।

सममित $(x, y) \in T$

$\Rightarrow$ $x - y =$ पूर्णांक है

$\Rightarrow$ $y - x =$ पूर्णांक है $\Rightarrow$ $(y, x) \in T$

संक्रमक $\therefore$ T सममित है।

$(x, y), (y, z) \in T \Rightarrow x - y, y - z$ पूर्णांक है।

$\Rightarrow$ $x - y + y - z = x - z = x - z$ पूर्णांक है।

$\Rightarrow$ $(x, z) \in T$

$\therefore$ T संक्रमक है।

अत: T एक तुल्यता सम्बन्ध है।

$S = \{x, y) = x + 1 = y\}$ भी

चूँकि $x + 1 \neq x$ $\Rightarrow$ $(x, x) \in S$

S स्वतुल्य नहीं है, तथा इसलिए S तुल्यता सम्बन्ध नहीं है।

13. (a) $X \cap (X' \cap Y') = (X \cap X') \cap Y'$

$= \phi \cap Y' = \phi$

14. (c) $a \times b$ और $b \times a$ दोनों एक-दूसरे से भिन्न हैं।

मान लो $A = \{a, b, c\}$ $B = (a, b, d, e, f)$

15. (c) $A \times B$ में mn क्रमित युग्म (या अवयव) होंगे। $A \times B$ का प्रत्येक उपसमुच्चय एक सम्बन्ध होगा। जिस समुच्चय में mn अवयव हैं उसके उपसमुच्चयों की संख्या 2^{mn} होगी।

16. (b) समुच्चय में n अवयव हैं तथा एक सम्बन्ध को स्वतुल्य होने के लिए उसमें कम से कम n क्रमित युग्म होने चाहिए। इसमें m क्रमित युग्म हैं, अत: $m \geq n$.

17. (a) स्वतुल्य के लिए $(1, 1), (2, 2), (3, 3)$ तीन युग्म जोड़ना होगा।

सममित के लिए $(2, 1), (3, 2)$ दो युग्म जोड़ना होगा।

संक्रमण के लिए $(1, 3), (3, 1)$ दो युग्म जोड़ना होगा।

अत: जोड़े जाने वाले क्रमित युग्मों की न्यूनतम संख्या $= 7$

18. (b) एक अवयव $a \in A$ पर विचार करें। इसे B के n अवयवों में से किसी एक से सम्बन्ध किया जा सकता है अर्थात् इसके n प्रतिबिम्ब हैं। इसी प्रकार A के m अवयवों में से प्रत्येक अवयव, B में n प्रतिबिम्ब रख सकता है।

अत: प्रतिचित्रणों की संख्या $= n \times n \times n \times \ldots m$ बार $= n^m$

19. (d) प्रत्येक अवयव स्वयं अपने से भी सम्बद्ध हो सकता है और शेष अवयवों से भी। इस प्रकार इसके 10 प्रतिबिम्ब हो सकते हैं। इसी प्रकार हम अन्य अवयवों के लिए तर्क कर सकते हैं। अत: A से A में विभिन्न फलनों की कुल संख्या $= 10^{10}$

20. (c) $E \rightarrow F$ में फलनों की संख्या $2^4 = 16$ है। जब E के सभी अवयव 1 से सम्बद्ध होते हैं तो प्रतिचित्रण अन्त:क्षेपी (into) होगा, क्योंकि संख्या 2 असम्बद्ध रह जाता है। इसी प्रकार जब सभी अवयव 2 से सम्बद्ध होते हैं तो संख्या 1 असम्बद्ध रह जाता है। अत: इन दोनों दशाओं में फलन अन्त:क्षेपी होगा। इस प्रकार अच्छादक (onto) फलनों की संख्या $= 16 - 2 = 14$.

फलन 11
(Function)

फलन (Function)

माना A व B दो अरिक्त समुच्चय हैं, तब $A \times B$ का उपसमुच्चय A से B में फलन कहलाता है, यदि और केवल यदि प्रत्येक $a \in A$ के लिए B में एक द्वितीय अवयव $b \in B$ इस प्रकार हो, कि $(a, b) \in f$

फलन को प्रतिचित्रण (Mapping), रूपान्तरण (Transformations), प्रचालक (Operators) भी कहते हैं।

$f: A \to B$ या $A \xrightarrow{f} B$ द्वारा फलन या प्रतिचित्रण को निरूपित करते हैं।

फलनों का वर्गीकरण (Classification of Function)

1. **अचर फलन (Constant Function) :** $y = f(x) = k$ इस प्रकार का फलन अचर फलन कहलाता हैं। प्रान्त $\in R$ तथा परास $\in K$

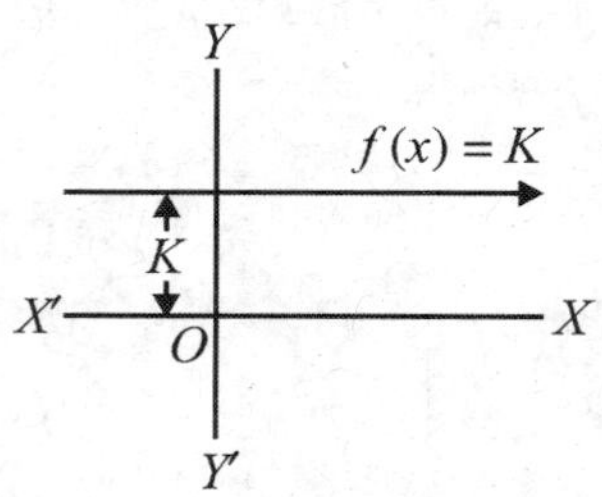

2. **तत्समक फलन (Identity Function) :** फलन $f(x) = x$, को तत्समक फलन कहते हैं। प्रान्त $\in R$ तथा परास $\in R$

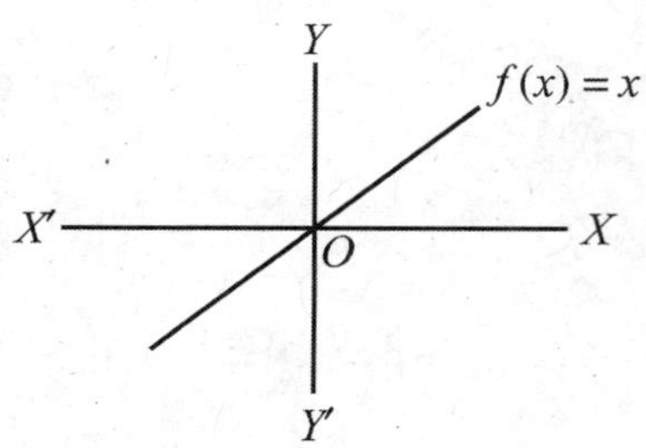

3. **परिमेय फलन (Rational Function) :** फलन $f(x) = \dfrac{P(x)}{Q(x)}$, जहाँ $Q(x) \neq 0$ तथा $P(x)$ व $Q(x)$ बहुपद फलन हैं, को **परिमेय फलन** कहा जाता है।

4. **लघुगणकीय फलन (Logarithmic Function) :** फलन $f(x) = \log_a x, (x, a > 0)$ तथा $a \neq 1$, को **लघुगणकीय फलन** कहते हैं। प्रान्त $\in R^+m$ परास $\in R$

5. **चरघातांकीय फलन (Exponential Function) :** फलन $f(x) = a^n$, $a > 0, a \neq 1, a \in$ अचर, को **चरघातांकीय फलन** कहते हैं। प्रान्त $\in R$, परास $\in]0, \infty[$

6. **मापांक फलन (Modulus Function) :**

$$\text{फलन } f(x) = |x| = \begin{cases} x, & x \geq 0 \\ -x, & x < 0 \end{cases}$$

को मापांक फलन कहते हैं।

नोट//
- $|x + y| \geq ||x| - |y||$
- $|x \pm y| \leq |x| + |y|$
- $|x| \leq a \Rightarrow -a \leq x \leq a \,;\, (a \geq 0)$
- $|x| \geq a \Rightarrow x \leq -a$ या $x \geq a \,;\, (a \geq 0)$

7. **सिग्नम फलन (Signum Function) :**

$$\text{फलन } f(x) = \text{Sgn}\,(x) = \begin{cases} \dfrac{|x|}{x} \text{ या } \dfrac{x}{|x|}, & x \neq 0 \\ 0, & x = 0 \end{cases}$$

$$= \begin{cases} 1, & x > 0 \\ -1, & x < 0 \\ 0, & x = 0 \end{cases}$$

को सिग्नम फलन कहते हैं।

8. **महत्तम पूर्णांक फलन (Greatest Integer Function) :** यदि x फलन $f(x) = [x]$ को महत्तम **पूर्णांक फलन** कहलाते है।

9. **महत्तम पूर्णांक फलन के (Properties of Greatest Integer Function) :**
   (a) $[x + I] = [x] + I$, यदि I एक पूर्णांक है।
   (b) $[x + y] \geq [x] + [y]$
   (c) यदि $[x] > n \Rightarrow x \geq n + 1, n \in I$
   (d) $[x + y] = [x] + [y - x + [x]] \;\forall\, x, y \in R$
   (e) यदि $[x] < n \Rightarrow x < n, n \in I$
   (f) $[-x] = \begin{cases} -[x], & \text{यदि } x \in I \\ -[x] - 1, & \text{यदि } x \notin I \end{cases}$
   (g) यदि $[\phi(x)] \geq I$, तब $\phi(x) \geq I$
   (h) यदि $[\phi(x)] \leq I$, तब $\phi(x) < I + 1$

10. **भिन्नात्मक भाग फलन (Fractional Part Function) :** $y = \{x\}$ को भिन्नात्मक भाग फलन कहते हैं।

यदि, $x = I + f, I = [x]$ तथा $f = \{x\}$

$\therefore \quad y = x - [x]$

नोट//✍

✍ $\{-x\} = 1 - \{x\}$, यदि $x \notin I$

✍ $\{x\} = 0$, यदि $x \in I$

✍ $\{x\} = x$, यदि $0 \le x < 1$

11. **आवर्ती फलन (Periodic Function) :** यदि एक धनात्मक संख्या T का व्यवहार इस प्रकार है कि $f(x+T) = f(x), \forall\, x \in R$
फलन $f(x)$ आवर्ती फलन कहा जाता है और T को फलन $f(x)$ का आवर्त कहते हैं।

12. **सम तथा विषम फलन (Even and Odd Function) :**
(a) **सम (even) :** यदि $f(-x) = f(x)$
(b) **विषम (odd) :** यदि $f(-x) = -f(x)$

नोट//✍

✍ यदि $f(x)$ का आवर्त T है, तब
(a) $af(x)$ का आवर्त T होगा
(b) $f(x+a)$ का आवर्त T होगा
(c) $f(x) \pm a$ का आवर्त T होगा
(जहाँ a एक नियतांक है)

✍ यदि $f(x_1)$ व $f(x_2)$ के आवर्त T_1 व T_2 है, तब
$h(x) = af_1(x) \pm bf_2(x)$ का आवर्त

$$= \begin{cases} \{T_1, T_2\} \text{ का ल० स०,} & \text{यदि } h(x) \text{ एक सम फलन नहीं है} \\ \frac{1}{2}\{T_1, T_2\} \text{ का ल० स०,} & \text{यदि } f_1(x) \text{ व } f_2(x) \text{ सहसम्पूरक तुलनीय फलन है} \end{cases}$$

✍ यदि $f(x)$ का आवर्त T है, तब $kf(cx+d)$ का आवर्त $\frac{T}{|c|}$ है।

13. **संयोजित फलन (Composite Functions)**
माना $f(x)$ व $g(x)$ दो फलन है जिनके प्रान्त क्रमशः D_1 व D_2 है।
यदि range $(f) \subset$ domain (g)
तब $(gof)(x) = g\{f(x)\}, \forall x \in D_1$
तथा यदि range $(g) \subset$ domain (f), तब
$(fog)(x) = f\{g(x)\}, \forall\, x \in D_2$
सामान्यत: $fog(x) \ne gof(x)$

फलनों के विभिन्न (Various Types of Functions)

1. **एकैक प्रतिचित्रण (One One Mapping) :** माना $f : A \to B$ है यदि A विभिन्न अवयव के B में विभिन्न प्रतिबिम्ब हों, तो f को एकैकी प्रतिचित्रण कहते हैं।
2. **आच्छादक प्रतिचित्रण (Onto or Surjective Mapping) :** माना $f : A \to B$ है यदि B का प्रत्येक अवयक A के किसी अवयवका प्रतिबिम्ब हो, तब f को आच्छादक प्रतिचित्रण कहते हैं।
यदि f आच्छादक है $\Leftrightarrow$ परास $(f) = B$
3. **बहुएकैक प्रतिचित्रण (Many One Mapping) :** माना $f : A \to B$ है। यदि A में दो या दो से अधिक अवयवों के B में समान प्रतिबिम्ब हों, तब f को बहुएकैक (many one) कहते हैं।
4. **एकैकी आच्छादक फलन (Bijective Functions) :** एक एकैकी व आच्छादक फलन को एकैकी आच्छादक फलन कहते हैं। कुल एकैकी आच्छादक फलनों की संख्या $n!$ होगी, यदि समुच्चय A में n अवयव हों।
5. **अन्त:क्षेपी प्रतिचित्रण (Into Mapping) :** माना $f : A \to B$ है यदि B में कम से कम एक अवयव इदस प्रकार हो कि वह अवयव A के किसी अवयव का प्रतिबिम्ब ना हो, तब f को अन्त:क्षेपी प्रतिचित्रण कहते हैं।

सम्बन्ध के प्रान्त व परिसर (Domain and Range of Relation)

माना समुच्चय A से B एक सम्बन्ध R है। तब

$$R = \{(a, b) : a \in A, b \in B\}$$
$$\text{Dom}(R) = \{a : (a, b) \in R\}$$
$$\text{Range}(R) = \{b : (a, b) \in R\}$$

प्रतिलोम सम्बन्ध (Inverse Relation)

यदि A पर सम्बन्ध R है, तब A पर R^{-1} प्रतिलोम सम्बन्ध कहलाता है तथा निम्न रूप में परिभाषित है

$$R^{-1} = \{(b, a) : (a, b) \in R\}$$

स्पष्ट है कि Domain (R^{-1}) = range (R)

तथा Range (R^{-1}) = domain (R)

फलनों के प्रान्त तथा परिसर (Domain and Range of Function)

	फलन	प्रान्त	परिसर
1.	$x^n, (n \in N)$	R	R यदि n विषम है।
2.	$\frac{1}{x^n}(n \in N)$	$R - \{0\}$	$R^+ \cup \{0\}$ यदि n सम है
3.	$\sin^{-1} x$	$[-1, +1]$	$\left[-\frac{\pi}{2}, \frac{\pi}{2}\right]$
4.	$\cos^{-1} x$	$[-1, +1]$	$[0, \pi]$
5.	$\tan^{-1} x$	R	$\left(-\frac{\pi}{2}, \frac{\pi}{2}\right)$
6.	$\text{cosec}^{-1} x$	$(-\infty, -1] \cup [1, \infty)$	$\left[-\frac{\pi}{2}, \frac{\pi}{2}\right] - \{0\}$
7.	$\sec^{-1} x$	$(-\infty, -1] \cup [1, \infty)$	$[0, \pi] - \left\{\frac{\pi}{2}\right\}$
8.	$\cot^{-1} x$	R	$(0, \pi)$
9.	$e^{1/x}$	$R - \{0\}$	$R^+ - \{1\}$
10.	$a^{1/x}, a > 0$	$R - \{0\}$	$R^+ - \{1\}$
11.	$\log_x a = \frac{1}{\log_a x}$	$R^+ - \{1\}$	$R - \{0\}$, $(a > 0)$ $(a \ne 1)$
12.	$[x]$	R	I
13.	$x - [x]$	R	$[0, 1)$

14.	$\frac{1}{\{x\}}$	$R - I$	$(1, \infty)$
15.	$\frac{1}{\|x\|}$	$R - \{0\}$	R^+
16.	$\text{sgn}(x) = \frac{\|x\|}{x}$, $x \neq 0$ 0, $x = 0$	R	$\{-1, 0, 1\}$

प्रतिलोम फलन (Inverse Function)

माना $f: A \to B$ एक एकैकी आच्छादक फलन है, तब एक अद्वितीय फलन का अस्तित्व होगा। $g: B \to A$ एक फलन इस प्रकार होगा, कि $f(x) = y \Leftrightarrow g(y) = x, \forall x \in A$ तथा $y \in B$ तब g को f का प्रतिलोम फलन कहते हैं।

अतः: $g = f^{-1}: B \to A = \{f(x), x : (x, f(x)) \in f\}$

समान फलन (Equal Function)

दो फलनों f व g को समान फलन कहते हैं यदि–

(a) f का प्रान्त $= g$ का प्रान्त

(b) f की परास $= g$ का परास

(c) $f(x) = g(x), \forall x \in$ प्रान्त

कुछ महत्त्वपूर्ण तथ्य

1. यदि $y = f(x)$ तथा $y = g(x)$ के प्रान्त क्रमशः D_1 व D_2 हो, तब $f(x) \pm g(x)$ या $f(x) \cdot g(x)$ का प्रान्त $D_1 \cap D_2$ होता है तथा $\frac{f(x)}{g(x)}$ का प्रान्त $D_1 \cap D_2 - \{g(x) = 0\}$ होता है।

2. (a) दो विषम या सम फलनों का गुणनफल एक सम फलन होता है।

   (b) विषम फलन का अवकलन सम फलन तथा सम फलन का अवकलन विषम फलन होता है।

3.

	फलन	आवर्त
1.	$\sin^n x, \cos^n x$ $\sec^n x, \text{cosec}^n x$	π (यदि n एक सम संख्या है) 2π (यदि n एक विषम संख्या है)
2.	$\tan^n x, \cot^n x$	π
3.	$\|\sin x\|, \|\cos x\|, \|\tan x\|$	π
4.	$x - [x]$	1
5.	बीजीय फलन	आवर्त्त अस्तित्वविहिन है

4. $[x] + \left[x + \frac{1}{n}\right] + \left[x + \frac{2}{n}\right] + \ldots \left[x + \frac{n-1}{n}\right] [nx], n \in N$

5. (a) f विषम तथा g सम फलन है $\Rightarrow fog$ एक सम फलन है।

   (b) f विषम तथा g सम फलन है $\Rightarrow fog$ एक विषम फलन है।

   (c) f व g सम फलन है $\Rightarrow fog$ एक सम फलन है।

   (d) f एक सम तथा g विषम फलन है $\Rightarrow fog$ एक सम फलन है।

6. (a) एकैकी प्रतिचित्रण को एकैकी (Injective) कहते है।

   (b) आच्छादक प्रतिचित्रण को आच्छादी (Surjective) कहते है।

7. यदि $A = B$ हो, तब प्रतिचित्रणों की संख्या $= n^n$

8. $f(x) = a \cos x + b \sin x + c$ की परास $[c - \sqrt{a^2 + b^2}, c + \sqrt{a^2 + b^2}]$ है।

9. यदि $f(x) + f\left(\frac{1}{x}\right) = f(x) f\left(\frac{1}{x}\right)$ हो, तब $f(x) = 1 \pm x^n$

10. बहुपद फलन का प्रान्त $(-\infty, \infty)$ होता है।

11. $a^{\log_a f(x)} = f(x)$

12. $f(x) = ax^{23} + bx + c$ की परास $\left[-\frac{D}{4a}, \infty\right]$, यदि $a > 0$ तथा $\left(-\infty, -\frac{D}{4a}\right]$, यदि $a < 0$, होती है, जहाँ $D = b^2 - 4ac$.

13. वर्गमूल फलन (Square Root Function) : यदि कोई फलन $f(x) = \sqrt{x}$ इस प्रकार है तब–

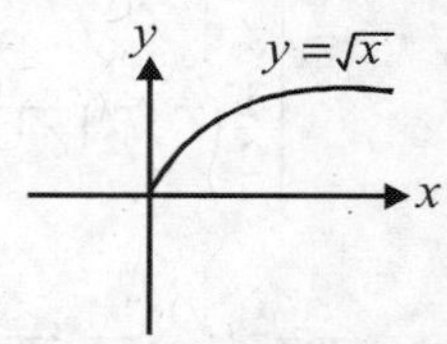

प्रान्त $\in [0, \infty)$

परास $\in [0, \infty)$

14. चरघातकीय फलन (Exponential Function) : यदि कोई फलन इस प्रकार है कि $y = f(x) = e^x$ तब–

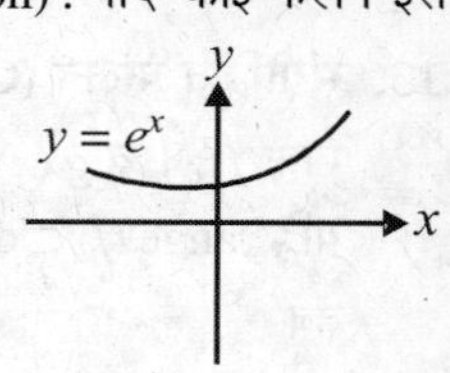

प्रान्त $\in R$

परास $\in [0, \infty)$

वस्तुनिष्ठ प्रश्न

1. माना $x \le -1$ के लिए $f(x) = (x+1)^2$, यदि $g(x)$ ऐसा फलन है, जिसका आलेख $f(x)$ के रेखा $y = x$ के सापेक्ष आलेख का प्रतिबिम्ब है, तो $g(x)$ बराबर है।

(a) $\sqrt{x+1}, x \ge -1$ (b) $\sqrt{x} - 1, x \ge 0$

(c) $-\sqrt{x} - 1, x \ge 0$ (d) $\dfrac{1}{(x+1)^2}, x > -1$

2. माना $f(\theta) = \sin\theta\,(\sin\theta + \sin 3\theta)$, तब $f(\theta)$

(a) ≥ 0 सभी वास्तविक θ के लिए

(b) ≤ 0 केवल तभी जब $\theta \le 0$

(c) ≥ 0 केवल, तभी जब $\theta \ge 0$

(d) ≤ 0 सभी वास्तविक θ के लिए

3. यदि $f: [1, \infty) \to [2, \infty)$ इस प्रकार है, कि $f(x) = x + \dfrac{1}{x}$, तो $f^{-1}(x)$ बराबर है।

(a) $\dfrac{x - \sqrt{x^2 - 4}}{2}$ (b) $1 + \sqrt{x^2 - 4}$

(c) $\dfrac{x + \sqrt{x^2 - 4}}{2}$ (d) $\dfrac{x}{1 + x^2}$

4. $f(x) = \begin{cases} x, & \text{यदि } x \text{ परिमेय है} \\ 0, & \text{यदि } x \text{ अपरिमेय है} \end{cases}$

तथा $g(x) = \begin{cases} 0, & \text{यदि } x \text{ परिमेय है} \\ x, & \text{यदि } x \text{ अपरिमेय है} \end{cases}$ तब $f - g$ है।

(a) बहुएकैकी और आच्छादक (b) एकैकी और आच्छादक

(c) एकैकी और अन्त:क्षेपी (d) न तो एकैकी और न आच्छादक

5. माना $f: (0, \infty) \to R$ और $F(x) = \int_0^x f(t)\,dt$, यदि $F(x^2) = x^2(1+x)$, तो $f(4)$ का मान है

(a) 4 (b) 2

(c) $\dfrac{5}{4}$ (d) 7

6. यदि $f: [0, \infty) \to [0, \infty)$ और $f(x) = \dfrac{x}{1+x}$, तो f है।

(a) आच्छादक परन्तु एकैकी नहीं

(b) एकैकी और आच्छादक

(c) एकैकी परन्तु आच्छादक नहीं

(d) न तो एकैकी और न आच्छादक

7. यदि X और Y दो अरिक्त समुच्चय हैं, जहाँ $f: Z \to Y$, एक फलन इस प्रकार परिभाषित है, कि–

$f(C) = \{f(x) : x \in C\}, C \subseteq X$ के लिए

और $f^{-1}(D) = \{x : f(x) \in D\}, D \subseteq Y$ के लिए

किन्हीं $A \subseteq Y$ और $B \subseteq Y$ के लिए, तब

(a) $f\{f^{-1}(B)\} = B$ केवल यदि $B \subseteq f(x)$

(b) $f\{f^{-1}(B)\} = B$

(c) $f^{-1}\{f(A)\} = A$

(d) $f^{-1}\{f(A)\} = A$ केवल यदि $f(X) = Y$

8. $f(x) = \dfrac{\log_2(x+3)}{x^2 + 3x + 2}$ से परिभाषित फलन f का प्रान्त है।

(a) $R - \{-1, -2, -3\}$ (b) $(-3, \infty) - \{-1, -2\}$

(c) $R - \{-1, -2\}$ (d) $(-2, \infty)$

9. x के वास्तविक मानों के लिए, $f(x) = \sqrt{\sin^{-1}(2x) + \dfrac{\pi}{6}}$ द्वारा परिभाषित फलन का प्रान्त है।

(a) $\left(-\dfrac{1}{2}, \dfrac{1}{9}\right)$ (b) $\left[-\dfrac{1}{4}, \dfrac{1}{4}\right]$

(c) $\left[-\dfrac{1}{4}, \dfrac{1}{2}\right]$ (d) $\left[-\dfrac{1}{2}, \dfrac{1}{2}\right]$

10. यदि $f(x) = \cos(\log x)$, तब $f(x) f(y) - \dfrac{1}{2}\left[f\left(\dfrac{x}{y}\right) + f(xy)\right]$ का मान है।

(a) $\dfrac{1}{2}$ (b) -1

(c) -2 (d) इनमें से कोई नहीं

11. माना $f(x) = \dfrac{\alpha x}{x+1}, x \ne -1$, तब α के किस मान के लिए $f[f(x)] = x$ होगा?

(a) 1 (b) -1

(c) $\sqrt{2}$ (d) $-\sqrt{2}$

12. यदि $f(x) = \sin x + \cos x, g(x) = x^2 - 1$, तो $g\{f(x)\}$ प्रतिलोम किस प्रान्त में होगा?

(a) $\left[-\dfrac{\pi}{2}, \dfrac{\pi}{2}\right]$ (b) $[0, \pi]$

(c) $\left[0, \dfrac{\pi}{2}\right]$ (d) $\left[-\dfrac{\pi}{4}, \dfrac{\pi}{4}\right]$

13. माना $E = \{1, 2, 3, 4\}$ और $F = \{1, 2\}$, तब E से F पर परिभाषित होने वाले आच्छादक फलनों की संख्या है।

(a) 12 (b) 8

(c) 14 (d) 16

14. सभी $x \in (0, 1)$ के लिए

(a) $e^x < 1 + x$ (b) $\log_e(1+x) < x$

(c) $\sin x > x$ (d) $\log_e x > x$

15. $f(x) = \dfrac{x^2 + x + 2}{x^2 + x + 1}, x \in R$ की परास है।

(a) $\left(1, \dfrac{7}{3}\right]$ (b) $\left(1, \dfrac{7}{5}\right)$

(c) $(1, \infty)$ (d) $\left(1, \dfrac{11}{7}\right)$

16. फलन $f(x)=\dfrac{2+x}{2-x}, x\neq 2$ की रेंज होगी (परास)–

(a) $\boldsymbol{R}$ (b) $\boldsymbol{R}-\{-1\}$

(c) $\boldsymbol{R}-\{1\}$ (d) $\boldsymbol{R}-\{2\}$

17. फलन $f(x)=\log\,[x+\sqrt{(x^2+1)}]$ होगा?

(a) एक विषम फलन (b) एक आवर्ती फलन

(c) न तो सम है और न विषम (d) एक सम फलन

18. एक फलन f धन पूर्णांक से पूर्णांक तक परिभाषित है,

$$f(n)=\begin{cases}\dfrac{n-1}{2}, & \text{जब } n \text{ विषम है}\\ -\dfrac{n}{2}, & \text{जब विषम है}\end{cases}$$

होगा?

(a) आच्छादक परन्तु एकैकी नहीं

(b) एकैकी और आच्छादक

(c) एकैकी परन्तु आच्छादक नहीं

(d) ना एकैकी न आच्छादक

19. यदि $f:\boldsymbol{R}\to\boldsymbol{R}$ सन्तुष्ट $f(x+y)=f(x)+f(y)$, सभी के लिए $x, y\in R$ और $f(1)=7$, तब $\sum_{r=1}^{n} f(r)$ होगा?

(a) $\dfrac{7(n+1)}{2}$ (b) $7n(n+1)$

(c) $\dfrac{7n(n+1)}{2}$ (d) $\dfrac{7n}{2}$

20. $f(x)={}^{7-x}P_{x-3}$ की रेंज होगी (परास)–

(a) $\{1,2,3,4\}$ (b) $\{1,2,3,4,5,6\}$

(c) $\{1,2,3,4,5\}$ (d) $\{1,2,3\}$

21. यदि $f:\boldsymbol{R}\to\boldsymbol{S}$ परिभाषित है $f(x)=\sin x-\sqrt{3}\cos x+1$, एक आच्छादक फलन है, तब S का अन्तराल बराबर है?

(a) $[0,1]$ (b) $[-1,1]$

(c) $[0,3]$ (d) $[-1,3]$

22. फलन $y=f(x)$ का ग्राफ रेखा $x=2$ के सापेक्ष सममित है, तब–

(a) $f(x)=f(-x)$ (b) $f(2+x)=f(2-x)$

(c) $f(x+2)=f(x-2)$ (d) $f(x)=-f(-x)$

23. प्रभाव क्षेत्र (डोमेन) होगा, फलन $f(x)=\dfrac{\sin^{-1}(x-3)}{\sqrt{9-x^2}}$ का–

(a) $[1,2]$ (b) $[2,3)$

(c) $[2,3]$ (d) $[1,2)$

24. फलन $f:(-1,1)\to B$ परिभाषित है $f(x)=\tan^{-1}\dfrac{2x}{1-x^2}$, तब फलन f एकैकी व आच्छादक है, जब B का अन्तराल होगा?

(a) $[0,\pi/2]$ (b) $(0,\pi/2)$

(c) $(-\pi/2,\pi/2)$ (d) $[-\pi/2,\pi/2]$

25. एक वास्तविक मान वाला फलन $f(x)$ एक समीकरण $f(x-y)=f(x)f(y)-f(a-x)f(a+y)$ को सन्तुष्ट करता है। दिये गये नियत a और $f(0)=1$ के लिए, तब $f(2a-x)$ का मान होगा?

(a) $f(x)$ (b) $-f(x)$

(c) $f(-x)$ (d) $f(a)+f(a-x)$

26. फलन $\left[f(x)=4^{-x^2}+\cos^{-1}\left(\dfrac{x}{2}-1\right)+\log(\cos x)\right]$ के लिए $\left(-\dfrac{\pi}{2},\dfrac{\pi}{2}\right)$ में महत्तम अन्तराल होगा?

(a) $\left(-\dfrac{\pi}{2},\dfrac{\pi}{2}\right)$ (b) $\left[-\dfrac{\pi}{4},\dfrac{\pi}{2}\right)$

(c) $\left[0,\dfrac{\pi}{2}\right)$ (d) $[0,\pi]$

उत्तरमाला

1. (b)	2. (a)	3. (c)	4. (b)	5. (a)	6. (c)	7. (a)	8. (b)	9. (c)	10. (d)
11. (b)	12. (d)	13. (c)	14. (b)	15. (a)	16. (b)	17. (a)	18. (b)	19. (c)	20. (d)
21. (d)	22. (b)	23. (b)	24. (c)	25. (b)	26. (c)				

संकेत एवं हल

1. (b) यहाँ केवल प्रतिलोम फलन ज्ञात करना है।

माना $y = f(x) = (x+1)^2, x \geq -1$ के लिए

$$\pm\sqrt{y} = x+1, x \geq -1$$

$\Rightarrow \quad \sqrt{y} = x+1 \quad \Rightarrow \quad y \geq 0, x+1 \geq 0$

$\Rightarrow \quad x = \sqrt{y} - 1$

$\Rightarrow \quad f^{-1}(y) = \sqrt{y} - 1$

$\Rightarrow \quad f^{-1}(x) = \sqrt{x} - 1, x \geq 0$

2. (a) दिया है, $f(\theta) = \sin\theta\,(\sin\theta + \sin 3\theta)$

$$= (\sin\theta + 3\sin\theta - 4\sin^3\theta)\sin\theta$$
$$= (4\sin\theta - 4\sin^3\theta)\sin\theta$$
$$= 4\sin^2\theta\,(1 - \sin^2\theta)$$
$$= 4\sin^2\theta\cos^2\theta = (2\sin\theta\cos\theta)^2$$
$$= (\sin 2\theta)^2 \geq 0$$

जोकि 'θ' के सभी मानों के लिए सत्य है।

3. (c) माना $y = f(x) \quad \Rightarrow \quad x = f^{-1}(y)$

तथा $y = x + \dfrac{1}{x} \quad \Rightarrow \quad y = \dfrac{x^2+1}{x}$

$\Rightarrow \quad xy = x^2 + 1$

$\Rightarrow \quad x^2 - xy + 1 = 0$

$\Rightarrow \quad x = \dfrac{y \pm \sqrt{y^2-4}}{2}$

$\Rightarrow \quad f^{-1}(y) = \dfrac{y \pm \sqrt{y^2-4}}{2}$

$\Rightarrow \quad f^{-1}(x) = \dfrac{x \pm \sqrt{x^2-4}}{2}$

$\because$ प्रतिलोम फलन की परास $[1, \infty)$ है।

$$f^{-1}(x) = \frac{x + \sqrt{x^2-4}}{2}$$

यदि $\quad f^{-1}(x) = \dfrac{x - \sqrt{x^2-4}}{2}$

तो $\quad f^{-1}(x) > 1$

ये तभी सम्भव है, जब $(x-2)^2 > x^2 - 4$

$\Rightarrow \quad x^2 + 4 - 4x > x^2 - 4$

$\Rightarrow \quad 8 > 4x \quad \Rightarrow \quad x < 2,$

जहाँ $\quad x > 2$

4. (b) $f(x) = f(x) - g(x) = \begin{cases} x, & x \in Q \\ -x, & x \notin Q \end{cases}$

फलन के एकैकी होने का परीक्षण:

x-अक्ष के समान्तर एक रेखा ली, जो $\phi(x)$ को केवल एक बिन्दु पर प्रतिच्छेद करती है।

अतः फलन एकैकी है।

फलन के आच्छादक होने का परीक्षण:

$\because \quad f(x) = \begin{cases} x, & x \in Q \\ -x, & x \notin Q \end{cases}$

जिससे स्पष्ट है, कि $y = x$ और $y = -x$, परिमेय तथा अपरिमेय मानों के लिए

$\Rightarrow \quad y \in R$

$\therefore \quad$ परास = सहप्रान्त

अतः फलन आच्छादक है।

अतः $f - g$ एकैकी और आच्छादक है।

5. (a) $F(x) = \int_0^x f(t)\,dt$

लेबनीज नियम से,

$$F'(x) = f(x)$$

परन्तु $\quad F(x^2) = x^2(1+x) = x^2 + x^3$

$\Rightarrow \quad F(x) = x + x^{3/2}$

$\therefore \quad F'(x) = 1 + \dfrac{3}{2}x^{1/2}$

$\Rightarrow \quad f(x) = F'(x) = 1 + \dfrac{3}{2}x^{1/2}$

$\Rightarrow \quad f(4) = 1 + \dfrac{3}{2}(4)^{1/2}$

$\Rightarrow \quad f(4) = 1 + \dfrac{3}{2} \times 2 = 1 + 3 = 4$

6. (c) $f: [0, \infty) \to [0, \infty)$ प्रान्त तथा $[0, \infty)$ सहप्रान्त है।

$$f(x) = \frac{x}{1+x}$$

$\Rightarrow \quad f'(x) = \dfrac{1}{(1+x)^2} > 0, \forall x \in [0, \infty)$

$\therefore \quad f(x)$ अपने प्रान्त में वर्द्धमान है। अतः $f(x)$ अपने प्रान्त में एकैकी है। आच्छादक होने की जाँच के लिए (हम परास ज्ञात करेंगे)

$f(x) = \dfrac{x}{1+x} \quad \Rightarrow \quad y = \dfrac{x}{1+x}$

$\Rightarrow \quad y + xy = x$

$\Rightarrow \quad x = \dfrac{y}{1-y} \quad \Rightarrow \quad \dfrac{y}{1-y} \geq 0$

चूँकि $\quad x \geq 0 \quad \therefore \quad 0 \leq y < 1$

अतः $\quad$ परास $\neq$ सहप्रान्त

$\therefore \quad f(x)$ एकैकी है परन्तु आच्छादक नहीं।

7. (a) चूँकि केवल विकल्प (a) ही दी गयी परिभाषा को सन्तुष्ट करता

है।

अर्थात् $f\{f^{-1}(B)\} = B$

केवल यदि $B \subseteq f(x)$

8. (b) $f(x) = \dfrac{\log_2(x+3)}{(x^2+3x+2)} = \dfrac{\log_2(x+3)}{(x+1)(x+2)}$

$f(x)$ अस्तित्व में होगा,

यदि $(x+1)(x+2) \neq 0$

$\Rightarrow \quad x \neq -1$ तथा $x \neq -2$

और $x+3 > 0 \quad \Rightarrow \quad x > -3$

$\therefore$ $f(x)$ कर प्रान्त $= (-3, \infty) - \{-1, -2\}$

9. (c) $f(x) = \sqrt{\sin^{-1}(2x) + \dfrac{\pi}{6}}$,

प्रान्त के लिए,

$$\sin^{-1}(2x) + \frac{\pi}{6} \geq 0$$

परन्तु $-\dfrac{\pi}{2} < \sin^{-1}\theta \geq \dfrac{\pi}{2}$

$\therefore \quad -\dfrac{\pi}{6} \leq \sin^{-1}(2x) \leq \dfrac{\pi}{2}$

$\Rightarrow \quad \sin\left(-\dfrac{\pi}{6}\right) \leq 2x \leq \sin\left(\dfrac{\pi}{2}\right)$

$\Rightarrow \quad -\dfrac{1}{2} \leq 2x \leq 1$

$\Rightarrow \quad -\dfrac{1}{4} \leq x \leq \dfrac{1}{2} \quad \Rightarrow \quad x \in \left[-\dfrac{1}{4}, \dfrac{1}{2}\right]$

10. (d) $\because \quad f(x) = \cos(\log x)$

$\therefore \quad f(x) \cdot f(y) - \dfrac{1}{2}\left\{f\left(\dfrac{x}{y}\right) + f(xy)\right\}$

$= \cos(\log x) \cdot \cos(\log y) - \dfrac{1}{2}\{\cos(\log x - \log y) + \cos(\log x + \log y)\}$

$= \cos(\log x) \cdot \cos(\log y) - \cos(\log x) \cdot \cos(\log y)$

$= 0.$

11. (b) दिया है, $f(x) = \dfrac{\alpha x}{x+1}$

$\therefore \quad f[f(x)] = f\left(\dfrac{\alpha x}{x+1}\right)$

$$= \frac{\alpha\left(\dfrac{\alpha x}{x+1}\right)}{\dfrac{\alpha x}{x+1} + 1} = \frac{\dfrac{\alpha^2 x}{x+1}}{\dfrac{\alpha x + (x+1)}{(x+1)}}$$

$= \dfrac{\alpha^2 x}{(\alpha+1)x+1} = x$ (दिया है)

$\Rightarrow \quad \alpha^2 x = (\alpha+1)x^2 + x$

$\Rightarrow \quad x\{\alpha^2 - (\alpha+1)x - 1\} = 0$

$\Rightarrow \quad x = 0$

या $\alpha^2 - (\alpha+1)x - 1 = 0$

$\Rightarrow \quad \alpha - 1 = 0$ और $\alpha + 1 = 0$

$\Rightarrow \quad \alpha = -1$

12. (d) संयुक्त फलन की परिभाषा से,

$$g\{f(x)\} = (\sin x + \cos x)^2 - 1$$

प्रतिलोमीय है (अर्थात् एकैकी आच्छादक है)

$\Rightarrow \quad g\{f(x)\} = \sin 2x$ एकैकी आच्छादक है।

हम जानते हैं, कि $\sin x$ एकैकी आच्छादक केवल तभी होगा, जब

$$x \in \left[-\frac{\pi}{2}, \frac{\pi}{2}\right]$$

अत: $g\{f(x)\}$ एकैकी आच्छादक होगा यदि

$-\dfrac{\pi}{2} \leq 2x \leq \dfrac{\pi}{2} \quad \Rightarrow \quad -\dfrac{\pi}{4} \leq x \leq \dfrac{\pi}{4}$

13. (c) $E = \{1, 2, 3, 4\}$ से $F = \{1, 2\}$ पर परिभाषित होने वाले आच्छादक फलनों की संख्या

$= E$ को F पर प्रतिचित्रित करने वाले फलनों की कुल संख्या – वे सभी फलन, जो $f(x) = 1$ और $f(x) = 2$ पर प्रतिचित्रित करते हैं, सभी $x \in E = 2^4 - 2 = 14$.

14. (b) (a) माना $f(x) = e^x - 1 - x$

तो $f'(x) = e^x - 1 > 0, \forall x \in (0, 1)$

$\Rightarrow f(x), (0, 1)$ में वर्द्धमान है।

या $f(x) > f(0), 0 < x < 1$ के लिए

$\Rightarrow \quad e^x - 1 - x > 0$

$\Rightarrow \quad e^x > 1 + x, 0 < x < 1$ के लिए

(b) माना $g(x) = \log_e(1+x) - x, 0 < x < 1$

$g'(x) = \dfrac{1}{1+x} - 1 = \dfrac{x}{1+x} < 0, 0 < x < 1$ के लिए

$\Rightarrow \quad g(x), 0 < x < 1$ के लिए ह्रासमान है।

या $g(x) < g(0), 0 < x < 1$ के लिए

$\Rightarrow \quad \log_e(1+e) - x < 0, 0 < x < 1$ के लिए

$\Rightarrow \quad \log_e(1+x) < x, 0 < x < 1$ के लिए

(c) माना $h(x) = \sin x - x$

$h'(x) = \cos x - 1$

$x \in (0, 1)$ के लिए, $\cos x - 1 < 0 \Rightarrow h(x)$

एक ह्रासमान (decreasing) फलन है।

$\therefore \quad h(x) < h(0)$

$\Rightarrow \quad \sin x - x < 0$

$\Rightarrow \quad \sin x < x.$

(d) माना $p(x) = \log x - x$

$p'(x) = \dfrac{1}{x} - 1 > 0, \forall x \in (0, 1)$

$\therefore \quad p'(x)$ एक वर्द्धमान (increasing) फलन है।

$\Rightarrow \quad p(0) < p(x) < p(1)$

$\Rightarrow \quad -\infty < \log x - x < -1$

15. (a) $f(x) = \dfrac{x^2 + x + 2}{x^2 + x + 1}, x \in R$ परास ज्ञात करने के लिए, $f(x) = y$

रखने पर,

$$y=\frac{x^2+x+2}{x^2+x+1}$$

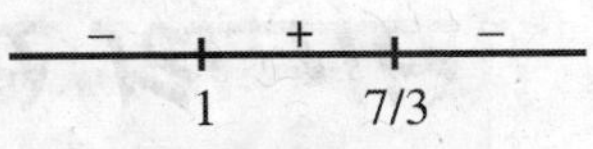

जहाँ $y>1$, क्योंकि

$$y=1+\frac{1}{x^2+x+1} \quad ...(i)$$

⇒ $yx^2+yx+y=x^2+x+2$

⇒ $x^2(y-1)+x(y-1)+(y-2)=0, \forall x\in R$

∴ $D\ge 0$

⇒ $(y-1)^2-4(y-1)(y-2)\ge 0$

⇒ $(y-1)\{(y-1)-4(y-2)\}\ge 0$

⇒ $(y-1)(-3y+7)\ge 0$

$$1<y\le\frac{7}{3} \quad ...(ii)$$

∴ (i) व (ii) से,

परास $\in\left(1,\frac{7}{3}\right]$

16. (b) $\boldsymbol{R}-\{-1\}$

17. (a) $f(x)=\log(x+\sqrt{x^2+1})$

⇒ $f(-x)=\log(-x+\sqrt{x^2+1})$

⇒ $f(x)+f(-x)=$

$$\log(x+\sqrt{x^2+1})+\log(-x+\sqrt{x^2-1})$$

$$=\log(1)=0$$

$f(x)$ एक विषम फलन है।

18. (b) यदि n सम है

माना $f(2m_1)=f(2m_2)$

⇒ $\frac{-2m_1}{2}=-\frac{2m_2}{2}$

⇒ $m_1=m_2$ ⇒ $2m_1=2m_2$

यदि n विषम है, $f(2m_1+1)=f(2m_2+1)$

⇒ $\frac{2m_1+1-1}{2}=\frac{2m_2+1-1}{2}$

⇒ $m_1=m_2$ ⇒ $2m_1+1=2m_2+1$

⇒ f एक-एक प्रतिचित्रण है।

$f:\boldsymbol{N}\to\boldsymbol{I}$

यदि $-m$ ऋणात्मक पूर्णांक है।

तब $\exists\, n$ st. $f(n)=-n/2-m$ ⇒ $n=2m\in N$

यदि m धनात्मक पूर्णांक है।

$\exists\, n$ st. $f(n)=(n-1)/2=m$

⇒ $n=2m+1\in N$

∴ f प्रतिचित्रण है।

इसलिए, f एकैकी और आच्छादक प्रतिचित्रण है।

19. (c) $\sum_{r=1}^{n} f(r)=f(1)+f(2)+f(3)+...+f(n)$

$=f(1)+2f(1)+3f(1)+...+nf(1)$

$[\because f(x+y)=f(x)+f(y)]$

$=(1+2+3+...+n)f(1)$

$=\frac{n(n+1)}{2}\cdot 7=\frac{7n(n+1)}{2}$

20. (d) $f(x)$ में $={}^{7-x}P_{x-3}$,

$x<7, x\ge 3, x\in\mathbf{Z}, 7-x\ge x-3$ ⇒ $x\le 5$

∴ $x=3,4,5$

$f(3)={}^4P_0=1,\quad f(4)={}^3P_1=3,\quad f(5)={}^2P_2=2$

∴ f का परास $=\{1,2,3\}$

21. (d) चूँकि $-2\le\sin x-\sqrt{3}\cos x\le 2$

⇒ $-1\le\sin x-\sqrt{3}\cos x+1\le 3$

∴ $f(x)$ का प्रसार $=[-1,3]$

22. (b) चूँकि ग्राफ रेखा, $x=2$ के सापेक्ष सममित है।

⇒ $f(2+x)=f(2-x)$

23. (b) फलन $f(x)=\frac{\sin^{-1}(x-3)}{\sqrt{9-x^2}}$ परिभाषित होगा, यदि–

(i) $-1\le(x-3)\le 1$ ⇒ $2\le x\le 4$ ..(1)

(ii) $9-x^2>0$ ⇒ $-3<x<3$ ...(2)

सम्बन्ध (1) व (2) से,

$2\le x<3$

24. (c) ∵ $x\in(-1,1)$

⇒ $2\tan^{-1}x\in\left(-\frac{\pi}{4},\frac{\pi}{4}\right)$

⇒ $2\tan^{-1}x\in\left(-\frac{\pi}{2},\frac{\pi}{2}\right)$

और $f(x)=\tan^{-1}\frac{2x}{1-x^2}=2\tan^{-1}x\ (x^2<1)$

∴ $f(x)\in\left(-\frac{\pi}{2},\frac{\pi}{2}\right)$

∴ फलन एकैकी आच्छादक है।

25. (b) $f(x-y)=f(x)f(y)-f(a-x)f(a+y)$

$x=y=0$

⇒ $f(0)=f(0)^2-(f(a))^2$

⇒ $f(a)=0$ as $f(0)=1$

$f(2a-x)=f(a-(x-a))$

$=f(a)f(x-a)-f(a-a)f(a+x-a)$

$=-f(x)$

∴ $f(2a-x)=-f(x)$

26. (c) $f(x)$ परिभाषित है, यदि $-1\le\frac{x}{2}-1\le 1$ तथा $\cos x>0$

या $0\le x\le 4$

तथा $-\frac{x}{2}<x<\frac{x}{2}$ ∴ $x\in\left[0,\frac{\pi}{2}\right)$

□□□

सम्मिश्र संख्याएँ 12

(Complex Numbers)

सम्मिश्र संख्याएँ (Complex Numbers)

$z = x + iy \quad x, y \in R$ तथा $i = \sqrt{-1}$

x को z का वास्तविक तथा y को z का काल्पनिक भाग कहते हैं तथा x को Re (z) तथा y को Im (z) से निरूपित करते है।

काल्पनिक संख्याएँ (Imaginary Numbers)

किसी भी ऋणात्मक संख्या के वर्गमूल को काल्पनिक संख्या कहते हैं।

$$\sqrt{-a} = \sqrt{a} \times \sqrt{-1} = \sqrt{a}i$$

जहाँ पर $i = \sqrt{-1}$ तथा a धनात्मक वास्तविक संख्या है।

संयुग्मी तथा मापांक (Conjugate and Modulus of a Complex Number)

माना $z = (x + iy)$

तब संयुग्मी $(\overline{z}) = (x - iy)$

मापांक $= |z| = \sqrt{x^2 + y^2} = |\overline{z}|$

सम्मिश्र संख्याओं की समता (Equality of Complex Numbers)

माना $z_1 = x_1 + iy_1$ व $z_2 = x_2 + iy_2$ दो सम्मिश्र संख्याएँ हैं।

Re (z_1) = Re (z_2) तथा Im $(z)_1$ = Im (z_2)

सम्मिश्र संख्याओं का योग (Addition of Complex Numbers)

माना $z_1 = x_1 + iy_1$ व $z_2 = x_2 + iy_2$ दो सम्मिश्र संख्याएँ है,

$$\text{Re}(z_1 + z_2) = \text{Re}(z_1) + \text{Re}(z_2)$$

$$\text{Im}(z_1 + z_2) = \text{Im}(z_1) + \text{Im}(z_2)$$

सम्मिश्र संख्याओं की गुणा (Multiplication of Complex Numbers)

माना $z_1 = x_1 + iy_1$ व $z_2 = x_2 + iy_2$ दो सम्मिश्र संख्याएँ है,

$$(z_1 z_2) = [\text{Re}(z_1)\,\text{Re}(z_2) - \text{Im}(z_1)\,\text{Im}(z_2)] + i[\text{Re}(z_1)\,\text{Im}(z_2) + \text{Re}(z_2)\,\text{Im}(z_1)]$$

सम्मिश्र संख्याओं का व्यकलन (Subtraction of Complex Numbers)

माना $z_1 = x_1 + iy_1$ व $z_2 = x_2 + iy_2$ दो सम्मिश्र संख्याएँ है,

$$\text{Re}(z_1 - z_2) = \text{Re}(z_1) - \text{Re}(z_2)$$

$$\text{Im}(z_1 - z_2) = \text{Im}(z_1) - \text{Im}(z_2)$$

सम्मिश्र संख्याओं का भाजन (Division of Complex Numbers)

माना $z_1 = x_1 + iy_1$ व $z_2 = x_2 + iy_2$ दो सम्मिश्र संख्याएँ है,

$$\frac{z_1}{z_2} = \frac{x_1 + iy_1}{x_2 + iy_2} = \frac{1}{x_2^2 + y_2^2}[(x_1x_2 + y_1y_2) + i(x_2y_1 - x_1y_2)]$$

त्रिभुज की असमिकायें (Triangle's Inequalities)

(i) $|z_1 + z_2| \le |z_1| + |z_2|$

(ii) $|z_1 + z_2| \ge |z_1| - |z_2|$

(iii) $|z_1 - z_2| \le |z_1| + |z_2|$

(iv) $|z_1 - z_2| \ge |z_1| - |z_2|$

संयुग्मी सम्मिश्र संख्या के गुण (Properties of Conjugate Complex Number)

यदि z, z_1, z_2 सम्मिश्र संख्याएँ है, तो

1. $\overline{z_1 + z_2} = \overline{z}_1 + \overline{z}_2$
2. $\overline{z_1 - z_2} = \overline{z}_1 - \overline{z}_2$
3. $\overline{(\overline{z})} = z$
4. $z\overline{z} = \{\text{Re}(z)\}^2 + \{\text{Im}(z)\}^2$
5. $z + \overline{z} = 2\text{Re}(z)$
6. $z = \overline{z} \Rightarrow z$ शुद्ध वास्तविक है।
7. $z - \overline{z} = 2i\,\text{Im}(z)$
8. $z = -\overline{z} \Rightarrow z$ शुद्ध काल्पनिक है।
9. $\overline{z_1 z_2} = \overline{z}_1 . \overline{z}_2$
10. $\overline{\left(\frac{z_1}{z_2}\right)} = \frac{\overline{z}_1}{\overline{z}_2}, \ z_2 \ne 0$

सम्मिश्र संख्या का मापांक (Modulus of a Complex Number)

माना $z = x + iy$ एक सम्मिश्र संख्या है, तब सम्मिश्र संख्या के मापांक को $|z|$ से निरूपित करते हैं।

$$|z| = \sqrt{x^2 + y^2} = \sqrt{\{\text{Re}(z)\}^2 + \{\text{Im}(z)\}^2}$$

मापांक के गुण (Properties of Modulus)

यदि z, z_1, z_2 सम्मिश्र संख्या हो, तो

1. $|z| = |\overline{z}| = |-z| = |-\overline{z}|$
2. $|z_1 z_2| = |z_1||z_2|$
3. $z\overline{z} = |z|^2$
4. $|z_1 \pm z_2| \le |z_1| + |z_2|$
5. $\left|\frac{z_1}{z_2}\right| = \frac{|z_1|}{|z_2|}, z_2 \ne 0$

6. $|z_1 \pm z_2| \geq ||z_1| - |z_2||$
7. $-|z| \leq \text{Re}(z) \leq |z|$ तथा $-|z| \leq \text{Im}(z) \leq |z|$
8. $|z| > 0$ यदि और केवल यदि $z \neq 0$
9. $|z| \geq 0 \Rightarrow |z| = 0$ यदि और केवल यदि $z = 0$
10. $|z^n| = |z|^n$
11. $|z_1 \pm z_2|^2 = (z_1 \pm z_2)(\bar{z}_1 \pm \bar{z}_2)$
    $= |z_1|^2 + |z_2|^2 \pm (z_1\bar{z}_2 + \bar{z}_1 z_2)$
    $= |z_1|^2 + |z_2|^2 \pm 2\,\text{Re}(z_1\bar{z}_2)$
12. $|z_1 + z_2|^2 + |z_1 - z_2|^2 = 2\{|z_1|^2 + |z_2|^2\}$
13. $|az_1 - bz_2|^2 + |bz_1 + az_2|^2 = (a^2 + b^2)(|z_1|^2 + |z_2|^2)$
14. $||z_1| - |z_2|| \leq |z_1 + z_2| \leq |z_1| + |z_2|$

सम्मिश्र संख्याओं के गुण (Properties of Complex Numbers)

यदि z_1, z_2, z_3 तीन सम्मिश्र संख्याएँ हैं, तो

1. कोणांक $(z_1\bar{z}_2) =$ कोणांक $(z_1) -$ कोणांक (z_2)
2. कोणांक $\overline{(z)} = -$ कोणांक (z)
3. कोणांक $(z_1 z_2) =$ कोणांक $(z_1) +$ कोणांक (z_2)
4. कोणांक $\left(\frac{z_1}{z_2}\right) =$ कोणांक $(z_1) -$ कोणांक (z_2)
5. $|z_1 + z_2|^2 \geq (|z_1| + |z_2|)^2 - [$कोणांक $(z_1) -$ कोणांक $(z_2)]^2$
6. $|z_1 + z_2| = |z_1 - z_2| \Leftrightarrow$ कोणांक $(z_1) -$ कोणांक $(z_2) = \frac{\pi}{2}$
7. $|z_1 + z_2|^2 = |z_1|^2 + |z_2|^2 + 2|z_1||z_2|\cos(\theta_1 - \theta_2)$
8. $|z_1 - z_2|^2 = |z_1|^2 + |z_2|^2 - 2|z_1||z_2|\cos(\theta_1 - \theta_2)$
   जहाँ $\theta_1 =$ कोणांक (z_1) और $\theta_2 =$ कोणांक (z_2)
   अथवा $|z_1 - z_2|^2 = |z_1|^2 + |z_2|^2 - 2\text{Re}(z_1\bar{z}_2)$
9. $|z_1 + z_2|^2 = |z_1|^2 + |z_2|^2 \Leftrightarrow \frac{z_1}{z_2}$ शुद्ध काल्पनिक है।
10. $|z_1 + z_2| = |z_1| + |z_2| \Leftrightarrow$ कोणांक $(z_1) =$ कोणांक (z_2)
11. $|z_1 - z_2|^2 \leq (|z_1| - |z_2|)^2 + [$कोणांक $(z_1) -$ कोणांक $(z_2)]^2$

सम्मिश्र संख्या का कोणांक (Argement of a Complex Number)

माना सम्मिश्र संख्या $z = (x + iy)$ तब कोणांक $(z) = \tan^{-1}\left|\frac{y}{x}\right|$

सम्मिश्र संख्याओं का निरूपण (Representation of Complex Numbers)

सम्मिश्र संख्या को हम निम्न प्रकार से निरूपित कर सकते हैं–

1. **सम्मिश्र संख्याओं का ज्यामितीय निरूपण (Geometrical Representation of Complex Numbers) :** सम्मिश्र संख्या $z = x + iy$ को सम्मिश्र तल पर एक बिन्दु (x, y) द्वारा निरूपित किया जा सकता है। रेखाण्ड OA की लम्बाई को z का मापांक (Modulus) अथवा निरपेक्ष मान $|z|$ से निरूपित करते हैं, जो सदैव एक धनात्मक संख्या रहती है।

अतः $\quad OA^2 = OM^2 + MA^2$

$\Rightarrow \quad OA^2 = x^2 + y^2$

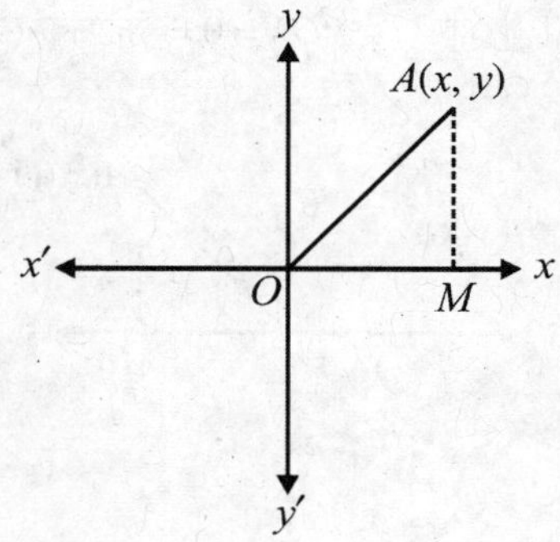

$$OA = \sqrt{x^2 + y^2}$$

अतः $\quad |z| = \sqrt{x^2 + y^2}$

$$= \sqrt{[\text{Re}(z)]^2 + [\text{Im}(z)]^2}$$

OA रेखा, OX अक्ष वे वामावर्त दिशा में जो कोण बनाती है, वह कोण सम्मिश्र संख्या z का कोणांक (Argument or amplitude) कहलाता है।

$$\tan\theta = \frac{AM}{OM} = \frac{y}{x} = \frac{\text{Im}(z)}{\text{Re}(z)}$$

$$\theta = \tan^{-1}\left[\frac{\text{Im}(z)}{\text{Re}(z)}\right]$$

कोणांक θ के 2π के अन्तर पर अनन्त मान होंगे।

अतः θ का वह मान जो अन्तराल $-\pi < \theta \leq \pi$ के बीच है, कोणांक का मुख्य मान कहलाता है।

2. **सम्मिश्र संख्याओं का सदिश निरूपण (Vector Representation of Complex Numbers) :** दो विमीय तल में किसी सम्मिश्र संख्या $z = x + iy$ को सदिश OA के बिन्दु $P(x, y)$ के द्वारा प्रदर्शित किया जा सकता है।

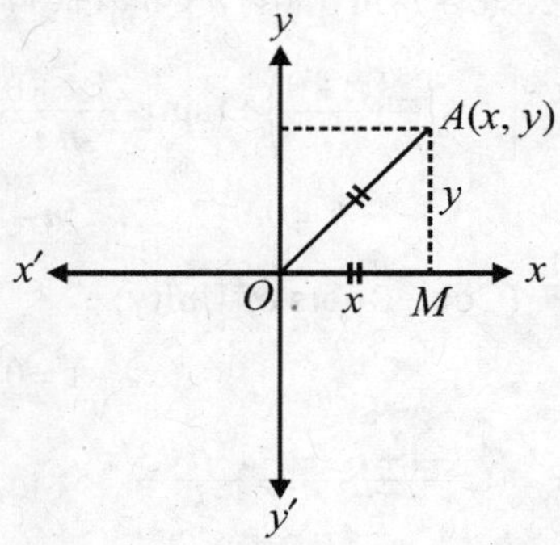

चित्र में सम्मिश्र संख्या $z = x + iy$ को अदिश $\overrightarrow{OA}$ द्वारा प्रदर्शित किया गया है तथा $|z|$, OA की लम्बाई और कोणांक (z) वह कोण जो OA रेखा धनात्मक x-अक्ष के साथ बनाती है।

3. **सम्मिश्र संख्याओं का ध्रुवीय रूप या त्रिकोणीय रूप (Trigonometrical or Polar Representation of Complex Numbers) :** माना $z = x + iy$ एक सम्मिश्र संख्या है।

$OP = |z|$ और $\angle POX = \theta =$ कोणांक (z)

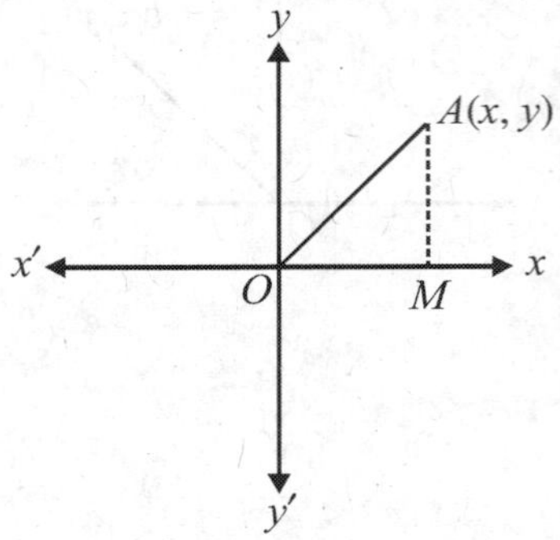

$$\cos\theta = \frac{OM}{OP} = \frac{x}{|z|}$$

$\Rightarrow \quad x = |z|\cos\theta$

$$\sin\theta = \frac{PM}{OP} = \frac{y}{|z|}$$

$\Rightarrow \quad y = |z|\sin\theta$

$z = x + iy$

$\Rightarrow \quad z = |z|\cos\theta + i|z|\sin\theta$

$z = |z|(\cos\theta + i\sin\theta)$

$z = r(\cos\theta + i\sin\theta)$

जहाँ $\quad r = |z|$ और $\theta =$ कोणांक (z)

z के इस रूप को ही ध्रुवीय रूप कहते हैं।

$z = r[\cos(2n\pi + \theta) + i\sin(2n\pi + \theta)]$ है।

जहाँ $r = |z|, \theta =$ कोणांक (z) और n एक प्राकृतिक संख्या है।

डिमायवर प्रमेय (Demoiver's Theorem)

1. यदि n एक परिमेय संख्या है, तब
$$(\cos\theta + i\sin\theta)^n = \cos n\theta + i\sin n\theta$$
2. यदि $z = (\cos\theta_1 + i\sin\theta_1(\cos\theta_2 + i\sin\theta_2)...(\cos\theta_n + i\sin\theta_n)$
तब $z = \cos(\theta_1 + \theta_2 + ... + \theta_n) + i\sin(\theta_1 + \theta_2 + ... + \theta_n)$
3. यदि $z = r(\cos\theta + i\sin\theta)$ तथा n एक धनात्मक पूर्णांक है, तब
$$(z)^{1/n} = r^{1/n}\left[\cos\left(\frac{2k\pi + \theta}{n}\right) + i\sin\left(\frac{2k\pi + \theta}{n}\right)\right]$$
जहाँ $\quad k = 0, 1, 2, 3, ..., (n-1)$

इकाई के घनमूल (Cube Roots of Unity)

माना, $\quad x = \sqrt[3]{1} \qquad x^3 - 1 = 0$

$$\therefore \quad x = 1, \frac{-1+i\sqrt{3}}{2}, \frac{-1-i\sqrt{3}}{2}$$

$$\text{यदि} \quad \omega = \frac{-1+i\sqrt{3}}{2},$$

$$\omega^2 = \frac{-1-i\sqrt{3}}{2}$$

1. $1 + \omega + \omega^2 = 0$
2. $1 + \omega^n + \omega^{2n} = \begin{cases} 0 & n, 3 \text{ का गुणांक नहीं है।} \\ 3 & n, 3 \text{ का गुणांक नहीं है।} \end{cases}$
3. $\omega^3 = 1$

नोट//

- $x^3 - 1 = (x-1)(x-\omega)(x-\omega^2)$
- ω तथा $\omega^2, x^2 + x + 1 = 0$ के मूल है।
- $a^3 - b^3 = (a-b)(a-\omega b)(a-b\omega^2)$
- $x^3 + 1 = (x+1)(x+\omega)(x+\omega^2)$
- $a^3 + b^2 = (a+b)(a+b\omega)(a+b\omega^2)$

दो बिन्दुओं के बीच की दूरी (Distance Between Two Lines)

दो बिन्दुओं $A(z_1)$ व $B(z_2)$ के बीच की दूरी $= AB = |z_2 - z_1|$

विभाजन सूत्र (Section Formulae)

(i) यदि $R(z)$ रेखाखण्ड PQ को $m_1 : m_2$ के अनुपात में अन्त: विभाजित करता है, तो
$$z = \frac{m_1 z_2 + m_2 z_1}{m_1 + m_2}$$

(ii) यदि $R(z)$ रेखाखण्ड PQ को $m_1 : m_2$ के अनुपात में बाह्यत: विभाजित करता है, तो
$$z = \frac{m_1 z_2 - m_2 z_1}{m_1 - m_2}$$

(iii) यदि $R(z)$, PQ का मध्य बिन्दु है, तो
$$z = \frac{z_1 + z_2}{2}$$

रेखा

(i) z_1 व z_2 को जोड़ने वाली रेखा का प्राचल समीकरण $z = tz_1 + (1-t)z_2$ होता है, जहाँ t एक प्राचल है।

(ii) सरल रेखा का व्यापक समीकरण $\bar{a}z + a\bar{z} + b = 0$ है, जहाँ b एक वास्तविक संख्या है।

(iii) $A(z_1)$ व $B(z_1)$ को जोड़ने वाली रेखा की सम्मिश्र प्रवणता
$$\mu = \frac{z_1 - z_2}{z_1 - z_2}$$

(iv) दो रेखाओं की सम्मिश्र प्रवणताएँ μ_1 व μ_2 हैं, तब

(a) $\mu_1 = \mu_2 \Rightarrow$ रेखाएँ समान्तर हैं।

(b) $\mu_1 = -\mu_2 \Rightarrow$ रेखाएँ लम्ब हैं।

(v) z_1 व z_2 को जोड़ने वाली रेखा समीकरण
$$\frac{z - z_1}{z_2 - z_1} = \frac{\bar{z} - \bar{z}_1}{\bar{z}_2 - \bar{z}_1} \text{ या } \begin{vmatrix} z & \bar{z} & 1 \\ z_1 & \bar{z}_1 & 1 \\ z_1 & \bar{z}_2 & 1 \end{vmatrix} = 0$$

(vi) यदि आर्गेंड तल में चार बिन्दु $A(z_1), B(z_2), C(z_3)$ व $D(z_4)$ हैं, तब

AB व CD के मध्य बना कोण $\theta =$ कोणांक $\left(\dfrac{z_1 - z_2}{z_3 - z_4}\right)$ होता है।

एक त्रिभुज में

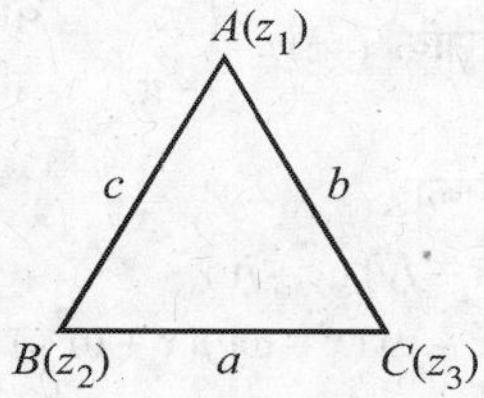

(i) केन्द्रक $= \dfrac{z_1 + z_2 + z_3}{3}$

(ii) अन्त:केन्द्र $= \dfrac{az_1 + bz_2 + cz_3}{a + b + c}$

(iii) परिकेन्द्र $= \dfrac{\Sigma z_1 \bar{z}_1 (z_2 - z_3)}{\Sigma \bar{z}_1 (z_2 - z_3)}$

(iv) लम्बकेन्द्र $= \dfrac{a(\sec A) z_1 + b(\sec B) z_2 + c(\sec C) z_3}{a \sec A + b \sec B + c \sec C}$

$$= \frac{\Sigma z_1^2 (\bar{z}_2 - \bar{z}_3) + \Sigma |z_1|^2 (z_2 - z_3)}{\Sigma (z_1 \bar{z}_2 - \bar{z}_1 z_2)}$$

(v) बाह्य केन्द्रक $I_1 = \dfrac{-az_1 + bz_2 + cz_3}{-a + b + c}$

$$I_2 = \frac{az_1 - bz_2 + cz_3}{a - b + c}$$

$$I_3 = \frac{az_1 + bz_2 - cz_3}{a + b - c}$$

वृत्त

(i) केन्द्र z_2 व त्रिज्या r वाले वृत्त का समीकरण $|z - z_0| = r$ या $z\bar{z} - \bar{z}_0 z - z_0 \bar{z} + z_0 \bar{z}_0 - r^2 = 0$ होगा।

(ii) वृत्त का व्यापक समीकरण $z\bar{z} + a\bar{z} - \bar{a}z + b = 0$ होगा, जहाँ b एक वास्तविक संख्या है। इसका केन्द्र $-a$ तथा त्रिज्या $\sqrt{a\bar{a} - b}$ है।

(iii) चार बिन्दु z_1, z_2, z_3, z_4 एक वृत्त पर स्थित होंगे, यदि $\dfrac{(z_1 - z_3)(z_2 - z_4)}{(z_1 - z_4)(z_2 - z_3)}$ शुद्ध वास्तविक है।

कुछ महत्त्वपूर्ण तथ्य

1. यदि P एक पूर्णांक है, तब–
$i^{4P} = 1, \quad i^{4P+1} = i, \quad i^{4P+2} = -1$ तथा $i^{4P+3} = -i$
2. $i = \sqrt{-1}, \quad i^2 = -1, \quad i^3 = -i$ तथा $i^4 = -1$
3. (i) $1 = \cos 0 + i \sin 0$
(ii) $i = \cos \pi/2 + i \sin \pi/2$
(iii) $-1 = \cos \pi + i \sin \pi$
(iv) $-i = \cos \pi/2 - i \sin \pi/2$
4. (i) तीन बिन्दु $A(z_1), B(z_2)$ व $C(z_3)$ समरेखीय होंगे, यदि
$$AB + BC = AC$$
$$|z_1 - z_2| + |z_2 - z_3| = |z_1 - z_3|$$
(ii) बिन्दु $P(z)$ की मूल बिन्दु से दूरी $= |z|$
5. तीन बिन्दु z_1, z_2 व z_3 समरेखीय होंगे, यदि $\begin{vmatrix} z_1 & \bar{z}_1 & 1 \\ z_2 & \bar{z}_2 & 1 \\ z_3 & \bar{z}_3 & 1 \end{vmatrix} = 0.$
6. बिन्दु $A(z_1)$ से रेखा $\bar{a}z + a\bar{z} + b = 0$ पर डाले गए लम्ब की लम्बाई
$$= \frac{|\bar{a}z_1 + a\bar{z}_1 + b|}{|a| + |\bar{a}|} = \frac{|\bar{a}z_1 + a\bar{z}_1 + b|}{2|\bar{a}|}$$
7. रेखा $\bar{a}z + a\bar{z} + b = 0$ की प्रवणता $= -\dfrac{a}{\bar{a}}$
8. वृत्त का समीकरण जबकि व्यास के सिरे ज्ञात हो (Equation of circle when vertices of diamter are given)

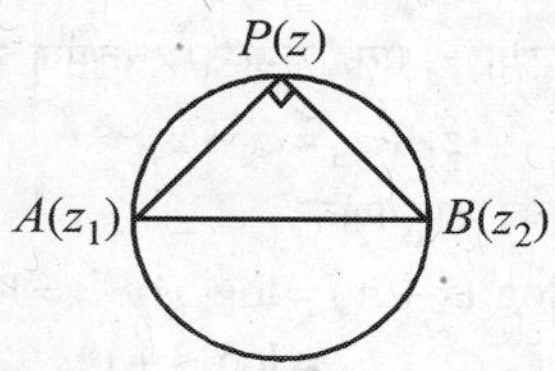

$$(z - z_1)(\bar{z} - \bar{z}_2) + (z - z_2)(\bar{z} - \bar{z}_1) = 0$$

9. समीकरण $|z - z_1|^2 + |z - z_2|^2 = a$ एक वृत्त निरूपित करेगी।
यदि $\qquad a \geq \dfrac{1}{2}|z_1 - z_2|^2$
10. $\left|\dfrac{z - z_1}{z - z_2}\right| = a$ एक वृत्त होगा, यदि $a \neq 1$ तथा रेखा होगा, यदि $a = 1$.
11. यदि $\left|z + \dfrac{1}{z}\right| = a$ हो, तो
(i) $|z|$ का अधिकतम मान $= \dfrac{a + \sqrt{a^2 + 4}}{2}$
(ii) $|z|$ का न्यूनतम मान $= \dfrac{-a + \sqrt{a^2 + 4}}{2}$
12. $\overline{(iz)} = -i\bar{z}, \mathrm{Re}(iz) = -\mathrm{Im}(z), \mathrm{Im}(iz) = \mathrm{Re}(z)$
13. यदि तीन सम्मिश्र संख्याएँ समान्तर श्रेणी में है, तब वे सम्मिश्र तल में एक सरल रेखा पर स्थित होती है।
14. यदि तीन बिन्दु z_1, z_2, z_3 सम्बन्ध $az_1 + bz_2 + cz_3 = 0$ के द्वारा जुड़े हुये हैं, जहाँ $a + b + c = 0$, तब तीनों बिन्दु समरेखीय हैं।
15. $|z_1| + |z_2| + \ldots + |z_n| = |z_1 + z_2 + \ldots + z_n|$ केवल तभी सम्भव है जब $z_1, z_2, \ldots, z_n$ के कोणांक बराबर हों।
16. चूँकि $|z|^2 = [\mathrm{Re}(z)]^2 + [\mathrm{Im}(z)]^2$, इसलिए $\mathrm{Re}(z) \leq |z|, \mathrm{Im}(z) \leq |z|$.
17. समीकरण $|z - z_1|^2 + |z - z_2|^2 = k$ (जहाँ k वास्तविक संख्या है),

एक वृत्त को निरूपित करता है जिसका केन्द्र $\frac{1}{2}(z_1+z_2)$ तथा त्रिज्या $\frac{1}{2}\sqrt{2k-|z_1-z_2|^2}$ है, जहाँ $k \geq \frac{1}{2}|z_1-z_2|^2$ ।

18. यदि z_1 व z_2 इस प्रकार है, कि $z_1 z_2$ एक वास्तविक संख्या है, तो यह आवश्यक नहीं है, कि z_1 व z_2 एक-दूसरे की संयुग्मी हैं।

19. त्रिभुज का क्षेत्रफल, जिसके शीर्ष z, iz तथा $z+iz$ हैं, $\frac{1}{2}|z|^2$ होता है।

20. यदि $z_1, z_2, z_3, ..., z_n$ किसी n भुजाओं के समबहुभुज के शीर्ष हों तथा z_0 उसका केन्द्रक हो, तो $z_1^2+z_2^2+...+z_n^2 = nz_0^2$

21. यदि z_1, z_2, z_3 एक त्रिभुज के शीर्ष हों तो त्रिभुज समबाहु होगा, यदि और केवल यदि $(z_1-z_2)^2+(z_2-z_3)^2+(z_3-z_2)^2=0$

अथवा $\quad z_1^2+z_2^2+z_3^2 = z_1z_2+z_2+z_3+z_3z_1$

अथवा $\quad \frac{1}{z_1+z_2}+\frac{1}{z_2+z_3}+\frac{1}{z_3+z_1}=0$

22. यदि z_1, z_2, z_3 तथा z_4 एक समान्तर चतुर्भुज के शीर्ष हैं, तब
$$z_1+z_3 = z_2+z_4$$

23. सम्मिश्र संख्या का लघुगणक
$$\log_e(x+iy) = \log_e(re^{i\theta}) = \log_e r + \log_e e^{i\theta}$$
$$= \log_e r + i\theta$$
$$= \log_e \sqrt{x^2+y^2} + i\tan^{-1}\frac{y}{x}$$

24. यदि z_1, z_2, z_3 व z_4 एक समान्तर चतुर्भुज के शीर्ष हैं, तब
   (a) $z_1+z_3 = z_2+z_4$
   (b) $|z_1-z_2| = |z_2-z_3| = |z_3-z_4| = |z_4-z_1|$
   (c) $|z_1-z_3| = |z_2-z_4|$
   (d) $\frac{z_1-z_3}{z_2-z_4}$ शुद्ध काल्पनिक है।

25. यदि ω तथा ω^2 इकाई के सम्मिश्र घनमूल हैं, तब
   (i) $(a+b\omega+c\omega^2)(a+b\omega^2+c\omega)$
   $= a^2+b^2+c^2-ab-bc-ca$
   (ii) $(a+b+c)(a\omega+b\omega+c\omega^2)(a+b\omega^2+c\omega)$
   $= a^3+b^3+c^3-3abc$
   (iii) $(a\omega+b\omega^2)(c\omega^2+b\omega) = a^2+b^2-ab$
   (iv) $(a+b)(a\omega+b\omega^2)(a\omega^2+b^2\omega) = a^3+b^3$

26. कोणांक (z) − कोणांक $(-z) = \begin{cases} \pi, & \text{यदि कोणांक } (z)>0 \\ -\pi, & \text{यदि कोणांक } (z)<0 \end{cases}$

27. महत्त्वपूर्ण सर्वसमिकाएँ
   (a) $x^2+y^2 = (x+iy)(x-iy)$
   (b) $x^3-y^3 = (x-y)(x-\omega y)(x+\omega^2 y)$
   (c) $x^3+y^3 = (x+y)(x+\omega y)(x+\omega^2 y)$
   $= (x+y)(x\omega+y\omega^2)(x\omega^2+y\omega)$
   (d) $x^3+y^3+z^2-xy-yz-zx$
   $= (x+y\omega+z\omega^2)(x+y\omega^2+z\omega)$

28. यदि $|z-z_1|-|z-z_2|$ = अचर राशि $\Rightarrow z$ का बिन्दुपथ एक अतिपरवलय होगा।

29. यदि $|z-z_1|+|z-z_2|$ = अचर राशि $\Rightarrow z$ का बिन्दुपथ एक दीर्घवृत्त होगा।

30. यदि कोणांक $\left(\frac{z-z_1}{z-z_2}\right) = 0$ या $x \Rightarrow z$ का बिन्दुपथ एक सरल रेखा होगा।

31. यदि कोणांक $\left(\frac{z-z_1}{z-z_2}\right) = a$ (अचर) $\Rightarrow z$ का बिन्दुपथ एक वृत्त होगा।

32. यदि $\frac{z_3-z_1}{z_2-z_2}$ पूर्ण वास्तविक संख्या है, तो z_1, z_2 और z_3 सरेखीय होंगे।

33. यदि $\frac{1}{z_1-z_2}+\frac{1}{z_2-z_3}+\frac{1}{z_3-z_1}=0$ हो, तब $P(z_1), Q(z_2), R(z_3)$ शीर्ष वाला त्रिभुज समबाहु त्रिभुज होगा।

34. यदि सम्मिश्र संख्याएँ समान्तर श्रेणी में हैं, तब वे सम्मिश्र तल में सरेखीय होती है।

वस्तुनिष्ठ प्रश्न

1. यदि α और β दो विभिन्न सम्मिश्र संख्याएँ हैं, जहाँ $|\beta| = 1$, तो $\left|\frac{\beta-\alpha}{1-\bar{\alpha}\beta}\right|$ का मान है–

(a) 1 (b) 2
(c) 0 (d) 1/2

2. यदि $|z_1| = |z_2|$ और $\arg z_1 + \arg z_2 = 0$, तो

(a) $z_1 = \bar{z}_2$ (b) $z_1 = z_2$
(c) $z_1 z_2 = 1$ (d) कोई नहीं

3. यदि $z = x + iy$ और $\omega = \frac{1-iz}{z-i}$, तो $|\omega| = 1$ इंगित करता है कि सम्मिश्र समतल में–

(a) z इकाई वृत्त पर स्थित है
(b) z काल्पनिक अक्ष पर स्थित है
(c) z वास्तविक अक्ष पर स्थित है
(d) इनमें से कोई नहीं

4. मान लो महत्तम मापांक की एक सम्मिश्र संख्या z (जो x-अक्ष पर नहीं है) ऐसी है कि $\left|z+\frac{1}{z}\right| = 1$ तो–

(a) $\text{Re}(z) = 0$ (b) $\text{Im}(z) = 0$
(c) $\text{amp}(z) = \pi$ (d) इनमें से कोई नहीं

5. यदि $\omega (\neq 1)$ इकाई का एक घनमूल हो, तथा $((1+\omega^2)^n = (1+\omega^4)^n$, तो n का न्यूनतम धनात्मक मान होगा–

(a) 2 (b) 3
(c) 4 (d) 5

6. समीकरण $(1+i\sqrt{3})^x = 2^x$ के हल होंगे–

(a) स० श्रे० में (b) गु० श्रे० में
(c) ह० श्रे० में (d) किसी में नहीं

7. सबसे छोटा पूर्णांक जिसके लिए $\left(\frac{1+i}{1-i}\right)^n = 1$ है–

(a) $n = 12$ (b) $n = 8$
(c) $n = 16$ (d) इनमें से कोई नहीं

8. यदि $z^2 + z|z| + |z|^2 = 0$ तो z का बिन्दुपथ है–

(a) एक वृत्त (b) एक सरल रेखा
(c) एक रेखा-युग्म (d) इनमें से कोई नहीं

9. r का न्यूनतम मान जिसके लिए दो वक्र $\arg(z) = \frac{\pi}{6}$ और $|z - 2\sqrt{3}i| = r$ परिच्छेद करते हैं–

(a) $1/\sqrt{3}$ (b) 1/3
(c) $\sqrt{3}$ (d) 3

10. यदि कोणांक $(z) < 0$, तब कोणांक $(-z)$–कोणांक (z) बराबर होगा–

(a) $-\pi/2$ (b) $\pi/2$
(c) π (d) $-\pi$

11. माना z_1 व z_2 इकाई के nवें मूल हैं, जोकि मूलबिन्दु पर समकोण बनाते हैं, तब n निम्न प्रकार का होना चाहिए–

(a) $4k+3$ (b) $4k$
(c) $4k+1$ (d) $4k+2$

12. सभी सम्मिश्र संख्याओं z_1, z_2 और $|z_1| = 12$ और $|z_2 - 3 - 4i| = 5$ को सन्तुष्ट करती है, के लिए $|z_1 - z_2|$ का न्यूनतम मान है–

(a) 7 (b) 17
(c) 0 (d) 2

13. यदि a, b और c पूर्णांक हैं परन्तु सभी एक साथ समान नहीं हैं और $\omega (\neq 1)$ इकाई का एक घनमूल है, तब $|a + b\omega + c\omega^2|$ का न्यूनतम मान है–

(a) 1 (b) 0
(c) $\sqrt{3}$ (d) 1/2

14. छायांकित क्षेत्र, जहाँ $P = (-1, 0)$, $Q = (-1+\sqrt{2}, \sqrt{2})$, $R = (-1+\sqrt{2}, -\sqrt{2})$ तथा $S = (1, 0)$ को निम्न में से किसके द्वारा प्रदर्शित कर सकते हैं?

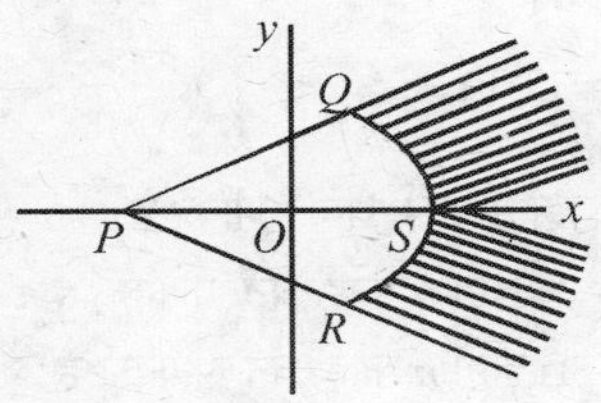

(a) $|z+1| > 2$, |कोणांक $(z+1)| > \frac{\pi}{4}$

(b) $|z-1| < 2$, |कोणांक $(z+1)| > \frac{\pi}{2}$

(c) $|z+1| > 2$, |कोणांक $(z+1)| < \frac{\pi}{4}$

(d) $|z+1| < 2$, |कोणांक $(z+1)| < \frac{\pi}{2}$

15. यदि $w = \alpha + i\beta$, जहाँ $\beta \neq 0$ और $z \neq 1$, प्रतिबन्ध $\left(\frac{w - \bar{w}z}{1-z}\right)$ शुद्ध वास्तविक है, को सन्तुष्ट करता है, तो z के मानों का समुच्चय है

(a) $|z| = 1, z \neq 1$ (b) $|z| = 1, z \neq 2$
(c) $z = \bar{z}$ (d) इनमें से कोई नहीं

16. माना $z = \cos\theta + i\sin\theta$, तब $\theta = 2^\circ$ पर $\sum_{m=1}^{15} \text{Im}(z^{2m-1})$ का मान होगा–

(a) $\frac{1}{2\sin 2^\circ}$ (b) $\frac{1}{4\sin 2^\circ}$

(c) $\frac{1}{\sin 2^\circ}$ (d) $\frac{1}{3\sin 2^\circ}$

17. यदि $\frac{c+i}{c-i}=a+ib$, जहाँ a, b, c वास्तविक राशियाँ है, तब a^2+b^2–

(a) 1 (b) c^2+1
(c) c^2 (d) इनमें से कोई नहीं

18. यदि $z=x+iy$, तब $|3z-1|=3|z-2|$ व्यक्त–

(a) x-अक्ष (b) y-अक्ष
(c) एक वृत्त (d) x-अक्ष के समान्तर रेखा

19. यदि 1, ω तथा ω^2 इकाई के घनमूल हो, तब $\left(\frac{1+\omega}{\omega^2}\right)^3=$–

(a) 1 (b) –1
(c) ω (d) ω^2

20. यदि $a=\cos\alpha+i\sin\alpha$ तथा $b=\cos\beta+i\sin\beta$, तब $\frac{1}{2}\left(ab+\frac{1}{ab}\right)=$

(a) $\cos(\alpha+\beta)$ (b) $\sin(\alpha+\beta)$
(c) $\cos(\alpha-\beta)$ (d) $\sin(\alpha-\beta)$

21. यदि α इकाई का घनमूल है, जबकि $n\in N, \alpha\neq 1$, तब

$$\alpha^{3n+1}+\alpha^{3n+3}+\alpha^{3n+5}=$$

(a) –1 (b) 0
(c) 1 (d) 3

22. यदि $\left(\frac{1+i}{1-i}\right)^x=1$, तब–

(a) $x=2n$, जहाँ n कोई धन पूर्णांक है
(b) $x=4n+1$, जहाँ n कोई धन पूर्णांक है
(c) $x=2n+1$, जहाँ n कोई धन पूर्णांक है
(d) $x=4n$, जहाँ n कोई धन पूर्णांक है

23. माना z, ω सम्मिश्र संख्याएँ है, जबकि $\bar{z}+i\bar{\omega}=0$, कोर्णांक $z\omega=\pi$, तब कोर्णांक z बराबर है–

(a) $\frac{3\pi}{4}$ (b) $\frac{\pi}{2}$
(c) $\frac{\pi}{4}$ (d) $\frac{5\pi}{4}$

24. यदि $z=x-iy$ तथा $z^{1/3}=p+iq$, तब $\frac{\left(\frac{x}{p}+\frac{y}{q}\right)}{(p^2+q^2)}$ बराबर है–

(a) 2 (b) –1
(c) 1 (d) –2

25. यदि $|z^2-1|=|z|^2+1$, तब z होगा–

(a) एक वृत्त पर (b) काल्पनिक अक्ष पर
(c) वास्तविक अक्ष पर (d) एक दीर्घवृत्त पर

26. यदि z_1 तथा z_2 दो अशून्य सम्मिश्र संख्याएँ हैं। जबकि

$$|z_1+z_2|=|z_1|+|z_2|$$

तब कोर्णांक z_1 कोर्णांक z_2 बराबर है–

(a) $-\pi$ (b) $\frac{\pi}{2}$
(c) $-\frac{\pi}{2}$ (d) 0

27. यदि $w=\frac{z}{z-(1/3)i}$ तथा $|w|=1$, तब z होगा–

(a) वृत्त पर (b) दीर्घवृत्त पर
(c) परवलय पर (d) सरल रेखा पर

28. यदि 1, ω, ω^2 इकाई के घनमूल है, तब समीकरण $(x-1)^3+8=0$ के मूल है–

(a) –1, –1, –1 (b) $-1, -1+2\omega, -1-2\omega^2$
(c) $-1, 1+2\omega, 1+2\omega^2$ (d) $-1, 1-2\omega, 1-2\omega^2$

29. $\sum_{k=1}^{10}\left(\sin\frac{k\pi}{11}+i\cos\frac{2k\pi}{11}\right)$ का मान है–

(a) i (b) 1
(c) –1 (d) $-i$

30. यदि समीकरण $(a^2-5a+3)x^2+(3a-1)x+2=0$ का एक मूल, दूसरे मूल का दोगुना है, तब 'a' का मान होगा–

(b) –2/3 (a) 1/3
(d) –1/3 (c) 2/3

31. समीकरण $x^2-3|x|+2=0$ के वास्तविक हल होंगे–

(a) 4 (b) 1
(c) 3 (d) 2

32. यदि समीकरण $x^2+px+12=0$ का एक मूल 4 हो, जबकि समीकरण $x^2+px+q=0$ के मूल समान हो, तब 'q' का मान होगा–

(a) 3 (b) 12
(c) $\frac{49}{4}$ (d) 4

उत्तरमाला

1. (a)	2. (a)	3. (c)	4. (a)	5. (b)	6. (a)	7. (d)	8. (c)	9. (d)	10. (c)
11. (b)	12. (d)	13. (a)	14. (c)	15. (a)	16. (b)	17. (a)	18. (d)	19. (a)	20. (a)
21. (a)	22. (d)	23. (a)	24. (d)	25. (b)	26. (d)	27. (d)	28. (d)	29. (d)	30. (d)
31. (b)	32. (b)								

संकेत एवं हल

1. (a) $|\beta|=1 \quad \therefore \quad |\beta|^2=\beta\bar{\beta}=1$

$$\therefore \quad \text{L.H.S.}=\left|\frac{\beta-\alpha}{\beta\bar{\beta}-\bar{\alpha}\beta}\right|=\frac{|\beta-\alpha|}{|\beta||\bar{\beta}-\alpha|}$$

$$=\frac{|\beta-\alpha|}{1\cdot|\overline{\beta-\alpha}|}=1 \quad [\because \ |z|=|\bar{z}|]$$

2. (a) यदि $z_1=re^{i\theta}$ तो $z_2+re^{-i\theta}$, दिये हुए प्रतिबन्धों से

$$z_2=r(\cos\theta-i\sin\theta)=\bar{z}_1$$

$$\therefore \quad \bar{z}_2=z_1$$

3. (c) $|\omega|\left|\frac{z_1}{z_2}\right|=\left|\frac{z_1}{z_2}\right|, |\omega|=1$

$$\Rightarrow \quad |z_1|^2=|z_2|^2$$

$$|1-iz|^2=|z-i|^2$$

$$\therefore \quad (1+y)^2+x^2=x^2+(y-1)^2$$

$$\Rightarrow \quad 4y=0$$

$$\therefore \quad y=0$$

$\therefore$ z, x-अक्ष पर स्थित है।

4. (a) हम जानते हैं कि

$$|z_1+z_2|^2=r_1^2+r_2^2+2r_1r_2\cos(\theta_1-\theta_2)$$

यदि $z=re^{i\theta}$ तो $\frac{1}{z}=\frac{1}{r}e^{-i\theta}$

$$\therefore \quad \left|z+\frac{1}{z}\right|^2=r^2+\frac{1}{r^2}+2\cdot r\cdot\frac{1}{r}\cos(\theta-(-\theta))=1$$

अब $r^2+\frac{1}{r^2}-1+2\cos 2\theta=0$ जहाँ $r=|z|$

महत्तम है (दिया है)

अवकलन करने तथा $\frac{dr}{d\theta}=0$ रखने पर

$$-4\sin 2\theta=0$$

$$\therefore \quad 2\theta=0 \text{ या } \pi$$

$$\therefore \quad \theta=0 \text{ (अमान्य)}, \pi/2$$

$$\therefore \quad z=re^{i\theta} \text{ अर्थात् } \text{Re}(z)=0$$

$\theta=0$ अस्वीकार्य है क्योंकि बिन्दु x-अक्ष पर नहीं है।

5. (b) दिया है

$$(1+\omega^2)^n=(1+\omega^4)^n \quad [\because \omega^4=\omega]$$

या $\quad (-\omega)^n=(-\omega^2)^n$

या $\quad \omega^n=\omega^{2n}$

स्पष्ट है कि उपरोक्त को संतुष्ट करने वाला n का न्यूनतम मान $n=3$ है, क्योंकि $\omega^3=\omega^6=1$.

6. (a) दिया है–

$$\left(\frac{1+i\sqrt{3}}{2}\right)^x=1 \quad \text{या} \quad \left(\cos\frac{\pi}{3}+i\sin\frac{\pi}{3}\right)^x=1$$

$$(e^{i\pi/3})^x=(e^{2r\pi i})^x \quad \text{जहाँ } r=0, 1, 2, 3, \ldots$$

$$\therefore \quad x=6r=0, 6, 12, 18, \ldots..$$

जो एक स॰श्रे॰ में है।

7. (d) $\frac{1+i}{1-i}=\frac{(1+i)^2}{1-r^2}=\frac{2i}{2}=i$

$$\therefore \quad \left(\frac{1+i}{1-i}\right)^n=1$$

$$\Rightarrow \quad i^n=1$$

$$\therefore \quad n=4 \text{ (सबसे छोटा)}$$

8. (c) माना $zx=re^{i\theta}$ जिससे $|z|=r$, जब चूँकि $|z^2|=|z|^2$

अत: समीकरण निम्न के समतुल्य होगा।

$r^2(\cos 2\theta+i\sin 2\theta)+r^2(\cos\theta+i\sin\theta)+r^2=0$

चूँकि $r\neq 0$, वास्तविक एवं काल्पनिक भागों को शून्य के बराबर रखने पर

$$\cos 2\theta+\cos\theta+1=0 \quad \text{..(i)}$$

तथा $\quad \sin 2\theta+\sin\theta=0 \quad \text{...(ii)}$

समी (i) से,

$$2\cos^2\theta+\cos\theta=0$$

या $\quad \cos\theta(2\cos\theta+1)=0$

समी (ii) से,

$$\sin\theta(2\cos\theta+1)=0,$$

$\therefore \cos\theta = -1/2$ उभयनिष्ठ मान है जो (i) व (ii) दोनों को संतुष्ट करता है।

$\theta = 2\pi/2, 4\pi/3$ इसे संतुष्ट करते हैं।

या $\quad y = x\tan\dfrac{2\pi}{3}$ या $y = x\tan\dfrac{4\pi}{3}$

या $\quad y = \pm x\sqrt{3}$ अर्थात् एक रेखायुग्म।

9. (d) दोनों समीकरणों को कार्तीय रूप में परिवर्तित करने पर

$$\arg z = \frac{\pi}{6} \Rightarrow \frac{y}{x} = \tan 30°$$

$$\Rightarrow \quad x - \sqrt{3}y = 0$$

$|z - 2\sqrt{3}i| = r$ उस वृत्त को प्रदर्शित करता है जिसका केन्द्र $(0, 2\sqrt{3})$ और त्रिज्या r है।

$$x^2 + (y - 2\sqrt{3})^2 = r^2$$

यदि दो वक्र स्पर्श करते हैं तो $p = r$ और यदि वे प्रतिच्छेद करते हैं, तो $p \geq r$, जहाँ p, केन्द्र $(0, 2\sqrt{3})$ से रेखा पर लम्ब है।

$$\therefore \quad \left|\frac{0 - 2\sqrt{3}\cdot\sqrt{3}}{2}\right| \geq r \quad \text{या} \quad 3 \leq r \quad \therefore\ r \geq 3$$

अत: वक्रों के प्रतिच्छेदन के लिए r का मान 3 है। (स्पर्श करने का अर्थ दो संपाती बिन्दुओं पर प्रतिच्छेदन भी है)

10. (c) कोणांक $(z) < 0$

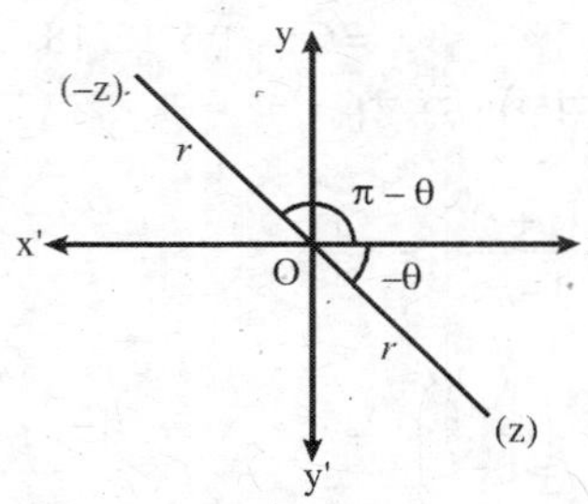

$\Rightarrow \quad$ कोणांक $= -\theta$

अब $\quad z = r\cos(-\theta) + i\sin(-\theta)$

$\quad = r(\cos\theta - i\sin\theta)$

पुन: $\quad -z = -r[\cos\theta - i\sin\theta]$

$\quad = r[\cos(\pi - \theta) + i\sin(\pi - \theta)]$

$\therefore \quad$ कोणांक $(-z) = \pi - \theta$

अत: कोणांक $(-z)$ – कोणांक (z) = कोणांक $\left(\dfrac{-z}{z}\right)$

= कोणांक $(-1) = \pi$

11. (b) कोणांक $\dfrac{z_1}{z_2} = \dfrac{\pi}{2}$

$$\Rightarrow \quad \frac{z_1}{z_2} = \cos\frac{\pi}{2} + i\sin\frac{\pi}{2} = i \qquad [\because |z_2| = |z_1| = 1]$$

$$\therefore \quad \frac{z_1^n}{z_2^n} = (i)^n$$

अत: $\quad i^n = 1 \Rightarrow n = 4k$

12. (d) हम जानते हैं, कि

$$|z_1 - z_2| = |z_1 - (z_2 - 3 - 4i) - (3 - 4i)|$$
$$\geq |z_1| - |z_2 - 3 - 4i| - |3 + 4i|$$

$(|z_1 - z_2| \geq |z_1| - |z_2|$ के प्रयोग से)]

$$\geq 12 - 5 - 5$$

$\therefore \quad |z_1 - z_2| \geq 2$

13. (a) माना $\quad x = |a + b\omega + c\omega^2|$

$$\Rightarrow \quad x^2 = |a + b\omega + c\omega^2|^2$$
$$= (a^2 + b^2 + c^2 - ab - bc - ca)$$

$$\Rightarrow \quad x^2 = \frac{1}{2}\{(a-b)^2 + (b-c)^2 + (c-a)^2\} \quad \text{...(i)}$$

$\because a, b, c$ सभी पूर्णांक हैं परन्तु सभी एक साथ समान नहीं है।

$\therefore$ यदि $a = b$, तो $a \neq c$ और $b \neq c$

$\because$ पूर्णांकों का अन्तर = पूर्णांक

$\Rightarrow \quad (b - c)^2 \geq 1$

[$\because$ दो क्रमागत पूर्णांकों का न्यूनतम अन्तर ± 1 है]

तथा $(c - a)^2 \geq 1$

$\therefore \quad a = b \Rightarrow (a - b)^2 = 0$

अत: समी (i) से,

$$x^2 = \frac{1}{2}\{(a-b)^2 + (b-c)^2 + (c-a)^2\}$$

$$\geq \frac{1}{2}\{0 + 1 + 1\}$$

$$\Rightarrow \quad x^2 \geq 1$$

$\Rightarrow \quad |x|$ का न्यूनतम मान = 1

14. (c) $\because |PQ| = |PS| = |PR| = 2$

अत: छायांकित भाग केन्द्र $(-1, 0)$ तथा त्रिज्या 2 वाले वृत्त के बाह्य भाग को प्रदर्शित करता है। हम जानते हैं कि केन्द्र z_0 और त्रिज्या r वाले वृत्त का समीकरण $|z - z_0| = r$ है।

$\therefore \quad |z - (-1 + 0i)| > 2$

$\Rightarrow \quad |z + 1| > 2 \quad$ ...(i)

तथा x-अक्ष से वामावर्त (anticlockwise) दिशा में $z + 1$ का कोणांक $\pi/4$ है।

$\therefore \quad$ कोणांक $(z + 1) \leq \dfrac{\pi}{4} \quad$ ...(ii)

और दक्षिणावर्त (clockwise) दिशा में $z + 1$ कोणांक $-\dfrac{\pi}{4}$ है।

$\therefore \quad -\dfrac{\pi}{4} \leq$ कोणांक $(z + 1) \quad$ ...(iii)

सभी (ii) व (iii) से,

$$|\text{कोणांक } (z+1)| \geq \frac{\pi}{4}$$

15. (a) माना $z_1 = \dfrac{w - \overline{w}z}{1-z}$ शुद्ध वास्तविक है।

$\Rightarrow \quad z_1 = \overline{z_1}$

$\therefore \quad \dfrac{w-\overline{w}z}{1-z} = \dfrac{\overline{w}-w\overline{z}}{1-\overline{z}}$

$\Rightarrow \quad w - \overline{w}z - \overline{w}z + \overline{w}z\cdot\overline{z} = \overline{w} - z\overline{w} - w\overline{z} + wz\cdot\overline{z}$

$\Rightarrow (w-\overline{w}) + (\overline{w}-w)|z|^2 = 0$

$\Rightarrow \quad |z|^2 = 1 \quad (w - \overline{w} \neq 0, \because \beta \neq 0)$

$\Rightarrow \quad |z| = 1$ और $z \neq 1$

16. (b) दिया है कि $z = \cos\theta + i\sin\theta = e^{i\theta}$

$$\therefore \sum_{m=1}^{15} \text{Im}(z^{2m-1}) = \sum_{m=1}^{15} \text{Im}(e^{i\theta})^{2m-1}$$

$$= \sum_{m=1}^{15} \text{Im}\, e^{i(2\theta-1)\theta}$$

$$= \sin\theta + \sin 3\theta + \sin 5\theta + \ldots + \sin 29\theta$$

$$= \frac{\sin\left(\dfrac{\theta+29\theta}{2}\right)\sin\left(\dfrac{15\times 2\theta}{2}\right)}{\sin\left(\dfrac{2\theta}{2}\right)}$$

$$= \frac{\sin(15\theta)\sin(15\theta)}{\sin\theta}$$

$$= \frac{\sin^2 30^\circ}{\sin 2^\circ} = \frac{1}{4\sin 2^\circ}$$

17. (a)

18. (d) y-अक्ष के समान्तर पर।

19. (a) -1.

20. (a) $\cos(\alpha+\beta)$.

21. (a) 0.

22. (d) $\left(\dfrac{1+i}{1-i}\right)^x = \left[\dfrac{(1+i)(1+i)}{(1-i)(1+i)}\right]^x = \left[\dfrac{(1+i)^2}{(1-i^2)}\right]^x = \left[\dfrac{1-1+2i}{2}\right]^x$

$\Rightarrow \quad \left(\dfrac{1+i}{1-i}\right)^x = (i)^x = 1 \quad$ (ज्ञात है)

$\Rightarrow \quad (i)^x = (i)^{4n} \quad \Rightarrow \quad (i)^x = (i)^{4n}$

$\Rightarrow \quad x = 4n$

23. (a) $\overline{z} + i\overline{\omega} = 0 \Rightarrow z = i\omega \quad \Rightarrow \quad \omega = -iz$

कोणांक $(z\omega) = \pi \Rightarrow$ कोणांक $(-iz^2) = \pi$

$\Rightarrow \quad$ कोणांक $(-i) + 2$ कोणांक $z = \pi$

$\Rightarrow \quad -\dfrac{\pi}{2} + 2$ कोणांक $z = \pi$

$\Rightarrow \quad$ कोणांक $z = \dfrac{3\pi}{4}$

24. (d) $\quad 3^{1/3} = p + iq$

$\Rightarrow \quad (x+iy)^{1/3} = (p+iq)$

$\Rightarrow \quad x - iy = (p+iq)^3$

$\Rightarrow \quad (x-iy) = p^3 + (iq)^3 + 3p^2qi + 3pq^2i^2$

$\Rightarrow \quad x - iy = p^3 - iq^3 + 3p^2qi - 3pq^2$

$\Rightarrow \quad x - iy = (p^3 - 3pq^2) + i(3p^2q - q^3)$

दोनों पक्षों की तुलना करने पर, प्राप्त

$x = p^3 - 3pq^2, \qquad -y = 3p^2q - q^3$

$\Rightarrow \quad x = p(p^2 - 3q^2)$

तथा $\quad y = q(-3p^2 + q^2)$

$\Rightarrow \quad \dfrac{x}{p} = p^2 - 3q^2 \quad$ तथा $\quad \dfrac{y}{q} = -3p^2 + q^2$

अब $\quad \dfrac{x}{p} + \dfrac{y}{q} = p^2 - 3q^2 - 3p^2 + q^2$

$= -2p^2 - 2q^2 = -2(p^2+q^2)$

$\Rightarrow \quad \dfrac{\dfrac{x}{p} + \dfrac{y}{q}}{p^2+q^2} = -2$

25. (b) ज्ञात है, $\quad |z^2 - 1| = |z|^2 + 1$

$|z^2 + (-1)| = |z|^2 + |-1|$

उपरोक्त से स्पष्ट है, कि मूल बिन्दु, -1 तथा z^2 एक रेखा पर स्थित है तथा z^2 तथा -1 मूल बिन्दु के एक ही ओर स्थित है। इसलिए z^2 एक ऋणात्मक संख्या है। अत: z पूर्ण काल्पनिक होगा। इसलिए हम कह सकते हैं, कि z, y-अक्ष पर स्थित हैं।

26. (d) माना $\quad z_1 = x_1 + iy_1 \quad$ तब $\quad z_2 = x_2 + iy_2$

दिया गया है,

$\Rightarrow \quad |z_1 + z_2| = |z_1| + |z_2|$

$\Rightarrow \quad \sqrt{(x_1+x_2)^2 + (y_1+y_2)^2} = \sqrt{x_1^2+y_1^2} + \sqrt{x_2^2+y_2^2}$

$\Rightarrow \quad x_1^2 + x_2^2 + 2x_1x_2 + y_1^2 + y_2^2 + 2y_1y_2$

$= x_1^2 + y_1^2 + x_2^2 + y_2^2$

$+ 2\sqrt{(x_1^2+y_1^2)(x_2^2+y_2^2)}$

$\Rightarrow \quad x_1x_2 + y_1y_2 = \sqrt{(x_1^2+y_1^2)(x_2^2+y_2^2)}$

$\Rightarrow \quad x_1^2x_2^2 + y_1^2y_2^2 + 2x_1x_2y_1y_2$

$= x_1^2x_2^2 + y_1^2y_2^2 + x_1^2y_2^2 + y_1^2x_2^2$

$\Rightarrow \quad x_1y_2 - y_1x_2 = 0$

$$\Rightarrow \quad \frac{y_2}{x_2} = \frac{y_1}{x_1}$$

$$\Rightarrow \quad \tan^{-1}\left(\frac{y_2}{x_2}\right) = \tan^{-1}\left(\frac{y_1}{x_1}\right)$$

$\Rightarrow$ कोणांक $z_2 =$ कोणांक z_1

कोणांक $z_2 -$ कोणांक $z_1 = 0$

27. (d) ज्ञात है, $\quad w = \dfrac{z}{z - \frac{i}{3}}$ तथा $|w| = 1$

$$\Rightarrow \quad \left|\frac{z}{z-(i/3)}\right| = 1 \quad \Rightarrow \quad |z| = \left|z - \frac{i}{3}\right|$$

$\Rightarrow$ (0, 0) तथा (0, 1/3) के लम्बअर्धक पर z है। इस प्रकार z सरल रेखा पर है।

28. (d) चूँकि $\quad (x-1)^3 + 8 = 0 \quad \Rightarrow \quad (x-1)^3 = -8 = (-2)^3$

$$\Rightarrow \quad \left(\frac{x-1}{-2}\right)^3 = (1) \quad \Rightarrow \quad \left(\frac{x-1}{-2}\right) = (1)^{1/3}$$

$\therefore \left(\dfrac{x-1}{-2}\right)$ के धनमूल है, $1, \omega$ तथा ω^2

$\Rightarrow$ $(x-1)$ के धनमूल है $-2, -2\omega$ तथा $-2\omega^2$

$\Rightarrow$ x के धनमूल है $-1, 1-2\omega$ तथा $1-2\omega^2$

29. (d) $\displaystyle\sum_{k=1}^{10}\left(\sin\frac{2k\pi}{11} + i\cos\frac{2k\pi}{11}\right)$

$$= i\sum_{k=1}^{10}\left(\cos\frac{2k\pi}{11} - i\sin\frac{2k\pi}{11}\right)$$

$$= i\sum_{k=1}^{10}(e^{-\frac{2k\pi}{11}})$$

$$= i\left[\sum_{k=1}^{10}\left(e^{-\frac{2k\pi}{11}}\right) - 1\right] = -i.$$

30. (d) प्राप्त समीकरण है,

$$z^2 + z + 1 = 0$$

$$\Rightarrow \quad z = \omega, \omega^2$$

अब $\left(z + \dfrac{1}{z}\right)^2 + \left(z^2 + \dfrac{1}{z^2}\right)^2 + \left(z^3 + \dfrac{1}{z^3}\right)^2$

$= (-1)^2 + (-1)^2 + (1+1)^2 + (-1)^2 + (-1)^2 + (1+1)^2$

$= 1 + 1 + 4 + 1 + 1 + 4 = 12.$

31. (b) $\quad |z+1| = |z+4-3| \le |z+4| + |-3| \le 6$

$\therefore$ महत्तम $|z+1| = 6.$

32. (b) माना $\quad \bar{z} = \dfrac{1}{-1+i}$

$$\Rightarrow \quad z = \frac{1}{-1-i} = \frac{-1}{i+1}$$

□□□

द्विघात समीकरण 13

(Quadratic Equation)

सर्वसमिका तथा समीकरण (Indentity and Equation)

1. सर्वसमिका प्रत्येक मान के लिए सन्तुष्ट होती है।

   उदाहरण– $(x-4)^2+8x=x^2+16$

2. समीकरण प्रत्येक मान के लिए सन्तुष्ट नहीं होती सिर्फ कुछ मान के लिए सन्तुष्ट होती है।

   उदाहरण– $x^2-5x+6=0$.

द्विघात समीकरण $ax^2+bx+c=0$ के मूल α और β हैं।

$$x=\frac{-b\pm\sqrt{b^2-4ac}}{2a}$$

मूलों का योगफल तथा गुणनफल:

मूलों का योग $S=\alpha+\beta=-\frac{b}{a}$

$$=-\frac{x \text{ का गुणांक}}{x^2 \text{ का गुणांक}}$$

मूलों का गुणनफल $P=\alpha\beta=\frac{c}{a}=\frac{\text{अचर पद}}{x^2 \text{ का गुणांक}}$

समीकरण ज्ञात करना जिसके मूल α और β हो–

$S=(\alpha+\beta)$ $\quad$ $P=\alpha\cdot\beta$

तब, $x^2-Sx+P=0$

जहाँ पर S मूलों का योगफल और P इनका गुणनफल। इसे संतुष्ट करेंगा। तब– $f(\alpha)=0,\ f(\beta)=0$

समीकरण के गुणांकों व मूलों में सम्बन्ध
(Relation Between Coefficient and Roots of an equation)

द्विघात समीकरण (Quadratic Equation) : यदि द्विघात समीकरण $ax^2, bx+c=0$ हो,

तो $\alpha+\beta=-\frac{b}{a}$ तथा $\alpha\beta=\frac{c}{a}$

धन समीकरण (Cubic Equation) : यदि धन समकीरण

$$ax^3+bx^2+cx+d=0$$

के मूल α, β व γ है,

तब, $\alpha+\beta+\gamma=-\frac{b}{a}$

$$\alpha\beta+\beta\gamma+\gamma\alpha=\frac{c}{a}$$

व $\alpha\beta\gamma=-\frac{d}{a}$

नोट//

यदि समीकरण $ax^2+bx+c=0$ के मूल α व β है,

तब, $ax^2+bx+c=a(x-\alpha)(x-\beta)$

दिए गए मूलों का समीकरण (Equation of Given Roots)

द्विघात समीकरण (Quadratic Equation) : यदि द्विघात समीकरण के मूल α व β हो, तो समीकरण $x^2-(\alpha+\beta)x+\alpha\beta=0$ होगी।

धन समीकरण (Cubic Equation) : यदि धन समीकरण के मूल α, β व γ हों, तो

समीकरण $x^3-(\alpha+\beta+\gamma)x^2+(\alpha\beta+\beta\gamma+\gamma\alpha)x-\alpha\beta\gamma=0$ होगी।

मूलों की प्रकृति (Nature of Roots)

माना समीकरण $ax^2+bx+c=0$ है, तब–

1. यदि $D=b^2-4ac=0$ है, तो समीकरण के मूल वास्तविक व संपाती होते हैं।
2. यदि $D=b^2-4ac>0$ है, तो समीकरण के मूल वास्तविक व भिन्न-भिन्न होते हैं।
3. यदि $D=b^2-4ac<0$ है, तो समीकरण के मूल काल्पनिक होते हैं।
4. यदि $D=b^2-4ac>0$ तथा पूर्ण वर्ग न हो, तो समीकरण के मूल अपरिमेय होंगे।
5. यदि $D=b^2-4ac>0$ तथा पूर्ण वर्ग हो, तो समीकरण के मूल परिमेय होंगे।

संयुग्मी (Conjugate)

यदि किसी समीकरण $f(x)=0$ का एक मूल $\alpha+i\beta$ या $\alpha+\sqrt{\beta}$ हो, तो दूसरा मूल इसका संयुग्मी $\alpha-i\beta$ या $\alpha-\sqrt{\beta}$ होगा।

सममित फलन (Symmetric Functions)

माना समीकरण $ax^2+bx+c=0$ के मूल α व β है, तब–

(i) $\alpha+\beta=-\frac{b}{a}$ तथा $\alpha\beta=\frac{c}{a}$

(ii) $(\alpha-\beta)=\sqrt{(\alpha+\beta)^2-4\alpha\beta}$

(iii) $\alpha^2+\beta^2=(\alpha+\beta)^2-2\alpha\beta$

(iv) $\alpha^2-\beta^2=(\alpha+\beta)\sqrt{(\alpha+\beta)^2-4\alpha\beta}$

(v) $\alpha^3+\beta^3=(\alpha+\beta)^3-3\alpha\beta(\alpha+\beta)$

(vi) $\alpha^4+\beta^4=[(\alpha+\beta)^2-2\alpha\beta]^2-2(\alpha\beta)^2$

ax^2+bx+c के उच्चिष्ठ व निम्निष्ठ मान (Maximum and Minimum Value of ax^2+bx+c)

1. ax^2+bx+c का निम्निष्ठ मान $\frac{4ac-b^2}{4a}$ है तथा यह मान $x=\frac{-b}{2a}$ पर प्राप्त होता है।

2. ax^2+bx+c का उच्चिष्ठ मान $\frac{4ac-b^2}{4a}$ है तथा यह मान $x=\frac{-b}{2a}$ पर प्राप्त होता है।

गुणनखण्ड प्रमेय (Factor Theorem)

यदि α बहुपद समीकरण $f(x)=0$ का मूल है, तब $x-\alpha, f(x)$ का एक गुणनखण्ड है।

द्विपद व्यंजक का चिन्ह (Sign of Binomial Expression)

माना $f(x)=ax^2+bx+c$ है, जहाँ $a, b, c \in R$ तथा $a \neq 0$

(i) यदि $a>0$ है, और $D=0$, तब $f(x) \geq 0, \forall x \in R$

(ii) यदि $a>0$ है, और $D<0$, तब $f(x)>0, \forall x \in R$

(iii) यदि $a<0$ है, और $D<0$, तब $f(x)<0, \forall x \in R$

(iv) यदि $a<0$ है, और $D=0$, तब $f(x) \leq 0, \forall x \in R$

(v) यदि $a>0, D>0$ तथा $f(x)=0$ के दो वास्तविक मूल α तथा β हैं $(\alpha<\beta)$, तो $x \in (-\infty, 0) \cup (\beta, \infty)$ के लिए, $f(x)>0$ तथा $x \in (\alpha, \beta)$ के लिए $f(x)<0$ होगा।

(vi) यदि $a<0, D>0, f(x)=0$ के दो वास्तविक मूल α, β हैं। $(\alpha<\beta)$, तब $x \in (-\infty, \alpha) \cup (\beta, \infty)$ के लिए $f(x)>0$ तथा $x \in (\alpha, \beta)$ के लिए $f(x)<0$ होगा।

चतुर्थघात समीकरण (Biquadratic Equations)

यदि $ax^4+bx^3+cx^2+dx+e=0$ के चार मूल मूल $\alpha, \beta, \gamma, \delta$ हों, तब

$$\alpha+\beta+\gamma+\delta=-\frac{b}{a}$$

$$\alpha\beta+\alpha\gamma+\alpha\delta+\beta\gamma+\beta\delta+\gamma\delta=\frac{c}{a}$$

$$\alpha\beta\gamma+\beta\gamma\delta+\gamma\delta\alpha+\alpha\gamma\delta=-\frac{d}{a}$$

तथा $$\alpha\beta\gamma\delta=\frac{c}{a}$$

एक द्विपद फलन $ax^2+2hxy+by^2+2yx+2fy+c=0$ को रैखिक परिमेय गुणनखण्डों में विभक्त कर सकते हैं यदि

$$\Delta=abc+2fgh-af^2-bg^2-ch^2=0$$

अर्थात् $$\begin{vmatrix} a & h & g \\ h & b & f \\ g & f & c \end{vmatrix}=0$$

कुछ महत्त्वपूर्ण तथ्य

1. यदि द्विघात समीकरणों $a_1x^2+b_1x+c_1=0$ तथा $a_2x^2+b_2x+c_2=0$ के दोनों मूल उभयनिष्ठ हों।

   तो, $$\frac{a_1}{a_2}=\frac{b_1}{b_2}=\frac{c_1}{c_2}$$

2. यदि द्विघात समीकरणों $a_1x^2+b_1x+c_1=0$ तथा $a_2x^2+b_2x+c_2=0$ का उभयनिष्ठ मूल α हो।

   तो, $\alpha=\frac{c_1a_2-c_2a_1}{a_1b_2-a_2b_1}$ या $\frac{b_1c_2-b_2c_1}{c_1a_2-c_2a_1}$

3. द्विघात समीकरण $ax^2+bx+c=0$ में यदि $a+b+c=0$ हो, तो मूल $1, \frac{c}{a}$ होंगे तथा यदि $a-b+c=0$ हो, तो मूल $-1, -\frac{c}{a}$ होंगे।

4. यदि बहुपद समीकरण $a_0+a_1x+a_2x^2+...+a_nx^n=0$ के गुणांकों का योग शून्य हो, तो $x=1$ सदैव समीकरण का एक मूल होगा।

5. द्विघात समीकरण $ax^2+bx+c=0$ के लिए–

   (a) एक मूल शून्य होगा, यदि $c=0$

   (b) दोनों मूल शून्य होंगे, यदि $b=c=0$

6. यदि द्विघात समीकरण $ax^2+bx+c=0$ के मूल $a'x^2+b'x+c'=0$ के मूलों के व्युत्क्रम होंगे। यदि $(cc'-aa')^2=(ba'-cb')(ab'-bc')$।

7. यदि $ax^2+bx+c=0$ के मूल परस्पर व्युत्क्रम हो, तो $c=a$ यदि $f(\alpha)=0$ तथा $f'(\alpha)=0$, तो α, द्विघात समीकरण $f(x)=0$ का पुनरावृत्त मूल होगा तथा $f(x)=a(x-\alpha)^2$ स्पष्ट है, कि $\alpha=\frac{-b}{2a}$।

8. यदि $ax^2+bx+c=0$ का एक मूल दूसरे का वर्ग है। तब $a^2c+ac^2+b^3=3abc$।

9. यदि ax^2+bx+c का एक मूल दूसरे मूल का nवीं घात हो, तो, $(ac^n)^{\frac{1}{n+1}}+(a^nc)^{\frac{1}{n+1}}+b=0$

10. यदि $ax^2+bx+c=0$ के मूल समान परिमाण के तथा विपरीत चिन्ह के हो, तो $b=0$।

11. यदि $ax^2+bx+c=0$ के दोनों मूल धनात्मक हैं, तब a व c का चिन्ह समान व b के चिन्ह के विपरीत होता है।

12. यदि $ax^2+bx+c=0$ के मूलों के चिन्ह विपरीत हो, तो a का चिन्ह b, के चिन्ह से विपरीत होगा।

13. यदि द्विघात समीकरण $ax^2+bx+c=0$ के मूल α व β हैं, तो $cx^2+bx+a=0$ के मूल $\frac{1}{\alpha}, \frac{1}{\beta}$ होंगे।

14. यदि द्विघात समीकरण का एक मूल दूसरे मूल का n गुना है। तो $nb^2=ac(n+1)^2$।

15. यदि ax^2+bx+c में $a>0$ तथा $b^2-4ac<0$ हो। तब ax^2+bx+c सदैव धनात्मक होगा।

16. यदि ax^2+bx+c में $a<0$ तथा $b^2-4ac<0$ हो।

तब ax^2+bx+c सदैव ऋणात्मक होगा।

17. यदि $a_1, a_2, a_3, ..., a_n$ धनात्मक है, तब–

$(a_1+a_2+a_3+...+a_n)\left(\frac{1}{a_1}+\frac{1}{a_2}+\frac{1}{a_3}+...+\frac{1}{a_n}\right)$ का निम्निष्ठ

मान n^2 होता है।

18. माना समीकरण $ax^2+bx+c=0$ के मूल α व β है, तब वह समीकरण–

(a) जिसके मूल $\alpha \pm A, B \pm A$ है।

$a(x \mp A)^2 + b(x \mp A) + c = 0$ है।

(b) जिसके मूल $A\alpha, A\beta$ है, $ax^2+Abx+A^2c=0$ है।

(c) जिसके मूल $\frac{\alpha}{A}, \frac{\beta}{A}$ है, $aA^2x^2+bAx+c=0$ है।

(d) जिसके मूल $\frac{1}{\alpha}$ व $\frac{1}{\beta}$ है, $cx^2+bx+a=0$ है।

19. $a^2+b^2+c^2-ab-bc-ca$

$$=\frac{1}{2}[(a-b)^2+(b-c)^2+(c-a)^2]$$

तथा $a^2+b^2+c^2-ab-bc-ca=0$

यदि $a=b=c$

20. $\frac{a}{b}=\frac{c}{d}=\frac{a+c}{b+d}=\left(\frac{a^2+c^2}{b^2+d^2}\right)=\left(\frac{ac}{bd}\right)^{1/2}$

21. यदि समीकरण $ax^2+bx+c=0$ के मूलों का योग उनके व्युत्क्रमों के योग के बराबर हो, तब ab^2, bc^2, ca^2 समान्तर श्रेणी में होंगे या 4 (i) समान्तर श्रेणी में होंगे।

22. n घात वाली समीकरण के n वास्तविक या काल्पनिक मूल होते हैं।

23. यदि किसी समीकरण के सभी पद धनात्मक हो तथा समीकरण में एक भी विषम घात वाला पद ना हो, तो समीकरण के सभी मूल सम्मिश्र होते हैं।

24. यदि $x=\sqrt{a+\sqrt{a+\sqrt{a......}}}+\infty$ तब, $x=\frac{1\pm\sqrt{4a+1}}{2}$

25. यदि $(\alpha+i\beta)$ समीकरण $ax^2+bx+c=0$ का एक मूल है। तब $b=-2\alpha$ और $c=(\alpha^2+\beta^2)$।

26. समीकरण $(x-a)^2+(x-b)^2+(x-c)^2=0$ के मूल काल्पनिक होंगे। जहाँ $a, b, c \in R$।

वस्तुनिष्ठ प्रश्न

1. यदि $b>a$, तो समीकरण $(x-a)(x-b)-1=0$ का/के–

(a) दोनों मूल $(b, +\infty)$ में होंगे

(b) एक मूल $(-\infty, a)$ में और दूसरा मूल $(b, +\infty)$ में होगा

(c) दोनों मूल (a, b) में होंगे

(d) दोनों मूल $(-\infty, a)$ में होंगे

2. p के मानों का समुच्चय जिसके लिए समीकरण $3x^2+2x+(p-1)$ $p=0$ के मूल विपरीत चिन्ह के हैं–

(a) $(1, \infty)$ (b) $(0, \infty)$

(c) $(-\infty, 0)$ (d) $(0, 1)$

3. दो विद्यार्थियों ने x में एक द्विघात समीकरण को हल किया। एक विद्यार्थी ने अचर पद को गलत उतारा और मूल 3 और 2 प्राप्त किये। दूसरे ने अचर पद व x^2 का गुणांक क्रमशः -6 और 1 सही उतारे। सही मूल हैं।

(a) $-6, -1$ (b) $6, -1$

(c) $3, -2$ (d) $-3, 2$

4. यदि α, β समीकरण $ax^2+bx+c=0$ के मूल हों तथा $S_n=\alpha^n+\beta^n$ तो $aS_{n+1}+bS_n+cS_{n-1}=$

(a) $a+b+c$ (b) 0

(c) $a\,b\,c$ (d) इनमें से कोई नहीं

5. यदि समीकरण $x^2+ax+b=0$ और $x^2+bx+a=0$ एक उभयनिष्ठ मूल रखते हों, तो $a+b$ का संख्यात्मक मान है।

(a) 0 (b) 1

(c) -1 (d) इनमें से कोई नहीं

6. यदि $x^2-2(4\lambda-1)x+(15\lambda^2-2l-7)>0$ सभी वास्तविक x के लिए, तो λ होगा।

(a) $(1, 3)$ में (b) $(0, 2)$ में

(c) $(2, 4)$ में (d) इनमें से किसी में नहीं

7. समीकरण $(x-b)(x-c)+(x-a)(x-c)+(x-a)(x-b)=0$ के दोनों मूल सदैव–

(a) ऋणात्मक होंगे (b) धनात्मक होंगे
(c) वास्तविक होंगे (d) इनमें से कोई नहीं

8. यदि $S, P(x)$ का एक समुच्चय है और $P(x)$ कोटि ≤ 2 का एक ऐसा बहुपद है, कि $P(0)=0, P(1)=1, P'(x)>0 \; \forall x \in (0,1)]$ तो–
(a) $S = ax + (1-a)x^2 \; \forall a \in R$
(b) $S = ax + (1-a)x^2 \; \forall a \in (0,2)$
(c) $S = \phi$
(d) $S = ax + (1-a)x^2 \; \forall a \in (0,\infty)$

9. त्रिभुज PQR में, $\angle R = \frac{\pi}{2}$ है। यदि समीकरण $ax^2+bx+c=0$, $(a \neq 0)$ के मूल $\tan\left(\frac{P}{2}\right)$ और $\tan\left(\frac{Q}{2}\right)$ हैं, तब–
(a) $a+c=b$ (b) $b=c$
(c) $a+b=c$ (d) $b+c=a$

10. यदि α और β समीकरण $4x^2+3x+7=0$ के मूल हों, तो $\frac{1}{\alpha^3}+\frac{1}{\beta^3}$ का मान है।
(a) $\frac{63}{16}$ (b) $-\frac{27}{64}$
(c) $\frac{225}{343}$ (d) इनमें से कोई नहीं

11. यदि समीकरण $x^2-2ax+a^2+a-3=0$ के मूल वास्तविक तथा 3 से छोटे हैं, तब–
(a) $3<a\leq 4$ (b) $a<4$
(c) $a<2$ (d) $2\leq a\leq 3$

12. यदि समीकरण $3x^2+px+3=0, p>0$ का एक मूल दूसरे मूल के वर्ग के बराबर है, तब p का मान होगा।
(a) 3 (b) $\frac{2}{3}$
(c) $\frac{1}{3}$ (d) 1

13. k के कितने मानों के लिए समीकरण निकाय
$(k+1)x+8y=4k$
$kx+(k+3)y=3k-1$
के अनन्त हल होंगे?
(a) 2 (b) अनन्त
(c) 0 (d) 1

14. वास्तविक संख्या x के किस समुच्चय के लिए $x^2-|x+2|+x>0$ होगा?
(a) $(-\infty,-1)\cup(1,\infty)$ (b) $(\sqrt{2},\infty)$
(c) $(-\infty,-2)\cup(2,\infty)$ (d) $(-\infty,-\sqrt{2})\cup(\sqrt{2},\infty)$

15. यदि समीकरण $x^2+px+q=0$ का एक मूल दूसरे मूल के वर्ग के बराबर है, तब p व q के मध्य सम्बन्ध होगा।
(a) $p^3+q(3p-1)+q^2=0$ (b) $p^3+q(3p+1)+q^2=0$
(c) $p^3-(3p-1)q+q^2=0$ (d) $p^3-q(3p+1)+q^2=0$

16. यदि a, b, c त्रिभुज ABC की भुजाएँ हैं तथा $x^2-2(a+b+c)x+3\lambda(ab+vc+ca)=0$ के मूल वास्तविक हैं, तब–
(a) $\lambda \in \left(\frac{4}{3},\frac{5}{3}\right)$ (b) $\lambda \in \left(\frac{1}{3},\frac{5}{3}\right)$
(c) $\lambda < \frac{4}{3}$ (d) $\lambda > \frac{5}{3}$

17. माना समीकरण $x^2-px+r=0$ के मूल α, β हैं तथा समीकरण $x^2-qx+r=0$ के मूल $\frac{\alpha}{2}, 2\beta$ हैं, तब r का मान है
(a) $\frac{2}{9}(q-2p)(2q-p)$ (b) $\frac{2}{9}(2p-q)(2q-p)$
(c) $\frac{2}{9}(p-q)(2q-p)$ (d) $\frac{2}{9}(q-p)(2q-q)$

18. यदि α, β समीकरण $(x-a)(x-b)=c, c\neq 0$ के मूल है, तब समीकरण $(x-\alpha)(x-\beta)+c=0$ के मूल होंगे–
(a) a, c (b) $a+c, b+c$
(c) a, b (d) b, c

19. यदि समीकरण $x^2-5x+16=0$ के मूल α, β हो तथा समीकरण $x^2+px+q=0$ के मूल $(\alpha^2+\beta^2)$ तथा $\alpha\beta/2$, हो, तब–
(a) $p=1$ तथा $q=56$ (b) $p=1$ तथा $q=-56$
(c) $p=-1$ तथा $q=56$ (d) $p=-1$ तथा $q=-56$

20. यदि समीकरण $(a^2-5a+3)x^2+(3a-1)x+2=0$ का एक मूल, दूसरे मूल का दोगुना है, तब a का मान होगा?
(a) $-\frac{2}{3}$ (b) $\frac{1}{3}$
(c) $-\frac{1}{3}$ (d) $\frac{2}{3}$

21. यदि समीकरण $x^2-bx+c=0$ के मूल दो क्रमागत पूर्णांक हो, तब b^2-4c का मान होगा?
(a) 3 (b) -2
(c) 1 (d) 2

22. यदि समीकरण $x^2+px+12=0$ का एक मूल 4 हो, जबकि समीकरण $x^2+px+q=0$ के मूल समान हो, तब q का मान होगा?
(a) 3 (b) 12
(c) $\frac{49}{4}$ (d) 4

23. यदि $2a+3b+6c=0$, तब समीकरण $ax^2+bx+c=0$ का कम से कम एक मूल किस अन्तराल में होगा?
(a) $(2,3)$ (b) $(1,2)$
(c) $(0,1)$ (d) $(1,3)$

24. a के किस मान के लिए, समीकरण $x^2-(a-2)x-(a+1)=0$ के मूल के वर्गों का योग न्यूनतम होगा?
(a) 0 (b) 1
(c) 2 (d) 3

25. यदि समीकरण $x^2-bx+c=0$ के मूल दो क्रमागत पूर्णांक हो जब b^2-4ac का मान होगा?
(a) 3 (b) -2
(c) 1 (d) 2

26. यदि समीकरण $x^2-2kx+k^2+k-5=0$ के दोनों मूल 5 से कम हो, तब K का मान होगा?

(a) $(6,\infty)$ (b) $[5,6]$
(c) $[4,5]$ (d) $(-\infty,4)$

27. यदि समीकरण–
$$a_nx^n+a_{n-1}x^{n-1}+...+a_1x=0, a_n, a_1\neq 0, n\geq 2,$$
के मूल धनात्मक है $x=\alpha$, तब समीकरण–
$$na_nx^{n-1}+(n-1)a_{n-1}x^{n-2}+...+a_1=0$$
के धनात्मक मूल होंगे?

(a) $<\alpha$ (b) $>\alpha$
(c) $\geq\alpha$ (d) $=\alpha$

28. यदि समीकरण $x^2+px+q=0$ के मूल $\tan 30°$ तथा $\tan 15°$ हो, तब $2+q-p$ का मान होगा?

(a) 2 (b) 3
(c) 0 (d) 1

29. समीकरण $x^2-2mx-1+m^2=0$ के दोनों मूल -2 से बड़े परन्तु 4 से छोटे हो, तब m के सभी मान होंगे?

(a) $(-2,0)$ (b) $(3,\infty)$
(c) $(-1,3)$ (d) $(1,4)$

30. किसी कक्षा में लड़कों के औसत नम्बर 52 तथा लड़कियों के औसत नम्बर 42 हो, कक्षा में लड़कों व लड़कियों का संयुक्त औसत नम्बर 50 है। कक्षा में लड़कों का प्रतिशत होगा?

(a) 20 (b) 80
(c) 60 (d) 40

31. यदि समीकरण $x^2+ax+1=0$ के मूलों का अन्तर $\sqrt{5}$ से कम है, तब a के सम्भावित मान का समुच्चय होगा?

(a) $(-3,\infty)$ (b) $(3,\infty)$
(c) $(-\infty,-3)$ (d) $(-3,3)$

32. द्विघात समीकरणें $x^2-6x+a=0$ तथा $x^2-cx+6=0$ का एक मूल उभयनिष्ठ है। पहली तथा दूसरी समीकरणों के अन्य मूल पूर्णांक है। जिनका अनुपात 4 : 3 है, तब उभयनिष्ठ मूल होगा?

(a) 2 (b) 1
(c) 4 (d) 3

उत्तरमाला

1. (a)	**2.** (d)	**3.** (b)	**4.** (b)	**5.** (c)	**6.** (c)	**7.** (c)	**8.** (c)	**9.** (c)	**10.** (c)
11. (c)	**12.** (b)	**13.** (d)	**14.** (d)	**15.** (c)	**16.** (c)	**17.** (b)	**18.** (c)	**19.** (d)	**20.** (d)
21. (a)	**22.** (c)	**23.** (c)	**24.** (b)	**25.** (c)	**26.** (d)	**27.** (a)	**28.** (b)	**29.** (c)	**30.** (b)
31. (d)	**32.** (a)								

संकेत एवं हल

1. (a) माना समीकरण $3x^2+px+3=0$ के मूल α, α^2 हैं।

अब, $S=a+a^2=-p/3,\quad P=\alpha^2=1$

$\Rightarrow \alpha=1,\omega,\omega^2$

$$\alpha+\alpha^2=-\frac{p}{3}$$

$$\Rightarrow \omega+\omega^2=-\frac{p}{3}$$

$$\Rightarrow -1=-\frac{p}{3} \Rightarrow p=3$$

2. (d) $P=\dfrac{(p-1)p}{3}=-ive$

या $(p-0)(p-1)=-ive \quad \therefore \quad 0<p<1$

3. (b) प्रथम विद्यार्थी: $S=5$ सही है।

दूसरा विद्यार्थी: $P=\dfrac{c}{a}=-\dfrac{6}{1}=-6$

$\therefore$ समीकरण $x^2-5x-6=0$

$\therefore \quad x=6,-1$

4. (b) दिये हुये व्यंजक से,

$$a^{n-1}(a\alpha^2+b\alpha+c)+\beta^{n-1}(a\beta^2+b\beta+c)$$
$$=\alpha^{n-1}.0+\beta^{n-1}.0=0$$

$\because$ α,β दिये हुए समीकरण के मूल हैं।

5. (c) घटाने पर, $a(a-b)-(a-b)=0$

$\therefore \quad (a-b)(\alpha-1)=0 \quad \therefore \quad \alpha=1$

$\alpha=1$ रखने पर, $\quad a+b=-1$

6. (c) द्विघात व्यंजक का चिन्ह x के वास्तविक मानों के लिए प्रथम पद के चिन्ह के समान (यहाँ $+ive$) होता है, यदि $\Delta<0$ हो।

7. (c) $\because \ (x-a)(x-b)+(x-b)(x-c)+(x-c)(x-a)=0$

$\Rightarrow \ 3x^2-2(a+b+c)x+(ab+bc+ca)=0$

विविक्तकर (discriminant)

$$=4(a+b+c)^2-12(ab+bc+ca)$$
$$=4(a^2+b^2+c^2-ab-bc-ca)$$

$$= 2\{(a-b)^2+(b-c)^2+(c-a)^2\}$$

यह हमेशा धनात्मक होगा।

अत: दोनों मूल वास्तविक होंगे।

8. (c) माना $P(x) = ax^2 + bx + c$

चूँकि $P(x) = 0 \quad \therefore \quad c = 0$

$P(1) = 1 \quad \Rightarrow \quad q + b = 1$

$\therefore \quad P(x) = (1-b)x^2 + bx$ ...(i)

$P'(x) = 2(1-b)x + b > 0 \; \forall \; x$

यदि सत्य होगा यदि $b \in (0, 2)$ ...(ii)

$\therefore \quad S = ax + (1-a)x^2 \; \forall \; a \in (0, 2)$, (i), (ii) से

9. (c) दिया है, द्विघात समीकरण $ax^2 + bx + c = 0$ के मूल $\tan\frac{P}{2}$ और $\tan\frac{Q}{2}$, हैं और $\angle R = \frac{\pi}{2}$

अत: $\tan\frac{P}{2} + \tan\frac{Q}{2} = -\frac{b}{a}$

तथा $\tan\frac{P}{2} \cdot \tan\frac{Q}{2} = \frac{c}{a}$

परन्तु $P + Q + R = 180°$

$\Rightarrow \quad P + Q = 90°$

$\Rightarrow \quad \frac{P+Q}{2} = 45°$

दोनों तरफ का tan लेने पर,

$$\tan\left(\frac{P+Q}{2}\right) = \tan 45°$$

$$\Rightarrow \quad \frac{\tan\frac{P}{2} + \tan\frac{Q}{2}}{1 - \tan\frac{P}{2}\tan\frac{Q}{2}} = 1$$

$$\Rightarrow \quad \frac{-b/a}{1 - c/a} = 1$$

$$\Rightarrow \quad \frac{-b/a}{\frac{a-c}{b}} = 1$$

$$\Rightarrow \quad \frac{-b}{a-c} = 1$$

$$\Rightarrow \quad a + b = c$$

10. (c) $\frac{\alpha^3+\beta^3}{\alpha^3\beta^3} = \frac{(\alpha+\beta)^3 - 3\alpha\beta(\alpha+\beta)}{\alpha^3\beta^3}$ आदि।

11. (c) $\because$ दोनों मूल 3 से छोटे हैं।

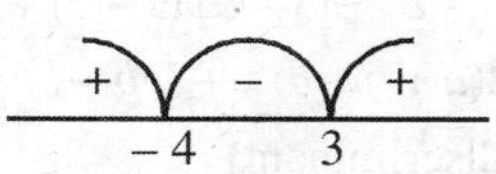

$\Rightarrow \quad \alpha < 3, \qquad \beta < 3$ ...(A)

$\Rightarrow \quad S = \alpha + \beta < 6 \quad \Rightarrow \quad \frac{\alpha+\beta}{2} < 3$

$\Rightarrow \quad \frac{2a}{2} < 3 \quad \Rightarrow \quad \alpha < 3$ ...(i)

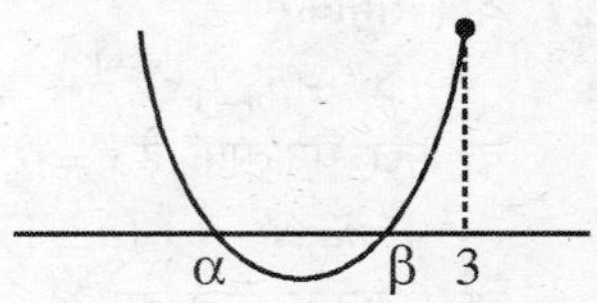

अब, $p = \alpha\beta$

$\Rightarrow \quad p < 9$

$\Rightarrow \quad \alpha\beta < 9$

$\Rightarrow \quad a^2 + a - 3 < 9$

$\Rightarrow \quad a^2 + a - 12 < 0$

$\Rightarrow \quad (a-3)(a+4) < 0$

$\Rightarrow \quad -4 < a < 3$ ...(ii)

अब, $D = B^2 - 4AC \geq 0$

$\Rightarrow \quad (-2a)^2 - 4 \cdot 1 \cdot (a^2 + a - 3) \geq 0$

$\Rightarrow \quad 4a^2 - 4a^2 - 4a + 12 \geq 0$

$\Rightarrow \quad -4a + 12 \geq 0$

$\Rightarrow \quad a - 3 \leq 0$

$\Rightarrow \quad a \leq 3$ ...(iii)

अब, $af(3) > 0$

$\Rightarrow \quad 1 \cdot f(3) > 0$

$\Rightarrow \quad (3)^2 - 2a(3) + a^2 + a - 3 > 0$

$\Rightarrow \quad 9 - 6a + a^2 + a - 3 > 0$

$\Rightarrow \quad a^2 - 5a + 6 > 0$

$\Rightarrow \quad (a-2)(a-3) > 0$

$\therefore \quad a \in (-\infty, 2) \cup (3, \infty)$ ...(iv)

समीकरण (i), (ii), (iii) व (iv) से,

$a \in (-4, 2)$

वैकल्पिक विधि–

$x^2 - 2ax + a^2 + a - 3 = 0$

$\Rightarrow \quad (x-a)^2 = 3 - a$

$\therefore \quad a \leq 3$ तथा $x = a \pm \sqrt{3-a}$

$a + \sqrt{3-a} \leq 3$

$\Rightarrow \quad \sqrt{3-a} - (3-a) \leq 3$

$\Rightarrow \quad \sqrt{3-a}(1 - \sqrt{3-a}) \leq 0$

$\Rightarrow \quad a < 3$

तथा $\sqrt{3-a} > 1 \quad \Rightarrow \quad 3 - a > 1$

$\Rightarrow \quad a < 2$

12. (b) ग्राफ से स्पष्ट है, कि एक मूल $(-\infty, a)$ और दूसरा मूल (b, ∞) में होगा।

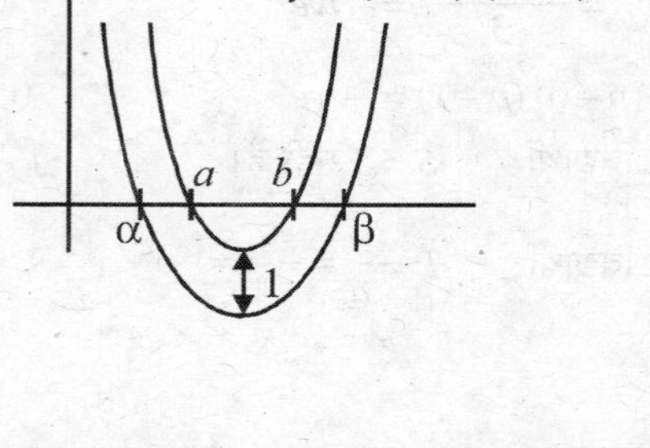

13. (d) अनन्त हलों के लिए,

$$\frac{k+1}{k}=\frac{8}{k+3}=\frac{4k}{3k-1}$$

$\Rightarrow \quad k=1$

14. (d) दिया है, $x^2-|x+2|+x>0$ ...(i)

हम जानते हैं, कि

$|x+2|=\pm(x+2)$

यदि $|x+2|=x+2, x\geq -2$

$\therefore$ समीकरण (i) से,

$x^2-x-2+x>0,$ जब $x\geq -2$

$\Rightarrow x^2-2>0$

$\Rightarrow x<-\sqrt{2}$ या $x<\sqrt{2}$

$\Rightarrow x\in[-2,-\sqrt{2})\cup(\sqrt{2},\infty)$ ...(ii)

यदि $|x+2|=-(x+2)$

तब समीकरण (i) से,

$x^2+x+2+x>0,$ जब $x\leq -2$

$\Rightarrow x^2+2x+2>0,$ जब $x\leq -2$

$\Rightarrow (x+1)^2+1>0,$ जब $x\leq -2$

जोकि x के सभी मानों के लिए सत्य है।

$\therefore x\leq -2$

या $x\in(-\infty,-2)$ ...(iii)

सभी (ii) व (iii) से,

$x\in(-\infty,-\sqrt{2})\cup(\sqrt{2},\infty)$

15. (c) हम जानते हैं, कि $ax^2+bx+c>0$, सभी $x\in R$ के लिए सत्य होगा, यदि और केवल यदि $a>0$ और $D<0$

$\therefore x^2+2ax+(10-3a)>0\ \forall\ x\in R$

$\Rightarrow D<0$

$\Rightarrow 4a^2-4(10-3a)<0$

$\Rightarrow 4(a^2+3a-10)<0$

$\Rightarrow (a+5)(a-2)<0$

$\Rightarrow a\in(-5,2)$

16. (c) चूँकि मूल वास्तविक हैं, अत: $D\geq 0$

$\Rightarrow 4(a+b+c)^2-12\lambda(ab+bc+ca)\geq 0$

$\Rightarrow (a+b+c)^2\geq 3\lambda(ab+bc+ca)$

$\Rightarrow a^2+b^2+c^2\geq(ab+bc+ca)(3\lambda-2)$

$\Rightarrow 3\lambda-2\leq\dfrac{a^2+b^2+c^2}{ab+bc+ca}$ ...(i)

जहाँ $a^2+b^2\geq 2ab,\ b^2+c^2\geq 2bc$

और $c^2+a^2\geq 2ca$

$\Rightarrow a^2+b^2+c^2\geq(ab+bc+ca)$

$\therefore \dfrac{a^2+b^2+c^2}{ab+bc+ca}\geq 1$ ...(ii)

$$\cos A=\frac{b^2+c^2-a^2}{2bc}<1$$

$\Rightarrow b^2+c^2-a^2<2bc$

इसी प्रकार,

$c^2+a^2-b^2<2ca$

और $a^2+b^2+c^2<2ab$

$\Rightarrow a^2+b^2+c^2<2(ab+bc+ca)$

$\Rightarrow \dfrac{a^2+b^2+c^2}{ab+bc+ca}<2$

17. (b) समीकरण $x^2-px+r=0$ के मूल α और β तथा समीकरण $x^2-qx+r=0$ के मूल $\dfrac{\alpha}{2}$ और 2β हैं।

$\Rightarrow \beta=\dfrac{2q-p}{3}$

तथा $\alpha=\dfrac{2(2p-q)}{3}$

$\Rightarrow r=\alpha\beta=\dfrac{2}{9}(2q-p)(2p-q)$

पुन: $pa=-\left(\dfrac{\alpha+\beta}{2}\right)a=-\dfrac{a}{2}(\alpha+\beta)$

तथा $b=-\dfrac{a}{2}\left(\alpha+\dfrac{1}{\beta}\right)$

$pq\neq b$

$\Rightarrow \alpha+\dfrac{1}{\beta}\neq\alpha+\beta$

$\beta^2\neq 1,\quad \because\quad \beta^2\in\{-1,0,1\}$

इसी प्रकार, यदि $c\neq qa \Rightarrow a\dfrac{\alpha}{\beta}\neq a\alpha\beta$

$\Rightarrow \alpha\left(\beta-\dfrac{1}{\beta}\right)\neq 0$

$\Rightarrow \alpha\neq 0$ तथा $\beta-\dfrac{1}{\beta}\neq 0$

$\Rightarrow \beta\neq\{-1,0,1\}$

वक्तव्य-2 सत्य है परन्तु वक्तव्य-2, वक्तव्य-1 का सही स्पष्टीकरण नहीं है।

18. (c) α,β सभी के मूल हैं $(x-a)(x-b)=c$

या $x^2-(a+b)x+(ab-c)=0$

$\therefore \alpha+\beta=a+b,\quad \alpha\beta=ab-c$

अब समीकरण $(x-\alpha)(x-\beta)+c=0$

समीकरण होगी $x^2-(\alpha+\beta)x+\alpha\beta+c=0$

या $x^2-(a+b)x+ab=0$

या $(x-a)(x-b)=0 \quad \therefore \quad x=a,b$

19. (d) $p=-1$ तथा $q=-56$.

20. (d) $\dfrac{2}{3}$

21. (a) $x^2 - 3|x| + 2 = 0$

यदि $x > 0$,

तब, $|x| = x$

इसलिए, $x^2 - 3x + 2 = 0$

$\Rightarrow \quad x^2 - 2x - x + 2 = 0$

$\Rightarrow \quad (x-1)(x-2) = 0$

$\Rightarrow \quad x = 1, 2$

यदि $x < 0$, तब $|x| = -x$

इस प्रकार $x^2 + 3x + 2 = 0$

$\Rightarrow \quad x^2 + 2x + x + 2 = 0$

$\Rightarrow \quad (x+1)(x+2) = 0$

$x = -1, -2$

अत: चार हल सम्भव है।

22. (c) चूँकि समीकरण का एक मूल 4 है।

$x^2 + px + 12 = 0$

इसलिए यह समीकरण को सन्तुष्ट करेगा।

$\therefore \quad 16 + 4p + 12 = 0$

$\Rightarrow \quad 4p = -28$

$\Rightarrow \quad p = -7$

दूसरा समीकरण,

$x^2 - 7x + q = 0$

है। जिसके मूल समान है, माना उपरोक्त समीकरण के मूल α तथा β है।

$\therefore$ मूलों का योग $= \alpha + \alpha = \frac{7}{1}$

$\Rightarrow \quad 2\alpha = 7 \Rightarrow \alpha = \frac{7}{2}$

मूलों का गुणनफल $= \alpha \cdot \alpha = q$

$\Rightarrow \quad \alpha^2 = q$

$\Rightarrow \quad \left(\frac{7}{2}\right)^2 = q, \quad q = \frac{49}{4}$

23. (c) $ax^2 + bx + c = 0, \quad 2a + 3b + 6c = 0$

माना $f(x) = 2ax^3 + 3bx^2 + 6cx$

तब, $f'(x) = ax^2 + bx + c$

$f(0) = 0, \ f(1) = 2a + 3b + 6c = 0$

अत: रोली प्रमेय से,

$f'(x) = ax^2 + bx + c = 0$

कम से कम एक मूल $(0, 1)$ में होगा।

24. (b) माना $x^2 - (a-2)x - a - 1 = 0$, के मूल α, β हो,

तब, $\alpha + \beta = a - 2$

तथा $\alpha\beta = -a - 1$

अब $\alpha^2 + \beta^2 = (\alpha + \beta)^2 - 2\alpha\beta$

$\Rightarrow \quad \alpha^2 + \beta^2 = (a-2)^2 + 2(a+1)$

$\Rightarrow \quad \alpha^2 + \beta^2 = a^2 + 4 - 4a + 2a + 2$

$\Rightarrow \quad \alpha^2 + \beta^2 = a^2 - 2a + 6$

$\Rightarrow \quad \alpha^2 + \beta^2 = (a-1)^2 + 5$

$(\alpha^2 + \beta^2)$ का मान न्यूनतम होगा, यदि $a = 1 = 0$

$\Rightarrow \quad a = 1.$

25. (c) माना मूल $n, n+1, n \in Z$

तब, $2n + 1 = b, n^2 + n = c \quad (\because a = 1)$

$\therefore \quad \left(\frac{b-1}{2}\right)^2 + \left(\frac{b-1}{2}\right) = c$

$\Rightarrow \quad b^2 - 4c = 1$

26. (d) माना $f(x) = x^2 - 2kx + k^2 + k - 5$

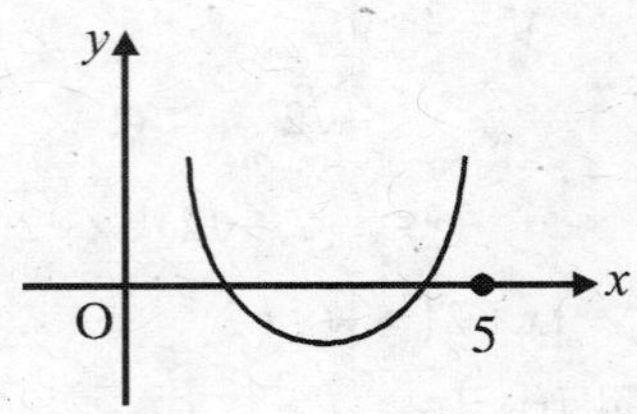

$\therefore \quad D = 4k^2 - 4(k^2 + k - 5)$

$= -4k + 20 \geq 0$

$\Rightarrow \quad k \leq 5$ ...(i)

$\frac{-b}{2a} < 5$ ...(ii)

तथा $f(5) > 0$ ...(iii)

(ii) से, $k < 5$ ...(iv)

(iii) से, $25 - 10K + K^2 - 5 > 0$

$\Rightarrow \quad K^2 - 9K + 20 > 0$

$\Rightarrow \quad (K-5)(K-4) > 0$

$\Rightarrow \quad K < 4$ तथा $K > 5$

समीकरण (i), (iii) तथा (iv) से,

$\Rightarrow \quad K < 4$

27. (a) $f(x) = a_n x^n + a_{n-1} x^{n-1} + \ldots + a_1 x = 0$

$x = \alpha \quad f(x) = 0$ कर धनात्मक मूल है।

$\therefore \quad f(0) = 0, \quad f(\alpha) = 0$

$\Rightarrow \quad f'(x) = 0$ का एक मूल $(0, \alpha)$ में होगा।

$\Rightarrow \quad na_n x^{n-1} + (n-1) a_{n-1} x^{n-2} + \ldots + a_1 = 0$

एक धनात्मक मूल $(0, \alpha)$ में अर्थात् $< \alpha$.

28. (b) $\tan 30^\circ + \tan 15^\circ = -p, \tan 30^\circ \tan 15^\circ = q$

$\Rightarrow \quad \frac{-p}{1-q} = 1 \quad \Rightarrow \quad p - q = -1$

$\Rightarrow \quad 2 + q - p = 2 + 1 = 3.$

29. (c) $f(x) = x^2 - 2mx - 1 + m^2 = 0$

(i) $D = 4m^2 - 4(m^2 - 1) \geq 0$

(ii) $f(-2) > 0, f(4) > 0$

(iii) $-4 < \alpha + \beta < 8$

$\therefore \ m^2 + 4m + 3 > 0, m^2 - 8m + 15 > 0, -4 < 2m < 8$

$\Rightarrow m < -3$ या $m > -1$; $m < 3$ या $m > 5, -2 < m < 4$

$\Rightarrow -1 < m < 3.$

अथवा

$$x^2 - 2mx + m^2 - 1 = (x - m - 1)(x - m + 1) = 0$$

$\Rightarrow$ मूल होंगे $m - 1$ तथा $m + 1$

$\Rightarrow m - 1 > -2$ तथा $m + 1 < 4$

$\Rightarrow m > -1$ तथा $m < 3$

30. (b) माना लड़कों की संख्या $= x$

और लड़कियों की संख्या $= y$

तब $$52x + 42y = 50(x + y)$$

$$2x = 8y$$

$\Rightarrow \dfrac{x}{y} = \dfrac{4}{1}$ तथा $\dfrac{x}{x+y} = \dfrac{4}{5}$

$\therefore$ लड़कों का % $= 80$

31. (d) $$x^2 + ax + 1 = 0$$

$$\alpha + \beta = -a, \quad \alpha\beta = 1$$

$$|\alpha - \beta| = \sqrt{(\alpha+\beta)^2 - 4\alpha\beta}$$

$\Rightarrow \sqrt{a^2 - 4} < \sqrt{5} \Rightarrow a^2 < 9.$

$\Rightarrow \quad -3 < a < 3.$

32. (a) $x^2 - 6x + a = 0$; मूल है, $\alpha, 4\beta$

$x^2 - cx + 6 = 0$; मूल है, $\alpha, 3\beta$

तब, $\alpha + 4\beta = 6, \quad 4\alpha\beta = a$

$\alpha + 3\beta = c, \quad 3\alpha\beta = 6$

$\Rightarrow \quad \alpha\beta = 2$

$\therefore \quad a = 8$

$\therefore$ पहली समीकरण

$x^2 - 6x + 8 = 0$ है

अर्थात् मूल 2 तथा 4 है।

यदि $\alpha = 2, \quad 4\beta = 4, \quad \beta = 1$

तथा तब, $c = 5$, यदि $\alpha = 4$,

$4\beta = 2$ अर्थात् $\beta = \dfrac{1}{2}$

तथा तब, $3\beta = \dfrac{3}{2}$ (पूर्णांक नहीं है)

यह सम्भव नहीं है।

$\therefore$ अभीष्ट उभयनिष्ठ मूल स्वरूप 2 है।

अनुक्रम एवं श्रेणियाँ 14

(Sequence and Series)

अनुक्रम (Sequence)

संख्याओं का एक समुच्चय, जिसको किसी निश्चित क्रम में रखा गया हो और जो किसी निश्चित नियमानुसार हो, एक अनुक्रम कहलाता है। समुच्चय के अवयव अनुक्रम के पद कहलाते हैं।

उदहारण– 1, 3, 5, 7, ...

अनुक्रम और श्रेणी के बीच अन्तर
(Difference Between Series and Sequence)

अनुक्रम और श्रेणी में केवल इतना अन्तर है, कि अनुक्रम के अवयवों को धन या ऋण चिन्हों से सम्बन्धित करके श्रेणी प्राप्त होती है।

इस प्रकार अनुक्रम– $a_1, a_2, a_3 \ldots = \langle a_n \rangle$,

श्रेणी बन जाती है, यदि–

$a_1 + a_2 + a_3 + \ldots + a_n = \Sigma a_n$

या $a_1 - a_2 + a_3 - \ldots + (-1)^{n-1} a_n$.

समान्तर श्रेणी [Arithmetic Progression (A.P.)]

वह अनुक्रम, जिसके किन्हीं दो क्रमागत पदों का अन्तर अचर हो, समान्तर श्रेणी कहते हैं। पदों के अचर अन्तर को सार्वान्तर कहते हैं।

$a + (a+d) + a + 2d) + (a + 3d) + \ldots$

उदहारण–

(i) $1 + 5 + 9 + 13 + \ldots$, यहाँ $d = 4 = 5 - 1 = 9 - 5$

(ii) $7, 2, -3, -8, \ldots$, यहाँ $d = 2 - 7 = -3 - 2 = -5$

मानक परिणाम (Standard Results)

1. $T_n = n^{\text{th}}$ term, $T_n = a + (n-1)\,d$

   $S_n = n$ पदों का योग

   $$\Sigma n = \frac{n}{2}(n+1), \quad \Sigma n^2 = \frac{n}{6}(n+1)(2n+1),$$

   $$\Sigma n^3 = \left[\frac{n}{2}(n+1)\right]^2$$

   $a_1 + a_2 + a_3 + a_4$ in A.P.

   $\Rightarrow \quad a_1 + a_4 = a_2 + a_3$

   $$S_n = \frac{n}{2}[2a + (n-1)\,d] = \frac{n}{2}(a + l),$$

   जहाँ, $l = T_n =$ अन्त से अपला पद

समान्तर माध्य [Arithmetic Mean (A.M.)]

1. यदि दो संख्याओं a तथा b का समान्तर माध्य x है, तब a, x, b, A.P. में होगी।

   $\therefore \quad x - a = b - x$

   या $\quad x = \dfrac{a+b}{2} = A$

2. दो संख्याओं a तथा b के बीच n समान्तर माध्य

   $\therefore \quad a, x_1, x_2, x_3, \ldots, x_n, b$ समान्तर श्रेणी में हैं।

   $$b = T_{n+2} = a + [(n+2) - 1]\,d, \text{ या } d = \frac{b-a}{n+1}$$

   $$x_1 = T_2 = a + d = a + \left(\frac{b-a}{n+1}\right)$$

   $$x_2 = T_3 = a + 2d = a + \frac{2(b-a)}{n+1} \text{ etc.}$$

3. 3 संख्याओं को A.P. में इस प्रकार लेते है $a-d, a, a+d$.

   4 संख्या A.P. में : $a - 3d, a - d, a + d, a + 3d$.

   5 संख्या A.P. में : $a - 2d, a - d, a, a + d, a + 2d$.

   6 संख्या A.P. में : $a - 5d, a - 3d, a - d, a + d, a + 3d, a + 5d$.

4. $T_n = S_n - S_{n-1}\ (n \geq 2)$

नोट//

- यदि किसी श्रेणी के n पदों का योगफल n का द्विघात व्यंजक हो (जैसे $an^2 + bn$), तो वह श्रेणी समान्तर श्रेणी होगी।
- दो समान्तर श्रेणियों के संगत पदों को जोड़ने या घटाने से प्राप्त नयी श्रेणी समान्तर श्रेणी होगी।
- समान्तर श्रेणी के प्रत्येक पद में एक ही राशि से गुणा किया जाये या भाग दिया जाये, तो नयी बनी श्रेणी भी समान्तर श्रेणी होगी।
- समान्तर श्रेणी के प्रत्येक पद में एक ही राशि जोड़ी या घटाई जाये, तो नयी बनी श्रेणी भी समान्तर श्रेणी होगी।
- दो समान्तर श्रेणी के संगत पदों के गुणनफलों तथा भागफलों से बनी श्रेणी समान्तर श्रेणी नहीं होती है।
- सम पदों वाली समान्तर श्रेणी में पदों की संख्या $2n$ माननी चाहिये, तब n वाँ और $(n+1)$ वाँ दो मध्य पद होंगे।
- विषम पदों वाली समान्तर श्रेणी में पदों की संख्या $(2n+1)$ माननी चाहिये, तब $(n+1)$ वाँ मध्य पद होगा।
- किसी n पदों की समान्तर श्रेणी में अन्त से M वाँ पद

  $$= l + (M-1)(-d)$$

  जहाँ l अन्तिम पद और d सार्वान्तर हैं।
- समान्तर श्रेणी के आदि और अन्त से समान दूरी वाले पदों का योगफल अचर होता है।

गुणोत्तर श्रेणी (Geometric Progression)

वह अनुक्रम जिसके किसी पद व इस पद के पूर्व पद का अनुपात एक अचर हो, गुणोत्तर श्रेणी (Geometric Progression) कहलाती है।

यदि $a_1, a_2, a_3, ..., a_n$ गुणोत्तर श्रेणी में है, तो

$$\frac{a_2}{a_1}=\frac{a_3}{a_2}=...=\frac{a_n}{a_{n-1}}=r$$

r गुणोत्तर श्रेणी का सार्वानुपात कहते हैं।

$$a, ar, ar^2, ar^3, ...$$

1. $T_n = ar^{n-1}$
2. $l = ar^{n-1}$
3. गुणोत्तर श्रेणी के n पदों का योगफल

(a) $$S_n=\frac{a(r^n-1)}{r-1} \quad \text{जब} \quad r>1$$

(b) $$=\frac{(1-r^n)}{1-r} \quad \text{जब} \quad r<1$$

(c) गुणोत्तर श्रेणी के अनन्त पदों का योगफल

$$S_\infty=\frac{a}{1-r} \quad \text{जहाँ} \quad |r|<1$$

गुणोत्तर माध्य (Geometric Mean)

यदि दो संख्याओं का गुणोत्तर माध्य G है, तब a, G, b गुणोत्तर श्रेणी में होंगे।

$$\therefore \quad \frac{G}{a}=r=\frac{b}{G} \quad \text{या} \quad G^2=ab$$

या, $$G=\sqrt{(ab)}$$

दो संख्याओं a तथा b के बीच n गुणोत्तर माध्य

$a, x_1, x_2, ..., x_n, b$ are G.P.

$$b = T_{n+2} = ar^{n+2-1} = ar^{n+1}$$

या $$r=\left(\frac{b}{a}\right)^{\frac{1}{n+1}}$$

$$x_1 = T_2 = ar^{2-1} = ar = a\left(\frac{b}{a}\right)^{\frac{1}{n+1}}$$

$$x_2 = T_3 = ar^2 = a\left(\frac{b}{a}\right)^{\frac{2}{n+1}}$$

नोट//

- गुणोत्तर श्रेणी का कोई भी पद शून्य नहीं हो सकता।
- यदि $x_1, x_2, x_3, ...$ तथा $y_1, y_2, y_3, ...$ दो गुणोत्तर श्रेणी हों, तब $x_1y_1, x_2y_2, x_3y_3, ...$ और $\frac{x_1}{y_1},\frac{x_2}{y_2},\frac{x_3}{y_3},...$ भी गुणोत्तर श्रेणियाँ होंगी।
- गुणोत्तर श्रेणी के तीन क्रमागत पद $\frac{a}{r},a,ar$ तथा चार क्रमागत पद $\frac{a}{r^3},\frac{a}{r},ar,ar^3$ तथा पाँच क्रमागत पद $\frac{a}{r^2},\frac{a}{r},a,ar,ar^2$ लिये जाते हैं।
- यदि $x_1, x_2, x_3, ...$ धनात्मक पदों की गुणोत्तर श्रेणी हो, तब $\log x_1, \log x_2, \log x_3, ...$ एक समान्तर श्रेणी होगी तथा इसका प्रतिक्रम (vice-versa) सत्य होगा।
- गुणा या भाग करने पर या प्रत्येक पद का व्युत्क्रम करने पर प्राप्त श्रेणी भी गुणोत्तर श्रेणी होगी।
- किसी n पदों की गुणोत्तर श्रेणी में अन्त से pवाँ पद $=l\left(\frac{1}{r}\right)^{p-1}$, जबकि l अन्तिम पद एवं r सार्वानुपात है।
- यदि $a_1, a_2, a_3, ..., a_n$ गुणोत्तर श्रेणी में हो, तब $a_1^k, a_2^k, a_3^k, ..., a_n^k$ भी गुणोत्तर श्रेणी में होंगे जिनका सार्वानुपात r^k होगा।
- गुणोत्तर श्रेणी के आदि और अन्त से समान दूरी वाले पदों का गुणनफल अचर होता है।
- यदि $a_1, a_2, a_3, ..., a_n$ समान्तर श्रेणी में हो, तो श्रेणी $a^{a_1}, a^{a_2}, a^{a_3}, ..., a^{a_n}$ गुणोत्तर श्रेणी होगी जिसका सार्वानुपात a^d है।

प्राकृतिक संख्याएँ (Natural Numbers)

(i) $1+3+5+7+...$ to n पदों $=n^2$

(ii) $2+4+6+8+...$ to n पदों $=n(n+1)$

हरात्मक श्रेणी (Harmonic Progression)

वह श्रेणी जिसके पदों का व्युत्क्रम समान्तर श्रेणी में हो, हरात्मक श्रेणी कहलाती है।

यदि $a_1, a_2, ..., a_n$ हरात्मक श्रेणी में है, तब $\frac{1}{a_1},\frac{1}{a_2},...,\frac{1}{a_n}$ समान्तर श्रेणी में होंगे।

हरात्मक श्रेणी में प्रारम्भ से nवाँ पद

$$T_n=\frac{1}{\frac{1}{a_1}+(n-1)\left(\frac{1}{a_2}-\frac{1}{a_1}\right)}=\frac{a_1a_2}{a_2+(n-1)(a_1-a_2)}$$

हरात्मक श्रेणी में अन्त से nवाँ पद

$$T'_n=\frac{1}{\frac{1}{a_n}-(n-1)\left(\frac{1}{a_2}-\frac{1}{a_1}\right)}$$

$$=\frac{a_1a_2a_n}{a_1a_2-a_n(n-1)(a_1-a_2)}$$

नोट//

- $-\frac{1}{T_n}+\frac{1}{T'_n}=\frac{1}{a}+\frac{1}{a_n}$
- हरात्मक श्रेणी का कोई भी पद शून्य नहीं होता है।

मानक परिणाम (Standard Results)

श्रेणी $\frac{1}{a}+\frac{1}{a+d}+\frac{1}{a+2d}+...$

तब $a+(a+d)+(a+2d) ...$ A.P. में $t_n = a+(n-1)\,d$.

$$\text{H.P. श्रेणी का } T_n = \frac{1}{a+(n-1)d}$$

हरात्मक माध्य (Harmonic Mean)

1. दो संख्याओं a तथा b के बीच यदि हरात्मक माध्य x है, तब a, x, b H.P. में होंगे और $\frac{1}{a}, \frac{1}{x}, \frac{1}{b}$ A.P. में होंगे।

$\therefore$ $$\frac{1}{x}-\frac{1}{a}=\frac{1}{b}-\frac{1}{x}$$

या $$\frac{2}{x}=\frac{a+b}{ab}$$

या $$x=\frac{2ab}{a+b}$$

2. दो संख्याओं के बीच n हरात्मक माध्य

$\therefore$ $a, x_1, x_2, x_3, ..., x_n, b$ A.P. में है।

या $\frac{1}{a}, \frac{1}{x_1}, \frac{1}{x_2}, \frac{1}{x_3}, ... \frac{1}{b}$ में है।

$\therefore$ $\frac{1}{b} = T_{n+2} = \frac{1}{a} + (n+2-1)\,d$

या $\frac{1}{b}-\frac{1}{a} = (n+1)\,d$

या $d = \frac{a-b}{(n+1)ab}, \frac{1}{x_1} = \frac{1}{a}+d,$

$\frac{1}{x_2} = \frac{1}{a}+2d, ...$

समान्तरीय-गुणोत्तर श्रेणी (Arithmetic-Geometric Series)

वह श्रेणी जिसका प्रत्येक पद किसी समान्तर श्रेणी और गुणोत्तर श्रेणी के संगत पदो के गुणनफल से प्राप्त होता है, समान्तरीय-गुणोत्तर श्रेणी (Arithmetico-Geometric Series) कहलाती है।

यदि समान्तर श्रेणी $a+(a+d)+(a+2d)+...+[a+(n-1)d]$ हो और गुणोत्तर श्रेणी $1+r+r^2+...+r^{n-1}$ हो, तो उपर्युक्त दोनों श्रेणियों के संगत पदों की गुणा करने से बनी श्रेणी

$a+(a+d)\,r+(a+2d)\,r^2+...+\{a+(n-1)d\}\,r^{n-1}$

समान्तरीय-गुणोत्तर श्रेणी होगी।

समान्तरीय-गुणोत्तर श्रेणी के n पदों का योगफल

$$S_n = \frac{a}{1-r} + \frac{dr(1-r^{n-1})}{(1-r)^2} - \frac{\{a+(n-1)d\}r^n}{1-r}$$

समानतरीय-गुणोत्तर श्रेणी के अनन्त पदों का योगफल

$$S_\infty = \frac{a}{1-r} + \frac{dr}{(1-r)^2}, |r|<1$$

अन्तर विधि (Method of Difference)

माना $S = 3+7+14+24+37+...+T_n$

तब $S = 3+7+14+24+...+T_{n-1}+T_n$

घटाने पर–

$$0 = (3+4+7+10+13+...+(T_n-T_{n-1})-T_n$$

या $$T_n = 3+4+7+10+... n \text{ पदों}$$
$$= 3+(4+7+10+... (n-1) \text{ पदों}$$
$$= 3+\frac{(n-1)}{2}[2\,(4)+(n-2)\,3] = \frac{1}{2}(3n^2-n+4)$$

$\therefore$ $$S_n = \frac{1}{2}[3\,\Sigma n^2 - \Sigma n + 4\,\Sigma 1]$$
$$= \frac{1}{2}\left[\frac{3}{6}n(n+1)(2n+1) - \frac{n}{2}(n+1) + 4n\right]$$
$$= \frac{n}{2}(n^2+n+4)$$

कुछ महत्त्वपूर्ण तथ्य

1. यदि किसी A.P. का pवाँ पद q हो तथा उसका qवाँ पद p हो, तब उसका $(p+q)$वाँ पद शून्य तथा उसका nवाँ पद $(p+q-n)$ होता है।
2. यदि किसी A.P. का pवाँ पद $\frac{1}{q}$ तथा qवाँ पद $\frac{1}{p}$ हो, तब उसका (pq)वाँ पद 1 तथा pq पदों का योग $S_{pq} = \frac{1}{2}(pq+1)$ होता है।
3. यदि किसी A.P. में $S_p = q$ तथा $S_q = p$ हो, तब $S_{p+q} = -(p+q)$ होता है।
4. a, b, c क्रमशः A.P., G.P. या H.P. में होंगे, यदि $\frac{a-b}{b-c} = \frac{a}{a}, \frac{a}{b}$ या $\frac{a}{c}$
5. यदि a, b, c, d ... G.P. में हैं, तो ये विततानुपात में होंगे अर्थात्
$$\frac{a}{b}=\frac{b}{c}=\frac{c}{d}=...=\frac{1}{r} \text{ (माना)}$$
6. यदि a, b, c स० श्रे० में हों, तो $x^a, x^b, x^c\ (x \neq \pm 1)$ गु० श्रे० में होंगे।
7. यदि किसी स० श्रे० में n पद (n विषम है) हों जिसका मध्य पद m हो, तो इस स० श्रे० का योग mn होता है।
8. यदि किसी गु० श्रे० के pवें, qवें व rवें पद गु० श्रे० में हो, तो p, q, r स० श्रे० में होंगे।
9. यदि किसी n पदों वाली गु० श्रे० का प्रथम पद a तथा अन्तिम पद l है, तो इसके सभी पदों का गुणनफल $(al)^{n/2}$ होता है।
10. यदि a, b, c स० श्रे० में तथा गु० श्रे० में हैं, तो $a = b = c$
11. स० श्रे० का nवाँ पद तथा n पदों का योग क्रमशः $an+b$ तथा $an^2 + bn$ प्रकार का होता है, जहाँ $a, b =$ नियतांक।
12. उस श्रेणी, जिसके पदों का अन्तर अर्थात् $a_2-a_1, a_3-a_2, a_4-a_3, ...,$ स० श्रे० में हैं, का nवाँ पद an^2+bn+c तथा n पदों का योगफल an^3+bn^2+cn (जहाँ a, b, c नियतांक है) प्रकार का होता है।
13. यदि n संख्याएँ गु० श्रे० में हैं जिनका सार्व-अनुपात r है तथा S_m प्रथम m पदों का योगफल निरूपित करता है, तब उनके गुणनफलों

(दो-दो को लेकर) का योगफल $\frac{r}{r+1}S_m S_{m-1}$ है।

14. यदि श्रेणी का nवाँ पद $T_n = an^2 + bn + c$ है, तब इसके n पदों का योगफल $S_n = a\sum n^2 + b\sum n + cn$ होता है। सामान्यत: $S_n = \sum T_n$.

15. यदि T_k तथा T_p किसी A.P. के पद है तब

$$T_n = \frac{T_n - T_k}{n-k} = \frac{T_p - T_k}{p-k}$$

16. यदि $S_p = q$ तथा $S_q = p$, A.P. में तब $S_{p+q} = -(p+q)$.

17. A.P. के लिए यदि $S_p = S_q$ तब $S_{p+q} = 0$.

18. पहली n विषम संख्याओं का योग $= n^2, 1+3+5+7+9+11 = 36 = 6^2$.

19. $2+6+12+20+\ldots n$ पदों तक $= \frac{n(n+1)(n+2)}{3}$

20. यदि a^2, b^2, c^2 में है तब $\frac{1}{b+c}, \frac{1}{c+a}, \frac{1}{a+b}$ A.P. में होंगे।

21. दो संख्याओं a तथा b के बीच AM, GM तथा HM को A, G, H से प्रदर्शित करें, तब–

(a) $\frac{a^{n+1}+b^{n+1}}{a^n+b^n} = A,$ तब $n=0$

(b) $\frac{a^{n+1}+b^{n+1}}{a^n+b^n} = G,$ तब $n=\frac{-1}{2}$

(c) $\frac{a^{n+1}+b^{n+1}}{a^n+b^n} = H,$ तब $n=-1$

22. यदि दो संख्याओं के बीच AM, GM को A, G से प्रदर्शित करें, तब–

(a) $\frac{a^n+b^n}{a^{n-1}+b^{n-1}} = A,$ तब $n=1$

(b) $\frac{a^n+b^n}{a^{n-1}+b^{n-1}} = G,$ तब $n=\frac{1}{2}$

23. किसी A.P. का पहला, दूसरा तथा आखरी पद क्रमश: a, b, c है तब इनका योग $= \frac{(a+c)(b+c-2a)}{2(b-a)}$

24. n सम प्राकृतिक संख्याओं का योग $= 2+4+6+\ldots+2n$

$$= \sum_{r=1}^{n}(2r-1) = n(n+1)$$

25. G.P. के लिए $T_p = P,\ T_q = Q$

तब $T_n = \left(\frac{P^{n-p}}{Q^{n-q}}\right)^{\frac{1}{p-q}}$

26. यदि T_k और T_p किसी G.P. के है, तब $T_n = \left[\frac{T_P}{T_k}\right]^{\frac{1}{P-k}}$.

यदि a, b, c किसी G.P. में है, तब–

27. माना $x_1, x_2, x_3, x_4, \ldots, x_{n-1}, x_n$ संख्याएँ है। तब–

(a) तब उनका समान्तर माध्य जैसे– A.M. $= \frac{x_1+x_2+x_3+\ldots+x_n}{n}$

$x_1+x_2+x_3+x_4+\ldots+x_{n-1}+x_n/n$

(b) उनका गुणोत्तर माध्य G.M.$\sqrt[n]{x_1x_2x_3x_4\ldots x_n}$

(c) उनका हरात्मक माध्य $\frac{1}{H} = \frac{1/x_2+1/x_2+\ldots+1/x_n}{n}$

28. दो संख्याओं के बीच AM, GM तथा HM में $G^2 = AH$ निम्न सम्बन्ध होता है।

29. यदि $\frac{A}{G} = \frac{G}{H} = \frac{p}{q}$, तब $\frac{a}{b} = \frac{p+\sqrt{p^2-q^2}}{p-\sqrt{p^2-q^2}}$

वस्तुनिष्ठ प्रश्न

1. यदि समीकरण $x^3 - 12x^2 + 39x - 28 = 0$ के मूल स०श्रे० में हों, तो उनका पदान्तर है–
(a) ± 3 (b) ± 4
(c) ± 1 (d) ± 2

2. एक स० श्रे० के m पदों एवं n पदों के योग का अनुपात $m^2 : n^2$ हो, तो mवें और nवें पदों का अनुपात होगा–
(a) $m : n$ (b) $2m-1 : 2n-1$
(c) $2m+1 : 2n+1$ (d) कोई नहीं

3. यदि $\dfrac{a^{n+1}+b^{n+1}}{a^n+b^n}$ संख्याओं a और b का समान्तर माध्य हो, तो n का मान है–
(a) 0 (b) 1
(c) –1 (d) कोई नहीं

4. एक गु०श्रे० के तीन क्रमागत पद a, b, c हैं जिसका सार्वअन्तर r और $a > 0$ है। यदि यह सम्बन्ध $c > 4b - 3a$ को सन्तुष्ट करता है, तो–
(a) $-3 < r < -1$ (b) $r > 3$ या $r < 1$
(c) $1 < r < 3$ (d) कोई नहीं

5. एक गु० श्रे० में पदों की संख्या सम (even) है। यदि सभी पदों का योग विषम स्थानों पर स्थित पदों के योगफल का 5 गुणा हो, तो सर्वानुपात है–
(a) 4 (b) 5
(c) 2 (d) 3

6. यदि किसी अनन्त गु० श्रे० का प्रथम पद x और $S_\infty = 5$ तो x होगा–
(a) $x < -10$ (b) $-10 < x < 0$
(c) $0 < x < 10$ (d) $x \geq 10$

7. $\log_3 2, \log_6 2, \log_{12} 2$ है–
(a) स० श्रे० में (b) गु० श्रे० में
(c) ह० श्रे० में (d) किसी में नही

8. यदि P और Q के बीच हरात्मक माध्य H हो, तो $(H/P) + (H/Q)$ का मान है–
(a) $PQ/(P+Q)$ (b) 2
(c) $(P+Q)/PQ$ (d) इनमें से कोई नहीं

9. यदि प्रथम n प्राकृतिक संख्याओं का योग उनके वर्गों के योग का 1/5 हो, तो n का मान है–
(a) 7 (b) 8
(c) 5 (d) 6

10. $1 + \dfrac{4}{5} + \dfrac{7}{5^2} + \dfrac{10}{5^3} + \ldots\infty$ का मान है–
(a) $\dfrac{11}{8}$ (b) $\dfrac{16}{35}$
(c) $\dfrac{7}{16}$ (d) $\dfrac{35}{16}$

11. यदि एक स० श्रे० और एक गु० श्रे० के mवें, nवें तथा pवें पद क्रमशः x, y, z हों, तो $x^{y-z} y^{z-x} z^{x-y}$ बराबर होगा–
(a) xyz (b) 1
(c) 0 (d) इनमें से कोई नहीं

12. n धनात्मक संख्याओं का गुणनफल इकाई है, तो उनका योग होगा
(a) n से विभाज्य (b) $n + 1/n$ के बराबर
(c) एक धन पूर्णांक (d) कभी भी n से छोटा नहीं

13. एक अनन्त गुणोत्तर श्रेढ़ी का प्रथम पद a और सार्वानुपात r है। यदि श्रेणी का योग 4 और द्वितीय पद 3/4 है, तो–
(a) $a = \dfrac{3}{2}, r = \dfrac{1}{2}$ (b) $a = 3, r = \dfrac{1}{4}$
(c) $a = \dfrac{4}{7}, r = \dfrac{3}{7}$ (d) $a = 2, r = \dfrac{3}{8}$

14. यदि समान्तर श्रेढ़ी 2, 5, 8, ... के प्रथम $2n$ पदों का योग, समान्तर श्रेढ़ी 57, 59, 61, ... के प्रथम n पदों के योग के बराबर है, तो n का मान होगा–
(a) 11 (b) 13
(c) 10 (d) 12

15. माना a, b, c समान्तर श्रेढ़ी में हैं और a^2, b^2, c^2 गुणोत्तर श्रेढ़ी में हैं। यदि $a < b < c$ और $a + b + c = 3/2$ हो, तो a का मान है–
(a) $\dfrac{1}{2} - \dfrac{1}{\sqrt{3}}$ (b) $\dfrac{1}{2} - \dfrac{1}{\sqrt{2}}$
(c) $\dfrac{1}{2\sqrt{2}}$ (d) $\dfrac{1}{2\sqrt{3}}$

16. एक अनन्त गुणोत्तर श्रेढ़ी का प्रथम पद 'x' और योग 5 है, तब x होगा–
(a) $0 < x < 10$ (b) $x > 10$
(c) $x < -10$ (d) $-10 < x < 0$

17. यदि किसी समान्तर श्रेढ़ी के प्रथम n पदों का योग cn^2 हैं, तब इन n पदों के वर्गों का योग निम्न है–
(a) $\dfrac{n(4n^2-1)c^2}{3}$ (b) $\dfrac{n(4n^2-1)c^2}{6}$
(c) $\dfrac{n(4n^2-1)c^2}{6}$ (d) $\dfrac{n(4n^2-1)c^2}{3}$

18. $1.2.3 + 2.3.4 + 3.4.5 + \ldots + n$ पदों तक=
(a) $\dfrac{n(n+1)(n+2)(n+3)}{12}$ (b) $\dfrac{n(n+1)(n+2)(n+3)}{3}$
(c) $\dfrac{n(n+1)(n+2)(n+3)}{4}$ (d) $\dfrac{(n+2)(n+3)(n+4)}{6}$

19. यदि एक समान्तर श्रेणी का तीसरा पद 7 है और इसका 7वाँ पद, तीसरे पद के तीन गुने से 2 अधिक है। तब उसके 20 पदों का योगफल ज्ञात करें?
(a) 228 (b) 74

(c) 740 (d) 1090

20. यदि G_1, G_2 दो श्रेणी के गुणोत्तर माध्य है तथा G_1 व G_2 के अनुपात का गुणोत्तर माध्य G है। तब G का मान–

(a) G_1/G_2 (b) $\log G_1/\log G_2$

(c) $\log(G_1G_2)$ (d) इनमें से कोई नहीं

21. यदि x_1, x_2, x_3 तथा y_1, y_2, y_3 दोनों गुणोत्तर श्रेणी में हैं। जिनका सार्वानुपात समान है, तब बिन्दु $(x_1, y_1), (x_2, y_2)$ तथा (x_3, y_3) है?

(a) एक दीर्घवृत पर (b) एक वृत पर

(c) त्रिभुज के शीर्ष है (d) रेखा पर

22. दो संख्याएँ जिनका समान्तर माध्य 9 और गुणोत्तर माध्य 4 है, तब ये संख्याएँ मूल है, द्विघात समीकरण की–

(a) $x^2+18x-16=0$ (b) $x^2-18x+16=0$

(c) $x^2+18x+16=0$ (d) $x^2-18x-16=0$

23. प्रथम n पदों का योग–

$1^2+2.2^2+3^2+2.4^2+5^2+2.6^2+....$ है $\dfrac{n(n+1)^2}{2}$, जब n सम संख्या है, जब n विषम संख्या है, योगफल होगा?

(a) $\dfrac{n(n+1)^2}{4}$ (b) $\dfrac{n^2(n+1)}{2}$

(c) $\dfrac{3n(n+1)}{2}$ (d) $\left[\dfrac{n(n+1)}{2}\right]^2$

24. यदि $x=\sum_{n=0}^{\infty}a^n; y=\sum_{n=0}^{\infty}b^n; z=\sum_{n=0}^{\infty}c^n$ जहाँ a, b, c समान्तर श्रेणी में है तथा $|a|<1, |b|<1, |c|<1$, तब x, y, z है?

(a) हरात्मक श्रेणी

(b) समान्तर श्रेणी

(c) गुणोत्तर श्रेणी

(d) समान्तरीय-गुणोत्तर श्रेणी में

25. $a_1, a_2, a_3, ...$ समान्तर श्रेणी के पद है, यदि $(a_1+a_2+...+a_p)/(a_1+a_2+...+a_q)=p^2/q^2$, तब a_6/a_{21} बराबर है?

(a) 41/11 (b) 7/2

(c) 2/7 (d) 11/41

26. यदि $a_1, a_2, ... a_n$ हरात्मक श्रेणी में है, तब श्रेणी $a_1a_2+a_2a_3+...+a_{n-1}a_n$ बराबर है?

(a) $n(a_1-a_n)$ (b) $(n-1)(a_1-a_n)$

(c) $n\,a_1a_n$ (d) $(n-1)\,a_1a_n$

27. एक गुणोत्तर श्रेणी में धनात्मक पद है। जिसका प्रत्येक पद अगले दो पदों के योग के बराबर है, तब इस श्रेणी का सार्वानुपात होगा?

(a) $\frac{1}{2}\sqrt{5}$ (b) $\sqrt{5}$

(c) $\frac{1}{2}(\sqrt{5}-1)$ (d) $\frac{1}{2}(1-\sqrt{5})$

28. किसी गुणोत्तर श्रेणी के पहले दो पदों का योग 12 है, तीसरे और चौथे पदों का योग 48 है। यदि गुणोत्तर श्रेणी के पद बारी-बारी से धनात्मक और ऋणात्मक हो, तो पहला पद होगा?

(a) 4 (b) –4

(c) –12 (d) 12

उत्तरमाला

1. (a)	2. (b)	3. (a)	4. (b)	5. (a)	6. (c)	7. (c)	8. (b)	9. (c)	10. (d)
11. (b)	12. (d)	13. (b)	14. (a)	15. (b)	16. (a)	17. (a)	18. (c)	19. (c)	20. (a)
21. (d)	22. (b)	23. (b)	24. (a)	25. (d)	26. (d)	27. (c)	28. (c)		

संकेत एवं हल

1. (a) समान्तर श्रेढ़ी की तीन संख्याओं का योग $= 3a = 12$

$\therefore \quad a = 4$ एक मूल है।

$\therefore \ (x-4)(x^2-8x+7) = 0$

$\therefore \quad x = 1, 4, 7$ या $7, 4, 1$ तथा $d = \pm 3$

2. (b) $$\frac{S_m}{S_n} = \frac{m^2}{n^2} \quad \therefore \quad \frac{S_m}{m^2} = \frac{S_n}{n^2} = k \text{ (माना)}$$

अब $$\frac{T_m}{T_n} = \frac{S_m - S_{m-1}}{S_n - S_{n-1}} = \frac{k[m^2-(m-1)^2]}{k[n^2-(n-1)^2]}$$

$$= \frac{2m-1}{2n-1}$$

3. (a) $$\frac{a^{n+1}+b^{n+1}}{a^n+b^n} = \frac{a+b}{2}$$

$\Rightarrow \quad a^{n+1} + b^{n+1} = a^n b + b^n a$

$\Rightarrow \quad a^n(a-b) = b^n(a-b)$ या $a^n = b^n$

या $\quad (a/b)^n = 1 \quad \therefore \quad n = 0$

4. (b) माना a, b, c क्रमशः a, ar, ar^2 हैं।

$\therefore \quad c > 4b - 3a \quad \Rightarrow r^2 > 4r - 3$

[$a > 0$ को निरस्त करने पर]

या $\quad (r^2 - 4r + 3) > 0$

या $\quad (r-1)(r-3) > 0$

$\therefore \quad r < 1 \quad$ या $\quad r > 3$

5. (a) $$S_{2n} = 5(t_1 + t_3 + t_5 + \ldots n)$$

$\therefore \quad \dfrac{a(1-r^{2n})}{1-r} = 5.\dfrac{a\{1-(r^2)^n\}}{1-r^2}$ आदि

$\therefore \quad 1 + r = 5 \quad \Rightarrow \quad r = 4$

6. (c) दिया है $\quad S_\infty = 5 = \dfrac{x}{1-r}$

$\therefore \quad r = 1 - \dfrac{x}{5}$

परन्तु $\quad |r| < 1 \quad \Rightarrow \quad -1 < r < 1$

या $\quad -1 < 1 - \dfrac{x}{5} < 1 \quad$ या $\quad 2 > \dfrac{x}{5} > 0$

यहाँ हमने (–) चिन्ह से गुणा करके असमिका को उलट दिया है।

$$0 < \frac{x}{5} < 0 \quad \text{या} \quad 0 < x < 10$$

7. (c) यदि संख्याएँ x, y, z हों, तो

$1/x = \log_2 3,$

$1/y = \log_2 2.3 = 1 + \log_2 3$

$1/z = \log_2(4 \times 3) = 2\log_2 3$ जो स० श्रे० में हैं।

$\therefore \quad x, y, z$ ह० श्रे० में है।

8. (b) $\dfrac{2}{H} = \dfrac{1}{P} + \dfrac{1}{Q} \quad$ [$\because H, P$ और Q का ह० मा० है]

$\therefore \quad \dfrac{1}{H}, \dfrac{1}{P}$ और $\dfrac{1}{Q}$ का स० मा० है।

$\therefore \quad \dfrac{H}{P} + \dfrac{H}{Q} = 2$

9. (c) $$\Sigma n = \frac{1}{5}\Sigma n^2$$

$\therefore \quad 15 = 2n + 1$

$\quad n = 7$

10. (d) $S = 1 + \dfrac{4}{5} + \dfrac{7}{5^2} + \dfrac{10}{5^3} + \ldots\infty$

तब $\quad \dfrac{1}{5}S = \dfrac{1}{5} + \dfrac{4}{5^2} + \dfrac{7}{5^3} + \ldots$

$$S\left(1 - \frac{1}{5}\right) = 1 + 3\left[\frac{1}{5} + \frac{1}{5^2} + \frac{1}{5^3} + \ldots\infty\right]$$

$$\frac{4}{5}S = 1 + 3\left[\frac{1/5}{1-1/5}\right]$$

$$= 1 + \frac{3}{4} = \frac{7}{4}$$

$$\therefore \quad S = \frac{35}{16}$$

11. (b) दिये हुए प्रतिबन्ध से

$x = a + (m-1)d = AR^{m-1} \quad$ [T_m के लिए]

$y = a + (n-1)d = AR^{m-1} \quad$ [T_n के लिए]

$z = a + (p-1)d = AR^{p-1} \quad$ [T_p के लिए]

$\therefore \quad y - z = (n-p)d, z - x = (p-m)d$

$x - y = (m-n)d \quad$ ...(i)

$\therefore \quad x^{y-z} \cdot y^{z-x} \cdot z^{x-y} = (AR^{m-1})^{(n-p)d}(AR^{n-1})^{(p-m)d}(AR^{p-1})^{(m-n)d}$

$= A^0 \cdot R^0 = 1$

$\because \quad (n - p + p - m + m - n)d = 0$

तथा $d[(m-1)(n-p) + (n-1)(p-m) + (p-1)(m-n)] = 0$

12. (d) चूँकि n धनात्मक संख्याओं का गुणनफल इकाई है।

$\Rightarrow \quad x_1 \cdot x_2 \cdot x_3 \ldots x_n = 1 \quad$ ...(i)

$(x > 0, i = 1, 2, \ldots n)$

$\Rightarrow \quad \dfrac{x_1 + x_2 + \ldots. + x_n}{n} \geq (x_1.x_2 \ldots x_n)^{1/n}$

($\therefore$ समान्तर माध्य $\geq$ गुणोत्तर माध्य)

$\Rightarrow \quad x_1 + x_2 + \ldots. + x_n \geq n(1)^{1/n} \quad$ [समी० (i) से]

n धनात्मक संख्याओं का योग कभी भी n से छोटा नहीं हो सकता।

13. (b) दिया है, अनन्त गुणोत्तर श्रेणी का योग = 4, द्वितीय पद = 3/4 तथा श्रेणी का प्रथम पद a और सर्वानुपात r है।

$$\Rightarrow \quad \frac{a}{1-r}=4, \quad ar=\frac{3}{4} \quad \Rightarrow \quad r=\frac{3}{4a}$$

अत: $$\frac{a}{1-\frac{3}{4a}}=4 \quad \Rightarrow \quad \frac{4a^2}{4a-3}=4$$

$\Rightarrow \quad (a-1)(a-3)=0 \quad \Rightarrow \quad a=1$ या 3

जब $a=1$, तो $r=\frac{3}{4}$ और जब $a=3$, तो $r=\frac{1}{4}$

14. (a) दी गई शर्त के अनुसार,

$$S_{2n}=S'_n$$

$$\Rightarrow \frac{2n}{2}\{2\times2+(2n-1)\times3\}=\frac{n}{2}\{2\times57+(n-1)\times2\}$$

$$\Rightarrow \quad (4+6n-3)=\frac{1}{2}(114+2n-2)$$

$$\Rightarrow \quad 6n+1=57+n-1 \Rightarrow 5n=55$$

$$\Rightarrow \quad n=11$$

15. (b) दिया है, a, b, c समान्तर श्रेणी में हैं।

अत: माना $a=A-D, b=A, c=A+D$

$$a+b+c=\frac{3}{2} \qquad \text{[दिया है]}$$

$$\Rightarrow (A-D)+A+(A+D)=\frac{3}{2}$$

$$\Rightarrow \quad 3A=\frac{3}{2} \quad \Rightarrow \quad A=\frac{1}{2}$$

$\therefore$ संख्याएँ $\frac{1}{2}-D, \frac{1}{2}, \frac{1}{2}+D$ होंगी।

पुन: $\left(\frac{1}{2}-D\right)^2, \frac{1}{4}, \left(\frac{1}{2}+D\right)^2$ गुणोत्तर श्रेणी में हैं।

$$\therefore \quad \left(\frac{1}{4}\right)^2=\left(\frac{1}{2}-D\right)^2\left(\frac{1}{2}+D\right)^2$$

$$\Rightarrow \quad \frac{1}{16}=\left(\frac{1}{4}-D^2\right)^2$$

$$\Rightarrow \quad \frac{1}{4}-D^2=\pm\frac{1}{4}$$

$$\Rightarrow \quad D^2=\frac{1}{2} \quad \Rightarrow \quad D=\pm\frac{1}{\sqrt{2}}$$

$$\therefore \quad \alpha=\frac{1}{2}+\frac{1}{\sqrt{2}}$$

अत: दिए गए मानों में से, $\alpha=\frac{1}{2}-\frac{1}{\sqrt{2}}$ सही है।

16. (a) हम जानते हैं, कि गुणोत्तर श्रेणी के अनन्त पदों का योग

$$S_\infty=\begin{cases}\frac{a}{1-r} & |r|<1\\ \infty & |r|\geq1\end{cases}$$

$$\therefore \quad S_\infty=\frac{x}{1-r}=5 \qquad (\text{अत: } |r|<1)$$

$$\Rightarrow \quad 1-r=\frac{x}{5} \quad \Rightarrow \quad r=\frac{5-x}{5} \quad \text{यदि } |r|<1$$

$$\Rightarrow \quad -1<\frac{5-x}{5}<1$$

$$\Rightarrow \quad -10<-x<0$$

$$\Rightarrow \quad 0<x<10$$

17. (a) $S_n=cn^2$

$$S_{n-1}=c(n-1)^2=cn^2+c-2cn$$

$$\therefore \quad S_{n-1}=2cn-c$$

$$\Rightarrow \quad T_n^2=(2cn-c)^2=4c^2n^2+c^2-4c^2n$$

योग $=\Sigma T_n^2$

$$=\frac{4c^2\cdot n(n+1)(2n+1)}{6}+nc^2-2c^2n(n+1)$$

$$=\frac{4c^2n(n+1)(2n+1)+3nc^2-6c^2n(n+1)}{3}$$

$$=nc^2\frac{[4n^2+6n+2+3-6n-6]}{3}$$

$$=\frac{nc^2(4n^2-1)}{3}$$

18. (c) $\frac{n(n+1)(n+2)(n+3)}{4}$

19. (c) 740

20. (a) ज्ञात है, दो श्रेणियों का गुणोत्तर माध्य G_1 तथा G_2 है। माना श्रेणी $x_1, x_2, x_3, \ldots\ldots, x_n$ तथा $y_1, y_2, y_3, \ldots\ldots, y_n$ हैं। प्रथम श्रेणी का गुणोत्तर माध्य G_1 व द्वितीय श्रेणी का गुणोत्तर माध्य G_2 है। $G_1=(x_1.x_2.x_3,\ldots\ldots x_n)^{1/n}$, $G_2=(y_1.y_2.y_3,\ldots\ldots y_n)^{1/n}$

चूँकि G ज्ञात श्रेणियों के अनुपात का गुणोत्तर माध्य है,

$$\therefore \quad G=\left(\frac{x_1}{y_1}.\frac{x_2}{y_2}\ldots\frac{x_n}{y_n}\right)^{1/n}$$

$$=\frac{(x_1.x_2.x_3\ldots.x_n)^{1/n}}{(y_1,y_2,y_3\ldots.y_n)^{1/n}}=\frac{G_1}{G_2}$$

21. (d) यदि x_1, x_2, x_3 तथा y_1, y_2, y_3 गुणोत्तर श्रेणी में है।

तब माना, $\quad x_2=rx_1, \qquad x_3=r^2x_1$

तथा $y_2 = ry_1, \quad y_3 = r^2x_1$

r सार्वानुपात है, तब बिन्दु है,

$(x_1, y_1) . (rx_1, ry_1)$ तथा (r^2x_1, r^2y_1)

अब $$\begin{vmatrix} x_1 & y_1 & 1 \\ x_2 & y_2 & 1 \\ x_3 & y_3 & 1 \end{vmatrix} = \begin{vmatrix} x_1 & y_1 & 1 \\ rx_1 & ry_2 & 1 \\ r^2x_1 & r^2y_1 & 1 \end{vmatrix}$$

$$= x_1y_1 \begin{vmatrix} 1 & 1 & 1 \\ r & r & 1 \\ r^2 & r^2 & 1 \end{vmatrix} = x_1y_1(0) = 0$$

ये बिन्दु रेखा पर है।

22. (b) माना α तथा β दो संख्याएँ है जिनका समान्तर माध्य 9 और गुणोत्तर माध्य 4 हैं।

$\therefore \quad \alpha + \beta = 18 \quad$ ...(i)

तथा $\alpha\beta = 16 \quad$ ...(ii)

$\therefore$ अभीष्ट समीकरण है

$x^2 - (\alpha + \beta)x + \alpha\beta = 0$

$\Rightarrow \quad x^2 - 18x + 16 = 0$

23. (b) ज्ञात है $\quad S_n = \frac{n(n+1)^2}{2}$, जहाँ n सम है

अब माना $\quad n = 2m + 1$ विषम,

तब $\quad S_n = S_{2m+1} = S_{2m} + (2m+1)$ वाँ पद

$$= \frac{2m(2m+1)^2}{2} + (2m+1)^2$$

$$= \frac{n-1}{2} \cdot n^2 + n^2 = \frac{n^2(n+1)}{2}$$

24. (a) $\because \quad x = \sum_{n=0}^{\infty} a^n = 1 + a + a^2 + ...$

$\Rightarrow \quad x = \frac{1}{1-b}$

इसी तरह, $\quad y = \frac{1}{1-b} \quad$ तथा $\quad z = \frac{1}{1-c}$

अब a, b, c समान्तर श्रेणी हैं।

$\Rightarrow \quad -a, -b, -c$, भी समान्तर श्रेणी में हैं।

$\Rightarrow \quad$ 1 – a, 1 – b, 1 – c, भी समान्तर श्रेणी में हैं।

$\Rightarrow \quad \frac{1}{1-a}, \frac{1}{1-b}, \frac{1}{1-c}$ हरात्मक श्रेणी में हैं।

$\Rightarrow \quad x, y, z$ हरात्मक श्रेणी में हैं।

25. (d) $\because \quad \frac{a_1 + a_2 + a_3 + ...a_p}{a_1 + a_2 + a_3 + ...a_q} = \frac{p^2}{q^2}$

$$\Rightarrow \quad \frac{\frac{p}{2}[2a_1 + (p-1)d]}{\frac{q}{2}[2a_1 + (q-1)d]} = \frac{p^2}{q^2}$$

$$\Rightarrow \quad \frac{(2a_1 - d) + pd}{(2a_1 - d) + qd} = \frac{p}{q}$$

$\Rightarrow (2a_1 - d)(p - q) = 0 \quad\quad a_1 = \frac{d}{2}$

अब $$\frac{a_6}{a_{21}} = \frac{a_1 + 5d}{a_1 + 20d} = \frac{\frac{d}{2} + 5d}{\frac{d}{2} + 20d} = \frac{11d}{41d} = \frac{11}{41}$$

26. (d) $\because \quad a_1, a_2, a_3, ... , a_n$ हरात्मक श्रेणी में हैं।

$\therefore \quad \frac{1}{a_1}, \frac{1}{a_2}, \frac{1}{a_3}, ..., \frac{1}{a_n}$ समान्तर श्रेणी में हैं।

माना d समान्तर श्रेणी का सार्वअन्तर है।

$\therefore \quad \frac{1}{a_2} - \frac{1}{a_1} = d \quad \Rightarrow \quad a_1 - a_2 = a_1a_2d$

इसी प्रकार, $a_2 - a_3 = a_2a_3d$

... .

$a_{n-1} - a_n = a_{n-1}a_nd$

सभी को जोड़ने पर, प्राप्त हुआ

$a_1 - a_n = d[a_1a_2 + a_2a_3 + ... + a_{n-1}a_n] \quad$ ...(i)

$$\frac{1}{a_n} = \frac{1}{a_1} + (n-1)d$$

$$\Rightarrow \quad d = \frac{a_1 - a_n}{a_1a_n(n-1)}$$

d के सभी मान समीकरण (i) में रखने पर, प्राप्त व्यंजक

$$a_1 - a_n = \frac{a_1 - a_n}{a_1a_n(n-1)} \cdot [a_1a_2 + a_2a_3 + ... + a_{n-1}a_n]$$

$\Rightarrow \quad a_1a_2 + a_2a_3 + ... \cdot a_{n-1}a_n = a_1a_n(n-1)$

27. (c) $\quad ar^{n-1} = ar^n + ar^{n+1}$

$\Rightarrow \quad r^2 + r - 1 = 0$

$\Rightarrow \quad r = \frac{-1 \pm \sqrt{5}}{2} \quad\quad r > 0$

$\Rightarrow \quad r = \frac{1}{2}(\sqrt{5} - 1)$

28. (c) $\quad a + ar = 12, ar^2 + ar^3 = 48 \quad \Rightarrow r^2 = 4$

यदि $\quad r < 0 \quad \Rightarrow \quad r = -2$

तब $\quad a - 2a = 12 \quad \Rightarrow \quad a = -12$

❑❑❑

असमिकाएँ एवं गणितीय आगमन का सिद्धान्त 15

(Inequalities and Principle of Mathematatiical Induction)

असमिका (Inequality)

एक ऐसी समीकरण जिसमें $>, <, \geq$ या $\leq$ चिन्ह प्रयुक्त होते हैं।

असमिकाओं के मूलभूत गुण (Elemenatry Properties of Inequalities)

1. यदि $a > b$, और $b > c$, तब $a > c$.
2. जब $a > b$ तो $am > bm$ जब $m > 0$ और $am < bm$ जब $m < 0$।
3. यदि $a > b$, तो $a + m > b + m$, जहाँ m कोई वास्तविक संख्या है।
4. यदि $a \neq 0, b \neq 0$ और $a > b$, तब $\frac{1}{a} < \frac{1}{b}$ और

   यदि $a < b < c$, तब $\frac{1}{a} > \frac{1}{b} > \frac{1}{c}$
5. यदि $a_1 > b_1, a_2 > b_2, ..., a_n > b_n$, तब
$$a_1 + a_2 + ... + a_n > b_1 + b_2 + ... + b_n$$
6. यदि $a > b$ है, तब $a \pm c > b \pm c \ \forall \ c \in R$
7. यदि $a > b$ है, तब $m > 0$ के लिए $am > bm$, $\frac{a}{m} > \frac{b}{m}$

   तथा $m < 0$ के लिए $bm > am$, $\frac{a}{m} < \frac{b}{m}$
8. यदि $a < 0 < b$ हो, तब
   (i) $a^2 > b^2$, यदि $|a| > |b|$
   (ii) $a^2 < b^2$, यदि $|a| < |b|$
9. यदि $a_i > b_i > 0$, जहाँ $i = 1, 2, 3, ..., n$ हो, तब
$$a_1 a_2 a_3 ... a_n > b_1 b_2 b_3 ... b_n$$
10. यदि $a_i > b_i$ जहाँ $i = 1, 2, 3, ..., n$ हो, तब
$$a_1 + a_2 + a_3 + ... + a_n > b_1 + b_2 + ... + b_n$$
11. यदि $a > b > 0$ है, तब

   (a) $a^2 > b^2$ (b) $|a| > |b|$ (c) $\frac{1}{a} < \frac{1}{b}$
12. यदि $a > b > c > 0$ हो, तब $\frac{1}{a} < \frac{1}{b} < \frac{1}{c}$

समान्तरीय-गुणोत्तर माध्य असमिका (Arithmetico-Geometriuc Mean Inequality)

1. यदि $a, b > 0$ तथा $a \neq b$, तब $\frac{a+b}{2} > \sqrt{ab} > \frac{2}{1/a + 1/b}$
2. यदि $a_1 > 0$, जहाँ $i = 1, 2, 3, ..., n$ हो, तब
$$\frac{a_1 + a_2 + ... + a_n}{n} \geq (a_1 a_2 ... a_n)^{\frac{1}{n}} \geq \frac{n}{\frac{1}{a_1} + \frac{1}{a_2} + ... + \frac{1}{a_n}}$$

कौशी शावर्ज असमिका (Cauchy-Schwarz Inequality)

यदि $a_1, a_2, ... a_n$ तथा $b_1, b_2, ... b_n$ कुल $2n$ वास्तविक संख्याएँ हों, तो $(a_1 b_1 + a_2 b_2 + ... + a_n b_n)^2 \leq$
$$(a_1^2 + a_2^2 + ... a_n^2)(b_1^2 + b_2^2 + b_2^2 + ... b_n^2)$$

समिका लागू होगी यदि $\frac{a_1}{b_1} = \frac{a_2}{b_2} = ... = \frac{a_n}{b_n}$.

भारित माध्यों का प्रमेय (Theorem of Weighted Means)

यदि $a_1, a_2, ... a_n > 0$ और $m_1, m_2, ... m_n$ धनात्मक परिमेय संख्याएँ ऐसी हैं, कि
$$\frac{m_1 a_1 + m_2 a_2 + ... m_n a_n}{m_1 + m_2 + ... + m_n} \geq (a_1^{m_1} a_2^{m_2} a_3^{m_3} ... a_n^{m_n})^{1/(m_1 + m_2 + ... m_n)}$$

तब समिका लागू होगी यदि $a_1 = a_2 = a_n$.

शेबीशेफ असमिका (Tehebychef Inequality)

यदि $x_1, x_2, ... x_n$ और $y_1, y_2, y_3, ... y_n$ वास्तविक संख्याएँ ऐसी हैं, कि $x_1 \leq x_2 \leq x_3 \leq ... \leq x_n$

तथा $y_1 \leq y_2 \leq ... \leq y_n$

तो $n(x_1 y_1 + x_2 y_2 + ... x_n y_n) \geq (x_1 + x_2 + ... + x_n)$
$$(y_1 + y_2 + y_3 + ... + y_n)$$

वाइस्ट्रास की असमिका (Weierstress's Inequality)

1. यदि $a_1, a_2, ..., a_n, n$ वास्तविक धनात्मक संख्याएँ है, तब $n \geq 2$ के लिए $(1 + a_1)(1 + a_2) ... (1 + a_n) > 1 + a_1 + a_2 + ... + a_n$
2. यदि $a_1, a_2, ..., a_n$ इकाई से छोटी धनात्मक वास्तविक संख्या हैं, तब $(1 - a_1)(1 - a_2) ... (1 - a_n) > 1 - a_1 - a_2 - ... - a_n$.

कुछ महत्त्वपूर्ण तथ्य

1. (a) यदि $x > 0$ और $a > b > 0$; तब $a^x > b^x$
   (b) यदि $a > 1$ और $x > y > 0$; तब $a^x > a^y$
   (c) यदि $0 < a < 1$ और $x > y > 0$; तब $a^x < a^y$
2. (a) a एक धनात्मक वास्तविक संख्या है, तब $a + \frac{1}{a} \geq 2$.

   (b) a एक ऋणात्मक वास्तविक संख्या है, तब $a + \frac{1}{a} \leq -2$.
3. यदि $a_1 = a_2 = ... = a_n$ हों, तब A.M. = G.M.
4. यदि $a, b > 0$ तथा $a \neq b$ हो, तब

(a) $\dfrac{a^m+b^m}{2} > \left(\dfrac{a+b}{2}\right)^m$, यदि $m<0$ या $m>1$

(b) $\dfrac{a^m+b^m}{2} < \left(\dfrac{a+b}{2}\right)^m$, यदि $0<m<1$

5. यदि a व b धनात्मक वास्तविक संख्याएँ है, तब

(a) $a>b \Rightarrow \dfrac{a+c}{b+c} < \dfrac{a}{b}; \forall c>0$

(b) $a<b \Rightarrow \dfrac{a+c}{b+c} > \dfrac{a}{b}; \forall c>0$

6. यदि $a>1$ तथा n कोई धनात्मक परिमेय संख्या है, तब–

(a) $a^n>1$

(b) $0<a^{-n}<1$

7. (a) यदि $y>1$ और $\log_y^x > z \Rightarrow x>y^z$

(b) यदि $y>1$ और $\log_y^x < z \Rightarrow 0<x<y^z$

(c) यदि $0<y<1$ और $\log_y^x > z \Rightarrow 0<x<y^z$

(d) यदि $0<y<1$ और $\log_y^x < z \Rightarrow x>y^z$

8. यदि $x_1, x_2, ..., x_n$ वास्तविक संख्याएँ इस प्रकार है, कि $x_1 \cdot x_2 \cdot x_3 \cdot ... \cdot x_n = c$ हो, तब योगफल $x_1+x_2+...+x_n$ निम्निष्ठ होगा जब $x_1=x_2=...=x_n=c^{1/n}$ तथा योगफल का निम्निष्ठ मान $n\,c^{1/n}$ है।

9. यदि $x_1+x_2+...+x_n=c$ हो, तब–

(a) $x_1^m+x_2^m+...+x_n^m$ निम्निष्ठ होगा यदि $m \le 0$ या $m \ge 1$

(b) $x_1^m+x_2^m+...+x_n^m$ उच्चिष्ठ होगा यदि $0<m<1$

तथा मान $n^{1-m} \cdot c^m$ होगा जब $x_1=x_2=...=x_n$

10. यदि $x_1^m+x_2^m+...+x_n^m=c$ हो, तब–

(a) $x_1+x_2+x_3+...+x_n$ उच्चिष्ठ होगा, यदि $m \le 0$ या $m \ge 1$

(b) $x_1+x_2+...+x_n$ निम्निष्ठ होगा, यदि $0<m<1$

तथा मान $n^{1-1/m} - k^{1/m}$ होगा, जब $x_1=x_2=x_3=...=x_n$

गणितीय आगमन (Mathematical Induction)

गणितीय आगमन का प्रथम सिद्धान्त
(First Principle of Mathematical induction)

1. $P(1)$ को सत्य सिद्ध करते हैं।
2. $P(k)$ को सत्य मानते है।
3. उपरोक्त (1) व (2) को उपयोग करके $n=k+1$ के लिए कथन को सिद्ध करते हैं अर्थात् $P(k+1)$ सत्य है।

गणितीय आगमन का द्वितीय सिद्धान्त
(Second Principle of Mathematical induction)

1. $P(1)$ को सत्य सिद्ध करते हैं।
2. कल्पना करते हैं कि $P(n)$ सभी प्राकृतिक संख्याओं $2 \ge n \ge k$ के लिए सत्य है।
3. उपरोक्त (1) व (2) को उपयोग करके $P(k+1)$ को सत्य सिद्ध करते हैं।

कुछ महत्त्वपूर्ण तथ्य

1. (a) प्रथम n प्राकृतिक संख्याओं का योग

$$\Sigma n = \frac{n(n+1)}{2}$$

2. (a) प्रथम n प्राकृतिक संख्याओं के वर्गों का योग

$$\Sigma n^2 = \frac{n(n+1)(2n+1)}{6}$$

3. (a) प्रथम n प्राकृतिक संख्याओं के घनों का योग

$$\Sigma n^3 = \left[\frac{n(n+1)}{2}\right]^2$$

4. (a) क्रमागत r पूर्णांकों का गुणनफल $r!$ से विभाज्य होता है।

वस्तुनिष्ठ प्रश्न

1. यदि $a^2+b^2+c^2=1$, तो $ab+bc+ca$ किस अन्तराल में स्थित है–

(a) $\left[-\frac{1}{2}, 1\right]$ (b) $[0,1]$

(c) $[1,2]$ (d) $\left[0, \frac{1}{2}\right)$

2. यदि $y=3^{x-1}+3^{-x-1}$ (x वास्तविक), तो y का न्यूनतम मान है–

(a) 2/3 (b) 6

(c) 2 (d) कोई नहीं

3. यदि $x=\log_5 3+\log_7 5+\log_9 7$, तो $x\geq$

(a) $\frac{3}{2}$ (b) $\frac{3}{2^{1/3}}$

(c) $\frac{1}{2^{1/3}}$ (d) कोई नहीं

4. यदि $x>0$, तब $\left|x+\frac{1}{x}\right|<4$ का हल है–

(a) $2-\sqrt{3}<x<7+\sqrt{3}$ (b) $-2-\sqrt{3}<x<-2+\sqrt{3}$

(c) $2-\sqrt{3}<x<2+\sqrt{3}$ (d) इनमें से कोई नहीं

5. यदि A, B, C त्रिभुज के न्यूनकोण इस प्रकार हैं, कि $\tan A+\tan B+\tan C=\tan A\tan B\tan C$, तब $\cot A\cot B\cot C$ है–

(a) $\leq\frac{1}{3\sqrt{3}}$ (b) $<\frac{1}{3\sqrt{5}}$

(c) $\geq\frac{1}{3\sqrt{3}}$ (d) $>\frac{1}{3\sqrt{3}}$

6. $(x-1)(x^2-5x+7)<(x-1)$ तब

(a) $x\in(2,3)$ (b) $x\in(1,2)\cup(3,\infty)$

(c) $(-\infty,1)\cup(2,3)$ (d) इनमें से कोई नहीं

7. असमिका $4^{-x+0.5}-7.2^{-x}<4, x\in R$ का हल है–

(a) $(2,\infty)$ (b) $(-2,\infty)$

(c) $\left(2, \frac{7}{2}\right)$ (d) इनमें से कोई नहीं

8. $x^2-3|x|+2<0$, तब x होगा–

(a) $(-3,5)$ में (b) $(-2,-1)\cup(1,2)$ में

(c) $(1,2)$ में (d) $(-2,-1)$ में

9. यदि $a<b$, तब $x^2+(a+b)x+ab<0$ का हल होगा–

(a) $(-b,-a)$ में (b) $(-\infty,-b)\cup(-a,\infty)$ में

(c) (a,b) में (d) $(-\infty,a)\cup(b,\infty)$ में

10. असमिका $\tan\left(x, \frac{\pi}{3}\right)\geq 1$ का हल है–

(a) $\left(n\pi-\frac{\pi}{12}, n\pi+\frac{\pi}{6}\right)$ (b) $\left(n\pi+\frac{\pi}{12}, n\pi+\frac{\pi}{6}\right)$

(c) $\left(n\pi-\frac{\pi}{6}, n\pi-\frac{\pi}{12}\right)$ (d) इनमें से कोई नहीं

11. यदि a, b, c एक ही चिन्ह की तीन वास्तविक संख्याएँ हों, तो $\frac{a}{b}+\frac{b}{c}+\frac{c}{a}$ का मान किस अन्तराल में होगा–

(a) $[2,\infty)$ (b) $(-\infty,3)$

(c) $[3,\infty)$ (d) $(3,\infty)$

12. यदि $a_1, a_2, ..., a_n$ धनात्मक वास्तविक संख्याएँ हों, जिनका गुणनफल एक स्थिर संख्या c हो, तो $a_1+a_2+...+a_{n-1}+2a_n$ का मान है–

(a) $2nc^{1/n}$ (b) $(n+1)(2c)^{1/n}$

(c) $n(2c)^{1/n}$ (d) $(n+1)c^{1/n}$

13. $\sqrt{x^2+x}+\frac{\tan^2\alpha}{\sqrt{x^2+x}}, x>0, \alpha\in\left(0,\frac{\pi}{2}\right)$ का मान $\geq$

(a) $2\tan\alpha$ (b) $\sec\alpha$

(c) 2 (d) 5/2

14. गणितीय आगमन के सिद्धान्त से, $\cos\theta\cdot\cos 2\theta\cdot\cos 4\theta\cdot...\cdot\cos(2^{n-1}\theta), \forall n\in N$ का मान

(a) $\frac{\cos 2^n\theta}{2^n\sin\theta}$ (b) $\frac{\sin 2^n\theta}{2^n\sin\theta}$

(c) $\frac{\sin 2^n\theta}{2^{n-1}\sin\theta}$ (d) इनमें से कोई नहीं

15. यदि $P(n)$ एक कथन इस प्रकार है कि $P(3)$ सत्य है। माना $P(k)$ सत्य है $\Rightarrow P(k+1)$ सत्य है $\forall k\geq 3$, तब $P(n)$ सत्य है

(a) $n\geq 3$ के लिए (b) सभी n के लिए

(c) $n>4$ के लिए (d) उपरोक्त में से कोई नहीं

16. यदि $P(n): 3^n<n!, n\in N$, तब $P(n)$ सत्य है–

(a) $n\geq 7$ के लिए (b) $n\geq 6$ के लिए

(c) $n\geq 3$ के लिए (d) सभी n के लिए

17. प्रत्येक $n\in N$ के लिए, $10^{2n-1}+1$ भाज्य है–

(a) 11 से (b) 13 से

(c) 9 से (d) इनमें से कोई नहीं

18. यदि $n\in N$, तब $11^{n+2}+12^{2n+1}$ भाज्य है–

(a) 113 से (b) 123 से

(c) 133 से (d) इनमें से कोई नहीं

19. $10^n+3(4^{n+2})+5$ का भाज्य है–

(a) 9 से (b) 17 से

(c) 7 से (d) 5 से

उत्तरमाला

1. (a)	**2.** (a)	**3.** (b)	**4.** (b)	**5.** (a)	**6.** (c)	**7.** (b)	**8.** (b)	**9.** (a)	**10.** (a)
11. (a)	**12.** (c)	**13.** (a)	**14.** (b)	**15.** (a)	**16.** (a)	**17.** (a)	**18.** (c)	**19.** (a)	

संकेत एवं हल

1. (a) $a^2+b^2+c^2-ab-bc-ca$

$$=\frac{1}{2}\Sigma(a-b)^2 \geq 0$$

या $1-\Sigma ab \geq 0$

$\therefore$ $\Sigma ab \leq 1$ ...(i)

$(a+b+c)^2=\Sigma a^2+2\Sigma ab=1+2\Sigma ab \geq 0$

$\therefore$ $\Sigma ab \geq -\frac{1}{2}$ ...(ii)

अत: (i) और (ii) से, (Σab) अन्तराल $\left[-\frac{1}{2}, 1\right]$ में स्थित है।

2. (a) $3^{x-1}+3^{-x-1}=\frac{1}{3}(3^x+3^{-x})$

$$\geq \frac{1}{3}\cdot 2\sqrt{3^x\cdot 3^{-x}} \quad [\because \text{A.M.} \geq \text{G.M.}]$$

या $3^{x-1}+3^{-x-1} \geq 2/3$

अत: $3^{x-1}+3^{-x-1}$ का न्यूनतम मान $=2/3$

3. (b) A.M. $\geq$ G.M से,

$x \geq 3.(\log_5 3.\log_7 5.\log_9 7)^{1/3}$

$=3(\log_9 3)^{1/3}=3(\log_{3^2} 3)^{1/3}=3\left(\frac{1}{2}\right)^{1/3}$

4. (b) $\therefore$ $\left|x+\frac{1}{x}\right|<4 \Rightarrow \frac{x^2+1}{|x|}<4$

$\Rightarrow |x|^2-4|x|+1<0$

$\Rightarrow (|x|-2)^2<3$

$\Rightarrow (|x|-2)^2<(\sqrt{3})^2$

$\Rightarrow ||x|-2|<\sqrt{3}$

$\Rightarrow -\sqrt{3}<(|x|-2)<\sqrt{3}$

$\Rightarrow 2-\sqrt{3}<|x|<2+\sqrt{3}$

जब $x>0$, $2-\sqrt{3}<x<2+\sqrt{3}$

तथा जब $x<0$, $-2-\sqrt{3}<x<-2+\sqrt{3}$

5. (a) $\frac{\tan A+\tan B+\tan C}{3} \geq (\tan A \tan B \tan C)^{1/3}$

$\Rightarrow \frac{\tan A \tan B \tan C}{3} \geq (\tan A \tan B \tan C)^{1/3}$

$\Rightarrow (\tan A \tan B \tan C)^{2/3} \geq 3$

$\Rightarrow \tan A \tan B \tan C \geq 3^{3/2}$

$\Rightarrow \frac{1}{\tan A \tan B \tan C} \leq \frac{1}{(3)^{3/2}}$

अत: $\cot A \cot B \cot C \leq \frac{1}{3\sqrt{3}}$

6. (c) $(x-1)(x^2-5x+7)<(x-1)$

$\Rightarrow (x-1)(x^2-5x+6)<0$

$\Rightarrow (x-1)(x-2)(x-3)<0$

$\therefore$ $x \in (-\infty, 1)\cup(2,3)$

7. (b) दी गई असमिका निम्न है

$4^{-x+0.5}-7.2^{-x}<4, x \in R$

माना $2^{-x}=t$

$\therefore$ $2t^2-7t<4$

$\Rightarrow 2t^2-7t-4<0$

$\Rightarrow (2t+1)(t-4)<0$

$\Rightarrow -\frac{1}{2}<t<4$

$\Rightarrow 0<t<4$ $(\because t=2^{-x}>0)$

$\Rightarrow 0<2^{-x}<4$

$\Rightarrow -2<x<\infty$

$\therefore$ $x \in (-2, \infty)$

8. (b) $\because$ $|x|^2-3|x|+2<0$

$\Rightarrow (|x|-1)(|x|-2)<0$

$\Rightarrow 1<|x|<2$

$\Rightarrow -2<x<-1$ या $1<x<2$

$\therefore$ $x \in (-2,-1)\cup(1,2)$

9. (a) $\because$ $x^2+(a+b)x+ab<0$

$\Rightarrow (x+a)(x+b)<0$

$\Rightarrow (x-(-b))(x-(-a))<0$

$\Rightarrow -b<x<-a$

$(\because \underline{a}<b \Rightarrow -a>-b$ या $-b<-a)$

10. (a) $\because$ $\tan\left(x+\frac{\pi}{3}\right) \geq 1 \Rightarrow \left(\frac{\pi}{4} \leq x+\frac{\pi}{3}<\frac{\pi}{2}\right)$

$\Rightarrow -\frac{\pi}{12} \leq x<\frac{\pi}{6}$

$\Rightarrow n\pi-\frac{\pi}{12} \leq x \leq n\pi+\frac{\pi}{6}$

11. (a) चूँकि a, b, c एक ही चिन्ह के हैं अतः $\frac{a}{b}, \frac{b}{c}, \frac{c}{a}$ सभी धनात्मक हैं। अब A.M. $\geq$ G.M. लागू करने पर,

$$E \geq 3\left[\frac{a}{b}\cdot\frac{b}{a}\cdot\frac{c}{a}\right]^{1/3} = 3$$

$\therefore E$ अन्तराल $[3, \infty)$ में स्थित है।

12. (c) A.M. $\geq$ G.M.
L.H.S. $\geq n(a_1 a_2 \ldots 2a_n)^{1/n} = n(2c)^{1/n}$

13. (a) A.M. $\geq$ G.M. से।

14. (b) माना

$$P(n): \cos\theta\cdot\cos 2\theta\cdot\cos 4\theta\cdot\ldots\cdot\cos(2^{n-1}\theta) = \frac{\sin 2^n\theta}{2^n \sin\theta} \quad ...(i)$$

(1) $n = 1$ के लिए
समी (i) का बायाँ पक्ष $= \cos\theta$

तथा समी (i) का दायाँ पक्ष $= \frac{\sin 2\theta}{2\sin\theta} = \cos\theta$

$\therefore$ $P(1)$ सत्य है।

(2) माना $P(k)$ सत्य है, तब

$$P(k): \cos\theta \cos 2\theta \cos 4\theta \ldots \cos(2^{k-1}\theta) = \frac{\sin 2^k\theta}{2^k \sin\theta}$$

(3) $n = k+1$ के लिए,

$$P(k+1): \cos\theta \cos 2\theta \ldots \cos(2^k\theta) = \frac{\sin 2^{k+1}\theta}{2^{k+1}\sin\theta}$$

बायाँ पक्ष $= \cos\theta \cos 2\theta \ldots \cos 2^{(k-1)}\theta \cos 2^k\theta$

$$= \frac{\sin(2^k\theta)}{2^k \sin\theta}.\cos(2^k\theta)$$

$$= \frac{2\sin(2^k\theta)\cdot\cos(2^k\theta)}{2^{k+1}\sin\theta}$$

$$= \frac{\sin 2^{k+1}\theta}{2^{k+1}\sin\theta}$$

$\therefore n = k+1$ के लिए $P(n)$ सत्य है।

अतः गणितीय आगमन सिद्धान्त के अनुसार सभी $n \in N$ के लिए $P(n)$ सत्य है।

15. (a) प्रश्नानुसार $P(3)$ सत्य है।
माना $P(k)$ सत्य है।
$\Rightarrow P(k+1)$ भी सत्य है।
$\because$ $P(3)$ सत्य है, $\therefore$ $P(4)$ भी सत्य है।
$P(4)$ सत्य है, अतः $P(5)$ भी सत्य होगा।
अतः दिया गया कथन $n \geq 3$ के लिए सत्य है।

16. (a) $P(7): 3^7 < 7!$ सत्य है।
माना $P(k): 3^n < k!$
$\therefore \quad P(k+1): 3^{k+1} = 3\cdot 3^k < 3\cdot k! < (k+1)!$
$(\because k+1 > 3)$

17. (a) $P(1)$, 11 से विभाज्य है।
$\therefore P(1)$ सत्य है।
माना $P(k): 10^{2k+1} + 1$, 11 विभाज्य है।
$\therefore P(k+1): (10^{2k+1} + 1) = (11r - 1)\,100 + 1$
$= 1100\,r - 99$
अतः $P(k+1)$ सत्य है।
$\therefore 10^{2n-1} + 1$, 11 से विभाज्य है।

18. (c) $11^{n+2} + 12^{2n+1}$ में $n = 1$ रखने पर
$11^{1+1} + 12^{2\times 1+1} = 11^3 + 12^3 = 3059$
जोकि 2 से भाज्य है।

19. (a) $10^n + 3(4^{n+2}) + 5$ में $n = 2$ रखने पर
$10^2 + 3\times 4^4 + 5 = 100 + 768 + 5 = 873$
जोकि 9 से भाज्य है।

□□□

लघुगणक और चरघातांकी 16

(Logarithms and Exponential)

लघुगणक (Logarithm)

यदि $a^y = x$ तब इसे $y = \log_a x$ के रूप में लिख लिखते है। इसमें $a > 0, a \neq 1$ और x सदैव धनात्मक होना चाहिए।

नोट//

- यदि $x < 0$ हो ,तो $\log_a x$ काल्पनिक होगा तथा यदि $x = 0, \log_a x$ अस्तित्वविहीन होगा।
- $\log_a x$ का अस्तित्व होगा यदि और केवल यदि $x, a > 0$ तथा $a \neq 1$.

लघुगणक के गुण (Properties of Logarithm)

1. $\log_a a = 1, \log_a 1 = 0 ; a > 0, \neq 1$
2. $a^{\log_a x} = x ; a \neq 0, \pm 1, x > 0$
3. $a^{\log_b x} = x^{\log_b a} ; a > 0, b > 0, \neq 1, x > 0$
4. $\log_a x = \log_b x \cdot \log_a b = \dfrac{\log_b x}{\log_b a}; a, b > 0, \neq 1, x > 0$
5. $\log_a x = \dfrac{1}{\log_x a}; x, a > 0, \neq 1.$
6. $m, n > 0, a > 0$ तथा $\neq 1$ के लिए–
   (a)$\log_a (m \cdot n) = \log_a m + \log_a n$
   (b)$\log_a \left(\dfrac{m}{n}\right) = \log_a m - \log_a n$
   (c)$\log_a (m^n) = n \log_a (m)$
7. $x > y > 0$ के लिए
   (a)$\log_a x > \log_a y$, यदि $a > 1$
   (b)$\log_a x < \log_a y$, यदि $0 < a < 1$
8. $x > 0, a > 0, \neq 1$ के लिए
   (a) $\log_{a^n} (x) = \dfrac{1}{n} \log_a x$
   (b)$\log_{a^m} x^m = \left(\dfrac{m}{n}\right) \log_a x$
9. यदि $0 < a < 1$ हो, तब–
   (a)$\log_a x > p \Rightarrow 0 < x < a^p$
   (b)$0 < \log_a x < p \Rightarrow a^p < x < 1$
10. यदि $a > 1$ हो, तब–
   (a) $\log_a x > p \Rightarrow x > a^p$
   (b)$0 < \log_a x < p \Rightarrow \ < x < a^p$
11. (a)$\log_b a \to -\infty$, यदि $b > 1$ तथा $a \to 0^+$
   (b)$\log_b a \to \infty$, यदि $b > 1$ तथा $a \to \infty$
   (c)$\log_b a \to \infty$, यदि $0 < b < 1$ तथा $a \to 0^+$
   (d)$\log_b a \to -\infty$, यदि $0 < b < 1$ तथा $a \to \infty$

$\log_a^{\ x}$ का आलेख (Graph of $y = \log_a^{\ x}$)

(i) $O < a < 1$ (ii) $a > 1$

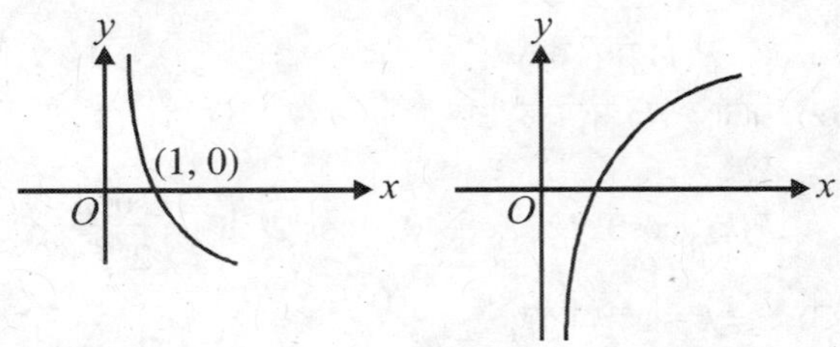

चरघातांकी श्रेणी (Exponential Series)

निम्नलिखित अभिसारी अनन्त श्रेणी के मान को हम e द्वारा निरूपित करते हैं–

$$1 + \frac{1}{1!} + \frac{1}{2!} + \frac{1}{3!} + \frac{1}{4!} + \dots + \frac{1}{n!} + \dots$$

चरघातांकी फलन e^x

निम्नलिखित अनन्त श्रेणी के योगफल को x के सभी मानों के लिए, हम e^x द्वारा निरूपित करते हैं–

$$1 + \frac{x}{1!} + \frac{x^2}{2!} + \frac{x^3}{3!} + \dots + \frac{x^r}{r!} + \dots$$

नोट//

$$2 < e < 3$$

कुछ महत्त्वपूर्ण सूत्र

(i) $e = 1 + \dfrac{1}{1!} + \dfrac{1}{2!} + \dfrac{1}{3!} + \dfrac{1}{4!} + \dots + \dfrac{1}{n!} + \dots$

(ii) $e^{-1} = \dfrac{1}{2!} - \dfrac{1}{3!} + \dfrac{1}{4!} - \dfrac{1}{5!} + \dots + (-1)^n \dfrac{1}{n!} + \dots$

(iii) $e^x = 1 + \dfrac{x}{1!} + \dfrac{x^2}{2!} + \dfrac{x^3}{3!} + \dots + \dfrac{x^r}{r!} + \dots$

(iv) $e^{-x} = 1 - \frac{x}{1!} + \frac{x^2}{2!} - \frac{x^3}{3!} + ... + (-1)^r \frac{x^r}{r!} + ...$

(v) $e^x + e^{-x} = 2\left(1 + \frac{x^2}{2!} + \frac{x^4}{4!} + \frac{x^6}{6!} + ...\right)$

(vi) $e^x - e^{-x} = 2\left(\frac{x}{1!} + \frac{x^3}{3!} + \frac{x^5}{5!} + ...\right)$

(vii) $a^x = 1 + \frac{(x\log a)}{1!} + \frac{(x\log a)^2}{2!} + \frac{(x\log a)^3}{3!} + ...$

$a^x = e^{x\log a}$ जहाँ $a > 0$

(viii) $e + e^{-1} = 2\left(1 + \frac{1}{2!} + \frac{1}{4!} + \frac{1}{6!} + ...\right)$

(ix) $e - e^{-1} = 2\left(1 + \frac{1}{3!} + \frac{1}{5!} + \frac{1}{7!} + ...\right)$

लघुगणकीय श्रेणियों का प्रसार (Logarthmic Expansions)

(i) $\log_e(1+x) = x - \frac{1}{2}x^2 + \frac{1}{3}x^3 - \frac{1}{4}x^4 + ...$ $(-1 < x \le 1)$

(ii) $\log_e(1-x) = -x - \frac{1}{2}x^2 - \frac{1}{3}x^3 - \frac{1}{4}x^4 - ...$ $(-1 \le x < 1)$

(iii) $\log_e\left(\frac{1+x}{1-x}\right) = 2\left(x + \frac{1}{3}x^3 + \frac{1}{5}x^5 + ...\right)$ $(-1 < x < 1)$

(iv) $\log_e[(1+x)(1-x)] = -2\left(\frac{1}{2}x^2 + \frac{1}{4}x^4 + \frac{1}{6}x^6 + ...\right)$

$(-1 < x < 1)$

(v) $\log_e 2 = 1 - \frac{1}{2} + \frac{1}{3} - \frac{1}{4} + ...$

n वाँ पद (T_n) ज्ञात होने पर श्रेणी का योग–

(i) $\sum \frac{1}{n!} = \frac{1}{1!} + \frac{1}{2!} + \frac{1}{3!} + ... = e - 1$

(ii) $\sum \frac{1}{(n-1)!} = 1 + \frac{1}{1!} + \frac{1}{2!} + \frac{1}{3!} + ... = e$

(iii) $\sum \frac{1}{(n-2)!} = 0 + 1 + \frac{1}{1!} + \frac{1}{2!} + \frac{1}{3!} + ... = e$

नोट//

- $\sum_{n=1}^{\infty} \frac{1}{(n+2)!} = e - \frac{5}{2}$
- $\sum_{n=1}^{\infty} \frac{1}{(2n-1)!} = \frac{e - e^{-1}}{2}$
- $\sum_{n=1}^{\infty} \frac{1}{(2n+1)!} = \left(\frac{e - e^{-1}}{2} - 1\right)$

वस्तुनिष्ठ प्रश्न

1. यदि $A = \log_2\log_2\log_4 256 + 2\log_{\sqrt{2}} 2$, तो A का मान है–

(a) 5 (b) 7
(c) 2 (d) 3

2. $\sqrt{(\log_{0.5}^2 4)}$ का मान है–

(a) $\sqrt{(-4)}$ (b) -2
(c) 2 (d) इनमें से कोई नहीं

3. यदि $x = \log_3 5, y = \log_{17} 25$, निम्न में से कौन-सा सही है–

(a) $x < y$ (b) $x > y$
(c) $x = y$ (d) इनमें से कोई नहीं

4. यदि x असमिका $\log_{25}x^2 + (\log_5 x)^2 < 2$ को संतुष्ट करता है, तो $x \in$

(a) $(4, 5)$ (b) $(0, 1)$
(c) $(1, 2)$ (d) $\left(\frac{1}{25}, 5\right)$

5. यदि $7^{\log_7(x^2-4x+5)} = (x-1)$, तो x निम्न मान ग्रहण कर सकता है–

(a) $(-2, -3)$ (b) $(2, -3)$
(c) $(2, 3)$ (d) 7

6. x का मान जो समीकरण

$|x-1|^{\log_3 x^2 - 2\log_x 9} = (x-1)^7$ को संतुष्ट करता है–

(a) 27 (b) 81
(c) 3 (d) 9

7. x के वास्तविक मान जो समीकरण

$(5+2\sqrt{6})^{x^2-3} + (5-2\sqrt{6})^{x^2-3} = 10$ को संतुष्ट करते हैं–

(a) $\pm 2, \pm\sqrt{2}$ (b) $2, \sqrt{2}$
(c) ± 2 (d) $\pm\sqrt{2}$

8. यदि $A = \sum_{n=1}^{\infty} \frac{2n}{(2n-1)!}$, $B = \sum_{n=1}^{\infty} \frac{2n}{(2n+1)!}$, तब AB का मान है–

(a) $\frac{e-1}{e+1}$ (b) $\frac{e+1}{e-1}$

(c) 1 (d) e^2

9. श्रेणी $\sum_{n=0}^{\infty} \frac{n^2-n+1}{n!}$, का योग है–

(a) $2e$ (b) $3e$

(c) e (d) $\frac{3}{2}e$

10. $1+\frac{(\log n)^2}{2!}+\frac{(\log n)^4}{4!}+\ldots\infty =$

(a) $\frac{1}{2}\left(n+\frac{1}{n}\right)$ (b) $\frac{1}{2}(e^n+e^{-n})$

(c) n (d) $\frac{1}{n}$

11. निम्न श्रेणी का योग है–

$$\frac{3}{1!}+\frac{5}{2!}+\frac{9}{3!}+\frac{15}{4!}+\frac{23}{5!}+\ldots\infty$$

(a) $3e-4$ (b) $3e+4$

(c) $4e-3$ (d) $4e+3$

12. निम्न श्रेणी का योग है–

$$9+\frac{16}{2!}+\frac{27}{3!}+\frac{42}{4!}+\ldots\infty$$

(a) $9e$ (b) $11e-6$

(c) $5e$ (d) $7e$

13. $\frac{1-3x-x^2}{e^x}$ के प्रसार में x^4 का गुणांक है–

(a) $\frac{4}{25}$ (b) $\frac{24}{25}$

(c) $\frac{5}{24}$ (d) $\frac{25}{24}$

14. $(x+y)(x-y)+\frac{1}{2!}(x+y)(x-y)(x^2+y^2)$

$$+\frac{1}{3!}(x+y)(x-y)(x^4+y^4+x^2y^2)$$

का मान है–

(a) $e^{x^2}+e^{y^2}$ (b) $e^{x^2}-e^{y^2}$

(c) $e^{x^2}-e^2$ (d) इनमें से कोई नहीं

15. $x>1$ के लिए, व्यंजक $2\log_{10}x-\log_x(0.01)$ का निम्नतम मान है–

(a) 2 (b) 10

(c) -0.01 (d) इनमें से कोई नहीं

16. समीकरण $x^{\frac{3}{4}(\log_2 x)^2+\log_2 x+\frac{5}{4}}=\sqrt{2}$ का/के

(a) केवल एक अपरिमेय हल होगा

(b) कम से कम एक वास्तविक हल होगा

(c) केवल तीन वास्तविक हल होंगे

(d) सम्मिश्र मूल होंगे

17. संख्या $\log_2 7$ है–

(a) एक अपरिमेय संख्या (b) एक अभाज्य संख्या

(c) एक पूर्णांक (d) एक परिमेय संख्या

18. $\log_4(x-1)=\log_2(x-3)$ के हलों की संख्या है–

(a) 2 (b) 0

(c) 3 (d) 1

19. श्रेणी $\frac{1}{1.2}-\frac{1}{2.3}+\frac{1}{3.4}-\ldots$ का योगफल अनन्त तक बराबर है?

(a) $\log_e 2-1$ (b) $\log_e 2$

(c) $\log_e(4/e)$ (d) $2\log_e 2$

20. श्रेणी $\frac{1}{2!}+\frac{1}{4!}+\frac{1}{6!}+\ldots$ का योगफल है?

(a) $\frac{(e^2-1)}{2e}$ (b) $\frac{(e-1)^2}{2e}$

(c) $\frac{(e^2-1)}{2}$ (d) $\frac{(e^2-2)}{2}$

21. $1+\frac{1}{4.2!}+\frac{1}{16.4!}+\frac{1}{64.6!}+\ldots=$

(a) $\frac{(e+1)}{\sqrt{e}}$ (b) $\frac{(e-1)}{\sqrt{e}}$

(c) $\frac{(e+1)}{2\sqrt{e}}$ (d) $\frac{(e-1)}{2\sqrt{e}}$

22. श्रेणी $\frac{1}{2!}-\frac{1}{3!}+\frac{1}{4!}-\ldots\infty$ तक का योगफल है?

(a) e^{-1} (b) $e^{-1/2}$

(c) $e^{+1/2}$ (d) e^{-2}

उत्तरमाला

1. (a)	**2.** (c)	**3.** (b)	**4.** (a)	**5.** (c)	**6.** (d)	**7.** (a)	**8.** (c)	**9.** (a)	**10.** (a)
11. (c)	**12.** (b)	**13.** (d)	**14.** (a)	**15.** (d)	**16.** (b)	**17.** (a)	**18.** (d)	**19.** (c)	**20.** (b)
21. (c)	**22.** (a)								

संकेत एवं हल

1. (a) $\log_4 256 = \log_4 4^4 = 4 = 2^2$

$\therefore \quad T_1 = \log_2 \log_2 2^2 = \log_2 2 = 1$

$T_2 = 2\log_{\sqrt{2}} 2 = 2.2\log_{\sqrt{2}} \sqrt{2} = 4$

$\therefore \quad A = 1 + 4 = 5$

2. (c) चूँकि $\log_{0.5}4 = \log_{2^{-1}} 2^2 = -2\log_2 2 = -2$

$\therefore \quad \sqrt{(\log_{0.5}^2 4)} = \sqrt{(-2)^2}$

$= \sqrt{4} = 2$

3. (b) $y = \log_{17}25$

$\therefore \quad \frac{1}{y} = \frac{1}{2}\log_5 17$

$\frac{1}{x} = \log_5 3 = \frac{1}{2}\log_5 9$

स्पष्टत: $\frac{1}{y} = \frac{1}{x} \quad \therefore \quad x > y$

4. (a) $\frac{2}{2}\log_5 x + (\log_5 x)^2 < 2$

या $\quad t^2 + t - 2 < 0,\quad$ जहाँ $t = \log_5 x$

या $\quad (t+2)(t-1) < 0 \quad \therefore -2 < t < 1$

या $\quad -2 < \log_5 x < 1$ या $5^{-2} < x < 5$

5. (c) परिभाषा से, $x^2 - 4x + 5 > 0$

$a^{\log_a x} = x$

$x^2 - 4x + 5 = x - 1$

या $\quad x^2 - 5x - 6 = 0$

$\therefore x = 2, 3$ और इन दोनों मानों के लिए $x^2 - 4x + 5$ धनात्मक है।

6. (d) L.H.S. = +ive $\quad$ [$\because$ चरघातांकी है]

R.H.S. $= (x-1)^{\text{विषम}} =$ +ive

यदि $x > 1$ और उस दशा में

$|x - 1| = x - 1$

अत: हम समीकरण को निम्नवत् लिख सकते हैं।

$|x-1|^{\log_3 x^2 - 2\log_x 9} = (x-1)^7$

जिससे $\log_3 x^2 - 2\log_x 9 = 7$

अब यदि $\log_3 x = y$, तो समीकरण निम्न रूप में आ जाता है।

$2y = 4/y = 7 \quad$ या $2y^2 - 7y - 4 = 0$

या $\quad (y-4)(2y+1) = 0 \quad \therefore \quad y = 4, -\frac{1}{2}$

या $\quad \log_3 x = 4, -1/2 \Rightarrow x = 3^4, 3^{-1/2}$

चूँकि $x > 1$, अत: $x = \frac{1}{\sqrt{(3)}}$ अस्वीकार्य है।

$\therefore \quad x = 81$

7. (a) $(5+2\sqrt{6})(5-2\sqrt{6}) = 1$

यदि $(5+2\sqrt{6})^{x^2-3} = t$

तथा $(5-2\sqrt{6})^{x^2-3} = \frac{1}{t}$

$\therefore \quad t + \frac{1}{t} = 10 \quad$ या $\quad t^2 - 10t + 1 = 0$

$t = 5 \pm 2\sqrt{6}$

या $\quad (5+2\sqrt{6})^{x^2-3} = (5+2\sqrt{6})^1 \quad$ या $\quad (5+2\sqrt{6})^{-1}$

या $\quad x^2 - 3 = 1 \quad$ या $\quad -1$

$\therefore \quad x^2 = 4, 2$

$\Rightarrow \quad x = \pm 2, \pm\sqrt{2}$

8. (c) $A = \sum_{n=1}^{\infty} \frac{2n-1+1}{(2n-1)!}$

$= \sum_{n=1}^{\infty}\left[\frac{1}{(2n-2)!} + \frac{1}{(2n-1)!}\right]$

$= 1 + \frac{1}{1!} + \frac{1}{2!} + \frac{1}{3!} + \ldots = e$

इसी प्रकार $B = e^{-1}$ क्योंकि पद एकान्तर रूप से धनात्मक और ऋणात्मक होंगे।

$\therefore \quad AB = e \cdot e^{-1} = 1$

9. (a) $T_n = \dfrac{n(n-1)+1}{n!} = \dfrac{1}{(n-2)!} + \dfrac{1}{n!}$

$\therefore\ S = e + e = 2e$

10. (a) माना $\log n = t$

$\therefore\quad n = e^t$ या $n^{-1} = e^{-t}$

$$S = 1 + \frac{t^2}{2!} + \frac{t^4}{4!} + \ldots$$

$$= \frac{1}{2}[e^t + e^{-t}] = \frac{1}{2}(n + n^{-1})$$

11. (c) $T_n = \dfrac{n^2 - n + 3}{n!}$ अन्तर विधि से

12. (b) अन्तर विधि से,

T_n का अंश (numerator) $= 2n^2 + n + 6$

$$T_n = \frac{2n^2 + n + 6}{n!}$$

$$= \frac{2n(n-1) + 3n + 6}{n!}$$

$$= \frac{2}{(n-2)!} + \frac{3}{(n-1)!} + \frac{6}{n!}$$

$$S = 2e + 3e + 6(e-1) = 11e - 6$$

13. (d) $E = (1 - 3x - x^2)$

$$\left[1 - x + \frac{x^2}{2!} - \frac{x^3}{3!} + \frac{x^4}{4!} - \ldots\right]$$

x^4 का गुणांक $= 1\cdot\dfrac{1}{4!} + 3\cdot\dfrac{1}{3!} + \dfrac{1}{2!}$

$$= \frac{1}{24} + \frac{1}{2} + \frac{1}{2} = \frac{25}{24}$$

14. (a) $E = (x^2 - y^2) + \dfrac{1}{2!}(x^4 - y^4) + \dfrac{1}{3!}(x^6 - y^6) + \ldots$

$$= (e^{x^2} - 1) - (e^{y^2} - 1)$$

$$= e^{x^2} - e^{y^2}$$

15. (d) $2\log_{10}x - \log_x(10)^{-2} = 2\log_{10}x + 2\log_x 10$

$$= 2\log_{10} x + 2\frac{1}{\log_{10} x}$$

$$= 2\left[\log_{10} x + \frac{1}{\log_{10} x}\right] \quad \ldots(i)$$

समान्तर माध्य $\geq$ गुणोत्तर माध्य के प्रयोग से,

$$\frac{\log_{10} x + \dfrac{1}{\log_{10} x}}{2} \geq \left(\log_{10} x . \frac{1}{\log_{10} x}\right)^{1/2}$$

$\Rightarrow\quad \log_{10} x + \dfrac{1}{\log_{10} x} \geq 2$

$\Rightarrow\quad 2\log_{10}x + 2\log_{10}x \geq 4$

$\Rightarrow\quad 2\log_{10}x + 2\log_x 10 \geq 4$

$\Rightarrow\quad 2\log_{10}x - \log_x(10)^{-2} \geq 4$

$\Rightarrow\quad 2\log_{10}x - 2\log_x(0.01) \geq 4$ [समी० (i) से]

$\therefore$ निम्नतम मान 4 है।

16. (b) $x^{\frac{3}{4}(\log_2 x)^2 + \log_2 x + \frac{5}{4}} = \sqrt{2}$

$\Rightarrow\quad \dfrac{3}{4}(\log_2 x)^2 + \log_2 x - \dfrac{5}{4} = \log_x \sqrt{2}$

$\Rightarrow\quad \dfrac{3}{4}(\log_2 x)^2 + \log_2 x - \dfrac{5}{4} = \dfrac{1}{2\log_2 x}$

$\Rightarrow\quad \dfrac{(\log_2 x)^2 + 4\log_2 x - 5}{4} = \dfrac{1}{2\log_2 x}$

$\Rightarrow\quad 3(\log_2 x)^3 + 4(\log_2 x)^2 - 5(\log_2 x) - 2 = 0$

माना $\log_2 x = y$

$\therefore\quad 3y^3 + 4y^2 - 5y - 2 = 0$

$\Rightarrow\quad (y-1)(y+2)(3y+1) = 0$

$\Rightarrow\quad y = 1,\ \ y = -2,\ \ y = -\dfrac{1}{3}$

Þ $\quad \log_2 x = 1, -2, -\dfrac{1}{3}$

अतः $\quad x = 2, \dfrac{1}{4}, \dfrac{1}{2^{1/3}}$

17. (a) माना $\log_2 7$ एक परिमेय संख्या $\dfrac{p}{q}$ है जहाँ p तथा q पूर्णांक हैं तथा उनमें कोई उभयनिष्ठ गुणनखण्ड नहीं है।

अतः $\quad \dfrac{p}{q} = \log_2 7 \Rightarrow 7 = 2^{\frac{p}{q}}$

$\Rightarrow\quad 2^p = 7^q$

जोकि असत्य है। क्योंकि बायाँ पक्ष सम व दायाँ पक्ष विषम होगा। अतः $\log_2 7$ एक अपरिमेय संख्या है।

18. (d) $\log_4(x-1) = \log_2(x-3) = \log_{4^{1/2}}(x-3)$

$\Rightarrow\quad \log_4(x-1) = 2\log_4(x-3)$

$\Rightarrow\quad \log_4(x-1) = \log_4(x-3)^2$

$\Rightarrow\quad (x-3)^2 = (x-1)$

$\Rightarrow\quad x^2 + 9 - 6x = x - 1$

$\Rightarrow\quad x^2 - 7x + 10 = 0$

$\Rightarrow\quad x = 2$ या $x = 5$

अतः $\quad x = 5$

[$\because x = 2$ के लिए $\log(x-3)$ मान्य नहीं होगा]

19. (c) $\frac{1}{1.2}-\frac{1}{2.3}+\frac{1}{3.4}-\ldots$

$$=\left(1-\frac{1}{2}\right)-\left(\frac{1}{2}-\frac{1}{3}\right)+\left(\frac{1}{3}-\frac{1}{4}\right)-\ldots$$

$$=1-2\cdot\frac{1}{2}+2\cdot\frac{1}{3}-2\cdot\frac{1}{4}+\ldots$$

$$=2\left[1-\frac{1}{2}+\frac{1}{3}-\frac{1}{4}+\ldots\right]-1$$

$$=2\log(1+1)-1$$

$$=2\log 2-\log e$$

$$=\log 4-\log e=\log\frac{4}{e}.$$

20. (b) हम जानते हैं–

$$e=1+\frac{1}{1!}+\frac{1}{2!}+\frac{1}{3!}+\frac{1}{4!}+\ldots\infty \quad \ldots(i)$$

$$e^{-1}=1-\frac{1}{1!}+\frac{1}{2!}-\frac{1}{3!}+\frac{1}{4!}-\ldots\infty \quad \ldots(ii)$$

समीकरण (i) व (ii) को जोड़ने पर

$$e+e^{-1}=2+\frac{2}{2!}+\frac{2}{4!}+\ldots\infty$$

$$\Rightarrow \quad \frac{e^2+1}{e}-2=\frac{2}{2!}+\frac{2}{4!}+\ldots\infty$$

$$\Rightarrow \quad \frac{e^2+1-2e}{e}=2\left[\frac{1}{2!}+\frac{4}{4!}+\ldots\infty\right]$$

$$\Rightarrow \quad \frac{(e-1)^2}{2e}=\frac{1}{2!}+\frac{1}{4!}+\ldots\infty$$

21. (c) $S=1+\frac{(1/2)^2}{2!}+\frac{(1/2)^4}{4!}+\frac{(1/2)^6}{6!}+\ldots$

$$=\frac{1}{2}\{e^{1/2}+e^{-1/2}\}=\frac{(e+1)}{2\sqrt{e}}$$

22. (a) $\frac{1}{2!}-\frac{1}{3!}+\frac{1}{4!}-\frac{1}{5!}+\ldots.=\frac{1}{e}$

□□□

द्विपद प्रमेय 17
(Binomial Theorem)

द्विपद प्रमेय (धनात्मक पूर्णांक घातांक के लिए)
[Binomial Theorem (For Positive Integer)]

यदि n एक धनात्मक पूर्णांक है तथा $x, a \in R$, तब,

1. $(x+a)^n = {}^nC_0 x^n + {}^nC_1 x^{n-1} a + {}^nC_2 x^{n-2} a^2 + \ldots + {}^nC_n a^n$
2. $(x-a)^n = {}^nC_0 x^n - {}^nC_1 x^{n-1} a + {}^nC_2 x^{n-2} a^2 - \ldots + (-1)^n a^n$

यहाँ पर ${}^nC_0, {}^nC_1, {}^nC_2, \ldots {}^nC_n$ को द्विपद गुणांक कहते हैं।

और $${}^nC_r = \frac{n!}{r!(n-r)!}$$

द्विपद प्रमेय का व्यापक पद (General Term of Binomial Thorem)

$$T_{r+1} = {}^nC_r .\, x^{n-r} a^r$$

1. $(x-a)^n$ के प्रसार में व्यापक पद
$$T_{r+1} = (-1)^r \cdot {}^nC_r x^{n-r} a^r$$
2. $(1-x)^n$ के प्रसार में व्यापक पद
$$T_{r+1} = (-1)^r\, {}^nC_r x^r$$
3. $(1+x)^n$ के प्रसार में व्यापक पद
$$T_{r+1} = {}^nC_r x^r$$

द्विपद प्रमेय के प्रसार के गुण
(Properties of Expansion of Binomial Theorem)

1. $(x+a)^n$ के प्रसार में पदों की संख्या $(n+1)$ है।
2. प्रत्येक पद में x व a के घातांकों का योग n होता है।
3. प्रारम्भ व अन्त से एक समान दूरी के पदों के द्विपद गुणांक समान होते हैं।
4. (i) $(x+a)^n + (x-a)^n = 2\,[{}^nC_0 x^n + {}^nC_2 x^{n-2} a^2 + \ldots]$
   (ii) $(x+a)^n - (x-a)^n = 2\,[{}^nC_1 x^{n-1} a + {}^nC_3 x^{n-3} a^3 + \ldots]$

द्विपद प्रसार में मध्य पद (Middle Term in a Binomial Expansion)

यदि n एक सम संख्या है, तो $(x+a)^n$ के प्रसार में मध्य पद $\left(\frac{n}{2}+1\right)$ वाँ पद होता है।

$$T_{\frac{n}{2}+1} = {}^nC_{n/2}\, x^{n/2} a^{n/2}$$

यदि n एक विषम संख्या है, तब $(x+a)^n$ के प्रसार में मध्य पद $\left(\frac{n+1}{2}\right)$ वाँ व $\left(\frac{n+3}{2}\right)$ वाँ पद होते हैं।

$$T_{\frac{n+1}{2}} = {}^nC_{\frac{n-1}{2}}\, x^{\frac{n+1}{2}} a^{\frac{n-1}{2}}$$

$$T_{\frac{n+3}{2}} = {}^nC_{\frac{n+1}{2}}\, x^{\frac{n-1}{2}} a^{\frac{n+1}{2}}$$

$(x+a)^n$ के प्रसार में महत्तम पद
[Greatest Term in the Expansion of $(x+a)^n$]

$$\left|\frac{T_{r+1}}{T_r}\right| = \left|\frac{{}^nC_r x^{n-r} a^r}{{}^nC_{r-1} x^{n-r+1} a^{r-1}}\right|$$

$$= \left(\frac{n-r+1}{r}\right)\left|\frac{a}{x}\right|$$

$$\therefore \quad \frac{T_{r+1}}{T_r} \geq 1$$

$$\Rightarrow \quad \frac{n-r+1}{r}\left|\frac{a}{x}\right| \geq 1$$

$$\Rightarrow \quad (n-r+1)\,|a| \geq r\,|x|$$

$$\Rightarrow \quad r \leq \frac{(n+1)\,|a|}{|x||a|}$$

माना $\frac{(n+1)\,|a|}{|x|+|a|} = I + f$ (जहाँ I पूर्णांक तथा $0 \leq f < 1$)

यदि $f = 0$ तब T_r व T_{r+1} समान व महत्तम होंगे। यदि $0 < f < 1$ हो, तब T_{r+1} महत्तम पद होगा।

महत्तम गुणांक (Maximum Coefficient)

(i) यदि n सम है, तो महत्तम गुणांक ${}^nC_{n/2}$ होगा।

(ii) यदि n विषम है, तो महत्तम गुणांक ${}^nC_{\frac{n+1}{2}}$ और ${}^nC_{\frac{n+3}{2}}$ होंगे।

महत्त्वपूर्ण परिणाम (Important Results)

1. $(1+x)^n$ के प्रसार में $(r+1)$ वें पद का गुणांक ${}^nC_r$ है।
2. $(1-x)^n$ के प्रसार में $(r+1)$ वें पद का गुणांक $(-1)^r\, {}^nC_r$ होता है।

द्विपद गुणांकों के गुण (Properties of Binomial Coefficients)

1. ${}^nC_r + {}^nC_{r-1} = {}^{n+1}C_r$
2. ${}^{n+1}C_{r+1} = \frac{n+1}{r+1} \cdot {}^nC_r$
3. $\frac{{}^nC_r}{{}^nC_{r-1}} = \frac{n-r+1}{r}$
4. ${}^nC_1 + 2\,{}^nC_2 + 3\,{}^nC_3 + \ldots + n\,{}^nC_n = n \cdot 2^{n-1}$

5. $^nC_1 - 2\,^nC_2 + 3\,^nC_3 - ... = 0$
6. $^nC_0 + ^nC_1 + ... + ^nC_n = 2^n$
7. $^nC_0 + ^nC_1 + ^nC_2 - ^nC_3 + ... + (-1)^n\,^nC_n = 0$
8. $^nC_0 + ^nC_2 + ^nC_4 + ... = ^nC_1 + ^nC_3 + ... = 2^{n-1}$
9. $C_0C_r + C_1C_{r+1} + ... + C_{n-r}C_n = \dfrac{(2n)!}{(n-r)!(n+r)!}$
10. $C_0^2 + C_1^2 + C_2^2 + ...C_n^2 = \dfrac{(2n)!}{(n!)^2}$
11. $^nC_0 + ^nC_2 + ^nC_4 + ... = ^nC_1 + ^nC_3 + ... = 2^{n-1}$
12. $C_0^2 - C_1^2 + C_2^2 - C_3^2 + ... = \begin{cases} 0, & \text{यदि } n \text{ विषम है} \\ (-1)^{n/2}\,^nC_{n/2}, & \text{यदि } n \text{ सम है} \end{cases}$

द्विपद प्रमेय (कोई घातांक) [Binomial Theorem (Any Exponent)]

माना n एक परिमेय संख्या है तथा x एक वास्तविक संख्या इस प्रकार है, कि $|x| < 1$, तब–

1. $(1+x)^{-1} = 1 - x + x^2 - x^3 + ... + (-1)^r x^r + ...$
2. $(1-x)^{-1} = 1 + x + x^2 + x^3 + ... + x^r + ...$
3. $(1-x)^2 = 1 + 2x + 3x^2 + 4x^2 + ... + (r+1)x^r + ...$
4. $(1+x)^{-2}\ 1 - 2x + 3x^2 - 4x^3 + ... + (-1)^r (r+1)x^r + ...$
5. $(1+x)^n = 1 + nx + \dfrac{n(n-1)x^2}{2!} + \dfrac{n(n-1)(n-2)}{3!}x^3 + ...$
6. $(1+x)^{-n} = 1 - nx + \dfrac{n(n-1)}{2!}x^2 - \dfrac{n(n+1)(n+2)}{3!}x^3 + ...$
$$+ \frac{(-1)^r n(n+1)(n+2)...(n+r-1)}{r!}x^r + ...$$
7. $(1-x)^n = 1 - nx +$
$$\frac{n(n-1)}{2!}x^2 - ... + (-1)^r \frac{n(n-1)(n-2)...(n-r+1)}{r!}x^r + ...$$
8. $(1-x)^{-n} = 1 + nx + \dfrac{n(n+1)}{2!}x^2 + \dfrac{n(n+1)(n+2)}{3!}x^3 + ...$
$$+ \frac{n(n+1)(n+2)...(n+r-1)}{r!}x^r + ...$$

$(a+b+c)^n$ तथा $(a+b+c+d)^n$ के प्रसार में कुल पदों की संख्या

1. $(a+b+c)^n$ के प्रसार में कुल पदों की संख्या
$$= \frac{(n+1)(n+2)}{2}$$
2. $(a+b+c+d)^n$ के प्रसार में कुल पदों की संख्या
$$= \frac{(n+1)(n+2)(n+3)}{6}$$

बहुपद प्रमेय (Multinomial Theorem)

$$(a_1 + a_2 + ... + a_k)^n = \sum_{r_1+r_2+...r_k=n} \frac{n!a_n^{r_1} \cdot a_2^{r_2} \cdot ...a_k^{r_k}}{r_1!r_2!...r_k!}$$

कुछ महत्त्वपूर्ण तथ्य

1. $(a+bx+cx^2)^n$ के प्रसार में गुणांकों का योग $(a+b+c)^n$ होता है।
2. $(x+y+z)^n$ के प्रसार में पदों की संख्या $^{n+2}C_2$ होती है।
3. $(x+y+z)^n$ के प्रसार में $x^{n_1} \cdot y^{n_2} \cdot z^{n_3}$ का गुणांक $\dfrac{n!}{n_1!n_2!n_3!}$ होता है, जहाँ $n = n_1 + n_2 + n_3$।
4. $(x+1)(x+2)...(x+n)$ के प्रसार में x^{n-1} का गुणांक $\dfrac{n(n+1)}{2}$ होता है।
5. $(x-1)(x-2)...(x-n)$ के प्रसार में x^{n-1} का गुणांक $-\dfrac{n(n+1)}{2}$ होता है।
6. $(1+x^r)^n$ के प्रसार में x^m का गुणांक शून्य होगा। यदि m, r का गुणांक नहीं है।
7. $(a_1+a_2+...+a_k)^n$ के प्रसार में व्यापक पद $\dfrac{n!}{r_1!r_2!...r_k!}x_1^{r_1} \cdot x_2^{r_2}...x_k^{r_k}$ होता है। तथा प्रसार में कुल पदों की संख्या $^{n+k-1}C_{k-1}$ होती है।
8. $(x+a)^n + (x-a)^n$ के प्रसार में पदों की संख्या $\dfrac{n+2}{2}$ होगी, यदि n एक सम संख्या है तथा पदों की संख्या $\dfrac{n+1}{2}$ होगी। यदि n एक विषम संख्या है।
9. $(1+x)^n = ^nC_0 + ^nC_1x + ^nC_1x + ^nC_2x^2 + ^nC_rx^r + ... + ^nC_nx^n$
10. $(1+x)^n = C_0 + C_1x + C_2x^2 + ... + C_rx^r + ... + C_nx^n$
11. $2^n = C_0 + C_1 + C_2 + ... C_n$
12. $C_0 - C_1 + C_2 - C_3 + ... = 0$
13. $^nC_r = \dfrac{n}{r}.\,^{n-1}C_{r-1} = \dfrac{n}{r}.\dfrac{n-1}{r-1}.\,^{n-2}C_{r-2}$
14. $C_0C_r + C_1C_{r+1} + ... + C_{n-r}C_n = ^{2n}C_{n+r} = \dfrac{2n!}{(n-r)!(n+r)!}$
15. $^{2n}C_n = C_0^2 + C_1^2 + ... + C_n^2$
16. $^nC_r + ^nC_{r-1} = ^{n+1}C_r$
17. $C_1 + 2C_2 + 3C_3 + ... + n.C_n = n.2^{n-1}$
18. $C_0 + 2C_1 + 3C_2 + ... + (n+1)C_n = (n+2)^{n-1}$
19. $C_0^2 + C_1^2 + C_2^2 + ... + C_n^2 = \dfrac{(2n)!}{(n!)^2}$ [यदि n विषम है]

वस्तुनिष्ठ प्रश्न

1. $(1+x+x^2+x^3)^n$ के प्रसार में x^4 का गुणांक है।
(a) ${}^nC_4+{}^nC_1+{}^nC_4\cdot{}^nC_2$ (b) ${}^nC_4+{}^nC_2+{}^nC_1\cdot{}^nC_2$
(c) ${}^nC_4$ (d) ${}^nC_4+{}^nC_2$

2. $(1+x)^{50}$ के प्रसार में x के विषम (odd) घातों के गुणांकों का योग है।
(a) 2^{50} (b) 2^{51}
(c) 0 (d) 2^{49}

3. यदि $x+y=1$, तो $\sum_{r=0}^{n} r^2\, {}^nC_r x^r y^{n-r}=$
(a) $nx(x+yn)$ (b) nxy
(c) $nx(nx+y)$ (d) इनमें से कोई नहीं

4. $(3+2x)^{50}$ के प्रसार में महत्तम पद, जहाँ $x=\frac{1}{5}$, है।
(a) 7 वाँ (b) 6 वाँ
(c) 5 वाँ (d) 51 वाँ

5. $(1+t^2)^{12}(1+t^{12})(1+t^{24})$ में t^{24} का गुणांक है।
(a) ${}^{12}C_6$ (b) ${}^{12}C_6+2$
(c) ${}^{12}C_6+3$ (d) ${}^{12}C_6+1$

6. माना T_n, एक n भुजाओं वाले समबहुभुज (regular polygon) के शीर्षों के प्रयोग से बनने वाले त्रिभुजों की संख्या को प्रदर्शित करता है। यदि $T_{n+1}-T_n=21$, तो n का मान है।
(a) 6 (b) 4
(c) 5 (d) 7

7. $\binom{30}{0}\binom{30}{10}-\binom{30}{1}\binom{30}{11}+\ldots+\binom{30}{20}\binom{30}{30}$ बराबर है।
(a) ${}^{30}C_{10}$ (b) ${}^{65}C_{55}$
(c) ${}^{30}C_{11}$ (d) ${}^{60}C_{10}$

8. $(a-b)^n$ के प्रसार में, जहाँ $n\geq 5$, पाँचवें और छठे पदों का योग शून्य है, तब a/b का मान है।
(a) $\frac{5}{n-4}$ (b) $\frac{6}{n-5}$
(c) $\frac{n-5}{6}$ (d) $\frac{n-4}{5}$

9. यदि ${}^{n-1}C_r=(k^2-3)\,{}^nC_{r+1}$ तो k का मान किस अन्तराल में होगा?
(a) $[-\sqrt{3},\sqrt{3}]$ (b) $(\sqrt{3},2]$
(c) $(-\infty,-2]$ (d) $[2,\infty)$

10. यदि $p>q$ तथा $\binom{p}{q}=0$ हो, तो m के किस मान के लिए योग $\sum_{i=0}^{m}\binom{10}{i}\binom{20}{m-i}$ अधिकतम होगा?
(a) 15 (b) 20
(c) 5 (d) 10

11. $\frac{C_1}{C_0}+\frac{2C_2}{C_1}+\frac{3C_3}{C_2}+\ldots+\frac{nC_n}{C_{n-1}}=$
(a) $\frac{n(n+1)}{2}$ (b) $\frac{n(n-1)}{2}$
(c) $\frac{(n+1)(b+2)}{2}$ (d) इनमें से कोई नहीं

12. यदि ${}^{n+1}C_3=2.{}^nC_2$, तब $n=$
(a) 3 (b) 4
(c) 5 (d) 6

13. यदि ${}^nC_{r-1}=36, {}^nC_r=84$ तथा ${}^nC_{r+1}=126$, तब–
(a) $n=9$ तथा $r=6$ (b) $n=9$ तथा $r=3$
(c) $n=6$ तथा $r=3$ (d) $n=6$ तथा $r=2$

14. ${}^{13}C_2+{}^{13}C_3+{}^{13}C_4+\ldots+{}^{13}C_{13}$ का मान है–
(a) $2^{13}-13$ (b) $2^{13}-14$
(c) $2^{13}+13$ (d) $2^{13}+14$

15. $\left(x^4-\frac{1}{x^3}\right)^{15}$ के विस्तार में x^{39} का गुणांक है?
(a) -455 (b) -105
(c) $+455$ (d) $+105$

16. यदि x धनात्मक है, तो $(1+x)^{27/5}$ के विस्तार में प्रथम ऋणात्मक पद है?
(a) 5 वाँ पद (b) 8 वाँ पद
(c) 6 वाँ पद (d) 7 वाँ पद

17. $(\sqrt{3}+\sqrt[8]{5})^{256}$ के विस्तार में पदों की संख्या है?
(a) 33 (b) 34
(c) 35 (d) 32

18. यदि ${}^nC_r$, n वस्तुओं में से एक बार में r वस्तुएँ लेकर बनाये गये संचयों की संख्या व्यक्त करता है, तब ${}^nC_{r+1}+{}^nC_{r-1}+2\times{}^nC_r$ बराबर है?
(a) ${}^{n+2}C_{r+1}$ (b) ${}^{n+1}C_r$
(c) ${}^{n+1}C_{r+1}$ (d) ${}^{n+2}C_r$

19. $(1+\alpha x)^4$ तथा $(1-\alpha x)^6$ में x की घात में मध्य पदों के गुणांक समान है, यदि α बराबर है।
(a) $-\frac{3}{10}$ (b) $\frac{10}{3}$
(c) $-\frac{5}{3}$ (d) $\frac{3}{5}$

20. $(1+x)(1-x)^n$ के विस्तार में x^n का गुणांक है?
(a) $(-1)^{n-1}(n-1)^2$ (b) $(-1)^n(1-n)$
(c) $(n-1)$ (d) $(-1)^{n-1}n$

21. यदि $S_n=\sum_{r=0}^{n}\frac{1}{{}^nC_r}$ तथा $t_n=\sum_{r=0}^{n}\frac{r}{{}^nC_r}$, तब $\frac{t_n}{S_n}$ बराबर है?
(a) $n-1$ (b) $\frac{1}{2}n-1$

(c) $\frac{1}{2}n$ (d) $\frac{2n-1}{2}$

22. यदि $(1+y)^m$ के विस्तार में r वें, $(r+1)$ वें तथा $(r+2)$ वें पदों के गुणांक समान्तर श्रेणी में हों, तब m तथा r सन्तुष्ट करेगी समीकरण–

(a) $m^2 - m(4r-1) + 4r^2 + 2 = 0$
(b) $m^2 - m(4r+1) + 4r^2 - 2 = 0$
(c) $m^2 - m(4r+1) + 4r^2 + 2 = 0$
(d) $m^2 - m(4r-1) + 4r^2 - 2 = 0$

23. यदि $(ax^2 + (1/bx))^{11}$ में x^7 का गुणांक $(ax - (1/bx^2))^{11}$ में x^{-7} के गुणांक के बराबर है, तब a तथा b में सम्बन्ध है–

(a) $a+b=1$ (b) $a-b=1$
(c) $ab=1$ (d) $a/b=1$

24. यदि x बहुत छोटा है x^3 और x के अधिक घात के पदों को छोड़ने पर $[(1+x)^{3/2} - (1+x/2)^3]/(1-x)^{1/2}$ लगभग होगा?

(a) $3x+\frac{3}{8}x^2$ (b) $1-\frac{3}{8}x^2$

(c) $\frac{x}{2}-\frac{3}{8}x^2$ (d) $-\frac{3}{8}x^2$

25. यदि फलन $1/(1-ax)(1-bx)$ का x की घात में प्रसार $a_0 + a_1x + a_2x^2 + \ldots$ है, तब a_n है?

(a) $\frac{b^n-a^n}{b-a}$ (b) $\frac{a^n-b^n}{b-a}$

(c) $\frac{a^{n+1}-b^{n+1}}{b-a}$ (d) $\frac{b^{n+1}-a^{n+1}}{b-a}$

26. m, n प्राकृति राशियों के लिए यदि–
$(1-y)^m(1+y)^n = 1 + a_1y + a_2y^2 + \ldots$, तथा $a_1 = a_2 = 10$, तब $(m, n) = -$

(a) $(20, 45)$ (b) $(35, 20)$
(c) $(45, 35)$ (d) $(35, 45)$

27. श्रेणी ${}^{20}C_0 - {}^{20}C_1 + {}^{20}C_2 - {}^{20}C_3 + \ldots - \ldots + {}^{20}C_{10}$ का योगफल है?

(a) $\frac{1}{2}{}^{20}C_{10}$ (b) 0
(c) ${}^{20}C_{10}$ (d) $-{}^{20}C_{10}$

28. $(a-b)^n$ के द्विपद विस्तार में $n \geq 5$, 5 वें और 6 वें पदों का योगफल शून्य हो तब a/b बराबर है?

(i) $\frac{6}{n-5}$ (ii) $\frac{n-5}{6}$

(iii) $\frac{n-4}{5}$ (iv) $\frac{5}{n-4}$

निर्देश: नीचे दिये गये कथनों के लिए सही विकल्प चुनिए–

(a) कथन-1 सत्य है, कथन-2 असत्य है
(b) कथन-1 असत्य है, कथन-2 सत्य है
(c) कथन-1 तथा कथन-2 सत्य है, कथन-2, कथन-1 की सही व्याख्या करता है
(d) कथन-1 तथा कथन-2 सत्य है, कथन-2, कथन-1 की सही व्याख्या नहीं करता है

29. कथन-1 :

$$\sum_{r=0}^{n}(r+1)\,{}^nC_r = (n+2)2^{n-1}$$

कथन-2 :

$$\sum_{r=0}^{n}(r+1)\,{}^nC_r x^2 = (1+x)^n + nx(1+x)^{n-1}$$

उत्तरमाला

1. (b)	**2.** (d)	**3.** (c)	**4.** (a)	**5.** (b)	**6.** (d)	**7.** (a)	**8.** (d)	**9.** (b)	**10.** (a)
11. (a)	**12.** (c)	**13.** (b)	**14.** (b)	**15.** (a)	**16.** (b)	**17.** (a)	**18.** (a)	**19.** (a)	**20.** (b)
21. (c)	**22.** (b)	**23.** (c)	**24.** (d)	**25.** (d)	**26.** (d)	**27.** (a)	**28.** (c)	**29.** (c)	

संकेत एवं हल

1. (b) $(1+x)^n(1+x^2)^n$

$=(C_0+C_1x+C_2x^2+C_3x^3+C_4x^4+\ldots)$
$[C_0+C_1(x^2)+C_2(x^2)^2+\ldots]$

$\therefore$ x^4 का गुणांक $=C_0C_2+C_2C_1+C_4C_0$
$={}^nC_2+{}^nC_2\cdot{}^nC_1+{}^nC_4$

2. (d) $(1+x)^{50}=C_0+C_1x+C_2x^2+C_3x^3+\ldots+C_{50}x^{50}$

$x=1$ तथा -1 रखने तथा घटाने पर,

$2^{50}+0=2[C_1+C_3+C_5+\ldots]$

$\therefore$ $C_1+C_3+C_5+\ldots=2^{49}$

या x के विषम घातों के गुणांकों का योग $=2^{49}$

3. (c)

4. (a) $3^{50}\left(1+\frac{2x}{3}\right)^{50}$

$$\frac{T_r+1}{T_r}=\frac{n-r+1}{r}\cdot\frac{2x}{3}=\frac{51-r}{r}\cdot\frac{2}{15}\ (\because x=1/5)$$

$\therefore$ $\frac{T_{r+1}}{T_r}\ge1 \Rightarrow 102-2r\ge15r$

या $102\ge17r$ या $r\le6$

अतः 7 वाँ पद महत्तम है।

5. (b) $\{(1+t^2)^{12}(1+t^{12})(1+t^{24})\}$ में t^{24} का गुणांक

$\Rightarrow$ $\{(1+t^2)^{12}(1+t^{12}+t^{24}+t^{36})\}$ में t^{24} का गुणांक

$\Rightarrow$ $\{(1+t^2)^{12}+t^{12}(1+t^2)^{12}+t^{24}(1+t^2)^{12}\}$ में t^{24} का गुणांक [$t^{36}(1+t^2)^{12}$ छोड़ने पर]

$\Rightarrow$ t^{24} का गुणांक $=({}^{12}C_{12}+{}^{12}C_6+1)$

$\Rightarrow$ t^{24} का गुणांक $=(2+{}^{12}C_6)$

6. (d) दी गयी स्थिति के अनुसार, $T_n={}^nC_3$

और $T_{n+1}-T_n=21$

$\Rightarrow$ ${}^{n+1}C_3-{}^nC_3=21$

$\Rightarrow$ $\frac{1}{6}(n+1)n(n-1)-\frac{1}{6}n(n-1)(n-2)=21$

$\Rightarrow$ $\frac{n(n-1)}{6}[(n+1)-(n-2)]=21$

$\Rightarrow$ $\frac{n(n-1)\cdot3}{6}=21$

$\Rightarrow$ $n(n-1)=42 \Rightarrow n=7$

7. (a) माना

$$A=\binom{30}{0}\binom{30}{10}-\binom{30}{1}\binom{30}{11}+\binom{30}{2}\binom{30}{12}-\ldots+\binom{30}{20}\binom{30}{30}$$

$\Rightarrow$ $A={}^{30}C_0\cdot{}^{30}C_{10}-{}^{30}C_1\cdot{}^{30}C_{11}+{}^{30}C_2\cdot{}^{30}C_{12}-\ldots+{}^{30}C_{20}\cdot{}^{30}C_{30}$

$=(1+x)^{30}(1-x)^{30}$ में x^{20} का गुणांक

$=(1-x^2)^{30}$ में x^{20} का गुणांक

$=\sum_{r=0}^{30}(-1)^r\,{}^{30}C_r(x^2)^r$ में x^{20} का गुणांक

$=(-1)^{10}\,{}^{30}C_{10}$ (x^{20} के गुणांक के लिए, $r=10$)

अतः $\binom{30}{0}\binom{30}{10}-\binom{30}{1}\binom{30}{11}+\binom{30}{2}\binom{30}{12}-\ldots+\binom{30}{20}\binom{30}{30}={}^{30}C_{10}$

8. (d) दिया है, कि $T_5+T_6=0$

$\Rightarrow$ ${}^nC_4\,a^{n-4}b^4-{}^nC_5\,a^{n-5}b^5=0$

$\Rightarrow$ ${}^nC_4\,a^{n-4}b^4={}^nC_5\,a^{n-5}b^5$

या $\frac{a}{b}=\frac{{}^nC_5}{{}^nC_4}=\frac{n-4}{5}$

9. (b) ${}^{n-1}C_r=(k^2-3)\,{}^nC_{r+1}$

$\Rightarrow$ ${}^{n-1}C_r=(k^2-3)\cdot\frac{n}{r+1}\,{}^{n-1}C_r$

$\Rightarrow$ $k^2-3=\frac{r+1}{n}$

$(\because n\ge r\Rightarrow \frac{r+1}{n}\le1$ और $n,r>0)$

$\Rightarrow$ $0<k^2-3\le1$

$\Rightarrow$ $3<k^2\le4$

अतः $k\in[-2,-\sqrt3)\cup(\sqrt3,2)$

10. (a) $(1+x)^{10}(x+1)^{20}$ के प्रसार में x^m का गुणांक $\sum_{i=0}^{m}\binom{10}{i}\binom{20}{m-i}$ है।

$\Rightarrow$ $(1+x)^{30}$ के प्रसार में x^m का गुणांक $\sum_{i=0}^{m}\binom{10}{i}\binom{20}{m-i}$ है।

अतः $\sum_{i=0}^{m}\binom{10}{i}\binom{30}{m-i}={}^{30}C_m=\binom{30}{m}$ ...(i)

हम जानते हैं, कि $\binom{n}{r}$ अधिकतम होगा, जब

$$\begin{cases} r=\frac{n}{2}, & n \text{ सम है} \\ r=\frac{n\pm1}{2}, & n \text{ विषम है}\end{cases}$$

$\therefore$ $\binom{30}{m}$ अधिाकतम होगा, जब $m=15$

11. (a) $\frac{n(n+1)}{2}$

12. (c) 5

13. (b) $n=9$ तथा $r=3$

14. (b) $2^{13}-14$

15. (a) -455

16. (b) $(1+x)^{27/5}$ के विस्तार में $(r+1)$ वाँ पद

$$=\frac{\frac{25}{5}\left(\frac{27}{5}-1\right)...\left(\frac{27}{5}-r+1\right)}{r!}x^r$$

अब यह पद ऋणात्मक होगा, यसदि अंश में अन्तिम गुणनखण्ड ऋण हो।

$$\Rightarrow \quad \frac{27}{5}-r+1<0 \quad \Rightarrow \quad \frac{32}{5}<r$$

$\Rightarrow \quad 6.4<r \quad \Rightarrow \quad r$ का न्यूनतम मान 7 है।

प्रथम ऋण पद 8वाँ है।

17. (a) $(\sqrt{3}+\sqrt[8]{5})^{256}$ का $(r+1)$ वाँ पद

i.e., $\quad T_{r+1}={}^{256}C_r\,(3)^{(256-r)/2}\,(5)^{r/8}$

पद पूर्णांक है। यदि $\frac{256-r}{2}$ तथा $\frac{r}{8}$ दोनों धन पूर्णांक है।

$$r=0, 8, 16, 24, 32, ..., 256$$

कुल पद 33 हैं।

18. (a) ${}^nC_{r+1}+{}^nC_{r-1}+2\,{}^nC_r$

$$={}^nC_{r+1}+{}^nC_r+{}^nC_{r-1}+{}^nC_r$$
$$={}^{n+1}C_{r+1}+{}^{n+1}C_r={}^{n+2}C_{r+1}$$

19. (a) $(1+ax)^4$ के विस्तार में मध्य पद में x का गुणांक $={}^4C_2\cdot\alpha^2$

$(1-ax)^6$ के विस्तार में मध्य पद में x का गुणांक $={}^6C_3\,(-\alpha)^3$

प्रश्नानुसार, $\quad {}^4C_2\alpha^2={}^6C_3\,(-\alpha)^3$

या $\quad \frac{4!}{2!2!}\alpha^2=\frac{6!}{3!3!}\alpha^3$

या $\quad 6\alpha^2=-20\,\alpha^3$

या $\quad \alpha=-\frac{6}{20} \quad$ या $\quad \alpha=-\frac{3}{10}$

20. (b) $(1+x)\,(1-x)^n$ के विस्तार में x^n का गुणांक

$=x^n$ का गुणांक $+\,x^{n-1}$ का गुणांक

$$=(-1)^n\frac{n!}{n!0!}+(-1)^{n-1}\frac{n!}{1!(n-1)!}$$

$$=(-1)^n\left(\frac{n!}{n!0!}-\frac{n!}{1!(n-1)!}\right)$$

$$=(-1)^n\,(1-n)$$

21. (c) ज्ञात है, $\quad t_n=\sum_{r=0}^{n}\frac{r}{{}^nC_r}=\sum_{r=0}^{n}\frac{n-(n-r)}{{}^nC_r}$

$$=n\sum_{r=0}^{n}\frac{1}{{}^nC_r}-\sum_{r=0}^{n}\frac{n-r}{{}^nC_r}$$

$$=ns_n-\sum_{r=0}^{n}\frac{n-r}{{}^nC_{n-r}}$$

$$=ns_n-\left[\frac{n}{{}^nC_n}+\frac{n-1}{{}^nC_{n-1}}+...+\frac{1}{{}^nC_1}+0\right]$$

$$=ns_n-\sum_{r=0}^{n}\frac{r}{{}^nC_r}=ns_n-t_n$$

या $\quad 2t_n=ns_n$

या $\quad \frac{t_n}{s_n}=\frac{n}{2}$

22. (b) चूँकि ${}^mC_{r-1}+{}^mC_{r+1}=2\,{}^mC_r$

या $\quad \frac{m!}{(r-1)!(m-r+1)!}+\frac{m!}{(r+1)!(m-r-1)!}=2\frac{m!}{r!(m-r)!}$

या $\quad \frac{1}{(m-r+1)(m-r)}+\frac{1}{(r+1)r}=\frac{2}{r(m-r)}$

या $\quad \frac{r(r+1)+(m-r+1)(m-r)}{r(r+1)(m-r+1)(m-r)}=\frac{2}{r(m-r)}$

या $\quad r^2+r+m^2+r^2-2mr+m-r=2(mr-r^2+r+m-r+1)$

या $\quad 4r^2-4mr-m-2+m^2=0$

या $\quad m^2-m\,(4r+1)+4r^2-2=0$

23. (c) माना $(ax^2+1/bx)^{11}$ के विस्तार में $(r+1)$ वें पद में x^7 है।

$\therefore \quad T_{r+1}={}^{11}C_r\,(ax^2)^{11-r}\left(\frac{1}{bx}\right)^r$

$$={}^{11}C_r\frac{a^{11-r}}{b^r}.x^{22-3x}$$

या $\quad 22-3r=7 \qquad 3r=15$

$$r=5$$

$\therefore \quad T_6={}^{11}C_5\frac{a^6}{b^5}\cdot x^7$

$\therefore \quad \left(ax^2+\frac{1}{bx}\right)^{11}$ के विस्तार में x^7 का गुणांक $={}^{11}C_5\frac{a^6}{b^5}$

इसी प्रकार, $\left(ax-\frac{1}{bx^2}\right)^{11}$ के विस्तार में x^{-7} का गुणांक

$$={}^{11}C_6\,a^5/b^6$$

प्रश्नानुसार, ${}^{11}C_5\frac{a^6}{b^5}={}^{11}C_6\frac{a^5}{b^6} \quad$ या $\quad \frac{a^6}{b^5}=\frac{a^5}{b^6}$

या $\quad ab=1$

24. (d) $\frac{(1+x)^{3/2}-\left(1+\frac{1}{2}x\right)^3}{(1-x)^{1/2}}$

$$=\frac{\left\{\left(1+\frac{3}{2}x+\frac{1}{2}\left(\frac{3}{2}\right)\left(\frac{1}{2}\right)x^2+...\right)-\left(1+\frac{3}{2}x+\frac{3}{4}x^2+...\right)\right\}}{(1-x)^{1/2}}$$

$$=-\frac{3x^2}{8}(1-x)^{-1/2}=-\frac{3x^2}{8}\left(1+\frac{1}{2}x+\frac{1}{2}\left(\frac{3}{2}\right)\left(\frac{1}{2}\right)x^2+...\right)$$

$=-\frac{3x^2}{8}+x$ की अधिक घातें $=-\frac{3x^2}{8}$

($\because x^2$ से अधिक x की घातों को छोड़ सकते हैं।)

25. (d) $\because \quad (1-ax)^{-1}(1-bx)^{-1}$

$=(1+ax+a^2x^2+...)(1+bx+b^2x^2+...)$

अत:

$a_n=(1-ax)^{-1}(1-bx)^{-1}$ में x^n का गुणांक

$=a^0b^n+ab^{n-1}+...+a^nb^0$

$$=a^0b^n\left[\frac{\left(\frac{a}{b}\right)^{n+1}-1}{\frac{a}{b}-1}\right]=\frac{b^n(a^{n+1}-b^{n+1})}{a-b}\frac{b}{b^{n+1}}$$

$$=\frac{a^{n+1}-b^{n+1}}{a-b}$$

26. (d) $(1-y)^m(1+y)^n=({}^mC_0-{}^mC_1y+{}^mC_2y^2-...)$
$({}^nC_0+{}^nC_1y+{}^nC_2y^2+...)$

$\therefore \quad a_1=(1-y)^m(1+y)^n$ में y का गुणांक

$={}^nC_1-{}^mC_1=10$

$\Rightarrow \quad =n-m=10$

$\Rightarrow \quad n=m+10$ ...(i)

तथा $\quad a_2=(1-y)^m(1+y)^n$ में y^2 का गुणांक

$={}^nC_2-{}^mC_1\cdot{}^nC_1+{}^mC_2$

$\therefore \quad {}^nC_2-{}^mC_1\cdot{}^nC_1+{}^mC_2=10$

$$\Rightarrow \quad \frac{n(n-1)}{2}+\frac{m(m-1)}{2}-mn=10$$

$$\Rightarrow \quad \frac{(10+m)(9+m)}{2}+\frac{m(m-1)}{2}-m(10+m)=10$$

$$\Rightarrow \quad 45-5m+\frac{9m}{2}-\frac{m^2}{2}+\frac{m^2}{2}-\frac{m}{2}=10$$

$\Rightarrow \quad 45-m=10 \quad \Rightarrow \quad m=35$

$\therefore \quad n=45 \quad \therefore \quad (m,n)=(35,45)$

27. (a) ${}^{20}C_0-{}^{20}C_1+...-{}^{20}C_9+{}^{20}C_{10}-{}^{20}C_{11}+...+{}^{20}C_{20}=0$

$\Rightarrow \quad 2({}^{20}C_0-{}^{20}C_1+...-{}^{20}C_9+{}^{20}C_{10})={}^{20}C_{10}$

$\Rightarrow \quad {}^{20}C_0-{}^{20}C_1+...-{}^{20}C_9+{}^{20}C_{10}=\frac{1}{2}{}^{20}C_{10}$

28. (c) ${}^nC_4\,a^{n-4}(-b)^4+{}^nC_5a^{n-5}(-b)^5=0$

$$\Rightarrow \quad \left(\frac{a}{b}\right)=\frac{n-5+1}{5}=\frac{n-4}{5}.$$

29. (c) कथन-2

$$\sum_{r=0}^{n}(r+1)^nC_rx^r=\sum_{r=0}^{n}r\,{}^nC_rx^r+\sum_{r=0}^{n}{}^nC_rx^r$$

$$=nx\sum_{r=0}^{n}{}^{n-1}C_{r-1}x^{r-1}+\sum_{r=0}^{n}{}^nC_rx^r$$

$$=nx(1+x)^{n-1}+(1+x)^n$$

$\therefore$ कथन-2 सत्य है।

कथन-2 में $x=1$ रखने पर,

$$\sum_{r=0}^{n}(r+1)^nC_r=n\,2^{n-1}+2^n=(n+1)\,2^{n-1}$$

$\therefore$ कथन-1 भी सत्य है तथा कथन-2, कथन-1 के लिए सही है।

□□□

सारणिक 18

(Determinant)

परिभाषा (Definition)

प्रत्येक वर्ग आव्यूह $A = \begin{vmatrix} a_{11} & a_{12} & \cdots & a_{1n} \\ a_{21} & a_{22} & \cdots & a_{2n} \\ \vdots & \vdots & & \vdots \\ a_{n1} & a_{n2} & \cdots & a_{nn} \end{vmatrix}$ से सम्बद्ध व्यंजक

को A का सारणिक कहते हैं। इसे $\det A, \Delta$ या $|A|$ से निरूपित करते हैं तथा निम्न प्रका लिखते हैं।

$$\Delta = \det A = |A| = \begin{vmatrix} a_{11} & a_{12} & \cdots & a_{1n} \\ a_{21} & a_{22} & \cdots & a_{2n} \\ \vdots & \vdots & & \vdots \\ a_{n1} & a_{n2} & \cdots & a_{nn} \end{vmatrix}$$

n पंक्तियों व n स्तम्भों वाले सारणिक को n कोटि का सारणिक कहते हैं।

कोटि 1 के सारणिक का मान (Value of a Determinant of order 1)

यदि कोई वर्ग आव्यूह $A = [a_{11}]$, तब $|A| = a_{11}$

कोटि 2 के सारणिक का मान (Value of a determinant of order 2)

यदि कोई वर्ग आव्यूह जिसकी कोटि 2×2

इस प्रकार है, $A = \begin{bmatrix} a_{11} & a_{12} \\ a_{21} & a_{22} \end{bmatrix}$

तब सारणिक रूप, $|A| = \begin{vmatrix} a_{11} & a_{12} \\ a_{21} & a_{22} \end{vmatrix} = a_{11}\,a_{22} - a_{12}\,a_{21}$

कोटि 3 के सारणिक का मान (Value of Determinant of Orders)

यदि कोई आव्यूह $A = \begin{bmatrix} a_{11} & a_{12} & a_{13} \\ a_{21} & a_{22} & a_{23} \\ a_{31} & a_{32} & a_{33} \end{bmatrix}$ वर्ग आव्यूह है।

तब इसको सारणिक रूप में इस प्रकार लिखा जा सकता है

$$|A| = \begin{vmatrix} a_{11} & a_{12} & a_{13} \\ a_{21} & a_{22} & a_{23} \\ a_{31} & a_{32} & a_{33} \end{vmatrix}$$

$$|A| = a_{11}\begin{vmatrix} a_{22} & a_{23} \\ a_{32} & a_{33} \end{vmatrix} - a_{12}\begin{vmatrix} a_{21} & a_{23} \\ a_{31} & a_{33} \end{vmatrix} + a_{13}\begin{vmatrix} a_{21} & a_{22} \\ a_{31} & a_{32} \end{vmatrix}$$

उपसारणिक (Minors)

किसी सारणिक के किसी अवयव से होकर जाने वाली पंक्ति तथा स्तम्भ को निकाल देने पर जो सारणिक शेष प्राप्त होता है, उसे अवयव का उपसारणिक (minor) कहते हैं।

उदाहरणतः $\begin{vmatrix} a_1 & b_1 & c_1 \\ a_2 & b_2 & c_2 \\ a_3 & b_3 & c_3 \end{vmatrix}$

में a_1 का उपसारणिक $\begin{vmatrix} b_2 & c_2 \\ b_3 & c_3 \end{vmatrix}$, b_1 का उपसारणिक $\begin{vmatrix} a_2 & c_2 \\ a_3 & c_3 \end{vmatrix}$, c_2 का उपसारणिक $\begin{vmatrix} a_1 & b_1 \\ a_3 & b_3 \end{vmatrix}$ है। $a_1, b_1, c_1, a_2, \ldots$ आदि के उपसारणिक को क्रमशः $A_1, B_1, C_1, A_2, \ldots$ आदि से प्रकट किया जाता है।

सारणिक के सहखण्ड (Cofactors of Determinant)

सारणिक $\Delta = \begin{vmatrix} a_{11} & a_{12} & a_{13} \\ a_{21} & a_{22} & a_{23} \\ a_{31} & a_{32} & a_{33} \end{vmatrix}$ के अवयव a_{ij} का सहखण्ड

$C_{ij} = (-1)^{i+j}\, M_{ij}$ होता है, जहाँ M_{ij}, a_{ij} का उपसारणिक है।

$$a_{12} \text{ का सहखण्ड} = C_{12} = (-1)^{1+2}\, M_{12}$$

$$= -\begin{vmatrix} a_{21} & a_{23} \\ a_{31} & a_{33} \end{vmatrix}$$

सारणिक के प्रारम्भिक गुणधर्म
(Elementary Properties of Determinants)

1. यदि किसी सारणिक की किसी पंक्ति (या स्तम्भ) का प्रत्येक अवयव शून्य हो, तो उस सारणिक का मान शून्य होता है।

$$\begin{vmatrix} a_1 & b_1 & 0 \\ a_2 & b_2 & 0 \\ a_3 & b_3 & 0 \end{vmatrix} = 0, \qquad \begin{vmatrix} 0 & 0 & 0 \\ a_2 & b_2 & c_2 \\ a_3 & b_3 & c_3 \end{vmatrix} = 0$$

2. यदि किसी सारणिक की पंक्तियों का स्तम्भों में तथा स्तम्भों का पंक्तियों में परस्पर विनिमय (Exchange) कर दिया जाये, तो सारणिक के मान में कोई परिवर्तन नहीं होता है।

$$\begin{vmatrix} a_1 & b_1 & c_1 \\ a_2 & b_2 & c_2 \\ a_3 & b_3 & c_3 \end{vmatrix} = \begin{vmatrix} a_1 & a_2 & a_3 \\ b_1 & b_2 & b_3 \\ c_1 & c_2 & c_3 \end{vmatrix}$$

3. यदि सारणिक की किन्हीं दो समान्तर आसन्न पंक्तियों या आसन्न स्तम्भों का परस्पर विनिमय (Insterchange) कर दिया जाये, तो सारणिक का मान नहीं बदलता किन्तु चिन्ह बदल जाता हैं।

$$\begin{vmatrix} a_1 & b_1 & c_1 \\ a_2 & b_2 & c_2 \\ a_3 & b_3 & c_3 \end{vmatrix} = -\begin{vmatrix} a_1 & c_1 & b_1 \\ a_2 & c_2 & b_2 \\ a_3 & c_3 & b_3 \end{vmatrix}$$

4. यदि किसी सारणिक में कोई दो पंक्तियाँ (या दो स्तम्भ) सर्वसम हो, तो उस सारणिक का मान शून्य होता है।

$$\begin{vmatrix} a_1 & b_1 & a_1 \\ a_2 & b_2 & a_2 \\ a_3 & b_3 & a_3 \end{vmatrix} = 0, \qquad \begin{vmatrix} a_1 & a_2 & ka_1 \\ b_1 & b_2 & kb_1 \\ c_1 & c_2 & kc_1 \end{vmatrix} = 0$$

5. यदि एक पंक्ति के या एक स्तम्भ के सभी अवयवों को किसी संख्या से गुणा कर दिया जाये, तो सारणिक के मान में भी उस संख्या से गुणा हो जाता है।

$$\begin{vmatrix} ma_1 & b_1 & c_1 \\ ma_2 & b_2 & c_2 \\ ma_3 & b_3 & c_3 \end{vmatrix} = m\begin{vmatrix} a_1 & b_1 & c_1 \\ a_2 & b_2 & c_2 \\ a_3 & b_3 & c_3 \end{vmatrix}$$

6. यदि किसी पंक्ति या स्तम्भ का प्रत्येक अवयव दो राशियों का योग हो, तो सारणिक को उसी कोटि के दो सारणिकों के योग के बराबर प्रकट किया जा सकता हैं।

$$\begin{vmatrix} a_1+a_1' & b_1 & c_1 \\ a_2+a_2' & b_2 & c_2 \\ a_3+a_3' & b_3 & c_3 \end{vmatrix} = \begin{vmatrix} a_1 & b_1 & c_1 \\ a_2 & b_2 & c_2 \\ a_3 & b_3 & c_3 \end{vmatrix} + \begin{vmatrix} a_1' & b_1 & c_1 \\ a_2' & b_2 & c_2 \\ a_3' & b_3 & c_3 \end{vmatrix}$$

7. यदि किसी सारणिक $\Delta = f(x)$ का मान $x = \alpha$ लिखने पर शून्य हो जाता है, तो $(x-\alpha)$, Δ का एक गुणनखण्ड होते हैं।

सारणिकों का गुणनफल (Product of Determinates)

माना दो सारणिक

$$\Delta_1 = \begin{vmatrix} a_1 & b_1 & c_1 \\ a_2 & b_2 & c_2 \\ a_3 & b_3 & c_3 \end{vmatrix}$$

व

$$\Delta_2 = \begin{vmatrix} \alpha_1 & \beta_1 & \gamma_1 \\ \alpha_2 & \beta_2 & \gamma_2 \\ \alpha_3 & \beta_3 & \gamma_3 \end{vmatrix}$$ है, तब

$$\Delta_1\Delta_2 = \begin{vmatrix} a_1\alpha_1+b_1\beta_1+c_1\gamma_1 & a_1\alpha_2+b_1\beta_2+c_1\gamma & a_1\alpha_3+b_1\beta_3+c_1\gamma_3 \\ a_2\alpha_1+b_2\beta_1+c_2\gamma_1 & a_2\alpha_2+b_2\beta_2+c_2\gamma_2 & a_2\alpha_3+b_2\beta_3+c_2\gamma_3 \\ a_3\alpha_1+b_3\beta_1+c_3\gamma_1 & a_3\alpha_2+b_3\beta_2+c_3\gamma_2 & a_3\alpha_3+b_3\beta_3+c_3\gamma_3 \end{vmatrix}$$

चक्रक (Circulant)

$$\begin{vmatrix} a & b & c \\ b & c & a \\ c & a & b \end{vmatrix} = -(a^3+b^3+c^3-3abc)$$

सारणिक का अवकलन (Differentiation of a Determinant)

1. यदि
$$\Delta(x) = \begin{vmatrix} a_1(x) & b_1(x) & c_1(x) \\ a_2(x) & b_2(x) & c_2(x) \\ a_3(x) & b_3(x) & c_3(x) \end{vmatrix}$$

$$\frac{d}{dx}\Delta(x) = \begin{vmatrix} a_1'(x) & b_1'(x) & c_1'(x) \\ a_2(x) & b_2(x) & c_2(x) \\ a_3(x) & b_3(x) & c_3(x) \end{vmatrix} + \begin{vmatrix} a_1(x) & b_1(x) & c_1(x) \\ a_2'(x) & b_2'(x) & c_2'(x) \\ a_3(x) & b_3(x) & c_3(x) \end{vmatrix} + \begin{vmatrix} a_1(x) & b_1(x) & c_1(x) \\ a_2(x) & b_2(x) & c_2(x) \\ a_3'(x) & b_3'(x) & c_3'(x) \end{vmatrix}$$

2. यदि
$$\Delta(x) = \begin{vmatrix} a_1(x) & b_1(x) & c_1(x) \\ a_2 & b_2 & c_2 \\ a_3 & b_3 & c_3 \end{vmatrix}$$

जहाँ पर $a_2, b_2, c_2, a_3, b_3, c_3$ अचर है।

$$\frac{d}{dx}\Delta(x) = \begin{vmatrix} a_1'(x) & b_1'(x) & c_1'(x) \\ a_2 & b_2 & c_2 \\ a_3 & b_3 & c_3 \end{vmatrix}$$

सारणिक का समाकलन (Intergration of Determinant)

माना,
$$\Delta(x) = \begin{vmatrix} a_1(x) & b_1(x) & c_1(x) \\ a_2 & b_2 & c_2 \\ a_3 & b_3 & c_3 \end{vmatrix}$$

$$\therefore \int \Delta(x)dx = \begin{vmatrix} \int a_1(x)_{dx} & \int b_1(x)_{dx} & \int c_1(x)_{dx} \\ a_2 & b_2 & c_2 \\ a_3 & b_3 & c_3 \end{vmatrix}$$

दो बिन्दुओं से होकर जाने वाली रेखा का समीकरण (Equation of a Line Passing Through Two Points)

माना दो बिन्दु $A(x_1, y_1)$ व $B(x_2, y_2)$ है तथा $P(x, y)$ कोई बिन्दु, बिन्दुओं A व B को मिलाने वाली रेखा पर स्थित है, तब रेखा का समीकरण निम्न सारणिक द्वारा ज्ञात किया जा सकता है।

$$\begin{vmatrix} x & y & 1 \\ x_1 & y_1 & 1 \\ x_2 & y_2 & 1 \end{vmatrix} = 0$$

त्रिभुज का क्षेत्रफल (Area of Triangle)

यदि एक त्रिभुज के शीर्ष $(x_1, y_1), (x_2, y_2)$ व (x_3, y_3) हो, तब

$$\text{त्रिभुज का क्षेत्रफल, } \Delta = \frac{1}{2}\begin{vmatrix} x_1 & y_1 & 1 \\ x_2 & y_2 & 1 \\ x_3 & y_3 & 1 \end{vmatrix}$$

$$= \frac{1}{2}[x_1(y_2 - y_3) + x_2(y_3 - y_1) + x_3(y_1 - y_2)]$$

तीन बिन्दुओं के समरेख होने का प्रतिबन्ध (Condition of Collinearity of Three Points)

माना तीन बिन्दु $A(x_1, y_1), B(x_2, y_2)$ व $C(x_3, y_3)$ है, तब तीनों बिन्दु समरेखीय होंगे।

A, B तथा C बिन्दु से बनने वाले त्रिभुज का क्षेत्रफल शून्य होगा।

अर्थात्
$$\begin{vmatrix} x_1 & y_1 & 1 \\ x_2 & y_2 & 1 \\ x_3 & y_3 & 1 \end{vmatrix} = 0$$

विशेष मानक सारणिकों के गुणनखण्ड–

1. $\begin{vmatrix} 1 & 1 & 1 \\ a & b & c \\ a^2 & b^2 & c^2 \end{vmatrix} = (a-b)(b-c)(c-a)$

2. $\begin{vmatrix} 1 & 1 & 1 \\ a & b & c \\ a^3 & b^3 & c^3 \end{vmatrix} = (a-b)(b-c)(c-a)(a+b+c)$

3. $\begin{vmatrix} 1 & 1 & 1 \\ a^2 & b^2 & c^2 \\ a^3 & b^3 & c^3 \end{vmatrix} = (a-b)(b-c)(c-a)(ab+bc+ca)$

क्रेमर का नियम (Cramer's Rule)

माना समीकरणों का निकाय इस प्रकार है–

$$a_1x + b_1y + c_2z = d_1 \quad ...(i)$$
$$a_2x + b_2y + c_2z = d_2 \quad ...(ii)$$
$$a_3x + b_3y + c_3z = d_3 \quad ...(iii)$$

यदि x, y, z के गुणाकों का सारणिक D है,

तो,
$$D = \begin{vmatrix} a_1 & b_1 & c_1 \\ a_2 & b_2 & c_2 \\ a_3 & b_3 & c_3 \end{vmatrix}$$

यदि $D \neq 0$ हो, तो
$$\frac{x}{D_1} = \frac{y}{D_2} = \frac{Z}{D_3} = \frac{1}{D}$$

$$D_1 = \begin{vmatrix} d_1 & b_1 & c_1 \\ d_2 & b_2 & c_2 \\ d_3 & b_3 & c_3 \end{vmatrix}, D_2 = \begin{vmatrix} a_1 & d_1 & c_1 \\ a_2 & d_2 & c_2 \\ a_3 & d_3 & c_3 \end{vmatrix}, D_3 = \begin{vmatrix} a_1 & b_1 & d_1 \\ a_2 & b_2 & d_2 \\ a_3 & b_3 & d_3 \end{vmatrix}$$

नोट//✍

- ✍ यदि $D = 0$ हो, तो क्रेमर का नियम लागू नहीं होता है।
- ✍ समघात समीकरण निकाय (Homogeneous equation system) सदैव अवरोधी होता है।
- ✍ यदि
$$\Delta = \begin{vmatrix} a_1 & b_1 & c_1 \\ a_2 & b_2 & c_2 \\ a_3 & b_3 & c_3 \end{vmatrix} \neq 0$$

तो इस निकाय का अद्वितीय हल $x = y = z = 0$ होता है, जिसको तुच्छ हल कहते हैं। परन्तु यदि $\Delta = 0$ हो, तो इस निकाय के हल अनन्त होंगे अर्थात् यदि $\Delta = 0$ हो, तो अतुच्छ हल होंगे।

रैखिक समीकरणों का निकाय (System of Linear Equations)

माना $\quad a_1x + b_1y + c_1z = d_1$

$\quad a_2x + b_2y + c_2z = d_2$

तथा $\quad a_3x + b_3y + c_3z = d_3$ का

1. संगत (अद्वितीय हल $\frac{x}{D_1} = \frac{y}{D_2} = \frac{z}{D_3} = \frac{1}{D}$ सहित) होता है।

   यदि, $\quad D \neq 0$

   जहाँ,
$$D = \begin{vmatrix} a_1 & b_1 & c_1 \\ a_2 & b_2 & c_2 \\ a_3 & b_3 & c_3 \end{vmatrix}$$

2. असंगत (कोई हल विद्यमान नहीं) होता है। यदि $D = 0$ तथा D_1, D_2 व D_3 में से कम से कम एक अवश्य अशून्य हो।
3. संगत (अनन्त हलों सहित) होता है, यदि
$$D = 0 = D_1 = D_2 = D_3$$

विषम सममित सारणिक (Skew Symmetric Determinant)

यदि किसी सारणिक के विकर्ण के समदूरस्थ अवयव परिमाण में समान तथा उनके चिन्ह विपरीत हो तथा विकर्ण के अवयव शून्य हो, तो सारणिक को विषम सममित सारणिक कहते हैं। जैसे–

$$\begin{vmatrix} 0 & b & c \\ -b & 0 & a \\ -c & -a & 0 \end{vmatrix} = 0$$

सममित सारणिक (Symmetric Determinant)

यदि सारणिक के विकर्ण के समदूरस्थ अवयव परिमाण व चिन्ह में समान हो, तो सारणिक को सममित सारणिक कहते हैं, जैसे–

$$\begin{vmatrix} a & h & g \\ h & b & f \\ g & f & c \end{vmatrix} = abc + 2fgh - af^2 - bg^2 - ch^2$$

कुछ महत्त्वपूर्ण तथ्य

1. यदि A एक $n \times n$ कोटि का वर्ग आव्यूह है,

तो, $\det (kA) = k^n (\det A)$

2. $A, B,$ व C तीन समान कोटि के वर्ग आव्यूह इस प्रकार है, कि A की iवीं पंक्ति, B व C की iवीं पंक्ति के योग के बराबर है तथा A, B, C की अन्य पंक्तियाँ समान है, तो $\det A = \det B + \det C$।

3. $\begin{vmatrix} 1 & a & b+c \\ 1 & b & c+a \\ 1 & c & a+b \end{vmatrix} = 0$

4. यदि सारणिक $A = \begin{bmatrix} p & 0 & 0 \\ 0 & q & 0 \\ 0 & 0 & r \end{bmatrix}$ और $pqr \neq 0$.

तब, $A^{-1} = \begin{bmatrix} 1/p & 0 & 0 \\ 0 & 1/q & 0 \\ 0 & 0 & 1/r \end{bmatrix}$

5. यदि A सममित सारणिक है। तब A^{-1} भी सममित सारणिक होगा।

6. यदि $A = \begin{bmatrix} a_1 & 0 & 0 \\ 0 & a_2 & 0 \\ 0 & 0 & a_3 \end{bmatrix}$

तब $|A| = a_1 \cdot a_2 \cdot a_3$

7. यदि $A = \begin{bmatrix} 0 & 0 & 1 \\ 0 & 1 & 0 \\ 1 & 0 & 0 \end{bmatrix}$

तब, $\boxed{A^{-1} = A}$

वस्तुनिष्ठ प्रश्न

1. $\begin{vmatrix} 1 & a & b+c \\ 1 & b & c+a \\ 1 & c & a+b \end{vmatrix} =$

(a) 0 (b) $(\sum a)^2$
(c) abc (d) $\sum a$

2. यदि $0 \leq [x] < 2, -1 \leq [y] < 1$ और $1 \leq |z| < 3$, जहाँ $[\cdot]$, महत्तम पूर्णांक फलन को निरूपित करता है, तो Δ का मूहत्तम मान, जहाँ

$$\Delta = \begin{vmatrix} [x]+1 & [y] & [z] \\ [x] & [y]+1 & [z] \\ [x] & [y] & [z]+1 \end{vmatrix}$$ है–

(a) 4 (b) 2
(c) 6 (d) इनमें से कोई नहीं

3. a का मान जिसके लिए समीकरण-निकाय $x + ay = 0, y + az = 0, z + ax = 0$ अनन्त हल रखता है।

(a) $a = 0$ (b) $a = 1$
(c) $a = -1$ (d) कोई मान नहीं

4. यदि $\begin{vmatrix} 6i & -3i & 1 \\ 4 & 3i & -1 \\ 20 & 3 & i \end{vmatrix} = x + iy$, तो (x, y) है

(a) $(0, 3)$ (b) $(0, 0)$
(a) $(3, 1)$ (b) $(1, 3)$

5. यदि $\Delta = \begin{vmatrix} 1 & a & a^2 \\ \cos(n-1)x & \cos nx & \cos(n+1)x \\ \sin(n-1)x & \sin nx & \sin(n+1)x \end{vmatrix}$ तो Δ होगा।

(a) a से स्वतन्त्र (b) x से स्वतन्त्र
(c) n से स्वतन्त्र (d) इनमें से कोई नहीं

6. यदि x, y, z सभी भिन्न-भिन्न हों, तथा $\begin{vmatrix} x & x^2 & 1+x^3 \\ y & y^2 & 1+y^3 \\ z & z^2 & 1+z^3 \end{vmatrix} = 0$, तो xyz का मान है–

(a) -1 (b) -2
(c) -3 (d) इनमें से कोई नहीं

7. यदि a, b, c समीकरण $x^3 + px^2 + q = 0$ के मूल हों, तो $\begin{vmatrix} a & b & c \\ b & c & a \\ c & a & b \end{vmatrix}$ का मान है।

(a) p^3 (b) $p^2 - 3q$
(c) $-p^3$ (d) $p^3 - 3q$

8. यदि $\begin{vmatrix} \cos(x+x^2) & \sin(x+x^2) & -\cos(x+x^2) \\ \sin(x-x^2) & \cos(x-x^2) & \sin(x-x^2) \\ \sin 2x & 0 & \sin 2x^2 \end{vmatrix}$ तो $f'(0) =$

(a) 3 (b) 0
(c) 4 (d) 2

9. यदि समीकरण-निकाय $x+ay+az=0, bx+y+bz=0, cx+cy+z=0$, जहाँ a, b और c न तो शून्य हैं और न ही इकाई हैं, एक अनिरर्थ (non-trivial) हल रखता है, तो $\frac{a}{1-a}+\frac{b}{1-b}+\frac{c}{1-c}$ का मान है–

(a) -1 (b) $\frac{abc}{a^2+b^2+c^2}$
(c) 0 (d) 1

10. यदि $f(x)=\begin{vmatrix} 1 & a & a^2 \\ \sin(n-1)x & \sin nx & \sin(n+1)x \\ \cos(n-1)x & \cos nx & \cos(n+1)x \end{vmatrix}$ तो $\int_0^{\pi/2} f(x)dx$ का मान है–

(a) $-a+(1+a^2)$ (b) $-(1+a+a^2)$
(c) $a-(1+a^2)$ (d) $1+a+a^2$

11. $2x-y-2z=2, x-2y+z=-4, x+y+\lambda z=4$ समीकरण निकाय का कोई हल नहीं है, तो λ का मान है।

(a) 3 (b) -3
(c) 1 (d) 2

12. सारणिक $\begin{vmatrix} xp+y & x & y \\ yp+z & y & z \\ 0 & xp+y & yp+z \end{vmatrix}=0$ होगा, यदि

(a) x, y, z हरात्मक श्रेणी में हो
(b) xy, yz, zx समान्तर श्रेणी में हो
(c) x, y, z समान्तर श्रेणी में हो
(d) x, y, z गुणोत्तर श्रेणी में हो

13. वह प्राचल (parameters), जिस पर सारणिक

$$\begin{vmatrix} 1 & a & a^2 \\ \cos(p-d)x & \cos px & \cos(p+d)x \\ \sin(p-d)x & \sin px & \sin(p+d)x \end{vmatrix}$$

का मान निर्भर नहीं करता है, है–

(a) d (b) x
(c) a (d) p

14. यदि $f(x)\begin{vmatrix} 1 & x & (x+1) \\ 2x & x(x-1) & (x+1)x \\ 3x(x-1) & x(x-1)(x-2) & (x+1)x(x-1) \end{vmatrix}$, तब $f(100)$ बराबर होगा–

(a) 100 (b) -100
(c) 0 (d) 1

15. यदि समीकरण निकाय $x-ky-z=0, kx-y-z=0, x+y-z=0$ का एक अशून्य हल है, तो k के सम्भव मान होंगे।

(a) 0, 1 (b) $-1, 1$
(c) $-1, 2$ (d) 1, 2

16. सारणिक $\begin{vmatrix} \sin x & \cos x & \cos x \\ \cos x & \sin x & \cos x \\ \cos x & \cos x & \sin x \end{vmatrix}=0$ के अन्तराल $\left[-\frac{\pi}{4},\frac{\pi}{4}\right]$ में भिन्न-भिन्न वास्तविक मूलों की संख्या है–

(a) 1 (b) 3
(c) 0 (d) 2

17. यदि समीकरण निकाय $x+ay=0, az+y=0$ और $ax+z=0$ के अनन्त हल हैं, तब a का मान है–

(a) 1 (b) -1
(c) 0 (d) कोई वास्तविक मान नहीं

18. दिया है, कि $2x-y+2z=2, x-2y+z=-4, x+y+\lambda z=4$, तो λ का वह मान, जिसके लिए समीकरण निकाय का कोई हल नहीं होगा, है

(a) 0 (b) -3
(c) 3 (d) 1

19. यदि रेखीय समीकरणों का निकाय–
$x+2ay+az=0, \quad x+3by+bz=0, \quad x+4cy+cz=0$
एक अशून्य हल रखता है, तब a, b, c होंगे–

(a) समान्तर श्रेणी में है
(b) गुणोत्तर श्रेणी में है
(c) हरात्मक श्रेणी में है
(d) $a+2b+3c=0$ को स्पष्ट करेगा

20. यदि $1, \omega, \omega^2$ इकाई का घनमूल है, तब–

$$\Delta=\begin{bmatrix} 1 & \omega & \omega^{2n} \\ \omega^n & \omega^{2n} & 1 \\ \omega^{2n} & 1 & \omega^n \end{bmatrix}$$

बराबर होगा–

(a) 0 (b) 1
(c) ω (d) ω^2

21. यदि $\begin{bmatrix} a & a^2 & 1+a^3 \\ b & b^2 & 1+b^3 \\ c & c^2 & 1+c^3 \end{bmatrix}=0$ और सदिश $(1, a, a^2), (1, b, b^2)$ तथा $(1, c, c^2)$ असमतलीय है, तब abc का गुणा बराबर होगा?

(a) 2 (b) -1
(c) 1 (d) 0

22. यदि $a_1, a_2, a_3, \ldots\ldots, a_n, \ldots\ldots$ गुणोत्तर श्रेणी में है, तब सारणिक,

$$\begin{vmatrix} \log a_n & \log a_{n+1} & \log a_{n+2} \\ \log a_{n+3} & \log a_{n+4} & \log a_{n+5} \\ \log a_{n+6} & \log a_{n+7} & \log a_{n+8} \end{vmatrix},$$

का मान होगा?

(a) 0 (b) 1

(c) 2 (d) -2

23. यदि $a^2+b^2+c^2=-2$ तथा

$$f(x)=\begin{vmatrix}1+a^2x & (1+b^2)x & (1+c^2)x\\(1+a^2)x & 1+b^2x & (1+c^2)x\\(1+a^2)x & (1+b^2)x & 1+c^2x\end{vmatrix},$$

तब $f(x)$ की घात होगी?

(a) 1 (b) 0

(c) 3 (d) 2

24. यदि $D=\begin{vmatrix}1 & 1 & 1\\1 & 1+x & 1\\1 & 1 & 1+y\end{vmatrix}$ $x\neq 0, y\neq 0$ के लिए तब D का मान होगा?

(a) x तथा y दोनों से भाज्य हो सकता है

(b) x से भाज्य होगा परन्तु y से नहीं

(c) y से भाज्य होगा x से नहीं

(d) न x से और न y से भाज्य है

उत्तरमाला

1. (a)	**2.** (a)	**3.** (c)	**4.** (b)	**5.** (c)	**6.** (a)	**7.** (a)	**8.** (b)	**9.** (a)	**10.** (c)
11. (b)	**12.** (d)	**13.** (d)	**14.** (c)	**15.** (b)	**16.** (a)	**17.** (b)	**18.** (d)	**19.** (c)	**20.** (a)
21. (b)	**22.** (a)	**23.** (d)	**24.** (a)						

संकेत एवं हल

1. (a) C_3+C_2 प्रयोग करके C_3 से $a+b+c$ सर्वनिष्ठ लेने पर $\Delta=0$, क्योंकि स्तम्भ C_1 और C_3 सर्वसम हैं।

2. (a) दिये हुए अन्तरालों में $[x], [y]$ और $[z]$ के महत्तम मान क्रमशः $1, 0, 2$ हैं। अब मान रखकर विस्तार करें।

3. (c) $\Delta=0\Rightarrow\begin{vmatrix}1 & a & 0\\0 & 1 & a\\a & 0 & 1\end{vmatrix}=0$ या $1+a^3=0$

या $(1+a)(1-a+a^2)=0$ $\therefore$ $a=-1$

दूसरा गुणनखण्ड a का वास्तविक मान नहीं देता है।

4. (b) R_1+R_2 से दो शून्य बनाइये जिससे

$$\Delta=(6i+4)\begin{vmatrix}3i & -1\\3 & i\end{vmatrix}$$

$$=(6i+4)(-3+3)=0$$

$\therefore$ $x+iy=0$ $\Rightarrow$ $x=0, y=0$

5. (c) C_1+C_3 से,

$$\therefore\quad \Delta=\begin{vmatrix}1+a^2 & a & a^2\\2\cos nx\cos x & \cos nx & \cos(n+1)x\\2\sin nx\cos x & \sin nx & \sin(n+1)x\end{vmatrix}$$

अब $C_1-2\cos x\, C_2$ की सहायता से दो शून्य बनाकर विस्तार करें।

$$\Delta=(1+a^2-2a\cos x)\sin x$$

अर्थात् n से स्वतन्त्र है।

6. (a) दो सारणिकों में विभक्त करने पर,

$$0=\begin{vmatrix}1 & x & x^2\\1 & y & y^2\\1 & z & z^2\end{vmatrix}+xyz\begin{vmatrix}1 & x & x^2\\1 & y & y^2\\1 & z & z^2\end{vmatrix}$$

$=(1+xyz)[(x-y)(y-z)(z-x)]$,

चूँकि x, y, z सभी भिन्न-भिन्न हैं।

$\therefore$ $x-y\neq 0,\quad y-z\neq 0,\quad z-x\neq 0$

$\therefore$ $1+xyz=0$

7. (a) $\Delta=-(a^3+b^3+c^3-3abc)$

$\Delta=-(a+b+c)(a^2+b^2+c^2-ab-bc-ca)$

$\Delta=-(a+b+c)[(a+b+c)^2-3(ab+bc+ca)]$

$=-S_1(S_1^2-3S_2)$

$=-S_1^3$ $(\because S_2=0)$

$=-(-p)^3=p^3$ $(\because S_1=-p)$

8. (b) $f'(0)=\Delta_1+\Delta_2+\Delta_3, x=0$ रखने पर,

$$\begin{vmatrix}0 & 1 & 0\\0 & 1 & 0\\0 & 0 & 0\end{vmatrix}+\begin{vmatrix}1 & 0 & -1\\0 & 0 & 1\\0 & 0 & 0\end{vmatrix}+\begin{vmatrix}1 & 0 & -1\\0 & 1 & 0\\2 & 0 & 0\end{vmatrix}=2$$

9. (a)

10. (c) $\int_0^{\pi/2} f(x)dx$

$= -\int_0^{\pi/2}(1+a^2-2a\cos x)\sin x$

$= -(1+a^2)\int_0^{\pi/2}\sin x\,dx + a\int_0^{\pi/2}\sin 2x\,dx$

$= a-(1+a^2)$

11. (b) यदि निकाय का कोई नहीं है, तो

$$\Delta = 0 \quad \therefore \quad \begin{vmatrix} 2 & -1 & -2 \\ 1 & -2 & 1 \\ 1 & 1 & \lambda \end{vmatrix} = 0$$

$\therefore \quad 2(-2\lambda-1)+1(\lambda-1)-2(3)=0$

या $\quad -3\lambda-9=0 \quad \therefore \quad \lambda=-3$

12. (d) यहाँ, $\begin{vmatrix} xp+y & x & y \\ xp+z & y & z \\ 0 & xp+y & yp+z \end{vmatrix} = 0$

$C_1 \to C_1-(pC_2+C_3)$ से,

$$\Rightarrow \begin{vmatrix} 0 & x & y \\ 0 & y & z \\ -(xp^2+yp+yp+z) & xp+y & yp+z \end{vmatrix} = 0$$

$\Rightarrow \quad -(xp^2+2yp+z)(xz-y^2)=0$

अत: या तो $xp^2+2yp+z=0$ या $y^2=xz$

$\Rightarrow \quad x, y, z$ गुणोत्तर श्रेणी में हैं।

13. (d) माना $\Delta = \begin{vmatrix} 1 & a & a^2 \\ \cos(p-d)x & \cos px & \cos(p+d)x \\ \sin(p-d)x & \sin px & \sin(p+d)x \end{vmatrix}$

$C_1 \to C_1+C_3$ से,

$$\Delta = \begin{vmatrix} 1+a^2 & a & a^2 \\ \cos(p-d)x+\cos(p+d)x & \cos px & \cos(p+d)x \\ \sin(p-d)x+\sin(p+d)x & \sin px & \sin(p+d)x \end{vmatrix}$$

$$\Rightarrow \Delta = \begin{vmatrix} 1+a^2 & a & a^2 \\ 2\cos px\cos dx & \cos px & \cos(p+d)x \\ 2\sin px\cos dx & \sin px & \sin(p+d)x \end{vmatrix}$$

$C_1 \to C_1-2\cos dx\, C_2$ से,

$$\Rightarrow \Delta = \begin{vmatrix} 1+a^2-2a\cos dx & a & a^2 \\ 0 & \cos dx & \cos(p+d)x \\ 0 & \sin px & \sin(p+d)x \end{vmatrix}$$

C_1 के सापेक्ष विस्तार करने पर,

$\Delta = (1+a^2-2a\cos dx)\,[\sin(p+d)x\cos px - \sin px\cos(p+d)x]$

$\Rightarrow \quad \Delta = (1+a^2-2a\cos dx)\,[\sin\{(p+d)x-px\}]$

$\Rightarrow \quad \Delta = (1+a^2-2a\cos dx)(\sin dx)$

जोकि p से स्वतन्त्र है।

14. (c) $f(x) = \begin{vmatrix} 1 & x & x+1 \\ 2x & x(x-1) & (x+1)x \\ 3x(x-1) & x(x-1)(x-2) & (x+1)x(x-1) \end{vmatrix}$

$C_3 \to C_3-(C_1+C_2)$ से,

$$= \begin{vmatrix} 1 & x & 0 \\ 2x & x(x-1) & 0 \\ 3x(x-1) & x(x-1)(x-2) & 0 \end{vmatrix} = 0$$

$\therefore \quad f(x)=0$

$\Rightarrow \quad f(100)=0$

15. (b) $\because$ दिए गए निकाय का एक अशून्य हल है।

$$\Rightarrow \quad 0 = \begin{vmatrix} 1 & -k & -1 \\ k & -1 & -1 \\ 1 & 1 & -1 \end{vmatrix} = \begin{vmatrix} 1+k & -k-1 & -1 \\ 1+k & -2 & -1 \\ 0 & 0 & -1 \end{vmatrix}$$

($C_1 \to C_1-C_2$ और $C_2 \to C_2+C_3$ से)

$$= \begin{vmatrix} 1+k & -(k+1) \\ 1+k & -2 \end{vmatrix}$$

$\Rightarrow \quad 2(k+1)-(k+1)^2=0$

$\Rightarrow \quad (k+1)(2-k-1)=0$

$\Rightarrow \quad (k+1)(-k+1)=0$

अत: $\quad k=\pm 1$

16. (a) $\begin{vmatrix} \sin x & \cos x & \cos x \\ \cos x & \sin x & \cos x \\ \cos x & \cos x & \sin x \end{vmatrix} = 0$

$C_1 \to C_1+C_2+C_3$ से,

$$\begin{vmatrix} \sin x+2\cos x & \cos x & \cos x \\ \cos x+2\cos x & \sin x & \cos x \\ \sin x+2\cos x & \cos x & \sin x \end{vmatrix} = 0$$

$$= (2\cos x+\sin x)\begin{vmatrix} 1 & \cos x & \cos x \\ 1 & \sin x & \cos x \\ 1 & \cos x & \sin x \end{vmatrix} = 0$$

$R_2 \to R_2-R_1$ और $R_3 \to R_3 \to R_3-R_1$ से,

$$(2\cos x+\sin x)\begin{vmatrix} 1 & \cos x & \cos x \\ 0 & \sin x-\cos x & 0 \\ 0 & 0 & \sin x-\cos x \end{vmatrix} = 0$$

$$\Rightarrow \quad (2\cos x + \sin x)(\sin x - \cos x)^2 = 0$$
$$\Rightarrow \quad 2\cos x + \sin x = 0$$
$$\Rightarrow \quad \sin x - \cos x = 0$$
$$\Rightarrow \quad 2\cos x = -\sin x$$
या $\sin x = \cos x$

$\Rightarrow \quad \cot x = -\frac{1}{2}, -\frac{\pi}{4} \le x \le \frac{\pi}{4}$ में कोई हल नहीं देगा।

और $\sin x = \cos x$

$$\Rightarrow \quad \tan x = 1 \quad \Rightarrow \quad x = \frac{\pi}{4}$$

17. (b) दिया है, कि समीकरण $x + ay = 0, az + y = 0$ और $ax + z = 0$ के अनन्त हल हैं।

$\therefore$ क्रैमर के नियम के प्रयोग से, इसका सारणिक शून्य होगा।

$$\Rightarrow \begin{vmatrix} 1 & a & 0 \\ 0 & 1 & a \\ a & 0 & 1 \end{vmatrix} = 0 \quad \Rightarrow \quad 1 + a^3 = 0$$

$$\Rightarrow \quad a = -1$$

18. (d) $\because$ समीकरण निकाय का कोई हल नहीं है। अत: $\Delta = 0$ और Δ_x, Δ_y, Δ_z में से कोई एक अशून्य होगा।

जहाँ, $$\Delta = \begin{vmatrix} 2 & -1 & 2 \\ 1 & -2 & 1 \\ 1 & 1 & \lambda \end{vmatrix} = 0$$

और $$\Delta_z = \begin{vmatrix} 2 & -1 & 2 \\ 1 & -2 & -4 \\ 1 & 1 & 4 \end{vmatrix} = 6 \ne 0$$

$$\Rightarrow \quad \lambda = 1$$

19. (c) रेखीय समीकरणों का निकाय एक अशून्य हल रखता है, तब

$$\begin{vmatrix} 1 & 2a & a \\ 1 & 3b & b \\ 1 & 4c & c \end{vmatrix} = 0$$

$R_2 \to R_2 - R_1, R_3 \to R_3 - R_1$ लगाने पर

$$\begin{vmatrix} 1 & 2a & a \\ 1 & 3b - 2a & b - a \\ 0 & 4c - 2a & c - a \end{vmatrix} = 0$$

$$\Rightarrow \quad (3b - 2a)(c - a) - (4c - 2a)(b - a) = 0$$
$$\Rightarrow \quad 3bc - 3ba - 2ac + 2a^2 = 4bc - 2ab - 4ac + 2a^2$$
$$\Rightarrow \quad 4ac + 2ac = 4bc - 2ab - 3bc + 3ab$$
$$\Rightarrow \quad 2ac = bc + ab$$

abc, से भाग करने पर,

$$\frac{2}{b} = \frac{1}{a} + \frac{1}{c}$$

a, b, c हरात्मक श्रेणी में है।

20. (a) $$\Delta = \begin{vmatrix} 1 & \omega^n & \omega^{2n} \\ \omega^n & \omega^{2n} & 1 \\ \omega^{2n} & 1 & \omega^n \end{vmatrix}$$

$$= 1(\omega^{3n} - 1) - \omega^n(\omega^{2n} - \omega^{2n}) + \omega^{2n}(\omega^n - \omega^{4n})$$
$$= 1(1 - 1) - 0 + \omega^{2n}(\omega^n - \omega^n) = 0.$$

21. (b) $$\begin{vmatrix} a & a^2 & 1+a^3 \\ b & b^2 & 1+b^3 \\ c & c^2 & 1+c^3 \end{vmatrix} = \begin{vmatrix} a & a^2 & 1 \\ b & b^2 & 1 \\ c & c^2 & 1 \end{vmatrix} + \begin{vmatrix} a & a^2 & a^3 \\ b & b^2 & b^3 \\ c & c^2 & c^3 \end{vmatrix} = 0$$

$$\Rightarrow \quad \begin{vmatrix} a & a^2 & 1 \\ b & b^2 & 1 \\ c & c^2 & 1 \end{vmatrix} + abc \begin{vmatrix} a & a^2 & 1 \\ b & b^2 & 1 \\ c & c^2 & 1 \end{vmatrix} = 0$$

$$\Rightarrow \quad (1 + abc) \begin{vmatrix} a & a^2 & 1 \\ b & b^2 & 1 \\ c & c^2 & 1 \end{vmatrix} = 0$$

$$\therefore \quad 1 + abc = 0 \quad \Rightarrow abc = -1$$

22. (a) चूँकि $a_1, a_2, ..., a_n$ गुणोत्तर श्रेणी में है।

तब $a_n = a_1 r^{n-1}$

$$\Rightarrow \quad \log a_n = \log a_1 + (n-1)\log r$$
$$a_{n+1} = a_1 r^n$$
$$\Rightarrow \quad \log a_{n+1} = \log a_1 + n \log r$$
$$a_{n+2} = a_1 r^{n+1}$$
$$\Rightarrow \quad \log a_{n+2} = \log a_1 + (n+1)\log r$$

....

....

....

$$a_{n+8} = a_1 r^{n+7}$$
$$\Rightarrow \quad \log a_{n+8} = \log a_1 + (n+7)\log r$$

अब, $$\begin{vmatrix} \log a_n & \log a_{n+1} & \log a_{n+2} \\ \log a_{n+3} & \log a_{n+4} & \log a_{n+5} \\ \log a_{n+6} & \log a_{n+7} & \log a_{n+8} \end{vmatrix}$$

$$= \begin{vmatrix} \log a_1 (n-1)\log r & \log a_1 + n\log r & \log a_1 + (n+1)\log r \\ \log a_1 (n-2)\log r & \log a_1 + (n+3)\log r & \log a_1 + (n+4)\log r \\ \log a_1 (n+5)\log r & \log a_1 + (n+6)\log r & \log a_1 + (n+7)\log r \end{vmatrix}$$

अब, $R_2 \to R_2 - R_1$ तथा $R_3 \to R_3 - R_1$

$$\Rightarrow \begin{vmatrix} \log a_1+(n-1)\log r & \log a_1+n\log r & \log a_1+(n+1)\log r \\ 3\log r & 3\log r & 3\log r \\ 3\log r & 3\log r & 3\log r \end{vmatrix}$$

$=0$ ($\because$ दो पंक्ति समान है)

23. (d) $f(x)=\begin{vmatrix} 1+a^2x & (1+b^2)x & (1+c^2)x \\ (1+a^2)x & 1+b^2x & (1+c^2)x \\ (1+a^2)x & (1+b^2)x & 1+c^2x \end{vmatrix}$

$C_1 \to C_1+C_2+C_3$ लगाने पर,

$$f(x)=\begin{vmatrix} 1+a^2x+x+b^2x+x+c^2x & (1+b^2)x & (1+c^2)x \\ x+a^2x+1+b^2x+x+c^2x & 1+b^2x & (1+c^2)x \\ x+a^2x+x+b^2x+1+c^2x & (1+b^2)x & 1+c^2x \end{vmatrix}$$

$$f(x)=\begin{vmatrix} 1+(a^2+b^2+c^2+2)x & (1+b^2)x & (1+c^2)x \\ 1+(a^2+b^2+c^2+2)x & 1+b^2x & (1+c^2)x \\ 1+(a^2+b^2+c^2+2) & (1+b^2)x & 1+c^2x \end{vmatrix}$$

$$=\begin{vmatrix} 1 & (1+b^2)x & (1+c^2)x \\ 1 & 1+b^2x & (1+c^2)x \\ 1 & (1+b^2)x & 1+c^2x \end{vmatrix}$$

$R_1 \to R_1-R_3, R_2 \to R_2-R_3$

$$=\begin{vmatrix} 0 & 0 & x-1 \\ 0 & 1-x & x-1 \\ 1 & (1+b^2)x & 1+c^2x \end{vmatrix}=\begin{vmatrix} 0 & x-1 \\ 1-x & x-1 \end{vmatrix}=(x-1)^2$$

$\Rightarrow$ $f(x)$ की घात 2 है।

24. (a) $D=\begin{vmatrix} 1 & 1 & 1 \\ 1 & 1+x & 1 \\ 1 & 1 & 1+y \end{vmatrix}$

$C_2 \to C_2-C_1$ तथा $C_3 \to C_3-C_1$

$$\Rightarrow \quad D=\begin{vmatrix} 1 & 0 & 0 \\ 1 & x & 0 \\ 1 & 0 & y \end{vmatrix}=xy$$

D, x तथा y से भाग हो सकता है।

□□□

आव्यूह 19
(Matrices)

परिभाषा (Definition)

mn संख्याओं के एक निकाय (system) को m पंक्तियों तथा n स्तम्भों में आयताकार सारण (rectangular array) के रूप में व्यवस्थित (arrange) करने को $m \times n$ क्रम या कोटि (order) का आव्यूह या $m \times n$ आव्यूह कहते हैं।

जैसे– $\begin{bmatrix} a_{11} & a_{12} & .... & a_{1n} \\ a_{21} & a_{22} & .... & a_{2n} \\ .... & .... & .... & .... \\ a_{i1} & a_{i2} & .... & a_{in} \\ .... & .... & .... & .... \\ a_{m1} & a_{m2} & .... & a_{mn} \end{bmatrix}$, एक $m \times n$ क्रम का आव्यूह है।

तथा $\begin{bmatrix} 2 & 3 & 1 \\ 3 & -2 & 7 \end{bmatrix}$ एक 2×3 क्रम का आव्यूह है।

आव्यूह का क्रम या कोटि (Order of matrix)

यदि आव्यूह में m पंक्तियाँ तथा n स्तम्भ हैं, तो उसे $m \times n$ क्रम का आव्यूह कहते हैं।

आव्यूह के अन्दर पंक्तियों तथा स्तम्भों की संख्या बराबर होना आवश्यक नहीं है।

आव्यूह के प्रकार (Type of Matrices)

1. **क्षैतिज आव्यूह (Horizontal Matrix) :** जिस आव्यूह में पंक्तियों की संख्या स्तम्भों की संख्या से कम हो, तो उसे क्षैतिज आव्यूह कहते हैं।

   जैसे– $\begin{bmatrix} 4 & 6 & 2 \\ 5 & 3 & 1 \end{bmatrix}$

   एक क्षैतिज आव्यूह है, क्योंकि इसमें दो पंक्तियाँ तथा तीन स्तम्भ हैं।

2. **ऊर्ध्वाधर आव्यूह (Vertical Matrices) :** जिस आव्यूह में पंक्तियों की संख्या स्तम्भों की संख्या से अधिक हो, तो उसे ऊर्ध्वाधर आव्यूह कहते हैं।

   यदि– $\begin{bmatrix} a_1 & a_2 & a_3 \\ b_1 & b_2 & b_3 \\ c_1 & c_2 & c_3 \\ d_1 & d_2 & d_1 \end{bmatrix}$

   इसमें चार पंक्तियाँ एवं तीन स्तम्भ हैं।

3. **वर्ग आव्यूह (Square Matrix) :** जिस आव्यूह में पंक्तियों तथा स्तम्भों की संख्या बराबर हो, अर्थात् $m = n$ तो उसे वर्ग आव्यूह कहते हैं।

   जैसे– $\begin{bmatrix} 2 & 3 \\ 5 & 9 \end{bmatrix}$, $\begin{bmatrix} 6 & 2 & 1 \\ 4 & 7 & 8 \\ 3 & 2 & 9 \end{bmatrix}$

   ये 2×2 तथा 3×3 क्रम के वर्ग आव्यूह हैं $n \times n$ क्रम का आव्यूह एक वर्ग आव्यूह है तथा इसको हम $n \times n$ क्रम न कहकर n क्रम का आव्यूह कहते हैं।

4. **इकाई आव्यूह (Unit Matrix) :** वर्ग आव्यूह $A = [a_{ij}]_{m \times n}$ को इकाई आव्यूह कहते हैं। यदि–

   (a) $a_{ij} = 0 \quad \forall \ i \neq j$

   (b) $a_{ij} = 1 \quad \forall \ i = j$

   जैसे– $I = \begin{bmatrix} 1 & 0 & 0 \\ 0 & 1 & 0 \\ 0 & 0 & 1 \end{bmatrix}$

   एक 3 कोटि का ईकाई आव्यूह है।

5. **स्तम्भ आव्यूह (Column Matrix) :** वह आव्यूह जिसमें केवल एक स्तम्भ होता है, स्तम्भ आव्यूह कहलाता है।

   जैसे– $A = \begin{bmatrix} x \\ y \\ z \end{bmatrix}$, $A = \begin{bmatrix} 4 \\ 2 \\ 3 \end{bmatrix}_{3 \times 1}$ एक स्तम्भ आव्यूह है।

6. **पंक्ति आव्यूह (Row Matrix) :** वह आव्यूह जिसमें केवल एक पंक्ति होती है, पंक्ति आव्यूह कहलाता है।

   जैसे– $A = [27 \ \ 85 \ \ 1 \ \ 4]_{1 \times 4}$ एक पंक्ति आव्यूह है।

7. **शून्य आव्यूह (Null Matrix) :** एक $m \times n$ कोटि का आव्यूह जिसके सभी अवयव शून्य हो, $m \times n$ कोटि का शून्य आव्यूह कहलाता है। इसे O से निरूपित करते हैं।

   जैसे– $\begin{bmatrix} 0 & 0 \\ 0 & 0 \end{bmatrix}$ तथा $\begin{bmatrix} 0 & 0 & 0 \\ 0 & 0 & 0 \end{bmatrix}$ क्रमशः 2×2 व 2×3 कोटि के शून्य आव्यूह है।

8. **मुख्य विकर्ण (Leading Diagonal) :** प्रत्येक वर्ग आव्यूह में दो विकर्ण होते हैं। जिसमें बायें हाथ के ऊपरी सिरे (Left hand upper corner) से दायें हाथ के नीचे सिरे (Right hand lower corner) को

मुख्य विकर्ण कहते हैं।

$$\begin{bmatrix} a & b & c \\ d & e & f \\ g & h & i \end{bmatrix}$$ → मुख्य विकर्ण है।

9. विकर्ण आव्यूह (Diagonal Matrix) : यदि किसी वर्ग आव्यूह में मुख्य विकर्ण के तत्वों को छोड़कर सभी तत्व शून्य हों, तो उसे विकर्ण आव्यूह कहते हैं।

जैसे– $\begin{bmatrix} 4 & 0 \\ 0 & 2 \end{bmatrix}, \begin{bmatrix} 1 & 0 & 0 \\ 0 & 1 & 0 \\ 0 & 0 & 1 \end{bmatrix}$, विकर्ण आव्यूह हैं।

10. अदिश आव्यूह (Scalar Matrix) : जिस वर्ग आव्यूह के मुख्य विकर्ण के सभी तत्व बराबर, शेष तत्व शून्य हों, उसे अदिश आव्यूह कहते हैं।

जैसे– $\begin{bmatrix} 3 & 0 & 0 \\ 0 & 3 & 0 \\ 0 & 0 & 3 \end{bmatrix}$ एवं $\begin{bmatrix} k & 0 & 0 \\ 0 & k & 0 \\ 0 & 0 & k \end{bmatrix}$

11. उप-आव्यूह (Sub-matrix) : किसी दिये गये आव्यूह की कुछ पंक्तियों तथा स्तम्भों को निकाल या छोड़ देने पर शेष बचे आव्यूह को दिये गये आव्यूह का उप-आव्यूह कहते है।

जैसे– आव्यूह $\begin{bmatrix} 1 & 2 \\ 3 & 4 \end{bmatrix}$, आव्यूह $A = \begin{bmatrix} 5 & 3 & 2 \\ 1 & 1 & 2 \\ 7 & 3 & 4 \end{bmatrix}$

12. उपरि त्रिभुजीय आव्यूह (Upper Triangular Matrix) : एक वर्ग आव्यूह $A = [a_{ij}]$ को उपरि त्रिभुजीय आव्यूह कहते हैं। यदि $a_{ij} = 0$, $\forall\ (i > j)$.

जैसे– $A = \begin{bmatrix} 1 & 4 & 3 \\ 0 & 2 & 6 \\ 0 & 0 & 3 \end{bmatrix}$ एक उपरि त्रिभुजीय आव्यूह है।

13. निम्न त्रिभुजीय आव्यूह (Lower Triangular Matrix) : एक वर्ग आव्यूह $A = [a_{ij}]$ को निम्न त्रिभुज आव्यूह कहते हैं, यदि $a_{ij} = 0$, $\forall\ (i > j)$.

जैसे– $A = \begin{bmatrix} 1 & 0 & 0 \\ 4 & 2 & 0 \\ 5 & 1 & 3 \end{bmatrix}$ को निम्न त्रिभुजीय आव्यूह कहते हैं।

दो आव्यूह की समानता (Equality of Two Matrices)

दो आव्यूह $A = [a_{ij}]$ तथा $B = [b_{ij}]$ तभी समान कहे जायेंगे। यदि–

1. दोनों आव्यूह एक ही क्रम में हों, अर्थात् दोनों आव्यूहों में पंक्तियों एवं स्तम्भों की संख्या अलग-अलग बराबर हो।
2. दोनों आव्यूहों A एवं B के संगत तत्व बराबर हों अर्थात् i तथा j के प्रत्येक मान के लिये $a_{ij} = b_{ij}$ हो।

जैसे– $\begin{bmatrix} 2 & 4 \\ 6 & 8 \end{bmatrix} = \begin{bmatrix} 8 \div 4 & 2 \times 2 \\ 2 \times 3 & 6 + 2 \end{bmatrix}$

आव्यूहों का योग (Addition of Matrices)

माना $A = [a_{ij}]_{m \times n}$ तथा $B = [b_{ij}]_{m \times n}$ दो आव्यूह है जिनकी कोटि समान है, तब–

$$(A + B)_{ij} = [a_{ij} + b_{ij}]\ \forall\ \{i = 1, 2, ..., m \quad \text{तथा} \quad j = 1, 2, ..., n\}$$

जैसे– यदि $A = \begin{bmatrix} 3 & 2 & 3 \\ 4 & 5 & 6 \end{bmatrix}$ तथा $B = \begin{bmatrix} 6 & 5 & 4 \\ 3 & 2 & 2 \end{bmatrix}$ हो,

तब $$A + B = \begin{bmatrix} 3+6 & 2+5 & 3+4 \\ 4+3 & 5+2 & 6+2 \end{bmatrix}$$

$$= \begin{bmatrix} 9 & 7 & 7 \\ 7 & 7 & 8 \end{bmatrix}$$

आव्यूहों के योग के गुणधर्म (Properties of Matrix Addition)

1. $A + B = B + A$.
2. यदि A, B, C तीन आव्यूह $m \times n$ क्रम के हैं, तो $$(A + B) + C = A + (B + C)$$
3. यदि O एक $m \times n$ कोटि का आव्यूह है तथा $A + O = A = O + A$ हो, तब O को योगात्मक तत्समक (Additive Identity) कहते हैं।
4. प्रत्येक आव्यूह A के लिए एक आव्यूह $-A$ है। इस प्रकार कि, $A + (-A) = O$ तो, $-A$ को A का योज्य व्युत्क्रम कहते हैं।
5. आव्यूहों का योग निरसन नियम का पालन करता है। यदि A, B, C तीन समान क्रम के आव्यूह हो, तब
$$A + B = A + C \quad \Rightarrow \quad B = C$$
(बायाँ निरसन नियम)
तथा $$B + A = C + A \quad \Rightarrow \quad B = C$$
(दायाँ निरसन नियम)

आव्यूहों का अन्तर (Subtraction of Matrices)

यदि दो आव्यूह A तथा B एक ही क्रम $m \times n$ के हों, तो उनका अन्तर संगत तत्वों के घटाने से प्राप्त होता है, जिसको $A - B$ या $A + (-B)$ से प्रदर्शित करते हैं।

अर्थात् $A - B = [a_{ij}]_{m \times n} - [b_{ij}]_{m \times n}$,

जहाँ, $A = [a_{ij}]_{m \times n}$

तथा $B = [b_{ij}]_{m \times n}$ हैं।

$= [a_{ij} - b_{ij}]_{m \times n}$

अदिश गुणन (Scalar Multiplication)

यदि $A = [a_{ij}]_{m \times n}$ एक आव्यूह तथा λ एक अदिश राशि है, तब A के प्रत्येक अवयव को λ से गुणा करने पर प्राप्त आव्यूह को A का अदिश गुणन कहते हैं। इसे λA से निरूपित करते हैं।

अत: $$\lambda A = [\lambda\, a_{ij}]_{m \times n}$$

जैसे– $A=\begin{bmatrix}1 & 2 & 2\\ 3 & 2 & 1\\ 1 & 3 & 1\end{bmatrix}$

तब $2A=\begin{bmatrix}2 & 4 & 6\\ 6 & 4 & 2\\ 2 & 6 & 2\end{bmatrix}$

अदिश गुणन की विशेषताएँ (Properties of Scalar Multiplication)

यदि, $A=[a_{ij}]_{m\times n}$, $B=[b_{ij}]_{m\times n}$

दो आव्यूह है तथा P_1 तथा P_2 दो अदिश राशियाँ है, तब–

1. $P_1(A+B)=P_1A+P_1B$
2. $(P_1+P_2)A=P_1A+P_2A$
3. $(P_1\ P_2)A=P_2(P,A)=P_1(P_2A)$
4. $(-P_1)A=-(P_1A)=P_1(-A)$

आव्यूहों की गुणा (Multiplication of Matrices)

यदि $A=[a_{ij}]_{m\times n}$ तथा $B=[b_{ij}]_{n\times p}$ दो आव्यूह इस प्रकार है, कि A आव्यूह में स्तम्भों की संख्या B में पंक्तियों की संख्या के बराबर है। तब $m\times p$ कोटि का आव्यूह इस प्रकार होगा।

$$C=[c_{ij}]_{m\times p}$$

A व B आव्यूह का गुणनफल C आव्यूह कहलाता है। इसे $C=AB$ से निरूपित करते हैं।

1. सामान्यतः आव्यूह गुणन क्रम विनिमेय नियम का पालन नहीं कता है
   अर्थात् $AB\neq BA$
2. आव्यूह गुणन साहचर्य होता है।
   अर्थात् $(AB)C=A(BC)$
3. आव्यूह गुणन वितरण नियम का पालन करता है।
   अर्थात् $A(B+C)=AB+AC$
4. यदि A एक $m\times n$ कोटि का आव्यूह है।
   तब, $I_mA=A=AI_n$
5. यदि $AB=0$ हो तब यह आवश्यक नहीं है, कि $BA=0$.

परिवर्त आव्यूह Transpose of a Matrix)

माना A एक $m\times n$ कोटि का आव्यूह है, तो A की पंक्तियों को स्तम्भों में तथा स्तम्भों को पंक्तियों में परिवर्तित करने पर प्राप्त $n\times m$ कोटि के आव्यूह को A का परिवर्त कहते हैं। इसे A' या A^T से निरूपित करते हैं।

परिवर्त आव्यूह के गुण (Properties of Transpose Matrices)

(i) $(A^T)^T=A$

(ii) $(A+B)^T=A^T+B^T$

(iii) $(kA)^T=kA^T$

(iv) $(AB)^T=B^TA^T$

आव्यूह का संयुग्मी (Conjugate of a Matrix)

यदि कोई X आव्यूह के अवयव सम्मिश्र संख्याऐं हो, तो प्रत्येक अवयव के स्थान पर उसके संयुग्मी को लिखने पर प्राप्त आव्यूह X का संयुग्मी कहते है। इसे $\bar{X}$ से प्रदर्शित करते है।

$$X=\begin{bmatrix}1-3i & 1-2i\\ 3-5i & 1+5i\end{bmatrix}$$

$$\bar{X}=\begin{bmatrix}1+3i & 1+2i\\ 3+5i & 1-5i\end{bmatrix}$$

आव्यूह के संयुग्मी के गुण (Properties of Conjugate of a Matrix)

1. $(\bar{\bar{X}})=X$
2. $\overline{(X+Y)}=(\bar{X}+\bar{Y})$
3. $(k\bar{X})=K(\bar{X})$
4. $\overline{XY}=\bar{X}\cdot\bar{Y}$

सममित आव्यूह (Symmetric Matrix)

यदि वर्ग आव्यूह $A=[a_{ij}]$ में $A'=A$ अर्थात् $a_{ij}=a_{ji}$, $\forall\ i,j$, तो A को सममित आव्यूह कहते हैं। जैसे–

$$\begin{bmatrix}1 & 2 & 3\\ 2 & 3 & 1\\ 3 & 1 & 2\end{bmatrix}$$

विषम सममित आव्यूह (Skew Symmetric Matrix)

यदि वर्ग आव्यूह A में $A'=-A$, अर्थात् $a_{ij}=-a_{ji}$, $\forall\ i,j$, तो A को विषम सममित आव्यूह कहते हैं।

यदि A विषम सममित आव्यूह है, तो

$$a_{ij}=-a_{ji}$$

$$\therefore\quad a_{ii}=-a_{ii},\ \forall\ i$$

$$\therefore\quad 2a_{ii}=0$$

$$\therefore\quad a_{ii}=0$$

अर्थात् विषम सममित आव्यूह (Skew symmetric matrix) के विकर्ण के सभी अवयव शून्य होते हैं, जैसे–

$$\begin{bmatrix}0 & h & g\\ -h & 0 & f\\ -g & -f & 0\end{bmatrix}$$

लाम्बिक आव्यूह (Orthogonal Matrix)

यदि वर्ग आव्यूह A व इसके परिवर्त A' का गुणनफल इकाई आव्यूह हो, तब आव्यूह A को लाम्बिक आव्यूह कहते हैं।

अर्थात् $AA'=I$

नोट//

यदि A व B लाम्बिक आव्यूह है, तब AB भी लाम्बिक आव्यूह होगा।

अव्युत्क्रमणीय आव्यूह (Singular Matrix)

यदि किसी वर्ग आव्यूह के सारणिक का मान शून्य हो, तो उसे अव्युत्क्रमणीय आव्यूह कहते हैं। अर्थात् यदि $|A|=0$, तो A का अव्युत्क्रमणीय आव्यूह है।

जैसे– $\begin{bmatrix}2 & 3\\ 1 & \frac{3}{2}\end{bmatrix}$ एक अव्युत्क्रमणीय आव्यूह है।

व्युत्क्रमणीय आव्यूह (Non-singular Matrix)

यदि किसी वर्ग आव्यूह के सारणिक का मान शून्य के बराबर न हो, तो उसे व्युत्क्रमणीय आव्यूह कहते हैं, अर्थात् यदि $|A| \neq 0$ तो A को व्युत्क्रमणीय आव्यूह (non-singular matrix) कहते हैं।

जैसे– $\begin{bmatrix} 2 & 3 \\ 1 & 4 \end{bmatrix}$ एक व्युत्क्रमणीय आव्यूह है।

हरमीशियन आव्यूह (Hermitian Matrix)

यदि कोई वर्ग आव्यूह A इस प्रकार है, कि $A^{\Theta} = A$ हो, तो तब आव्यूह A को हरमीशियन आव्यूह कहते है।

जैसे–
$$A = \begin{bmatrix} \alpha & P_1 + iP_2 \\ P_1 - P_2 & \beta \end{bmatrix}$$

$$A' = \begin{bmatrix} \alpha & P_1 - iP_2 \\ P_1 + P_2 & \beta \end{bmatrix}$$

$$A^{\Theta} = (\bar{A}') \begin{bmatrix} \alpha & P_1 + iP_2 \\ P_1 - iP_2 & \beta \end{bmatrix} = A$$

$$\therefore \quad A^{\Theta} = A$$

विषम हरमीशियन आव्यूह (Skew Hermitian Matrix)

यदि कोई वर्ग आव्यूह A इस प्रकार है, कि $A^{\Theta} = -A$, तब A को विषम हरमीशियन आव्यूह कहते है।

जैसे– $A = \begin{bmatrix} 2i & -2-3i \\ 2-3i & -i \end{bmatrix}$,

$$A' = \begin{bmatrix} 2i & 2-3i \\ -2-3i & -i \end{bmatrix}$$

$$(\bar{A}') = \begin{bmatrix} -2i & 2+3i \\ -2+3i & +i \end{bmatrix} = -\begin{bmatrix} 2i & -2-3i \\ 2-3i & -i \end{bmatrix} = -A$$

$$\therefore \quad A^{\Theta} = -A$$

ऐकिक आव्यूह (Unitray Matrix)

यदि वर्ग आव्यूह A के लिये $AA^{\Theta} = I$ हो, तब A को ऐकिक आव्यूह कहते हैं।

ऐकिक आव्यूह के गुण Properties of Unitary Matrix)

1. यदि A एक ऐकिक आव्यूह है, तब A' भी ऐकिक होगा।
2. यदि A एक ऐकिक आव्यूह है, तब A^{-1} भी ऐकिक होगा।
3. यदि A व B ऐकिक आव्यूह है, तब AB भी ऐकिक होगा।

वर्ग आव्यूह का सहखण्डज (Adjoint of a Square Matrix)

माना $A = [a_{ij}]_{m \times n}$ एक वर्ग आव्यूह है।

यदि– $A = \begin{bmatrix} a_{11} & a_{12} & a_{13} \\ a_{21} & a_{22} & a_{23} \\ a_{31} & a_{32} & a_{33} \end{bmatrix}$ हो, तो

$$adj\,A = \begin{bmatrix} C_{11} & C_{12} & C_{13} \\ C_{21} & C_{22} & C_{23} \\ C_{31} & C_{32} & C_{33} \end{bmatrix}$$

आव्यूह के सहखण्डज के गुण (Properties of Adjoint of Matrix)

1. $(adj\,A)\,A = A\,(adj\,A) = |A| . I_n$
2. $|adj\,A| = |A|^{n-1}$, = यदि $|A| \neq 0$
3. $adj\,(AB) = (adj\,B)\,(adj\,A)$
4. यदि $|A| = 0$, तब $(adj\,A)\,A = A\,(adj\,A) = 0$
5. $adj\,(adj\,A) = |A|^{n-2}. A.$
6. $adj\,A^T = (adj\,A)^T$

आव्यूह का व्युत्क्रम (Inverse of a Matrix)

यदि, $|A| \neq 0$ हो

तब, $A^{-1} = \dfrac{adj A}{|A|}$

नोट//

- यदि A तथा B वर्ग आव्यूह है। जिनकी कोटि समान है।

  तब, $|AB| = |A||B|$
- वर्गसम आव्यूह (*Idempotent Matrix*) : वर्ग आव्यूह A वर्गसम आव्यूह कहलाता है,

  यदि, $\boxed{A^2 = A}$
- अन्तवर्लित आव्यूह (*Involutory Matrix*) : A को अन्तवर्लित आव्यूह कहते हैं।

  यदि, $\boxed{A^2 = T}$
- शून्यभावी आव्यूह (*Nilpotent Matrix*) : A को शून्यभावी आव्यूह कहते है। यदि $A^m = 0$ जहाँ पर m धनात्मक पूर्णांक है तथा 0 एक शून्य आव्यूह है।

आव्यूह का अनुरेख (Trace of a Matrix)

माना $A = [a_{ij}]_{n \times n}$ एक वर्ग आव्यूह है, तब A के विकर्ण के अवयवों का कुल योग A का अनुरेख कहलाता है।

उदाहरण– $A = \begin{bmatrix} 2 & 4 & 7 \\ 3 & 4 & 1 \\ 0 & 2 & 5 \end{bmatrix}$

A का अनुरेख $= 2 + 4 + 5 = 11$

रैखिक समीकरणों का समघातीय निकाय का हल (Solution of Homogeneous system of linear equations)

माना निकाय इस प्रकार है।

$$a_1x + b_1y + c_1z = 0$$
$$a_2x + b_2y + c_2z = 0$$
$$a_3x + b_3y + c_3z = 0$$

तब, $A=\begin{bmatrix} a_1 & b_1 & c_1 \\ a_2 & b_2 & c_2 \\ a_3 & b_3 & c_3 \end{bmatrix}, X=\begin{bmatrix} x \\ y \\ z \end{bmatrix}, O=\begin{bmatrix} 0 \\ 0 \\ 0 \end{bmatrix}$

$\boxed{X=A^{-1}O}$ हल है।

(a) यदि, $|A|=0$

तब, $x=y=z=0$

तो, हल को तुच्छ हल कहते हैं।

(b) यदि, $|A|\neq 0$

तो, हल को अतुच्छ हल कहते हैं।

रैखिक समीकरणों का असमघातीय निकाय का हल
(Solution of non Homogeneous system of linear equations)

यदि निकाय इस प्रकार है।

तब,
$$a_1x+b_1y+c_1z=d_1$$
$$a_2x+b_2y+c_2z=d_2$$
$$a_3x+b_3y+c_3z=d_3$$

तब, $A=\begin{bmatrix} a_1 & b_1 & c_1 \\ a_2 & b_2 & c_2 \\ a_3 & b_3 & c_3 \end{bmatrix}, X=\begin{bmatrix} x \\ y \\ z \end{bmatrix}, B=\begin{bmatrix} d_1 \\ d_2 \\ d_3 \end{bmatrix}$

तब हल $\boxed{X=A^{-1}B}$

अविरोधी (Consistent)

यदि निकाय का अद्वितीय या अनन्त हल हो, तो समीकरण निकाय अविरोधी (Consistent) होगा।

विरोधी (Inconsistent)

यदि निकाय का कोई हल न हो, तो समीकरण निकाय विरोधी होगा।

तुच्छ हल (Trivial Solution)

यदि समीकरण निकाय के सभी चरों का मान शून्य हो, अर्थात् $x=0, y=0$ तथा $z=0$ हो, तो हल को तुच्छ हल कहते हैं।

अतुच्छ हल (Nontrivial Solution)

यदि समीकरण निकाय के अनेक हल हो, तो हल को अतुच्छ हल कहते हैं।

रैखिक समीकरणों $AX=B$ जहाँ A, n कोटि का वर्ग आव्यूह है, के निकाय की संगतता (Consistency of a System of Linear Equations $AX=B$ where, A is a Square Matrix of Rank n)

1. यदि $|A|\neq 0$ अर्थात् A एक व्युत्क्रमणीय आव्यूह है, तब समीकरण निकाय संगत (अद्वितीय हल सहित) होगा।
2. यदि $|A|=0$ तथा $(adj\,A)\,B$ एक शून्य आव्यूह है, तब समीकरण निकाय संगत (अनन्त हलों सहित) होगा।
3. यदि $|A|=0$ तथा $(adj\,A)\,B$ एक अशून्य आव्यूह है, तब समीकरण निकाय असंगत होगा।

नोट

यदि $|A|\neq 0$ हो, तब समीकरण निकाय का अद्वितीय हल होगा, जो $X=A^{-1}B$ होगा।

महत्त्वपूर्ण तथ्य

1. विकर्ण आव्यूह दोनों उपरि तथा निम्न त्रिभुजीय आव्यूह होता है।
2. ***आवर्ती आव्यूह (Periodic Matrix):*** यदि $A^{k+1}=A$ जहाँ k एक धनात्मक पूर्णांक है, को आवर्ती आव्यूह कहते हैं k को आव्यूह A का आवर्त कहते हैं। $k=1$ के लिये $A^2=A$।
3. यदि $A=\begin{bmatrix} f(x) & g(x) \\ h(x) & l(n) \end{bmatrix}$ तब $\frac{dA}{dx}=\begin{bmatrix} f^1(x) & g^1(x) \\ h^1(x) & l^1(x) \end{bmatrix}$

   उदाहरण– यदि $A=\begin{bmatrix} x^2 & \sin x \\ 2x & 2 \end{bmatrix}$ तब $\frac{dA}{dx}=\begin{bmatrix} 2x & \cos x \\ 2 & 0 \end{bmatrix}$
4. यदि A तथा B वर्ग आव्यूह है। जिनकी कोटि x है तथा I_x इकाई आव्यूह तब–
   (i) $(adj\,A)=|A|\,I_x=(adj\,A)\,A$
   (ii) $|adj\,A|=|A|^{x-1}$
   (iii) $adj\,(adj\,A)=|A|^{n-2}A$
   (iv) $adj\,(A^T)=(adj\,A)^T$
   (v) $adj\,(AB)=(adj\,B)\,(adj\,A)$
   (vi) $adj\,(KA)=K^{x-1}(adj\,A), K\in R$
   (vii) $adj\,(In)=In$
   (viii) $adj\,(0)=O$
5. यदि A तथा B व्युत्क्रम आव्यूह जिनकी कोटि समान है, तब–
   (i) $(A^{-1})^{-1}=A$
   (ii) $(A^T)^{-1}=(A^{-1})^T$
   (iii) $(AB)^{-1}=B^{-1}A^{-1}$
   (iv) $(A^K)^{-1}=(A^{-1})^K, K\in N$
   (v) $adj\,(A^{-1})=(adj\,A)^{-1}$
6. किसी विकर्ण आव्यूह के सारणिक का मान इसके विकर्ण के अवयवों के गुणनफल के बराबर होता है।
7. किसी त्रिभुजीय आव्यूह के सारणिक का मान इसके विकर्ण के अवयवों के गुणनफल के बराबर होता है।
8. इकाई आव्यूह के सारणिक का मान एक होता है।
9. शून्य आव्यूह के सारणिक का मान शून्य होता है।
10. यदि A एक व्युत्क्रमणीय आव्यूह है।

    तब, $\det(A^{-1})=\frac{1}{\det(A)}$
11. यदि A एक विषम कोटि का वर्ग आव्यूह है।

    तब, $|-A|=-|A|$
12. $A+A'$ सदैव सममित आव्यूह होता है।
13. $A-A'$ सदैव विषम सममित आव्यूह होता है।
14. AA' सदैव सममित आव्यूह होता है।
15. एक सममित आव्यूह का व्युत्क्रम सममित होता है।
16. आव्यूह A स्वयं का उप-आव्यूह है, क्योंकि यह कोई भी पंक्ति या स्तम्भ को बिना छोड प्राप्त होता है।

वस्तुनिष्ठ प्रश्न

1. A और B दो आव्यूह ऐसे हैं कि $A+B$ और AB और परिभाषित हैं, तो–

(a) A और B समान कोटि के वर्ग आव्यूह हैं

(b) A के स्तम्भों की संख्या $= B$ की पंक्तियों की संख्या

(c) A और B आवश्यक रूप से समान कोटि के नहीं हैं

(d) इनमें से कोई नहीं

2. λ का मान जिसके लिए आव्यूह गुणन

$$\begin{bmatrix} 2 & 0 & 7 \\ 0 & 1 & 0 \\ 1 & -2 & 1 \end{bmatrix}\begin{bmatrix} -\lambda & 14\lambda & 7\lambda \\ 0 & 1 & 6 \\ \lambda & -4\lambda & -2\lambda \end{bmatrix}$$

एक तत्समक आव्यूह है–

(a) $\frac{1}{4}$ (b) $\frac{1}{5}$

(c) $\frac{1}{2}$ (d) $\frac{1}{3}$

3. यदि A और B दो आव्यूह ऐसे हैं कि $AB = B$ और $BA = A$, तब $A^2 + B^2 =$

(a) $A+B$ (b) AB

(c) $2AB$ (d) $2BA$

4. यदि B एक व्युत्क्रमणीय (non-singular) आव्यूह है और A एक वर्ग आव्यूह है तो $\det(B^{-1}AB) =$

(a) $\det(A)$ (b) $\det(B)$

(c) $\det(A^{-1})$ (d) $\det(B^{-1})$

5. $A = \begin{bmatrix} 1 & 0 & 0 \\ 0 & 1 & 1 \\ 0 & -2 & 4 \end{bmatrix}, I = \begin{bmatrix} 1 & 0 & 0 \\ 0 & 1 & 0 \\ 0 & 0 & 1 \end{bmatrix}$

$A^{-1} = \frac{1}{6}(A^2 + CA + DI)$ तो C और D बराबर हैं–

(a) $6, 11$ (b) $-6, -11$

(c) $-11, 6$ (d) $-6, 1$

6. यदि $F(\alpha) = \begin{bmatrix} \cos\alpha & -\sin\alpha & 0 \\ \sin\alpha & \cos\alpha & 0 \\ 0 & 0 & 1 \end{bmatrix}$

तो $F(\alpha)\cdot F(\beta) =$

(a) $F(\alpha+\beta)$ (b) $F(\alpha-\beta)$

(c) $F(\alpha\beta)$ (d) $F\left(\frac{\alpha}{\beta}\right)$

7. यदि $A = \begin{bmatrix} 1 & 2 & -1 \\ -1 & 1 & 2 \\ 2 & -1 & 1 \end{bmatrix}$, तो सारणिक $|\text{adj}(\text{adj} A)| =$

(a) 12^4 (b) 13^4

(c) 14^4 (d) कोई नहीं

8. यदि A और B समान कोटि के वर्ग आव्यूह हैं, तो निम्नलिखित में से कौन-सा सही है?

(a) $A - B = B - A$ (b) $AB = BA$

(c) $A + B = B + A$ (d) $A + B = A - B$

9. यदि $A = \begin{bmatrix} \alpha & 0 \\ 1 & 1 \end{bmatrix}$ और $B = \begin{bmatrix} 1 & 0 \\ 5 & 1 \end{bmatrix}$, तो α वह मान, जिसके लिए $A^2 = B$ है, है

(a) -1 (b) 1

(c) 4 (d) कोई वास्तविक मान नहीं होगा

10. यदि $A = \begin{bmatrix} \alpha & 2 \\ 2 & \alpha \end{bmatrix}$ और $|A^3| = 125$, तो α का मान है–

(a) ± 3 (b) ± 5

(c) ± 1 (d) ± 2

11. यदि $P = \begin{bmatrix} \sqrt{3}/2 & 1/2 \\ -1/2 & \sqrt{3}/2 \end{bmatrix}, A = \begin{bmatrix} 1 & 1 \\ 0 & 1 \end{bmatrix}$ और $Q = PAP^T$, तब $P^T Q^{2005} P$ है

(a) $\begin{bmatrix} 1 & 0 \\ 2005 & 1 \end{bmatrix}$ (b) $\begin{bmatrix} 1 & 0 \\ 0 & 1 \end{bmatrix}$

(c) $\begin{bmatrix} 1 & 2005 \\ 0 & 1 \end{bmatrix}$ (d) $\begin{bmatrix} 1 & 2005 \\ 2005 & 1 \end{bmatrix}$

12. यदि $A = \begin{bmatrix} 1 & 0 & 0 \\ 0 & 1 & 1 \\ 0 & -2 & 4 \end{bmatrix}$, $6A^{-1} = A^2 + cA + dl$, तब (c, d) है–

(a) $(11, 6)$ (b) $(6, 11)$

(c) $(-6, 11)$ (d) $(-11, 6)$

13. यदि $A = \begin{bmatrix} a & b \\ b & a \end{bmatrix}$ तथा $A^2 = \begin{bmatrix} \alpha & \beta \\ \beta & \alpha \end{bmatrix}$, तब–

(a) $\alpha = a^2 + b^2, \beta = ab$ (b) $\alpha = a^2 + b^2, \beta = 2ab$

(c) $\alpha = a^2 + b^2, \beta = a^2 - b^2$ (d) $\alpha = 2ab, \beta = a^2 + b^2$

14. यदि $A = \begin{bmatrix} 0 & 0 & -1 \\ 0 & -1 & 0 \\ -1 & 0 & 0 \end{bmatrix}$, तब–

(a) A रिक्त आव्यूह है (b) $A = -I$

(c) A^{-1} (d) $A^2 = I$

15. माना $A = \begin{bmatrix} 1 & -1 & 1 \\ 2 & 1 & -3 \\ 1 & 1 & 1 \end{bmatrix}$ तथा $10(B) = \begin{bmatrix} 4 & 2 & 2 \\ -5 & 0 & \alpha \\ 1 & -2 & 3 \end{bmatrix}$. यदि B

आव्यूह A का व्युत्क्रम है, तब α है–

(a) -2 (b) 1
(c) 2 (d) 5

16. यदि $A^2 - A + I = 0$, तब A का व्युत्क्रम है–

(a) $A+I$ (b) A
(c) $A-I$ (d) $I-A$

17. समीकरण–

$\alpha x + y + z = \alpha - 1,\ x + \alpha y + z = \alpha - 1,\ x + y + \alpha z = \alpha - 1$

का निकाय एक हल रखता है, तब α का मान होगा–

(a) -2 (b) या -2 या 1
(c) -2 नहीं (d) 1

18. यदि $A = \begin{bmatrix} 1 & 0 \\ 1 & 1 \end{bmatrix}$ तथा $I = \begin{bmatrix} 1 & 0 \\ 0 & 1 \end{bmatrix}$, तब गणित प्रेरणा के सिद्धान्त से $n \ge 1$, के लिए कौन सत्य है?

(a) $A^n = nA - (n-1)I$ (b) $A^n = 2^{n-1}A - (n-1)I$
(c) $A^n = nA + (n-1)I$ (d) $A^n = 2^{n-1}A + (n-1)I$

19. A तथा B, $n \times n$ कोटि की ऐसी वर्ग आव्यूह है, कि

$$A^2 - B^2 = (A-B)(A+B)$$

तब निम्नलिखित मं कौन सत्य हैक?

(a) $A = B$ (b) $AB = BA$
(c) A या B में से कोई एक शून्य आव्यूह है
(d) A या B में से कोई एक तत्समक आव्यूह है

20. माना $A = \begin{pmatrix} 1 & 2 \\ 3 & 4 \end{pmatrix}, B = \begin{pmatrix} a & 0 \\ 0 & b \end{pmatrix}, a, b \in N$. तब–

(a) कोई B अस्तित्व में नहीं रह सकती $AB = BA$
(b) एक से अधिउक अस्तित्व में होंगी परन्तु B के मान निश्चित होंगे $AB = BA$
(c) असंख्य B अस्तित्व में होंगे $AB = BA$
(d) केवल एक B अस्तित्व में होगा, $AB = BA$

21. माना $A = \begin{bmatrix} 5 & 5\alpha & \alpha \\ 0 & \alpha & 5\alpha \\ 0 & 0 & 5 \end{bmatrix}$ यदि $|A^2| = 25$, तब $|\alpha|$ बराबर है–

(i) 1 (ii) 1/5
(iii) 5 (iv) 5^2

नीचे दिये गये कथनों के लिए सही विकल्प चुनिए–

(a) कथन-1 सत्य है, कथन-2 असत्य है
(b) कथन-1 असत्य है, कथन-2 सत्य है
(c) कथन-1 तथा कथन-2 सत्य है कथन-2, कथन-1 की सही व्याख्या करता है
(d) कथन-1 तथा कथन-2 सत्य है कथन-2, कथन-1 की सही व्याख्या नहीं करता है

22. माना A, 2×2 कोटि का आव्यूह है, जिसके अवयव वास्तविक है। माना I, 2×2 का तत्समक (इकाई) आव्यूह है। $tr(A)$ के द्वारा A के विकर्ण के अवयवों का योग निरूपित है?

(a) **कथन-1 :** यदि $A \ne I$ तथा $A \ne -I$, तब सारणीक $A = -1$
(a) **कथन-2 :** यदि $A \ne I$ तथा $A \ne -I$, तब $tr(A) \ne 0$

23. मान A एक वर्ग आव्यूह है, जिसके सभी अवयव पूर्णांक है, तब निम्न में से कौन-सा कथन सत्य होगा?

(a) यदि $\det(A) = \pm 1$, तब A^{-1} का अस्तित्व आवश्यक नहीं है
(b) यदि $\det(A) = \pm 1$, तब A^{-1} का अस्तित्व है परन्तु सभी अवयव आवश्यक रूप से पूर्णांक नहीं होंगे
(c) यदि $\det(A) \ne \pm 1$, तब A^{-1} का अस्तित्व है और सभी अवयव अपूर्णांक है
(d) यदि $\det(A) = \pm 1$, तब A^{-1} का अस्तित्व है तथा सभी अवयव पूर्णांक है

उत्तरमाला

1. (a)	**2.** (b)	**3.** (a)	**4.** (a)	**5.** (d)	**6.** (a)	**7.** (c)	**8.** (c)	**9.** (d)	**10.** (a)
11. (c)	**12.** (c)	**13.** (a)	**14.** (d)	**15.** (d)	**16.** (d)	**17.** (a)	**18.** (a)	**19.** (b)	**20.** (c)
21. (b)	**22.** (a)	**23.** (d)							

संकेत एवं हल

1. (a) हम जानते हैं कि यदि आव्यूह A और B समान कोटि के हों, तो वे योग के लिए अनुरूप होंगे। इस प्रकार यदि A की कोटि $m \times n$ हो, तो B की कोटि भी $m \times n$ होनी चाहिए क्योंकि $A + B$ परिभाषित है।

पुन: चूँकि AB भी परिभाषित है अत: A में स्तम्भों की संख्या अर्थात् n, B में पंक्तियों की संख्या अर्थात् m के बराबर होनी चाहिए। अत: $n = m$ और उस दशा में A और B दोनों समान कोटि $m = n$ के वर्ग आव्यूह होंगे।

2. (b) $AB = I$ यदि $a_{ij} = 0, i \neq j$ और $a_{ij} = 1, i = j$.

$$a_{11} = 5\lambda = 1 \Rightarrow \lambda = 1/5$$
$$a_{12} = 25\lambda - 25\lambda = 0$$
$$a_{13} = 14\lambda - 14\lambda = 0$$

आप यह जाँच करके देख सकते हैं कि अन्य अवयव भी इस कसौटी को संतुष्ट करते हैं।

3. (a) हमें सम्बन्धों $AB = B$ और $BA = A$ का प्रयोग करना है।

$$A^2 + B^2 = AA + BB = A(BA) + B(AB)$$
$$= (AB)A + (BA)B = BA + AB$$
$$= A + B$$

4. (a)
$$\det(B^{-1}AB) = \det(B^{-1})\det(A)\det(B)$$
$$= \det(B^{-1})\det(B)\det(A)$$
$$= \det(B^{-1}B)\det(A)$$
$$= \det(I)\det A$$
$$= 1\det A = \det A$$

5. (d) $AA^{-1} = \text{I} \Rightarrow \frac{1}{6}[A^3 + CA^2 + dA] = I$ ...(i)

अब A^2 और A^3 के मान निकाल कर (i) में रखें तथा दोनों पक्षों में गुणांकों की तुलना करें।

$\therefore \quad c = -6, d = 11.$

6. (a)
$$F(\beta) = \begin{bmatrix} \cos\alpha & -\sin\alpha & 0 \\ \sin\alpha & \cos\alpha & 0 \\ 0 & 0 & 1 \end{bmatrix} \begin{bmatrix} \cos\beta & -\sin\beta & 0 \\ \sin\beta & \cos\beta & 0 \\ 0 & 0 & 1 \end{bmatrix}$$

$$F(\alpha)\cdot F(\beta) = \begin{bmatrix} \cos(\alpha+\beta) & -\sin(\alpha+\beta) & 0 \\ \sin(\alpha+\beta) & \cos(\alpha+\beta) & 0 \\ 0 & 0 & 1 \end{bmatrix}$$

$$= F(\alpha + \beta)$$

7. (c) सारणिक $A = 14$, विस्तार से।

$$\text{adj}(\text{adj} A) = |A|^{n-2}A = |A|A$$

$|A|A =$ सारणिक A जिसके प्रत्येक अवयव में $|A|$ की गुणा है।

$\therefore$ सारणिक $\{\text{adj}(\text{adj A})\}$ = सारणिक $(|A|A)$

$= |\text{A}|^3$ सारणिक A

$= |A|^3 \cdot |A| = |A|^4$

$= (14)^4$

8. (c) यदि A और B समान कोटि के वर्ग आव्यूह हैं, तो

$$A + B = B + A$$

9. (d) दिया है, $A = \begin{bmatrix} \alpha & 0 \\ 1 & 1 \end{bmatrix}, B = \begin{bmatrix} 1 & 0 \\ 5 & 1 \end{bmatrix}$ और $A^2 = B$

$$\Rightarrow \quad A^2 = \begin{bmatrix} \alpha & 0 \\ 1 & 1 \end{bmatrix}\begin{bmatrix} \alpha & 0 \\ 1 & 1 \end{bmatrix} = \begin{bmatrix} \alpha^2 & 0 \\ \alpha+1 & 1 \end{bmatrix}$$

$$\therefore \quad A^2 = B$$

$$\Rightarrow \quad \begin{bmatrix} \alpha^2 & 0 \\ \alpha+1 & 1 \end{bmatrix} = \begin{bmatrix} 1 & 0 \\ 5 & 1 \end{bmatrix}$$

$\Rightarrow \quad \alpha^2 = 1$ और $\alpha + 1 = 5$

जोकि एक साथ सम्भव नहीं है।

अत: α का कोई वास्तविक मान नहीं होगा।

10. (a) हम जानते हैं, कि $A = |A|^n$

$$\therefore \quad |A^3| = 125$$
$$\Rightarrow \quad |A|^3 = 125$$
$$\Rightarrow \quad \begin{vmatrix} \alpha & 2 \\ 2 & \alpha \end{vmatrix} = 5$$
$$\Rightarrow \quad \alpha^2 - 4 = 5$$

$\Rightarrow \quad \alpha^2 = 9$ या $\alpha = \pm 3$

11. (c) $\therefore \quad P^TP = \begin{bmatrix} \sqrt{3}/2 & -1/2 \\ 1/2 & \sqrt{3}/2 \end{bmatrix}\begin{bmatrix} \sqrt{3}/2 & 1/2 \\ -1/2 & \sqrt{3}/2 \end{bmatrix}$

$$\Rightarrow \quad P^TP = \begin{vmatrix} 1 & 0 \\ 0 & 1 \end{vmatrix}$$
$$\Rightarrow \quad P^TP = I$$
$$\Rightarrow \quad P^T = T^{-1} \quad \text{...(i)}$$
$$\because \quad Q = PAP^T$$

$\therefore \quad P^TQ^{2005}P = P^T(PAP^T)(PAP^T)....2005$ बार] P

$$= \frac{(P^TP)A(P^TP)A(P^TP)...(P^TP)A(P^TP)}{2005 \text{ बार}}$$

$= IA^{2005}$ [समी (i) से]

$= A^{2005}$

$$\therefore \quad A = \begin{bmatrix} 1 & 1 \\ 0 & 1 \end{bmatrix}$$

$$A^2 = \begin{bmatrix} 1 & 1 \\ 0 & 1 \end{bmatrix}\cdot\begin{bmatrix} 1 & 1 \\ 0 & 1 \end{bmatrix} = \begin{bmatrix} 1 & 2 \\ 0 & 1 \end{bmatrix}$$

$$A^3 = \begin{bmatrix} 1 & 2 \\ 0 & 1 \end{bmatrix}\cdot\begin{bmatrix} 1 & 1 \\ 0 & 1 \end{bmatrix}$$

$$= \begin{bmatrix} 1 & 3 \\ 0 & 1 \end{bmatrix}\cdots$$

इसी क्रम में

$$A^{2005}=\begin{bmatrix}1 & 2005\\0 & 1\end{bmatrix}$$

$$\Rightarrow P^TQ^{2005}P=\begin{bmatrix}1 & 2005\\0 & 1\end{bmatrix}$$

12. (c) कैले-हेमिल्टन की प्रमेय से–

''प्रत्येक वर्ग आव्यूह अपने अभिलाक्षणिक समीकरण (characteristic equation) को संतुष्ट करता है''।

$$\therefore \quad |A-\lambda I|=0$$

$$\Rightarrow \begin{vmatrix}1-\lambda & 0 & 0\\0 & 1-\lambda & 1\\0 & -2 & 4-\lambda\end{vmatrix}=0$$

$$\Rightarrow (1-\lambda)\{(1-\lambda)(4-\lambda)+2\}=0$$

$$\Rightarrow \lambda^3-6\lambda^2+11\lambda-6=0$$

$$\Rightarrow A^3-6A^2+11\lambda-6=0 \quad \text{...(i)}$$

दिया है, $6A^{-1}=A^2+cA+dI$

दोनों पक्षों में A से गुणा करने पर,

$$6I=A^3+cA^2+dA$$

$$\Rightarrow A^3+cA^2+dA-6I=0 \quad \text{...(ii)}$$

समी० (i) को (ii) की तुलना करने पर,

$c=-6$ और $d=11$

13. (a) $A=\begin{bmatrix}a & b\\b & a\end{bmatrix}$, $A^2=\begin{bmatrix}\alpha & \beta\\\beta & \alpha\end{bmatrix}$

$$A^2=A\cdot A=\begin{bmatrix}a & b\\b & a\end{bmatrix}\begin{bmatrix}a & b\\b & a\end{bmatrix}$$

$$\Rightarrow A^2=\begin{bmatrix}a^2+b^2 & ab+ba\\ba+ab & b^2+a^2\end{bmatrix}$$

$$=\begin{bmatrix}a^2+b^2 & 2ab\\2ab & a^2+b^2\end{bmatrix}$$

$$\Rightarrow \begin{bmatrix}\alpha & \beta\\\beta & \alpha\end{bmatrix}=\begin{bmatrix}a^2+b^2 & 2ab\\2ab & a^2+b^2\end{bmatrix}$$

$$\Rightarrow \alpha=a^2+b^2, \qquad \beta=2ab$$

14. (d) ज्ञात आव्यूह $A=\begin{bmatrix}0 & 0 & -1\\0 & -1 & 0\\-1 & 0 & 0\end{bmatrix}$

(a) A रिक्त आव्यूह नहीं है

(b) (-1) $\quad I=-1\begin{bmatrix}1 & 0 & 0\\0 & 1 & 0\\0 & 0 & 1\end{bmatrix}=\begin{bmatrix}-1 & 0 & 0\\0 & -1 & 0\\0 & 0 & -1\end{bmatrix}\neq A$

अर्थात् $\quad (-1)I\neq A$

(c) $|A|=0\begin{vmatrix}-1 & 0\\0 & 0\end{vmatrix}-0\begin{vmatrix}0 & 0\\-1 & 0\end{vmatrix}-1\begin{vmatrix}0 & -1\\-1 & 0\end{vmatrix}$

$$=0-0-1(-1)=1$$

चूँकि $|A|\neq 0$. इसलिए A^{-1} अस्तित्व

(d) $A^2=A\cdot A$

$$=\begin{bmatrix}0 & 0 & -1\\0 & -1 & 0\\-1 & 0 & 0\end{bmatrix}\begin{bmatrix}0 & 0 & -1\\0 & -1 & 0\\-1 & 0 & 0\end{bmatrix}$$

$$\Rightarrow A^2=\begin{bmatrix}1 & 0 & 0\\0 & 1 & 0\\0 & 0 & 1\end{bmatrix}=I$$

15. (d) B, A का व्युत्क्रम है, तब $B=A^{-1}$

$$\therefore \quad 10A^{-1}=\begin{bmatrix}4 & 2 & 2\\-5 & 0 & \alpha\\1 & -2 & 3\end{bmatrix}$$

$$\Rightarrow 10A^{-1}A=\begin{bmatrix}4 & 2 & 2\\-5 & 0 & \alpha\\1 & -2 & 3\end{bmatrix}A$$

$$\Rightarrow 10I=\begin{bmatrix}4 & 2 & 2\\-5 & 0 & \alpha\\1 & -2 & 3\end{bmatrix}\begin{bmatrix}1 & -1 & 1\\2 & 1 & -3\\1 & 1 & 1\end{bmatrix}$$

$$\Rightarrow \begin{bmatrix}10 & 0 & 0\\0 & 10 & 0\\0 & 0 & 10\end{bmatrix}=\begin{bmatrix}10 & 0 & 0\\-5+\alpha & 5+\alpha & -5+\alpha\\0 & 0 & 10\end{bmatrix}$$

$$\Rightarrow -5+\alpha=0 \qquad \Rightarrow \qquad \alpha=5$$

16. (d) क्योंकि,

$$A^2-A+I=0$$

$$\Rightarrow A^{-1}A^2-A^{-1}A+A^{-1}I=0$$

$$\Rightarrow (A^{-1}A)A-(A^{-1}A)+A^{-1}=0$$

$$\Rightarrow A-I+A^{-1}=0$$

$$\Rightarrow A^{-1}=I-A$$

17. (a) समीकरण का निकाय–

$$x+y+\alpha z=\alpha-1$$
$$x+\alpha y+z=\alpha-1$$
$$\alpha x+y+z=\alpha-1$$

$$[A|B]=\left[\begin{array}{ccc|c}1 & 1 & \alpha & \alpha-1\\1 & \alpha & 1 & \alpha-1\\\alpha & 1 & 1 & \alpha-1\end{array}\right]$$

$$\approx\begin{bmatrix}1 & 1 & \alpha & \alpha-1\\ 0 & \alpha-1 & 1-\alpha & 0\\ 0 & 1-\alpha & 1-\alpha^2-(1-\alpha)^2\end{bmatrix}$$

$$\approx\left[\begin{array}{ccc|c}1 & 1 & \alpha & \alpha-1\\ 0 & \alpha-1 & 1-\alpha & 0\\ 0 & 0 & (2+\alpha)(1-\alpha) & -(1-\alpha)^2\end{array}\right]$$

यदि $\alpha=-2$, रैंक $A=2$,

रैंक $[A|B]=3$

निकाय का कोई हल नहीं है, जबकि $\alpha=1$,

रैंक $A=$ रैंक $[A|B]=1$,

तथा इसलिए निकाय के बहुत हल है।

18. (a) $A=\begin{bmatrix}1 & 0\\ 1 & 1\end{bmatrix}$ $A^2=\begin{bmatrix}1 & 0\\ 1 & 1\end{bmatrix}\begin{bmatrix}1 & 0\\ 1 & 1\end{bmatrix}=\begin{bmatrix}1 & 0\\ 2 & 1\end{bmatrix}$

$$A^3=\begin{bmatrix}1 & 0\\ 2 & 1\end{bmatrix}\begin{bmatrix}1 & 0\\ 1 & 1\end{bmatrix}=\begin{bmatrix}1 & 0\\ 3 & 1\end{bmatrix}$$

$A^n=\begin{bmatrix}1 & 0\\ n & 1\end{bmatrix}$ प्रेरणा से सन्तुष्ट कर सकते हैं।

अब, विकल्प से विकल्प पर–

(c) $\begin{bmatrix}1 & 0\\ n & 1\end{bmatrix}\neq\begin{bmatrix}n & 0\\ n & n\end{bmatrix}+\begin{bmatrix}n-1 & 0\\ 0 & n-1\end{bmatrix}$

(a) $nA-(n-1)I=\begin{bmatrix}n & 0\\ n & n\end{bmatrix}+\begin{bmatrix}n-1 & 0\\ 0 & n-1\end{bmatrix}=\begin{bmatrix}1 & 0\\ n & 1\end{bmatrix}$

19. (b) $(A-B)(A+B)=AA+AB-BA-BB$

$\Rightarrow$ $A^2-B^2=A^2-B^2+AB-BA$

$\Rightarrow$ $AB=BA$

20. (c) $AB=\begin{pmatrix}1 & 2\\ 3 & 4\end{pmatrix}\begin{pmatrix}a & 0\\ 0 & b\end{pmatrix}=\begin{pmatrix}a & 2b\\ 3a & 4b\end{pmatrix}$

$$BA=\begin{pmatrix}a & 0\\ 0 & b\end{pmatrix}\begin{pmatrix}1 & 2\\ 3 & 4\end{pmatrix}=\begin{pmatrix}a & 2b\\ 3a & 4b\end{pmatrix}$$

$AB=BA \Rightarrow 2b=2a, 3a=3b$ अर्थात् $a=b$.

21. (b) $A^2=\begin{bmatrix}5 & 5\alpha & \alpha\\ 0 & \alpha & 5\alpha\\ 0 & 0 & 5\end{bmatrix}\begin{bmatrix}5 & 5\alpha & \alpha\\ 0 & \alpha & 5a\\ 0 & 0 & 5\end{bmatrix}$

$$A^2=\begin{bmatrix}25 & 25\alpha+5\alpha^2 & 5\alpha+25\alpha^2+5\alpha\\ 0 & \alpha^2 & 5\alpha^2+25\alpha\\ 0 & 0 & 25\end{bmatrix}$$

$$625\,a^2=25 \quad\Rightarrow\quad |\alpha|=\frac{1}{5}$$

22. (a) माना $A=\begin{bmatrix}a & b\\ c & d\end{bmatrix}$,

$$A^2=\begin{bmatrix}a^2+bc & ab+bd\\ ac+dc & d^2+bc\end{bmatrix}=\begin{bmatrix}1 & 0\\ 0 & 1\end{bmatrix}$$

तब, $a^2+bc=d^2+bc=1, b(a+d)=c(a+d)=0$

$\Rightarrow$ $a^2=d^2 \Rightarrow a=d$ or $a=-d$

$\therefore$ $a=-d$, n तथा c सभी के लिए सही है।

तथा $A\neq\pm 1$

$a=\sqrt{1-bc}$,

$d=-\sqrt{1-bc}$ रखने पर

तब $A=\begin{bmatrix}\sqrt{1-bc} & d\\ c & -\sqrt{1-bc}\end{bmatrix}$

$\Rightarrow$ $|A|=-1, A=0$ रखने पर

$\Rightarrow$ कथन-1 सत्य है, कथन-2 कथन गलत है।

23. (d) आव्यूह A सभी पूर्णांकों को रखता है।

$\Rightarrow$ प्रत्येक प्रवेश का सहगुणनखण्ड पूर्णांक है।

$\Rightarrow$ सहखण्डज A में पूर्णांक है।

$$A^{-1}=\frac{1}{|A|}\text{adj.}(A)=\pm\,\text{adj.}(A)$$

$[\because |A|=\pm 1]$

$\Rightarrow$ A^{-1} का अस्तित्व है तथा सभी आव्यूह पूर्णांक है।

□□□

क्रमचय एवं संचय 20
(Permutations and Combinations)

$n!$ में अभाज्य संख्या p का घातांक (Exponent of Prime p in $n!$)

माना n एक धनपूर्णांक है तथा p एक अभाज्य संख्या है। $n, (n-1), \ldots 3, 2, 1$ में अन्तिम पूर्णांक जो p से विभाज्य है, $\left[\frac{n}{p}\right]p$, है, जहाँ $\left[\frac{n}{p}\right]$ महत्तम पूर्णांक फलन को निरूपित करता है।

माना $E_p(n!)$ धनपूर्णांक n में अभाज्य संख्या p के घातांक को निरूपित करता है, तब

$$E_p(n!) = \left[\frac{n}{p}\right] + \left[\frac{n}{p^2}\right] + \left[\frac{n}{p^3}\right] + \ldots + \left[\frac{n}{p^a}\right]$$

जहाँ a महत्तम धनात्मक पूर्णांक इस प्रकार है, कि $p^a \le n < p^{a+1}$

गणना का मूल सिद्धान्त (Fundamental Counting Principle)

यदि कोई संक्रिया m विधियों से हो सके और जब यह उनमें से किसी एक विधि से की जा चुकी हो तब दूसरी संक्रिया n विधियों से हो सके, तो दोनों संक्रियाएँ साथ-साथ $m \times n$ विधियों से की जा सकती हैं।

योग सिद्धान्त (Addition Principle)

यदि दो क्रियाएँ क्रमश: m तथा n विधियों से पूर्ण होती हैं और दोनों क्रियाएँ सहअपवर्जक क्रियाएँ हैं, तो दोनों में से कोई क्रिया $(m+n)$ विधियों से पूर्ण हो सकती है।

महत्त्वपूर्ण परिणाम

1. n विभिन्न वस्तुओं में से r को एक साथ लेकर बने क्रमचयों की संख्या को ${}^nP_r$ से निरूपित करते है।

$${}^nP_r = \frac{n!}{(n-r)!}, \ \forall\, 0 \le r \le n$$
$$= n(n-1)(n-2)\ldots(n-r+1)$$
$$\forall\, n \in N \quad \text{तथा} \quad r \in W$$

2. (a) ${}^nP_r = r \cdot {}^{n-1}P_{r-1} + {}^{n-1}P_r$
   (b) ${}^nP_r = n \cdot {}^{n-1}P_{r-1}$
   (c) ${}^nP_0 = 1, {}^nP_1 = n$ तथा ${}^nP_{n-1} = n!$
   (d) ${}^{n-1}P_r = (n-r)\,{}^{n-1}P_{r-1}$
   (e) सभी n वस्तुओं को लेकर बने क्रमचयों की संख्या $= n!$
3. यदि n वस्तुओं में से r वस्तुओं को लेकर, जिनमें प्रत्येक वस्तु की पुनरावृत्ति हो सकती है, कुल क्रमचयों की संख्या $= n^r$
4. यदि n वस्तुओं में से p वस्तुएँ एक प्रकार की, q वस्तुएँ दूसरे प्रकार की, r वस्तुएँ तीसरे प्रकार की हो तथा शेष वस्तुएँ भिन्न-भिन्न प्रकार की हो, तब सभी n वस्तुओं को एक साथ लेकर बने क्रमचयों की संख्या $= \frac{n!}{p!q!r!}$
5. n विभिन्न वस्तुओ में से r वस्तुओं को एक साथ लेकर, जब एक विशेष वस्तु प्रत्येक विन्यास में अवश्य ली जाये, कुल क्रमचयों की संख्या $= r \cdot {}^{n-1}P_{r-1}$
6. n विभिन्न वस्तुओं को लेकर, जिनमें m वस्तुएँ सदैव एक साथ न आए, कुल क्रमचयों की संख्या $= n! - m! \times (n-m+1)!$
7. n विभिन्न वस्तुओ में से r वस्तुओं कों लेकर, जब एक विशेष वस्तु प्रत्येक विन्यास में अवश्य नहीं ली जाए, कुल क्रमचयों की संख्या $= {}^{n-1}P_r$
8. n विभिन्न वस्तुओ को लेकर जिनमें से m वस्तुएँ सदैव एक साथ आए, कुल क्रमचयों की संख्या $= m! \times (n-m+1)!$

वृत्तीय क्रमचय (Circular Permutations)

यदि वस्तुओं को एक संवृत्त वक्र (Closed Curve) के अनुदिश व्यवस्थित करते है, तो क्रमचय को **वृत्तीय क्रमचय** कहते है।

नोट//

- n विभिन्न वस्तुओं के वृत्तीय क्रमचयों की संख्या $= (n-1)!$
- यदि वामावर्ती तथा दक्षिणावर्ती क्रमचयों को एक माना जाए, तो कुल वृत्तीय क्रमचयों की संख्या $= \frac{1}{2}(n-1)!$

संचय (Combination)

यदि दी गई वस्तुओं में से कुछ या सभी को लेकर बनाए गए समूहों में से प्रत्येक समूह (Group) को **संचय** कहते हैं।

नोट//

- क्रमचय में वस्तुओं के क्रम को महत्त्व दिया जाता है तथा संचय में वस्तुओं के क्रम को महत्त्व नहीं दिया जाता है।

महत्त्वपूर्ण परिणाम (Important Result)

1. n विभिन्न वस्तुओं में से r वस्तु को लेकर बनाये गये संचयों की संख्या

$$= {}^nC_r \text{ या } C(n,r) \text{ या } \binom{n}{r}$$
$$= \frac{n!}{r!(n-r)!}$$
$$= \frac{n(n-1)\ldots(n-r+1)}{r(r-1)(r-2)\ldots2\cdot1}$$

$\forall\, n \in N$ और $r \in W$ तथा $0 \le r \le n$

नोट//✍.........

✍ ^nC_r एक प्राकृतिक संख्या है।

✍ $^nC_0 = {}^nC_n = 1, {}^nC_1 = n$

✍ $^nC_r + {}^nC_{r-1} = {}^{n+1}C_r$

✍ $n \cdot {}^{n-1}C_{r-1} = (n-r+1)\,{}^nC_{r-1}$

✍ यदि n एक समसंख्या है, तब ^nC_r का महत्तम मान $= {}^nC_{n/2}$

✍ यदि n एक विषम संख्या है तब ^nC_r का महत्तम मान

$$= {}^nC_{\frac{n+1}{2}} \text{ या } {}^nC_{\frac{n-1}{2}}$$

✍ यदि $r > n$, तब $^nC_r = 0$

✍ $^nC_r = {}^nC_{n-r}$

✍ $^nC_x = {}^nC_y \iff x = y$ या $x + y = n$

✍ $\dfrac{^nC_r}{^nC_{r-1}} = \dfrac{n-r+1}{r}$

✍ $^nC_r = \dfrac{n}{r} \cdot {}^{n-1}C_{r-1}$

✍ $^nC_n + {}^{n+1}C_n + {}^{n+2}C_n + {}^{n+3}C_n + \ldots + {}^{2n-1}C_n = {}^{2n}C_{n+1}$

✍ $^nC_0 + {}^nC_2 + {}^nC_4 + \ldots = {}^nC_1 + {}^nC_3 + {}^nC_5 + \ldots = 2^{n-1}$

✍ $^nC_0 + {}^nC_1 + {}^nC_2 + \ldots + {}^nC_n = 2^n$

✍ $^{2n+1}C_0 + {}^{2n+1}C_1 + {}^{2n+1}C_2 + \ldots + {}^{2n+1}C_n = 2^{2n}$

2. n विभिन्न वस्तुओं में से r वस्तुएँ लेकर जब p वस्तुएँ सदैव ली जाए, बने संचयों की संख्या $= {}^{n-p}C_{r-p}$

3. n विभिन्न वस्तुओं में से कम से कम एक वस्तु लेकर बने क्रमचयों की संख्या

$$= {}^nC_1 + {}^nC_2 + {}^nC_3 + \ldots + {}^nC_n = 2^{n-1}$$

4. n विभिन्न वस्तुओं में से r वस्तुएँ लेकर, जब p वस्तुएँ कभी भी न ली जाये, बने संचयों की संख्या $= {}^{n-p}C_r$

5. एक प्रकार की n सव्तुओं में से $r\,(r = 0, 1, 2, 3\ldots, n)$ वस्तुएँ लेकर बने संचयों की संख्या $= n + 1$

6. n समान वस्तुओं में से r वस्तुएँ $(r \le n)$ लेकर बने संचयों की संख्या=1

7. $(p + q + r + t)$ वस्तुओं में से p वस्तुएँ एक प्रकार की, q दूसरे प्रकार की r तीसरे प्रकार की तथा t वस्तुएँ भिन्न प्रकार की है, तब कुल संचयों की संख्या $= (p+1)(q+1)(r+1)\,2^t - 1$.

8. समूहों में विभाजन (Division into Groups)

(a) $(m + n)$ वस्तुओं को दो समूहों जिनमें क्रमशः m व n वस्तुएँ है, $\dfrac{(m+n)!}{n!m!}$ प्रकार से बाँटा जा सकता है।

यदि $m = n$ हो, तब–

(i) जब समूहों के क्रम का महत्त्व ना हो– कुल $2n$ विभिन्न को दो समूहों में बाँटने के तरीकों की संख्या $= \dfrac{(n)!}{2!(n!)^2}$

(ii) जब समूहों के क्रम का महत्त्व हो– कुल $2n$ विभिन्न वस्तुओं को दो समूहों में बाँटने के तरीकों की संख्या $= \dfrac{2n!}{(n!)^2}$

(b) $(m + n + p)$ वस्तुओं को तीन समूहों में, जिनमें m वस्तुएँ n वस्तुएँ व p वस्तुएँ क्रमशः हो, बाँटने के कुल तरीकों की संख्या

$$= \frac{(m+n+p)!}{m!n!p!}, \qquad m \ne n \ne p$$

(i) जब समूहों के क्रम का महत्त्व ना हो– कुल $3n$ वस्तुओं को तीन समूहों में बाँटने के कुल तरीकों की संख्या$= \dfrac{3n!}{3!(n!)^3}$

(ii) जब समूहों के क्रम का महत्त्व हो– कुल $3n$ वस्तुओं की तीन समूहों में बाँटने के कुल तरीकों की संख्या $= \dfrac{3n!}{(n!)^3}$

9. समूहों में विन्यास (Arrangement in Groups)

(a) n समान वस्तुओं को r विभिन्न समूहों में वितरित करने के तरीकों की संख्या $^{n+r-1}C_{r-1}$ या $^{n-1}C_{r-1}$ होगी, जबकि रिक्त समूह हो या न हो।

(b) n विभिन्न वस्तुओं को r विभिन्न समूहों में विन्यासित करने के तरीकों की संख्या $= {}^{n+r-1}P_n$ या $n!, {}^{n-1}C_{r-1}$ क्रमशः होगी जब रिक्त समूह हो या नहीं हो।

(c) n समान वस्तुओं को r विभिन्न समूहों में वितरित करने के तरीकों की संख्या

$= r^n - {}^rC_1(r-1)^n + {}^rC_2(r-2)^n - \ldots + (-1)^{r-1}\,{}^rC_{r-1}$

या $n!(e^k - 1)^r$ में x^n का गुणांक होगी जबकि रिक्त समूह ना हो।

व्यतिक्रम (Dearrangement)

दिए एक क्रम में किसी भी प्रकार का परिवर्तन **व्यतिक्रम** कहलाता है।

यदि n वस्तुओं को एक पंक्ति में इस प्रकार व्यवस्थित किया गया है, कि प्रत्येक वस्तु अपने मूल स्थान पर ना हो, तो कुल तरीकों की संख्या

$$= n!\left(1 - \frac{1}{1!} + \frac{1}{2!} - \frac{1}{3!} + \ldots + (-1)^n \frac{1}{n!}\right)$$

कुछ महत्त्वपूर्ण तथ्य

1. n बिन्दुओं में से m बिन्दु समरेख हो, तो कुल सरल रेखाओं की संख्या $= {}^nC_2 - {}^mC_2 + 1$.
2. असंगामी व असमान्तर सरल रेखाओं के प्रतिच्छेदन बिन्दुओं की संख्या $= {}^nC_2$.
3. n बिन्दुओं में से m समरेख बिन्दु हो, तो कुल बने त्रिभुजों की संख्या $= {}^nC_3 - {}^mC_3$.
4. n असमरेखीय बिन्दुओं से बने त्रिभुजों की संख्या $= {}^nC_3$.
5. n असमरेखीय बिन्दुओं से हाकर जाने वाली सरल रेखाओं की संख्या $= {}^nC_2$.
6. n भुजाओं वाले बहुभुज में कुल विकर्णों की संख्या, जबकि कोई तीन

बिन्दु समरेख नहीं है $= \frac{n(n-3)}{2}$.

7. यदि किसी पार्टी में n व्यक्ति एक-दूसरे से एक ही बार हाथ मिलाए, तो कुल हस्तमिलनों की कुल संख्या ${}^nC_2$ होती है।
8. $(a_1 + a_2 + ... + a_n)^m$ में पदों की संख्या $= {}^{n+k-1}C_{k-1}$, जहाँ k चरों की संख्या है।
9. $n \times p\ (n < p)$ आकार में किसी भी आकार के आयतों की संख्या $= \frac{np}{4}(n+1)(p+1)$.
10. यदि दो समूहों में क्रमश: m व n समान्तर रेखाएँ हो, तो कुल समान्तर चतुर्भुजों की संख्या ${}^nC_2 \times {}^mC_2$.
11. $a_1, a_2, ..., a_n$ अंकों को एक साथ लेकर बनी संख्याओं का योग, जबकि अंकों की पुनरावृत्ति ना हो।
$$= (n-1)!\,(a_1 + a_2 + ... + a_n)\left(\frac{10^n - 1}{9}\right)$$
12. एक समतल पर n सरल रेखाएँ इस प्रकार खींची जाती है, कि कोई दो समान्तर तथा कोई तीन संगामी (concurrent) नहीं है, तब समतल के कुल विभाजित भागों की संख्या $= 1 + \sum n$.
13. $n \times n$ एक वर्ग में किसी आकार के आयतों की संख्या $= \sum_{r=1}^{n} r^3$

तथा वर्गों की संख्या $= \sum_{r=1}^{n} r^2$

वस्तुनिष्ठ प्रश्न

1. यदि ${}^{2n+1}P_{n-1} : {}^{2n-1}P_n = 3 : 5$, तो n का मान है।

(a) 3 (b) 8
(c) 4 (d) 6

2. एक फुटबॉल चैम्पियनशिप में 153 मैच खेले गये। प्रत्येक दो टीम ने एक-दूसरे के साथ एक मैच खेली। इस चैम्पियनशिप में भाग लेने वाली टीमों की संख्या है।

(a) 17 (b) 18
(c) 16 (d) इनमें से कोई नहीं

3. शब्द BANANA के अक्षरों के विन्यासों की संख्या जिनमें दोनों 'N' पास-पास न आते हों, है।

(a) 80 (b) 100
(c) 40 (d) 60

4. COCHIN शब्द के अक्षरों का क्रम बदलकर सभी सम्भव संचय बनाये जाते हैं तथा इन संचयों को मूल शब्दकोश में अंग्रेजी वर्णमाला के क्रम के अनुसार व्यवस्थित किया जाता है। तब COCHIN शब्द के पहले अपने वाले शब्दों की संख्या होगी।

(a) 96 (b) 48
(c) 360 (d) 192

5. संख्या 223355888 के अंकों को पुर्नव्यवस्थित करके नौ अंकों की कुल कितनी विभिन्न संख्याएँ बनाई जा सकती हैं जिनमें विषम अंक सम स्थानों पर रहें?

(a) 60 (b) 180
(c) 16 (d) 36

6. सात-अंकीय पूर्णांकों की संख्या, जिनके अंकों का योग 10 हैं और जो केवल 1, 2 व 3 अंकों से बनी हो, वह है।

(a) 77 (b) 88
(c) 55 (d) 66

7. यदि r, s, t अभाज्य संख्याएँ और p, q धन पूर्णांक इस प्रकार हैं कि p, q का लघुत्तम समापवर्त्य $r^2s^4t^2$ हैं, तब क्रमित युग्मों (ordered paris) (p, q) की संख्या है।

(a) 225 (b) 224
(c) 252 (d) 254

8. यदि कोई अंक एक बार से अधिक आये, तब 3 अंकों की समधन पूर्णांक होगी?

(a) 250 (b) 350
(c) 450 (d) 550

9. GARDEN शब्द के अक्षरों को अन्य कितने प्रकार से लिखा जा सकता है, जबकि स्वर क्रम में रहें?

(a) 360 (b) 240
(c) 120 (d) 480

10. एक जैसी 8 गेंदों को 3 विभिन्न डिब्बों में कितने प्रकार से बाँट सकते हैं, कि कोई डिब्बा खाली न रहें?

(a) 3^8 (b) 21
(c) 5 (d) ${}^8C_3$

11. SACHIN शब्द के अक्षरों को सभी सम्भव तरीकों से लिखने पर, शब्द SACHIN का क्रम क्या होगा?

(a) 602 (b) 603
(c) 600 (d) 601

12. ${}^{50}C_4 + \sum_{r=1}^{6} {}^{56-r}C_3$ का मान होगा?

(a) $^{56}C_4$ (b) $^{56}C_3$
(c) $^{55}C_3$ (d) $^{55}C_4$

13. एक निर्वाचन में, एक वोटर कितने ही उम्मीदवारों को वोट दे सकता है, परन्तु चुने जाने वाले उम्मीदवारों की संख्या से अधिक को नहीं। 10 उम्मीदवार है जिनमें से 4 चुने जाने हैं। यदि एक वोटर कम से कम एक उम्मीदवार को वोट डाले, तब वह कितने प्रकार से वोट दे सकता है?
(a) 5040 (b) 6210
(c) 385 (d) 1110

14. MISSISSIPPI के अक्षरों से कितने भिन्न शब्द बन सकते हैं, जबकि दो S साथ-साथ न आये–
(a) $7.{}^6C_4.{}^8C_4$ (b) $8.{}^6C_4.{}^7C_4$
(c) $6.7.{}^8C_4$ (d) $6.8.{}^7C_4$

निर्देश: नीचे दिये गये कथनों के लिए सही विकल्प चुनिए–
(a) कथन-1 सत्य है, कथन-2 असत्य है
(b) कथन-1 असत्य है, कथन-2 सत्य है
(c) कथन-1 तथा कथन-2 सत्य है। कथन-2, कथन-1 की सही व्याख्या करता है
(d) कथन-1 तथा कथन-2 सत्य है। कथन-2, कथन-1 की सही व्याख्या नहीं करता है

15. एक दुकान में पाँच तरह की आइक्रीम है। एक बच्च 6 आइसक्रीम खरीदता है।
(a) **कथन-1 :** बच्चे के 6 आइसक्रीम खरीदने के विभिन्रि तरीकों की संख्या = $^{10}C_5$
(b) **कथन-2 :** बच्चा०च 6 आईसक्रीम खरीद सकता है। इसके विभिन्न तरीकों की संख्या, एक पंक्ति में $6A'S$ और $4B'S$ के विन्यासों की संख्या बराबर होगी।

16. यदि $^{(n-1)}C_3 + {}^{(n-1)}C_4 > {}^nC_3$, तो n का न्यूनतम मान है–
(a) 7 (b) 8
(c) 3 (d) 4

17. मान लो T_n उन त्रिभुजों की संख्या को निरूपित करता है जो n भुजाओं के एक समबहुभुज के शीर्षों का प्रयोग करके निर्मित किए जा सकते हैं। यदि $T_{n+1} - T_n = 21$, तो n का मान है–
(a) 4 (b) 5
(c) 6 (d) 7

18. 4 स्वरों और 5 व्यंजनों में से बनाये गए 2 स्वर और 3 व्यंजनों वाले शब्दों की कुल संख्या है–
(a) 60 (b) 7200
(c) 120 (d) इनमें से कोई नहीं

19. अंकों 1 और 2 का प्रयोग करके कितनी 10-अंकीय संख्याएँ लिखी जा सकती हैं–
(a) $^{10}C_2$ (b) 10!
(c) $^{10}C_1 + {}^9C_2$ (d) 2^{10}

20. एक हॉल में 10 लैम्प हैं
(a) 2^{10} (b) 10!
(c) 10^2 (d) 1023

उत्तरमाला

1. (c)	**2.** (b)	**3.** (c)	**4.** (a)	**5.** (a)	**6.** (a)	**7.** (a)	**8.** (c)	**9.** (a)	**10.** (b)
11. (d)	**12.** (a)	**13.** (c)	**14.** (a)	**15.** (b)	**16.** (a)	**17.** (d)	**18.** (b)	**19.** (d)	**20.** (d)

संकेत एवं हल

1. (c) $\dfrac{(2n+1)!(n-1)!}{(n+2)!(2n-1)!} = \dfrac{3}{5}$

$\dfrac{(2n+1)(2n)}{(n+2)(n+1)n} = \dfrac{3}{5}$

या $10(2n+1) = 3(n^2+3n+2)$

या $3n^2 - 11n - 4 = 0$

या $(n-4)(3n+1) = 0$ $\therefore$ $n = 4$

2. (b) $^nC_2 = 153 \Rightarrow n = 18, -17$

3. (c) कुल विधियाँ $= \dfrac{6!}{2!3!} - \dfrac{5!}{3!} = 60 - 20 = 40$

4. (a) COCHIN शब्द में द्वितीय स्थान $^4C_1$ तरीकों से भरा जा सकता है तथा शेष 4 अक्षरों को 4! तरीकों से चार विभिन्न स्थानों पर व्यवस्थित किया जा कसता है। तब 97 वाँ शब्द COCHIN होगा। अत: COCHIN शब्द से पहले अपने वाले शब्दों की संख्या 96 होगी।

5. (a) $\times - \times - \times - \times - \times$

अंकों 3, 3, 5, 5 को – स्थानों पर व्यवस्थित करने की कुल विधियाँ

$$= \frac{4!}{2!2!} = 6$$

अंकों 2, 2, 8, 8, 8 को × स्थानों पर व्यवस्थित करने की कुल विधियाँ $= \frac{5!}{2!3!} = 10$

कुल विधियाँ $= 6 \times 10 = 60$

($\because$ A और B स्वतन्त्र घटनाएँ हैं, अत: $A \cap B = A \times B$)

6. (a) यहाँ दो दशाएँ सम्भव हैं।

दशा I: 1 पाँच, 2 एक, 3 एक

संख्याओं की संख्या $= \frac{7!}{5!} = 42$

दशा II: 1 चार, 2 तीन

संख्याओं की संख्या $= \frac{7!}{4!3!} = 42$

संख्याओं की कुल संख्या $= 42 + 35 = 77$

7. (a) $\because$ r, s और t अभाज्य संख्याएँ हैं।

$\therefore$ p और q के चयन करने की निम्न विधियाँ होगी।

8. (c) 450

9. (a) सभी अक्षरों को क्रम से लिखने के कुल विधियाँ = 6!

GARDEN शब्द में दो स्वर है।

दो स्वर को लिखने की विधियाँ 2!

$\therefore$ अभीष्ट विधियों की कुल संख्या

$$= \frac{6!}{2!} = 360$$

10. (b) अभीष्ट विधियों की संख्या $= {}^{8-1}C_{3-1}$

$$= {}^{7}C_2 = \frac{7!}{2!5!} = \frac{7.6}{2.1} = 21$$

11. (d) SACHIN esa] v{kjksa dk Øe A, C, H, I, N, S. gSA

A से प्रारम्भ होने वाले शब्दों की संख्या = 5!

C से प्रारम्भ होने वाले शब्दों की संख्या = 5!

H से प्रारम्भ होने वाले शब्दों की संख्या = 5!

I से प्रारम्भ होने वाले शब्दों की संख्या = 5!

N से प्रारम्भ होने वाले शब्दों की संख्या = 5!

S से प्रारम्भ होने वाले से पहले कुल शब्द $= 5 \times 5! = 600$

SACHIN का क्रम है। 60!

12. (a) अब, ${}^{50}C_4 + {}^{55}C_3 + {}^{54}C_3 + {}^{53}C_3 + {}^{52}C_3 + {}^{51}C_3 + {}^{50}C_3$

$= {}^{50}C_3 + {}^{50}C_4 + {}^{51}C_3 + {}^{52}C_3 + {}^{53}C_3 + {}^{54}C_3 + {}^{55}C_3$

$= {}^{51}C_4 + {}^{51}C_3 + {}^{52}C_3 + {}^{53}C_3 + {}^{54}C_3 + {}^{55}C_3$

($\because$ ${}^{n}C_r + {}^{n}C_{r-1} = {}^{n+1}C_r$)

$= {}^{52}C_4 + {}^{52}C_3 + {}^{53}C_3 + {}^{54}C_3 + {}^{55}C_3$

$= {}^{53}C_4 + {}^{53}C_3 + {}^{54}C_3 + {}^{55}C_3$

$= {}^{55}C_4 + {}^{54}C_3 + {}^{55}C_3$

$= {}^{55}C_4 + {}^{55}C_3 = {}^{56}C_4$

13. (c) कुल विधियों की संख्या

$= {}^{10}C_1 + {}^{10}C_2 + {}^{10}C_3 + {}^{10}C_4$

$= 10 + 45 + 120 + 210$

$= 385.$

14. (a) $M \quad I \quad S \quad P$

$I \quad S \quad P$

$I \quad S$

$I \quad S$

$\therefore$ अभीष्ट शब्दों की संख्या जिसमें दों एक साथ न हो।

$$= {}^{8}C_4 \times \frac{7!}{2!4!} = 7.{}^{6}C_4.{}^{8}C_4$$

15. (b) कथन-1 : 5 तरह में से 6 आइसक्रीम चुनने की विधियाँ

${}^{5+6-1}C_6 = {}^{10}C_6 = {}^{10}C_4 \neq {}^{10}C_5$

कथन-1 सत्य नहीं है।

कथन-2 6$A's$ तथा 4$B's$ को संचय करने की विभिन्न विधियाँ

$$= \frac{10.1}{41.61} = {}^{10}C_4$$

$\therefore$ कथन-2 सत्य है।

16. (a) दिए हुए सम्बन्ध से,

${}^{n}C_4 > {}^{n}C_3$ या ${}^{n}C_4 + {}^{n}C_3 > 1$

या $\frac{n-r+1}{r} > 1, r = 4$

$\Rightarrow$ $n - 3 > 4$

$\Rightarrow$ $n > 7$

17. (d) ${}^{n+1}C_3 - {}^{n}C_3 = 21$

या $({}^{n}C_2 + {}^{n}C_3) - {}^{n}C_3 = 21$

$\therefore$ ${}^{n}C_2 = 21$ या $\frac{n(n-1)}{1 \cdot 2} = 21$

या $n^2 - n - 42 = 0$

या $(n-7)(n+6) = 0$

$\therefore$ $n = 7$

18. (b) $\underset{(\text{स्वर})}{{}^{4}C_2} \times \underset{(\text{व्यंजन})}{{}^{5}C_3} \times 5! = 6 \times 10 \times 120 = 7200$

19. (d) 10 स्थानों में से प्रत्येक 2 विधियों से भरे जा सकते हैं अर्थात् 1 या 2 से। अत: मूलभूत प्रमेय से, $2 \times 2 \times 2 \ldots 10$ बार $= 2^{10}$

20. (d) प्रत्येक लेम्प को या तो स्विच द्वारा प्रकाशित (on) कर सकते हैं या अप्रकाशित (off) कर सकते हैं।

$$2^{10} - 1 = 1023$$

(–1 उस स्थिति में संगत है जब सभी लेम्प अप्रकाशित रहते हैं)

□□□

सीमा, संतता एवं अवकलनीयता 21

(Limits, Continuity and Differentiability)

सीमा (Limit)

यदि $f(x)$, x का कोई ऐसा फलन हो कि x का मान किसी अचर राशि a की ओर अग्रसर होने पर, फलन $f(x)$ का मान भी किसी अन्य अचर राशि p की ओर अग्रसर होता है, तो अचर राशि p को $x = a$ पर फलन $f(x)$ की सीमा कहते हैं। सीमा की निम्न रूप से निरूपित करते हैं–

$$\lim_{x\to a} f(x) = p$$

बायीं सीमा (Left Hand Limit)

यदि (x), a की ओर बायीं ओर से अग्रसर हो, तो $f(x)$ की सीमा बायीं सीमा कहलाती है।

$$\lim_{x\to a} f(x) = \lim_{h\to 0} f(a-h) = p$$

दायीं सीमा (Right Hand Limit)

यदि x, a की ओर दायीं ओर से अग्रसर हो, तो $f(x)$ की सीमा दक्षिण सीमा कहलाती है।

$$\lim_{x\to a} f(x) = \lim_{h\to 0} f(a+h) = p$$

सीमा के गुण (Properties of Limits)

(i) $\lim\limits_{x\to a}(mx+c) = ma+c$

(ii) $\lim\limits_{x\to a}(cf(x)) = c\lim\limits_{x\to a} f(x)$

(iii) $\lim\limits_{x\to a}\sqrt[n]{x} = \sqrt[n]{a}$

(iv) $\lim\limits_{x\to a}(f(x)\pm g(x)) = \lim\limits_{x\to a} f(x) \pm \lim\limits_{x\to a} g(x)$

(v) $\lim\limits_{x\to a}(f(x))^n = \left(\lim\limits_{x\to a} f(x)\right)^n$

(vi) $\lim\limits_{x\to a}\left(\dfrac{f(x)}{g(x)}\right) = \dfrac{\lim\limits_{x\to a} f(x)}{\lim\limits_{x\to a} g(x)}$, $\left(\lim\limits_{x\to a} g(x) \neq 0\right)$

(vii) $\lim\limits_{x\to a}(f(x)g(x)) = \left(\lim\limits_{x\to a} f(x)\right)\left(\lim\limits_{x\to a} g(x)\right)$

(viii) $\lim\limits_{x\to a}|f(x)| = \left|\lim\limits_{x\to a} f(x)\right|$

(ix) यदि $\lim\limits_{x\to a} f(x) = +\infty$ या $-\infty$, तब

$$\lim_{x\to a}\frac{1}{f(x)} = 0$$

(x) $\lim\limits_{x\to a}[f(x)]^{g(x)} = \left[\lim\limits_{x\to a} f(x)\right]^{\lim\limits_{x\to a} g(x)}$

(xi) यदि $f(x) \le g(x)$, तब

$$\lim_{x\to a} f(x) \le \lim_{x\to a} g(x)$$

(xii) $\lim\limits_{x\to a}(f\,o\,g)(x) \le f\left(\lim\limits_{x\to a} g(x)\right)$

(a) $\lim\limits_{x\to a}\log f(x) = \log\left\{\lim\limits_{x\to a} f(x)\right\}$

(b) $\lim\limits_{x\to a} e^{f(x)} = e^{\lim\limits_{x\to a} f(x)}$

महत्त्वपूर्ण परिणाम (Important Results)

(i) (a) $\lim\limits_{x\to a}\dfrac{\sin f(x)}{f(x)} = 1$ $\quad\left(\lim\limits_{x\to a} f(x) \neq 1\right)$

(b) $\lim\limits_{x\to a}\cos f(x) = 1$ $\quad\left(\lim\limits_{x\to a} f(x) \neq 1\right)$

(ii) $\lim\limits_{x\to a}\dfrac{\tan f(x)}{f(x)} = 1$ $\quad\left(\lim\limits_{x\to a} f(x) \neq 1\right)$

(iii) $\lim\limits_{x\to a}(1+f(x))^{1/f(x)} = e$ $\quad\left(\lim\limits_{x\to a} f(x) \neq 1\right)$

(iv) $\lim\limits_{x\to a}\left(1+\dfrac{1}{f(x)}\right)^{f(x)} = e$ $\quad\left(\lim\limits_{x\to a} f(x) \neq 1\right)$

(v) $\lim\limits_{x\to a}\dfrac{e^{f(x)}-1}{f(x)} = 1$ $\quad\left(\lim\limits_{x\to a} f(x) \neq 1\right)$

(vi) $\lim\limits_{x\to a}\dfrac{b^{f(x)}-1}{f(x)} = \log b$ $\quad(b > 0)$

(vii) $\lim\limits_{x\to a}\dfrac{x^m-1}{x^n-a^n} = \dfrac{m}{n}a^{m-n}$

महत्त्वपूर्ण प्रसार (Important Expansions)

(i) $a^x = 1 + \dfrac{(x\log a)}{1!} + \dfrac{(x\log a)^2}{2!} + \ldots\infty$

(ii) $\log(1+x) = x - \dfrac{x^2}{2} + \dfrac{x^3}{3} - \dfrac{x^4}{4} + \ldots\infty$ $\quad |x| < 1$

(iii) (a) $e^x = 1 + \frac{x}{1!} + \frac{x^2}{2!} + \frac{x^3}{3!} + ...\infty$

(b) $e^{-x} = 1 - \frac{x}{1!} + \frac{x^2}{2!} - \frac{x^3}{3!} + ... \infty$

(iv) $\sin x = x - \frac{x^3}{3!} + \frac{x^5}{5!} - \frac{x^7}{7!} + ...\infty$

(v) $\cos x = 1 - \frac{x^2}{2!} + \frac{x^4}{4!} - \frac{x^6}{6!} + ...\infty$

(vi) $\tan x = x + \frac{1}{3}x^3 + \frac{2}{15}x^5 + ...\infty$

(vii) $(1+x)^n = 1 + nx + \frac{n(n-1)}{2!}x^2 + ...\infty$

(viii) $\frac{x^n - a^n}{x-a} = x^{n-1} + x^{n-2}a + x^{n-3}a^2 + ... + a^{n-1}$

(ix) $\sin^{-1} x = x + \frac{1^2.x^3}{3!} + \frac{1^2.3^2}{5!}x^5 + \frac{1^2.3^2.5^2}{7!}x^7 + ... \infty$

(x) $\cos^{-1} x = x - \frac{x^3}{6} + ... \infty$

(xi) $\tan^{-1} x = x - \frac{x^3}{3} + \frac{x^5}{5} - .... \infty$

मानक परिणाम (Standard Results)

(i) $\lim_{x\to 0} \frac{\sin x}{x} = \lim_{x\to 0} \frac{\tan x}{x} = 1$

(ii) $\lim_{x\to 0} \left(1 + \frac{1}{x}\right)^x = e$

(iii) $\lim_{x\to 0} (1+x)^{1/x} = e$

(iv) $\lim_{x\to 0} (1+\lambda x)^{1/x} = e^\lambda$

(v) $\lim_{x\to 0} \left(1 + \frac{\lambda}{x}\right)^x = e^\lambda$

(vi) $\lim_{x\to 0} \frac{a^x - 1}{x} = \log_e a$

(vii) $\lim_{x\to 0} \frac{x^n - a^n}{x - a} = na^{n-1}$

(viii) $\lim_{x\to 0} \frac{\log_a (1+x)}{x} = \log_a e$

(ix) $\lim_{x\to 0} \frac{e^x - 1}{x} = 1$

(x) $\lim_{x\to\infty} \frac{a_0 x^m + a_1 x^{m-1} + ... + a_m}{b_0 x^n + b_1 x^{n-1} + ... + b_n} = \begin{cases} \frac{a_0}{b_0}, & \text{यदि } m = n \\ 0, & \text{यदि } m < n \\ \infty, & \text{यदि } m > n \end{cases}$

एल हॉस्पिटल नियम (L'Hospital's Rule)

यदि $f(x)$ व $g(x)$ दो फलन इस प्रकार हैं $f(a) = 0$ तथा $g(a) = 0$ है, तब

$$\lim_{x\to a} \frac{f(x)}{g(x)} = \lim_{x\to a} \frac{f'(x)}{g'(x)}$$

सीमा ज्ञात करने के नियम (Rules to Find the Limits)

(a) यदि a के प्रतिवेश (Neighbourhood) में $y = f(x)$ परिभाषित नहीं है, तब $x = a$ पर सीमा का अस्तित्व नहीं होगा।
जैसे $x = 0$ के प्रतिवेश (Neighbourhood) में $\sqrt{x}$ अस्तित्व विहीन है इसलिए $\lim_{x\to 0} \sqrt{x}$ का अस्तित्व नहीं है।

(b) यदि $x = a$ रखने पर $f(x)$ परिभाषित नहीं है, तब सामान्यत: सीमा $f(a)$ के बराबर होगी।

सततता (Continuity)

(i) **बिन्दु पर सततता (Continuity at a point) :** $x = a$ पर फलन $y = f(x)$ सतत् होगा यदि $\lim_{x\to a} f(x) = f(a)$ अर्थात्

$$\lim_{x\to a^-} f(x) = \lim_{x\to a^+} f(x) = f(a)$$

आलेखीय निरूपण में फलन का आलेख $x = a$ पर सतत् होता है।

(ii) **अन्तराल में सततता (Continuity in a interval) :** संवृत अन्तराल $[a, b]$ में $y = f(x)$ सतत् होगा, यदि–

(a) $\lim_{x\to a^+} f(x) = f(a)$

(b) $\lim_{x\to c} f(x) = f(c)$ (यहाँ $a <<< b$)

(c) $\lim_{x\to b^-} f(x) = f(b)$

अन्तराल $[a, b]$ में आलेखीय निरूपण में फलन सतत् होता है तथा विवृत्त अन्तराल (a, b) में $f(x)$ सतत् होगा यदि

$$\lim_{x\to c} f(x) = f(c)$$

संयोजित फलनों की सततता (Continuity for Composite Functions)

यदि $x = a$ पर फलन $u = f(x)$ सतत् तथा $u = f(a)$ पर फलन $y = g(u)$ सतत् है, तब संयोजित फलन $y = gof(x) = g(f(x)), x = a$ पर सतत होगा।

एक बिन्दु पर अवकलन (Differential at a Point)

$x = a$ पर $f'(a)$ के मान को $x = a$ पर $f(x)$ का अवकलज (Derivative at a point) कहते हैं तथा इसे $f'(a)$ या $\left(\frac{dy}{dx}\right)_{x=a}$ से निरूपित करते है।

बिन्दु पर अवकलनीयता (Differentiability at a Point)

बिन्दु $x=a$ पर फलन $y=f(x)$ अवकलनीय होगा यदि–

$$\text{R.H.D.} = \lim_{h\to 0}\frac{f(a+h)-f(a)}{h}$$

$$\text{L.H.D.} = \lim_{h\to 0}\frac{f(a-h)-f(a)}{-h}$$

यदि L.H.D = R.H.D. तब $f(x)$ को $x=a$ पर अवकलनीय कहते हैं।

अन्तराल में अवकलनीयता (Differentiability in an Interval)

विवृत्त अन्तराल (a, b) में परिभाषित फलन $y=f(x)$ को अन्तराल (a, b) में अवकलनीय कहते हैं, यदि यह (a, b) के प्रत्येक बिन्दु पर अवकलनीय हो।

कुछ महत्त्वपूर्ण तथ्य

1. यदि $x=a$ पर $f(x)$ व $g(x)$ असतत् है, तब $x=a$ पर $f(x)\pm g(x), f(x)\,g(x)$ तथा $\dfrac{f(x)}{g(x)}$ पर सतत हो सकता है।

   जैसे $x=0$ पर $f(x)=[x]$ व $g(x)=\{x\}$ दोनों असतत् फलन हैं परन्तु $x=0$ पर $f(x)+g(x)$ सतत् फलन है।
2. यदि $x=a$ पर $y=f(x)$ सतत् तथा $y=g(x)$ असतत् हो, तब $f(x)\,g(x)$, $x=a$ पर सतत् हो सकता है।

   जैसे $x=0$ पर $f(x)=x$ सतत् तथा $g(x)=[x]$ असतत् है, तब $x=0$ पर $f[x]$ सतत् फलन है।
3. यदि $x=a$ पर $y=f(x)$ व $y=g(x)$ सतत् फलन है, तब फलन $f(x)\pm g(x), f(x)\,g(x), \dfrac{f(x)}{g(x)}$, $x=a$ पर सतत् होंगे।
4. सभी बहुपद, लघुगणक, चरघातांकीय, त्रिकोणमितीय, मापांक फलन अपने प्रान्तों में सतत् होते हैं।
5. $\lim_{x\to 0} e^{1/x}$ का अस्तित्व नहीं है।
6. यदि $\lim_{x\to a} f(x)=\lim_{x\to a} g(x)=0$, तब

   $$\lim_{x\to a}[1+f(x)]^{1/g(x)} = e^{\lim_{x\to a}\frac{f(x)}{g(x)}}$$
7. $\lim_{x\to a}\log f(x)=\log\left(\lim_{x\to a} f(x)\right)$
8. $\lim_{x\to 0}\dfrac{[x]}{x}=0$ तथा $\lim_{x\to 0}[x+1]^{1/x}=1$
9. $\lim_{x\to 0}\sin\left(\dfrac{1}{x}\right)$ अस्तित्वविहीन है।
10. $\lim_{x\to 1}\cos^{-1}1$, $\lim_{x\to 0}\sqrt{x}$ का अस्तित्व नहीं है।

वस्तुनिष्ठ प्रश्न

1. यदि $f: R\to R$ एक फलन ऐसा है, कि
$f(x)=x^3+x^2f'(1)+xf''(2)+f'''(3)$
प्रत्येक $x\in R$ के लिए, तो $f(2)-f(1)=$

(a) $f'(0)$ (b) $-f'(0)$
(c) $f(0)$ (d) $-f(0)$

2. $\lim_{x\to\infty}\left(\dfrac{x+3}{x-1}\right)^{x+3}=$

(a) e^5 (b) e^6
(c) e^2 (d) e^4

3. $\lim_{x\to 0}\dfrac{\sin nx[(a-n)nx-\tan x]}{x^2}=0$, जहाँ n अशून्य धन पूर्णांक है, तो $a=$

(a) $\dfrac{1}{n}$ (b) $n+\dfrac{1}{n}$
(c) $(n+1)/n$ (d) n^2

4. $x\in R$ के लिए, $\lim_{x\to\infty}\left(\dfrac{x-3}{x+2}\right)^x=$

(a) e^{-1} (b) e^5
(c) e (d) e^{-1}

5. यदि $\dfrac{\sin nx}{\sin(x/n)}$ का आवर्तकाल 45π हो, तो $n, n\in Z$ (पूर्णांकों का समुच्चय) का मान है।

(a) 4 (b) 5
(c) 2 (d) 3

6. $\sqrt{\sin^{-1}(2x)+\dfrac{\pi}{6}}, x\in R$, का प्राकृतिक प्रान्त है।

(a) $\left[-\dfrac{1}{2},\dfrac{1}{2}\right]$ (b) $\left[-\dfrac{1}{2},\dfrac{1}{4}\right]$
(c) $\left[-\dfrac{1}{4},\dfrac{1}{2}\right]$ (d) $\left[-\dfrac{1}{4},\dfrac{1}{4}\right]$

7. फलन $f(x)=\sqrt{(2-2x-x^2)}$ का प्रान्त है।

(a) $-1-\sqrt{3}\le x\le -1+\sqrt{3}$ (b) $-3\le x\le\sqrt{3}$

(c) $-2\le x\le 2$ (d) इनमें से कोई नहीं

8. $\lim_{x\to\infty}\frac{(2+x)^{40}(4+x)^5}{(2-x)^{45}}=$

(a) 16 (b) 32

(c) -1 (d) 1

9. फलन $f(x)=\frac{e^x-e^{-x}}{e^x+e^{-x}}+2$ का व्युत्क्रम है–

(a) $\frac{1}{2}\log\left(\frac{x}{2-x}\right)$ (b) $-2\log\left(\frac{x-1}{1+x}\right)$

(c) $\frac{1}{2}\log\frac{x-2}{x-1}$ (d) $\frac{1}{2}\log\frac{x-1}{3-x}$

10. मान लो $f:R\to R$ एक अवकलनीय फलन है और $f(1)=4$, तो

$$\lim_{x\to 1}\int_4^{f(x)}\frac{2t}{(x-1)}dt=$$

(a) $2f'(1)$ (b) $f'(1)$

(c) $8f'(1)$ (d) $4f'(1)$

11. $f(x)$ अवकलनीय, वर्धमान फलन है, तो

$\lim_{x\to 0}\frac{f(x^2)-f(x)}{f(x)-f(0)}$ का मान है।

(a) -1 (b) 0

(c) 2 (d) 1

12. $f(x)=\frac{1-\cos 4x}{x^2}$, $x<0$

$=a$, $x=0$

$=\frac{\sqrt{x}}{\sqrt{[16+\sqrt{x}]-4}}$ $x>0$

यदि फलन $x=0$ पर सतत हो, तो $a=$

(a) 8 (b) 10

(c) 4 (d) 6

13. यदि $f(x)=\sin x+\cos x$, $g(x)=x^2-1$, तो $g(f(x))$ किस प्रान्त में प्रतिलोममीय (invertible) है।

(a) $\left[-\frac{\pi}{2},\pi\right]$ (b) $(0,\pi)$

(c) $\left[-\frac{\pi}{2},0\right]$ (d) $\left[-\frac{\pi}{4},\frac{\pi}{4}\right]$

14. $x\in R$ के लिए, $\lim_{x\to\infty}\left(\frac{x-3}{x+3}\right)^x$ बराबर है।

(a) e^{-5} (b) e^5

(c) e (d) e^{-1}

15. $\lim_{x\to 0}\frac{\sin(\pi\cos^2 x)}{x^2}$ बराबर है।

(a) $\pi/2$ (b) 1

(c) $-\pi$ (d) π

16. माना $f:R\to R$ इस प्रकार है, कि $f(1)=3$ और $f'(1)=6$, तब

$\lim_{x\to 0}\left(\frac{f(1+x)}{f(1)}\right)^{1/x}$ बराबर है।

(a) e^2 (b) e^3

(c) 1 (d) $e^{1/2}$

17. यदि $\lim_{x\to 0}\frac{\{(a-n)nx-\tan x)\sin nx}{x^2}=0$, जहाँ n एक शून्येत्तर वास्तविक संख्या है, तो a बराबर है।

(a) n (b) $n+\frac{1}{n}$

(c) 0 (d) $\frac{n+1}{n}$

18. $x>0$ के लिए $\lim_{x\to 0}\left((\sin x)^{1/x}+\left(\frac{1}{x}\right)^{\sin x}\right)$ है।

(a) 1 (b) 2

(c) 0 (d) -1

19. $\lim_{x\to\frac{\pi}{4}}\frac{\int_2^{\sec^2 x}f(t)dt}{x^2-\frac{\pi^2}{16}}$ बराबर है।

(a) $\frac{2}{\pi}f\left(\frac{1}{2}\right)$ (b) $4f(2)$

(c) $\frac{8}{\pi}f(2)$ (d) $\frac{2}{\pi}f(2)$

20. यदि $f(x)=\frac{1}{2}x-1$, तब अन्तराल $[0,\pi]$ पर

(a) $\tan[f(x)]$ और $f^{-1}(x)$ दोनों सतत् हैं

(b) $\tan[f(x)]$ सतत् परन्तु $1/f(x)$ सतत् नहीं हैं

(c) $\tan[f(x)]$ और $1/f(x)$ दोनों सतत् हैं

(d) $\tan[f(x)]$ और $1/f(x)$ दोनों असतत् हैं

21. माना $f:R\to R$ कोई फलन है। $g:R\to R$ सभी x के लिए $g(x)=|f(x)|$ द्वारा परिभाषित है। तब g है।

(a) सतत्, यदि f सतत् है

(b) अवकलनीय, यदि f अवकलनीय है

(c) आच्छादक, यदि f आच्छादक है

(d) एकैकी, यदि f एकैकी है

22. $f(x)=[x]\sin(\pi x)$ का $x=k$ पर, जहाँ k एक पूर्णांक है, बायाँ अवकलज है।

(a) $(-1)^k k\pi$ (b) $(-1)^{k-1}k\pi$

(c) $(-1)^k(k-1)\pi$ (d) $(-1)^{k-1}(k-1)\pi$

23. फलन $f(x)=\begin{cases}\tan^{-1}x, & \text{यदि } |x|\le 1\\ \frac{1}{2}(|x|-1), & \text{यदि } |x|>1\end{cases}$ के अवकलज का प्रान्त

है।

(a) $R-\{-1\}$ (b) $R-\{-1, 1\}$
(c) $R-\{0\}$ (d) $R-\{1\}$

24. माना $g(x)=\dfrac{(x-1)^n}{\log\cos^m(x-1)}$; $0<x<2$; m व n पूर्णांक हैं, $m\neq 0$, $n>0$ तथा माना $x = 1$ पर $(x-1)$ का बायाँ अवकलज (left hand derivative) p है। यदि $\lim\limits_{x\to 1^+} g(x)=p$, तब–

(a) $n=2, m=2$ (b) $n>2, m=n$
(c) $n=1, m=1$ (d) $n=1, m=-1$

25. $\underset{x\to\infty}{\text{सीमा}}\left(\dfrac{x^2+5x+3}{x^2+x+2}\right)^x=-$

(a) e^4 (b) e^2
(c) e^3 (d) e

26. $\underset{x\to\infty}{\text{सीमा}}\dfrac{(1-\cos 2x)\sin 5x}{x^2\sin 3x}=-$

(a) $\dfrac{10}{3}$ (b) $\dfrac{3}{10}$
(c) $\dfrac{6}{5}$ (d) $\dfrac{5}{6}$

27. $\underset{\alpha\to\beta}{\text{सीमा}}\left[\dfrac{\sin^2\alpha-\sin^2\beta}{\alpha^2-\beta^2}\right]=-$

(a) 0 (b) 1
(c) $\dfrac{\sin\beta}{\beta}$ (d) $\dfrac{\sin 2\beta}{2\beta}$

28. $\underset{x\to 0}{\text{सीमा}}\dfrac{\sqrt{1-\cos 2x}}{\sqrt{2}x}=-$

(a) 0 (b) -1
(c) λ (d) अस्तित्व में नहीं है

29. $\underset{x\to 0}{\text{सीमा}}\dfrac{\int_0^{x^2}\sec^2 t\,dt}{x\sin x}$ का मान है?

(a) 2 (b) 1
(c) 0 (d) 3

30. $\underset{n\to\infty}{\text{सीमा}}\dfrac{1+2^4+3^4+....+n^4}{n^5}\underset{n\to\infty}{\text{सीमा}}\dfrac{1+2^3+3^3+...+n^3}{n^5}$ है?

(a) 0 (b) $\dfrac{1}{4}$
(c) $\dfrac{1}{5}$ (d) $\dfrac{1}{30}$

31. $\underset{x\to\pi/2}{\text{सीमा}}\dfrac{\left(1-\tan\left(\dfrac{x}{2}\right)\right)(1-\sin x)}{\left(1+\tan\left(\dfrac{x}{2}\right)\right)(\pi-2x)^3}$ है?

(a) 0 (b) $\dfrac{1}{32}$
(c) ∞ (d) $\dfrac{1}{8}$

32. माना α, β $ax^2+bx+c=0$ के मूल हो, तब,

$\underset{x\to\alpha}{\text{सीमा}}\dfrac{1-\cos(ax^2+bx+c)}{(x-\alpha)^2}$ का मान है?

(a) $\dfrac{1}{2}a^2(\alpha-\beta)^2$ (b) $-\dfrac{1}{2}a^2(\alpha-\beta)^2$
(c) $\dfrac{1}{2}(\alpha-\beta)^2$ (d) 0

33. समीकरण $x^7+14x^5+16x^3+30x-560=0$ के वास्तविक हलों की संख्या होगी?

(a) 5 (b) 7
(c) 1 (d) 3

34. यदि $f(x)=\begin{cases} x+\lambda & : & -1<x<3 \\ 4 & : & x=3 \\ 3x-5 & : & x>3 \end{cases}$

$x=3$ पर संतत है, तब स का मान होगा?

(a) 1 (b) -1
(c) 0 (d) अस्तित्व में नहीं है

35. माना $f(x)=\begin{cases} \dfrac{\sin \pi x}{5x} & : x\neq 0 \\ k & : x=0 \end{cases}$

यदि $f(x)$, $x=0$ पर संतत है, तब k का मान होगा?

(a) $\dfrac{\pi}{5}$ (b) $\dfrac{5}{\pi}$
(c) 1 (d) 0

36. यदि $f(x)=\begin{cases} xe^{-\left(\frac{1}{|x|}+\frac{1}{x}\right)} & : x\neq 0, \\ 0 & : x=0, \end{cases}$ तब $f(x)$ है?

(a) x के सभी मानों के लिए संतत है परन्तु $x=0$ पर अवकलित नहीं है

(b) $x=0$ पर न संतत है और न ही अवकलित है

(c) हर जगह असंतत है

(d) x के सभी मानों के लिए अवकलन के साथ संतत है

37. माना $f(a)=g(a)=k$ और उनका n वाँ अवकलन गुणांक $f^n(a), g^n(a)$ अस्तित्व में है और n के लिए बराबर नहीं है। यदि,

$\underset{x\to 0}{\text{सीमा}}\dfrac{f(a)g(x)-f(a)-g(a)f(x)+g(a)}{g(x)-f(x)}=4$, तब k का मान होगा?

(a) 2 (b) 1
(c) 0 (d) 4

38. माना $f(x)=\frac{1-\tan x}{4x-\pi}, x\neq\frac{\pi}{4}, x\in\left[0,\frac{\pi}{2}\right]. f(x)$ संतत है, अन्तराल $\left[0,\frac{\pi}{2}\right]$ में, तब $f\left(\frac{\pi}{4}\right)$ का मान होगा?

(a) $-\frac{1}{2}$ (b) $\frac{1}{2}$

(c) 1 (d) -1

39. माना $f(x)$ $x = 1$ पर अवकलित हो तथा $\underset{h\to 0}{\text{सीमा}}\frac{1}{h}f(1 + h) = 5$, तब $f'(1)$ का मान होगा?

(a) 4 (b) 3

(c) 6 (d) 5

40. माना f, x के सभी मान के लिए $x \in R$. अवकलित है, यदि $f(1) = -2$ तथा $f'(x) \geq 2, 1 \leq x \leq 6$, के लिए तब–

(a) $f(6)<8$ (b) $f(6)\geq 8$

(c) $f(6)=5$ (d) $f(6)<5$

41. यदि f वास्तविक अवकलन फलन है, जो सन्तुष्ट करता है? $|f(x)-f(y)|\leq(x-y)^2, x, y\in R$ और $f(0) = 0$, तब $f(1) = -$

(a) 1 (b) 2

(c) 0 (d) -1

42. सभी बिन्दुओं का समुच्चय, जहाँ फलन $f(x)=x/(1+|x|)$ अवकलित है, होगा?

(a) $(-\infty, \infty)$ (b) $(0,\infty)$

(c) $(-\infty, 0)\cup(0,\infty)$ (d) इनमें से कोई नहीं

43. माना $f: R\to R$ एक फलन है, जो परिभाषित है–
$f(x) =$ न्यूनतम $\{|x + 1, |x| + 1\}$. तब कौन सत्य है?

(a) $f(x)$ पर अवकलित नहीं है $x=1$

(b) $f(x)$ हर जगह अवकलित है

(c) $f(x)$ पर अवकलित नहीं है $x=0$

(d) $f(x)\geq 1$ x के लिए $x\in R$

44. फलन $f: R\setminus\{0\}\to R$ देता है $f(x)=\frac{1}{x}-\frac{2}{e^{2x}-1}$ $x=0$ पर संतत बनाता है। परिभाषा द्वारा $f(0)$ जैसे–

(a) -1 (b) 0

(c) 1 (d) 2

45. माना $f(x)=\begin{cases}(x-1)\sin\frac{1}{x-1}, & \text{यदि } x\neq 1\\ 0, & \text{यदि } x=1\end{cases}$ तब कौन-सा कथन सत्य है?

(a) f, $x=1$ पर अवकलित है परन्तु $x=0$ पर नहीं

(b) f, न तो $x=0$ पर अवकलित है और न $x=1$ पर

(c) f, $x=0$ और $x=1$ पर अवकलित है

(d) f, $x=0$ पर अवकलित है, परन्तु $x=1$ पर नहीं

उत्तरमाला

1. (d)	2. (d)	3. (b)	4. (a)	5. (c)	6. (c)	7. (a)	8. (c)	9. (d)	10. (c)
11. (a)	12. (a)	13. (d)	14. (a)	15. (d)	16. (a)	17. (b)	18. (a)	19. (c)	20. (d)
21. (a)	22. (c)	23. (b)	24. (a)	25. (a)	26. (a)	27. (d)	28. (d)	29. (b)	30. (c)
31. (b)	32. (a)	33. (c)	34. (a)	35. (a)	36. (a)	37. (d)	38. (a)	39. (d)	40. (b)
41. (c)	42. (a)	43. (b)	44. (c)	45. (d)					

संकेत एवं हल

1. (d) $f(x)$ ज्ञात करने के लिए हमें $f'(1), f''(2)$ और $f'''(3)$ के मान मालूम होना चाहिए।

दिये हुए सम्बन्ध का अवकलन करने पर,

$f'(x) = 3x^2 + 2xf'(1) + f''(2)$ ...(1)

$f''(x) = 6x + 2f'(1)$ ...(2)

$f'''(x) = 6 =$ अचर ...(3)

(1) में $x = 1$, (2) में $x = 2$ तथा (3) में $x = 3$ रखने पर,

$$f'(1) = 3 + 2f'(1) + f''(2)$$

या $f'(1) + f''(2) = -3$ ...(4)

$$f''(2) = 12 + 2f'(1)$$

या $2f'(1) - f''(2) = -12$ ...(5)

(4) और (5) को हल करने पर,

$$f'(1) = -5,\ f''(2) = 2$$

तथा (3) से, $f'''(3) = 6$

$f(x) = x^3 - 5x^2 + 2x + 6$ ...(6)

$f(2) = 18 - 20 = -2, f(1) = 4, f(0) = 6$

या $f(2) - f(1) = -6 = -f(0)$, (6) से

2. (d) $\lim_{x\to\infty}\left[\left(1+\frac{4}{x-1}\right)^{\frac{x-1}{4}}\right]^{4\left(\frac{x+3}{x-1}\right)} = e^4$

3. (b) $\text{Lt}_{x\to 0}\frac{\sin nx}{x}\left[(a-n)n - \frac{\tan x}{x}\right] = 0$

$\Rightarrow 1\,[an - n^2 - 1] = 0$

$$\therefore \quad a = \frac{n^2+1}{n} = n + \frac{1}{n}$$

4. (a) $\text{Lt}_{x\to\infty}\left(\frac{x+2-5}{x+2}\right)^x$

$$= \text{Lt}_{x\to\infty}\left[\left(1-\frac{5}{x+2}\right)^{\frac{x+2}{-5}}\right]^{-\frac{5x}{x+2}} = e^{-5}$$

$$\therefore \quad \text{Lt}_{x\to\infty} -5\frac{x}{x+2} = \text{Lt}_{x\to\infty} -5\cdot\frac{1}{1+\frac{2}{x}} = -5$$

5. (c) $\frac{2\pi}{n}$ और $2n\pi$ का ल० स० $= 2n\pi$ है, जहाँ $n = 2$ केवल

$\therefore \quad 2n\pi = 4\pi$

अत: $n = 2$ के लिए $\frac{\sin 2x}{\sin(x/2)}$

का आवर्तकाल 4π है।

जाँच : $f(x) = \frac{2\sin x\cos x}{\sin(x/2)} = 4\cos\frac{x}{2}\cos x$

जिसका आवर्तकाल $\frac{2\pi}{1/2}$ और 2π का ल० स० अर्थात् 4π और 2π का ल० स० अर्थात् 4π है।

6. (c) यहाँ

$$\sin^{-1}2x + \frac{\pi}{6} \ge 0 \quad \text{या} \quad \sin^{-1}2x \ge -\frac{\pi}{6}$$

$\therefore \quad -\frac{\pi}{6} \le \sin^{-1}2x$ ...(i)

तथा $-\frac{\pi}{2} \le \sin^{-1}2x \le \frac{\pi}{2}$ ...(ii)

$$\therefore \quad -\frac{\pi}{6} \le \sin^{-1}2x \le \frac{\pi}{2}$$

या $\sin\left(-\frac{\pi}{6}\right) \le 2x \le \sin\frac{\pi}{2}$

या $-\frac{1}{2} \le 2x \le 1$ या $-\frac{1}{4} \le x \le \frac{1}{2}$

$\therefore$ अभीष्ट प्रान्त $\left[-\frac{1}{4}, \frac{1}{2}\right]$ है।

7. (a) $2 - 2x - x^2 = +\text{ive}$

या $x^2 + 2x - 2 = -\text{ive}$ अर्थात् ≤ 0

या $a \le x \le b$

या $-1-\sqrt{3} \le x \le -1+\sqrt{3}$

जहाँ a और b समीकरण $x^2 + 2x - 2 = 0$ के मूल हैं तथा $a < b$.

8. (c) माना $x = \frac{1}{y}$ जहाँ $y \to 0$ जब $x \to \infty$

$$\lim_{y\to 0}\frac{(2y+1)^{40}(4y+1)^5}{(2y-1)^{45}} = -1$$

9. (d) $\frac{y-2}{1} = \frac{e^x - e^{-x}}{e^x + e^{-x}}$. अब योगान्तर अनुपात से,

$$\frac{y-1}{3-y} = \frac{2e^x}{2e^{-x}} \quad \Rightarrow \quad \frac{y-1}{3-y} = e^{2x}$$

$$\therefore \quad x = \frac{1}{2}\log\left(\frac{y-1}{3-y}\right) = f^{-1}(y)$$

$$\therefore \quad f^{-1}(x) = \frac{1}{2}\log\left(\frac{x-1}{3-x}\right)$$

10. (c) $= \lim_{x\to 1}\int_4^{f(x)}\frac{2t}{x-1}dt = \lim_{x\to 1}\frac{1}{x-1}[t^2]_4^{f(x)}$

$= \lim_{x\to 1}\frac{1}{x-1}[f^2(x) - 16]$ $\left[\text{रूप} : \frac{0}{0}, \because f(1) = 4\right]$

$$= \lim_{x \to 1} \frac{2f(x)f'(x)}{1} = 2f(1)f'(1)$$

$$= 2 \times 4 f'(1) = 8f'(1)$$

[ध्यान दें कि चूँकि $f(x)$ अवकलनीय है। अत: $f'(1)$ विद्यमान है।]

11. (a) फलन का रूप 0/0 होने के कारण, L'Hospital का नियम लागू करने पर,

$$\text{limit} = \underset{x \to 0}{\text{Lt}} \frac{2xf'(x^2) - f'(x)}{f'(x)} = -1$$

क्योंकि $f'(0) \neq 0$ क्योंकि $f(x)$ वर्धमान है।

12. (a) $$f(0-0) = \lim_{h \to 0} \frac{1 - \cos 4(0-h)}{(0-h)^2}$$

$$= \lim_{h \to 0} \frac{1 - \cos 4h}{h^2} = \lim_{h \to 0} \frac{2\sin^2 2h}{h^2}$$

$$= \lim_{h \to 0} \left(\frac{\sin 2h}{2h}\right)^2 .8 = 8 \left[\because \lim_{h \to 0} \frac{\sin 2h}{2h} = 1\right]$$

और $$f(0+0) = \lim_{h \to 0} \frac{(0+h)^{1/2}}{[16 + (0+h)^{1/2}]^{1/2} - 4}$$

$$= \lim_{h \to 0} h^{1/2} \frac{\sqrt{(16 + \sqrt{h})} + 4}{16 + \sqrt{(h)} - 16}$$, परिमेय बनाने पर

$$= \lim_{h \to 0} \sqrt{[16 + \sqrt{(h)}]} + 4 = 4 + 4 = 8$$

पुन: $f(0) = a$ (दिया है)

चूँकि $f(x), x = 0$ पर सतत है अत:

$$\lim f(0-0) = \lim f(0+0) = f(0)$$

या $8 = 8 = a$

अत: $a = 8$

13. (d) $g[f(x)]$

$\therefore g(\sin x + \cos x) = (\sin x + \cos x)^2 - 1$

या $g[f(x)] = \sin 2x = y$ प्रतिलोमीय है।

$$\therefore \quad x = \frac{1}{2} \sin^{-1} y$$

$$= \frac{1}{2}\left[-\frac{\pi}{2}, \frac{\pi}{2}\right] = -\left[\frac{\pi}{4}, \frac{\pi}{4}\right]$$

14. (a) $x \in R$ के लिए, $\lim_{x \to \infty} \left(\frac{x-3}{x+3}\right)^x = e^{-3-2} = e^{-5}$

15. (d) $$\lim_{x \to 0} \frac{\sin(\pi \cos^2 x)}{x^2} = \lim_{x \to 0} \frac{\sin(\pi - \pi \sin^2 x)}{x^2}$$

$$= \lim_{x \to 0} \frac{\sin(\pi \sin^2 x)}{x^2} \times \frac{x^2 \pi \sin^2 x}{x^2 \pi \sin^2 x}$$

$$= \lim_{x \to 0} \frac{\sin(\pi \sin^2 x)}{\pi \sin^2 x} \times \pi \times \left(\frac{\sin x}{x}\right)^2$$

$$= 1 \times \pi \times 1 = \pi$$

16. (a) माना $$y = \left(\frac{f(1+x)}{f(1)}\right)^{1/x}$$

$$\Rightarrow \quad \log y = \frac{1}{x}[\log f(1+x) - \log f(1)]$$

$$\lim_{x \to 0} \log y = \lim_{x \to 0} \left[\frac{1}{f(1+x)} \cdot f'(1+x)\right]$$

(L' Hospital के नियम से)

$$= \frac{f'(1)}{f(1)} = \frac{6}{3}$$

$$\Rightarrow \quad \log\left(\lim_{x \to 0} y\right) = 2 \quad \Rightarrow \quad \lim_{x \to 0} y = e^2$$

17. (b) $$\lim_{x \to 0} \frac{\{(a-n)nx - \tan x\} \sin nx}{x^2} = 0$$

$$\Rightarrow \quad \lim_{x \to 0} \left\{(a-n)n - \frac{\tan x}{x}\right\} \frac{\sin nx}{x} = 0$$

$$\Rightarrow \quad \{(a-n)n - 1\} n = 0$$

$$\Rightarrow \quad (a-n)n = 1$$

या $$a = n + \frac{1}{n}$$

18. (a) $$\lim_{x \to 0} (\sin x)^{1/x} + \lim_{x \to 0} \left(\frac{1}{x}\right)^{\sin x} = 0 + \lim_{x \to 0} e^{\log\left(\frac{1}{x}\right)^{\sin x}}$$

$[\lim_{x \to 0} (\sin x)^{1/x} \to 0, \because (\text{दशमलव})^{\infty} \to 0]$

$$= e^{\lim_{x \to 0} \frac{\log(1/x)}{\operatorname{cosec} x}}$$

L' Hospital के नियम से,

$$= e^{\lim_{x \to 0} \frac{x\left(-\frac{1}{x^2}\right)}{-\operatorname{cosec} x \cot x}} = e^{\lim_{x \to 0} \frac{\sin x}{x} \tan x} = e^0 = 1$$

19. (c) माना $$L = \lim_{x \to \frac{\pi}{4}} \frac{\int_2^{\sec^2 x} f(t)\,dt}{x^2 - \frac{\pi^2}{16}} \quad \left(\frac{0}{0} \text{ रूप}\right)$$

20. (d) दिया है, $f(x) = \frac{1}{2}x - 1, 0 \le x \le \pi$ के लिए

$$\therefore \quad [f(x)] = \begin{cases} -1, & 0 \le x < 2 \\ 0, & 2 \le x \le \pi \end{cases}$$

$$\Rightarrow \quad \tan[f(x)] = \begin{cases} \tan(-1), & 0 \le x < 2 \\ \tan 0, & 2 \le x \le \pi \end{cases}$$

$$\therefore \lim_{x \to 2^-} \tan[f(x)] = -\tan 1$$

और $$\lim_{x \to 2^+} \tan[f(x)] = 0$$

अत: $\tan f(x), x = 2$ पर सतत् नहीं है।

अब, $f(x)=\frac{1}{2}x-1 \quad \Rightarrow \quad f(x)=\frac{x-2}{2}$

$\Rightarrow \quad \frac{1}{f(x)}=\frac{2}{x-2}$

स्पष्ट है, कि $f(x)$, $x=2$ पर सतत् नहीं है। अत: $\tan[f(x)]$ और $\left[\frac{1}{f(x)}\right]$ दोनों $x=2$ पर असतत् हैं।

21. (a) माना $h(x)=|x|$, तब

$$g(x)=|f(x)|=h\{f(x)\}$$

चूँकि दो सतत् फलनों का संयुक्त फलन भी सतत् होता है। g ससत् होगा, यदि f संतत् होगा।

22. (c) $f(x)=[x]\sin\pi x$

यदि गए k से थोड़ा छोटा है, $[x]=k-1$

$\therefore \quad f(x)=(k-1)\sin\pi x$

$f(x)$ का बायाँ अवकलज $=\lim\limits_{x\to k}\frac{(k-1)\sin\pi x-k\sin\pi k}{x-k}$

$=\lim\limits_{x\to k}\frac{(k-1)\sin\pi x}{x-k}$ जहाँ, $x=k-h$

$=\lim\limits_{h\to 0}\frac{(k-1)\sin\pi x(k-h)}{-h}$

$=\lim\limits_{h\to 0}\frac{(k-1)(-1)^{k-1}\sin h\pi}{-h}$

$=(k-1)\cdot(-1)^k\pi$

23. (b) $f(x)=\begin{cases}\frac{1}{2}(x-1), & \text{यदि } x<-1\\ \tan^{-1}x, & \text{यदि } -1\le x\le 1\\ \frac{1}{2}(x-1), & \text{यदि } x>1\end{cases}$

$x=-1$ और $x=1$ पर $f(x)$ असतत् है।

$f'(x)$ का प्रान्त $\in R-\{-1,1\}$

24. (a) दिया है, $g(x)=\frac{(x-1)^n}{\log\cos^m(x-1)}$;

$0<x<2, m\neq 0, n$ पूर्णांक है।

तथा $|x-1|=\begin{cases}x-1; & x\ge 1\\ 1-x; & x<1\end{cases}$

$x=1$ पर $|x-1|$ का बायाँ अवकलज $p=-1$ है।

तथा $\lim\limits_{x\to 1^+}g(x)=p=-1$

$\Rightarrow \quad \lim\limits_{h\to 0}\frac{(1+h-1)^n}{\log\cos^m(1+h-1)}=-1$

$\Rightarrow \quad \lim\limits_{h\to 0}\frac{h^n}{\log\cos^m h}=-1$

$\Rightarrow \quad \lim\limits_{h\to 0}\frac{h^n}{m\log\cos h}=-1$

$\Rightarrow \quad \lim\limits_{h\to 0}\frac{n\cdot h^{n-1}}{m\frac{1}{\cos h}(-\sin h)}=-1$

(एल-हॉस्पीटल नियम से)

$\Rightarrow \quad \lim\limits_{h\to 0}\left(-\frac{n}{m}\right)\cdot\frac{h^{n-2}}{\left(\frac{\tan h}{h}\right)}=-1$

$\Rightarrow \quad \left(\frac{n}{m}\right)\lim\limits_{h\to 0}\frac{h^{n-2}}{\left(\frac{\tan h}{h}\right)}=1$

$\Rightarrow \quad n=2$ तथा $\frac{n}{m}=1$

$\Rightarrow \quad m=n=2$

$f'(x)=g'(x)\sin x+g(x)\cos x$

$f''(x)=g''(x)\sin x+2g'(x)\cos x-g(x)\sin x$

$\Rightarrow \quad f''(0)=0$

अत: $\lim\limits_{x\to 0}[g(x)\cos x-g(0)\operatorname{cosec}x]=0=f''(0)$

25. (a) $\text{सीमा}_{x\to\infty}\left(\frac{x^2+5x+3}{x^2+x+2}\right)^x \quad [1^\infty]$

$=e^{\text{सीमा}_{x\to\infty}\left(\frac{x^2+5x+3}{x^2+x+2}-1\right)x}=e^{\text{सीमा}_{x\to\infty}\frac{x(4x+1)}{x^2+x+2}}=e^4$

26. (a) $\frac{10}{3}$

27. (d) $\frac{\sin 2\beta}{2\beta}$

28. (d) फलन की सीमा का अस्तित्व केवल होगा,

यदि, दायीं सीमा = बायीं सीमा

$\text{सीमा}_{x\to 0}\frac{\sqrt{1-\cos 2x}}{\sqrt{2}x}=\text{सीमा}_{x\to 0}\frac{\sqrt{1-1+2\sin^2 x}}{\sqrt{2}x}$

$=\text{सीमा}_{x\to 0}\frac{\sqrt{2}|\sin x|}{\sqrt{2}x}=\text{सीमा}_{x\to 0}\frac{|\sin x|}{x}$

माना $f(x)=\frac{|\sin x|}{x}$

अब बायीं सीमा $=\text{सीमा}_{h\to 0}\frac{|\sin(0-h)|}{0-h}=\text{सीमा}_{h\to 0}\frac{\sin h}{-h}=-1$

और दायीं सीमा $=\text{सीमा}_{h\to 0}\frac{|\sin(0-h)|}{0+h}=\text{सीमा}_{h\to 0}\frac{\sin h}{h}=1$

$\because$ बायीं सीमा $\neq$ दायीं सीमा

$\therefore \quad \lim_{x\to 0} \frac{|\sin x|}{x}$ अस्तित्व में नहीं है।

29. (b) $\lim_{x\to 0} \frac{\int_0^{x^2} \sec^2 t\, dt}{x \sin x} \left(\frac{0}{0} \text{ रूप}\right)$

L' Hospital's rule से

$= \lim_{x\to 0} \frac{\sec^2 x^2 \cdot 2x}{x\cos x + \sin x}$

L' Hospital's rule का पुन: प्रयोग से,

$= \lim_{x\to 0} \frac{2x \cdot 2\sec^2 x^2 \cdot \tan x^2 \cdot 2x + 2\sec^2 x^2}{-x\sin x + \cos x + \cos x}$

$= \frac{0 + 2\sec^2 0}{0 + 2\cos 0} = 1$

30. (c) $\lim_{n\to\infty} \frac{1}{n} \sum_{r=1}^{n} \left(\frac{r}{n}\right)^4 = \int_0^1 x^4 dx$

$\lim_{n\to\infty} \frac{1 + 2^4 + 3^4 + \ldots + n^4}{n^5} - \lim_{n\to\infty} \frac{1 + 2^3 + 3^3 + \ldots + n^3}{n^5}$

$= \lim_{n\to\infty} \frac{1}{n} \sum_{r=1}^{n} \left(\frac{r}{n}\right)^4 - \lim_{n\to\infty} \frac{1}{n} \times \lim_{n\to\infty} \frac{1}{n} \sum_{r=1}^{n} \left(\frac{r}{n}\right)^4$

$= \int_0^1 x^4 dx - \lim_{n\to\infty} \frac{1}{n} \times \int_0^1 x^3 dx = \left[\frac{x^5}{5}\right]_0^1 - 0 = \frac{1}{5}$

31. (b) $= \lim_{x\to\pi/2} \frac{\tan(\pi/4 - x/2)\cdot(1 - \sin x)}{(\pi - 2x)^3}$

$= \lim_{t\to 0} \frac{\tan(t/2)\cdot(1 - \cos t)}{8t^3}$

$x = (\pi/2) + t$ का मान रखने पर

$= \lim_{t\to 0} \frac{1}{2} \cdot \frac{\tan(t/2)}{(t/2)} \cdot 2 \cdot \left\{\frac{\sin(t/2)}{t/2}\right\}^2 \cdot \frac{1}{4} \cdot \frac{1}{8}$

$= \frac{1}{2} \cdot 1.2.1. \frac{1}{4} \cdot \frac{1}{8} = \frac{1}{32}$

32. (a) $\lim_{x\to\alpha} \frac{1 - \cos(ax^2 + bx + c)}{(x - \alpha)^2}$

$= \lim_{x\to\alpha} \frac{2\sin^2\left(\frac{ax^2 + bc + c}{2}\right)}{(x - \alpha)^2}$

$= \lim_{x\to\alpha} \frac{2\sin^2\left[\frac{a}{2}(x - \alpha)(x - \beta)\right]}{\left(\frac{a}{2}\right)^2 (x - \alpha)^2 (x - \beta)^2} \left(\frac{a}{2}\right)^2 (x - \beta)^2$

$= \lim_{x\to\alpha} \frac{a^2}{1} (x - \beta)^2 = \frac{a^2}{2} (\alpha - \beta)^2$

$\therefore \quad \lim_{x\to\alpha} \frac{\sin^2\left(\frac{a}{2}(x - \alpha)(x - \beta)\right)}{\left(\frac{a}{2}(x - \alpha)(x - \beta)\right)} = \frac{a^2}{2} (\alpha - \beta)^2$

33. (c) $f(x) = x^7 + 14x^5 + 16x^3 + 30x - 560 = 0$

$f'(x) = 7x^6 + 70x^4 + 48x^2 + 30 > 0 \; \forall\, x \in R$

$\Rightarrow \; f(x)$

जब $x \to \infty, f(x) \to \infty$ और $x \to \infty, f(x) \to -\infty$

$\therefore \; f(x)$ केवल x-अक्ष को एक बार प्रतिच्छेद कर सकता है।

अत: $f(x) = 0$ मात्र एक वास्तविक मूल रखता है।

34. (a)

35. (a)

36. (a) $f(x) = \begin{cases} xe^{-\left(\frac{1}{|x|} + \frac{1}{x}\right)} & : x \neq 0 \\ 0 & : x = 0 \end{cases}$

$f(0 + 0) = \lim_{h\to 0} he^{-(2/h)} = 0$

$f(0 - 0) = \lim_{h\to 0} (-h)e^0 = 0$

$\Rightarrow \quad x = 0$ पर $f(x)$ सतत् है

$Rf'(0) = \lim_{h\to 0} \frac{he^{-2/h} - 0}{h} = 0$

$Lf'(0) = \lim_{h\to 0} \frac{-he^0 - 0}{-h} = 1$

$\Rightarrow \quad f(x), \; x = 0$ पर अवकलित नहीं है।

अत: $f(x), x \in \boldsymbol{R}$ के सभी मानों पर सतत् है, परन्तु $x \in \boldsymbol{R}$

$x = 0$ पर अवकलित नहीं है।

37. (d) $4 = \lim_{x\to a} \frac{f(a)g(x) - f(a) - g(a)f(x) + g(a)}{g(x) - f(x)}$ (रूप 0/0)

$= \lim_{x\to a} \frac{f(a)g'(x) - g(a)f'(x)}{g'(x) - f'(x)}$

$= \frac{k[g'(a) - f'(a)]}{g'(a) - f'(a)} = k \qquad [\because f(a) = g(a) = k]$

अर्थात् $\quad k = 4$

38. (a) चूँकि, $\quad f(x) = \frac{1 - \tan x}{4x - \pi}$

$\lim_{x\to\pi/4} f(x) = \lim_{x\to\pi/4} \left(\frac{1 - \tan x}{4x - \pi}\right)$

L' Hospital नियम से,

$$= \underset{x\to\pi/4}{\text{सीमा}}\left(\frac{-\sec^2 x}{4}\right)$$

$$= \frac{-\sec^2(\pi/4)}{4} = -\frac{2}{4}$$

$\Rightarrow \quad \underset{x\to\pi/4}{\text{सीमा}} f(x) = -\frac{1}{2}$

$f(x)$ $[0, \pi/2]$ में सतत् है।

इसलिए $f(x)$ $\pi/4$ पर सतत् है।

$\therefore$ फलन का मान = सीमा का मान

$\Rightarrow \quad f\left(\frac{\pi}{4}\right) = -\frac{1}{2}$

39. (d) $5 = \underset{h\to 0}{\text{सीमा}} \frac{f(1+h)}{h} \Rightarrow \frac{f(1+h)}{h}$

$\left(\frac{0}{0}\right)$ मान होगा।

$\Rightarrow \quad 5 = \underset{h\to 0}{\text{सीमा}} \frac{f'(1+h)}{1} = f'(1)$

$\therefore \quad f'(1) = 5$

40. (b) $f'(x) \geq 2 \quad \Rightarrow f(x) \geq 2x + c$

$\Rightarrow c \leq f(x) - 2x$

$f(1) = -2 \quad \Rightarrow c \leq -2 - 2 = -4$

$\therefore \quad f(x) \geq 2x - 4$

$\Rightarrow f(6) \geq 12 - 4 = 8$

$\Rightarrow f(6) \geq 8$

41. (c) $f(0) = 0. |f(x) - f(y)| \leq (x-y)^2 = |x-y|^2$

$\Rightarrow \quad \left|\frac{f(x)-f(y)}{x-y}\right| \leq |x-y|$

$\Rightarrow \quad \underset{y\to x}{\text{सीमा}}\left|\frac{f(x)-f(y)}{x-y}\right| \leq \underset{y\to x}{\text{सीमा}}|x-y|$

$\Rightarrow \quad f'(x) \leq 0$

$\Rightarrow \quad f'(x) = 0 \ \forall x.$

$\Rightarrow \quad f(x) = c$ (c नियत है)

$f(0) = 0 \quad \Rightarrow \quad c = 0$

$\therefore \quad f(x) = 0 \ \forall x \quad \Rightarrow \quad f(1) = 0$

42. (a) $f(x) = \frac{x}{1+|x|}$

माना $f(x) = \frac{g(x)}{h(x)} = \frac{x}{1+|x|}$

यह साफ है, कि $g(x) = x$ तथा $h(x) = 1 + |x|$ क्रमशः $(-\infty, \infty)$ तथा $(-\infty, 0) \cup (0, \infty)$ पर अवकलित है।

अतः $f(x)$ $(-\infty, 0) \cup (0, \infty)$ पर अवकलित है।

$x = 0$ के लिए

$$\underset{x\to 0}{\text{सीमा}} \frac{f(x)-f(0)}{x-0} = \underset{x\to 0}{\text{सीमा}} \frac{\frac{x}{1+|x|}}{x} = \underset{x\to 0}{\text{सीमा}} \frac{1}{1+|x|} = 1$$

अतः $f(x)$, $(-\infty, \infty)$ पर अवकलित है।

43. (b) $f(x) =$ न्यूनतम $\{x+1, |x|+1\}$

$x \geq 0$, के लिए $f(x) = x + 1$ और

$x < 0$, के लिए $f(x) =$ न्यूनतम

$\{x+1, +1, -x+1\} = x + 1$

$\therefore \quad f(x) = x + 1 \ \forall x \in R$

जोकि हर जगह अवकलित है।

44. (c) $f(x) = \frac{1}{x} - \frac{2}{e^{2x}-1}, \quad x \neq 0$

$f(x)$, $x = 0$ पर सतत् है। $f(0) = \underset{x\to 0}{\text{सीमा}} f(x)$

$$\underset{x\to 0}{\text{सीमा}} f(x) = \underset{x\to 0}{\text{सीमा}} \frac{1}{x} - \frac{2}{e^{2x}-1} = \underset{x\to 0}{\text{सीमा}} \frac{e^{2x}-1-2x}{x(e^{2x}-1)}$$

$$= \underset{x\to 0}{\text{सीमा}} \frac{1 + 2x + \frac{4x^2}{2!} + \frac{8x^2}{3!} + \ldots - 1 - 2x}{x\left(1 + \frac{2x}{1!} + \frac{4x^2}{2!} + \ldots - 1\right)} = 1$$

45. (d) $f(x) = \begin{cases} (x-1)\sin\frac{1}{(x-1)}, & x \neq 1 \\ 0, & x = 1 \end{cases}$

$\lim_{x\to 1} f(x) = 1, \qquad f(1) = 0$

$\Rightarrow f(x)$ असतत है $x = 1$ और $x = 1$ पर अवकलित नहीं है। $x = 0$ बदलाव बिन्दु नहीं है। इसलिए यह $x = 0$ पर संतत और अवकलित दोनों है।

□□□

अवकलन 22

(Differentiation)

अवकलन (Differentiation)

किसी फलन का अवकल गुणांक (Diff. Coeff.) ज्ञात करने की विधि को अवकलन कहते हैं। यह विधि निम्न है–

1. सर्वप्रथम स्वतंत्र चर राशि x के मान में δx की वृद्धि करो।
2. इस प्रकार y के मान में संगत वृद्धि δy ज्ञात करो।
3. तदुपरान्त $\frac{\delta y}{\delta x}$ का मान ज्ञात करो।
4. अब इस अनुपात $\frac{\delta y}{\delta x}$ की सीमा, जबकि $\delta x \to 0$, ज्ञात करो।
5. $\lim_{\delta x\to 0}\left(\frac{\delta y}{\delta x}\right) = \frac{dy}{dx}$

नोट//

$$\lim_{\delta x\to 0}\left(\frac{\delta y}{\delta x}\right) = \lim_{\delta x\to 0}\left[\frac{f(x+\delta x)-f(x)}{\delta x}\right]$$

अर्थात् $$\frac{dy}{dx} = \lim_{\delta x\to 0}\left[\frac{f(x+\delta x)-f(x)}{\delta x}\right]$$

यही y अथवा $f(x)$ का x के सापेक्ष अवकलन गुणांक (Diff. Coeff.) कहलाता है। अवकलन गुणांक को प्रदर्शित करने की अनेक विधियाँ हैं, जैसे– $\frac{dy}{dx}, \frac{d}{dx}\{f(x)\}, \frac{df(x)}{dx}, f'(x), Df(x), y', y_1$ तथा Dy आदि।

मानक फलनों के अवकल गुणांक
(Differential Coefficient of Standard Functions)

1. $\frac{d}{dx}x^n = nx^{n-1}$
2. $\frac{d}{dx}(c) = 0, c, x$ से स्वतन्त्र फलन है।
3. $\frac{d}{dx}(\sin x) = \cos x$
4. $\frac{d}{dx}(\cos x) = -\sin x$
5. $\frac{d}{dx}(\tan x) = \sec^2 x, \left\{x \neq n\pi + \frac{\pi}{2}\right\}$
6. $\frac{d}{dx}(\cot x) = -\operatorname{cosec}^2 x, \{x \neq n\pi\}$
7. $\frac{d}{dx}(\sec x) = \sec x \tan x, \left\{x \neq n\pi + \frac{\pi}{2}\right\}$
8. $\frac{d}{dx}(\operatorname{cosec} x) = -\operatorname{cosec} x \cot x, \{x \neq n\pi\}$
9. $\frac{d}{dx}(e^x) = e^x$
10. $\frac{d}{dx}(a^x) = a^x \log_e a$
11. $\frac{d}{dx}(\log x) = \frac{1}{x}, (x > 0)$
12. $\frac{d}{dx}(\log_a x) = \frac{1}{x\log_e a}$
13. $\frac{d}{dx}(\sin^{-1} x) = \frac{1}{\sqrt{1-x^2}}, |x| < 1$
14. $\frac{d}{dx}(\operatorname{cosec}^{-1} x) = -\frac{1}{|x|\sqrt{x^2-1}}, \{|x| > 1\}$
15. $\frac{d}{dx}(\cos^{-1} x) = -\frac{1}{\sqrt{1-x^2}}, |x| < 1$
16. $\frac{d}{dx}(\sec^{-1} x) = \frac{1}{|x|\sqrt{x^2-1}}, \ |x| > 1$
16. $\frac{d}{dx}\tan^{-1} x = \frac{1}{1+x^2}$
17. $\frac{d}{dx}(\cot^{-1} x) = -\frac{1}{1+x^2}$
18. $\frac{d}{dx}|x| = \frac{x}{|x|}$ या $\frac{|x|}{x}, \{x \neq 0\}$
19. $\frac{d}{dx}x^x = x^x(1+\log x)$
20. $\frac{d}{dx}\sqrt{x} = \frac{1}{2\sqrt{x}}$
21. $\frac{d}{dx}[x] = 0, x \notin I$ (पूर्णांक)
22. यदि $y = f(z)$ तथा $z = f(x)$, तब $\frac{dy}{dx} = \frac{dy}{dz}\cdot\frac{dz}{dx}$

23. लैबनीज का प्रमेय

$$D^n(u\cdot v) = {}^nC_0(D^n u)\cdot v + {}^nC_1(D^{n-1}u)Dv + {}^nC_2(D^{n-2}u)(D^2v) + \ldots + {}^nC_r(D^{n-r}u)D^rv + \ldots + u(D^nv)$$

24. $\frac{d}{dx}[f\{g(x)\}] = f'\{g(x)\}\times g'(x)$

25. $\frac{d}{dx}\int_{g_1(x)}^{g_2(x)} f(t)dt = f\{g_2(x)\}g_2'(x) - f\{g_1(x)\}g_1'(x)$

मौलिक प्रमेय–

मान लो $u, v, w, \ldots,$ चर x के फलन हैं जिनके अवकलज विद्यमान (exist) हैं।

1. $\frac{d}{dx}(u\pm v) = \frac{du}{dx}\pm\frac{dv}{dx}$
2. $\frac{d}{dx}(ku) = k\frac{du}{dx}$
3. $\frac{d}{dx}(uv) = u\frac{dv}{dx} + v\frac{du}{dx}$
4. $\frac{d}{dx}\left(\frac{u}{v}\right) = \frac{v\frac{du}{dx} - u\frac{dv}{dx}}{v^2}$
5. $\frac{dy}{dx}\cdot\frac{dx}{dy} = 1$ या $\frac{dy}{dx} = \frac{1}{dx/dy}$
6. यदि $u = f(y)$, तब $\frac{du}{dx} = \frac{du}{dy}\cdot\frac{dy}{dx} = f'(y)\frac{dy}{dx}$
7. यदि $y = f(t)$ तथा $t = \phi(x)$

प्राचलिक समीकरणों के अवकलन
(Differentiation of Parametric Equations)

यदि, $y = f(t)$ तथा $x = g(t)$

तब $$\frac{dy}{dx} = \frac{\left(\frac{dy}{dt}\right)}{\left(\frac{dx}{dt}\right)}$$

तथा $$\frac{d^2y}{dx^2} = \frac{\frac{dx}{dt}\cdot\frac{d^2y}{dt^2} - \frac{dy}{dt}\cdot\frac{d^2x}{dt^2}}{\left(\frac{dx}{dt}\right)^3}$$

अस्पष्ट फलनों का अवकलन (Differentiation of Implicit Function)

दिये गए फलन के सभी पदों को एक तरफ (बायें पक्ष में) कर लें तथा बाएँ पक्ष में $f(x, y)$ माने, तब–

$$\frac{dy}{dx} = -\frac{y \text{ को अचर मानकर } f(x,y) \text{ का } x \text{ के सापेक्ष अवलन}}{x \text{ को अचर मानकर } f(x,y) \text{ का } y \text{ के सापेक्ष अवलन}}$$

एक फलन का दूसरे फलन के सापेक्ष अवकलन
(Differentiation of a Fuction with Respect to Another Fuction)

यदि, $y = f(x)$ तथा $g = Z(x)$ तब,

$$\frac{dy}{dg} = \frac{dy/dx}{dg/dx} = \frac{f'(x)}{Z'(x)}$$

लघुगणकीय अवकलन (Logarithmic Differentiation)

यदि, $y = [f_1(x)]f_2(x)$

या, $y = f_1(x)f_2(x)f_3(x)\ldots.$

या, $y = \frac{f_1(x)f_2(x)\ldots.}{\phi_1(x)\phi_2(x)\ldots.},$

तो अवकलन करने से पहले दोनों पक्षों का log लेना अधिक सुविधाजनक रहेगा।

महत्त्वपूर्ण त्रिकोणमितीय सूत्र (Important Trigonometric Formulae)

नीचे दिये हुए सूत्र प्रतिलोम त्रिकोणमितीय फलनों वाले प्रश्नों को हल करने में सहायक होंगे–

1. $\sin^{-1}x + \cos^{-1}x = \frac{\pi}{2}$, $\tan^{-1}x + \cot^{-1}x = \frac{\pi}{2}$,

   $\sec^{-1}x + \operatorname{cosec}^{-1}x = \frac{\pi}{2}$
2. $\sin^{-1}x \pm \sin^{-1}y$

   $= \sin^{-1}(x\sqrt{1-y^2} \pm y\sqrt{1-x^2})$
3. $\cos^{-1}x \pm \cos^{-1}y$

   $= \cos^{-1}(xy \mp \sqrt{1-x^2}\sqrt{1-y^2})$
4. $\tan^{-1}x \pm \tan^{-1}y = \begin{cases} \tan^{-1}\left(\frac{x\pm y}{1\mp xy}\right), & \forall x, y > 0 \text{ तथा } xy < 1 \\ \pi + \tan^{-1}\left(\frac{x\pm y}{1\mp xy}\right), & \forall x, y > 0 \text{ तथा } xy > 1 \end{cases}$
5. $\tan^{-1}\left(\sqrt{\frac{1-x}{1+x}}\right) = \frac{1}{2}\cos^{-1}x$
6. $\sin^{-1}\left(\frac{2x}{1+x^2}\right) = 2\tan^{-1}x$
7. $\cos^{-1}\left(\frac{1-x^2}{1+x^2}\right) = 2\tan^{-1}x$
8. $\sin 2x = 2\sin x\cos x = \frac{2\tan x}{1+\tan^2 x}$
9. $\cos 2x = 2\cos^2 x - 1$

   $= 1 - 2\sin^2 x$

   $= \cos^2 x - \sin^2 x$

   $= \frac{1-\tan^2 x}{1+\tan^2 x}.$
10. $\tan 2x = \frac{2\tan x}{1-\tan^2 x}$

11. $\sin 3x = 3\sin x - 4\sin^3 x$
12. $\cos 3x = 4\cos^3 x - 3\cos x$
13. $\tan 3x = \dfrac{3\tan x - \tan^3 x}{1 - 3\tan^2 x}$
14. (a) $1 + \cos mx = 2\cos^2 \dfrac{mx}{2}$

(b) $1 - \cos mx = 2\sin^2 \dfrac{mx}{2}$

15. $\dfrac{1 \pm \tan x}{1 \mp \tan x} = \tan\left(\dfrac{\pi}{4} \pm x\right)$

नोट//✍..........

✍ (a) $\sin x = x - \dfrac{x^3}{\lfloor 3} + \dfrac{x^5}{\lfloor 5} - ....$

(b) $\cos x = 1 - \dfrac{x^2}{\lfloor 2} + \dfrac{x^4}{\lfloor 4} - \dfrac{x^6}{\lfloor 6} + ...$

(c) $\tan x = x + \dfrac{x^3}{3} + \dfrac{2}{15}x^5 + ...$

✍ $\sin^{-1}\cos x = \sin^{-1}\sin\left(\dfrac{\pi}{2} - x\right) = \left(\dfrac{\pi}{2} - x\right)$

त्रिकोणमिति के महत्त्वपूर्ण परिणाम–

1. $\dfrac{1 - \cos x}{1 + \cos x} = \dfrac{2\sin^2(x/2)}{2\cos^2(x/2)} = \tan^2 \dfrac{x}{2},$

2. $\dfrac{1 - \cos x}{\sin x} = \dfrac{2\sin^2(x/2)}{2\sin(x/2)\cos(x/2)}$

$= \tan(x/2)$

3. $\sqrt{1 \pm \sin x} = [\cos^2(x/2) + \sin^2(x/2) \pm 2\sin(x/2)\cos(x/2)]^{1/2}$

$= [\{\cos(x/2) \pm \sin(x/2)\}^2]^{1/2}$

$= \cos(x/2) \pm \sin(x/2)$

4. $\dfrac{1 + \cos x}{\sin x} = \cot \dfrac{x}{2}$

5. $\dfrac{1 + \cos x}{1 - \cos x} = \cot^2 \dfrac{x}{2}$

6. $\cos x = \dfrac{2\tan^2(x/2)}{1 + \tan^2(x/2)}$

7. $\sin x = \dfrac{2\tan(x/2)}{1 + \tan^2(x/2)}$

8. $\tan A \pm \tan B = \dfrac{\sin A\cos B \pm \cos A\sin B}{\cos A\cos B} = \dfrac{\sin A \pm B)}{\cos A\cos B}$

महत्त्वपूर्ण प्रतिस्थापन (Important Substitution)

व्यंजक	प्रतिस्थापन
1. $\dfrac{2x}{1 + x^2}$ या $\dfrac{2x}{1 - x^2}$	$x = \tan\theta$
2. $\dfrac{a + x}{a - x}$ या $\dfrac{a - x}{a + x}$	$x = a\tan\theta$
3. $a^2 + x^2$	$x = a\tan x$
4. $x^2 - a^2$	$x = a\sec\theta$ या $x = a\,\text{cosec}\,\theta$
5. $a^2 - x^2$	$x = a\sin\theta$ या $x = a\cos\theta$
6. $\sqrt{\dfrac{a + x}{a - x}}$ या $\sqrt{\dfrac{a - x}{a + x}}$	$x = a\cos\theta$

सारणिक रूप के फलन का अवकलन (Differentiation of a Function given in the form of Determinant)

यदि $y = \begin{vmatrix} f(x) & g(x) & h(x) \\ p(x) & q(x) & r(x) \\ u(x) & v(x) & w(x) \end{vmatrix}$

$\therefore \dfrac{dy}{dx} = \begin{vmatrix} f'(x) & g'(x) & h'(x) \\ p(x) & q(x) & r(x) \\ u(x) & v(x) & w(x) \end{vmatrix}$

$+ \begin{vmatrix} f(x) & g(x) & h(x) \\ p'(x) & q'(x) & r'(x) \\ u(x) & v(x) & w(x) \end{vmatrix} + \begin{vmatrix} f(x) & g(x) & h(x) \\ p(x) & q(x) & r(x) \\ u'(x) & v'(x) & w'(x) \end{vmatrix}$

कुछ महत्त्वपूर्ण तथ्य

1. (i) $\dfrac{d^n}{dx^n} e^{mx} = m^n e^{mx}$

(ii) $\dfrac{d^n}{dx^n} \sin x = \sin\left(x + \dfrac{n\pi}{2}\right)$

(iii) $\dfrac{d^n}{dx^n} \cos x = \cos\left(x + \dfrac{n\pi}{2}\right)$

(iv) $\dfrac{d^n}{dx^n} x^n = n!$

(v) $\dfrac{d^n}{dx^n} (\log x) = (-1)^{n-1}(n-1)!x^{-n}$

2. (i) $\dfrac{d}{dx}|u| = \dfrac{u}{|u|} \cdot \dfrac{du}{dx}$

3. (i) यदि $y = \sin(ax + b)$ तब $y_n = a^n \sin(ax + b + n\pi/2)$

(ii) यदि $y = \cos(ax + b)$ तब $y_n = a^n \cos(ax + b + n\pi/2)$

(iii) यदि $y = \dfrac{1}{(ax + b)}$, $y_n = \dfrac{(-1)^n \lfloor n}{(ax + b)^{n+1}} \cdot a^n$

4. यदि $y\sqrt{f(x) + y}$, तब $\dfrac{dy}{dx} = \dfrac{f'(x)}{2y - 1}$

5. यदि $y = [f(x)]^y$, तब $\dfrac{dy}{dx} = \dfrac{y^2 f'(x)}{f(x)(1 - \log y)}$

6. $\frac{d}{dx}[f(x)]^{g(x)} = [f(x)]^{g(x)}\left[g(x)\frac{f'(x)}{f(x)} + g'(x)\log f(x)\right]$

7. $\frac{d}{dx}[f(x)]^{f(x)} = [f(x)]^{f(x)}[1+\log f(x)]f'(x)$

8. यदि $x^m y^n = (x+y)^{m+n}$, तब $\frac{dy}{dx} = \frac{y}{x}$.

9. $\frac{d}{dx}(\cos^n x \cos nx) = n \cdot \cos^{n-1} x \cdot \cos(n+1)^x$

10. $\frac{d}{dx}(\sin^n x \sin nx) = n \cdot \sin^{n-1} x \cdot \sin(n+1)x$

11. $\frac{d}{dx}(\cos^n x \sin nx) = -n\cos^{n-1} x \sin(n+1)\cdot x$

12. $\frac{d}{dx}(\sin^n x \cos nx) = -n\sin^{n-1} x \cos(n+1)\cdot x$

13. $\frac{d}{dx}\{t(x)\}^{f(x)} = [1+\log f(x)]f'(x)\{f(x)\}^{f(x)}$

14. यदि $y = \sqrt{f(x) + \sqrt{f(x) + \sqrt{f(x)+}}}\ldots\infty$ तब $\frac{dy}{dx} = \frac{f'(x)}{2y-1}$

15. यदि $a^x + a^y = a^{(x+y)}$ तब $\frac{dy}{dx} = -a^{(y-x)}$

16. यदि $x^p y^q = (x+y)(p+q)$ तब $\frac{dy}{dx} = \frac{y}{x}$

17. यदि $y = f(x) f(x) f(x) \ldots\ldots \infty$ तब

$$\frac{dy}{dx} = \frac{y^2 f'(x)}{f(x)\{1 - y\log f(x)\}}$$

वस्तुनिष्ठ प्रश्न

1. यदि $y = \sec\tan^{-1} x$, तब $dy/dx =$

(a) $1/\sqrt{(1+x^2)}$ (b) $x/(1+x^2)$

(c) $x/(1+x^2)$ (d) $x\sqrt{(1+x^2)}$

2. $y = \tan^{-1}\left(\frac{\log(e/x^2)}{\log(ex^2)}\right) + \tan^{-1}\left(\frac{3+2\log x}{1-6\log x}\right)$, तो $\frac{d^2y}{dx^2} =$

(a) 0 (b) -1

(c) 2 (d) 1

3. यदि $y\cos x + x\cos y = \pi$, तो $y''(0) =$

(a) 0 (b) $-\pi$

(c) 1 (d) π

4. यदि $x^p y^q = (x+y)^{p+q}$, तो $\frac{dy}{dx} =$

(a) $\frac{x}{y}$ (b) $\frac{py}{px}$

(c) $\frac{y}{x}$ (d) $\frac{py}{qx}$

5. $\log(x+y) - 2xy = 0$, तो $y(0) =$

(a) 2 (b) 0

(c) 1 (d) -1

6. यदि $x^y = e^{x-y}$ तो $\frac{dy}{dx} =$

(a) $\frac{x+y}{(1+\log x)^2}$ (b) $\frac{1}{1+\log x}$

(c) $\frac{\log x}{(1+\log x)^2}$ (d) $\frac{x-y}{(1+\log x)^2}$

7. यदि $f(x) = |\cos x|$ तो $f'\left(\frac{3\pi}{4}\right) =$

(a) $\frac{1}{\sqrt{2}}$ (b) $-\frac{1}{\sqrt{2}}$

(c) $\frac{2y}{1-y}$ (d) इनमें से कोई नहीं

8. यदि $y = \sin^n x \cos nx$, तो $\frac{dy}{dx} =$

(a) $n\sin^{n-1} x\cos(n-1)x$ (b) $n\sin^{n-1} x\cos nx$

(c) $n\sin^{n-1} x\cos(n+1)x$ (d) $n\sin^{n-1} x\sin(n+1)x$

9. माना $f(x) = \begin{vmatrix} x^3 & \sin x & \cos x \\ 6 & -1 & 0 \\ p & p^2 & p^3 \end{vmatrix}$, जहाँ p एक नियतांक है, तो

$x = 0$ पर $\frac{d^3}{dx^3} f(x)$ है

(a) $p + p^3$ (b) p से स्वतन्त्र

(c) p (d) $p + p^2$

10. यदि $x^2 + y^2 = 1$, तब–

(a) $yy'' + (y')^2 - 1 = 0$ (b) $yy'' + 2(y')^2 + 1 = 0$

(c) $yy'' - 2(y')^2 + 1 = 0$ (d) $yy'' + (y')^2 + 1 = 0$

11. यदि y, x का एक फलन है और $\log(x+y) = 2xy$, तो $y'(0)$ का मान है।

(a) 2 (b) 0
(c) 1 (d) −1

12. यदि $f''(x) = -f(x)$, जहाँ $f(x)$ एक सतत्, दो बार अवकलनीय फलन है और $g(x) = f'(x)$, यदि $F(x) = \left\{f\left(\frac{x}{2}\right)\right\}^2 + \left\{g\left(\frac{x}{2}\right)\right\}^2$ और $F(5) = 5$ हो, तो $F(10)$ है–

(a) 10 (b) 25
(c) 0 (d) 5

13. $\frac{d^2x}{dy^2}$ बराबर होगा।

(a) $\left(\frac{d^2y}{dx^2}\right)^{-1}\left(\frac{dy}{dx}\right)^{-2}$ (b) $-\left(\frac{d^2y}{dx^2}\right)\left(\frac{dy}{dx}\right)^{-3}$

(c) $\left(\frac{d^2y}{dx^2}\right)^{-1}$ (d) $-\left(\frac{d^2y}{dx^2}\right)^{-1}\left(\frac{dy}{dx}\right)^{-3}$

14. माना $g(x) = \log f(x)$ जहाँ $(0, \infty)$ पर द्विअवकलनीय धनात्मक फलन $f(x)$ इस प्रकार है, कि $f(x+1) = x\, f(x)$ तब $N = 1, 2, 3, \ldots$ के लिए $g''\left(N+\frac{1}{2}\right) - g''\left(\frac{1}{2}\right)$ बराबर है।

(a) $-4\left\{1+\frac{1}{9}+\frac{1}{25}+\ldots+\frac{1}{(2N+1)^2}\right\}$

(b) $4\left\{1+\frac{1}{9}+\frac{1}{25}+\ldots+\frac{1}{(2N+1)^2}\right\}$

(c) $-4\left\{1+\frac{1}{9}+\frac{1}{25}+\ldots+\frac{1}{(2N-1)^2}\right\}$

(d) $4\left\{1+\frac{1}{9}+\frac{1}{25}+\ldots+\frac{1}{(2N-1)^2}\right\}$

15. यदि $y = x^{e^x}$, तब $\frac{dy}{dx} =$

(a) $y(\log x + e^x)$ (b) $y \log x\left(\frac{1}{2}+e^x\right)$

(c) $ye^x(\log x + x)$ (d) $ye^x\left(\log x + \frac{1}{x}\right)$

16. यदि $x = 3\cos\theta - 2\cos^3\theta$ और $y = 3\sin\theta - 2\sin^3\theta$ तब $\frac{dy}{dx} =$

(a) $\sin\theta$ (b) $\cos\theta$
(c) $\tan\theta$ (d) $\cot\theta$

17. यदि $y = \log_y x$ तब $\frac{dy}{dx} =$

(a) $\frac{1}{x+\log y}$ (b) $\frac{1}{\log x(1+y)}$

(c) $\frac{1}{x(1+\log y)}$ (d) $\frac{1}{y+\log x}$

18. यदि $f(x) = x^n$,

तब, $f(1) - \frac{f'(1)}{1!} + \frac{f''(1)}{2!} - \frac{f'''(1)}{3!} + \ldots + \frac{(-1)^n f^n(1)}{n!}$ का मान होगा?

(a) 2^{n-1} (b) 0
(c) 1 (d) 2^n

19. यदि $x = e^{y+e^{y+\ldots to \infty}}$, $x > 0$ तब $\frac{dy}{dx}$ का मान होगा?

(a) $\frac{1-x}{x}$ (b) $\frac{1}{x}$

(c) $\frac{x}{1+x}$ (d) $\frac{1+x}{x}$

20. यदि $x^m \cdot y^n = (x+y)^{m+n}$, तब $\frac{dy}{dx} =$

(a) $\frac{y}{x}$ (b) $\frac{x+y}{xy}$

(c) xy (d) $\frac{x}{y}$

उत्तरमाला

1. (b)	2. (a)	3. (d)	4. (c)	5. (c)	6. (a)	7. (a)	8. (c)	9. (b)	10. (d)
11. (c)	12. (d)	13. (b)	14. (c)	15. (d)	16. (d)	17. (c)	18. (b)	19. (a)	20. (a)

संकेत एवं हल

1. (b) $\tan^{-1} x = \sec^{-1}\sqrt{(1+x^2)}$

$\therefore \quad y = \sec \sec^{-1}\sqrt{(1+x^2)} = \sqrt{(1+x^2)}$

$$\frac{dy}{dx} = \frac{1}{2\sqrt{(1+x^2)}}\cdot 2x = \frac{x}{\sqrt{(1+x^2)}}$$

2. (a) $\tan^{-1}\left(\frac{1-2\log x}{1+2\log x}\right) + \tan^{-1}\left(\frac{3+2\log x}{1+3\cdot 2\log x}\right)$

$= \tan^{-1} 1 - \tan^{-1}(2\log x) + \tan^{-1} 3 + \tan^{-1}(2\log x)$
$= \tan^{-1} 1 + \tan^{-1} 3$

$\therefore \quad y =$ अचर

$\therefore \quad \frac{dy}{dx} = 0$ और $\frac{d^2y}{dx^2} = 0$

3. (d) $y\cos x + x\cos y = \pi$ ...(i)

x के सापेक्ष अवकलन करने पर,

$-y\sin x + y'\cos x + \cos y - (x\sin y)\,y' = 0$

या $\quad -y\sin x + \cos y + y'(\cos x - x\sin y) = 0$ ...(ii)

अब (ii) का x के सापेक्ष अवकलन करने पर

$-y\cos x - y'\sin x - \sin y\cdot y' + y''(\cos x - x\sin y)$
$+ y'(-\sin x - 1\,.\,\sin y - x\cos y\,.\,y') = 0$ ...(iii)

(i), (ii) और (iii) में $x = 0$ रखने पर,

$y = \pi$, (i) से

तथा $\quad 0 + \cos\pi + y'(-1 - \pi\sin\pi)$

या $\quad -1 - y' = 0 \quad \therefore \quad y' = -1$

अब (iii) में $y = \pi, y' = -1$ और $x = 0$ रखने पर,

$-y\,.\,1 - \sin y\,.\,y' + y''(1-0) + y'(-\sin\pi) = 0$

या $-\pi - 0 + y'' + 0 = 0$

$\therefore \quad y'' = \pi.$

4. (c) log लेने पर,

$p\log x + q\log y = (p+q)\log(x+y)$

$$p\frac{1}{x} + q\frac{1}{y}\frac{dy}{dx} = (p+q)\,\frac{1}{x+y}\cdot\left(1+\frac{dy}{dx}\right)$$

$$\frac{p}{x} - \frac{p+q}{x+y} = \left(\frac{p+q}{x+y} - \frac{q}{y}\right)\frac{dy}{dx}$$

या $$\frac{py-qx}{x(x+y)} = \frac{py-qx}{y(x+y)}\frac{dy}{dx} \quad \therefore \quad \frac{dy}{dx} = \frac{y}{x}.$$

$x\frac{dy}{dx} - y = 0.$ पुनः अवकलन करें।

5. (c) $f(x, y) = \log(x+y) - 2xy = 0$

जब, $\quad x = 0, \quad \log y = 0 \quad \therefore \quad y = 1$

$$\therefore \quad \frac{dy}{dx} = -\frac{f_x}{f_y} = -\frac{\frac{1}{x+y} - 2y}{\frac{1}{x+y} - 2x} = -\frac{1-2}{1-0} = 1$$

6. (a) $y\log x = (x-y)\,.\,1$ या $y(1+\log x) = x$

$$\therefore \quad y = \frac{x}{1+\log x}$$

$\therefore \quad \frac{dy}{dx} = \frac{\log x}{(1+\log x)^2}$ भागफल के सूत्र से।

7. (a) द्वितीय चतुर्थांश में $\cos x$ ऋणात्मक है जिसमें $\frac{3\pi}{4}$ स्थित है।

$\therefore \quad y = f(x) = -\cos x$

$\therefore \quad f'(x) = \sin x = \sin\frac{3\pi}{4} = \frac{1}{\sqrt{2}}.$

8. (c) $\frac{dy}{dx} = n\sin x^{n-1}\cos x\cos nx - n\sin^n x\sin nx$

$= n\sin^{n-1} x\,[\cos x\cos nx - \sin x\sin nx]$
$= n\sin^{n-1} x\cos(n+1)x$

9. (b) $$f(x) = \begin{vmatrix} x^3 & \sin x & \cos x \\ 6 & -1 & 0 \\ p & p^2 & p^3 \end{vmatrix}$$

$$f'(x) = \begin{vmatrix} 3x^3 & \cos x & -\sin x \\ 6 & -1 & 0 \\ p & p^2 & p^3 \end{vmatrix} + \begin{vmatrix} x^3 & \sin x & \cos x \\ 0 & 0 & 0 \\ p & p^2 & p^3 \end{vmatrix} + \begin{vmatrix} x^3 & \sin x & \cos x \\ 6 & -1 & 0 \\ 0 & 0 & 0 \end{vmatrix}$$

$$\Rightarrow \quad f'(x) = \begin{vmatrix} 3x^2 & \cos x & -\sin x \\ 6 & -1 & 0 \\ p & p^2 & p^3 \end{vmatrix}$$

पुनः $$f''(x) = \begin{vmatrix} 6x & -\sin x & -\cos x \\ 6 & -1 & 0 \\ p & p^2 & p^3 \end{vmatrix}$$

और $$f'''(x) = \begin{vmatrix} 6 & -\cos x & \sin x \\ 6 & -1 & 0 \\ p & p^2 & p^3 \end{vmatrix}$$

$$\therefore \quad f'''(0) = \begin{vmatrix} 6 & -1 & 0 \\ 6 & -1 & 0 \\ p & p^2 & p^3 \end{vmatrix} = 0$$

$= p$ से स्वतन्त्र है।

10. (d) दिया है, $x^2+y^2=1$, x के सापेक्ष अवकलन करने पर,

$2x+2yy'=0$ या $x+yy'=0$

पुन: x के सापेक्ष अवकलन करने पर,

$1+y'y'+yy''=0$

या $1+(y')^2+yy''=0$

11. (c) $\therefore$ $x=0$ रखने पर,

$\log y=0$ या $y=1$

$\therefore$ हमें $\frac{dy}{dx}$, (0,1) पर ज्ञात करना है।

अब, $\log(x+y)=2xy$

दोनों पक्षों का अवकलन करने पर,

$$=\frac{1}{x+y}\left(1+\frac{dy}{dx}\right)=2x\frac{dy}{dx}+2y\cdot 1$$

$$\Rightarrow \frac{dy}{dx}=\frac{2y(x+y)-1}{1-2(x+y)x}$$

या $\left(\frac{dy}{dx}\right)_{(0,1)}=1$

12. (d) दिया है, $f''(x)=-f(x)$

$\Rightarrow \frac{d}{dx}\{f'(x)\}=-f(x)$

$\Rightarrow g'(x)=-f(x)$

और $f'(x)=g(x)$ ...(i)

जहाँ, $F(x)=\left\{f\left(\frac{x}{2}\right)\right\}^2+\left\{g\left(\frac{x}{2}\right)\right\}^2$

$$\therefore F'(x)=2\left\{f\left(\frac{x}{2}\right)\right\}.f'\left(\frac{x}{2}\right)\cdot\frac{1}{2}+2\left\{g\left(\frac{x}{2}\right)\right\}.g'\left(\frac{x}{2}\right)\cdot\frac{1}{2}=0$$

(समीकरण (i) से)

$\therefore$ $F(x)$ एक अचर फलन है।

$\Rightarrow F(10)=F(5)=5$

13. (b) चूँकि, $\frac{dx}{dy}=\frac{1}{(dy/dx)}=\left(\frac{dy}{dx}\right)^{-1}$

$$\Rightarrow \frac{d}{dy}\left(\frac{dy}{dx}\right)=\frac{d}{dx}\left(\frac{dy}{dx}\right)^{-1}\cdot\frac{dx}{dy}$$

$$\Rightarrow \frac{d^2x}{dy^2}=\left(\frac{d^2y}{dx^2}\right)\left(\frac{dy}{dx}\right)^{-2}\left(\frac{dx}{dy}\right)$$

$$=-\left(\frac{d^2y}{dx^2}\right)\left(\frac{dy}{dx}\right)^{-3}$$

14. (c) दिया है, $g(x)=\log f(x) \Rightarrow f(x)=e^{g(x)}$

$\Rightarrow e^{g(x+1)}=f(x+1)$

$\Rightarrow =xf(x)$ $[\because f(x+1)=xf(x)]$

$=xe^{g(x)}$

तथा $g(x+1)=\log x+g(x)$

अर्थात् $g(x+1)-g(x)=\log x$ ...(i)

x के स्थान पर $\left(x-\frac{1}{2}\right)$ रखने पर,

$$g\left(x+\frac{1}{2}\right)-g\left(x-\frac{1}{2}\right)=\log\left(x-\frac{1}{2}\right)$$

$$=\log(2x-1)-\log 2$$

$$\therefore g''\left(x+\frac{1}{2}\right)-g''\left(x-\frac{1}{2}\right)=-\frac{4}{(2x-1)^2} \quad ...(ii)$$

$x=1, 2, 3, ..., N$ समीकरण (ii) में रखने पर तथा जोड़ने पर,

$$g''\left(N+\frac{1}{2}\right)-g''\left(\frac{1}{2}\right)=-4\left\{1+\frac{1}{9}+\frac{1}{25}+...+\frac{1}{(2N-1)^2}\right\}$$

15. (d) दिया है, $y=x^{e^x}$.

दोनों ओर का लघुगुणक लेने पर

$\log y=e^x\log x$ अवकलन करने पर

$$\frac{1}{y}\frac{dy}{dx}=\frac{e^x}{x}\log x.e^x$$

$$\therefore \frac{dy}{dx}=ye^x\left(\log x+\frac{1}{x}\right)$$

16. (d) $\cot\theta$

17. (c) $\frac{1}{x(1+\log y)}$

18. (b) हम जानते है, $f(x)=x^n$

$$f(1)-\frac{f'(1)}{1!}+\frac{f''(1)}{2!}-...+\frac{(-1)^n f^n(1)}{n!}$$

$$=1-\frac{n}{1!}+\frac{n(n-1)}{2!}-...+(-1)^n.\frac{n!}{n!}$$

19. (a) $x=e^{y+x}$

$\Rightarrow$ $\log x=y+x$ अवकलन करने पर

$$\frac{1}{x}=\frac{dy}{dx}+1 \Rightarrow \frac{dy}{dx}=\frac{1-x}{x}$$

20. (a) $\because$ $x^m.y^n=(x+y)^{m+n}$

दोनों पक्षों का लघुगुणक लेने पर

$m\log x+n\log y=(m+n)\log(x+y)$

x के सापेक्ष अवकलन करने पर

$$\frac{m}{x}+\frac{x}{y}\frac{dy}{dx}=\frac{(m+n)}{(x+y)}\left(1+\frac{dy}{dx}\right)$$

या $\frac{dy}{dx}\left(\frac{m+n}{x+y}-\frac{n}{y}\right)=\frac{m}{x}-\frac{m+n}{x+y}$

या $\frac{dy}{dx}\left(\frac{my+ny+nx-ny}{y(x+y)}\right)=\frac{mx+my-mx-nx}{x(x+y)}$

या $\frac{dy}{dx}=\frac{y}{x}$

□□□

स्पर्शी एवं अभिलम्ब, एकदिष्टता तथा उच्चिष्ठ एवं निम्निष्ठ 23

(Tangent and Normal, Monotonicity and Maxima and Minima)

स्पर्शी एवं अभिलम्ब (Tangent and Normal)

(i) A पर स्पर्शी की प्रवणता $= \left(\dfrac{dy}{dx}\right)_{(x_1, y_1)} = \tan\Psi = m$

(ii) अभिलम्ब की प्रवणता $= \dfrac{-1}{\left(\dfrac{dy}{dx}\right)_{(x_1, y_1)}} = -\left(\dfrac{dx}{dy}\right)_{(x_1, y_1)} = -\dfrac{1}{m}$

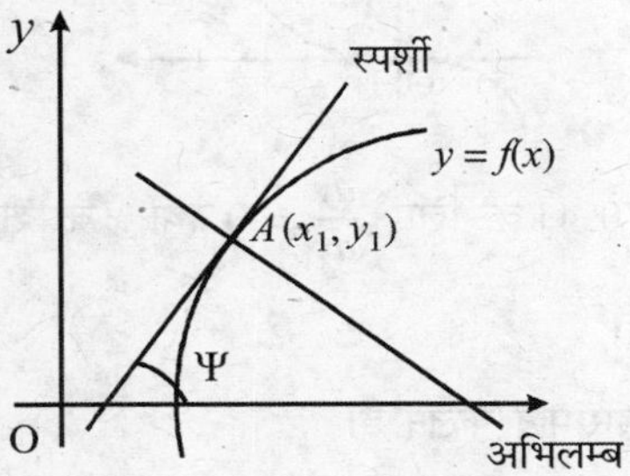

(iii) $A\,(x_1, y_1)$ पर स्पर्शी का समीकरण

$$\boxed{(y - y_1) = \left(\frac{dy}{dx}\right)_{(x_1, y_1)} (x - x_1)}$$

(iv) $A(x_1, y_1)$ पर अभिलम्ब का समीकरण

$$\boxed{(y - y_1) = -\left(\frac{dx}{dy}\right)_{(x_1, y_1)} (x - x_1)}$$

स्पर्शी, अभिलम्ब, अधोस्पर्शी व अधोलम्ब की लम्बाई
(Length of Tangent, Normal, Sub-tangent, Sub-normal)

(i) अभिलम्ब की लम्बाई $= \left| y\sqrt{1 + \left(\dfrac{dy}{dx}\right)^2} \right|$

(ii) स्पर्शी की लम्बाई $= \left| \dfrac{y\sqrt{1 + \left(\dfrac{dy}{dx}\right)^2}}{\dfrac{dy}{dx}} \right|$

(iii) अधोलम्ब की लम्बाई $= \left| y\left(\dfrac{dy}{dx}\right) \right|$

(iv) अधोस्पशी की लम्बाई $= \left| \dfrac{y}{\dfrac{dy}{dx}} \right|$

प्रतिच्छेदन कोण (Angle of Intersection)

माना वक्र $y = f(x)$ और $y = g(x)$, $A(x_1, y_1)$ पर प्रतिच्छेद करते हैं, तब

$$m_1 = \left(\frac{d}{dx} f(x)\right)_{(x_1, y_1)}$$

तथा
$$m_2 = \left(\frac{d}{dx} g(x)\right)_{(x_1, y_1)}$$

$\therefore$
$$\tan\theta = \left| \frac{m_1 - m_2}{1 + m_1 m_2} \right|$$

लम्बकोणीय वक्र (Orthogonal Curves)

यदि दो वक्रों का प्रतिच्छेदन कोण 90° है, तब दोनों वक्रों को लम्बकोणीय वक्र कहते हैं।

$\therefore$ वक्र लम्बकोणीय होंगे, यदि $\theta = \dfrac{\pi}{2}$

$$\Rightarrow 1 + \left(\frac{dy}{dx}\right)_{C_1} \left(\frac{dy}{dx}\right)_{C_2} = 0$$

$$\Rightarrow \left(\frac{dy}{dx}\right)_{C_1} \left(\frac{dy}{dx}\right)_{C_2} = -1$$

$$\Rightarrow \boxed{m_1 m_1 = -1}$$

अक्षों पर स्पर्श रेखा के अन्तःखण्डों की लम्बाई

(i) x-अक्ष पर अन्तःखण्ड की लम्बाई $= x_1 - \left[\dfrac{y_1}{\left(\dfrac{dy}{dx}\right)_{(x_1, y_1)}} \right]$

(ii) y-अक्ष पर अन्तःखण्ड की लम्बाई $= y_1 - \left[x_1 \left(\dfrac{dy}{dx}\right)_{(x_1, y_1)} \right]$

(iii) मूलबिन्दु से स्पर्श रेखा पर लम्ब की लम्बाई $y = f(x)$ के बिन्दु (x_1, y_1)

पर स्पर्श रेखा पर मूलबिन्दु से डाले गए लम्ब की लम्बाई

$$= \left| \frac{y_1 - x_1\left(\frac{dy}{dx}\right)_{(x_1, y_1)}}{\sqrt{1+\left(\frac{dy}{dx}\right)^2}} \right|$$

एकदिष्टता (Monotonicity)

वर्द्धमान फलन (Increasing Function)

फलन $y = f(x)$ वर्द्धमान फलन होगा यदि x के बढ़ने पर $f(x)$ का मान बढ़ता है, अर्थात् $x_1 > x_2$

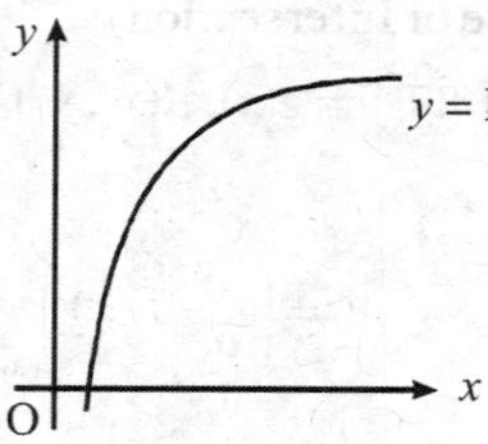

$\Rightarrow \quad f(x_1) > f(x_2), (x_1, x_2) \in f(x)$ का प्रान्त,

यहाँ, $\quad \dfrac{dy}{dx} > 0$

ह्रासमान फलन (Decreasing Function)

फलन $y = f(x)$ ह्रासमान होगा, यदि x के बढ़ने पर $f(x)$ का मान घटता है, अर्थात्

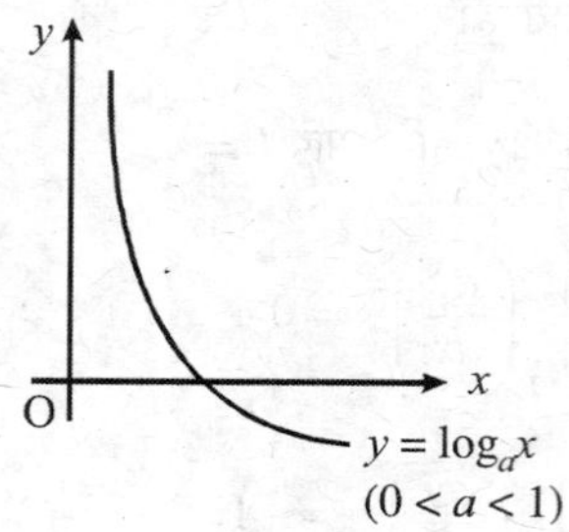

$x_1 > x_2 \quad \Rightarrow \quad f(x_1 < f(x_2)$

यहाँ $\quad \dfrac{dy}{dx} < 0$

अवर्द्धमान फलन (Non-increasing Function)

यदि $x_1 > x_2 \Rightarrow f(x_1) \le f(x_2)$ हो, तब $f(x)$ को अवर्द्धमान फलन कहते हैं।

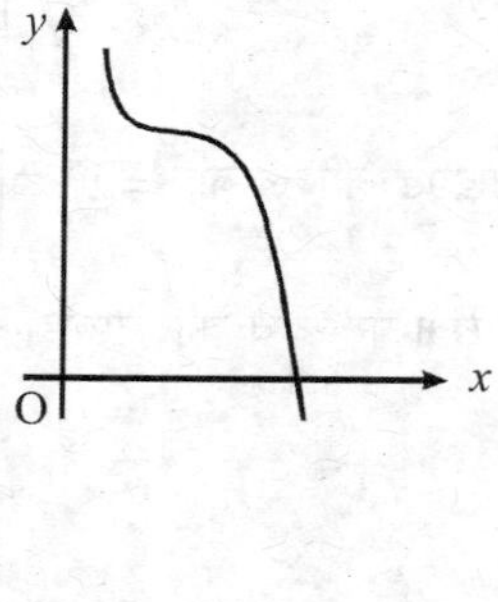

अह्रासमान फलन (Non-decreasing Function)

यदि $x_1 > x_2 \Rightarrow f(x_1) \ge f(x_2)$ हो, तब $f(x)$ अह्रासमान फलन कहलाता है।

यहाँ $\quad \dfrac{dy}{dx} \ge 0$

जैसे
$$f(x) = \begin{cases} (x-1)^2, & x \ge 0 \\ 0, & 0 \le x < 1 \\ -x^2, & x < 0 \end{cases}$$

$$\Rightarrow \quad f'(x) = \begin{cases} 2(x-1), & x \ge 0 \\ 0, & 0 \le x < 1 \\ -2x, & x < 0 \end{cases}$$

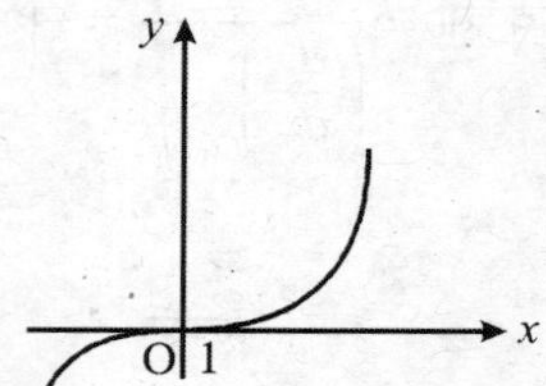

यहाँ $x \in [0, 1]$ के लिए $\dfrac{dy}{dx} = 0$ तथा x के शेष मानों के लिए $\dfrac{dy}{dx} > 0$ है।

$\therefore f(x)$ अह्रासमान फलन है।

एकदिष्ट फलन (Monotonic Function)

एकदिष्ट फलन से तात्पर्य वर्द्धमान फलन या ह्रासमान फलन से है। $f(x) = \text{In } x, f(x) = 2^x$, वर्द्धमान फलन है तथा $f(x) = x^2$ एकदिष्ट फलन अन्तराल $(-\infty, 0)$ या $(0, \infty)$ में है परन्तु R में एकदिष्ट नहीं है।

फलन के एकदिष्ट होने के लिए प्रतिबन्ध (Condition for Monotonocity of Functions)

माना विवृत्त अन्तराल (a, b) में परिभाषित अवकलनीय वास्तविक फलन f है।

(a) यदि $f'(x) > 0 \; \forall \; x \in (a, b)$, तब (a, b) में $f(x)$ वर्द्धमान होगा।

(b) यदि $f'(x) < 0 \; \forall \; x \in (a, b)$, तब (a, b) में $f(x)$ ह्रासमान होगा।

एकदिष्ट फलनों के गुण (Properties of Monotonic Functions)

(i) यदि $[a, b]$ में $f(x)$ व $g(x)$ एकदिष्ट (या पूर्णतः) वर्द्धमान (या ह्रासमान) फलन है, तब $[a, b]$ में $gof(x)$ एकदिष्ट (या पूर्णतः) वर्द्धमान फलन है।

(ii) यदि $f(x)$ पूर्णतः (या एकदिष्ट) वर्द्धमान तथा $g(x)$ पूर्णतः (या एकदिष्ट) ह्रासमान है, तब $[a, b]$ में gof पूर्णतः (या एकदिष्ट) ह्रासमान होगा।

(iii) यदि $[a, b]$ में $f(x)$ इस प्रकार सतत् है कि प्रत्येक $c \in [a, b]$ के लिए $f'(c) \le 0 \; [f'(c) < 0]$ है, तब $[a, b]$ में ह्रासमान फलन है।

(iv) यदि अन्तराल $[a, b]$ में $f(x)$ पूर्णतः वर्द्धमान फलन इस प्रकार है कि $f(x)$ सतत् है, तब $[f(a), f(b)]$ में f^{-1} सतत् होगा।

(v) यदि अन्तराल $[a, b]$ में $f(x)$ पूर्णतः वर्द्धमान फलन है तब $f^{-1}(x)$ का अस्तित्व होगा तथा यह भी पूर्णतः वर्द्धमान फलन होगा।

रोले का प्रमेय (Rolle's Theorem)

यदि फलन $f(x)$

(i) संवृत्त अन्तराल $[a, b]$ में सतत् है।

(ii) विवृत्त अन्तराल (a, b) में अवकलनीय है अर्थात् विवृत्त अन्तराल (a, b) में प्रत्येक बिन्दु पर अवकलनीय हो।

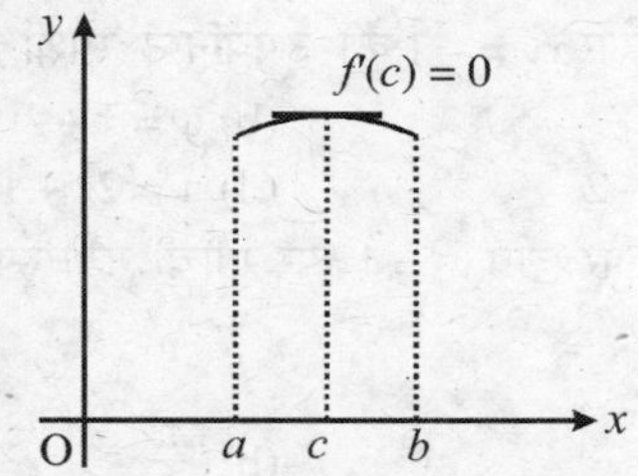

(iii) $f(a) = f(b)$

तब, कम से कम एक बिन्दु c का अन्तराल (a, b) में इस प्रकार अस्तित्व होगा कि $f'(c) = 0$.

लेगरान्ज का मध्यमान प्रमेय (Lagrange's Mean Value Theorem)

यदि फलन $f(x)$

(i) संवृत्त अन्तराल $[a, b]$ में सतत् है।

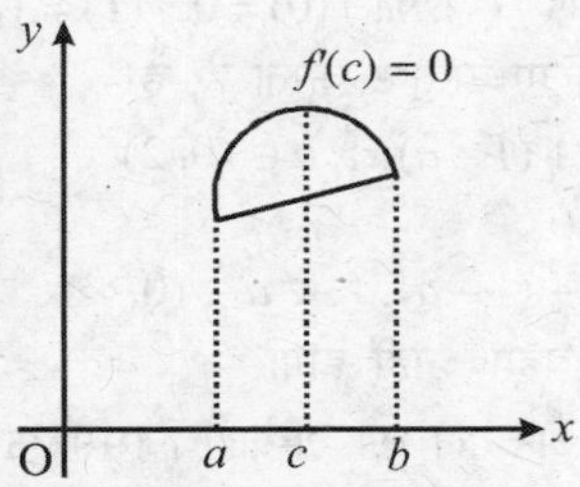

(ii) विवृत्त अन्तराल (a, b) में अवकलनीय है।

तब, कम से कम एक बिन्दु c, जहाँ $a < c < b$ का अस्तित्व इस प्रकार होगा कि

$$f'(c) = \frac{f(b) - f(a)}{b - a}$$

सरल रेखा में गति (Motion in a Straight Line)

यदि किसी क्षण t पर कण की गति v व चली दूरी x हो, तब

$$v = \frac{dx}{dt}$$

तथा
$$a = \frac{dv}{dt} = v\frac{dv}{dx} = \frac{d^2x}{dt^2}$$

जहाँ a कण का त्वरण है। यदि वेग के विपरीत दिशा में त्वरण कार्यरत हो, तो त्वरण को मन्दन कहते हैं।

उच्चिष्ठ एवं निम्निष्ठ (Mixima and Minima)

उच्चिष्ठ एवं निम्निष्ठ ज्ञात करने के लिए प्रथम अवकलज परीक्षण

(i) $y = f(x)$ रखें।

(ii) $\frac{dy}{dx}$ ज्ञात करें।

(iii) $\frac{dy}{dx} = 0$ रखें एवं इस समीकरण को x के लिए हल करें।

ekak $x = x_1, x_2 \ldots x_n$, $\frac{dy}{dx} = 0$ के हल हैं तो इन्हें x के स्थिर मान (Stationary values) कहते हैं।

(iv) माना $x = x_1$ अब यदि dy/dx का चिन्ह धनात्मक से ऋणात्मक होता है, जब x, x_1 से गुजरता है तो $x = x_1$ पर फलन एक स्थानीय उच्चिष्ठ रखता है। यदि यह ऋणात्मक से धनात्मक में परिवर्तित होता है तो $x = x_1$ पर फलन एक स्थानीय निम्निष्ठ रखता है। जब चिन्ह परिवर्तित न हो तो इस बिन्दु पर न तो स्थानीय उच्चिष्ठ होगा और न ही स्थानीय निम्निष्ठ होगा।

उच्च कोटि अवकलज परीक्षण (Higher Order Derivative Test)

$dy/dx = 0$ की गणना कीजिए तथा x के भिन्न-भिन्न मान ज्ञात कीजिए। मान लो कि $dy/dx = 0$ का एक मूल $x = a$ है।

(i) यदि $x = a$ पर $\frac{d^2y}{dx^2}$ = ऋणात्मक, तो $x = a$ पर y उच्चिष्ठ है।

(ii) यदि $x = a$ पर $\frac{d^2y}{dx^2}$ = धनात्मक, तो $x = a$ पर y निम्निष्ठ है।

(iii) यदि $x = a$ पर $\frac{d^2y}{dx^2} = 0$, तो $= \frac{d^3y}{dx^3}$ ज्ञात कीजिए।

यदि $x = a$ पर $\frac{d^3y}{dx^3} \neq 0$ तो $x = a$ पर y न तो उच्चिष्ठ होगा और न ही निम्निष्ठ।

(iv) यदि $x = a$ पर $\frac{d^3y}{dx^3} = 0$, तो $= \frac{d^4y}{dx^4}$ ज्ञात कीजिए।

यदि $x = a$ पर $\frac{d^4y}{dx^4} > 0$ अर्थात् धनात्मक, तो $x = a$ पर y निम्निष्ठ होगा और यदि $\frac{d^4y}{dx^4} < 0$ अर्थात् ऋणात्मक, तो $x = a$ पर y उच्चिष्ठ होगा

वस्तुनिष्ठ प्रश्न

1. यदि एक वक्र के प्राचलिक समीकरण $x = e^t \cos t, y = e^t \sin t$ द्वारा दिये जाते हों तो वक्र के बिन्दु $t = \pi/4$ पर खींची गई स्पर्शी x-अक्ष से कौन-सा कोण बनायेगी।

(c) $\frac{\pi}{3}$ (d) $\frac{\pi}{2}$

(a) 0 (b) $\frac{\pi}{4}$

2. रेखा $x/a + y/b = 1$ वक्र $y = be^{-x/a}$ को किस बिन्दु पर स्पर्श करती है।

(b) $\left(-a, \frac{b}{a}\right)$ (a) $\left(a, \frac{b}{a}\right)$

(c) $\left(a, \frac{a}{b}\right)$ (d) इनमें से कोई नहीं

3. यदि रेखा $ax + by + c = 0$ वक्र $xy = 1$, का एक अभिलम्ब है, तो–

(c) $a < 0, b > 0$ (d) $a < 0, b < 0$

(a) $a > 0, b > 0$ (b) $a > 0, b < 0$

4. अन्तराल [0, 1] में फलन $x^{25} (1-x)^{75}$ किस बिन्दु पर महत्तम मान ग्रहण करता है।

(a) $\frac{1}{4}$ (b) 0

(c) $\frac{1}{2}$ (d) $\frac{1}{3}$

5. यदि फलन $f(x) = 2x^3 - 9ax^2 + 12a^2 x + 1$, जहाँ $a > 0$, अपना उच्चिष्ठ और निम्निष्ठ मान क्रमशः p और q पर ग्रहण करता है और यदि $p^2 = q$, तो $a =$

(a) 2 (b) 3

(c) $\frac{1}{2}$ (d) 1

6. फलन $f(x) = \int_{-1}^{x} t(e^t - 1)(t-1)(t-2)^3 (t-3)^5 dx$ एक स्थानीय निम्निष्ठ रखता है $x = ...$ पर–

(a) 2 (b) 3

(c) 0 (d) 1

7. $f(x) = 1 + 2 \sin x + 3 \cos^2 x, \left(0 \le x \le \frac{2\pi}{3}\right)$ है।

(a) $x = 30^\circ$ पर निम्नष्ठ (b) $x = \sin^{-1}\left(\frac{1}{3}\right)$ पर उच्चिष्ठ

(c) $x = 90^\circ$ पर निम्निष्ठ (d) $x = \sin^{-1}\frac{1}{\sqrt{3}}$ पर उच्चिष्ठ

8. वक्र $y = f(x)$ के बिन्दु (3, 4) पर खींचा गया अभिलम्ब x-अक्ष की धनात्मक दिशा से $\frac{3\pi}{4}$ का कोण बनाता है, तो $f'(3)$ बराबर होगा।

(a) $\frac{4}{3}$ (b) 1

(c) -1 (d) $-\frac{3}{4}$

9. वक्र $x^2 = y - 6$ के बिन्दु (1, 7) पर खींची गयी स्पर्शी, वृत्त $x^2 + y^2 + 16x + 12y + c = 0$ को किस बिन्दु पर स्पर्श करेगी?

(a) $(6, -7)$ (b) $(-6, -7)$

(c) $(6, 7)$ (d) $(-6, 7)$

10. वक्रों $y^2 = 8x$ और $xy = -1$ की उभयनिष्ठ स्पर्शी का समीकरण है।

(a) $2y = x + 8$ (b) $y = x + 2$

(c) $3y = 9x + 2$ (d) $y = 2x + 1$

11. बिन्दु (1, 4) से परवलय $y^2 = 4x$ पर खींची गयी स्पर्शियों के बीच का कोण है।

(a) $\frac{\pi}{3}$ (b) $\frac{\pi}{2}$

(c) $\frac{\pi}{6}$ (d) $\frac{\pi}{4}$

12. माना $f(x) = \int e^x (x-1)(x-2) dx$, तब f किस अन्तराल में ह्रासमान होगा?

(a) $(1, 2)$ (b) $(2, \infty)$

(c) $(-\infty, -2)$ (d) $(-2, -1)$

13. एक द्विघात बहुपद $f(x)$, जो $f(0) = 0, f(1) = 1, f'(x) > 0$ को सभी $x \in (0, 1)$ के लिए सन्तुष्ट करता है, है।

(a) $f(x) = ax + (1-a)x^2, a \in (0, 2)$

(b) $f(x) = \phi$

(c) $f(x) = ax + (1-a)x^2, \forall a \in (0, \infty)$

(d) ऐसा कोई बहुपद नहीं होगा

14. उस सबसे बड़े अन्तराल की लम्बाई, जिसमें फलन $3\sin x - 4\sin^3 x$ वर्द्धमान है, है।

(a) $\frac{3\pi}{2}$ (b) π

(c) $\frac{\pi}{3}$ (d) $\frac{\pi}{2}$

15. यदि $f(x) = x^3 + bx^2 + cx + d$ और $0 < b^2 < c$, तब $(-\infty, \infty)$ में–

(a) $f(x)$ दृढ़ ह्रासमान होगा

(b) $f(x)$ परिबद्ध होगा

(c) $f(x)$ दृढ़ वर्द्धमान होगा

(d) $f(x)$ एक स्थानीय उच्चिष्ठ रखेगा

16. यदि $f(x) = ex^{x(1-x)}$, तो $f(x)$ है।

(a) R पर वर्द्धमान (b) $\left[-\frac{1}{2}, 1\right]$ पर ह्रासमान

(c) $[-1/2, 1]$ पर वर्द्धमान (d) R पर ह्रासमान

17. माना $f(x) = \begin{cases} |x|, & 0 < |x| < 2 \text{ के लिए} \\ 1, & x = 0 \text{ के लिए} \end{cases}$ तो $x = 0$ पर, $f(x)$ के लिए होगा।

(a) कोई स्थानीय उच्चिष्ठ नहीं (b) एक स्थानीय उच्चिष्ठ
(c) एक स्थानीय निम्नष्ठ (d) कोई चरम मान नहीं

18. यदि $f(x)=x^2+2bx+2c^2$ और $g(x)=-x^2-2cx+b^2$, इस प्रकार हैं, कि $\min f(x)>\max g(x)$, तो b और c के बीच सम्बन्ध है।
(a) $|c|<|b|\sqrt{2}$
(b) $|c|>|b|\sqrt{2}$
(c) b और c का कोई वास्तविक मान नहीं है
(d) $0<c<b\sqrt{2}$

19. फलन $f(x)\begin{cases}(2+x)^3; & -3<x-1\\ x^{\frac{2}{3}}; & -1<x<2\end{cases}$ के उच्चिष्ठ(Local maxima) तथा निम्निष्ठ (local minima) की कुल संख्या है।
(a) 2 (b) 3
(c) 0 (d) 1

20. यदि $f(x)=2x^3-3x^2-12x+5$ यदि $[-2, 4]$, तब x पर उच्चिष्ठ निरपेक्ष मान होगा?
(a) -2 (b) -1
(c) 2 (d) 4

21. यदि फलन $f(x)=2x^3-9ax^2+12a^2x+1$, जहाँ $a>0$, P और q पर क्रमश: उच्चिष्ठ और निम्निष्ठ होता है। $P^2=q$ तब a का मान होगा?
(a) 1 (b) 2
(c) 1/2 (d) 3

22. यदि $u=\sqrt{(a^2\cos^2\theta+b^2\sin^2\theta)}+\sqrt{(a^2\sin^2\theta+b^2\cos^2\theta)}$, तब u^2 का उच्चिष्ठ और निम्नष्ठ मानों में अन्तर होगा? जहाँ $(a>0, b>0)$:
(a) $(a+b)^2$ (b) $2\sqrt{(a^2+b^2)}$
(c) $2(a^2+b^2)$ (d) $(a-b)^2$

23. नीचे फलनों का अन्तरालों से मिलान किया है। जहाँ फलन वर्धमान है, कौन-सा युग्म का सही मिलान नहीं है?
(a) $[2,\infty)$ $\rightarrow 2x^3-3x^2-12x+6$
(b) $(-\infty,\infty]$ $\rightarrow x^3-3x^2+3x+3$
(c) $(-\infty,-4]$ $\rightarrow x^3+6x^2+6$
(d) $(-\infty,1/3]$ $\rightarrow 3x^2-2x+1$

24. यदि x वास्तचिक है $(3x^2+9x+17)/(3x^2+9x+7)$ का उच्चिष्ठ मान होगा?
(a) 1/4 (b) 41
(c) 1 (d) 17/7

25. फलन $f(x)=\frac{x}{2}+\frac{2}{x}$ का मान निम्निष्ठ होगा $x=-$
(a) 2 (b) -2
(c) 0 (d) 1

26. C के किस मान के लिए फलन $f(x)=\log_e x$ अन्तराल [1, 3] पर माध्यमान प्रमेय होगी?
(a) $\frac{1}{2}\log_e 3$ (b) $\log_3 e$
(c) $\log_e 3$ (d) $2\log_3 e$

27. फलन $f(x)=\tan^{-1}(\sin x+\cos x)$ वर्धमान फलन है?
(a) $(-\pi/2, \pi/4)$ (b) $(0, \pi/2)$
(c) $(-\pi/2, \pi/2)$ (d) $(\pi/4, \pi/2)$

28. माना समीकरण x^3-px+q के तीन विभिन्न वास्तविक मूल है, जहाँ $p>0$ और $q>0$ तब कौन-सा कथन सही है?
(a) समीकरण का अधिकतम मान $\sqrt{\frac{p}{3}}$ तथा $\sqrt{\frac{p}{3}}$ दोनों पर
(b) $\sqrt{\frac{p}{3}}$ पर समीकरण का निम्निष्ठ व $-\sqrt{\frac{p}{3}}$ पर उच्चिष्ठ होगा
(c) समीकरण का निम्निष्ठ $-\sqrt{\frac{p}{3}}$ पर और उच्चिष्ठ $\sqrt{\frac{p}{3}}$ पर
(d) समीकरण का निम्निष्ठ मान $\sqrt{\frac{p}{3}}$ तथा $\sqrt{\frac{p}{3}}$ दोनों पर

29. वक्र $x=a(1+\cos\theta), y=a\sin\theta$ के बिन्दु 'θ' पर अभिलम्ब हमेशा गुजरेगा एक बिन्दु से–
(a) $(a, 0)$ (b) $(0, a)$
(c) $(0, 0)$ (d) (a, a)

30. वक्र $x=a(\theta\sin\theta+\cos\theta), y=a(\sin\theta-\theta\cos\theta)$ किसी बिन्दु θ पर ऐसा होगा?
(a) यह x-अक्ष से $\frac{\pi}{2}+\theta$ कोण बनाता है
(b) यह मूल बिन्दु से गुजरता है
(c) यह मूल बिन्दु से नियत दूरी पर है
(d) यह बिन्दु $(a\pi/2, -a)$ से गुजरता है

31. वक्र $y=x^2-5x+6$ के बिन्दु (2, 0) और (3, 0) पर स्पर्श रेखाओं के बीच कोण होगा?
(a) $\frac{\pi}{2}$ (b) $\frac{\pi}{3}$
(c) $\frac{\pi}{6}$ (d) $\frac{\pi}{4}$

32. परवलय $y^2=8x$ की स्पर्श रेखा का समीकरण $y=x+2$ है। रेखा पर बिन्दु जहाँ से परवलय की दूसरी स्पर्श रेखा, ज्ञात स्पर्श रेखा पर लम्ब है, होगा?
(a) (0, 2) (b) (2, 4)
(c) $(-2, 0)$ (d) $(-1, 1)$

33. यदि p और q धनात्मक वास्तविक संख्याएँ ऐसी है, $p^2+q^2=1$ तब $(p+q)$ का महत्तम मान होगा?
(a) $\frac{1}{2}$ (b) $\frac{1}{\sqrt{2}}$
(c) $\sqrt{2}$ (d) 2

34. एक वक्र का बिन्दु $P(x, y)$ पर अभिलम्ब x-अक्ष पर बिन्दु G पर मिलता है। यदि G का मूल बिन्दु से दूरी P के भुज की दो गुनी है, तब वक्र होगा?
(a) परवलय (b) वृत
(c) अतिपरवलय (d) दीर्घवृत

उत्तरमाला

1. (b)	2. (d)	3. (a,d)	4. (a)	5. (a)	6. (b,d)	7. (b,c)	8. (b)	9. (b)	10. (b)
11. (a)	12. (a)	13. (a)	14. (c)	15. (c)	16. (c)	17. (d)	18. (a)	19. (b)	20. (a)
21. (b)	22. (d)	23. (c)	24. (b)	25. (a)	26. (d)	27. (a)	28. (b)	29. (a)	30. (c)
31. (a)	32. (c)	33. (c)	34. (c,d)						

संकेत एवं हल

1. (b) $\frac{dy}{dx} = \frac{y}{x} = \frac{e^t(\sin t + \cos t)}{e^t(\cos t - \sin t)} = \infty, t = \frac{\pi}{4}$ पर

अत: स्पर्शी x-अक्ष पर लम्ब है।

2. (d) माना बिन्दु (p, q) है।

$\therefore \quad q = be^{-p/a}$ ...(i)

क्योंकि यह दिये हुए वक्र पर स्थित है।

$$\frac{dy}{dx} = -\frac{b}{a}e^{-x/a}$$

$$\therefore \quad \left(\frac{dy}{dx}\right)_{(p,q)} = -\frac{b}{a}e^{-p/a} = -\frac{q}{a}, \text{ (1) से}$$

अत: स्पर्शी $\quad y - q = -\frac{q}{a}(x - p)$

$$-\frac{y}{q} + 1 = \frac{x}{a} - \frac{p}{a}$$

या $\quad \frac{x}{a} + \frac{y}{q} = 1 + \frac{p}{a}$

$\frac{x}{a} + \frac{y}{b} = 1$ से तुलना करने पर

$$q = b \quad \text{और} \quad 1 + \frac{p}{a} = 1$$

$\therefore \quad p = 0$

3. (a,d) $\quad y = \frac{1}{x} \quad \therefore \quad \frac{dy}{dx} = -\frac{1}{x^2}$

$\therefore$ अभिलम्ब की प्रवणता $= x^2$

यदि $ax + by + c = 0$ अभिलम्ब है, तो इसकी प्रवणता $= -\frac{b}{a}$

$\therefore \quad -\frac{b}{a} = x^2 = +\text{ive} \quad$ या $\quad \frac{b}{a} = -\text{ive}$

अर्थात् a और b विपरीत चिन्ह के हैं।

4. (a) $y = x^{25}(1-x)^{75}$

$$\frac{dy}{dx} = 25x^{24}(1-x)^{75} - 75x^{25}(1-x)^{74}$$

$$= 25x^{24}(1-x)^{74}(1-4x) = 0$$

$\therefore \quad x = 0, 1, 1/4$

$x = 0, 1$ पर कोई चिन्ह.परिवर्तन नहीं होता है।

$x = \frac{1}{4}$ पर, $\frac{dy}{dx}$ का चिन्ह (+) से (–) को होता है जब x का विचरण $\frac{1}{4} - h$ से $\frac{1}{4} + h$ को होता है।

अत: $x = \frac{1}{4}$ पर y उच्चिष्ठ है।

5. (a) $\quad \frac{dy}{dx} = x^2 - 3ax + 2a^2 = 0$

$\therefore \quad x = a, 2a$

$$\frac{d^2y}{dx^2} = 2x - 3a = -\text{ive}, \quad x = a \text{ पर},$$

$x = a$ पर उच्चिष्ठ तथा $x = 2a$ पर निम्निष्ठ।

$\therefore \quad p = a, \quad q = 2a.$

दिया है $\quad p^2 = q$

$\therefore \quad a^2 = 2a \Rightarrow a = 2 \quad (a > 0)$

6. (b,d) $\quad \frac{dy}{dx} = f'(x) = x(e^x - 1)(x-1)(x-2)^3(x-3)^5 = 0$

क्रांतिक बिन्दु 0, 1, 2, 3 हैं।

$x = 3$ पर $\frac{dy}{dx}$ के चिन्ह परिवर्तन पर विचार करने पर।

$x < 3, \frac{dy}{dx} = -\text{ive}$ और $x > 3, \frac{dy}{dx} = +\text{ive}$ चिन्ह परिवर्तन – से + को है। अत: $x = 3$ पर निम्निष्ठ है।

$\because$ निम्निष्ठ और उच्चिष्ठ एकान्तर रूप से आते हैं।

$\therefore$ द्वितीय निम्निष्ठ $x = 1$ पर होगा।

7. (b,c) $y = 1 + 2\sin x + 3\cos^2 x$

$$\frac{dy}{dx} = 2\cos x - 6\cos x \sin x = 0$$

$\therefore \quad \cos x = 0 \quad$ या $\quad \sin x = \frac{1}{3}$

$\therefore \quad x = 90^\circ \quad$ या $\quad \sin^{-1}\left(\frac{1}{3}\right)$

$$\frac{d^2y}{dx^2} = -\sin x - 6(\cos^2 x - \sin^2 x)$$

$$= -2 + 6 = 4, \qquad x = 90^\circ \text{ पर}$$

$\therefore$ निम्निष्ठ है तथा निम्निष्ठ मान $= 1 + 2 = 3$

या $\quad \dfrac{d^2y}{dx^2} = -2\sin x - 6(1 - 2\sin^2 x)$

$$= -2 \cdot \frac{1}{3} - 6 + 12 \cdot \frac{1}{9}$$

$$= \frac{2}{3} - 6 = -\text{ive}, \qquad \sin x = \frac{1}{3} \text{ पर}$$

$x = \sin^{-1}\left(\frac{1}{3}\right)$ पर उच्चिष्ठ है तथा उच्चिष्ठ मान $= \frac{13}{3}$.

8. (b) वक्र $y = f(x)$ की स्पर्शी की प्रवणता $= \dfrac{dy}{dx} = f'(x)_{(3, 4)}$

अतः अभिलम्ब की प्रवणता $= -\dfrac{1}{f'(x)_{(3,4)}} = -\dfrac{1}{f'(3)}$

परन्तु $\quad -\dfrac{1}{f'(3)} = \tan\left(\dfrac{3\pi}{4}\right) \quad$ (दिया है)

$\Rightarrow \quad \dfrac{-1}{f'(3)} = \tan\left(\dfrac{\pi}{2} + \dfrac{\pi}{4}\right) = -1$

$\Rightarrow \quad f'(3) = 1$

9. (b) परवलय $x^2 = y - 6$ के बिन्दु $(1, 7)$ पर स्पर्शी का समीकरण

$$x(1) = \frac{1}{2}(y + 7) - 6$$

$$\left(\begin{array}{ll} x^2 \to xx_1 & \text{और} \\ 2y \to y + y_1 & \text{से प्रतिस्थापित करने पर} \end{array}\right)$$

$\Rightarrow \quad 2x = y + 7 - 12$

$\Rightarrow \quad y = 2x + 5 \qquad$ ...(i)

जोकि वृत्त $x^2 + y^2 + 16x + 12y + c = 0$ की भी स्पर्शी है।

अर्थात् $\; x^2 + (2x + 5)^2 + 16x + 12(2x + 5) + c = 0$

के मूल समान होने चाहिए।

उपरोक्त समीकरण के लिए, $\alpha = \beta$

$5x^2 + 60x + 85 + c = 0$

अतः $\quad \alpha + \beta = -\dfrac{60}{5} \quad \Rightarrow \quad \alpha = -6$

$(\because \alpha = \beta)$

$\therefore \quad x = -6 \quad$ और $\quad y = 2x + 5 = -7$

अतः स्पर्श बिन्दु $(-6, -7)$ है।

10. (b) वक्र $y^2 = 8x$ पर स्पर्शी का समीकरण

$$y = mx + \frac{2}{m}$$

अतः यह $xy = -1$ को सन्तुष्ट करेगा।

$\Rightarrow \quad x\left(mx + \dfrac{2}{m}\right) = -1$

$\Rightarrow mx^2 + \dfrac{2}{m}x + 1 = 0 \qquad$ ...(i)

समीकरण (i) के मूल समान हैं। अतः

$\therefore \quad D = 0$

$\Rightarrow \quad \dfrac{4}{m^2} - 4m = 0$

$\Rightarrow \quad m^3 = 1 \quad \Rightarrow \quad m = 1$

अतः उभयनिष्ठ स्पर्शी का समीकरण $y = x + 2$ है।

11. (a) हम जानते हैं, कि $y^2 = 4ax$ पर स्पर्शी का समीकरण $y = mx + \dfrac{a}{m}$ है।

$\Rightarrow \quad y^2 = 4x$ पर स्पर्शी $y = mx + \dfrac{1}{m}$ है।

$\because$ स्पर्शी $(1, 4)$ से होकर जाती है।

$$4 = m + \frac{1}{m}$$

$\Rightarrow \quad m^2 - 4m + 1 = 0 \quad$ (जिसके मूल m_1 व m_2 हैं)

$\therefore \quad m_1 + m_2 = 4 \quad$ और $\quad m_1 m_2 = 1$

और $\quad |m_1 - m_2| = \sqrt{(m_1 + m_2)^2 - 4m_1 m_2}$

$$= \sqrt{12} = 2\sqrt{3}$$

माना स्पर्शियों के मध्य का कोण θ है।

$\therefore \quad \tan\theta = \left|\dfrac{m_1 - m_2}{1 + m_1 m_2}\right| = \left|\dfrac{2\sqrt{3}}{1 + 1}\right| = \sqrt{3}$

$\Rightarrow \quad \theta = \dfrac{\pi}{3}$

12. (a) माना $\quad f(x) = \int e^x (x - 1)(x - 2)\,dx$

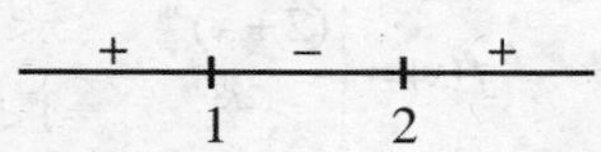

$\Rightarrow \quad f'(x) = e^x (x - 1)(x - 2)$

$\therefore \quad f'(x) < 0, 1 < x < 2$ के लिए

अतः $f(x), x \in (1, 2)$ के लिए ह्रासमान है।

13. (a) माना $\quad f(x) = bx^2 + ax + c$

[$\therefore$ एल हॉस्पिटल नियम से]

चूँकि $\quad f(0) = 0 \quad \Rightarrow \quad c = 0$

$\quad f(1) = 1 \quad \Rightarrow \quad a + b = 1$

$\therefore \quad f(x) = ax + (1 - a)x^2$

जब $f'(x) > 0, x \in (0, 1)$ के लिए,

$\Rightarrow \; a + 2(1 - a)x > 0$

$\Rightarrow \; a(1 - 2x) + 2x > 0$

$\Rightarrow \quad a > \dfrac{2x}{2x-1} \quad \Rightarrow \quad 0 < a < 2,$

$\because x \in (0, 1)$

$\therefore \quad f(x) = ax + (1-a)x^2, 0 < a < 2$

14. (c) माना $f(x) = 3\sin x - 4\sin^3 x = \sin 3x$ सबसे बड़ा अन्तराल, जिस में $\sin x$ वर्द्धमान है, लम्बाई π का है। अत: सबसे बड़ा अन्तराल जिसमें $\sin 3x$ वर्द्धमान है, कि लम्बाई $\pi/3$ का है।

15. (c) दिया है, $\quad f(x) = x^2 + bx + cx + d$

$\Rightarrow \quad f'(x) = 3x^2 + 2bx + c$

हम जाते हैं, कि यदि $ax^2 + bx + c \geq 0$ सभी के लिए,

$\Rightarrow \quad a > 0$ और $D < 0$ उपरोक्त समीकरण में

$D = 4b^2 - 12c = 4(b^2 - c) - 8c$

(जहाँ $b^2 - c < 0$ और $c > 0$)

$\therefore \quad D =$ ऋणात्मक या $D < 0$

$\Rightarrow \quad f'(x) = 3x^2 + 2bx + c > 0,$

सभी $x \in (-\infty, \infty)$ के लिए, (क्योंकि $D < 0$ और $a > 0$)

अत: $f(x)$ दृढ़ वर्द्धमान फलन है।

16. (c) $f(x) = xe^{x(1-x)}$

$$\Rightarrow \quad f'(x) = e^{x(1-x)} + xe^{x(1-x)}(1-2x)$$
$$= e^{x(1-x)}\{1 + x(1-2x)\}$$
$$= e^{x(1-x)}\{1 + x - 2x^2\}$$
$$= -e^{x(1-x)}\{2x^2 - x - 1\}$$
$$= -e^{x(1-x)}\{(x-1)(2x+1)\}$$

17. (d) चित्र से स्पष्ट है, कि $x = 0$ पर $f(x)$ अवकलनीय नहीं है।

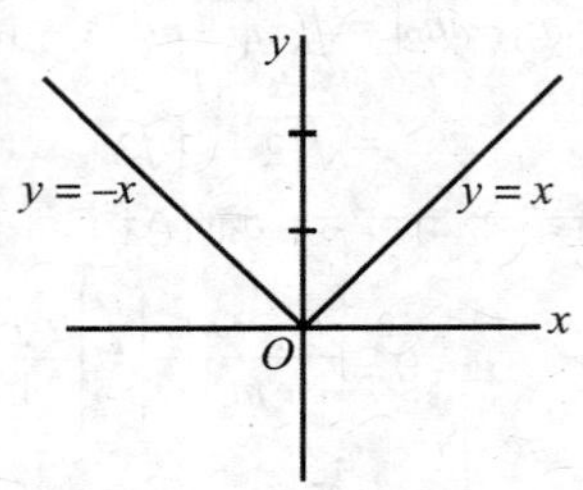

इसलिए न तो उच्चिष्ठ होगा और न निम्निष्ठ होगा।

18. (a) $\therefore \quad f(x) = \begin{cases} (2+x)^3; & -3 < x \leq -1 \\ x^{2/3}; & -1 < x < 2 \end{cases}$

$\Rightarrow \quad f'(x) = \begin{cases} 3(2+x)^2; & -3 < x \leq -1 \\ \dfrac{2}{3}x^{-\frac{2}{3}}; & -1 < x < 2 \end{cases}$

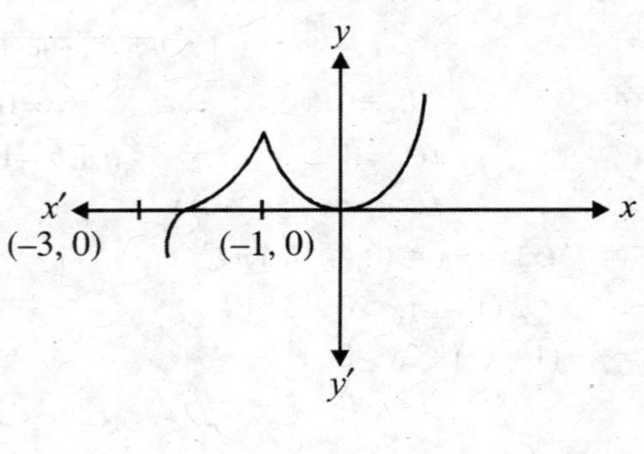

स्पष्ट है, कि $x = -1$ पर $f'(x)$ धनात्मक से ऋणात्मक चिन्ह परिवर्तित करता है। इसलिए $x = -1$ पर $f(x)$ उच्चिष्ठ है।

तथा $f'(0)$ अस्तित्वविहीन है परन्तु $f'(0^-) < 0$ तथा $f'(0^+) < 0$ से स्पष्ट है कि $x = 0$ पर $f(x)$ के निम्निष्ठ होने की सम्भावना है।

अत: दिया गया फलन $x = -1$ पर उच्चिष्ठ तथा $x = 0$ पर निम्निष्ठ है।

19. (b) यदि $f(x) = x^2 + 2bx + 2c^2$ और $g(x) = -x^2 - 2cx + b^2$, तो $x = -\dfrac{b}{a}$ और $f(x) = -\dfrac{D}{4a}$ पर क्रमश: $f(x)$ अधिकतम और $g(x)$ न्यूनतम होगा।

$$\therefore \quad \min f(x) = \frac{-(4b^2 - 8c^2)}{4} = 2c^2 - b^2$$

और $\quad \max g(x) = \dfrac{-(4c^2 + 4b^2)}{4(-1)} = b^2 + c^2$

अब, $\quad \min f(x) > \max g(x)$

$\Rightarrow \quad 2c^2 - b^2 > b^2 + c^2$

या $\quad c^2 > 2b^2 \quad$ या $\quad |c| > \sqrt{2}|b|$

20. (a) -2

21. (b) $\because \quad f(x) = 2x^3 - 9ax^2 + 12a^2x + 1$

$f'(x) = 6x^2 - 18ax + 12a^2$

परन्तु $\quad f'(x) = 0 \quad 6[x^2 - 3ax + 2a^2] = 0$

$\Rightarrow \quad x^2 - 3ax + 2a^2 = 0$

$\Rightarrow \quad x(x - 2a) - a(x - 2a) = 0$

$\Rightarrow \quad (x - 2a)(x - a) = 0$

$\Rightarrow \quad x = a, \quad x = 2a$

अब $\quad f''(x) = 12x - 18a \quad x = a$ पर

$f''(x) = 12a - 18a = -6a$

$\therefore \quad f(x), \quad x = a$ पर उच्चिष्ठ होगा

अर्थात् $\quad P = a$

$x = 2a, f''(x) = 24a - 18a = 6a$

$\therefore \quad f(x) \quad x = 2a$ पर निम्निष्ठ होगा।

अर्थात् $\quad q = 2a$

दिया है, $\quad P^2 = q$

$\Rightarrow \quad a^2 = 2a \quad \Rightarrow \quad a = 2$

22. (d) $u^2 = a^2 + b^2 +$

$$2\sqrt{[(a^2\cos^2\theta + b^2\sin^2\theta)\cdot(a^2\sin^2\theta + b^2\cos^2\theta)]}$$

$= a^2 + b^2 +$

$$2\sqrt{[(a^4 + b^4)\sin^2\theta\cos^2\theta + a^2b^2(\cos^4\theta + \sin^4\theta)]}$$

$= a^2 + b^2 +$

$$2\sqrt{[(a^4 + b^4)\sin^2\theta\cos^2\theta + a^2b^2\{(\cos^2 + \sin^2\theta)^2 - 2\cos^2\theta\sin^2\theta\}]}$$

$$= a^2 + b^2 + 2\sqrt{[a^2b^2 + (a^2 - b^2)\sin^2\theta\cos^2\theta]}$$

$= a^2 + b^2 + \sqrt{4a^2b^2 + (a^2 - b^2)\sin^2 2\theta}$

$0 \le \sin^2 2\theta \le 1$

$\Rightarrow$ उच्चिष्ठ $u^2 = a^2 + b^2 + \sqrt{4a^2b^2 + (a^2 - b^2)^2}$

$= a^2 + b^2 + a^2 + b^2 = 2\,(a^2 + b^2)$

और निम्निष्ठ $u^2 = a^2 + b^2 + 2ab$

$\therefore$ उच्चिष्ठ u^2 – निम्निष्ठ

$u^2 = a^2 + b^2 - 2ab = (a - b)^2$

23. (c) $f(x) = x^3 + 6x^2 + 6$

$f'(x) = 3x^2 + 12x = 3x\,(x + 4)$

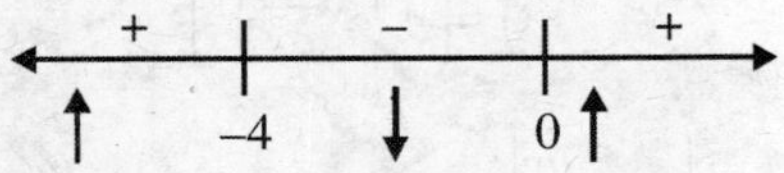

$\Rightarrow \quad x \in (-\infty, 4) \cup (0, \infty)$

(d) $f(x) = 3x^2 - 2x + 1$

$f'(x) = 6x - 2$

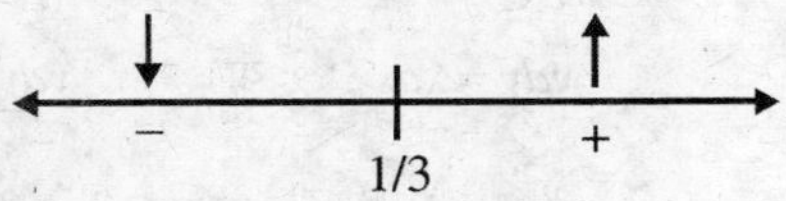

$\Rightarrow \quad f'(x) > 0 \ \forall\, x \in (1/3, \infty)$

यह गलत है।

24. (b) $\dfrac{3x^2 + 9x + 17}{3x^2 + 9x + 7} = 1 + \dfrac{10}{3\left(x^2 + 3x + \frac{7}{3}\right)}$

$= 1 + \dfrac{10}{3\left[\left(x + \frac{3}{2}\right)^2 + \frac{1}{12}\right]}$

$\Rightarrow \dfrac{3x^2 + 9x + 17}{3x^2 + 9x + 7}$ का $x = -3/2$ पर उच्चिष्ठ मान होगा।

$\therefore \dfrac{3x^2 + 9x + 17}{3x^2 + 9x + 7}$ का उच्चिष्ठ मान

$= 1 + \dfrac{10}{3\left(\frac{1}{12}\right)} = 1 + 40 = 41$

25. (a) $f(x) = \dfrac{x}{2} + \dfrac{2}{x}$

$f'(x) = \dfrac{1}{2} - \dfrac{1}{x^2}$

उच्चिष्ठ या निम्निष्ठ के लिए $f'(x) = 0$ रखने पर

$\dfrac{1}{2} - \dfrac{1}{x^2} = 0 \quad \Rightarrow \quad x^4 = 4$

$\Rightarrow \quad x = \pm 2$ अब $f''(x) = \dfrac{4}{x^3}$

$\Rightarrow \quad f''(2) = \dfrac{4}{8} = \dfrac{1}{2} > 0$

और $f''(-2) = -\dfrac{4}{8} = -\dfrac{1}{2} < 0$

$\therefore \quad f(x)\; x = 2$ पर निम्निष्ठ है

26. (d) माध्य मान प्रमेय से,

$f'(C) = \dfrac{f(3) - f(1)}{3 - 1}$

$\Rightarrow \quad \dfrac{1}{C} = \dfrac{\log 3 - \log 1}{2}$

$\Rightarrow \quad C = \dfrac{2}{\log_e 3} = 2\log_3 e.$

27. (a) $f'(x) = \dfrac{1}{1 + (\sin x + \cos x)^2}(\cos x - \sin x)$

$= \dfrac{\sqrt{2}\cos\left(x + \frac{\pi}{4}\right)}{1 + (\sin x + \cos x)^2}$

$f(x)$ वर्धमान है यदि, $-\dfrac{\pi}{2} < x + \dfrac{\pi}{4} < \dfrac{\pi}{2}, -\dfrac{3\pi}{4} < x < \dfrac{\pi}{4}$

28. (b) $f(x) = x^3 - px + q, p > 0, q > 0$

चूँकि $f(x) = 0$ के 3 वास्तविक मूल है $f(x)$ के दो विपरीत चिन्ह के एक उच्चिष्ठ और एक निम्निष्ठ होने चाहिए।

$f'(x) = 0 \quad \Rightarrow \quad 3x^2 - p = 0$

$\Rightarrow \quad x = \pm\sqrt{\dfrac{p}{3}}$

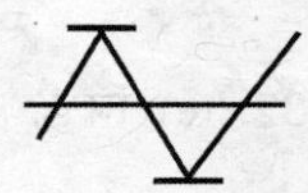

$f''(x) = 6x$

$\Rightarrow \quad f''\left(-\sqrt{\dfrac{p}{3}}\right) < 0$

$\Rightarrow \quad f(x)$ उच्चिष्ठ है $-\sqrt{\dfrac{p}{3}}$ पर और निम्निष्ठ है $\sqrt{\dfrac{p}{3}}$ पर

29. (a) हम रखते हैं, $x = a\,(1 + \cos\theta), \quad y = a\sin\theta$

$\dfrac{dx}{d\theta} = a\,(-\sin\theta), \quad \dfrac{dy}{d\theta} = a\cos\theta$

या $\dfrac{dy}{dx} = \dfrac{dy/d\theta}{dx/d\theta} = -\dfrac{\cos\theta}{\sin\theta}$

$\therefore$ $[a\,(1 + \cos\theta), a\sin\theta]$ पर अभिलम्ब का समीकरण

$(y - a\sin\theta) = \dfrac{\sin\theta}{\cos\theta}[x - a\,(1 + \cos\theta)]$

यह साफ है, कि विकल्प, अभिलम्ब बिन्दु $(a, 0)$ से गुजरेगा।

30. (c) दिया है, कि $x = a\,(\cos\theta + \theta\sin\theta)$

$\dfrac{dx}{d\theta} = a\,(-\sin\theta + \sin\theta + \theta\cos\theta)$

$= a\,\theta\cos\theta$

और $y = a\,(\sin\theta - \theta\cos\theta)$

$$\frac{dy}{d\theta} = a(\cos\theta - \cos\theta + \theta\sin\theta)$$
$$= a\,\theta\sin\theta$$
$$\therefore \quad \frac{dy}{dx} = \frac{dy/d\theta}{dx/d\theta} = \tan\theta$$

अभिलम्ब का ढ़ाल $= -\frac{dx}{dy} = -\cot\theta = \tan\left(\frac{\pi}{2}+\theta\right)$

इसलिए अभिलम्ब का समीकरण है

$$y - a\sin\theta + a\,\theta\cos\theta = -\frac{\cos\theta}{\sin\theta}(x - a\cos\theta - a\,\theta\sin\theta)$$
$$\Rightarrow \quad \sin\theta\, y - a\sin^2\theta + a\,\theta\cos\theta\sin\theta = -x\cos\theta + a\cos^2\theta + a\,\theta\sin\theta\cos\theta$$
$$\Rightarrow \quad x\cos\theta + y\sin\theta = a$$

यह हमेशा मूल बिन्दु से a दूरी पर होगा।

31. (a) $\because \quad y = x^2 - 5x + 6$

$$\therefore \quad \frac{dy}{dx} = 2x - 5$$

अब $\quad m_1 = \left(\frac{dy}{dx}\right)_{(2,0)} = 4 - 5 = -1$

और $\quad m_2 = \left(\frac{dy}{dx}\right)_{(3,0)} = 6 - 5 = 1$

चूँकि $\quad m_1 m_2 = -1$

$\therefore$ स्पर्श रेखाओं के बीच कोण $\pi/2$ है।

32. (c) बिन्दु, $\quad x = -2$ पर होंगे।

अतः अभीष्ट बिन्दु $(-2, 0)$ है।

33. (c) A.M. $\geq$ G.M. से,

$$pq \leq \frac{p^2+q^2}{2} = \frac{1}{2}$$
$$p + q \leq 2\sqrt{pq} \leq 2/\sqrt{2} = \sqrt{2}$$

34. (c,d) अभिलम्ब का समीकरण

$$Y - y = -\frac{dx}{dy}(X - x) \text{ है।}$$
$$\Rightarrow \quad G = \left(x + y\frac{dy}{dx}, 0\right)$$
$$\left|x + y\frac{dy}{dx}\right| = |2x|$$
$$\Rightarrow \quad y\frac{dy}{dx} = x \quad \text{या} \quad y\frac{dy}{dx} = -3x$$
$$ydy = xdx \quad \text{या} \quad ydy = -3xdx$$
$$\frac{y^2}{2} = \frac{x^2}{2} + c \quad \text{या} \quad 3x^2 + y^2 = 2c$$

$\therefore$ वक्र दीर्घवृत्त या अतिपरवलय है।

चूँकि प्रश्न के एक से अधिक उत्तर सही है। अतः इसे छोड देना चाहिए।

यदि हम $x + y\frac{dy}{dx} = 2x$, लेते है, तब उत्तर एक अतिपरवलय होगा।

❑❑❑

24 अनिश्चित समाकलन
(Indefinite Integration)

परिभाषा (Definition)

यदि $f(x)$ का अवकलन $f'(x)$ है। तो तब $f'(x)$ का समाकलन $f(x)$ होगा। इसलिए अवकलन तथा एक-दूसरे के प्रतिलोम होते है।

जैसे– $$\frac{d}{dx}(x^n) = n \cdot x^{n-1}$$

$\Rightarrow$ $n \cdot x^{n-1}$ का समाकलन x^n होता है।

यदि $$\frac{d}{dx}[f(x) + c] = F(x), \text{ तब}$$

$\therefore$ $F(x)$ का समाकलन $f(x) + c$ होता है।

C को समाकलन नियतांक कहते है।

अनिश्चित समाकलन के गुण
(Properties of Indefinite Integration)

1. $\int kf(x)\, dx = k\int f(x)\, dx,$ जहाँ, $k =$ नियतांक
2. $\int f'(x)\, dx = \int \frac{d}{dx}[f(x)]\, dx = f(x)$
3. $\int [f_1(x) \pm f_2(x) \pm f_3(x) \pm \ldots \pm f_n(x)]\, dx$
$= \int f_1(x)\, dx \pm \int f_2(x)\, dx \pm \int f_3(x)\, dx \pm \ldots \pm \int f_n(x)\, dx$
4. $\int f(x)\, dx = F(x)$, तब $\int f(ax \pm b)\, dx = \frac{1}{a} F(ax \pm b)$

मूल सूत्र (Basic Formulae)

1. $\frac{d}{dx}\left(\frac{x^{n+1}}{n+1}\right) = x^n \quad \Rightarrow \quad \int x^n\, dx = \frac{x^{n+1}}{n+1} + c, \quad n \neq -1$

2. $\frac{d}{dx}(e^x) = e^x \quad \Rightarrow \quad \int e^x\, dx = e^x + c$

3. $\frac{d}{dx}(a^x) = a^x \log a \quad \Rightarrow \quad \int a^x\, dx = \frac{a^x}{\log_e a} + c$

4. $\frac{d}{dx}(\log x) = \frac{1}{x} \quad \Rightarrow \quad \int \frac{1}{x}\, dx = \log|x| + c$

5. $\frac{d}{dx}(\cos x) = -\sin x \quad \Rightarrow \quad \int \sin x\, dx = -\cos x + c$

6. $\frac{d}{dx}(\sin x) = \cos x \quad \Rightarrow \quad \int \cos x\, dx = \sin x + c$

7. $\frac{d}{dx}(\tan x) = \sec^2 x \quad \Rightarrow \quad \int \sec^2 x\, dx = \tan x + c$

8. $\frac{d}{dx}(\cot x) = -\operatorname{cosec}^2 x \quad \Rightarrow \quad \int \operatorname{cosec}^2 x\, dx = -\cot x + c$

9. $\frac{d}{dx}(\sec x) = \sec x \tan x \quad \Rightarrow \quad \int \sec x \tan x\, dx = \sec x + c$

10. $\frac{d}{dx}(\operatorname{cosec} x) = -\operatorname{cosec} x \cot x$
$\Rightarrow \int \operatorname{cosec} x \cot x\, dx = -\operatorname{cosec} x$

11. $\frac{d}{dx}(\sin^{-1} x) = \frac{1}{\sqrt{1-x^2}} \quad \Rightarrow \quad \int \frac{1}{\sqrt{1-x^2}}\, dx = \sin^{-1} x + c$

12. $\frac{d}{dx}(\tan^{-1} x) = \frac{1}{1+x^2} \quad \Rightarrow \quad \int \frac{1}{1+x^2}\, dx = \tan^{-1} x + c$

13. $\frac{d}{dx}(\sec^{-1} x) = \frac{1}{x\sqrt{x^2-1}} \quad \Rightarrow \quad \int \frac{1}{x\sqrt{x^2-1}}\, dx = \sec^{-1} x + c$

14. $\frac{d}{dx}(\cos^{-1} x) = -\frac{1}{\sqrt{1-x^2}} \quad \Rightarrow \quad -\int \frac{1}{\sqrt{1-x^2}}\, dx = \cos^{-1} x + c$

15. $\frac{d}{dx}(\cot^{-1} x) = \frac{-1}{1+x^2} \quad \Rightarrow \quad -\int \frac{1}{1+x^2}\, dx = \cot^{-1} x + c$

16. $\frac{d}{dx}(\operatorname{cosec}^{-1} x) = -\frac{1}{x\sqrt{x^2-1}}$
$\Rightarrow \quad -\int \frac{1}{x\sqrt{x^2-1}}\, dx = \operatorname{cosec}^{-1} x + c$

17. $\frac{d}{dx}\left(\sin^{-1}\frac{x}{a}\right) = \frac{1}{\sqrt{a^2-x^2}}$
$\Rightarrow \int \frac{dx}{\sqrt{a^2-x^2}}\, dx = \sin^{-1}\left(\frac{x}{a}\right) + c$

18. $\frac{d}{dx}\left(\tan^{-1}\frac{x}{a}\right) = \frac{a}{x^2+a^2}$
$\Rightarrow \quad \int \frac{dx}{a^2+x^2}\, dx = \frac{1}{a}\tan^{-1}\left(\frac{x}{a}\right) + c$

19. $\int \tan x\, dx = -\log|\cos x| + c = \log|\sec x| + c$
20. $\int \cot x\, dx = \log|\sin x| + c$
21. $\int \sec x\, dx = \log|\sec x + \tan x| + c$
22. $\int \operatorname{cosec} x\, dx = \log|\operatorname{cosec} x - \cot x| + c$

मानक सूत्र (Standard Formula)

1. $\int \frac{dx}{x^2-a^2} = \frac{1}{2a}\log\left|\frac{x-a}{x+a}\right| + c, \quad x > a$

2. $\int \frac{dx}{a^2-x^2} = \frac{1}{2a}\log\left|\frac{a+x}{a-x}\right| + c, \quad x < a$

3. $\int \frac{dx}{\sqrt{x^2+a^2}} = \log|x+\sqrt{a^2+x^2}|$

4. $\int \frac{dx}{\sqrt{x^2-a^2}} = \log|x+\sqrt{x^2-a^2}|$

5. $\int \sqrt{a^2-x^2}\,dx = \frac{x}{2}\sqrt{a^2-x^2} + \frac{a^2}{2}\sin^{-1}\left(\frac{x}{a}\right) + c$

6. $\int \sqrt{a^2+x^2}\,dx = \frac{x}{2}\sqrt{a^2+x^2} + \frac{a^2}{2}\log|x+\sqrt{a^2+x^2}| + c$

7. $\int \sqrt{x^2-a^2}\,dx = \frac{x}{2}\sqrt{x^2-a^2} - \frac{a^2}{2}\log|x+\sqrt{x^2-a^2}| + c$

8. $\int e^{ax}.\sin bx\,dx = \frac{e^{ax}}{a^2+b^2}[a\sin bx - b\cos bx]$

9. $\int e^{ax}.\cos bx\,dx = \frac{e^{ax}}{a^2+b^2}[a\cos bx + b\sin bx]$

समाकलन की विधियाँ (Methods of Integration)

1. **प्रतिस्थापन द्वारा समाकलन (Integration by Substitution) :**

$$\int f(x)\,dx = \int f(x)\frac{dx}{dt}dt = \int f(\phi)\,\phi'(t)\,dt = f(\phi(t))$$

यदि $x = \phi(t)$

तब $dx = \phi'(t)\,dt$

जब समाकलन करने वाला व्यंजक निम्न रूप में हों $\frac{f'(x)}{f(x)}$,

$f(x) = t$ रखने पर

तथा $f'(x)\,dx = dt$

इस प्रकार,

$$\int \frac{f'(x)}{f(x)}dx = \int \frac{dt}{t}$$

$$= \log t = \log f(x)$$

कुछ खास प्रतिस्थापन (Some Important Substitution) :

$x = a\sin\theta$ या $a\cos\theta$ — $\sqrt{a^2-x^2}$

$x = a\sec\theta$ या $a\,\text{cosec}\,\theta$ — $\sqrt{x^2-a^2}$

$x = a\tan\theta$ या $a\cot\theta$ — $\sqrt{a^2+x^2}$

$x = a\sin^2\theta$ या $a\cos^2\theta$ — $\sqrt{\frac{a-x}{x}}$ या $\sqrt{\frac{x}{a-x}}$

$x = a\tan^2\theta$ या $a\cot^2\theta$ — $\sqrt{\frac{a+x}{x}}$ या $\sqrt{\frac{x}{a+x}}$

$x = a\cos 2\theta$ — $\sqrt{\frac{a-x}{a+x}}$ या $\sqrt{\frac{a+x}{a-x}}$ के लिए

$x = a\sec^2\theta - b\tan^2\theta$ — $\sqrt{\frac{x-a}{x-b}}$ या $\sqrt{(x-a)(x-b)}$ के लिए

$x = a\cos^2\theta + b\sin^2\theta$ — $\sqrt{\frac{x-a}{b-x}}$ या $\sqrt{(x-a)(b-x)}$ के लिए

$(\sqrt{x^2+a^2} \pm x)^n$ या $(x \pm \sqrt{x^2-a^2})^n$ के लिए कोष्ठक के व्यंजक को t मानते है।

$\int \frac{dx}{(ax+b)^m(cx+d)^n}$ (जहाँ $m+n=2$) के लिए $\frac{ax+b}{cx+d} = t$ रखते है।

$\int \frac{x^2+1}{x^4+1}dx$ तथा $\int \frac{x^2-1}{x^4+1}dx$ के रूप के समाकलन के लिए $x - \frac{1}{x} = t$ या $x + \frac{1}{x} = t$ क्रमश: रखते है।

$\int f\left(\frac{1}{x^n}\right)\frac{dx}{x^{n+1}}$ के समाकलन के लिए $\frac{1}{x^n} = t$ रखते है।

$\int \frac{dx}{(ax+b)\sqrt{lx^2+mx+n}}$ के समाकलन के लिए $ax+b = \frac{1}{t}$ रखते है।

$\int \frac{dx}{(ax^2+bx+c)\sqrt{lx^2+mx+n}}$ के समाकलन के लिए $\frac{ax^2+bx+c}{lx^2+mx+n} = t^2$ रखते है।

$\int \frac{dx}{(ax^2+b)\sqrt{lx^2+m}}$ के समाकलन के लिए $x = \frac{1}{t}$ रखते है।

$\int \frac{px+q}{ax^2+bx+c}dx, \int \frac{px+q}{\sqrt{ax^2+bx+c}}$ तथा $\int (px+q)\sqrt{ax^2+bx+c}\,dx$ रूप के समाकलन के लिए $px+q = A\frac{d}{dx}(ax^2+bx+c)+B$ रखते है तथा A व B का मान ज्ञात करके समाकलन करते है।

$\int \frac{dx}{a\cos x + b\sin x + c}$ तथा $\int \frac{dx}{a\sin^2\frac{x}{2} + b\cos^2\frac{x}{2} + c}$ के रूप के समाकलन के लिए $\tan\frac{x}{2} = t$ रखते है।

$\int \frac{ae^x+be^{-x}}{ce^x+de^{-x}}dx$ के रूप के समाकलन के लिए

$$ae^x + be^{-x} = A(ce^x + de^{-x}) + B(ce^x - de^{-x}))$$ रखते है।

A व B का मान ज्ञात करते है, तब

$$\int \frac{ae^x + be^{-x}}{ce^x + de^{-x}} dx = A\int 1 \cdot dx + B\int \frac{f'(x)}{f(x)} dx$$

जहाँ, $$f(x) = ce^x + de^{-x}$$

$\int \frac{a\sin x + b\cos x}{c\sin x + d\cos x} dx$ के रूप के समाकलन के लिए

$a\sin x + b\cos x = A(c\sin x + d\cos x) + B(c\cos x - d\sin x)$ रखते है।

2. खण्डश: समाकलन (Integration by Parts)

यदि u और v, x के दो अवकलनीय

$$\int u.v\, dx = u\int v\, dx - \int\left[\left(\frac{d}{dx}u\right)\int dx\right]dx$$

जहाँ पर u प्रथम फलन तथा v द्वितीय फलन है।

प्रथम फलन को चुनने के लिए निम्नलिखित वरीयता क्रम का प्रयोग करते हैं।

$\text{I} \rightarrow$ Inverse (प्रतिलोम फलन)

$\text{L} \rightarrow$ Logarithmic (लघुगणकीय)

$\text{A} \rightarrow$ Algebric (बीजगणितीय)

$\text{T} \rightarrow$ Trigonometric (त्रिकोणमीतीय)

$\text{E} \rightarrow$ Exponential (चरघातांकीय)

1. $\int e^{ax+b}(af(x) + f'(x))dx = e^{ax+b} f(x) + c$

2. $\int e^{ax}\sin bx\, dx = \frac{e^{ax}}{a^2 + b^2}(a\sin bx - b\cos bx) + c$

3. $\int e^{ax}\cos bx\, dx = \frac{e^{ax}}{a^2 + b^2}(a\cos bx + b\sin bx) + c$

$$= \frac{e^{ax}}{\sqrt{a^2 + b^2}}\cos\left(bx - \tan^{-1}\frac{b}{a}\right) + c$$

$\sin^{-1}, \cos^{-1}x, \log x$ की तरह के फलनों के लिए नीचे दी गयी विधि से हल करें।

(i) $\int \sin^{-1}[f(x)]dx = \int \sin^{-1} f(x).(1dx)$

$$= \sin^{-1}[f(x)].x - \int \frac{xf'(x)}{\sqrt{1 - [f(x)]^2}} dx$$

(ii) $\int \log[f(x)]dx = \int \log[f(x)]dx$

$$= \log[f(x)]x - \int \frac{xf'(x)}{f(x)} dx$$

(iii) $\int \tan^{-1}[f(x)]dx = \tan^{-1} f(x)x - \int \frac{xf'(x)}{\sqrt{1 + [f(x)]^2}} dx$

कुछ महत्त्वपूर्ण प्रतिस्थापन (Some Important Substitutions)

$$\int \frac{dx}{ax^2 + bx + c}, \int \frac{dx}{\sqrt{(ax^2 + bx + c}}, \int \sqrt{ax^2 + bx + c}\, dx$$

$ax^2 + bx + c$ को दो वर्गों के योग अथवा अन्तर के रूप में व्यक्त कीजिए तथा दिए हुए सूत्रों को आवश्यकतानुसार प्रयोग कीजिए।

निम्न समाकलनों में सूत्रों का प्रयोग

(i) $\int \frac{px + q}{ax^2 + bx + c} dx$, $\int \frac{px + q}{\sqrt{(ax^2 + bx + c)}} dx$,

$$\int (px + q)\sqrt{ax^2 + bx + c}\, dx$$

यहाँ, $(px + q)$ को हम निम्न प्रकार लिखते हैं।

$(px + q) = A[(ax^2 + bx + c)$ का अवकलज$] + B$

A तथा B का मान निकाल कर $(px + q)$ को प्रतिस्थापित करते हैं।

(ii) $\int \frac{dx}{a\sin^2 x + b\cos^2 x}$, $\int \frac{dx}{a\cos^2 x + 2b\sin x + \sin^2 x}$,

$$\int \frac{dx}{a + b\sin^2 x + c\cos^2 x}, \int \frac{dx}{a\cos^2 x + b}, \int \frac{dx}{a + b\sin^2 x}$$

इस प्रकार के प्रश्नों में अंश तथा हर को $\cos^2 x$ से भाग कीजिए। तब अंश में $\sec^2 x$ प्राप्त होगा तथा हर में $\tan x$ में द्विघात प्राप्त होगा ($\sec^2 x = 1 + \tan^2 x$ रखने पर)

अब, $\tan x = t$ रखने पर प्रश्न निम्न रूप में बदल जाएगा।

$$\int \frac{dt}{at^2 + bt + c}$$

नोट//

- $\int \log x\, dx = x\log x - x + c$
- $\int e^x[f(x) + f'(x)]dx = e^x f(x) + c$
- $\int \frac{dx}{f(e^x)} = \int \frac{e^x dx}{e^x f(e^x)} \int \frac{dt}{t\, f(t)}$ प्रतिस्थापन के द्वारा $e^x = t$

3. आंशिक भिन्न द्वारा समाकलन (Integration of Partial Fraction)

यदि फलन $\frac{P(x)}{Q(x)}$ जहाँ $P(x)$ व $Q(x)$ क्रमश: m व n घात के बहुपद है, रूप का है। यदि $m < n$, यह भिन्न, उचित भिन्न (Proper fraction) है तथा यदि $m \geq n$ तब इस भिन्न को अनुचित भिन्न (Improper fraction) कहते है। अनुचित भिन्न को हल करते समय इसके अंश को हर से भाग करके समाकलन करते है।

$$\frac{P(x)}{Q(x)} = M(x) + \frac{P_1(x)}{Q(x)}$$

(जहाँ $\frac{P_1(x)}{Q(x)}$ एक उचित भिन्न है)

दशा I– यदि $Q(x)$ में बिना पुनरावृत्ति के रैखिक गुणनखण्ड है, तब

$$\frac{P_1(x)}{Q(x)}=\frac{A_1}{a_1x+b_1}+\frac{A_2}{a_2x+b_2}+\ldots+\frac{A_n}{a_nx+b_n}$$

जहाँ, $A_1, A_2, \ldots, A_m$, x से स्वतन्त्र पद है A_1 का मान $x=-\frac{b_1}{a_1}$ रखकर ज्ञात करते है। इसी प्रकार $A_2, A_3, \ldots, A_n$ का मान ज्ञात करते है।

$$\therefore \int\frac{P_1(x)}{Q(x)}dx=\int\left(\frac{A_1}{a_1x+b_1}+\frac{A_2}{a_2x+b_2}+\ldots+\frac{A_n}{a_nx+b_n}\right)dx$$

दशा II– यदि $\frac{P_1(x)}{Q(x)}=\frac{P_1(x)}{(a_1x+b_1)(a_2x+b_2)^n}$

$$=\frac{A_1}{a_1x+b_1}+\frac{A_2}{a_2x+b_2}+\ldots+\frac{A_{n+1}}{(a_2x+b_2)^n}$$

दोनों पक्षों की तुलना करके $A_1, A_2, \ldots, A_{n+1}$ का मान ज्ञात करके समाकलन करते है।

दशा III– $\frac{P_1(x)}{Q(x)}=\frac{P_1(x)}{(a_1x+b)(lx^2+mx+n)}$

अब lx^2+mx+n के वास्तविक रैखिक गुणनखण्ड ज्ञात करने सम्भव नहीं है, तब–

$$\frac{P_1(x)}{(a_1x+b)(lx^2+mx+n)}=\frac{A}{a_1x+b}+\frac{B(lx^2+mx+n)\text{ का अवकलन}}{lx^2+mx+n}+C$$

$$=\frac{A}{a_1x+b}+\frac{B(2lx+m)+C}{lx^2+mx+n}$$

अब A, B, C का मान दोनों पक्षों की तुलना करके ज्ञात करते है तथा समाकलन करते है।

नोट//

- $$\frac{Px+q}{(x-a)(x-b)}=\frac{A}{(x-a)}+\frac{B}{(x-b)}$$
- $$\frac{Px^2+qx+r}{(x-a)^2(x-b)}=\frac{A}{(x-a)}+\frac{B}{(x-a)^2}+\frac{C}{(x-b)}$$
- $$\frac{Px^2+qx+r}{(x-a)(bx^2+cx+d)}=\frac{A}{(x-a)}+\frac{Bx+C}{(bx^2+cx+d)}$$
- $$\frac{Px^4+qx^3+rx^2+sx+t}{(x-a)(bx^2+cx+d)^2}=\frac{A}{(x-a)}+\frac{Bx+C}{(bx^2+cx+d)}+\frac{Dx+E}{(bx^2+cx+d)^2}$$

विधियों से समाकलन (Integration of the Type)

1. $\int\frac{dx}{a+b\cos x}$
2. $\int\frac{dx}{a+b\sin x}$
3. $\int\frac{dx}{a+b\cos x+c\sin x}$

नियम (Rule)

माना $\cos x=\frac{1-\tan^2\frac{x}{2}}{1+\tan^2\frac{x}{2}}$ तथा $\sin x=\frac{2\tan\frac{x}{2}}{1+\tan^2\frac{x}{2}}$

$1+\tan^2\frac{x}{2}$ को $\sec^2\frac{x}{2}$ को प्रतिस्थापित करते है।

माना, $\tan\frac{x}{2}=t \Rightarrow \frac{1}{2}\sec^2\frac{x}{2}dx=dt$

$$\int\frac{f(t)}{At^2+Bt+C}dt$$

समाकलन विधि (Integration of the Type)

1. $\int\frac{dx}{a+b\cos^2 x}$
2. $\int\frac{dx}{a+b\sin^2 x}$
3. $\int\frac{dx}{a\cos^2 x+b\sin x.\cos x+c\sin^2 x}$

नियम (Rule)

पहले $\cos^2 x$ से ऊपर नीचे भाग करने पर और

माना $\tan x=t \Rightarrow \sec^2 x\,dx=dt$

तब नया रूप इस प्रकार होगा। $\int\frac{f(t)}{At^2+Bt+C}$

जहाँ $f(t)$, t का बहुपद है।

समाकलन विधि (Integration of the Type)

1. $\int\frac{a\cos x+b\sin x}{c\cos x+d\sin x}dx$

   माना $a\cos x+b\sin x=\lambda(c\cos x+d\sin x)+\mu\left\{\frac{d}{dx}(c\cos x+d\sin x)\right\}$

2. $\int\frac{a+b\cos x+c\sin x}{e+f\cos x+g\sin x}dx$

   माना $a+b\cos x+c\sin x=\lambda(e+f\cos x+g\sin x)+\mu\left\{\frac{d}{dx}(e+f\cos x+g\sin x\right\}+v$

3. $\int\frac{P\cos x+q\sin x}{a+b\cos x+b\sin x}dx$

   माना $P\cos x+q\sin x=A(a+b\cos x+b\sin x)$

$$+B\left\{\frac{d}{dx}(a+b\cos x+b\sin x)\right\}+C$$

समाकलन के विभिन्न प्रकार (Integrals of the type)

1. $\int \frac{x^2-1}{x^4+\lambda x^2+1}\,dx$ 2. $\int \frac{x^2+1}{x^4+\lambda x^2+1}\,dx$

3. $\int \frac{1}{x^4+\lambda x^2+1}\,dx$ 4. $\int \frac{x^2}{x^4+\lambda x^2+1}\,dx$

नियम (Rule)

अंश और हर को x^2 से भाग करने पर हमें प्राप्त होता है कि–

$$\frac{1-\frac{1}{x^2}}{x^2+\frac{1}{x^2}+\lambda}, \qquad \frac{1+\frac{1}{x^2}}{x^2+\frac{1}{x^2}+\lambda}$$

माना $x+\frac{1}{x}=t,$ माना $x-\frac{1}{x}=t$

समाकलन के विभिन्न प्रकार (Integral of the form)

$\int e^x[f(x)+f'(x)]\,dx$

नियम (Rule)

$$\begin{aligned}\int e^x[f(x)+f'(x)]\,dx &= \int e^x f(x)\,dx+\int e^x f'(x)dx\\ &= [f(x)\,e^x-\int f'(x)\,e^x\,dx]+\int e^x f'(x)\,dx\\ &= e^x f(x)+c\end{aligned}$$

समाकलन के विभिन्न प्रकार (Integral of the form)

1. $$\int\frac{dx}{ax^2+bx+c}=\frac{1}{a}\int\frac{dx}{x^2+\frac{b}{a}x+\frac{c}{a}+\frac{b^2}{4a^2}-\frac{b^2}{4a^2}}$$

$$=\frac{1}{a}\int\frac{dx}{\left(x+\frac{b}{2a}\right)^2+\left(\frac{c}{a}-\frac{b^2}{4a^2}\right)}$$

जो इस प्रकार का रूप है $\int\frac{dx}{x^2+p^2}$ या $\int\frac{dx}{x^2-p^2}$

2. $\int\frac{px+q}{ax^2+bx+c}\,dx$

प्रतिस्थापन विधि द्वारा, $px+q=A\left\{\frac{d}{dx}(ax^2+bx+c)\right\}+B$

3. $\int\frac{px^2+qx+r}{ax^2+bx+c}\,dx$

प्रतिस्थापन विधि द्वारा,

$$px^2+qx+r=A(ax^2+bx+c)+B\left\{\frac{d}{dx}(ax^2+bx+c)\right\}+C$$

समाकलन के विभिन्न प्रकार (Integration of the type of)

1. $\int\frac{dx}{\sqrt{ax^2+bx+c}}$

नीचे दिया गया रूप बनाते है

$\int\frac{dx}{\sqrt{x^2-a^2}}$ या $\int\frac{dx}{\sqrt{a^2-x^2}}$ या $\int\frac{dx}{\sqrt{x^2+a^2}}$

2. $\int\frac{px+q}{\sqrt{ax^2+bx+c}}\,dx$

प्रतिस्थापन विधि द्वारा, $px+q=A\left\{\frac{d}{dx}(ax^2+bx+c)\right\}+B$

समाकलन के विभिन्न प्रकार (Integral of the form)

1. $\int\frac{dx}{(x+k)\sqrt{ax^2+bx+c}}$ प्रतिस्थापन द्वारा $x+k=\frac{1}{t}$

2. $\int\frac{dx}{(ax^2+b)\sqrt{px^2+q}}$ प्रतिस्थापन द्वारा $x=\frac{1}{t}$

3. $\int\frac{1}{(ax+b)\sqrt{(cx+d)}}\,dx$

प्रतिस्थापन करने पर, $cx+d=t^2$

4. $\int\frac{dx}{(ax^2+bx+c)\sqrt{px+q}}$,

प्रतिस्थापन करने पर, $px+q=t^2$

समाकलन के विभिन्न प्रकार (Integral of the form)

1. $\int\sqrt{ax^2+bx+c}\,dx$

नीचे दिया गया कोई रूप तैयार करते हैं।

$\int\sqrt{x^2-a^2}$ या $\int\sqrt{a^2-x^2}$ या $\int\sqrt{x^2+a^2}$

2. $\int(px+q)\sqrt{ax^2+bx+c}\,dx$

$$=\frac{P}{2a}\int(2ax+b)\sqrt{ax^2+bx+c}\,dx+\left(q-\frac{bP}{2a}\right)\int\sqrt{ax^2+bx+c}\,dx$$

$$=\frac{P}{3a}(ax^2+bx+c)^{3/2}+\left(q-\frac{bP}{2a}\right)\int\sqrt{ax^2+bx+c}\,dx$$

समाकलन के विभिन्न प्रकार (Integral of the form)

1. $\int\frac{x^m}{(a+bx)^p}\,dx,$ प्रतिस्थापन करने पर $a+bx=t$

2. $\int\frac{dx}{x^m(a+bx)^p},$ प्रतिस्थापन करने पर $a+bx=tx$

समाकलन के विभिन्न प्रकार (Integral of the form)

1. $\int\frac{1}{\sqrt{(x-\alpha)(x-\beta)}}$ या $\int\sqrt{\frac{x-\alpha}{x-\beta}}$

प्रतिस्थापन द्वारा $x=a\sec^2\theta-\beta\tan^2\theta$

2. $\int \frac{1}{\sqrt{(x-\alpha)(\beta-x)}}dx, \sqrt{\frac{(x-\alpha)}{(\beta-x)}}dx, \int \sqrt{(x-\alpha)(\beta-x)}\, dx$

प्रतिस्थापन विधि द्वारा $\quad x = a\cos^2\theta + b\sin^2\theta$

कुछ महत्त्वपूर्ण तथ्य

1. $\int \frac{f'(x)}{\sqrt{f(x)}}dx = 2\sqrt{f(x)} + c$

2. जब $a > b$

$$\int \frac{dx}{a+b\cos x} = \frac{2}{\sqrt{a^2-b^2}}\tan^{-1}\left(\sqrt{\frac{a-b}{a+b}}\right)+c$$

3. जब $a < b$

$$\int \frac{dx}{a+b\cos x} = -\frac{1}{\sqrt{b^2-a^2}}\log\left|\frac{\sqrt{b-a}\tan\frac{x}{2}-\sqrt{a+b}}{\sqrt{b-a}\tan\frac{x}{2}+\sqrt{a+b}}\right|+c$$

4. जब $a = b$

$$\int \frac{dx}{a+b\cos x} = \frac{1}{2}\tan\frac{x}{2}+c$$

5. जब $a < b$

$$\int \frac{dx}{a+b\sin x} = \frac{1}{\sqrt{b^2-a^2}}\log\left|\frac{a\tan\frac{x}{2}+b-\sqrt{b^2-a^2}}{a\tan\frac{x}{2}+b+\sqrt{b^2-a^2}}\right|+c$$

6. जब $a < b$

$$\int \frac{dx}{a+b\sin x} = \frac{2}{\sqrt{b^2-a^2}}\tan^{-1}\left\{\frac{a\tan\frac{x}{2}+b}{\sqrt{a^2-b^2}}\right\}+c$$

7. जब $a = b$

$$\int \frac{dx}{a+b\sin x} = \frac{1}{a}\,[\tan x - \sec x] + c$$

8. सारणिक का समाकलन (Integration of Determinant)

माना $\quad \Delta(x) = \begin{vmatrix} a_{11}(x) & +a_{12}(x) & a_{13}(x) \\ a_{21} & a_{22} & a_{23} \\ a_{31} & a_{32} & a_{33} \end{vmatrix}$

$$\int \Delta f(x)\, dx = \begin{vmatrix} \int a_{11}(x)dx & \int a_{12}(x)dx & \int a_{13}(x)dx \\ a_{21} & a_{22} & a_{23} \\ a_{31} & a_{32} & a_{33} \end{vmatrix}$$

यह सूत्र केवल तभी प्रयोग किया जा सकता है जब सारणिक की केवल एक पंक्ति या एक स्तम्भ में ही चर राशि हो। अन्यथा सारणिक का प्रसार करके, उसका समाकलन किया जाता है।

9. $\int e^{ax}\sin bx\, dx = \frac{e^{ax}}{a^2+b^2}(a\sin bx - b\cos bx) + C$

$$= \frac{e^{ax}}{\sqrt{a^2+b^2}}\sin\left(bx - \tan^{-1}\frac{b}{a}\right) + C$$

10. $\int e^{ax}\cos bx\, dx = \frac{e^{ax}}{(a^2+b^2)}(a\cos bx + b\sin bx) + C$

$$= \frac{e^{ax}}{\sqrt{a^2+b^2}}\cos\left(bx - \tan^{-1}\frac{b}{a}\right) + C$$

11. यदि $b^2 - 4ac < 0$, तब

$$\int \frac{(Ax+B)dx}{ax^2+bx+c} = \frac{A}{2a}\log|ax^2+bx+c| + \frac{2(2aB-bA)}{A\sqrt{4ac-b^2}}$$

$$\tan^{-1}\left(\frac{2ax+b}{\sqrt{4ac-b^2}}\right)+K$$

12. यदि $a < 0, b^2 - 4ac > 0$, तब

$$\int \frac{dx}{\sqrt{ax^2+bx+c}} = \frac{1}{\sqrt{-a}}\sin^{-1}\left(\frac{-2ax-b}{\sqrt{b^2-4ac}}\right)+K$$

13. $\int \frac{Ax+B}{\sqrt{ax^2+bx+c}}dx = \frac{A}{a}\sqrt{ax^2+bx+c} + \frac{2aB-bA}{2a}$

$$\int \frac{dx}{\sqrt{ax^2+bx+c}}$$

14. $\int \frac{a\cos x + b\sin x}{c\cos x + d\sin x}dx = \frac{ac+bd}{c^2+d^2} + \frac{ad-bc}{c^2+d^2}$

$$\log|c\cos x + d\sin x| + C$$

15. यदि $a > b$, तब

$$\int \frac{dx}{a+b\cos x} = \frac{1}{\sqrt{a^2-b^2}}\tan^{-1}\left(\sqrt{\frac{a-b}{a+b}}\tan\frac{x}{2}\right)+C$$

16. यदि $a < b$, तब

$$\int \frac{dx}{a+b\cos x} = \frac{1}{\sqrt{b^2-a^2}}\log\left|\frac{\sqrt{b+a}+\sqrt{b-a}\tan\frac{x}{2}}{\sqrt{b+a}-\sqrt{b-a}\tan\frac{x}{2}}\right|+C$$

17. $\int \sin^n x dx = -\frac{\sin^{n-1}x\cos x}{n} + \frac{(n-1)}{n}\int \sin^{n-2}x\, dx$

18. $\int \cos^n x dx = -\frac{\cos^{n-1}x\sin x}{n} + \frac{(n-1)}{n}\int \cos^{n-2}x dx$

19. $\int \tan^n x dx = -\frac{\tan^{n-1}x}{n-1} - \int \tan^{n-2}x dx$

20. $\int \cot^n x dx = -\frac{\cot^{n-1} x}{n-1} - \int \cot^{n-2} x dx$

21. (a) $\int \sec^n x dx = -\frac{\sec^{n-2} x \tan x}{n-1} - \frac{(n-2)}{(n-1)} \int \sec^{n-2} x dx$

(b) $\int \text{cosec}^n x dx = -\frac{\text{cosec}^{n-2} x \cot x}{n-t} - \frac{(n-2)}{(n-1)} \int \text{cosec}^{n-2} x dx$

22. $\int \cos^m x \sin nx dx = -\frac{\cos^m x \cos nx}{m+n} + \frac{m}{m+n} \int \cos^{m-1} x \sin(n-1)x\, dx$

23. $\int \sin^m x \cos nx dx = -\frac{\sin^m x \sin^n x}{m+n} - \frac{m}{m+n} \int \sin^{m-1} x \cos(n-1)x\, dx$

24. $\int \cos^m x \cos nx dx = -\frac{\cos^m x \sin nx}{m+n} + \frac{m}{m+n} \int \cos^{m-1} x \cos(n-1)x\, dx$

25. $\int \sin^m x \sin nx dx = -\frac{\sin^m x \cos nx}{m+n} + \frac{m}{m+n} \int \sin^{m-1} x \sin(n-1)x\, dx$

26. $\int x \sin^n x\, dx = -\frac{x \cos x \sin^{n-1} x}{n} + \frac{\sin^n x}{n^2} + \frac{(n-1)}{n} \int x \sin^{n-2} x\, dx$

27. $\int x \sin^n x\, dx = \frac{x \sin x \cos^{n-1}}{n} + \frac{\cos^n x}{n^2} + \frac{(n-1)}{n} \int x \cos^{n-2} x dx$

28. $\int e^x (f(x) + f'(x)) dx = e^x f(x) + C$

29. $\int e^{ax} \left(f(x) + \frac{f'(x)}{a} \right) dx = \frac{e^{ax} f(x)}{a} + C$

30. $\int e^x (f(x) + f'''(x)) dx = e^x \{f(x) - f''(x) + f'''(x)\} + C$

31. $\int e^{f(x)} [x f'(x) + \frac{f''(x)}{(f'(x))^2} = e^{f(x)} \left[x - \frac{1}{f'(x)} \right] + C$

32. $\int e^{f(x)} [g(x) f'(x) + g'(x)] dx = e^{f(x)} g(x) + C$

33. $\int \frac{ae^x + be^{-x}}{ce^x + de^{-x}} = \frac{1}{2} \left[\left(\frac{a}{c} + \frac{b}{d} \right) x + \left(\frac{a}{c} - \frac{b}{d} \right) \log |ce^x + de^{-x}| \right] + C$

34. $\int x e^{ax} \sin(bx + c) dx = \frac{x e^{ax}}{a^2 + b^2} [a \sin(bx + c) - b \cos(bx+c)] - \frac{e^{ax}}{(a^2 + b^2)} [(a^2 - b^2) \sin(bx + c) - 2ab \cos(bx + \mathbf{c})] + k$

35. $\int x e^{ax} \cos(bx + c) dx = \frac{x e^{ax}}{a^2 + b^2} [a \cos(bx + c) + b \sin(bx+c)] - \frac{e^{ax}}{(a^2 + b^2)^2} [(a^2 - b^2) \cos(bx + c) + 2ab \sin(bx + c)] + k$

36. $\int a^x \cos(bx + c) dx = \frac{a^x}{(\log a)^2 + b^2} [(\log a) \cos(bx + c) + b \sin(bx + c)] + k$

37. $\int a^x \sin(bx + c) dx = \frac{a^x}{(\log a)^2 + b^2} [(\log a) \sin(bx + c) - b \cos(bx + c)] + k$

वस्तुनिष्ठ प्रश्न

1. $\int_0^{\pi/4} \frac{\sqrt{\tan x}}{\sin x \cos x} dx =$

(a) 0 (b) 4
(c) 1 (d) 2

2. यदि $I(m, n) = \int_0^1 t^m (1+t)^n \, dt$; $m, n \in R$, तो $I(m, n) =$

(a) $\frac{2^n}{1+m} - \frac{n}{1+m} I[(m+1), (n-1)]$

(b) $\frac{2^n}{1+m} - \frac{m}{1+n} I[(m+1), (n-1)]$

(c) $\frac{n}{1+m} I[(m+1), (n-1)]$

(d) $\frac{m}{n+1} I[(m+1), (n-1)]$

3. $\int_2^4 \frac{\sqrt{(x^2-4)}}{x} dx =$

(a) π (b) $\frac{2(3\sqrt{3}-\pi)}{3}$

(c) $2(3\sqrt{3}-\pi)$ (d) इनमें से कोई नहीं

4. यदि m एक पूर्णांक हो, तो समाकल $\int_0^{\pi} \frac{\sin 2mx}{\sin x} dx =$

(a) π (b) 0
(c) 1 (d) इनमें से कोई नहीं

5. समाकलन $\int_0^{\pi} \frac{1}{a^2 - 2a\cos x + 1} dx \; (a < 1)$ का मान है।

(a) $\frac{2\pi}{a^2-1}$ (b) $\frac{3\pi}{4}$

(c) $\frac{\pi}{1-a^2}$ (d) $\frac{\pi}{a^2-1}$

6. यदि $\int \frac{dx}{\sin^4 x + \cos^4 x} = \tan^{-1} f(x)$, तो–

(a) $f(x) = \tan x + \cot x$ (b) $f\left(\frac{\pi}{4}\right) = 2$

(c) $f(x) = \tan x - \cot x$ (d) $f\left(\frac{\pi}{4}\right) = 0$

7. $\int_0^1 \sqrt{\frac{1-x}{1+x}} dx =$

(a) -1 (b) 1

(c) $\frac{\pi}{2+1}$ (d) $\frac{\pi}{2-1}$

8. $\int_1^e \log x \, dx =$

(a) $e-1$ (b) 0
(c) 1 (d) $e-1$

9. दिया है $\int_0^{\infty} \frac{x^2 dx}{(x^2+a^2)(x^2+b^2)(x^2+c^2)}$

$$= \frac{\pi}{2(a+b)(b+c)(c+a)};$$

तो, $\int_0^{\infty} \frac{dx}{(x^2+4)(x^2+9)}$ का मान है–

(a) $\frac{\pi}{40}$ (b) $\frac{\pi}{80}$

(c) $\frac{\pi}{60}$ (d) $\frac{\pi}{20}$

10. $\int_0^{\pi/4} \frac{dx}{1+\sin x} =$

(a) 1 (b) $\frac{3}{2}$

(c) 0 (d) $\frac{1}{2}$

11. $\int \sec^3 x \, dx =$

(a) $\frac{1}{2}[\tan x \sec x - \log(\sec x - \tan x)]$

(b) $\frac{1}{2}[\tan x \sec x + \log(\tan x + \sec x)]$

(c) $\frac{1}{2}[\tan x \sec x - \log(\tan x + \sec x)]$

(d) इनमें से कोई नहीं

12. $\int \frac{\cos^3 x + \cos^5 x}{\sin^2 x + \sin^4 x} dx$ बराबर है–

(a) $\sin x - 2(\sin x)^{-1} - 6\tan^{-1}(\sin x) + C$
(b) $\sin x - 2(\sin x)^{-1} + 5\tan^{-1}(\sin x) + C$
(c) $\sin x - 6\tan^{-1}(\sin x) + C$
(d) $\sin x - 2(\sin x)^{-1} + C$

13. $\int \frac{(x^2-1)dx}{x^3\sqrt{2x^4-2x^2+1}}$ बराबर है–

(a) $2\sqrt{2+\frac{2}{x^2}+\frac{1}{x^4}}+C$ (b) $2\sqrt{2-\frac{2}{x^2}+\frac{1}{x^4}}+C$

(c) $\frac{1}{2}\sqrt{2-\frac{2}{x^2}+\frac{1}{x^4}}+C$ (d) इनमें से कोई नहीं

14. $n \geq 2$ के लिए, माना

$f(x)=\dfrac{x}{(1+x^n)^{1/n}}$ और $g(x)=(\underbrace{fofo...of}_{n \text{ बार}})(x)$

तब $\int x^{n-2}g(x)\,dx$ बराबर है।

(a) $\dfrac{1}{n(n+1)}(1+nx^n)^{1+1/n}+k$

(b) $\dfrac{1}{(n+1)}(1+nx^n)^{1+1/n}+k$

(c) $\dfrac{1}{n(n-1)}(1+nx^n)^{1-1/n}+k$

(d) $\dfrac{1}{n-1}(1+nx^n)^{1-1/n}+k$

15. माना $I=\int\dfrac{e^x}{e^{4x}+e^{2x}+1}dx, J=\int\dfrac{e^{2x}}{e^{-4x}+e^{-2x}+1}dx$ तब, एक स्वेच्छाचारी अचर C के लिए, $J-I$ का मान बराबर है।

(a) $\dfrac{1}{2}\log\left|\dfrac{e^{2x}-e^{2x}+1}{e^{2x}+e^x+1}\right|+C$ (b) $\dfrac{1}{2}\log\left|\dfrac{e^{4x}+e^{2x}+1}{e^{4x}-e^{2x}+1}\right|+C$

(c) $\dfrac{1}{2}\log\left|\dfrac{e^{4x}-e^{2x}+1}{e^{4x}+e^{2x}+1}\right|+C$ (d) $\dfrac{1}{2}\log\left|\dfrac{e^{2x}+e^x+1}{e^{2x}-e^x+1}\right|+C$

16. यदि $\int x\sin x dx=-x\cos x+\alpha$, तब $\alpha=$

(a) $\sin x+c$ (b) $\cos x+c$
(c) $x\cos x+c$ (d) $\cos x-\sin x+c$

17. $\int\dfrac{\cos 2x-1}{\cos 2x+1}dx=$

(a) $\tan x-x+c$ (b) $x+\tan x+c$
(c) $x-\tan x+c$ (d) $-x-\cot x+c$

18. $\int e^{3\log x}(x^4+1)^{-1}dx=$

(a) $\log(x^4+1)+c$ (b) $3\log(x^4+1)+c$

(c) $-\log(x^4+1)+c$ (d) $\dfrac{1}{4}\log(x^4+1)+c$

19. $\int\dfrac{(\log x)}{x^2}dx=$

(a) $\dfrac{1}{2}(\log x+1)+c$ (b) $-\dfrac{1}{x}(\log x+1)+c$

(c) $\dfrac{1}{x}(\log x-1)+c$ (d) $\log(x+1)+c$

20. $\int\dfrac{dx}{\cos x-\sin x}$ का मान है?

(a) $\dfrac{1}{\sqrt{2}}\log\left|\tan\left(\dfrac{x}{2}-\dfrac{3\pi}{8}\right)\right|+c$

(b) $\dfrac{1}{\sqrt{2}}\log\left|\cot\left(\dfrac{x}{2}\right)\right|+c$

(c) $\dfrac{1}{\sqrt{2}}\log\left|\tan\left(\dfrac{x}{2}-\dfrac{\pi}{8}\right)\right|+c$

(d) $\dfrac{1}{\sqrt{2}}\log\left|\tan\left(\dfrac{x}{2}+\dfrac{3\pi}{8}\right)\right|+c$

21. यदि $\int\dfrac{\sin x}{\sin(x-\alpha)}dx=Ax+B\log\sin(x-\alpha)+c$, तब (A,B) का मान है?

(a) $(-\sin\alpha, \cos\alpha)$ (b) $(\cos\alpha, \sin\alpha)$
(c) $(\sin\alpha, \cos\alpha)$ (d) $(-\cos\alpha, \sin\alpha)$

22. $\int\left(\dfrac{\log x-1}{1+(\log x)^2}\right)^2dx=$

(a) $\dfrac{x}{(\log x)+1}+c$ (b) $\dfrac{\log x}{(\log x)^2+1}+c$

(c) $\dfrac{x}{(\log x)^2+1}+c$ (d) $\dfrac{xe^x}{1+x^2}+c$

23. $\int\dfrac{dx}{\cos x+\sqrt{3}\sin x}$ का मान है?

(a) $\dfrac{1}{2}\log\tan\left(\dfrac{\pi}{2}-\dfrac{\pi}{12}\right)+C$ (b) $\log\tan\left(\dfrac{\pi}{2}+\dfrac{\pi}{12}\right)+C$

(c) $\log\tan\left(\dfrac{\pi}{2}-\dfrac{\pi}{12}\right)+C$ (d) $\dfrac{1}{2}\log\tan\left(\dfrac{x}{2}-\dfrac{\pi}{12}\right)+C$

24. $\sqrt{2}\int\dfrac{\sin x dx}{\sin\left(x-\dfrac{\pi}{4}\right)}$ का मान होगा?

(a) $x-\log|\cos(x-\frac{\pi}{4})|+c$ (b) $x+\log|\cos(x-\frac{\pi}{4})|+c$

(c) $x-\log|\sin(x-\frac{\pi}{4})|+c$ (d) $x+\log|\sin(x-\frac{\pi}{4})|+c$

उत्तरमाला

1. (d)	**2.** (a)	**3.** (b)	**4.** (b)	**5.** (c)	**6.** (c,d)	**7.** (d)	**8.** (c)	**9.** (c)	**10.** (a)
11. (b)	**12.** (a)	**13.** (c)	**14.** (c)	**15.** (a)	**16.** (a)	**17.** (c)	**18.** (d)	**19.** (b)	**20.** (d)
21. (b)	**22.** (c)	**23.** (d)	**24.** (d)						

संकेत एवं हल

1. (d)

2. (a) खण्डशः समाकलन से,

$$I(m, n) = \left[\frac{t^{m+1}}{m+1}(1+t)^n\right]_0^1 - \frac{n}{m+1}\int t^{m+1}(1+t)^{n-1}\,dt$$

$$= \frac{2^n}{m+1} - \frac{n}{m+1} 1\,(m+1, n-1)$$

3. (b) $x = 2\sec t$ रखकर सीमा समायोजित करने पर,

$$I = \int_0^{\pi/3} \frac{2\tan t}{2\sec t} \cdot 2\sec t \cdot \tan t\,dt$$

$$= 2\int_0^{\pi/3} (\sec^2 t - 1)\,dt$$

$$= 2\left[\tan t - t\right]_0^{\pi/3} = \left(\sqrt{3} - \frac{\pi}{3}\right)$$

4. (b) $$I_m - I_{m-1} = \int_0^{\pi} \frac{\sin 2mx - \sin 2(m-1)x}{\sin x}\,dx$$

$$= \int_0^{\pi} \frac{2\sin x\cos(2m-1)x}{\sin x}\,dx$$

$$= \frac{1}{2m-1}\left[\sin(2m-1)x\right]_0^{\pi} = 0$$

$$I_m - I_{m-1} = 0$$

$\therefore$ $$I_m = I_{m-1} = I_{m-2} = \ldots = I_1$$

जहाँ $$I_1 = \int_0^{\pi} \frac{\sin 2x}{\sin x}\,dx = 2\int_0^{\pi}\cos x\,dx$$

$$= 2[\sin x]_0^{\pi} = 0$$

$\therefore$ $$I_m = 0, \forall\, m$$

5. (c) माना $\cos x = \cos^2\frac{x}{2} - \sin^2\frac{x}{2}$.

ऊपर-नीचे $\cos^2\frac{x}{2}$ से भाग करें तथा $\tan\frac{x}{2} = t$ रखकर सीमा समायोजित करें।

$\therefore$ $$I = \frac{2}{(1+a)^2}\int_0^{\infty} \frac{dt}{\left(\frac{1-a}{1+a}\right)^2 + t^2}$$

$$= \frac{2}{1-a^2}\left[\tan^{-1} t\left(\frac{1+a}{1-a}\right)\right]_0^{\infty}$$

$$= \frac{2}{1-a^2}\cdot\frac{\pi}{2} = \frac{\pi}{1-a^2}$$

6. (c,d) ऊपर-नीचे $\cos^4 x$ से भाग करने पर,

$$I = \int \frac{(1+\tan^2 x)\sec^2 x}{1+\tan^4 x}\,dx$$

अब माना $\tan x = 1 \Rightarrow \sec^2 x\,dx = dt$

$\therefore$ $$I = \int \frac{1+t^2}{1+t^4}\,dt = \int \frac{\left(1+\frac{1}{t^2}\right)}{\left(t-\frac{1}{t}\right)^2 + 1}\,dt$$

अब माना $t - \frac{1}{t} = z \Rightarrow \left(1+\frac{1}{t^2}\right)dt = dz$

$\therefore$ $$I = \int \frac{dz}{z^2+1} = \tan^{-1} z = \tan^{-1}\left(t - \frac{1}{t}\right)$$

$$I = \tan^{-1}(\tan x - \cot x)$$

$\therefore$ $$f(x) = \tan x - \cot x$$

और $$f\left(\frac{\pi}{4}\right) = 1 - 1 = 0$$

7. (d) $$I = \int_0^1 \frac{(1-x)}{\sqrt{1-x^2}}\,dx$$

$$= \sin^{-1} x + \frac{1}{2}\int \frac{-2x}{\sqrt{1-x^2}}\,dx$$

$$= \left[\sin^{-1} x + \sqrt{1-x^2}\right]_0^1 = \frac{\pi}{2} - 1$$

विकल्प: $x = \cos 2\theta$ रखने पर,

$$I = 2\int_0^{\pi/4} \frac{\sin\theta}{\cos\theta}\cdot 2\sin\theta\cos\theta\,d\theta$$

$$= 2\int_0^{\pi/4}(1-\cos 2\theta)\,d\theta = 2\left[\frac{\pi}{4} - \frac{1}{4}\right]$$

8. (c) $$[x\log x - x]_1^e = e - (e-1) = 1$$

9. (c) दिये हुए समाकल में $a = 2, b = 3$ तथा $c = 0$ रखने पर, अभीष्ट मान प्राप्त होता है।

10. (a) $$f(x) = \frac{1}{1+\cos(\pi/2 - x)}$$

$$= \frac{1}{2}\sec^2\left(\frac{x}{4} - \frac{x}{2}\right)$$

$\therefore$ $$I = -\left[\tan\left(\frac{\pi}{4} - \frac{x}{2}\right)\right]_0^{\pi/2}$$

विकल्प: $$f(x) = \frac{1-\sin x}{\cos^2 x} = \sec^2 x - \sec x\tan x$$

$\therefore$ $$I = [\tan x - \sec x]_0^{\pi/2}$$

$$= \left[\frac{\sin x - 1}{\cos x}\right]_0^{\pi/2} = 0 - (-1) = 1$$

हमें L' Hospital के नियम से यह दिखाना है कि

$\lim_{x\to\pi/2} \frac{\sin x-1}{\cos x}=0$ क्योंकि यह $\frac{0}{0}$ के रूप का है।

11. (b) $I=\int \sec^3 x\,dx=\int \sec x\cdot \sec^2 x\,dt$

$=\sec x\cdot \tan x-\int\left[\frac{d}{dx}(\sec x)\cdot\int \sec^2 x\,dx\right]dx$

$=\sec x\tan x-\int \sec x\tan x\cdot \tan x\,dx$

$=\sec x\tan x-\int \sec x(\sec^2 x-1)\,dx$

$=\sec x\tan x-\int \sec^3 x\,dx+\int \sec x\,dx$

$\therefore\quad 2\int \sec^2 x\,dx=\sec x\tan x+\log(\sec x\tan x)$

$\therefore\quad \int \sec^3 x\,dx=\frac{1}{2}\sec x\tan x+\frac{1}{2}\log(\sec x+\tan x)$

12. (a) $I=\int\frac{\cos^3 x+\cos^5 x}{\sin^2 x+\sin^4 x}=\int\frac{(\cos^2 x+\cos^4 x)\cdot\cos x\,dx}{(\sin^2 x+\sin^4 x)}$

$\sin x=t$ रखने पर,

$\therefore\quad \cos x\,dx=dt$

$$=\int\frac{\{(1-t^2)+(1-t^2)^2\}}{t^2+t^4}dt$$

$$=\int\frac{2-3t^2+t^4}{t^2(t^2+1)}dt \qquad ...(i)$$

आंशिक भिन्नों के प्रयोग से, (जहाँ $y=t^2$)

$$\frac{y^2-3y+2}{y(y+1)}=1+\frac{A}{y}+\frac{B}{y+1}$$

$\Rightarrow\quad A=2,\quad B=-\frac{6}{1}$

$$\therefore\quad \frac{y^2-3y+2}{y(y+1)}=1+\frac{2}{y}-\frac{6}{y+1}$$

$\therefore$ समीकरण (i) से,

$$I=\int\left(1+\frac{2}{t^2}-\frac{6}{1+t^2}\right)dt$$

$$=\int\left\{t-\frac{2}{t}-6\tan^{-1}(t)\right\}+C$$

$$=\sin x-\frac{2}{\sin x}-6\tan^{-1}(\sin x)+C$$

13. (c) माना, $I=\int\frac{(x^2-1)dx}{x^3\sqrt{2x^4-2x^2+1}}$

अंश और हल में x^5 से भाग देने पर,

$$=\int\frac{\left(\frac{1}{x^3}-\frac{1}{x^5}\right)dx}{\sqrt{2-\frac{2}{x^2}+\frac{1}{x^4}}}$$

$2-\frac{2}{x^2}+\frac{1}{x^4}=t$ रखने पर,

$$\Rightarrow\quad \left(\frac{4}{x^3}-\frac{4}{x^5}\right)dx=dt$$

$$\therefore\quad I=\frac{1}{4}\int\frac{dt}{\sqrt{t}}=\frac{1}{4}\frac{t^{1/2}}{1/2}=\frac{1}{2}\sqrt{t}+C$$

$$=\frac{1}{2}\sqrt{2-\frac{2}{x^2}+\frac{1}{x^4}}+C$$

14. (c) $f(x)=\frac{x}{(1+x^n)^{1/n}}$

$$fof(x)=\frac{f(x)}{[1+\{f(x)\}^n]^{1/n}}=\frac{x}{(1+2x^n)^{1/n}}$$

$$fofof(x)=\frac{x}{(1+3x^n)^{1/n}}$$

$$\therefore\quad g(x)=\underbrace{(fofo...of)}_{n\text{ बार}}(x)=\frac{x}{(1+nx^n)^{1/n}}$$

माना $I=\int x^{n-2}g(x)dx$

$$=\int\frac{x^{n-1}}{(1+nx^n)^{1/n}}dx$$

$$=\frac{1}{n^2}\int\frac{n^2x^{n-1}}{(1+nx^n)^{1/n}}dx$$

$$=\frac{1}{n^2}\int\frac{\frac{d}{dx}(1+nx^n)}{(1+nx^n)^{1/n}}dx$$

$$\therefore\quad I=\frac{1}{n(n-1)}(1+nx^n)^{1-\frac{1}{n}}+k$$

15. (a) $\because\quad J=\int\frac{e^{3x}}{1+e^{2x}+e^{4x}}dx$

$$\therefore\quad J-I=\int\frac{(e^{3x}-e^x)}{1+e^{2x}+e^{4x}}dx$$

$$=\int\frac{(u^2-1)}{1+u^2+u^4}dt \qquad (u=e^x)$$

$$=\int\frac{\left(1-\frac{1}{u^2}\right)}{1+\frac{1}{u^2}+u^2}du$$

$$=\int\frac{\left(1-\frac{1}{u^2}\right)}{\left(u+\frac{1}{u^2}\right)-1}dx=\int\frac{dt}{t^2-1}$$

$$\left[\text{माना } u+\frac{1}{u}=t\Rightarrow\left(1-\frac{1}{u^2}\right)du=dt\right]$$

$$=\frac{1}{2}\log\left|\frac{t-1}{t+1}\right|+c=\frac{1}{2}\log\left|\frac{u^2-u+1}{u^2+u+1}\right|+c$$

$$=\frac{1}{2}\log\left|\frac{e^{2x}-e^x+1}{e^{2x}+e^x+1}\right|+c$$

16. (a) $\int x\sin x dx = x[\int \sin x\, dx]-\int\left[\left(\frac{dx}{x}x\right)\int \sin x\, dx\right]dx$

$$= x(-\cos x)-\int 1\cdot(-\cos x)\,dx$$

$$=-x\cos x+\int \cos x\, dx$$

$$=-x\cos x+\sin x+c$$

$\therefore \quad \alpha=\sin x+c$

17. (c) $x-\tan x+c$

18. (d) $\frac{1}{4}\log(x^4+1)+c$

19. (b) $\int\frac{1}{x^2}\log x\, dx=\int \log x\cdot\frac{1}{x^2}dx$

$$=\log x\left(\frac{-1}{x}\right)-\int\left(\frac{1}{x}\right)\left(\frac{-1}{x}\right)dx$$

$$=\frac{-\log x}{x}+\int\frac{1}{x^2}dx$$

$$=\frac{-\log x}{x}-\frac{1}{x}+c=\frac{-(1+\log x)}{x}+c$$

20. (d) $I=\int\frac{dx}{\cos x-\sin x}=\frac{1}{\sqrt{2}}\int\frac{dx}{\left(\frac{1}{2}\cos x-\frac{1}{\sqrt{2}}\sin x\right)}$

$$=\frac{1}{\sqrt{2}}\int\frac{dx}{\cos\left(x+\frac{\pi}{4}\right)}$$

$$=\frac{1}{\sqrt{2}}\int\sec\left(x+\frac{\pi}{4}\right)dx$$

$$=\frac{1}{\sqrt{2}}\log\left|\tan\left(\frac{\pi}{4}+\frac{x}{2}+\frac{\pi}{8}\right)\right|+c$$

$$=\frac{1}{\sqrt{2}}\log\left|\tan\left(\frac{x}{2}+\frac{3\pi}{8}\right)\right|+c$$

21. (b) माना $\quad I=\int\frac{\sin x}{\sin(x-\alpha)}dx$

$x-\alpha=t$ रखने पर $\Rightarrow \quad dx=dt$

$$I=\int\frac{\sin(t+\alpha)}{\sin t}dt$$

$$=\int\frac{\sin t\cos\alpha+\cos t\sin\alpha}{\sin t}dt$$

$$=\int\cos\alpha\, dt+\int\sin\alpha\frac{\cos t}{\sin t}dt$$

$$=\cos\alpha\int 1.dt+\sin\alpha\int\frac{\cos t}{\sin t}dt$$

$$=\cos\alpha\,(t)+\sin\alpha\log\sin t+c_1$$

$$=\cos\alpha\,(x-\alpha)+\sin\alpha\log\sin(x-\alpha)+c_1$$

$$=x\cos\alpha+\sin\alpha\log\sin(x-\alpha)-\alpha\cos\alpha+c_1$$

$$=x\cos\alpha+\sin\alpha\log\sin(x-\alpha)+c$$

परन्तु $\int\frac{\sin x}{\sin(x-\alpha)}dx=Ax+B\log\sin(x-\alpha)+c$

$\therefore \quad x\cos\alpha+\sin\alpha\log\sin(x-\alpha)+c$

$$=Ax+B\log\sin(x-\alpha)+c$$

तुलना करने पर प्राप्त है $\quad A=\cos\alpha,\ B=\sin\alpha$

22. (c) विकल्प का अवकलन बराबर होगा समाकलन के

अर्थात् $\left(\frac{\log x-1}{1+(\log x)^2}\right)^2$

$$\frac{d}{dx}\left[\frac{x}{(\log x)^2+1}+c\right]=\frac{(\log x)^2+1-x\left(2\log x-\frac{1}{x}\right)}{((\log x)^2+1)^2}$$

$$=\frac{(\log x)^2+1-2\log x}{((\log x)^2+1)^2}$$

$$=\left(\frac{\log x-1}{1+(\log x)^2}\right)^2$$

23. (d) $I=\int\frac{dx}{\cos x+\sqrt{3}\sin x}=\frac{1}{2}\int\frac{dx}{\cos(x-\pi/3)}$

$$=\frac{1}{2}\int\sec(x-\pi/3)\,dx$$

$$=\frac{1}{2}\log\tan\left(\frac{x}{2}-\frac{\pi}{6}+\frac{\pi}{4}\right)+c$$

$$=\frac{1}{2}\log\tan\left(\frac{x}{2}+\frac{\pi}{12}\right)+c$$

24. (d) $I=\sqrt{2}\int\frac{\sin x}{\sin\left(x-\frac{\pi}{4}\right)}dx,\ x-\frac{\pi}{4}=t$ रखने पर,

$$I=\sqrt{2}\int\frac{\sin(t+\frac{\pi}{4})dt}{\sin t}$$

$$=\sqrt{2}\int\left(\frac{1}{\sqrt{2}}+\frac{1}{\sqrt{2}}\cot t\right)dt$$

$$=t+|\log_e\sin t|+c'$$

$$=x+|\log\sin(x-\frac{\pi}{4})|+c$$

□□□

निश्चित समाकलन एवं वक्रों का क्षेत्रफल 25

(Definite Integrals and Area of Curves)

निश्चित समाकलन (Definite Integration)

जब किसी समाकलन का मान दो सीमाओं के बीच किया जाता है, तो एक अद्वितीय निश्चित मान प्राप्त होता है। ऐसे समाकलन को निश्चित समाकलन कहते हैं।

उदाहरणार्थ वक्र $y = \sin x$ के लिए सीमाओं $x = 0$ एवं $x = \pi$ के बीच घिरा क्षेत्रफल।

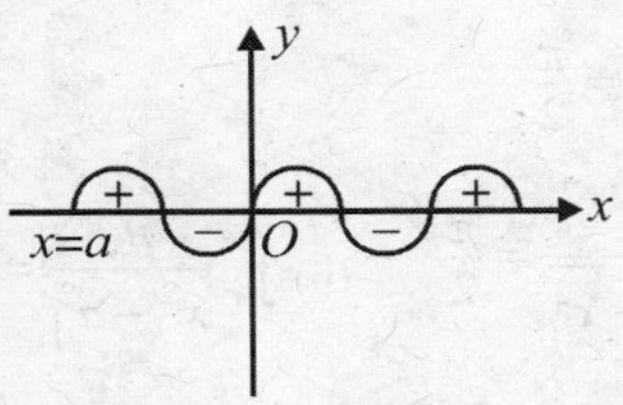

$$\int_0^{\pi} \sin x\, dx = [-\cos x]_0^{\pi} = [1+1] = 2$$

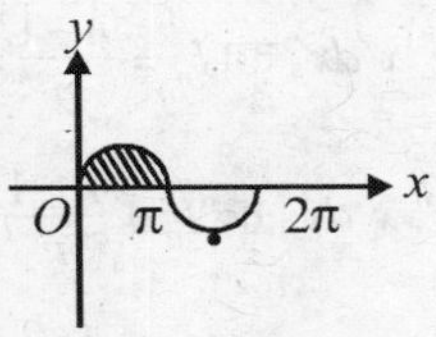

निश्चित समाकलन के गुण (Properties of Definite Integration)

1. $\int_a^b f(x)dx = \int_a^b f(t)dt = \int_a^b f(u)du$

2. $\int_a^b f(x)dx = -\int_b^a f(x)dx$

3. $\int_a^b f(x)dx = \int_a^c f(x)dx + \int_c^b f(x)dx \qquad (a < c < b)$

4. $\int_a^b f(x)dx = \int_a^b f(a+b-x)dx$

विशेषत: $\int_0^a f(x)dx = \int_0^a f(a-x)dx$

जैसे: $\int_0^{\pi/2} \sin x\, dx = \int_0^{\pi/2} \sin\left(\frac{\pi}{2} - x\right) dx$

विशेष दशा (Special Case)

$$I = \int_a^b \frac{f(x)}{f(x)+f(a+b-x)}dx$$

$$I = \int_a^b \frac{f(a+b-x)}{f(x)+f(a+b-x)}dx$$

$$\Rightarrow \quad 2I = \int_a^b \frac{f(x)+f(a+b-x)}{f(x)+f(a+b-x)}dx$$

$$\Rightarrow \quad 2I = \int_a^b 1.dx = (b-a)$$

$$\therefore \quad I = \int_a^b \frac{f(x)}{f(x)+f(a+b-x)}dx = \frac{b-a}{2}$$

5. $\int_0^{2a} f(x)dx = \int_0^a f(x)dx + \int_0^a f(2a-x)dx$

$$= \begin{cases} 2\int_0^a f(x)dx, & \text{यदि } f(2a-x) = f(x) \\ 0, & \text{यदि } f(2a-x) = -f(x) \end{cases}$$

6. $\int_{-a}^a f(x)dx = \begin{cases} 2\int_0^a f(x)dx, & \text{यदि } f(-x) = f(x) \\ 0, & \text{यदि } f(-x) = -f(x) \end{cases}$

जैसे– $\int_{-\pi/2}^{\pi/2} \sin x\, dx = 0 \qquad (\because \sin x$ एक विषम फलन है)

तथा $\int_{-\pi/2}^{\pi/2} \cos x\, dx = 2 \qquad (\because \cos x$ एक समफलन है)

7. $\frac{d}{dx}\int_{g(x)}^{h(x)} f(t)dt = h'(x)f(h(x)) - g'(x)f(g(x))$

(लेबनीज का नियम)

$\frac{d}{dx}\int_a^{h(x)} f(t)dt = h'(x)f(h(x))$ (जहाँ a, x से स्वतन्त्र अचर है)

या $\frac{d}{dx}\int_0^x f(t)dt = f(x)$

8. $\int_0^{a+nT} f(x)dx = n\int_0^T f(x)dx$

यदि $f(x+T) = f(x)$ तथा $n \in N$

(a) $\int_a^{a+T} f(x)dx = \int_0^T f(x)dx$

(जहाँ $f(x)$ एक आवर्ती फलन है जिसका आवर्त्तनांक T है)

(b) $\int_0^{nT} f(x)dx = n\int_0^T f(x)dx$, यदि $f(x+T) = f(x)$

9. यदि $f(x) \geq g(x)$,

तब $\int_a^b f(x)dx \geq \int_a^b g(x)dx \qquad$ (जहाँ $b > a$)

10. $\left|\int_a^b f(x)dx\right| \le \int_a^b |f(x)|\,dx$

11. यदि m तथा M, $[a, b]$ में निम्निष्ठ व उच्चिष्ठ मान है,

तब, $$m\,(b-a) \le \int_a^b f(x)dx \ge M(b-a)$$

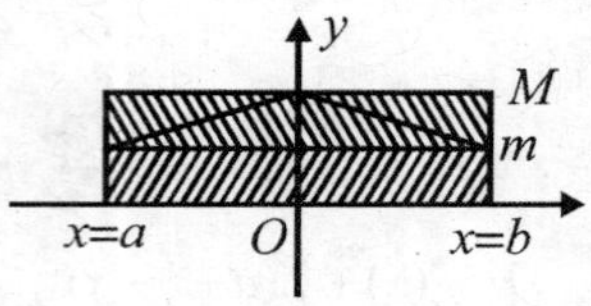

योग की सीमा के रूप में निश्चित समाकलन
(Definite Integration as a Limit of Sum)

माना, संवृत्त अन्तराल $[a, b]$ में परिभाषित फलन $f(x)$ एक सतत् फलन है, तब

$$\int_a^b f(x)dx = \lim_{n\to\infty} h\sum_{r=0}^{n-1} f(a+rh)$$

जहाँ, $$h = \frac{b-a}{n}$$

$$\int_0^1 f(x)dx = \lim_{n\to\infty}\frac{1}{n},\sum_{r=1}^{n} f\left(\frac{r}{n}\right)$$

कुछ महत्त्वपूर्ण तथ्य

1. $\int_0^{\pi/2}\sin^n x\,dx = \int_0^{\pi/2}\cos^n x\,dx$

$$= \frac{(n-1)(n-3)\ldots 2\cdot 1}{n(n-2)\ldots 3}$$

(यदि n एक विषम धनात्मक पूर्णांक है)

$$= \frac{(n-1)(n-3)\ldots 1}{n(n-2)\ldots 2}\left(\frac{\pi}{2}\right)$$

(यदि n एक सम धनात्मक पूर्णांक है)

2. $\int_0^{\pi/2}\sin^m x\cos^n x\,dx$

$$= \frac{[(m+1)\,(m-3)\ldots(2 \text{ या } 1)][(n-1)(n-3)\ldots(2 \text{ या } 1)]}{(m+n)(m+n-2)\ldots(2 \text{ या } 1)}$$

(यदि m तथा n दोनों एक साथ-साथ धनात्मक पूर्णांक हैं)

$$= \frac{[(m-1)\,(m-3)\ldots(1)][(n-1)(n-3)\ldots(1)]}{(m+n)(m+n-2)\ldots(2)}\left(\frac{\pi}{2}\right)$$

(यदि m तथा n दोनों एक साथ-साथ धनात्मक पूर्णांक हैं)

3. यदि $f(x) \ge 0$ तथा $a < b$, तब $\int_a^b f(x)\,dx \ge 0$

जैसे– $\int_0^{\pi/2}\sin x\,dx = 1$

4. यदि $f(x) \ge 0$ तथा $a < b$, तब $\int_a^b f(x)\,dx \le 0$

जैसे– $\int_{\pi/2}^{0}\cos x\,dx = -1$

5. यदि $f(x) \le 0$ तथा $a < b$, तब $\int_a^b f(x)\,dx \le 0$

जैसे– $\int_{\pi/2}^{0}\cos x\,dx = -1$

6. $\int_0^x [x]dx = \int_0^1 (0)dx + \int_1^2 (1)dx + \int_2^3 (2)dx + \ldots + \int_{[x]}^x [x]dx$

जहाँ $[\cdot]$; x के महत्तम पूर्णांक फलन को निरूपित करता है।

7. $\int_0^{\pi/2}\log(\sin x)dx = \int_0^{\pi/2}\log(\cos x)dx = \frac{-\pi}{2}\log 2$

8. $\int_0^{\pi/2}\log(\tan x)dx = \int_0^{\pi/2}\log(\cot x)dx = 0$

9. $\int_0^{\pi/2}\frac{\sin x}{\sin x + \cos x}dx = \frac{\pi}{4}$

10. $\int_0^a \frac{dx}{1+e^{\sin x}} = \frac{\pi}{2}$

11. (i) $\int_0^a \frac{dx}{\sqrt{a^2-x^2}} = \frac{\pi}{2}$ (ii) $\int_0^\infty \frac{dx}{x^2-a^2} = \frac{\pi}{2a}$

12. $\int_0^{\pi/4}\tan^n x\,dx + \int_0^{\pi/4}\tan^{n-2} x\,dx = \frac{1}{n-1}$

13. यदि $I_n = \int_0^{\pi/2}\sin^n x\,dx$, तब $I_n = \frac{n-1}{n}I_{n-1}$

14. यदि $I_n = \int_0^{\pi/2}\cos^n x\,dx$, तब $I_n = \frac{n-1}{n}I_{n-1}$

15. $\int_0^{2a} f(x)dx = \int_0^a f(x)dx + \int_0^a f(2a-x)dx$

$$= \int_0^a f(x)\,dx + \int_0^a f(a+x)dx$$

16. $\int_a^b \{x\}\,dx = (b-a)\int_0^1 x\,dx$

जहाँ $\{.\}$; x के भिन्नात्मक भाग को निरूपित करता है।

जैसे- $\int_a^6 \{x\}\,dx = 5\int_0^1 x\,dx = \frac{5}{2}$

17. $\sum_{r=1}^{n} r = \frac{1}{2}n(n+1)$

18. $\sum_{r=1}^{n} r^2 = \frac{1}{6}n(n+1)(2n+1)$

19. $\sum_{r=1}^{n} r^3 = \frac{1}{4}n^2(n+1)^2$

20. $\sum_{r=0}^{n-1}\sin(\alpha+r\beta) = \sin\left(\alpha+\frac{1}{2}(n-1)\beta\right)\frac{\sin\left(\frac{n\beta}{2}\right)}{\sin\left(\frac{\beta}{2}\right)}$

21. $\sum_{r=0}^{n-1}\cos(\alpha+r\beta)=\cos\left(\alpha+\frac{1}{2}(n-1)\beta\right)\frac{\sin\left(\frac{n\beta}{2}\right)}{\sin\left(\frac{\beta}{2}\right)}$

22. $\frac{1}{1^2}-\frac{1}{2^2}+\frac{1}{3^2}-...=\frac{\pi^2}{12}$

23. $\frac{1}{1^2}+\frac{1}{2^2}+\frac{1}{3^2}+...=\frac{\pi^2}{6}$

कुछ महत्वपूर्ण परिणाम

1. $\int_\alpha^\beta \frac{dx}{\sqrt{(x-\alpha)(\beta-x)}}[\beta>\alpha]=\pi$

उदाहरण— $\int_2^3 \frac{dx}{\sqrt{(x-2)(3-x)}}=\pi$

1. $\int_\alpha^\beta \sqrt{(x-\alpha)(\beta-x)}dx=\frac{\pi}{8}(\beta-\alpha)^2$

उदाहरण— $\int_1^2 \sqrt{(x-1)(2-x)}\,dx=\frac{\pi}{8}(2-1)^2=\frac{\pi}{8}$

3. $\int_a^b \sqrt{\frac{x-a}{b-x}}dx=\frac{\pi}{2}(b-a)$

उदाहरण— $\int_1^2 \sqrt{\frac{x-1}{2-x}}dx=\frac{\pi}{2}(2-1)=\frac{\pi}{2}$

4. $\underset{x\to 0}{\text{Lt}}\left|\frac{\int_0^x f(x)dx}{x}\right|=f(0)$

उदाहरण— (i) $\underset{x\to 0}{\text{Lt}}\left|\frac{\int_0^x e^2 dx}{x}\right|=e^0=1$

(ii) $\underset{x\to 0}{\text{Lt}}\left|\frac{\int_0^x \cos x\,dx}{x}\right|=\cos 0=1$

5. $\int_a^b f(x)\,dx=\int_a^b f(a+b-x)\,dx$

उदाहरण— $\int_1^3 (x-1)(x-2)(x-3)dx=0$

6. $\int_{a-c}^{b-c} f(x+c)dx=\int_a^b f(x)dx$

या $\int_{a+c}^{b+c} f(x-c)dx=\int_a^b f(x)dx$

7. $\int_a^b \frac{f(x)dx}{f(x)+f(a+b-x)}=\frac{1}{2}(b-a)$

उदाहरण— $\int_3^4 \frac{[x]dx}{[x]+[7-x]}=\frac{1}{2}$

8. $\int_0^{\frac{\pi}{2}} \frac{a\sin x+b\cos x}{\sin x+\cos x}dx=\int_0^{\frac{\pi}{2}} \frac{a\tan x+b\operatorname{cosec} x}{\sin x+\operatorname{cosec} x}dx$

$=\int_0^{\frac{\pi}{2}} \frac{a\tan x+b\cot x}{\tan x+\cot x}dx=\frac{\pi}{4}(a+b)$

9. $\int_0^{\frac{\pi}{2}} \sin^n x\,dx$ or $\int_0^{\frac{\pi}{2}} \cos^n x\,dx=\frac{(n-1)(n-3).....2}{n(n-2).....1}$ यदि n विषम है

और, $=\frac{(n-1)(n-3).....1}{n(n-2).....2}\cdot\frac{\pi}{2}$ यदि n सम है

उदाहरण— $\int_0^{\frac{\pi}{2}} \sin^4 x\,dx=\frac{(4-1)(4-3)}{4(4-2)}\cdot\frac{\pi}{2}=\frac{3.1}{4.2}\frac{\pi}{2}=\frac{3}{16}\pi$

10. $\int_0^{\frac{\pi}{2}} \sin^m x\cos^n x\,dx=\frac{(m-1)(m-3).....(n-1)(n-3).....}{(m+n)(m+n-2).....}$

(यदि m, n दोनों धनात्मक पूर्णांक या एक विषम धनात्मक पूर्णांक)

$=\frac{(m-1)(m-3).....(n-1)(n-3).....}{(m+n)(m+n-2).....}\cdot\frac{\pi}{2}$

(यदि m, n दोनों धनात्मक समपूर्णांक)

11. $\int_a^b (|x-a|+|x-b|)dx=(b-a)^2$

उदाहरण— $\int_2^3 (|x-2|+|x-3|)dx=(3-2)^2=1$

12. $\int_0^{\frac{\pi}{2}} \sin^m x\cos^n x\,dx=\frac{\left\lceil\frac{m+n}{2}\right.\left\lceil\frac{n+1}{2}\right.}{2\left\lceil\frac{m+n+2}{2}\right.}$

उदाहरण— $\int_0^{\frac{\pi}{2}} \sin^4 x\cos^6 x\,dx=\frac{\left\lceil\frac{4+1}{2}\right.\left\lceil\frac{6+1}{2}\right.}{2\left\lceil\frac{4+6+2}{2}\right.}$

$=\frac{\left\lceil\frac{5}{2}\right.\left\lceil\frac{7}{2}\right.}{2\lceil 6}=\frac{\frac{3}{2}\frac{1}{2}\cdot\left\lceil\frac{1}{2}\right.\cdot\frac{5}{2}\cdot\frac{3}{2}\cdot\frac{1}{2}\left\lceil\frac{1}{2}\right.}{2(5!)}$

$=\frac{45\pi}{64(120)}=\frac{3\pi}{512}$

$\left[\because \left\lceil\frac{1}{2}\right.=\sqrt{\pi} \text{ and } \lceil n=(n-1)!\right]$

13. $\int_0^a \frac{dx}{1+e^{f(x)}}=\frac{a}{2}$, जहाँ $f(a-x)=-f(x)$

उदाहरण— $\int_0^{2\pi} \frac{dx}{1+e^{\sin x}}=\pi$

14. (i) $\int_0^a \frac{dx}{\sqrt{a^2-x^2}}=\frac{\pi}{2}$

(ii) $\int_0^\infty \frac{dx}{x^2+a^2} = \frac{\pi}{2a}$

(iii) $\int_0^a \sqrt{a^2-x^2}\, dx = \frac{\pi a^2}{4}$

15. (i) $\int_0^{\frac{\pi}{4}} (\tan^n x + \tan^{n-2} x)\, dx = \frac{1}{n-1}$

(ii) $\int_0^{\frac{\pi}{4}} (\cot^n x + \cot^{n-2} x)\, dx = \frac{1}{n-1}$

उदाहरण— $\int_0^{\frac{\pi}{4}} (\tan^6 x + \tan^4 x)\, dx = \frac{1}{6-1} = \frac{1}{7}$

16. $\int_a^b f(x)\, dx = k\int_{a/k}^{b/k} f(kx)\, dx$

और $\int_a^b f(x)\, dx = \frac{1}{k}\int_{ak}^{bk} f\left(\frac{x}{k}\right) dx$

उदाहरण— $\int_0^1 |\sin 2\pi x|\, dx$

माना $I = \int_0^1 |\sin 2\pi x|\, dx = \frac{1}{2\pi}\int_0^{2\pi} |\sin x|\, dx$

$= \frac{1}{2\pi}\int_0^{\pi} \sin x\, dx - \frac{1}{2\pi}\int_{\pi}^{2\pi} |\sin x|\, dx$

$= -\frac{\cos x}{2\pi}\Big|_0^{\pi} + \frac{\cos x}{2\pi}\Big|_{\pi}^{2\pi} = -\left(\frac{1}{2\pi} - \frac{1}{2\pi}\right) + \left(\frac{1}{2\pi} + \frac{1}{2\pi}\right)$

$= \frac{4}{2\pi} = \frac{2}{\pi}$

17. (i) $\int_0^{\pi/2} \frac{a^{\sin x}}{a^{\sin x} + a^{\cos x}}\, dx = \int_0^{\pi/2} \frac{a^{\cos x}}{a^{\sin x} + a^{\cos x}}\, dx = \frac{\pi}{4}$

(ii) $\int_0^{\pi/2} \frac{a^{\tan x}}{a^{\tan x} + a^{\cot x}}\, dx = \int_0^{\pi/2} \frac{a^{\cot x}}{a^{\tan x} + a^{\cot x}}\, dx = \frac{\pi}{4}$ etc.

18. (i) $\int_0^{\pi/2} \frac{\sin x}{\sin x + \cos x}\, dx = \int_0^{\pi/2} \frac{\cos x\, dx}{\sin x + \cos x}\, dx = \frac{\pi}{4}$

(ii) $\int_{\pi/2}^{\pi/2} \frac{\sqrt{\sin x}}{\sqrt{\sin x} + \sqrt{\cos x}}\, dx = \int_0^{\pi/2} \frac{\sqrt{\cos x}}{\sqrt{\sin x} + \sqrt{\cos x}}\, dx = \frac{\pi}{4}$

(iii) $\int_0^{\pi/2} \frac{\tan x}{\tan x + \cot x}\, dx = \int_0^{\pi/2} \frac{\cot x}{\tan x + \cot x}\, dx = \frac{\pi}{4}$

(iv) $\int_0^{\pi/2} \frac{\sqrt{\tan x}}{\sqrt{\tan x} + \sqrt{\cot x}}\, dx = \int_0^{\pi/2} \frac{\sqrt{\cot x}}{\sqrt{\tan x} + \sqrt{\cot x}}\, dx = \frac{\pi}{4}$

(v) $\int_0^{\pi/2} \frac{\sec x}{\sec x + \operatorname{cosec} x}\, dx = \int_0^{\pi/2} \frac{\operatorname{cosec} x}{\sec x + \operatorname{cosec} x}\, dx = \frac{\pi}{4}$

(vi) $\int_0^{\pi/2} \frac{\sqrt{\sec x}}{\sqrt{\sec x} + \sqrt{\operatorname{cosec} x}}\, dx = \int_0^{\pi/2} \frac{\sqrt{\operatorname{cosec} x}}{\sqrt{\sec x} + \sqrt{\operatorname{cosec} x}}\, dx = \frac{\pi}{4}$

19. $\int_0^\infty e^{-ax} \cos bx\, dx = \frac{a}{a^2+b^2}$

और $\int_0^\infty e^{ax} \sin bx\, dx = \frac{b}{a^2+b^2}$

उदाहरण— $\int_0^\infty e^{-2x} \cos 5x\, dx = \frac{2}{2^2+5^2} = \frac{5}{29}$

20. (i) $\int_0^1 x^m (\log x)^n\, dx = \frac{(-1)^n n!}{(m+1)^{n+1}}$ or

(ii) $\int_0^1 x^{\alpha-1} (\log x)^n\, dx = \frac{(-1)^n n!}{\alpha^{n+1}}$

21. $\int_0^1 x^m (1-x)^n\, dx = \int_0^1 x^m (1-x)^n\, dx = \frac{m!n!}{(m+n+1)!}, \forall m, n \in N$

22. $\int_0^1 x^{m-1}(1-x)^{n-1} dx = \int_0^\infty \frac{x^{m-1}}{(1+x)^{m+n}}\, dx = \int_0^\infty \frac{x^{n-1}}{(1+x)^{m+n}}\, dx$

23. $\int_0^1 (1+x)^m (1-x)^n\, dx = \frac{2^{m+n+1}\, m!\, n!}{(m+n+1)!}$

24. $\int_a^b (x-a)^m (b-x)^n\, dx = \int_a^b (x-a)^n (b-x)^m$

$= \frac{(b-a)^{m+n+1}\, m!n!}{(m+n+1)!}, \forall m, n \in N$

25. यदि $I_n = \int_0^{\pi/2} x^n \sin x\, dx$ तब,

$I_n + n(n-1)\, I_{n-2} = n\, (\pi/2)^{n-1}$

यदि $I_n = \int_0^{\pi/2} x^n \cos x\, dx$ तब,

$I_n + n\,(n-1)\, I_{n-2} = (\pi/2)^n$

26. यदि $a > b > 0$, तब,

$$\int_0^{\pi/2} \frac{dx}{a+b\cos x} = \frac{2}{\sqrt{a^2-b^2}} \tan^{-1} \sqrt{\frac{a+b}{a-b}}$$

यदि $0 < a < b$, तब

$$\int_0^{\pi/2} \frac{dx}{a+b\cos x} = \frac{1}{\sqrt{b^2-a^2}} \log\left|\frac{\sqrt{b+a}-\sqrt{b-a}}{\sqrt{b+a}+\sqrt{b-a}}\right|$$

27. यदि $a > b > 0$, तब

$$\int_0^{\pi/2} \frac{dx}{a+b\sin x} = \frac{2}{\sqrt{a^2-b^2}} \tan^{-1} \sqrt{\frac{a-b}{a+b}}$$

यदि $0 < a < b$, तब

$$\int_0^{\pi/2} \frac{dx}{a+b\sin x} = \frac{1}{\sqrt{b^2-a^2}} \log\left|\frac{\sqrt{b+a}+\sqrt{b-a}}{\sqrt{b+a}-\sqrt{b-a}}\right|$$

28. यदि $a > b, a^2 > b^2 + c^2$, तब

$$\int_0^{\pi/2} \frac{dx}{a+b\cos x+c\sin x} = \frac{2}{\sqrt{a^2-b^2-c^2}} \tan^{-1} \frac{a-b+c}{\sqrt{a^2-b^2-c^2}}$$

यदि $a > b, a^2 < b^2 + c^2$, तब

$$\int_0^{\pi/2} \frac{dx}{a+b\cos x+c\sin x} = \frac{1}{\sqrt{b^2+c^2-a^2}}$$

$$\log \left| \frac{a-b+c-\sqrt{b^2+c^2-a^2}}{a-b+c+\sqrt{b^2+c^2-a^2}} \right|$$

यदि $a < b, a^2 < b^2 + c^2$, तब

$$\int_0^{\pi/2} \frac{dx}{a+b\cos x+c\sin x} = \frac{-1}{\sqrt{b^2+c^2-a^2}}$$

$$\log \left| \frac{b-a-c\sqrt{b^2+c^2-a^2}}{b-a-c+\sqrt{b^2+c^2-a^2}} \right|$$

वक्रों का क्षेत्रफल

विभिन्न प्रतिबन्धों के अन्तर्गत क्षेत्रफल (Area under Different Conditions)

(a) छायांकित भाग का क्षेत्रफल

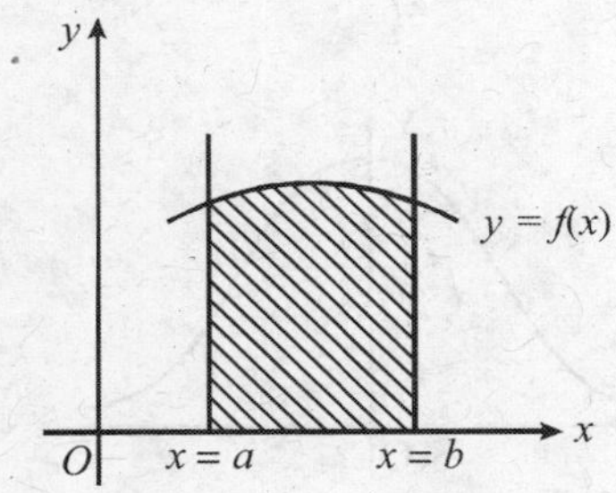

$$A = \int_a^b f(x)dx$$

(b) छायांकित भाग का क्षेत्रफल

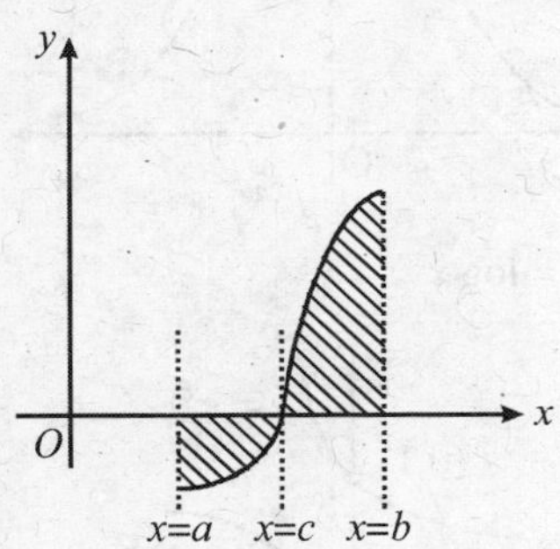

$$A = \left| \int_a^c f(x)dx \right| + \int_c^b f(x)dx$$

(c) छायांकित भाग का क्षेत्रफल

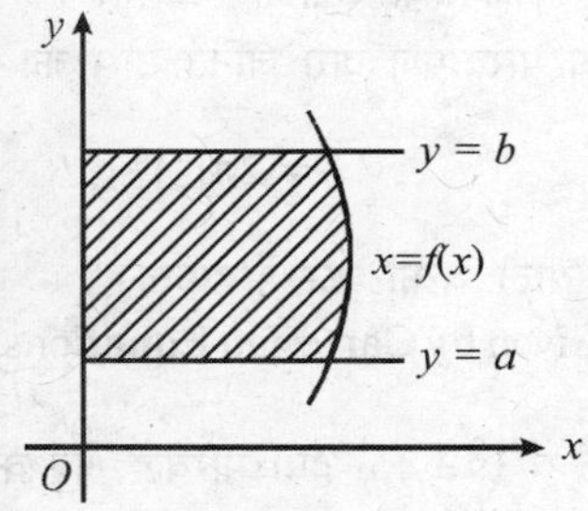

$$A = \int_a^b f(y)dy$$

(d) छायांकित भाग का क्षेत्रफल

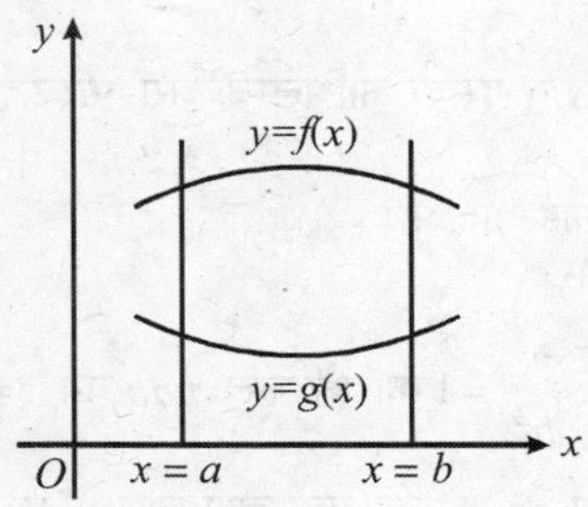

$$A = \int_a^b \{f(x) - g(x)\}dx$$

(e) छायांकित भाग का क्षेत्रफल

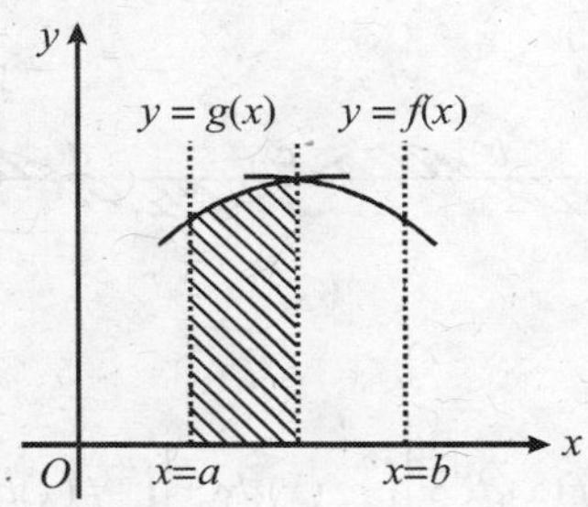

$$A = \int_a^c f(x)\,dx + \int_c^b g(x)\,dx$$

परिक्रमण द्वारा जनित ठोस का आयतन (Volume of Solid Generated by Revolution)

वक्र $y = f(x)$, x-अक्ष, रेखाओं $x = a$ व $x = b$ द्वारा परिबद्ध क्षेत्र का x-अक्ष के सापेक्ष परिक्रमण द्वारा जनित ठोस का आयतन $= \pi\int_a^b y^2 dx$

यदि वक्र का समीकरण ध्रुवीय रूप में $r = f(\theta)$ है, तब वक्र को प्रारम्भिक रेखा के सापेक्ष परिक्रमण करके जनित ठोस का आयतन

$$= \int_\alpha^\beta y^2 \frac{dx}{d\theta}.d\theta$$

जहाँ वक्र के बिन्दु C व D के संगत θ का मान α व β है जहाँ $x = a$ तथा $x = b$ क्रमशः हैं।

परिक्रमण द्वारा जनित ठोस का वक्रपृष्ठ (Surface Area of Solid Generated by Revolution)

वक्र $y = f(x)$, x-अक्ष तथा रेखाओं $x = a$ व $x = b$ द्वारा परिबद्ध क्षेत्र का x-अक्ष के सापेक्ष परिक्रमण द्वारा जनित ठोस का वक्रपृष्ठ

$$= 2\pi\int_{x=a}^{x=b} y\, ds$$

कार्तीय समीकरण वाले वक्रों का क्षेत्रफल
(Area of Curves Given by Cartesian Equations)

(a) वक्रों $y^2 = 4ax$ व $x^2 = 4by$ द्वारा परिबद्ध क्षेत्र का क्षेत्रफल $\frac{16ab}{3}$ वर्ग इकाई है।

(b) वक्र $y^2 = 4ax$ व $y = mx$ द्वारा परिबद्ध क्षेत्र का क्षेत्रफल $\frac{8a^2}{3m^3}$ वर्ग इकाई होता है।

(c) वक्र $y^2 = 4ax$ व इसके नाभिलम्ब द्वारा परिबद्ध क्षेत्र का क्षेत्रफल $\frac{8a^2}{3}$ वर्ग इकाई होता है।

(d) दीर्घवृत्त $\frac{x^2}{a^2} + \frac{y^2}{b^2} = 1$ का क्षेत्रफल πab वर्ग इकाई होता है।

(d) वक्र $\sin ax$ या $\cos ax$ के एक चाप तथा x-अक्ष द्वारा परिबद्ध क्षेत्र का क्षेत्रफल $2/a$ वर्ग इकाई होता है।

Note

(i)

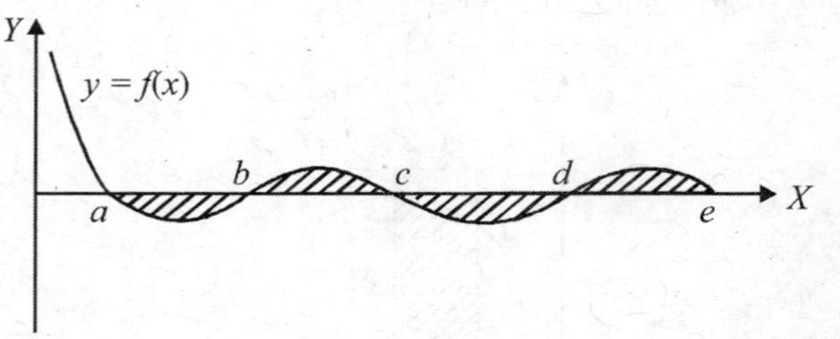

$$A = \left|\int_a^b f(x)dx\right| + \left|\int_b^c f(x)dx\right| + \left|\int_c^d f(x)dx\right| + \left|\int_d^e f(x)dx\right|$$

या $A = |A_1| + |A_2| + |A_3| + |A_4|$

(ii) $x = f(t)$, $y = g(t)$

$$A = \int_a^b y\, dx = \int_{t_1}^{t_2} g(t)\frac{df}{dt}.dt$$

$a = f(t_1)$ and $b = f(t_2)$

विविध महत्वपूर्ण वक्र

1. $3.y^2 = 4a\,(x + b), a, b > 0$

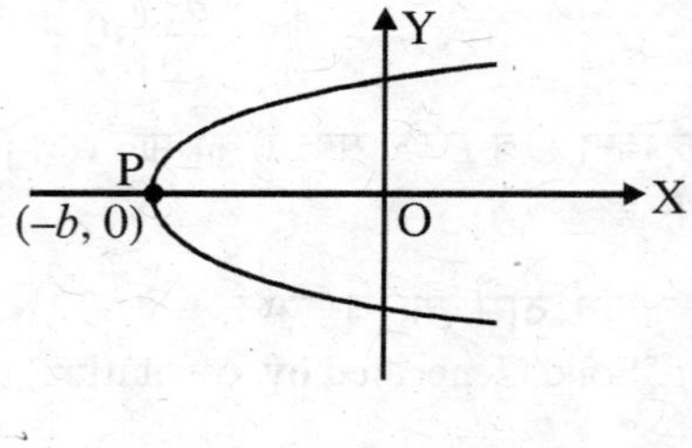

2. $y^2 = 4a\,(x - b), a, b > 0$

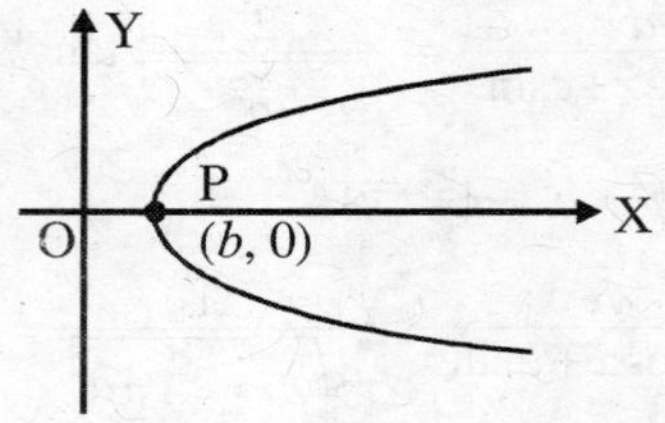

3. समकोण अतिपरवलय (Rectangular hyperbola)
$xy = a^2$

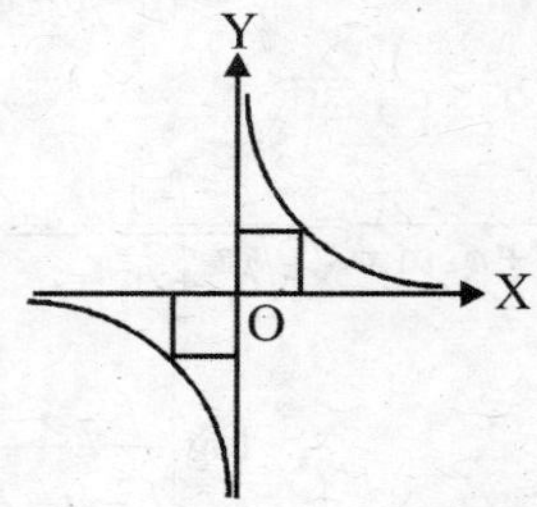

4. $y = |x|$

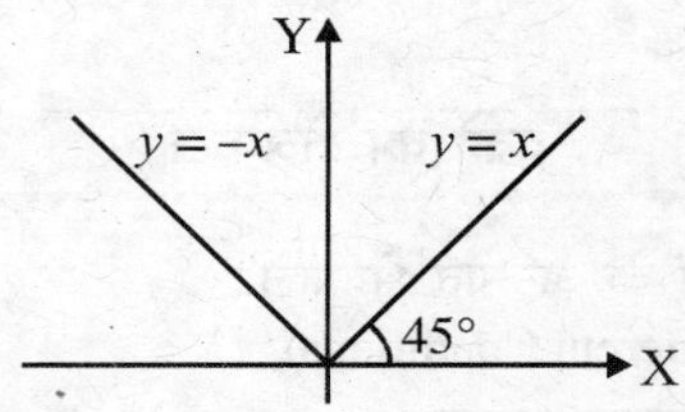

$y = |x|$

5. $y = \frac{a^2}{a^2 + x^2}$

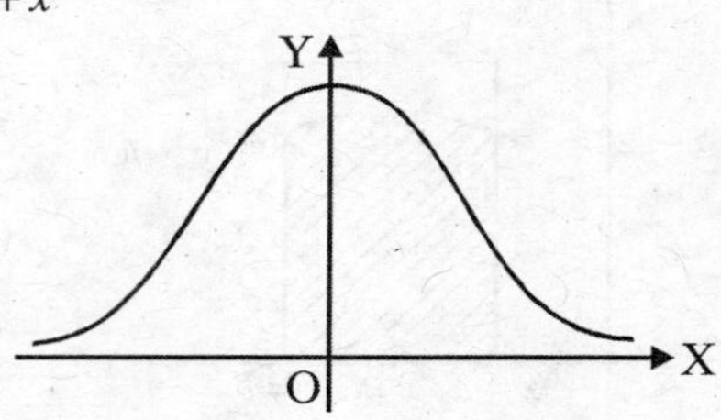

6. $y = e^{-x^2}$

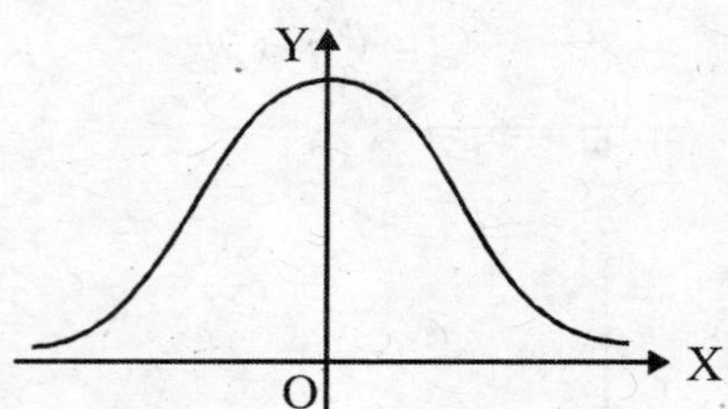

$y = e^{-x^2}$

7. $y = a^x$ and $y = \log x$

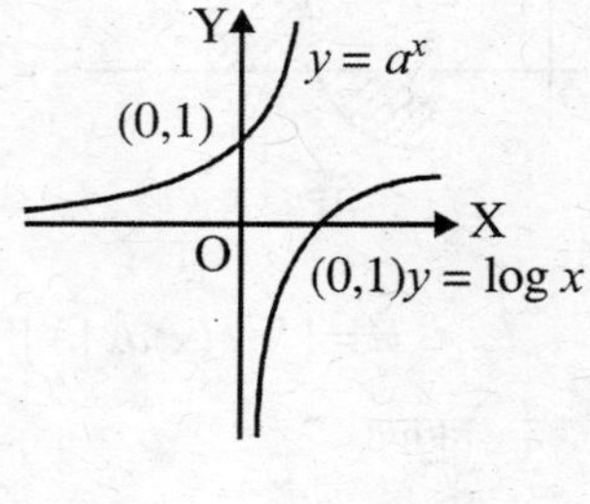

8. $y = \sin x$

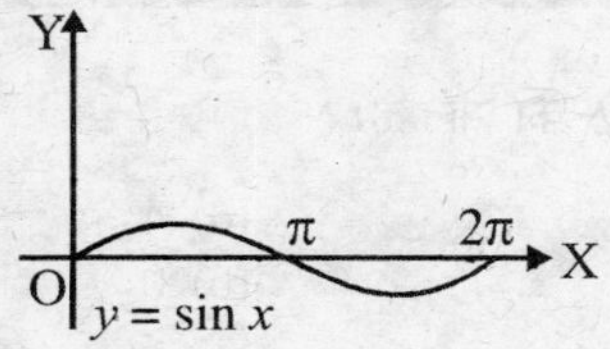

9. $y = \cos x$

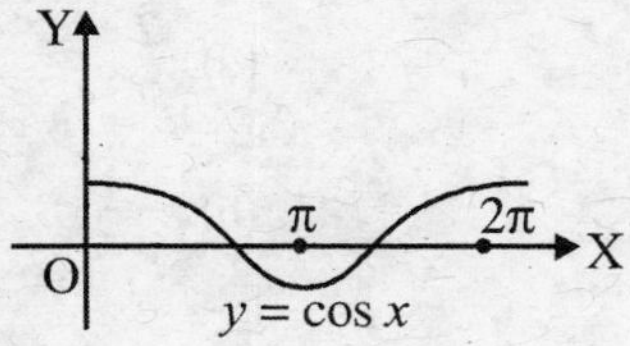

10. $y = \tan x$

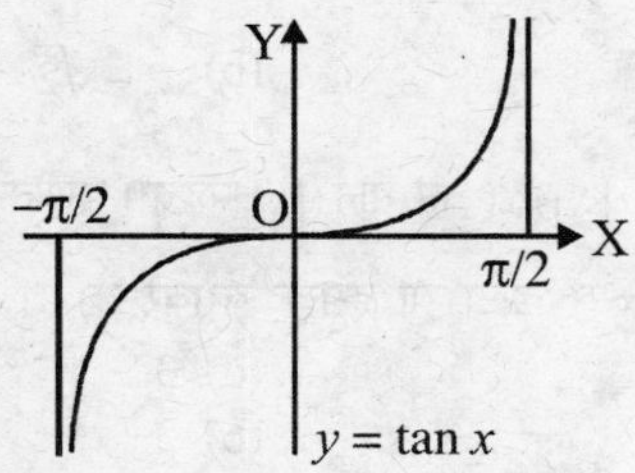

11. $y^3 = x$

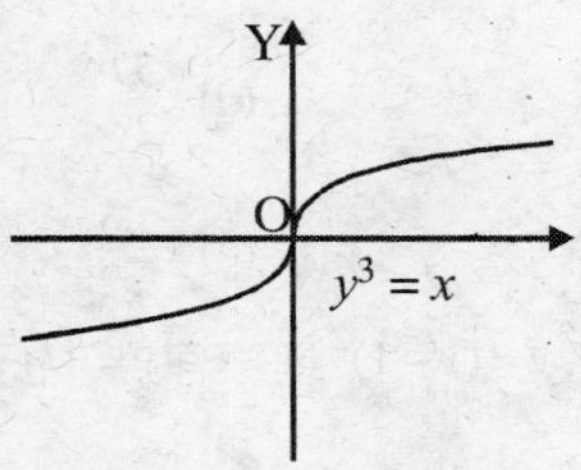

12. $y = x^{2n+1}$ (n पूर्णांक है)

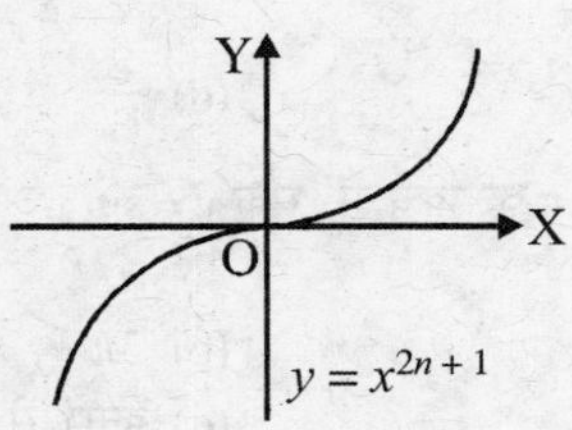

13. $x^{2/3} + y^{2/3} = a^{2/3}, a > 0$

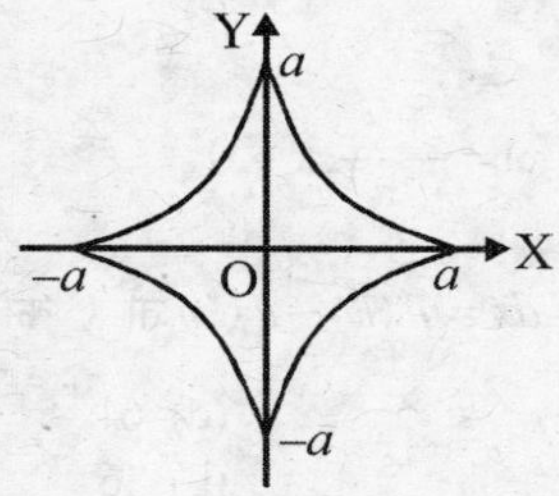

14. $x^3 + y^3 = 3axy, a > 0$

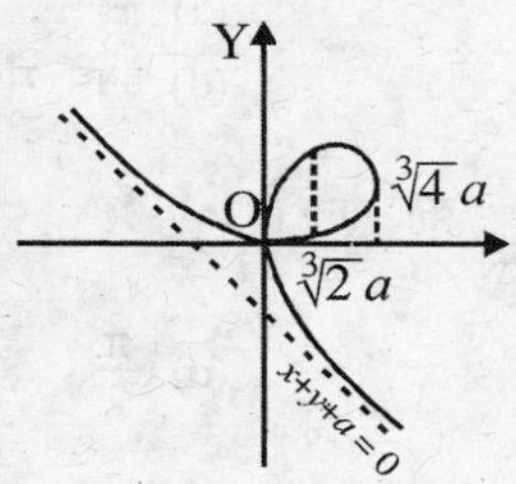

कुछ महत्त्वपूर्ण तथ्य

1. $\int_0^{-1} \log x \, dx = -1$

2. $\int_0^1 \{x\} \, dx = \dfrac{1}{2}$

3. $\int_0^{\pi/2} \sin x \, dx = \int_0^{\pi/2} \cos x \, dx = 1$

4. वक्र $|x| + |y| = 1$ का क्षेत्रफल 2 वर्ग इकाई है।

5. वक्र $\sin ax$ या $\cos as$ के एक चाप तथा x-अंश द्वारा परिबद्ध क्षेत्र का क्षेत्रफल $\dfrac{2}{a}$ वर्ग इकाई होता है।

6. दीर्घवृत्त $\dfrac{x^2}{a^2} + \dfrac{y^2}{b^2} = 1$ का क्षेत्रफल $2\pi ab$ वर्ग इकाई होता है।

वस्तुनिष्ठ प्रश्न

1. मान लो $\frac{d}{dx}F(x) = \frac{e^{\sin x}}{x}, x > 0$

यदि $\int_1^4 \frac{3}{4} e^{\sin x^3} dx = F(k) - F(1)$, तो k का एक सम्भव मान है।

(c) 63 (d) 64
(a) 15 (b) 16

2. $\int_0^{\pi} e^{\cos^2 x} \cos^3 (2n+1)x\, dx, (n \in I) =$

(b) 0 (a) π
(c) 1 (d) इनमें से कोई नहीं

3. $\int_0^{\pi/2n} \frac{dx}{1+\cot^n nx}$ का मान है।

(c) $\frac{\pi}{2n}$ (d) $\frac{\pi}{2}$

(a) 0 (b) $\frac{\pi}{4n}$

4. $\int_{-1}^{1} \{x - [x]\} dx =$

(c) 0 (d) 2

(a) 1 (b) $\frac{1}{2}$

5. $\int_{-\pi}^{\pi} \frac{2x(1+\sin x)}{1+\cos^2 x} dx =$

(b) π^2 (a) π
(c) 0 (d) इनमें से कोई नहीं

6. $\int_{-1}^{1} \frac{x^2 + \sin x}{1+x^2} dx =$

(c) $2 - \frac{\pi}{2}$ (d) $\frac{\pi}{2}$
(a) 2 (b) 0

7. $\int_{-\pi}^{\pi} (\cos ax - \sin bx)^2 dx$ जहाँ a और b पूर्णांक हैं, बराबर है।

(c) π (d) 2π
(a) $-\pi$ (b) 0

8. $\int_{\pi/4}^{3\pi/4} \frac{dx}{1+\cos x}$ का मान है।

(c) $\frac{1}{2}$ (d) $-\frac{1}{2}$
(a) 2 (b) -2

9. यदि $\int_{\sin x}^{1} t^2 f(t) dt = 1 - \sin x, x \in \left(0, \frac{\pi}{2}\right)$ तो $f\left(\frac{1}{\sqrt{3}}\right)$ बराबर है।

(c) $\frac{1}{\sqrt{3}}$ (d) $\sqrt{3}$

(a) 3 (b) $\frac{1}{3}$

10. $\int_{-1}^{1} |(1-x)| dx$ का मान है।

(c) 2 (d) 4
(a) -2 (b) 0

11. समाकल $\int_0^1 |\sin 2\pi x| dx$ का मान है।

(c) $\frac{1}{\pi}$ (d) $\frac{2}{\pi}$

(a) 0 (b) $-\frac{1}{\pi}$

12. $\int_0^{3/2} [x^2] dx =$

(c) $3/2$ (d) 3
(a) $2+\sqrt{2}$ (b) $2-\sqrt{2}$

13. $\int_{-1}^{3} (|x-2| + [x]) dx$ का मान ($[x]$ महत्तम पूर्णांक फलन को निरूपित करता है। जो x से छोटा या इसके बराबर है) है।

(c) 4 (d) 3
(a) 7 (b) 5

14. यदि $\int_0^{t^2} x f(x) dx = \frac{2}{5} t^5$, तो $f\left(\frac{4}{25}\right) =$

(c) 1 (d) $\frac{5}{2}$

(a) $\frac{2}{5}$ (b) $-\frac{5}{2}$

15. वक्र $y = (x+1)^2, y = (x-1)^2$ और रेखा $y = 1/4$ द्वारा परिबद्ध क्षेत्रफल है।

(a) $\frac{1}{4}$ (b) $\frac{1}{3}$

(c) $\frac{1}{6}$ (d) $\frac{2}{3}$

16. $x = 0$ और $x = 2\pi$ के बीच में, वक्र $y = \sin x$ और x-अक्ष द्वारा परिबद्ध क्षेत्रफल है।

(a) 3π (b) 2π
(c) 4π (d) इनमें से कोई नहीं

17. वक्रों $y = ax^2$ और $x = ay^2$ $(a > 0)$ के बीच परिबद्ध क्षेत्रफल 1 है, तो a का मान है।

(a) 1 (b) $\frac{1}{3}$

(c) $\frac{1}{\sqrt{3}}$ (d) $\frac{1}{2}$

18. $y = |x-1|$ और $y = 1$ द्वारा परिबद्ध क्षेत्र का क्षेत्रफल है।

(a) 2 (b) 1

(c) $\frac{1}{2}$ (d) इनमें से कोई नहीं

19. यदि $\int_{\sin x}^{1} t^2 f(t)dt = 1-\sin x, \forall \in \left(0, \frac{\pi}{2}\right)$, तो $\left(\frac{1}{\sqrt{3}}\right)$ है।

(a) $\sqrt{3}$ (b) 3
(c) 1/3 (d) इनमें से कोई नहीं

20. $\int_0^{2\pi} [2\sin x]\,dx$ जहाँ [•] महत्तम पूर्णांक फलन को प्रदर्शित करता है, का मान है।

(a) $\frac{5\pi}{3}$ (b) -2π
(c) $-\frac{5\pi}{3}$ (d) $-\pi$

21. किसी पूर्णांक n के लिए, समाकलन $\int_0^{\pi} e^{\cos^2 x} \cos^3(2n+1)x\,dx$ का मान है।

(a) 1 (b) π
(c) 0 (d) इनमें से कोई नहीं

22. $\int_{e^{-1}}^{e^2} \left|\frac{\log_e x}{x}\right| dx$ का मान है।

(a) 3 (b) 5
(c) $\frac{3}{2}$ (d) $\frac{5}{2}$

23. यदि $f(x) = \int_{x^2}^{x^2} e^{-t^2}\,dt$, तो $f(x)$ वर्द्धमान होगा।

(a) $(0, \infty)$ में (b) $(-\infty, 0)$ में
(c) $(2, 2)$ में (d) x के किसी मान के लिए नहीं

24. माना $f(x) = \int_1^x \sqrt{2-t^2}\,dt$, तो समीकरण $x^2 - f'(x) = 0$ के वास्तविक मूल हैं।

(a) $\pm\frac{1}{2}$ (b) 0 और 1
(c) ± 1 (d) $\pm\frac{1}{\sqrt{2}}$

25. माना $f : (0, \infty) \to R$ और $F(x) = \int_0^x f(t)dt$ यदि $F(x^2) = x^2(1+x)$, तो $f(4)$ बराबर है।

(a) 4 (b) 2
(c) $\frac{5}{4}$ (d) 7

26. यदि $f(x)$ अवकलनीय है और $\int_0^{t^2} xf(x)dx = \frac{2}{5}t^2$, तो $f\left(\frac{4}{25}\right)$ बराबर है।

(a) 1 (b) $\frac{5}{2}$
(c) $\frac{2}{5}$ (d) $-\frac{5}{2}$

27. समाकलन $\int_{-1/2}^{1/2} \left[[x] + \ln\left(\frac{1+x}{1-x}\right)\right] dx$ बराबर है।

(a) 1 (b) $2\ln\left(\frac{1}{2}\right)$
(c) $-\frac{1}{2}$ (d) 0

28. माना $f(x) = x - [x]$ सभी वास्तविक संख्याओं x के लिए, जहाँ $[x], x$ का समाकलनीय खण्ड है, तो $\int_{-1}^{1} f(x)\,dx$ है।

(a) 0 (b) $-\frac{1}{2}$
(c) 1 (d) 2

29. यदि $f(x) = \begin{cases} e^{\cos x}\sin x, |x| \le 2 \text{ के लिए} \\ 2, \text{अन्यथा} \end{cases}$, $\int_{-2}^{3} f(x)\,dx$

(a) 2 (b) 3
(c) 0 (d) 1

30. वक्र $f(x) = x^2 + bx - b$ के बिन्दु (1, 1) पर खींची गयी स्पर्शी तथा निर्देशांक अक्षों द्वारा बना त्रिभुज प्रथम चतुर्थांश में आता है। यदि इसका क्षेत्रफल 2 है, तो b का मान है।

(a) -3 (b) 1
(c) -1 (d) 3

31. वक्रों $y = ax^2$ और $x = ay^2$ $(a > 0)$ द्वारा घिरे क्षेत्र का क्षेत्रफल 1 वर्ग इकाई है, तो a का मान है।

(a) 1 (b) $\frac{1}{3}$
(c) $\frac{1}{\sqrt{3}}$ (d) $\frac{1}{2}$

32. वक्रों $y = |x| - 1$ और $y = -|x| + 1$ घिरा क्षेत्रफल है।

(a) $2\sqrt{2}$ (b) 4
(c) 1 (d) 2

33. वक्रों $y = \sqrt{x}, 2y + 3 = x$ और x-अक्ष द्वारा प्रथम चतुर्थांश में घिरा क्षेत्रफल है।

(a) 36 (b) 18
(c) 9 (d) $\frac{27}{4}$

34. $\int_0^1 \frac{dx}{e^x + e^{-x}} =$

(a) $\tan^{-1}\left(\frac{e-1}{e+2}\right)$ (b) $\tan\left(\frac{e-1}{e+2}\right)$
(c) $\tan^{-1}\left(\frac{e-1}{e+1}\right)$ (d) $\tan^{-1}\left(\frac{e+1}{e-1}\right)$

35. $\int_{-1}^{0} \frac{dx}{x^2 + 2x + 2} =$

(a) 0 (b) $\pi/4$
(c) $\pi/2$ (d) $-\pi/4$

36. माना $f(x)$ एक फलन है, जो सन्तुष्ट करता है $f'(x) = f(x) f(0) = 1$ को और $g(x)$ एक फलन है, जो संन्तुष्ट करता है, $f(x) + g(x) = x^2$ को, तब $\int_0^1 f(x)g(x)\,dx$ का मान होगा?

(a) $e+\frac{e^2}{2}-\frac{3}{2}$ (b) $e-\frac{e^2}{2}-\frac{3}{2}$

(c) $e+\frac{e^2}{2}+\frac{5}{2}$ (d) $e-\frac{e^2}{2}-\frac{5}{2}$

37. यदि $f(y)=e^y, g(y)=y, y>0$ तथा $F(t)=\int_0^1 f(t-y)g(y)dy$, तब–

(a) $F(t)=e^t-(1+t)$ (b) $F(t)=te^t$

(c) $F(t)=te^{-t}$ (d) $F(t)=1-e^{-t}(1+t)$

38. यदि $f(a+b-x)=f(x)$, तब $\int_a^b xf(x)dx$ का मान है?

(a) $\frac{a+b}{2}\int_a^b f(x)dx$ (b) $\frac{b-a}{2}\int_a^b f(x)dx$

(c) $\frac{a+b}{2}\int_a^b f(b-x)dx$ (d) इनमें से कोई नहीं

39. $I=\int_a^1 x(1-x)^n dx$ का मान है?

(a) $\frac{1}{n+2}$ (b) $\frac{1}{n+1}-\frac{1}{n+2}$

(c) $\frac{1}{n+1}+\frac{1}{n+2}$ (d) $\frac{1}{n+1}$

40. $\lim_{n\to\infty}\sum_{r=1}^{n}\frac{1}{n}e^{r/n}$ है–

(a) $1-e$ (b) $e-1$

(c) e (d) $e+1$

41. $\int_{-2}^{3}|1-x^2|dx$ का मान है–

(a) $\frac{7}{3}$ (b) $\frac{14}{3}$

(c) $\frac{28}{3}$ (d) $\frac{1}{3}$

42. $\int_0^{\pi/2}\frac{(\sin x+\cos x)^2}{\sqrt{1+\sin 2x}}dx$ का मान है–

(a) 2 (b) 1

(c) 0 (d) 3

43. यदि $\int_0^{\pi} xf(\sin x)dx = A\int_0^{\pi/2} f(\sin x)dx$, तब A है–

(a) $\pi/4$ (b) π

(c) 0 (d) 2π

44. ;fn $f(x)=\frac{e^x}{1+e^x}, I_1=\int_{f(-a)}^{f(a)} xg\{x(1-x)\}dx$ और

$I_2=\int_{f(-a)}^{f(a)} g\{x(1-x)\}dx$, तब I_2/I_1 का मान है?

(a) –1 (b) –3

(c) 2 (d) 1

45. $\lim_{n\to\infty}\left\{\frac{1}{n^2}\sec^2\frac{1}{n^2}+\frac{2}{n^2}\sec^2\frac{4}{n^2}+....+\frac{n}{n^2}\sec^2 1\right\}=$

(a) $\frac{1}{2}\text{cosec } 1$ (b) $\frac{1}{2}\sec 1$

(c) $\frac{1}{2}\tan 1$ (d) $\tan 1$

46. माना $f: \boldsymbol{R}\to\boldsymbol{R}$ एक अवकलित फलन है $f(2)=6, f'(2)=1/48$, तब

$\lim_{x\to 2}\int_6^{f(x)}\frac{4t^3}{x-2}dt=$

(a) 36 (b) 24

(c) 18 (d) 12

47. यदि $I_1=\int_0^1 2^{x^2}dx, I_2=\int_0^1 2^{x^3}dx, I_3=\int_1^2 2^{x^2}dx$ तथा

$I_4=\int_1^2 2^{x^2}dx$, तब–

(a) $I_1>I_2$ (b) $I_2>I_1$

(c) $I_3>I_4$ (d) $I_3=I_4$

48. $\int_{-\pi}^{\pi}\frac{\cos^2 x}{1+a^x}dx, a>0$ का मान होगा–

(a) π (b) $a\pi$

(c) $\pi/2$ (d) 2π

49. $\int_3^6\frac{\sqrt{x}}{\sqrt{9-x}+\sqrt{x}}dx=$

(a) 1/2 (b) 3/2

(c) 2 (d) 1

50. $\int_0^{\pi} xf(\sin x)dx=$

(a) $\pi\int_0^{\pi} f(\cos x)dx$ (b) $\pi\int_0^{\pi} f(\sin x)dx$

(c) $\frac{\pi}{2}\int_0^{\pi/2} f(\sin x)dx$ (d) $\pi\int_0^{\pi/2} f(\cos x)dx$

51. $\int_{-3\pi/2}^{-\pi/2}\{(x+\pi)^3+\cos^2(x+3\pi)\}dx=$

(a) $\frac{\pi^4}{32}$ (b) $\frac{\pi^4}{32}+\frac{\pi}{2}$

(c) $\frac{\pi}{2}$ (d) $\frac{1}{2}\pi-1$

52. $\int_1^a [x]f'(x)dx, a>1, [x]$ का मान होगा, जहाँ महत्तम पूर्णांक x से अधिक नहीं है?

(a) $af(a)-\{f(1)+f(2)+...+f([a])\}$

(b) $[a]f(a)-\{f(1)+f(2)+...+f([a])\}$

(c) $[a]f[a]-\{f(1)+f(2)+...+f((a))\}$

(d) $af([a])-\{f(1)+f(2)+...+f(a)\}$

53. माना $F(x)=f(x)+f\left(\frac{1}{x}\right)$, जहाँ, $f(x)=\int_1^x\frac{\log t}{1+t}dt$. तब $F(e)$ का मान होगा?

(a) 0 (b) 1

(c) 2 (d) 1/2

54. समीकरण का x के लिए $\int_{\sqrt{2}}^{x}\frac{\log t}{t\sqrt{t^2-1}}=\frac{\pi}{2}$ है–

(a) π (b) $\frac{\sqrt{3}}{2}$

(c) $\frac{2}{\sqrt{2}}$ (d) 2

(e) इनमें से कोई नहीं

55. माना $I = \int_0^1 \frac{\sin x}{\sqrt{x}} dx$ तथा $J = \int_0^1 \frac{\cos x}{\sqrt{x}} dx$ तब कौन-सा एक सत्य है?

(a) $I > \frac{2}{3}$ तथा $J < 2$ (b) $I > \frac{2}{3}$ तथा $J > 2$

(c) $I < \frac{2}{3}$ तथा $J < 2$ (d) $I > \frac{2}{3}$ तथा $J > 2$

56. यदि वक्र $y = f(x)$ तथा रेखा $x = 1, x = b$ तथा x-अक्ष के बीच का क्षेत्रफल $\sqrt{b^2+1} - \sqrt{2}$ है $b > 1$, के लिए तब $f(x)$ का मान होगा?

(a) $\sqrt{(x-1)}$ (b) $\sqrt{(x+1)}$

(c) $\sqrt{(x^2+1)}$ (d) $\frac{x}{\sqrt{1+x^2}}$

57. वक्र $y = |x-1|$ तथा $y = 3 - |x|$ के बीच का क्षेत्रफल होगा?

(a) 3 (b) 4

(c) 6 (d) 2

58. वक्र $y = |x-2|, x = 1, x = 3$ और x-अक्ष के बीच का क्षेत्रफल होगा?

(a) 3 (b) 2

(c) 1 (d) 4

59. माना $f(x)$ एक धनात्मक सतत् फलन है। वक्र $y = f(x)$, x-अक्ष और कोटी $x = \pi/4$ और $x = \beta > \pi/4$ के बीच का क्षेत्रफल ($\beta \sin\beta + \pi/4 \cos\beta + \sqrt{2}\beta$) है तब $f(\pi/2)$ का मान होगा?

(a) $\pi/4 + 1 - \sqrt{2}$ (b) $\pi/4 - 1 + \sqrt{2}$

(c) $1 + \sqrt{2} - \pi/4$ (d) $1 - \sqrt{2} + \pi/4$

60. परवलय $y^2 = 4x$ तथा $x^2 = 4y$ बाँटते है वर्ग को जो $x = 4, y = 4$ और अक्षों से बना है। यदि ऊपर से नीचे तक तीन खण्ड S_1, S_2, S_3 उन भागों के क्षेत्रफल हो, तब $S_1 : S_2 : S_3$ का मान होगा?

(a) $1:2:3$ (b) $1:2:1$

(c) $1:1:1$ (d) $2:1:2$

61. वक्र $y = \log_e(x+e)$ और अक्षों के बीच क्षेत्रफल होगा?

(a) 2 (b) 1

(c) 4 (d) 3

62. वक्र $y^2 = x$ तथा $y = |x|$ के बीच क्षेत्रफल होगा?

(a) 1 (b) $\frac{1}{6}$

(c) $\frac{1}{3}$ (d) $\frac{2}{3}$

63. वक्र $x^2 + 2y^2 = 0$ तथा $x + 3y^2 = 1$ के बीच घिरे क्षेत्र का क्षेत्रफल बराबर है?

(a) $\frac{4}{3}$ (b) $\frac{5}{3}$

(c) $\frac{1}{3}$ (d) $\frac{2}{3}$

उत्तरमाला

1. (d)	2. (b)	3. (b)	4. (a)	5. (b)	6. (c)	7. (d)	8. (a)	9. (a)	10. (c)
11. (d)	12. (b)	13. (a)	14. (a)	15. (b)	16. (c)	17. (c)	18. (b)	19. (b)	20. (c)
21. (c)	22. (d)	23. (b)	24. (c)	25. (a)	26. (c)	27. (c)	28. (c)	29. (a)	30. (a)
31. (c)	32. (d)	33. (c)	34. (c)	35. (b)	36. (b)	37. (a)	38. (a)	39. (b)	40. (b)
41. (c)	42. (a)	43. (b)	44. (c)	45. (c)	46. (c)	47. (a)	48. (c)	49. (b)	50. (d)
51. (c)	52. (b)	53. (d)	54. (e)	55. (c)	56. (d)	57. (b)	58. (c)	59. (c)	60. (c)
61. (b)	62. (b)	63. (a)							

संकेत एवं हल

1. (d) माना $x^3 = t$ $\therefore$ $3x^2\,dx = dt$

$\therefore$ $\int_1^4 \frac{3}{x} e^{\sin x^3}\,dx = \int_1^4 \frac{1}{x^3} e^{\sin x^3}\cdot(3x^2 dx)$

$= \int_1^{4^3} \frac{e^{\sin t}}{t} dt = [F(t)]_1^{64}$

$= F(64) - F(1) = F(k) - F(1)$

$\therefore$ $k = 64$

2. (b) $\cos(\pi - x) = -\cos x$

$\cos$ (विषम) $x = \cos$ [विषम $(\pi - x)$]

$\therefore$ $\cos$ (विषम π − विषम x)

$= \cos$ [सम $\pi + \pi$ − विषम x]

$= \cos$ [π − विषम x] $= -\cos$ (विषम x)

चूँकि $f(2a - x) = -f(x)$

अत: $I = 0$

3. (b) $nx = t$ रखकर समायोजित करें तथा sin और cos में परिवर्तित करें।

$$I = \frac{1}{n}\int_0^{\pi/2} \frac{\sin^2 t}{\sin^n t + \cos^n t}$$

Prop. IV लागू करके जोड़िये।

$$2I = \frac{1}{n}\int_0^{\pi/2} dt = \frac{1}{n}\frac{\pi}{2}$$

$\therefore$ $I = \frac{\pi}{4n}$

4. (a) $-1 < x < 0, [x] = -1, 0 < x < 1, [x] = 0$

$\therefore$ $I = \int_{-1}^1 x\,dx - \int_{-1}^1 [x]\,dx$

$I = 0$ प्रगुण V से $-\left[\int_{-1}^0 -1\,dx + \int_0^1 0\,dx\right]$

$= 1\cdot[x]_{-1}^0 = 1$

5. (b) $I = 0 + 2\int_0^\pi \frac{2x\sin x}{1+\cos^2 x}dx$ (Prop. V)

$= 4\int_0^\pi \frac{x\sin x}{1+\cos^2 x}dx$

$= 4\cdot\frac{\pi^2}{4} = \pi^2$

6. (c) $I = \int_{-1}^1 \frac{x^2}{1+x^2}dx + 0$ (Prop. V से)

$= 2\int_0^1\left(1 - \frac{1}{1+x^2}\right)dx$

$= 2[x - \tan^{-1} x]_0^1 = 2\left[1 - \frac{\pi}{4}\right] = \left(2 - \frac{\pi}{2}\right)$

7. (d) $I = \int_{-\pi}^\pi (\cos^2 ax + \sin^2 bx) - 2\int_{-\pi}^\pi \cos ax \sin bx\,dx$

$= 2\int_0^\pi (\cos^2 ax + \sin^2 bx)0$

(Prop. V और VI से)

$= \int_0^\pi (1 + \cos 2ax + 1 - \cos 2bx)\,dx$

$= \left[2 + \frac{1}{2a}\sin 2ax - \frac{1}{2b}\sin 2bx\right]_0^\pi$

$= 2\pi + 0 = 2\pi.$

8. (a) Prop. VII का प्रयोग करें।

$$I = \int_{\pi/4}^{3\pi/4} \frac{dx}{1-\cos x}$$

$\because \cos(\pi - x) = -\cos x$

$\therefore$ $2I = \int_{\pi/4}^{3\pi/4} \frac{2}{1-\cos^2 x}dx$

$= 2\int_{\pi/4}^{3\pi/4} \text{cosec}^2 x\,dx$

$= -2[\cot x]_{\pi/4}^{3\pi/4} = 4$ $\therefore$ $I = 2$

9. (a) दोनों पक्षों का अवकलन करने पर

$1^2\cdot f(1)\,0 - \sin^2 x\,f(\sin x)\cos x = -\cos x$

$\therefore$ $f(\sin x) = \text{cosec}^2 x = \frac{1}{\sin^2 x}.$

$\therefore$ $f(z) = \frac{1}{z^2}$ $\therefore$ $f\left(\frac{1}{\sqrt{3}}\right) = 3$

10. (c) x का विचरण -1 से 1 को होता है, अत: $1 - x$ सदैव + ive है।

$\therefore$ $I = \int_{-1}^1 (1-x)\,dx = \left[x - \frac{x^2}{2}\right]_{-1}^1 = 2$

11. (d) $\sin\theta$ प्रथम और द्वितीय चतुर्थांशों में + ive है तथा तृतीय और चतुर्थ चतुर्थांशों में − ive है।

$\therefore$ $I = \int_0^{1/2} \sin 2\pi x\,dx + \int_{1/2}^1 -\sin 2\pi x\,dx = \frac{2}{\pi}$

12. (b) $x = 0$ पर $x^2 = 0$ तथा $x = \frac{3}{2}$ पर $x^2 = \frac{9}{4}$

0 से $\frac{9}{4}$ के बीच तीन पूर्णांक 0, 1, 2 होंगे।

तथा $x^2 = 0, 1, 2$ $\Rightarrow$ $x = 0, 1, \sqrt{2}$

$\therefore$ $I = \int_0^{3/2} [x^2]\,dx$

$$I=\int_0^1 0\,dx+\int_1^{\sqrt{2}}1\,dx+\int_{\sqrt{2}}^{3/2}2\,dx$$

$$I=0+(\sqrt{2}-1)+2\left(\frac{3}{2}-\sqrt{2}\right)$$

$$I=\sqrt{2}-1+3-2\sqrt{2}=2-\sqrt{2}$$

13. (a) $I_1=\int_{-1}^{2}-(x-2)\,dx+\int_2^3(x-2)dx=5$

$I_2=\left[\int_{-1}^{0}-1+\int_0^1 0+\int_2^3 1+\int_2^3 2\right]dx=2$

$\therefore\quad I=I_1+I_2=5+2=7$

14. (a) निश्चित समाकलन के प्रगुण VIII से,

$$I=t^2f(t^2)\,2t-0=\frac{2}{5}\,5t^4$$

$\therefore\quad f(t^2)=t$

अब माना $\quad t=\frac{2}{5}\quad\therefore\quad f\left(\frac{4}{25}\right)=\frac{2}{5}$

15. (b) दिये हुए वक्र दो परवलय हैं जिनके शीर्ष A (1, 0) और B (– 1, 0) हैं। वक्र y-अक्ष पर बिन्दु C (0, 1) पर प्रतिच्छेद करते हैं। रेखा y = 1/4, x-अक्ष के समान्तर है और परवलय से $x=-\frac{3}{2},-\frac{1}{2},\frac{1}{2},\frac{3}{2}$ पर मिलती है।

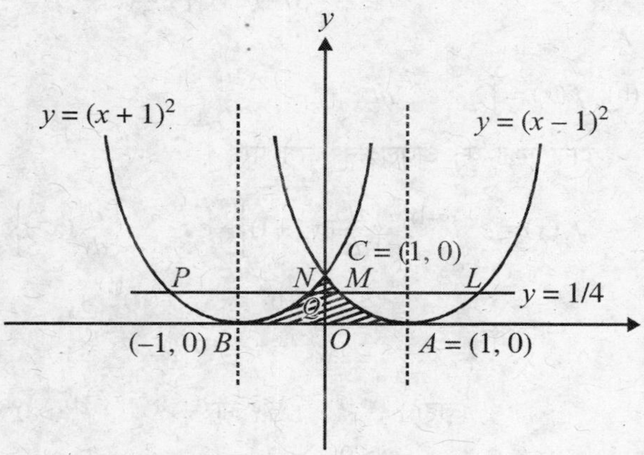

$\therefore\quad L\left(\frac{3}{2},\frac{1}{4}\right),M\left(\frac{1}{2},\frac{1}{4}\right),N\left(-\frac{1}{2},\frac{1}{4}\right),P\left(-\frac{3}{2},\frac{1}{4}\right)$

क्षेत्रफल = CMN का क्षेत्रफल

$$=2\,\text{CQM}=2\int_{1/4}^{1}x\,dy$$

$$=2\int_{1/4}^{1}(\sqrt{y}-1)\,dy=\frac{1}{3}\text{ वर्ग इकाई}$$

16. (c)

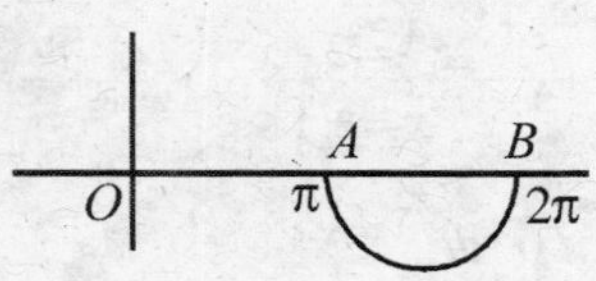

$$\text{क्षेत्रफल}=\int_0^{\pi}y\,dx+\int_{\pi}^{2\pi}y\,dx$$

$$=\left|\int_0^{\pi}x\sin x\,dx\right|+\left|\int_{\pi}^{2\pi}x\sin x\,dx\right|$$

$$=\left|[x(-\cos x)+\sin x]_0^{\pi}\right|+\left|[x(-\cos x)+\sin x]_{\pi}^{2\pi}\right|$$

$$=|(\pi-0)+(0-0)|+|[-2\pi+\pi(-1)]+(0-0)|$$

$$=\pi+3\pi=4\pi$$

17. (c) दोनों वक्र बिन्दु O (0, 0) और $\left(\frac{1}{a},\frac{1}{a}\right)$ पर मिलते हैं।

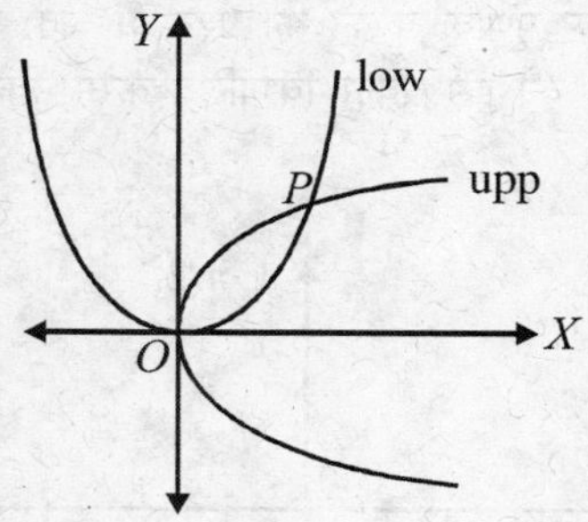

$$\text{क्षेत्रफल}=\int(\underset{\text{up}}{y_1}-\underset{\text{low}}{y_2})\,dx$$

$$=\int_0^{1/a}\left(\sqrt{\frac{x}{a}}-ax^2\right)dx$$

$$=\left(\frac{2}{3}-\frac{1}{3}\right)\frac{1}{a^2}=1$$

$\therefore\quad a=\frac{1}{3}$

18. (b)

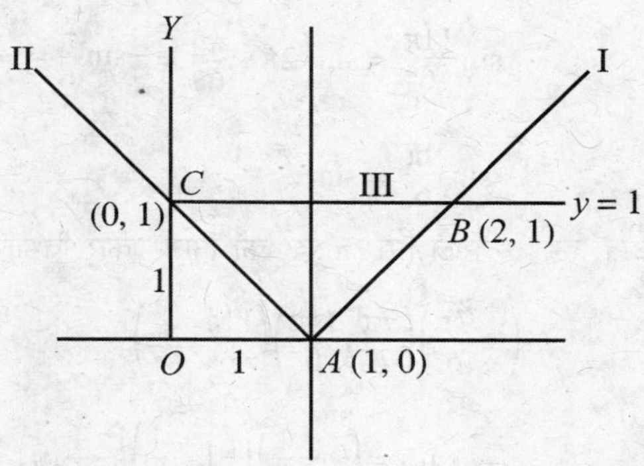

दिये हुए वक्र हैं–

(i) $y=x-1,x>1$

(ii) $y=-(x-1),x<1$

(iii) $y=1$

ये तीनों रेखाएँ एक त्रिभुज बनाती हैं जिसका क्षेत्रफल

$$=\frac{1}{2}\cdot b\times h=\frac{1}{2}\cdot2\cdot1=1$$

19. (b) $\int_{\sin x}^{1}t^2f(t)\,dt=1-\sin x$

दोनों पक्षों का अवकलन करने पर,

$$\frac{d}{dx}\int_{\sin x}^{1}t^2f(t)\,dt=\frac{d}{dx}(1-\sin x)$$

$$\Rightarrow \quad 1^2 f(1)\cdot 0-(\sin^2 x) f(\sin x)\cdot \cos x=-\cos x$$

$$\Rightarrow \quad f(\sin x)=\frac{1}{\sin^2 x}$$

$f\left(\frac{1}{\sqrt{3}}\right)$ प्राप्त होगा, जब $\sin x=\frac{1}{\sqrt{3}}$

$$\therefore \quad f\left(\frac{1}{\sqrt{3}}\right)=(\sqrt{3})^2=3$$

20. (c) यह महत्तम पूर्णांक फलन का प्रश्न है। अतः हम अन्तराल π से $[2\sin x]$ को इस प्रकार विभाजित करेंगे, कि हम 2π को हल कर सके।

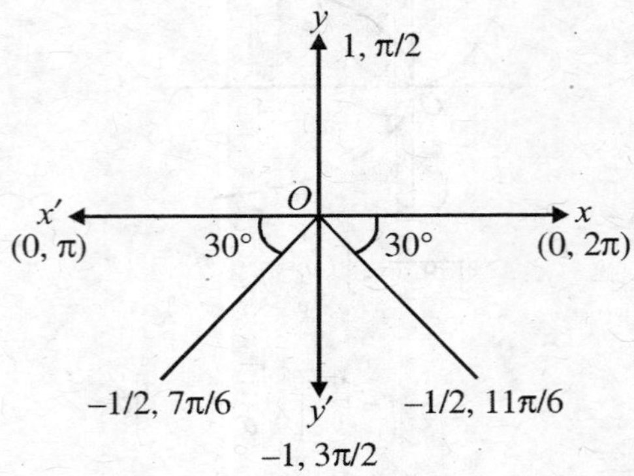

हम जानते हैं, कि $\sin\frac{\pi}{6}=\frac{1}{2}$

$$\sin\left(\pi+\frac{\pi}{6}\right)=\sin\frac{7\pi}{6}=-\frac{1}{2}$$

$$\sin\frac{11\pi}{6}=\sin\left(2\pi-\frac{\pi}{6}\right)=-\sin\frac{\pi}{6}=-\frac{1}{2}$$

$$\sin\frac{9\pi}{6}=\sin\frac{3\pi}{2}=-1$$

अतः हम अन्तराल π से 2π तक को निम्न प्रकार विभाजित करेंगे।

$$\left(\pi,\frac{7\pi}{6}\right)\left(\frac{7\pi}{6},\frac{11\pi}{6}\right)\left(\frac{11\pi}{6},2\pi\right)$$

$$\sin x=\left(0,-\frac{1}{2}\right)\left(-1,-\frac{1}{2}\right)\left(-\frac{1}{2},0\right)$$

$$2\sin x=(0,-1),(-2,-1),(-1,0)$$

$$[2\sin x]=-1$$

$$\therefore \quad I=I_1+I_2+I_3$$

$$=\int -1\,dx+\int -2\,dx+\int -1\,dx$$

$$=-\frac{\pi}{6}-2\left(\frac{4\pi}{6}\right)-\frac{\pi}{6}$$

$$=-\frac{10\pi}{6}=-\frac{5\pi}{3}$$

21. (c) $I=\int_0^{\pi} e^{\cos^2}\cdot\cos^3\{(2n+1)x\}dx$

$$\left[\int_0^a f(x)dx=\begin{cases}0, & f(a-x)=-f(x)\\ 2\int_0^{a/2} f(x)dx, & f(a-x)=f(x)\end{cases} \text{ के प्रयोग से}\right]$$

जहाँ, $f(x)=e^{\cos^2 x}\cdot\cos^3\{(2n+1)x\}$

$$\therefore \quad f(\pi-x)=e^{\cos^2 x}\{-\cos^3(2n+1)x\}$$

$$=-f(x)$$

$$\therefore \quad I=0$$

22. (d) $\int_{e^{-1}}^{e^2}\left|\frac{\log_e x}{x}\right|dx=\int_{e^{-1}}^{1}\left|\frac{\log_e x}{x}\right|dx+\int_1^{e^2}\left|\frac{\log_e x}{x}\right|dx$

चूँकि 1, $\left|\frac{\log_e x}{x}\right|$ के धनात्मक और ऋणात्मक मान के लिए वर्तन बिन्दु (turning point) है।

$$=\int_{e^{-1}}^{1}\frac{\log_e x}{x}dx+\int_1^{e^2}\left|\frac{\log_e x}{x}\right|dx$$

$$=-\frac{1}{2}[(\log_e x)^2]_{e^{-1}}^{1}+\frac{1}{2}[(\log_e x)^2]_1^{e^2}$$

$$=-\frac{1}{2}\{0-(-1)^2\}+\frac{1}{2}(2^2-0)=\frac{5}{2}$$

23. (b) $f(x)=\int_{x^2}^{x^2+1} e^{-t^2}dt$

दोनों पक्षों का अवलकन करने पर,

$$f'(x)=e^{-(x^2+1)^2}\cdot\left\{\frac{d}{dx}(x^2+1)\right\}-e^{-(x^2)^2}\cdot\left\{\frac{d}{dx}(x^2)\right\}$$

$$=e^{-(x^2+1)^2}\cdot 2x-e^{-(x^2)^2}\cdot 2x$$

$$=2xe^{-(x^4+2x^2+1)}\{1-e^{2x^2+1}\}$$

(जहाँ $e^{2x^2+1}>1,\forall x$ और $e^{-(x^4+2x^2+1)}>0,\forall x$)

$$\therefore \quad f'(x)>0$$

जिससे स्पष्ट है, कि $2x<0$ या $x<0$

$$\therefore \quad x\in(-\infty,0)$$

24. (c) $f(x)=\int_1^x\sqrt{2-t^2}\,dt$

$$\Rightarrow \quad f'(x)=\sqrt{2-x^2} \quad \text{...(i)}$$

$$\therefore \quad x^2-f'(x)=0 \quad \text{...(ii)}$$

$$\therefore \quad x^2=\sqrt{2-x^2}$$

$$\Rightarrow \quad x^4=2-x^2$$

$$\Rightarrow \quad x=\pm 1$$

25. (a) $F(x)=\int_0^x f(t)\,dt$

लेबनीज नियम से,

$$F'(x)=f(x)$$

परन्तु, $F(x^2) = x^2(1+x) = x^2 + x^3$

$\Rightarrow F(x) = x + x^{3/2}$

$\Rightarrow F'(x) = 1 + \frac{3}{2}x^{1/2}$

$\Rightarrow f(x) = F'(x) = 1 + \frac{3}{2}x^{1/2}$

$\Rightarrow f(x) = F'(x) = 1 + \frac{3}{2}x^{1/2}$

$\Rightarrow f(4) = 1 + \frac{3}{2}(4)^{1/2}$

अत: $f(4) = 1 + \frac{3}{2} \times 2 = 1 + 3 = 4$

26. (c) $\int_0^{t^2} x\, f(x)\, dx = \frac{2}{5}t^5$

न्यूटन-लेबनीज नियम के प्रयोग से दोनों पक्षों का अवकलन करने पर,

$t^2 \{f(t^2)\}\left\{\frac{d}{dt}(t^2)\right\} - 0 \cdot f(0)\left\{\frac{d}{dt}(0)\right\} = 2t^4$

$\Rightarrow t^2 f(t^2)\, 2t = 2t^4 \quad \Rightarrow \quad f(t^2) = t$

$\therefore f\left(\frac{4}{25}\right) = -\frac{2}{5} \quad \left(\because t = \pm\frac{2}{5}\right)$

$\Rightarrow f\left(\frac{4}{25}\right) = \frac{2}{5}$ (ऋण चिन्ह को छोड़ने पर)

27. (c) $\int_{-1/2}^{1/2}\left\{[x] + \ln\left(\frac{1+x}{1-x}\right)\right\}dx$

$= \int_{-1/2}^{1/2}[x]\,dx + \int_{-1/2}^{1/2}\ln\left(\frac{1+x}{1-x}\right)dx$

$= \int_{-1/2}^{1/2}[x]\,dx + 0 \quad \left(\because \ln\left(\frac{1+x}{1-x}\right)\right.$ एक विषम फलन है)

$= \int_{-1/2}^{0}(-1)\,dx + \int_0^{1/2} 0\, dx = (-x)_{-1/2}^{0}$

$= -\left(0 + \frac{1}{2}\right) = -\frac{1}{2}$

28. (c) $\int_{-1}^{1} f(x)\,dx = \int_{-1}^{1}(x - [x])\,dx$

$= \int_{-1}^{1} x\,dx - \int_{-1}^{1}[x]\,dx$

$= 0 - \int_{-1}^{1}[x]\,dx \quad (\because x$ एक विषम फलन है)

परन्तु, $[x] = \begin{cases} -1, & \text{यदि } -1 \le x < 0 \\ 0, & \text{यदि } 0 \ge x < 1 \\ 1, & \text{यदि } x = 1 \end{cases}$

$\therefore \int_{-1}^{1}[x]\,dx = \int_{-1}^{0}[x]\,dx + \int_0^1 [x]\,dx$

$= \int_{-1}^{0}(-1)dx + \int_0^1 0\,dx$

अत: $\int_{-1}^{1} f(x)\,dx = 1$

29. (a) यदि $f(x) = \begin{cases} e^{\cos x}\sin x, & |x| \le 2 \text{ के लिए} \\ 2, & \text{अन्यथा} \end{cases}$

$\int_{-2}^{3} f(x)\,dx = \int_{-2}^{2} f(x)\,dx + \int_2^3 f(x)dx$

$= \int_{-2}^{2} e^{\cos x}\sin x\,dx + \int_2^3 2dx$

$= 0 + 2[x]_2^3$

$(\because e^{\cos x}\sin x$ एक विषम फलन है)

$= 2[3-2] = 2$

$\therefore \int_{-2}^{3} f(x)\,dx = 2$

30. (a) $f(x) = x^2 + bx - b, P(1, 1)$ पर स्पर्शी की समीकरण के लिए,

$y = x^2 + bx - b$

$\Rightarrow 2y = 2x^2 + 2bx - 2b$

$\Rightarrow y + 1 = 2x \cdot 1 + b(x+1) - 2b$ ($T = 0$ लगाने पर)

$\Rightarrow y = (2+b)x - (1+b)$

$\therefore x_A = \frac{1+b}{2+b}$ और $y_B = -(1+b)$

पुन: ΔOAB का क्षेत्रफल

$= \frac{1}{2} \times OA \times OB$

$\Rightarrow -\frac{1}{2} \times \frac{(1+b)^2}{(2+b)} = 2$

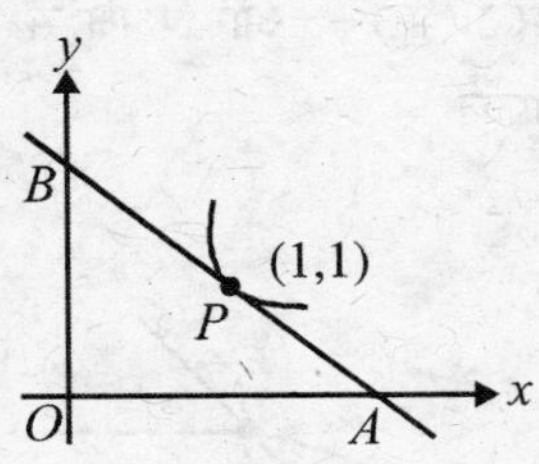

$\Rightarrow -(1+b)^2 = 4(2+b)$

$\Rightarrow (1+b)^2 + 4(2+b) = 0$

$\Rightarrow 1 + b^2 + 2b + 8 + 4b = 0$

$\Rightarrow b^2 + 6b + 9 = 0$

$\Rightarrow (b+3)^2 = 0$

$\Rightarrow b = -3$

31. (c) चित्र से स्पष्ट है, कि वक्रों के बीच घिरा क्षेत्र $OABCO$ है।

$y = ax^2$ और $x = ay^2$

के प्रतिच्छेद बिन्दु के लिए

$$\Rightarrow \qquad x = a(ax^2) \qquad \Rightarrow \qquad x = 0, \frac{1}{a}$$

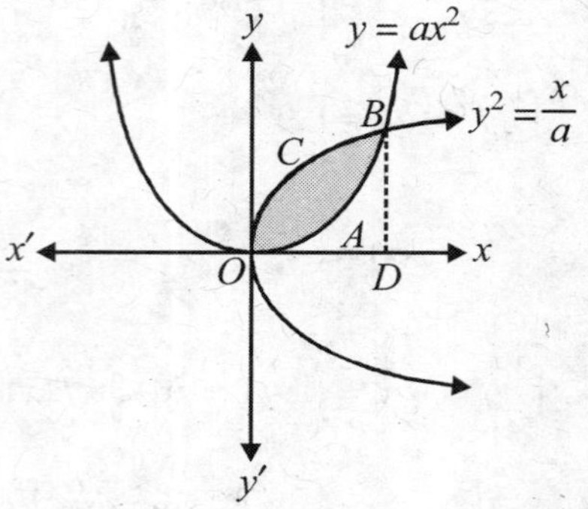

$\therefore$ प्रतिच्छेद बिन्दु (0, 0) और $\left(\frac{1}{a}, \frac{1}{a}\right)$ है।

अत: अभीष्ट क्षेत्रफल = $OCBDO$ का क्षेत्रफल $-$ $OABDO$ का क्षेत्रफल

$$\Rightarrow \int_0^{1/a}\left(\sqrt{\frac{x}{a}} - ax^2\right)dx = 1 \qquad \text{(दिया है)}$$

$$\therefore \left(\frac{1}{\sqrt{a}}\cdot\frac{x^{3/2}}{3/2} - \frac{ax^3}{3}\right)_0^{1/a} = 1$$

$$\Rightarrow \frac{2}{3a^2} - \frac{1}{3a^2} = 1$$

अत: $a^2 = \frac{1}{3}$

या $a = \frac{1}{\sqrt{3}}$ $(\because a > 0)$

32. (d) स्पष्ट है, कि क्षेत्र एक वर्ग होगा, जिसके शीर्ष (1, 0), (0, 1), (– 1, 0) और (0, – 1) होंगे। अत: इसका क्षेत्रफल = $\sqrt{2}\times\sqrt{2} = 2$

33. (c) $y = \sqrt{x}$ और $2y + 3 = x$ और x-अक्ष से प्रथम चतुर्थांश में घिरे क्षेत्र का क्षेत्रफल

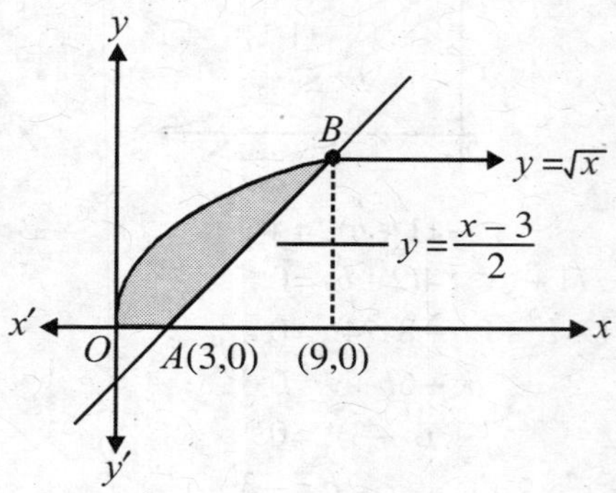

$$= \int_0^9 \sqrt{x}dx - \int_3^9\left(\frac{x-3}{2}\right)dx$$

$$= \left(\frac{x^{3/2}}{3/2}\right)_0^9 - \frac{1}{2}\left(\frac{x^2}{2} - 3x\right)_3^9$$

$$= \left(\frac{2}{3}\times 27\right) - \frac{1}{2}\left\{\left(\frac{81}{2} - 27\right) - \left(\frac{9}{2} - 9\right)\right\}$$

$$= 18 - \frac{1}{2}(18) = 9 \text{ वर्ग इकाई।}$$

34. (c)

35. (b)

36. (b) ज्ञात है $f'(x) = f(x)$

$$\Rightarrow \frac{f'(x)}{f(x)} = 1$$

समाकीन करने पर,

$$\log f(x) = x + \log c$$

या $f(x) = ce^x$

अब $f(0) = 1 \Rightarrow c = 1$

$\therefore$ $f(x) = e^x$

$$g(x) = x^2 - f(x) = x^2 - e^x$$

$$I = \int_0^1 f(x)g(x)\,dx$$

$$= \int_0^1 e^x(x^2 - e^x)\,dx$$

$$= \int_0^1 x^2e^x\,dx - \int_0^1 e^{2x}dx$$

$$= [x^2e^x - 2xe^x + 2e^x]_0^1 - [\frac{1}{2}e^{2x}]_0^1$$

$$= e - \frac{1}{2}e^2 - \frac{3}{2}$$

37. (a) $F(t) = \int_0^t f(t-y)g(y)\,dy$

$$= \int_0^t e^{t-y}\cdot y dy = e^t\int_0^t e^{-y}y\,dy$$

$$= e^t\left[(-ye^{-y})_0^t - \int_0^t 1(-e^{-y})dy\right]$$

$$= e^t[(-te^{-t} - 0) - (e^{-y})_0^t]$$

$$= e^t[-te^{-t} - (e^{-t} - e^0)]$$

$$= [1 + e^{-t}(1+t)]e^t$$

$$= e^t - (1+t)$$

38. (a) माना $I = \int_a^b xf(x)\,dx$

$$= \int_a^b (a+b-x)f(a+b-x)\,dx$$

$$= \int_a^b (a+b-x)f(x)\,dx$$

$$= (a+b)\int_a^b f(x)\,dx - \int_a^b xf(x)\,dx$$

$$= (a+b)\int_a^b f(x)\,dx - I$$

(समीकरण (1) से)

$$2I = (a+b)\int_a^b f(x)\,dx$$

$$\Rightarrow \quad I = \frac{(a+b)}{2}\int_a^b f(x)\,dx$$

39. (b) $I = \int_0^1 x(1-x)^n\,dx$

माना $1-x = z \Rightarrow -dx = dz$

$$I = \int_1^0 (1-z)z^n(-dz) = \int_0^1 (1-z)z^n\,dz$$

$$= \int_0^1 (z^n - z^{n+1})\,dz$$

$$= \left[\frac{z^{n+1}}{n+1} - \frac{z^{n+2}}{n+2}\right]_0^1$$

$$= \frac{1}{n+1} - \frac{1}{n+2}$$

40. (b) $\underset{n\to\infty}{\text{सीमा}} \sum_{r=1}^{n} \frac{1}{n} e^{r/n} = \int_0^1 e^x\,dx = [e^x]_0^1$

$$= e - 1.$$

41. (c) $\int_{-2}^{3} |1-x^2|\,dx = \int_{-2}^{-1}(x^2-1)\,dx + \int_{-1}^{1}(1-x^2)\,dx + \int_1^3 (x^2-1)\,dx$

$$= \left[\frac{x^3}{3} - x\right]_{-2}^{-1} + \left[x - \frac{x^3}{3}\right]_{-1}^{1} + \left[\frac{x^3}{3} - x\right]_1^3$$

$$= \left[-\frac{1}{3} + 1 + \frac{8}{3} - 2\right] + \left[1 - \frac{1}{3} + 1 - \frac{1}{3}\right] + \left[9 - 3 - \frac{1}{3} + 1\right]$$

$$= \frac{4}{3} + \frac{4}{3} + \frac{20}{3} = \frac{28}{3}$$

42. (a) माना $I = \int_0^{\pi/2} \frac{(\sin x + \cos x)^2}{\sin^2 x + \cos^2 x + 2\sin x\cos x}\,dx$

$$= \int_0^{\pi/2} \frac{(\sin x + \cos x)^2}{\sqrt{(\sin x + \cos x)^2}}\,dx$$

$$= \int_0^{\pi/2} (\sin x + \cos x)\,dx$$

$$I = [-\cos x + \sin x]_0^{\pi/2}$$

$$= -\cos\frac{\pi}{2} + \sin\frac{\pi}{2} + \cos 0^\circ - \sin 0^\circ$$

$$= -0 + 1 + 1 - 0 = 2$$

43. (b) माना $I = \int_0^{\pi} xf(\sin x)\,dx$ ...(i)

$$I = \int_0^{\pi} (\pi - x) f(\sin x)\,dx \quad \text{...(ii)}$$

समीकरण (i) व (ii) को जोड़ने पर

$$2I = \int_0^{\pi} (x + \pi - x) f(\sin x)\,dx$$

$$= \pi\int_0^{\pi} f(\sin x)\,dx$$

$$= 2\pi\int_0^{\pi/2} f(\sin x)\,dx$$

$$I = 1 + \int_0^{\pi/2} f(\sin x)\,dx$$

$$\Rightarrow \quad A = \pi$$

44. (c) $f(x) = \frac{e^x}{1+e^x}$

$$\Rightarrow \quad f(a) = \frac{e^a}{1+e^a}, \quad f(-a) = \frac{1}{1+e^a}$$

$$\Rightarrow \quad f(a) + f(-a) = 1$$

माना $f(-\alpha) = \alpha$, तब $f(\alpha) = 1 - \alpha$

$$\therefore \quad I_1 = \int_{\alpha}^{1-\alpha} xg(x(1-x))\,dx$$

$$\Rightarrow \quad I_1 = \int_{\alpha}^{1-\alpha} (1-x)g\{(1-x)x\}\,dx$$

$$\therefore \quad 2I_1 = \int_{\alpha}^{1-\alpha} g(x(1-x)\}\,dx = I_2$$

$$\therefore \quad \frac{I_2}{I_1} = 2$$

45. (c) माना

$$A = \underset{n\to\infty}{\text{सीमा}} \left\{\frac{1}{n^2}\sec^2\frac{1}{n^2} + \frac{2}{n^2}\sec^2\frac{4}{n^2} + \ldots + \frac{1}{n}\sec^2 1\right\}$$

$$= \underset{n\to\infty}{\text{सीमा}} \frac{1}{n}\left(\frac{1}{n}\sec^2\left(\frac{1}{n}\right)^2 + \frac{2}{n}\sec^2\left(\frac{2}{n}\right)^2 + \ldots\frac{n}{n}\sec^2\left(\frac{n}{n}\right)^n\right)$$

$$= \underset{n\to\infty}{\text{सीमा}} \frac{1}{n}\sum_{r=1}^{n}\left(\frac{r}{n}\right)\sec^2\left(\frac{r}{n}\right)^2$$

$$A = \int_0^1 x\sec^2(x^2)\,dx$$

माना $x^2 = t \Rightarrow 2x\,dx = dt$

$\Rightarrow \quad x\,dx = \frac{dt}{2}$

$\therefore A = \frac{1}{2}\int_0^1 \sec^2 t\,dt = \frac{1}{2}[\tan t]_0^1 = \frac{1}{2}\tan 1$

46. (c) $\int_6^{f(x)} 4t^3\,dt = (f(x))^4 - 6^4 \to 0$

as $x \to 2$. $[f(2) = 6]$

$\therefore$ सीमा $\lim_{x\to 2} \frac{\int_6^{f(x)} 4t^3\,dt}{x-2}\left(\frac{0}{0}\right)$

$=$ सीमा $\lim_{x\to 2} \frac{4f(x)^3 f'(x)}{1} = 4\times 6^3 \times \frac{1}{48} = 18$

47. (a) $0 < x < 1$, के लिए $x^2 > x^3 \quad \Rightarrow \quad 2^{x^2} > 2^{x^3}$

$\therefore \quad I_1 > I_2$

$1 < x < 2$, के लिए $x^2 < x^3 \quad \Rightarrow \quad 2^{x^2} < 2^{x^3}$

$\therefore \quad I_3 < I_4$

48. (c) माना $\quad I = \int_{-\pi}^{\pi} \frac{\cos^2 x}{1+a^x}\,dx, \quad a > 0 \quad$ ...(i)

$I = \int_{-\pi}^{\pi} \frac{\cos^2 x}{1+a^{-x}}\,dx \quad$ ...(ii)

समीकरण (i) व (ii) जोड़ने पर

$\Rightarrow \quad 2I = \int_{-\pi}^{\pi} \frac{(1+a^x)\cos^2 x}{(1+a^{-x})}\,dx$

$= \int_{-\pi}^{\pi} \cos^2 x\,dx$

$= \int_{-\pi}^{\pi} \left(\frac{\cos 2x + 1}{2}\right) dx$

$= \frac{1}{2}\left[\left(\frac{\sin 2x}{2} + x\right)\right]_{-\pi}^{\pi}$

$\Rightarrow \quad 2I = \frac{1}{2}(\pi + \pi) \quad \Rightarrow \quad I = \frac{\pi}{2}$

49. (b) माना $\quad I = \int_3^6 \frac{\sqrt{x}}{\sqrt{9-x}+\sqrt{x}}\,dx \quad$ ...(i)

$= \int_3^6 \frac{\sqrt{9-x}}{\sqrt{9-9+x}+\sqrt{9-x}}\,dx$

$\Rightarrow \quad I = \int_3^6 \frac{\sqrt{9-x}}{\sqrt{x}+\sqrt{9-x}}\,dx \quad$ ...(ii)

समीकरण (i) व (ii) को जोड़ने पर

$2I = \int_3^6 \frac{\sqrt{x}+\sqrt{9-x}}{\sqrt{x}+\sqrt{9-x}}\,dx$

$= \int_3^6 1.\,dx = [x]_3^6 = 6 - 3 = 3$

$\Rightarrow \quad I = \frac{3}{2}$

50. (d) माना $\quad I = \int_0^{\pi} x f(\sin x)\,dx \quad$ ...(i)

$I = \int_0^{\pi} (\pi - x) f(\sin(\pi - x))\,dx$

$\Rightarrow \quad I = \int_0^{\pi} (\pi - x) f(\sin x)\,dx \quad$ ...(ii)

समीकरण (i) व (ii) जोड़ने पर

$2I = \int_0^{\pi} \pi f(\sin x)\,dx$

$I = \frac{\pi}{2}\int_0^{\pi} f(\sin x)\,dx$

$\Rightarrow \quad I = \pi\int_0^{\pi/2} f(\sin x)\,dx$

माना $\quad \frac{\pi}{2} - x = t \quad \Rightarrow \quad x = \frac{\pi}{2} - t$

$\therefore \quad I = \frac{\pi}{2}\int_{-\pi/2}^{\pi/2} f(\cos t)\,dt$

$= \frac{\pi}{2}\int_{-\pi/2}^{\pi/2} f(\cos x)\,dx$

$= \pi\int_0^{\pi/2} f(\cos x)\,dx$

($\because f(\cos x)$ एक समफलन है)

51. (c) $I = \int_{-3\pi/2}^{-\pi/2} \{(x+\pi)^3 + \cos^2(x+3\pi)\}\,dx$

$= \int_{-\pi/2}^{\pi/2} (t^3 + \cos^2 t) \quad [x + \pi = t]$

$= 2\int_0^{\pi/2} \cos^2 t\,dt = \frac{\pi}{2}$

52. (b) $I = \int_1^a [x]\,f'(x)\,dx \quad (a > 1)$

$= \int_1^2 f'(x)\,dx + \int_2^3 2f'(x)\,dx + \ldots$

$+ \int_{k-1}^{k} (k-1) f'(x)\,dx + \int_k^a kf'(x)\,dx$

जहाँ, $\quad [a] = k \quad$ अर्थात् $\quad k \le a < k+1$

$\therefore \quad I = (f(2)-f(1)) + 2(f(3)-f(2)) + 3(f(u)-f(3)) + \ldots +$
$(k-1)(f(k)-f(k-1)) + k(f(a)-f(k))$

$= kf(a) - \{f(1) + f(2) + \ldots + f(k)\}$

$= [a]f(a) - \{f(1) + f(2) + \ldots + f([a])\}$

53. (d) $\quad f(x) = \int_1^x \frac{\log t}{1+t}\,dt.$

$$\therefore \quad F(e) = \int_1^e \frac{\log t}{1+t}dt + \int_1^{1/e} \frac{\log t}{1+t}\, dt = I_1 + I_2$$

I_2 में $t = 1/u$ रखने पर

$$I_2 = \int_1^e \frac{-\log u}{(1+1/u)}\left(-\frac{1}{u^2}\right)du$$

$$= \int_1^e \frac{\log t}{t(1+t)}dt$$

$$= \left.\frac{(\log t)^2}{2}\right|_1^e = \frac{1}{2}$$

54. (e) कोई विकल्प सही नहीं है

$$\int_{\sqrt{2}}^{x} \frac{dt}{t\sqrt{t^2-1}} = \frac{\pi}{2} \quad \Rightarrow \quad \sec^{-1} t\Big|_{\sqrt{2}}^{x} = \frac{\pi}{2}$$

$$\Rightarrow \quad \sec^{-1} x - \pi/4 = \pi/2$$

$$\Rightarrow \quad x = \sec(3\pi/4) = -\sqrt{2}$$

55. (c) In $(0, 1), \dfrac{\sin x}{x} < 1 \quad \Rightarrow \quad \dfrac{\sin x}{\sqrt{x}} < \sqrt{x}$

$$\therefore \quad \int_0^1 \frac{\sin x}{\sqrt{x}}dx < \int_0^1 \sqrt{x}dx \;\Rightarrow\; I < \frac{2}{3}$$

$$\therefore \quad \cos x < 1\ (x \in (0,1) \Rightarrow \frac{\cos x}{\sqrt{x}} < \frac{1}{\sqrt{x}}$$

$$\Rightarrow \quad J = \int_0^1 \frac{\cos x}{\sqrt{x}}dx < \int_0^1 \frac{1}{\sqrt{x}} = 2$$

$$\therefore \quad I < \frac{2}{3}, J < 2$$

56. (d) $\int_1^b f(x)\,dx = \sqrt{b^2+1} - \sqrt{2},\ b > 1$

$$\Rightarrow \quad f(b) = \frac{2b}{2\sqrt{b^2+1}}$$

$$\Rightarrow \quad f(x) = \frac{x}{\sqrt{x^2+1}}, x > 1$$

57. (b) 4

58. (c) अभीष्ट क्षेत्रफल $= \int_1^3 y\,dx$

$$= \int_1^3 |x-2|\,dx$$

$$= \int_1^2 -(x-2)dx + \int_2^3 (x-2)dx$$

$$= \int_1^2 (2-x)dx + \int_2^3 (x-2)dx$$

$$= \left[2x - \frac{x^2}{2}\right]_1^2 + \left[\frac{x^2}{2} - 2x\right]_2^3$$

$$= (4-2) - \left(2 - \frac{1}{2}\right) + \left(\frac{9}{2} - 6\right) - (2-4)$$

$$= 2 - \frac{3}{2} - \frac{3}{2} + 2$$

$$= 4 - 3 = 1$$

59. (c) $\int_{\pi/4}^{\beta} f(x)dx = \beta \sin\beta + \dfrac{\pi}{4}\cos\beta + \sqrt{2}\beta$

β के सापेक्ष अवकलन करने पर

$$f(\beta) = \sin\beta + \beta\cos\beta - \frac{\pi}{4}\sin\beta + \sqrt{2}$$

$$\therefore \quad f\left(\frac{\pi}{2}\right) = 1 + 0 - \frac{\pi}{4} + \sqrt{2} = 1 - \frac{\pi}{4} + \sqrt{2}$$

60. (c) यहाँ, $S_1 = S_3 = \int_0^4 \dfrac{x^2}{4}dx$

$$= \frac{1}{4}\left[\frac{x^3}{3}\right]_0^4$$

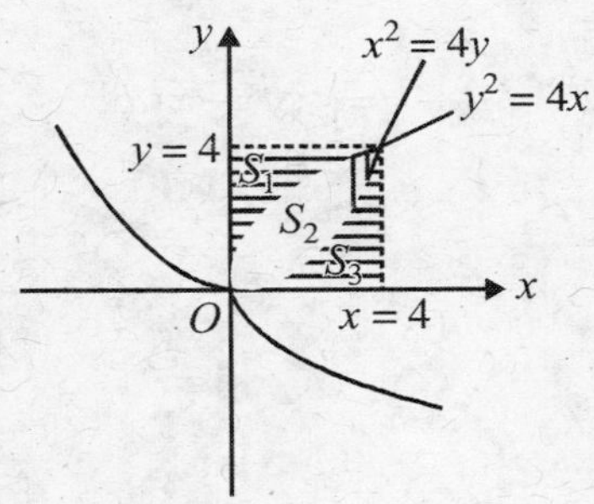

$$= \frac{1}{12} \times 64 = \frac{16}{3} \text{ वर्ग मात्रक}$$

$$\therefore \quad S_2 + S_3 = \int_0^4 \sqrt{4x}\,dx$$

$$= 2 \times 2\left[\frac{x^{3/2}}{3}\right]_0^4 = \frac{4}{3} \times 8$$

$$= \frac{32}{3} \text{ वर्ग मात्रक}$$

$$S_2 = \frac{16}{3} \text{ वर्ग मात्रक}$$

$$\therefore \quad S_1 : S_2 : S_3 = \frac{16}{3} : \frac{16}{3} : \frac{16}{3}$$

$$= 1 : 1 : 1$$

61. (b) अभीष्ट क्षेत्रफल $A = \int_{1-e}^{0} \log_e(x+e)dx$

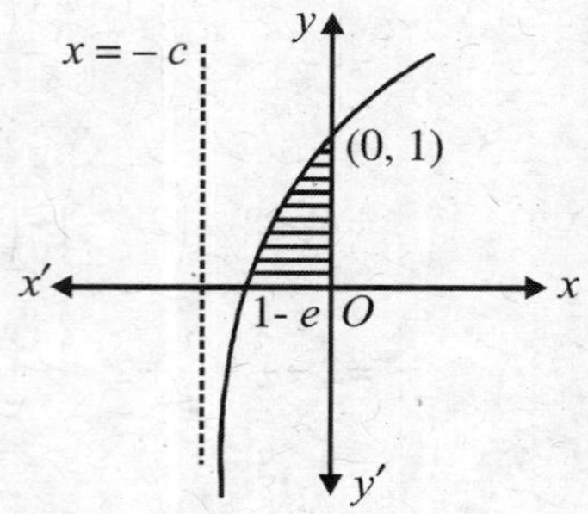

$x+e=t$ रखने पर

$\Rightarrow \quad dx = dt$

$\therefore \quad A=\int_1^e \log_e t\, dt=[t\log t-t]_1^e$

$=(e-e-0+1)=1$

62. (b) अभिष्ट क्षेत्रफल

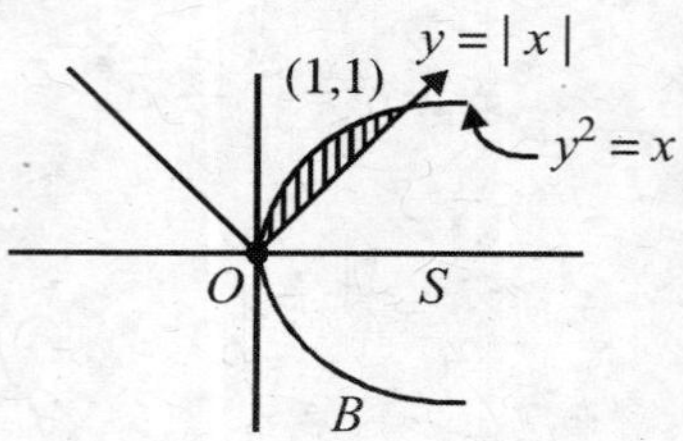

$=\int_0^1 (\sqrt{x}-x)\,dx$

$$=\left[\frac{2}{3}x^{3/2}-\frac{x^2}{2}\right]_0^1=\frac{1}{6}$$

63. (a) $x+2y^2=0 \quad \Rightarrow \quad y^2=-\frac{x}{2}$ ...(i)

$x+3y^2=1 \quad \Rightarrow \quad y^2=-\frac{1}{3}(x-1)$ ...(ii)

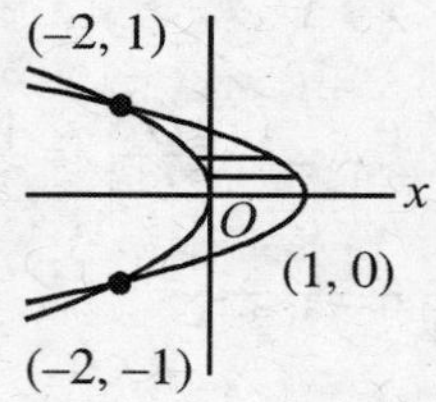

x के सापेक्ष सममित के कारण

$$\text{क्षेत्रफल}=2\int_{y=0}^{1}\{(1-3y^2)-(2y^2)\}dx$$

$$=2\int_0^1(1-y^2)dx=2\left[y-\frac{y^3}{3}\right]_0^1=\frac{4}{3}$$

□□□

अवकल समीकरण 26

(Differential Equation)

अवकल समीकरण (Differentiation Equation)

वह समीकरण जिमें परतन्त्रचर, स्वतन्त्रचर, स्वतन्त्र चर के सापेक्ष परतन्त्र चर का अवकलन हो और अचर राशि हो तो इसे अवकल समीकरण कहते हैं।

उदाहरण– (i) $dy = \cos x \, dx$

(ii) $y = x\dfrac{dy}{dx} + a$

(iii) $\left(1+\dfrac{dy}{dx}\right)^4 = b\left(\dfrac{d^2y}{dx^2}\right)^2$

अवकल समीकरण की कोटि (Order of a Differential Equation)

अवकल समीकरण में उपस्थित उच्च कोटि के अवलन की कोटि को समीकरण की कोटि कहते हैं।

उदाहरण–

$$\frac{d^2y}{dx^2} + 2x\left(\frac{dy}{dx}\right)^3 + y = \sin^2 x \qquad \text{कोटि} = 2$$

अवकलन समीकरण की घात (Degree of a Differential Equation)

अवकल समीकरण में उच्च कोटि के अवकलज के घातक को अवकल समीकरण की घात कहते हैं।

उदाहरण– $\left(\dfrac{d^2y}{dx^2}\right) + \left(\dfrac{dy}{dx}\right)^3 = 0$

घात = 1

प्रथम कोटि और प्रथम घात अवकल समीकरण (First Order And First Degree Differential Equation)

प्रथम कोटि और प्रथम घात अवकल समीकरण को इस प्रकार लिख सकते है।

$$\frac{dy}{dx} = \frac{f(x,y)}{\phi(x,y)}$$

या $f(x,y)\,dx - \phi(x,y)\,dy = 0$

इस समीकरण को हमेशा इस प्रकार लिखिते हैं।

$$M\,dx + N\,dy = 0 \quad \text{or} \quad \frac{dy}{dx} = f(x,y).$$

जहाँ M तथा N, x और y के फलन है और प्रथम कोटि तथा प्रथम घात की समीकरण कही जाती है।

सामान्य अवकल समीकरण (Standard Forms of Differential Equations)

1. **चर पृथ्थक्करणीय अवकल समीकरण (Variable Seprable Differential Equation):**

$$f_1(x)\,dx + f_2(y)\,dy = 0 \qquad \text{... (i)}$$

$$f_1(x) + f_2(y)\frac{dy}{dx} = 0$$

x, के सापेक्ष समाकल कर पर हमें प्राप्त होता है।

$$\int f_1(x)dx + \int f_2(y)\frac{dy}{dx}dx = c$$

$$\Rightarrow \int f_1(x)dx + \int f_2(y)dy = c$$

यही समीकरण (i) का हल है।

2. **चर पृथ्थक्करणीय अवकल समीकरण में लघुकरणीय समीकरण का हल (Solution of a Equation Reducible to Variable Differential Equation):** कुछ अवकल समीकरणों (प्रथम कोटि की) को सीधे चर पृथ्थक्करणीय अवकल समीकरण के रूप में हल नहीं किया जा सकता है परन्तु कुछ प्रतिस्थापनों द्वारा दी गई अवकल समीकरण को चर पृथ्थक्करणीय अवकल समीकरण में बदला जा सकता है।

माना दी गई अवकल समीकरण निम्न है

$$\frac{dy}{dx} = f(ax+by+c)$$

माना, $ax + by + c = t$, $\dfrac{dy}{dx} = f(t)$

अब, समीकरण को सरल करके इसका व्यापक हल ज्ञात किया जा सकता है। जैसे– $\dfrac{dy}{dx} = x + y$

2. **समघातीय अवकल समीकरण का हल (Solution of Homogeneous Differential Equation):** वह अवकल समीकरण जिसमें प्रत्येक पद की घात समान हों, समघातीय अवकल समीकरण कहलाती हैं।

जैसे– $x^2 + y^2\dfrac{dy}{dx} + xy = 0$ एक समघातीय अवकल समीकरण है।

माना दी गई अवकल समीकरण निम्न हैं

$$\frac{dy}{dx} = f\left(\frac{y}{x}\right)$$

माना $\frac{y}{x} = V$ तथा $\frac{dy}{dx} = V + x\frac{dV}{dx}$

$$\therefore \quad V + x\frac{dt}{dx} = f(V) \Rightarrow \frac{dt}{f(V)-V} = \frac{dx}{x}$$

अब, समाकलन करके इसका व्यापक हल ज्ञात किया जा सकता है।

4. समघातीय अवकल समीकरण में लघुकरणीय (Reducible to Homogeneous Equation) :

माना $$\frac{dy}{dx} = \frac{a_1x+b_1y+c_1}{a_2x+b_2y+c_2}, \left(\frac{a_1}{a_2} \neq \frac{b_1}{b_2}\right)$$

माना $x = (X+h)$

तथा $y = (y+k)$

$$\frac{dy}{dx} = \frac{d(Y+k)}{dx} = \frac{dY}{dx} = \frac{dY}{dX}\cdot\frac{dX}{dx} = \frac{dY}{dX}$$

तब, $$\frac{dY}{dX} = \frac{a_1(X+h)+b_1(Y+k)+c_1}{a_2(X+h)+b_2(Y+k)+c_2}$$

$$= \frac{(a_1X+b_1Y)+(a_1h+b_1k+c_1)}{(a_2X+b_2Y)+(a_2h+b_2k+c_2)}$$

$$a_1h + b_1k + c_1 = 0 \quad \text{...(i)}$$
$$a_2h + b_2k + c_2 = 0 \quad \text{...(ii)}$$

समीकरण (i) तथा (ii) को हल करने पर हमें प्राप्त होता है।

$$h = \frac{b_1c_2 - b_2c_1}{a_1b_2 - a_2b_1}, k = \frac{a_2c_1 - a_1c_2}{a_1b_2 - a_2b_1},$$

यदि $a_1b_2 = a_2b_1$.

$$\frac{dY}{dX} = \frac{a_1X+b_1Y}{a_2X+b_2Y},$$

इस को इस प्रकार हल किया जा सकता है।

$$Y = VX \Rightarrow \frac{dY}{dX} = V + X\frac{dV}{dX}$$

$$V + X\frac{dV}{dX} = \frac{a_1X+b_1VX}{a_2X+b_2VX} = \frac{a_1+b_1V}{a_2+b_2V}$$

$$X\frac{dV}{dX} = \frac{a_1+b_1V}{a_2+b_2V} - V$$

अब इसे हल करके प्रतिस्थापित करते है।

$$X = x - h \qquad Y = y - k$$

5. रेखीय अवकल समीकरण (Linear Differential Equations) : नीचे दी हुई अवकल समीकरण को रैखिक अवकल समीकरण कहते है। जहाँ P व Q, x के फलन है।

$$\frac{dy}{dx} + Py = Q \quad \text{...(i)}$$

जहाँ पर P व Q, x के फलन है।

इसे हल करने के लिए हम दोनों तरफ $e^{\int P\,dx}$ से गुणा करते है।

$$e^{\int P\,dx}\left[\frac{dy}{dx} + Py\right] = Qe^{\int P\,dx}$$

समाकलन करने पर

$$ye^{\int Pdx} = \int Qe^{\int P\,dx}dx + c$$

$$\Rightarrow \quad y = e^{-\int P\,dx}\left[\int Qe^{\int P\,dx}dx + c\right]$$

6. रैखिय अवकल समीकरण में लघुकरणीय समीकरण (Equation Reducible to Linear Differntial Equation) : अवकल समीकरण जो इस प्रकार है $\frac{dy}{dx} + Py = Q\,.\,y^n$ को रैखिक अवकल समीकरण में लघुकरणीय समीकरण रूप कहा जाता है। जहाँ पर P व Q, x के फलन है। अब इसे y^n से भाग करने पर

$$\frac{1}{y^n}\frac{dy}{dx} + Py^{1-n} = Q$$

अब $y^{1-n} = v$, प्रतिस्थापित करने पर

$$(1-n)\,y^{-n}\frac{dy}{dx} = \frac{dv}{dx}, \text{ हमें प्राप्त होता हैं।}$$

$$\frac{dv}{dx} + (1-n)\,Pv = (1-n)\,Q$$

लम्बकोणीय संछेदी (Orthogonal Trajectories) :

यदि कोई वक्र दिए गए वक्रों के कुल के प्रत्येक सदस्य को समकोण पर प्रतिच्छेदित करें, कुल की लम्बकोणीय संछेदी(Orthogonal Trajectory) कहलाती हैं।

लम्बकोणीय संछेदी (Orthogonal Trajectory) ज्ञात करने के लिए–

1. माना $f(x, y, c) = 0$ ...(i)
   वक्रों के कुल का समीकरण है जहाँ c एक प्राचल है।
2. (i) की अवकल समीकरण ज्ञात करते हैं।
3. अवकल समीकरण में $\frac{dy}{dx}$ के स्थान पर $-\frac{dx}{dy}$ रखने पर लम्बकोणीय संछेदी की अवकल समीकरण प्राप्त होती है।
4. इस अवकल समीकरण को हल करके लम्बकोणीय संछेदी की समीकरण ज्ञात की जा सकती है।

कुछ महत्त्वपूर्ण तथ्य

1. $d(x+y) = dx + dy$
2. $d(xy) = ydx + x\,dy$
3. $d(\log xy) = \frac{ydx + xdy}{xy}$
4. $d\left(\log\frac{y}{x}\right) = \frac{xdy - ydx}{xy}$
5. $d\left(\frac{y}{x}\right) = \frac{xdy - ydx}{x^2}$
6. $d\left(\frac{x}{y}\right) = \frac{ydx - xdy}{y^2}$

7. $d(x^m \cdot y^n) = x^{m-1} \cdot y^{n-1}(my\,dx + nx\,dy)$

8. $d\left(\tan^{-1}\dfrac{y}{x}\right) = \dfrac{xdy - ydx}{x^2 + y^2}$

9. $d\left(\sqrt{x^2 + y^2}\right) = \dfrac{xdx + ydy}{\sqrt{x^2 + y^2}}$

10. $d\left(\dfrac{1}{2}\log\dfrac{x+y}{x-y}\right) = \dfrac{xdy - ydx}{x^2 - y^2}$

11. $d\left(\dfrac{1}{2}\log(x^2 + y^2)\right) = \dfrac{xdx + ydy}{x^2 + y^2}$

12. $\dfrac{d[f(x,y)]^{1-n}}{1-n} = \dfrac{f'(x,y)}{[f(x,y)]^n}$

13. $d\left(\dfrac{e^x}{y}\right) = \dfrac{ye^x dx + e^x dy}{y^2}$

14. $d[\log(x+y)] = \dfrac{dx + dy}{x + y}$

15. यदि $y = Ae^{ax} + Be^{bx}$, तब अवकल समीकरण

$\dfrac{d^2 y}{dx^2} - (a+b)\dfrac{dy}{dx} + aby = 0$ होगी।

16. यदि $y = (A + Bx)\,e^{ax}$, तब अवकल समीकरण

$\dfrac{d^2 y}{dx^2} - 2a\dfrac{dy}{dx} + a^2 y = 0$ होगी।

17. यदि $y = Ae^{ax} + Be^{bx} + Ce^{cx}$, तब अवकल समीकरण

$\dfrac{d^3 y}{dx^3} - (a+b+c)\dfrac{d^2 y}{dx^2} + (ab+bc+ca)\dfrac{dy}{dx} - (abc)y = 0$ होगी।

18. यदि $y = (A\cos mx + B\cos mx)e^{kx}$ हो, तब अवकल समीकरण

$\dfrac{d^2 y}{dx^2} - 2k\dfrac{dy}{dx} + (k^2 + m^2)y = 0$ होगी।

वस्तुनिष्ठ प्रश्न

1. यदि $y = y(x)$ और $\dfrac{2 + \sin x}{y+1}\left(\dfrac{dy}{dx}\right) = -\cos x,\ y(0) = 1$, तो $y(\pi/2)$ का मान है।

(a) $-\dfrac{1}{3}$ (b) 1
(c) $\dfrac{1}{3}$ (d) $\dfrac{2}{3}$

2. यदि $x\,dy = y(dx + y\,dy),\ y > 0$ और $y(1) = 1$, तो $y(-3)$ बराबर है।

(a) 5 (b) -1
(c) 1 (d) 3

3. समीकरण $\dfrac{dy}{dx} + y\tan x = \sec x$ का हल है।

(a) $y = \sin x - c\cos x$ (b) $y = \sin x + c\cos x$
(c) $y = \tan x + \cot x + c$ (d) इनमें से कोई नहीं

4. यदि $y(t)$ समीकरण $(t+1)\dfrac{dy}{dx} - ty = 1,\ y(0) = -1$, का हल है, तो $t = 1$ पर हल है।

(a) $\dfrac{1}{2}$ (b) $e - \dfrac{1}{2}$
(c) $e + \dfrac{1}{2}$ (d) $-\dfrac{1}{2}$

5. उस वक्र का समीकरण जिसकी प्रवणता, बिन्दु (x, y) पर $-(x+y)/x$ है और जो बिन्दु $(2, 1)$ से होकर जाता है।

(a) $y^2 + xy = 3$ (b) $2y^2 + xy = 4$
(c) $x^2 + 2xy = 8$ (d) इनमें से कोई नहीं

6. यदि $y = y(x)$ और $\dfrac{2 + \sin x}{y+1}\left(\dfrac{dy}{dx}\right) = -\cos x,\ y(0) = 1$, तो $y\left(\dfrac{\pi}{2}\right)$ बराबर है।

(a) $-\dfrac{1}{3}$ (b) 1
(c) $\dfrac{1}{3}$ (d) $\dfrac{2}{3}$

7. अवकल समीकरण $\left(\dfrac{dy}{dx}\right)^2 - x\dfrac{dy}{dx} + y = 0$ [illegible]

(a) $y = 2$ (b) $y =$ [illegible]
(c) $y = 2x - 4$ (d) y [illegible]

8. यदि $x\,dy = y(dx + ydy),\ y(1) = 1$ [illegible] है।

(a) 1
(c) 3

9. यदि $y(t),\ (1+t)\dfrac{dy}{dt}$ [illegible] $y(1)$ बराबर है।

(a) $e - \dfrac{1}{2}$
(c) $-\dfrac{1}{2}$

10. अवकलन समीकरण $(x^2-y^2)\,dx+2xydy=0$ का हल होगा?

(a) $x^2+y^2=cx$ (b) $x^2-y^2+cx=0$

(c) $x^2+2xy=y^2+cx$ (d) $x^2+y^2=2xy+cx^2$

11. साधारण वक्र $y=e^{cx}$, का अवकलन समीकरण होगा?

(a) $y'=cy$ (b) $xy'-\log y=0$

(c) $x\log y=yy'$ (d) $y\log y=xy'$

12. अवकलन समीकरण $\frac{dx}{x}+\frac{dy}{y}=0$ का हल होगा?

(a) $x^2+y^2=c$ (b) $x+y=c$

(c) $\log x\log y=c$ (d) $xy=c$

13. अवकलन समीकरण $(1+y^2)+(x-e^{\tan^{-1}y})\frac{dy}{dx}=0$, का हल होगा?

(a) $2xe^{\tan^{-1}y}=e^{2\tan^{-1}y}+k$ (b) $xe^{\tan^{-1}y}=e^{\tan^{-1}y}+k$

(c) $xe^{2\tan^{-1}y}=e^{\tan^{-1}y}+k$ (d) $(x-2)=ke^{-\tan^{-1}y}$

14. वक्रों $x^2+y^2-2ay=0$ का अवकलन समीकरण होगा, जबकि a एक अचर है?

(a) $(x^2-y^2)\,y'=2xy$ (b) $2\,(x^2+y^2)\,y'=xy$

(c) $2(x^2-y^2)\,y'=xy$ (d) $(x^2+y^2)\,y'=2xy$

15. अवकलन समीकरण $y\,dx+(x+x^2y)\,dy=0$ का हल होगा?

(a) $\frac{1}{xy}+\log y=C$ (b) $-\frac{1}{xy}+\log y=C$

(c) $-\frac{1}{xy}=C$ (d) $\log y=Cx$

16. यदि $xdy=y\,(\log y-\log x+1)\,dx$, तब समीकरण का हल होगा?

(a) $x\log(y/x)=cy$ (b) $y\log(x/y)=cx$

(c) $\log(x/y)=cy$ (d) $\log(y/x)=cx$

17. अवकलन समीकरण $y^2=2c\,(x+\sqrt{c}\,)$, जहाँ C एक धसनात्मक संख्या है, तो समीकरण के कोटि तथा घात होंगे?

(a) 1, 3 (b) 2, 3

(c) 2, 4 (d) 1, 2

18. एक अवकलन समीकरण जिसका हल $Ax^2+By^2=1$ है, जहाँ A तथा B अचर है। सभी कह कोटि और घात होंगे?

(a) 2, 2 (b) 1, 2

(c) 1, 1 (d) 2, 1

19. अवकलन समीकरण $\frac{dy}{dx}=\frac{x+y}{x}$ प्रतिबन्ध $y\,(1)=1$ को सन्तुष्ट करे, तो समीकरण का हल होगा?

(a) $y=x\ln x+x$ (b) $y=x\ln x+x$

(c) $y=x\ln x+x^2$ (d) $y=ex^{(x-1)}$

उत्तरमाला

1. (c)	2. (d)	3. (b)	4. (d)	5. (c)	6. (c)	7. (c)	8. (c)	9. (c)	10. (d)
11. (d)	12. (d)	13. (a)	14. (a)	15. (b)	16. (d)	17. (a)	18. (d)	19. (a)	

संकेत एवं हल

1. (c) चर पृथक्करण

$$\frac{1}{y+1}dy=-\frac{\cos x}{2+\sin x}dx \text{ समाकलन से}$$

$$\log(y+1)+\log k+\log(2+\sin x)=0$$

$\therefore$ $$k\,(y+1)\,(2+\sin x)=1$$

जब $x=0,\quad y=1$

$$4k=1 \quad \text{या} \quad k=\frac{1}{4}$$

$$(y+1)\,(2+\sin x)=4$$

जब $x=\frac{\pi}{2}$ रखने पर, $(y+1)\cdot 3=4$

$\therefore$ $$y\left(\frac{\pi}{2}\right)=\frac{4}{3}-1=\frac{1}{3}$$

2. (d) $$x\,dy-y\,dx=y^2\,dy$$

या $$\frac{x\,dy-y\,dx}{y^2}=dy$$

या $$-\frac{y\,dx-x\,dy}{y^2}=dy$$

या $\quad -d\left(\frac{x}{y}\right) = dy$. समाकलन करने पर

$$-\frac{x}{y} = y + k. \text{ दिया है:}$$

जब $\quad x = 1, \quad y = 1$

$\therefore \quad k = -2 \quad \therefore \quad \frac{x}{y} + y = 2.$

हमें $y(-3)$ ज्ञात करना है।

$x = -3$ रखने पर,

$$-\frac{3}{y} + y = 2 \quad \text{या} \quad y^2 - 2y - 3 = 0$$

या $\quad (y-3)(y+1) = 0$

$\therefore \quad y = -1, 3$

$\therefore \quad y = 3$ क्योंकि $y > 0$ (दिया है)

3. (b)

4. (d) $\quad \frac{dy}{dt} - \frac{t}{t+1} y = \frac{1}{t+1}$

$$\int P dt = \int -\frac{t}{t+1} dt = \int \left(-1 + \frac{1}{t+1}\right) dt$$

$$= -t + \log(t+1)$$

$$\text{I.F.} = e^{\int P\,dt} = e^{-t} \cdot (t+1).$$

I.F. से गुणा करके समाकलन करने पर,

$$ye^{-t}(t+1) = \int e^{-t}(t+1)\frac{1}{(t+1)} dt + c$$

$$= e^{-t} + c$$

$\therefore \quad y(t+1) = -1 + ce^t.$

दिया है, $\quad t = 0$ पर $y = -1$

$\therefore \quad -1 = -1 + c \quad$ या $\quad c = 0$

$\therefore \quad y = -\frac{1}{t+1} + 0$

$\therefore \quad t = 1$ पर $y = -\frac{1}{2}.$

5. (c)

6. (c) $\frac{dy}{dx} = \frac{-\cos x(y+1)}{2+\sin x}$

$\Rightarrow \quad \frac{1}{y+1}\frac{dy}{dx} = \frac{-\cos x}{2+\sin x},$

दोनों पक्षों का समाकलन करने पर,

$$\int \frac{dy}{y+1} = -\int \frac{\cos x}{2+\sin x} dx$$

$\Rightarrow \quad \log(y+1) = -\log(2+\sin x) + \log C$

जब, $\quad x = 0, \quad y = 1 \quad \Rightarrow \quad C = 4$

$\Rightarrow \quad y + 1 = \frac{4}{2+\sin x}$

$\therefore \quad y\left(\frac{\pi}{2}\right) = \frac{4}{3} - 1 \quad \Rightarrow \quad y\left(\frac{\pi}{2}\right) = \frac{1}{3}$

7. (c) दिया है,

$$\left(\frac{dy}{dx}\right)^2 - x\frac{dy}{dx} + y = 0 \qquad \text{...(i)}$$

(a) $y = 2 \quad \Rightarrow \quad \frac{dy}{dx} = 0$

समीकरण (i) में रखने पर,

$0^2 - x(x) + 2 = 0$

$\Rightarrow \quad 2 = 0$ जोकि असम्भव है।

(b) $y = 2x \quad \Rightarrow \quad \frac{dy}{dx} = 2$

समीकरण (i) में रखने पर,

$(2)^2 - x \cdot 2 + 2x = 0$

$\Rightarrow \quad 4 = 0$ जोकि असम्भव है।

(c) $y = 2x - 4 \quad \Rightarrow \frac{dy}{dx} = 2$

समीकरण (i) में रखने पर

$4 - 2x + 2x - 4 = 0 \quad \Rightarrow \quad 0 = 0$

(d) $\quad y = 2x^2 - 4,$

$\Rightarrow \quad \frac{dy}{dx} = 4x$

समीकरण (i) में रखने पर,

$(4x)^2 - x \cdot 4x + y = 0$

अत: $y = 0$, जोकि सन्तुष्ट नहीं करता।

8. (c) $\quad x\,dy = y\,(dx + y\,dy), y(x) > 0$

$\Rightarrow \quad x\,dy - y\,dx = y^2 dy$

$\Rightarrow \quad \frac{xdy - ydx}{y^2} = dy$

$\Rightarrow \quad d\left(\frac{x}{y}\right) = -dy$

दोनों पक्षों का समाकलन करने पर,

$$\frac{x}{y} = -y + C \qquad \text{...(i)}$$

$\because \quad y(1) = 1$

$\Rightarrow \quad x = 1, \quad y = 1$

$\therefore \quad C = 2$

C का मान समीकरण (i) में रखने पर,

$$\frac{x}{y} + y = 2$$

पुन: $x = -3$ के लिए

$-3 + y^2 = 2y$

$\Rightarrow \quad y^2 - 2y - 3 = 0$

$\Rightarrow \quad (y+1)(y-3) = 0$

चूँकि $\quad y > 0, \quad \because \quad y = 3, \quad (y = -1$ को छोड़ने पर)

9. (c) $\frac{dy}{dt}-\left(\frac{t}{1+t}\right)y=\frac{1}{(1+t)}$ और $y(0)=-1$

जोकि प्रथम कोटि का रैखिक अवकल समीकरण है।

समाकल गुणांक (IF) $=e^{\int\left(-\frac{t}{1+t}dt\right)}=e^{-t+\log|1+t|=e^{-t}.(1+t)}$

अभीष्ट हल निम्न है

$$y(\text{IF})=[\int Q\cdot(\text{IF})\,dt]+C$$

$\Rightarrow \quad ye^{-t}(1+t)=\int\frac{1}{1+t}e^{-t}(1+t)dt+C$

$=\int e^{-t}dt+C$

$\Rightarrow \quad ye^{-t}(1+t)=-e^{-t}+C \qquad \because y(0)=-1$

$\Rightarrow \quad -1e^{0}(1+0)=-e^{0}+C$

$\Rightarrow \quad C=0$

$\therefore \quad y=-\frac{1}{(1+t)}$ और $y(1)=-\frac{1}{2}$

10. (d)

11. (d)

12. (d)

13. (a) $(1+y^2)+(x-e^{\tan^{-1}y})\frac{dy}{dt}=0$

$\Rightarrow \frac{dy}{dt}+\frac{1}{1+y^2}\cdot x=\frac{e^{\tan^{-1}y}}{1+y^2}\cdot$ [L.D.E.]

$$\text{I.F.}=e^{\int\frac{1}{1+y^2}dx}=e^{\tan^{-1}y}$$

$\therefore$ हल है $xe^{\tan^{-1}y}=\int\frac{e^{\tan^{-1}y}}{1+y^2}\cdot e^{\tan^{-1}y}dy+c'$

$\Rightarrow \quad xe^{\tan^{-1}y}=\frac{1}{2}e^{2\tan^{-1}y}+c'$

$\Rightarrow \quad 2xe^{\tan^{-1}y}=e^{2\tan^{-1}y}+k$ $[k=2']$

14. (a) वक्रों के समूह का समीकरण

$x^2+y^2-2ay=0$ ...(i)

x के सापेक्ष y का अवकलन करने पर

$2x+2yy'-2ay'=0$

$\Rightarrow \quad \frac{2x+2yy'}{y'}=2a$ ...(ii)

समीकरण (i) से $\quad 2a=\frac{x^2+y^2}{y}$

$2a$ का मान समीकरण (ii) में रखने पर

$$\frac{2x+2yy^1}{y^1}=\frac{x^2+y^2}{y}$$

$$2xy+2y^2y^1=x^2y^1+y^2y^1$$

$$(x^2-y^2)\,y^1=2xy$$

15. (b) दिया है,

$ydx+(x+x^2y)\,dy=0$

$\Rightarrow \quad \frac{ydx+xdy}{xy}+xdy=0$

$\Rightarrow \quad \frac{ydx+xdy}{(xy)^2}+\frac{dy}{y}=0$

समाकलन करने पर,

$$-\frac{1}{xy}+\log y=C$$

16. (d) $x\cdot\frac{dy}{dx}=y(\log y-\log x+1)$

$\therefore \quad \frac{dy}{dx}=\left(\frac{y}{x}\right)\left(\log\left(\frac{y}{x}\right)+1\right)$

अब $\frac{y}{x}=t$ रखने पर $\Rightarrow y=tx$

$\Rightarrow \quad \frac{dy}{dx}=t+x\frac{dt}{dx}$

$\Rightarrow \quad t+x\frac{dt}{dx}=t\log t+t$

$\Rightarrow \quad t\log t\,.\,dx=x\,dt$

$\Rightarrow \quad \frac{dt}{t\log t}=\frac{dx}{x}$

$\Rightarrow \quad \log\frac{y}{x}=cx$

17. (a) ज्ञात है, $\quad y^2=2c(x+\sqrt{c})$ ...(i)

अवकलन करने पर,

$$2y\frac{dy}{dx}=2c$$

$\Rightarrow \quad c=y\frac{dy}{dx}$

समीकरण (i) में रखने पर,

$$y^2=2xy\frac{dy}{dx}+2y^{3/2}\left(\frac{dy}{dx}\right)^{3/2}$$

$\Rightarrow \quad 8y^3\left(\frac{dy}{dx}\right)^3=\left(y^2-2xy\frac{dy}{dx}\right)^2$

जो अवकलन समीकरण है, जिसकी घात 1 व 3 है।

18. (d)

19. (a) $\frac{dy}{dx}=\frac{x+y}{x}\Rightarrow\frac{dy}{dx}+\left(-\frac{1}{2}\right)y=1$ (रैखिक)

$$\text{IF}=e^{-\int\frac{1}{x}.1.dx}=e^{-\log x}=\frac{1}{x}$$

$\therefore \quad y\cdot\frac{1}{x}=\int\frac{1}{x},dx+c=c+\ln x$ हल है।

$x=1, \quad y=1 \quad\Rightarrow\quad c=1$

अभीष्ट हल $\quad y=x\ln x+x$ है।

□□□

त्रिविमीय ज्यामिती 27

(Three Dimensional Geometry)

दो बिन्दुओं के बीच की दूरी (Distance Between Two Points)

दो बिन्दुओं $P(x_1, y_1, z_1)$ व $Q(x_2, y_2, z_2)$ के बीच की दूरी

$$PQ = \sqrt{(x_2 - x_1)^2 + (y_2 - y_1)^2 + (z_2 - z_1)^2}$$

1. मूलबिन्दु से $P(x, y, z)$ की दूरी $= \sqrt{x^2 + y^2 + z^2}$

2. x-अक्ष से $P(x, y, z)$ की दूरी $= \sqrt{y^2 + z^2}$

विभाजन सूत्र (Section Formula)

1. अन्त: विभाजन (Internal Division)

$$\vec{r} = \frac{m\vec{r_2} + n\vec{r_1}}{m+n}$$

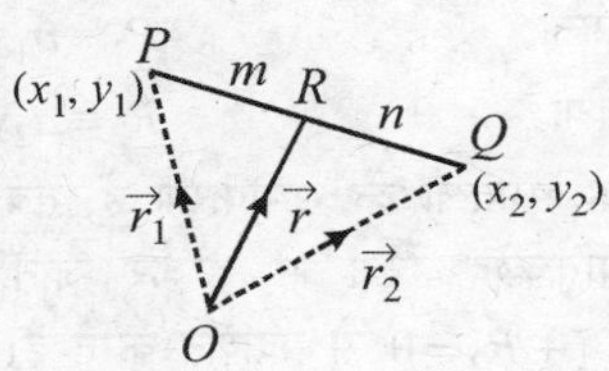

R के निर्देशांक $\left(\frac{mx_2 + nx_1}{m+n}, \frac{my_2 + ny_1}{m+n}, \frac{mz_2 + nz_1}{m+n}\right)$ होंगे।

2. बाह्य विभाजन (External Division)

$$\vec{r} = \frac{m\vec{r_2} - n\vec{r_1}}{m-n}$$

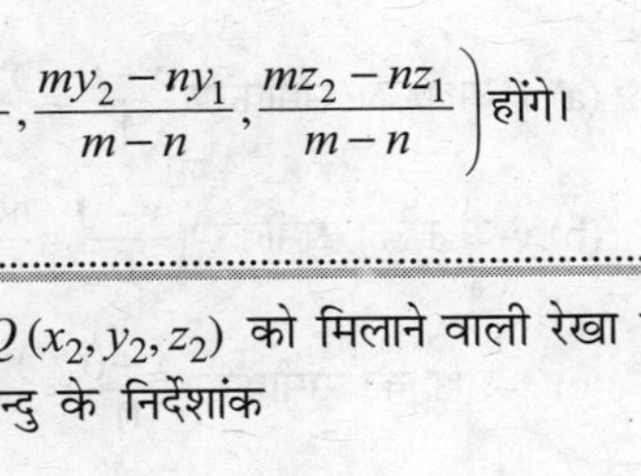

R के निर्देशांक $\left(\frac{mx_2 - nx_1}{m-n}, \frac{my_2 - ny_1}{m-n}, \frac{mz_2 - nz_1}{m-n}\right)$ होंगे।

नोट//

- बिन्दुओं $P(x_1, y_1, z_1)$ व $Q(x_2, y_2, z_2)$ को मिलाने वाली रेखा को समद्विभाजित करने वाले बिन्दु के निर्देशांक

$$= \left(\frac{x_1 + x_2}{2}, \frac{y_1 + y_2}{2}, \frac{z_1 + z_2}{2}\right)$$

त्रिभुज का केन्द्रक (Centroid of a Trangle)

माना $A(x_1, y_1, z_1), B(x_2, y_2, z_2)$ व $C(x_3, y_3, z_3)$ एक ΔABC के शीर्ष हैं, तब ΔABC के केन्द्रक (G) के निर्देशांक

$$\left(\frac{x_1 + x_2 + x_3}{3}, \frac{y_1 + y_2 + y_3}{3}, \frac{z_1 + z_2 + z_3}{3}\right) \text{ होंगे।}$$

चतुष्फलक का केन्द्रक (Centroid of a Tetrahedron)

माना $A(x_1, y_1, z_1), B(x_2, y_2, z_2), C(x_3, y_3, z_3)$ व $D(x_4, y_4, z_4)$ एक चतुष्फलक के शीर्ष हैं, तब चतुष्फलक $ABCD$ के केन्द्रक (G) के निर्देशांक

$$\left[\frac{1}{4}(x_1 + x_2 + x_3 + x_4), \frac{1}{4}(y_1 + y_2 + y_3 + y_4), \frac{1}{4}(z_1 + z_2 + z_3 + z_4\right]$$

दिक् कोज्याएँ एवं दिक् अनुपात
(Direction Cosines and Direction Ratios)

यदि एक सदिश x-अक्ष, y-अक्ष तथा z-अक्ष से क्रमशः α, β तथा γ कोण बनाता है। तब $\cos\alpha, \cos\beta, \cos\gamma$ दिक् कोज्याएँ कहलाती हैं तथा इन्हें l, m, n से निरूपित करते हैं, अर्थात्

$$l = \cos\alpha, \quad m = \cos\beta \quad \text{तथा} \quad n = \cos\gamma$$

1. दिक् कोज्याओं के वर्गों का योग सदैव 1 होता है अर्थात्
$$l^2 + m^2 + n^2 = 1$$

2. x-अक्ष, y-तथा z-अक्ष की दिक् कोज्याएँ क्रमशः $(1, 0, 0), (0, 1, 0)$ तथा $(0, 0, 1)$ हैं।

यदि a, b, c क्रमशः l, m, n के समानुपाती हैं तब a, b, c को दिक् अनुपात कहते हैं।

जहाँ,
$$l = \frac{a}{\sqrt{a^2 + b^2 + c^2}},$$

$$m = \frac{b}{\sqrt{a^2 + b^2 + c^2}},$$

$$n = \frac{c}{\sqrt{a^2 + b^2 + c^2}}$$

यदि सदिश $\vec{r} = a\hat{i} + b\hat{j} + c\hat{k}$ की दिक् कोज्याएँ l, m, n हैं, तब

$$l = \frac{a}{|\vec{r}|}, m = \frac{b}{|\vec{r}|} \text{ तथा } n = \frac{c}{|\vec{r}|}.$$

दो रेखाओं के बीच का कोण (Angle Between Two Lines)

यदि दो रेखाएँ जिनकी दिक् कोज्याएँ (l_1, m_1, n_1) व (l_2, m_2, n_2) हैं,

तब दोनों रेखाओं के बीच का कोण $\theta=\cos^{-1}|l_1l_2+m_1m_2+n_1n_2|$ होता है। यदि दिक् अनुपात क्रमशः (a_1, b_1, c_1) व (a_2, b_2, c_2) हों, तब

$$\cos\theta=\left|\frac{a_1a_2+b_1b_2+c_1c_2}{\sqrt{a_1^2+b_1^2+c_1^2}\sqrt{a_2^2+b_2^2+c_2^2}}\right|$$

यदि $l_1l_2+m_1m_2+n_1n_2=0$, हो तो दोनों रेखाएँ परस्पर लम्ब होती है तथा यदि $\frac{l_1}{l_2}=\frac{m_1}{m_2}=\frac{n_1}{n_2}$, हो तो दोनों रेखाएँ परस्पर लम्ब तथा यदि $\frac{a_1}{a_2}=\frac{b_1}{b_2}=\frac{c_1}{c_2}$ हो, तो दोनों रेखाएँ परस्पर समान्तर होती हैं।

समतल (Plane)

समतल एक ऐसा पृष्ठ होता है। जिस पर स्थित दो बिन्दुओं को जोड़ने वाली रेखा पूर्णतः इसी पृष्ठ पर स्थित होती है।

समतल के विभिन्न रूप (Different Types of Plane)

1. समतल का व्यापक समीकरण $ax+by+cz+d=0$ होता है, जहाँ $a^2+b^2+c^2\neq 0$ तथा a, b, c समतल के अभिलम्ब के दिक् अनुपात हैं।
2. एक बिन्दु (x_1, y_1, z_1) से जाने वाले समतल का समीकरण $a(x-x_1)+b(y-y_1)+c(z-z_1)=0$ है, जहाँ a, b व c तल के लम्बवत् रेखा के दिक् अनुपात हैं।
3. अन्तः खण्ड रूप में समतल का समीकरण $\frac{x}{a}+\frac{y}{b}+\frac{z}{c}=1$ है, जहाँ a, b, c क्रमशः x-अक्ष, y-अक्ष व z-अक्ष पर समतल के अन्तः खण्ड हैं। इसलिए समतल बिन्दुओं $(a, 0, 0), (0, b, 0)$ व $(0, 0, c)$ से होकर जाता है।
4. $lx+my+nz=p$ समतल के समीकरण का अभिलम्ब रूप है, जहाँ l, m व n समतल के अभिलम्ब रेखा की दिक् कोज्याएँ हैं तथा समतल की मूलबिन्दु से लम्बवत् दूरी p है।
5. तीन बिन्दुओं $A(x_1, y_1, z_1), B(x_2, y_2, z_2), C(x_3, y_3, z_3)$ से होकर जाने वाली समतल का समीकरण निम्न हैं–

$$\begin{vmatrix} x-x_1 & y-y_1 & z-z_1 \\ x-x_2 & y-y_2 & z-z_2 \\ x-x_3 & y-y_3 & z-z_3 \end{vmatrix}=0$$

6. मूलबिन्दु से जाने वाले समतल का समीकरण $ax+by+cz=0$ है।
   (a) समतल YOZ के समान्तर समतल का समीकरण $x=k$ है।
   (b) समतल ZOX के समान्तर समतल का समीकरण $y=k$ है।
   (c) समतल XOY के समान्तर समतल का समीकरण $z=k$ है।
   (i) x-अक्ष के समान्तर समतल का समीकरण $by+cz+d=0$ है।
   (ii) y-अक्ष के समान्तर समतल का समीकरण $ax+cz+d=0$ है।
   (iii) z-अक्ष के समान्तर समतल का समीकरण $ax+by+d=0$ है।

समतल के महत्त्वपूर्ण परिणाम (Important Results of Plane)

1. बिन्दु (x_1, y_1, z_1) से होकर जाने वाले तथा दो रेखाओं जिनके दिक् अनुपात $(\alpha_1, \beta_1, \gamma_1)$ व $(\alpha_2, \beta_2, \gamma_2)$ हैं, के समान्तर समतल का समीकरण $\begin{vmatrix} x-x_1 & y-y_1 & z-z_1 \\ \alpha_1 & \beta_1 & \gamma_1 \\ \alpha_2 & \beta_2 & \gamma_2 \end{vmatrix}=0$ है।
2. समतलों $a_1x+b_1y+c_1z+d_1=0$ तथा $a_2x+b_2y+c_2z+d_2=0$ की प्रतिच्छेदन रेखा से होकर जाने वाले समतल की समीकरण $(a_1x+b_1y+c_1z+d_1)+\lambda(a_2x+b_2y+c_2z+d_2)=0$ है।
3. बिन्दु $P(x_1, y_1, z_1)$ से समतल $ax+by+cz+d=0$ की दूरी $\left|\frac{ax_1+by_1+cz_1+d}{\sqrt{a^2+b^2+c^2}}\right|$ होती है तथा मूलबिन्दु से दूरी $\frac{|d|}{\sqrt{a^2+b^2+c^2}}$ होती है।
4. दो समान्तर समतलों $a_1x+b_1y+c_1z+d_1=0$ व $a_2x+b_2y+c_2z+d_2=0$ के बीच की दूरी $\left|\frac{d_1-d_2}{\sqrt{a^2+b^2+c^2}}\right|$ है।
5. माना $P_1\equiv a_1x+b_1y+c_1z+d_1=0$
   तथा $P_2\equiv a_2x+b_2y+c_2z+d_2=0$
   दो समतलों के समीकरण हैं, तब समतलों $P_1=0$ व $P_2=0$ की प्रतिच्छेद रेखा से होकर जाने वाले समतलों के कुल को $P_1+P_2=0$ से प्रदर्शित करते हैं।

सरल रेखा (Straight Line)

1. दो समतलों के प्रतिच्छेद का बिन्दुपथ एक सरल रेखा होती है।
2. बिन्दु (α, β, γ) से होकर जाने वाली तथा दिक् अनुपात l, m, n वाली सरल रेखा का समीकरण $\frac{x-\alpha}{l}=\frac{y-\beta}{m}=\frac{z-\gamma}{n}$ है।
3. बिन्दु (x_1, y_1, z_1) व (x_2, y_2, z_2) से होकर जाने वाली सरल रेखा का समीकरण $\frac{x-x_1}{x_2-x_1}=\frac{y-y_1}{y_2-y_1}=\frac{z-z_1}{z_2-z_1}$ है। (सममित रूप) इसका सदिश रूप $\vec{r}=\vec{a}+\lambda(\vec{b}-\vec{a})$ है।
4. (a) x-अक्ष का समीकरण $\frac{x-0}{1}=\frac{y-0}{0}=\frac{z-0}{0}$ या $y=0$ तथा $z=0$
   (b) y-अक्ष का समीकरण $\frac{x-0}{0}=\frac{y-0}{1}=\frac{z-0}{0}$ या $x=0$ तथा $z=0$
   (c) z-अक्ष का समीकरण $\frac{x-0}{0}=\frac{y-0}{0}=\frac{z-0}{1}$ या $x=0$ तथा $y=0$
5. रेखा $\frac{x-x_1}{l}=\frac{y-y_1}{m}=\frac{z-z_1}{n}$ तथा बिन्दु (x_2, y_2, z_2) के बीच की दूरी
   $=[(x_2-x_1)^2+(y_2-y_1)^2+(z_2-z_1)^2-\{l(x_2-x_1)+m(y_2-y_1)+n(z_2-z_1)\}]^2$

सरल रेखा के महत्त्वपूर्ण परिणाम
(Important Results on Straight Line)

1. माना रेखा $\dfrac{x-x_1}{a_1}=\dfrac{y-y_1}{b_1}=\dfrac{z-z_1}{c_1}$

तथा $\dfrac{x-x_2}{a_2}=\dfrac{y-y_2}{b_2}=\dfrac{z-z_2}{c_2}$

दोनों के बीच का कोण θ है, तब

$$\cos\theta=\left|\frac{a_1a_2+b_1b_2+c_1c_2}{\sqrt{a_1^2+b_1^2+c_1^2}\sqrt{a_2^2+b_2^2+c_2^2}}\right|$$

(a) यदि $\dfrac{a_1}{a_2}=\dfrac{b_1}{b_2}=\dfrac{c_1}{c_2}$, तो रेखायें आपस में समान्तर होंगी।

(b) यदि $a_1a_2+b_1b_2+c_1c_2=0$ तो दोनों रेखायें परस्पर लम्बवत् होंगी।

3. यदि रेखाएँ $\dfrac{x-x_1}{l_1}=\dfrac{y-y_1}{m_1}=\dfrac{z-z_1}{n_1}$

और $\dfrac{x-x_2}{l_2}=\dfrac{y-y_2}{m_2}=\dfrac{z-z_2}{n_2}$ समतलीय हैं, तो–

(a) यदि $\begin{vmatrix} x_2-x_1 & y_2-y_1 & z_2-z_1 \\ l_1 & m_1 & n_1 \\ l_2 & m_2 & n_2 \end{vmatrix}=0$

(b) समतल का समीकरण–

$$\begin{vmatrix} x-x_1 & y-y_1 & z-z_1 \\ l_1 & m_1 & n_1 \\ l_2 & m_2 & n_2 \end{vmatrix}=0$$

या $$\begin{vmatrix} x-x_2 & y-y_2 & z-z_2 \\ l_1 & m_1 & n_1 \\ l_2 & m_2 & n_2 \end{vmatrix}=0$$

4. प्राचलिक समीकरण $x=a_1+lr$

$y=a_2+mr$

$z=a_3+nr$

यदि रेखा (a_1, a_2, a_3) से होकर जाती है और दिक् कोज्याएँ l, m तथा n है।

5. किसी रेखा $\dfrac{x-x_1}{a}=\dfrac{y-y_1}{b}=\dfrac{z-z_1}{c}$ तथा

समतल $a_1x+b_1y+c_1z+d=0$ के बीच का कोण θ है, तब अभिलम्ब और रेखा के बीच का कोण $(90°-\theta)$ होगा।

नोट//✎

✎ $\cos(90°-\theta)=\dfrac{aa_1+bb_1+cc_1}{\sqrt{a^2+b^2+c^2}\sqrt{a_1^2+b_1^2+c_1^2}}$

6. जो रेखाएँ असमान्तर और अप्रतिच्छेदी होती है, विषमतलीय (skew) रेखाएँ कहलाती हैं। रेखाओं

$$\frac{x-x_1}{a_1}=\frac{y-y_1}{b_1}=\frac{z-z_1}{c_1}$$

तथा $$\frac{x-x_2}{a_2}=\frac{y-y_2}{b_2}=\frac{z-z_2}{c_2}$$

के बीच की न्यूनतम दूरी

$D=|(x_1-x_2)\,l+(y_1-y_2)\,m+(z_1-z_2)\,n|$ होगी।

7. रेखा $\dfrac{x-x_1}{l}=\dfrac{y-y_1}{m}=\dfrac{z-z_1}{n}$ व समतल $ax+by+cz+d=0$ परस्पर लम्बवत् होंगे, यदि $al+bm+cm=0$

गोला (Sphere)

समीकरण $(x-a)^2+(y-b)^2+(z-c)^2=\mathrm{R}^2$ एक गोले का समीकरण है। जहाँ (a, b, c) गोले का केन्द्र व R त्रिज्या है।

गोले का व्यापक समीकरण

$x^2+y^2+z^2+2ux+2vy+2wz+d=0$

केन्द्र $(-u, -v, -w)$ व $R=\sqrt{u^2+v^2+w^2-d}$

नोट//✎

✎ यदि (x_1, y_1, z_1) तथा (x_2, y_2, z_2) व्यास के दो शीर्ष हैं, तब गोले का समीकरण

$(x-x_1)(x-x_2)+(y-y_2)(y-y_2)+(z-z_1)(z-z_2)=0$

गोले के लिए समतल का स्पर्शी होने का प्रतिबन्ध
(Condition of Tangency of a plane to a sphere)

समतल $ax+by+cz+d=0$

गोला $x^2+y^2+z^2+2ux+2vy+2wz+k=0$

समतल, गोले को स्पर्श करेगा यदि

गोले की त्रिज्या = केन्द्र से समतल की दूरी

$$\left|\frac{-au-bv-cw+d}{\sqrt{a^2+b^2+c^2}}\right|=\sqrt{u^2+v^2+w^2-k}$$

नोट//✎

✎ दो गोलों के लाम्बिक प्रतिच्छेदन के लिए प्रतिबन्ध

$2u_1u_2+2v_1v_2+2w_1w_2=(d_1+d_2)$

कुछ महत्त्वपूर्ण तथ्य

1. चार बिन्दु (x_i, y_i, z_i) जहाँ $i=1, 2, 3, 4$ समतलीय होंगे, यदि

$$\begin{vmatrix} x_2-x_1 & y_2-y_1 & z_2-z_1 \\ x_3-x_1 & y_3-y_1 & z_3-z_1 \\ x_4-x_1 & y_4-y_1 & z_4-z_1 \end{vmatrix} = 0$$

2. समतल $ax+by+cz+d=0$ पर बिन्दु (x_1, y_1, z_1) से डाले गए लम्ब का पाद (x, y, z) है,

जहाँ $$\frac{x-x_1}{a} = \frac{y-y_1}{b} = \frac{z-z_1}{c} = \frac{(ax_1+by_1+cz_1+d)}{a^2+b^2+c^2}$$

3. एक घन के दो विकर्णों के बीच बना कोण $\cos^{-1}\left(\frac{1}{3}\right)$ होता है।

4. यदि एक रेखा घन के विकर्णों के साथ $\alpha, \beta, \gamma, \delta$ कोण बनाती है, तब

$$\cos^2\alpha + \cos^2\beta + \cos^2\gamma + \cos^2\delta = \frac{4}{3}$$

5. दो समतलों $a_1x+b_1y+c_1z+d_1=0$ व $a_2x+b_2y+c_2z+d_2=0$ के बीच के कोण को समद्विभाजित करने वाले समतल का समीकरण निम्न है–

$$\frac{(a_1x+b_1y+c_1z+d)}{\sqrt{a_1^2+b_1^2+c_1^2}} = \pm\frac{(a_2x+b_2y+c_2z+d)}{\sqrt{a_2^2+b_2^2+c_2^2}}$$

(i) यदि $a_1a_2+b_1b_2+c_1c_2<0$, तब मूलबिन्दु न्यूनकोण में है तथा न्यूनकोण समद्विभाजक की समीकरण के लिए '+' चिन्ह और अधिककोण समद्विभाजक के लिए '–' चिन्ह लेते हैं।

(ii) यदि $a_1a_2+b_1b_2+c_1c_2>0$, तब मूलबिन्दु अधिककोण में है तथा अधिककोण समद्विभाजक की समीकरण के लिए '+' चिन्ह और न्यूनकोण समद्विभाजक के लिए '–' चिन्ह लेते हैं।

6. समतल $ax+by+cz+d=0$ में बिन्दु (x_1, y_1, z_1) का प्रतिबिम्ब (x, y, z) है,

जहाँ $$\frac{x-x_1}{a} = \frac{y-y_1}{b} = \frac{z-z_1}{c} = \frac{-2(ax_1+by_1+cz_1+d)}{a^2+b^2+c^2}$$

7. माना $A(x_1, y_1, z_1), B(x_2, y_2, z_2), C(x_3, y_3, z_3)$ तथा $D(x_4, y_4, z_4)$ चतुष्फलक के शीर्ष हैं, तब

$$\text{चतुष्फलक का आयतन} = \frac{1}{6}\begin{vmatrix} x_2-x_1 & y_2-y_1 & z_2-z_1 \\ x_3-x_1 & y_3-y_1 & z_3-z_1 \\ x_4-x_1 & y_4-y_1 & z_4-z_1 \end{vmatrix}$$

8. निर्देशांक अक्षों के समान कोण बनाने वाली रेखा की दिक् कोज्याएँ $\left(\pm\frac{1}{\sqrt{3}}, \pm\frac{1}{\sqrt{3}}, \pm\frac{1}{\sqrt{3}}\right)$ होती है।

9. घन के विकर्ण व उसके फलक के विकर्ण के बीच बना कोण $\cos^{-1}\left(\frac{\sqrt{2}}{\sqrt{3}}\right)$ होता है।

10. यदि एक समतल निर्देशांक अक्षों को A, B, C पर इस प्रकार मिलता है कि ABC के केन्द्रक के निर्देशांक (p, q, r) हैं, तब समतल की समीकरण $\frac{x}{p}+\frac{y}{q}+\frac{z}{r}=3$ है।

11. बिन्दु $(x_1, y_1, z_1), (x_2, y_2, z_2)$ तथा (x_3, y_3, z_3) जो इस प्रकार हैं कि $x_1+y_1+z_1=x_2+y_2+z_2=x_3+y_3+z_3=k$ (माना) से होकर जाने वाले समतल की समीकरण $x+y+z=k$ है।

12. यदि l, m, n रेखा की दिक् कोज्याएँ हैं तब

mn का अधिकतम मान $= \frac{1}{3\sqrt{3}}$

वस्तुनिष्ठ प्रश्न

1. एक समतल $(1, -2, 1)$ से होकर जाता है तथा दो समतलों $2x-2y+z=0$ और $x-y+2z=4$ के लम्बवत्, तो बिन्दु $(1, 2, 2)$ से समतल की दूरी है।

(a) $\sqrt{2}$ (b) $2\sqrt{2}$
(c) 0 (d) 1

2. एक चर समतल $\frac{x}{a}+\frac{y}{b}+\frac{z}{c}=1$ मूलबिन्दु से इकाई दूरी पर है। यह निर्देशांक अक्षों को A, B व C पर प्रतिच्छेद करता है। केन्द्रक (x, y, z) समीकरण $\frac{1}{x^2}+\frac{1}{y^2}+\frac{1}{z^2}=k$ को सन्तुष्ट करता है। k का मान है।

(a) $\frac{1}{9}$ (b) $\frac{1}{3}$
(c) 9 (d) 3

3. धनात्मक दिक् कोज्याओं (Direction Cosines) वाली एक रेखा बिन्दु $P(2, -1, 2)$ से जाती है तथा निर्देशाक्षों से समान कोण बनाती है। यह रेखा समतल $2x+y+z=9$ से बिन्दु Q पर मिलती है। रेखाखण्ड PQ की लम्बाई है–

(a) $\sqrt{3}$ (b) 2
(c) 1 (d) $\sqrt{2}$

4. k का वह मान, जिसके लिए $\frac{x-4}{1}=\frac{y-2}{1}=\frac{z-k}{2}$, समतल

$2x-4y+z=7$ में हैं, है–

(a) -7 (b) 7

(c) 4 (d) कोई वास्तविक मान नहीं

5. माना Q रेखा $\vec{r}=(\hat{i}-\hat{j}+2\hat{k})+\mu(-3\hat{i}+\hat{j}+5\hat{k})$, पर स्थित एक बिन्दु है तथा $P(3,2,6)$ एक अन्य बिन्दु हो, तब μ का मान जिसके लिए सदिश $\overrightarrow{PQ}$ समतल $x-4y+3z=1$ के समान्तर है, निम्न है–

(a) $\frac{1}{8}$ (b) $-\frac{1}{8}$

(c) $\frac{1}{4}$ (d) $-\frac{1}{4}$

6. यदि रेखाएँ $\frac{x-1}{2}=\frac{y+1}{3}=\frac{z-1}{4}=\frac{z-1}{4}$ व $\frac{x-3}{1}=\frac{y-k}{2}=\frac{z}{1}$ प्रतिच्छेद करती हैं, तो k का मान है।

(a) $-\frac{2}{9}$ (b) $-\frac{3}{2}$

(c) $\frac{3}{2}$ (d) $\frac{9}{2}$

7. आयाताकार अक्षों के दो निकायों का मूल समान है। यदि कोई समतल उन्हें मूल बिन्दु से a, b, c तथा a^1, b^1, c^1 दूरियों पर काटे, तब–

(a) $\frac{1}{a^2}+\frac{1}{b^2}+\frac{1}{c^2}+\frac{1}{a'^2}+\frac{1}{b'^2}+\frac{1}{c'^2}=0$

(b) $\frac{1}{a^2}-\frac{1}{b^2}-\frac{1}{c^2}-\frac{1}{a'^2}-\frac{1}{b'^2}-\frac{1}{c'^2}=0$

(c) $\frac{1}{a^2}+\frac{1}{b^2}+\frac{1}{c^2}-\frac{1}{a'^2}-\frac{1}{b'^2}-\frac{1}{c'^2}=0$

(d) $\frac{1}{a^2}+\frac{1}{b^2}-\frac{1}{c^2}+\frac{1}{a'^2}+\frac{1}{b'^2}-\frac{1}{c'^2}=0$

8. यदि रेखा $x=ay+b, z=cy+d$ तथा रेखा $x=a'y+b', z=c'y+d'$ लम्बवत् है, तब–

(a) $aa'+bb'=1$ (b) $aa'+cc'=-1$

(c) $aa'+bb'=0$ (d) $aa'+cc'=-1$

9. यदि रेखाएँ $\frac{x-2}{1}=\frac{y-3}{1}=\frac{z-4}{-k}$ तथा $\frac{x-1}{k}=\frac{y-4}{2}=\frac{z-5}{1}$ समतलीय है, तो–

(a) $k=1$ या -1 (b) $k=0$ या -3

(c) $k=3$ या -3 (d) $k=0$ या -1

10. समतल $x+2y+2z+7=0$ द्वारा गोले $x^2+y^2+z^2+2x-2y-4z-19=0$ में कटे वृत्त की त्रिज्या होगी?

(a) 2 (b) 3

(c) 4 (d) 1

11. एक चतुष्फलक के शीर्ष $O(0,0,0), A(1,2,1)$ $B(2,1,3)$ तथा $C(-1,1,2)$ है। फलक OAB तथा ABC के बीच कोण होगा?

(a) $\cos^{-1}\left(\frac{17}{31}\right)$ (b) 30°

(c) 90° (d) $\cos^{-1}\left(\frac{19}{35}\right)$

12. एक रेखा x-अक्ष पर z-अक्ष से बराबर कोण θ बनाती है। यदि y-अक्ष के साथ रेखा B कोण इस प्रकार बनाती है, कि $\sin^2\beta=3\sin^2\theta$ तब $\cos^2\theta$ का मान होगा?

(a) $\frac{2}{3}$ (b) $\frac{1}{5}$

(c) $\frac{3}{5}$ (d) $\frac{2}{5}$

13. दो समान्तर समतलों $2x+y+2z=8$ तथा $4x+2y+4z+5=0$ के बीच दूरी होगी?

(a) $\frac{3}{2}$ (b) $\frac{5}{2}$

(c) $\frac{7}{2}$ (d) $\frac{9}{2}$

14. यदि रेखाएँ $x=1+s, y=3-\lambda s, z=1+\lambda s$ तथा $x=t/2, y=1+t, z=2-t$ (प्राचक s और t) समतलीय है, तब λ का मान होगा?

(a) -2 (b) -1

(c) $-1/2$ (d) 0

15. यदि गोले $x^2+y^2+z^2+7x-2y-z=13$ और गोले $x^2+y^2+z^2-3x+3y+4z=8$ का प्रतिच्छेद बिन्दु, इनमें से एक गोले व समतल के प्रतिच्छेद के समान हो, तो समतल का समीकरण होगा?

(a) $x-y-z=1$ (b) $x-2y-z=1$

(c) $x-y-2z=1$ (d) $2x-y-z=1$

16. यदि समतल $2ax-3ay+4az+6=0$ गोलों $x^2+y^2+z^2+6x-8y-2z=13$ तथा $x^2+y^2+z^2-10x+4y-2z=8$, के केन्द्रों को मिलाने वाली रेखा के मध्य बिन्दु से होकर जाये तब a का मान होगा?

(a) 1 (b) -1

(c) 2 (d) -2

17. रेखा $\bar{r}=2\bar{i}-2\bar{j}+3\bar{k}+\lambda(\bar{i}-\bar{j}+4\bar{k})$ और समतल $\bar{r}\cdot(\bar{i}+5\bar{j}+\bar{k})=5$ के बीच दूरी होगी?

(a) $10/3\sqrt{3}$ (b) 10/9

(c) 10/3 (d) 3/10

18. यदि रेखा $\frac{x+1}{1}=\frac{y-1}{2}=\frac{z-2}{2}$ और समतल $2x-y+\sqrt{\lambda}\,z+4=0$ के बीच कोण θ ऐसा है, कि $\sin\theta=1/3$ तब, λ का मान होगा?

(a) $-\frac{3}{5}$ (b) $\frac{5}{3}$

(c) $\frac{4}{3}$ (d) $\frac{3}{4}$

19. रेखाएँ $2x=3y=-z$ और $6x=-y=-4z$ के बीच कोण का मान होगा?

(a) 90° (b) 0°

(c) 30° (d) 45°

20. समतल $x-2y=0$ में बिन्दु $(-1,3,4)$ का प्रतिबिम्ब–

(a) $(-17/3,-19/3,4)$ (b) $(15,11,4)$

(c) $(-17/3,-19/3,1)$ (d) $(8,4,4)$

(e) None of these

21. यदि एक रेखा धनात्मक x-अक्ष और y-अक्ष से $\pi/4$ कोण बनाती है, तब धनात्मक z-अक्ष के साथ रेखा द्वारा बने कोण का मान होगा?

(a) $\frac{\pi}{3}$ (b) $\frac{\pi}{4}$

(c) $\frac{\pi}{2}$ (d) $\frac{\pi}{6}$

22. यदि $(2, 3, 5)$ गोला $x^2+y^2+z^2-6x-12y-2z+20=0$ के व्यास का एक किनारा है, तब व्यास के दूसरे किनारे के निर्देशांक होगा?
(a) $(4,-3,3)$ (b) $(4,3,5)$
(c) $(4,3,-3)$ (d) $(4,9,-3)$

23. समतलों $2x+3y+z=1$ और $x+3y+2z=2$ के प्रतिच्छेद बिन्दु से होकर जाने वाली रेखा L धनात्मक x-अक्ष से α कोण बनाती है, तब $\cos\alpha$ का मान होगा?

(a) $\frac{1}{2}$ (b) 1

(c) $\frac{1}{\sqrt{2}}$ (d) $\frac{1}{\sqrt{3}}$

24. बिन्दु $(5, 1, a)$ और $(3, b, 1)$ से होकर जाने वाली रेखा, yz-समतल को बिन्दु $\left(0, \frac{7}{12}, \frac{-13}{2}\right)$ पर काटती है, तब a व b का मान होगा?
(a) $a=8, b=2$ (b) $a=2, b=8$
(c) $a=4, b=6$ (d) $a=6, b=4$

25. यदि सरल रेखाएँ ;

$$\frac{x-1}{k}=\frac{y-2}{2}=\frac{z-3}{3} \text{ और } \frac{x-2}{3}=\frac{y-3}{k}=\frac{z-1}{2}$$

किसी एक बिन्दु पर प्रतिच्छेदित करें, तो k का मान होगा?
(a) -2 (b) -5
(c) 5 (d) 2

26. माना a, b, c कोई वास्तविक संख्याएँ हैं। माना वास्तविक संख्याएँ x, y, z सभी शून्य नहीं है, इस प्रकार है, कि $x=cy+bz, y=az+cx$ और $z=az+cx$ तब $a^2+b^2+c^2+2abc$ का मान बराबर होगा?
(a) 1 (b) 2
(c) -1 (d) 0

उत्तरमाला

1. (b)	2. (c)	3. (c)	4. (b)	5. (c)	6. (d)	7. (c)	8. (b)	9. (b)	10. (b)
11. (d)	12. (c)	13. (c)	14. (a)	15. (d)	16. (d)	17. (a)	18. (b)	19. (a)	20. (e)
21. (c)	22. (d)	23. (d)	24. (d)	25. (b)	26. (a)				

संकेत एवं हल

1. (b) माना समतल का समीकरण
$a(x-1)+b(y+2)+c(z-1)=0$ है।
जोकि $2x-2y+z=0$ और $x-y+2z=4$ के लम्बवत् है।

$\therefore \quad 2a-2b+c=0$ और $a-b+2c=0$

$$\Rightarrow \quad \frac{a}{\begin{vmatrix}-2 & 1\\ -1 & 2\end{vmatrix}}=\frac{b}{\begin{vmatrix}1 & 2\\ 2 & 1\end{vmatrix}}=\frac{c}{\begin{vmatrix}2 & -2\\ 1 & -1\end{vmatrix}}$$

$$\Rightarrow \quad \frac{a}{-3}=\frac{b}{-3}=\frac{c}{0}$$

$$\Rightarrow \quad \frac{a}{1}=\frac{b}{1}=\frac{c}{0}$$

अत: समतल का समीकरण $x-1+y+2=0$ या $x+y+1=0$,

इसकी बिन्दु $(1, 2, 2)$ से दूरी $\frac{|1+2+1|}{\sqrt{2}}=2\sqrt{2}$ है।

2. (c) चूँकि $\frac{x}{a}+\frac{y}{b}+\frac{z}{c}=1$ निर्देशांक अक्षों को $A(a, 0, 0), B(0, b, 0)$ तथा $C(0, 0, c)$ पर प्रतिच्छेद करता है। और मूलबिन्दु से इसकी दूरी $=1$

$$\Rightarrow \quad \frac{1}{\sqrt{\frac{1}{a^2}+\frac{1}{b^2}+\frac{1}{c^2}}}=1$$

$$\Rightarrow \quad \frac{1}{a^2}+\frac{1}{b^2}+\frac{1}{c^2}=1 \quad \text{...(i)}$$

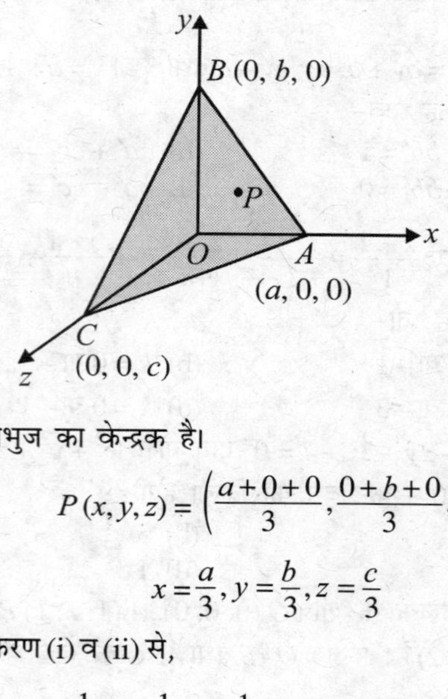

P, त्रिभुज का केन्द्रक है।

$$\therefore \quad P(x, y, z)=\left(\frac{a+0+0}{3}, \frac{0+b+0}{3}, \frac{0+0+c}{3}\right)$$

$$\Rightarrow \quad x=\frac{a}{3}, y=\frac{b}{3}, z=\frac{c}{3} \quad \text{...(ii)}$$

समीकरण (i) व (ii) से,

$$\frac{1}{9x^2}+\frac{1}{9y^2}+\frac{1}{9z^2}=1$$

$$\Rightarrow \quad \frac{1}{x^2}+\frac{1}{y^2}+\frac{1}{z^2}=9=k$$

$\therefore \qquad k = 9$

3. (c) क्योंकि $\qquad l = m = n = \dfrac{1}{\sqrt{3}}$

दिया है, $2x + y + z = 9$

$\therefore$ अभीष्ट रेखा का समीकरण निम्न है।

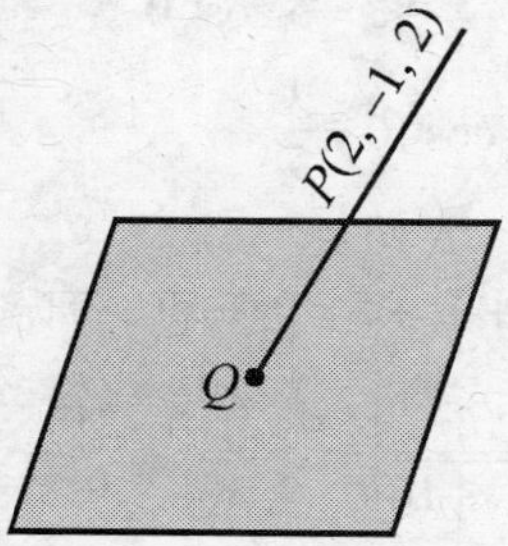

$$\frac{x-2}{1/\sqrt{3}} = \frac{y+1}{1/\sqrt{3}} = \frac{z-2}{1/\sqrt{3}}$$

$$x - 2 = y + 1 = z - 2 = r \text{ (माना)}$$

$\therefore \qquad Q \equiv (r+2, r-1, r+2)$

$\because$ Q समतल $2x + y + z = 9$ पर स्थित है।

$\therefore \quad 2(r+2) + (r-1) + (r+2) = 9$

$\Rightarrow \qquad 4r + 5 = 9 \qquad \Rightarrow \qquad r = 1$

$\therefore \quad Q(3, 0, 3)$

$\therefore$ लम्बाई $PQ = \sqrt{1+1+1} = \sqrt{3}$

4. (b) सरल रेखा का समीकरण है

$$\frac{x-4}{1} = \frac{y-2}{1} = \frac{z-k}{2}$$

जोकि $(4, 2, k)$ से होकर जाती है। तथा समतल $2x - 4y + z = 7$ में स्थित है।

$\therefore$ $(4, 2, k)$, $2x - 4y + z = 7$ को सन्तुष्ट करेंगे।

$\therefore \qquad 8 - 8 + k = 7 \qquad \Rightarrow \qquad k = 7$

5. (c) दिया है, कि

$\overrightarrow{OQ} = (1 - 3\mu)\hat{i} + (\mu - 1)\hat{j} + (5\mu + 2)\hat{k}$

$\overrightarrow{OP} = 3\hat{i} + 2\hat{j} + 6\hat{k} \qquad$ (जहाँ O मूलबिन्दु)

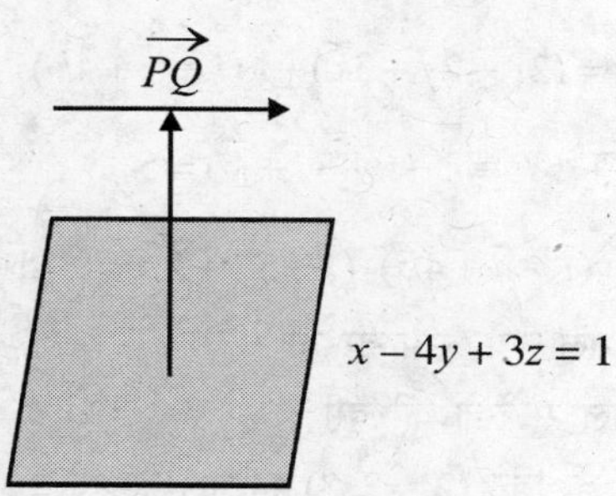

$\therefore \quad \overrightarrow{PQ} = (1 - 3\mu - 3)\hat{i} + (\mu - 1 - 2)\hat{j} + (5\mu + 2 - 6)\hat{k}$

$\qquad = (-2 - 3\mu)\hat{i} + (\mu - 3)\hat{j} + (5\mu - 4)\hat{k}$

$\because$ $\overrightarrow{PQ}$ समतल $x - 4y + 3z = 1$ के समान्तर है।

$\therefore \quad -2 - 3\mu - 4\mu + 12 + 15\mu - 12 = 0$

$\qquad (\because a_1a_2 + b_1b_2 + c_1c_2)$

$\Rightarrow \qquad 8\mu = 2 \qquad \Rightarrow \qquad \mu = \dfrac{1}{4}$

6. (d) चूँकि दी गई रेखाएँ प्रतिच्छेद करती हैं, अतः उनमें एक उभयनिष्ठ बिन्दु होगा, अर्थात्

$$\frac{x-1}{2} = \frac{y+1}{3} = \frac{z-1}{4} = \lambda$$

और $\qquad \dfrac{x-3}{1} = \dfrac{y-k}{2} = \dfrac{z}{1} = \mu$

$\Rightarrow \qquad x = 2\lambda + 1, y = 3\lambda - 1, z = 4\lambda + 1$

$\therefore \qquad 2\lambda + 1 = \mu + 3,$

$\qquad 3\lambda - 1 = 2\mu + k$

$\qquad 4\lambda + \dfrac{1}{3} = \mu$

हल करने पर, $\quad \lambda = -\dfrac{3}{2} \quad$ और $\quad \mu = -5$

$\Rightarrow \qquad k = 3\lambda - 2\mu - 1$

$\Rightarrow \qquad k = 3\left(-\dfrac{3}{2}\right) - 2(-5) - 1 = \dfrac{9}{2}$

$\Rightarrow \qquad k = \dfrac{9}{2}$

7. (c) दो निकायों के अक्ष OX, OY, OZ तथा ox, oy, oz है। समतल का समीकरण OX, OY, OZ अक्षों के लिए

$$\frac{X}{a} + \frac{Y}{b} + \frac{Z}{c} = 1 \qquad \text{...(i)}$$

इसी प्रकार ox, oy, oz अक्षों के लिए समतल का समीकरण

$$\frac{X}{a'} + \frac{Y}{b'} + \frac{Z}{c'} = 1 \qquad \text{...(ii)}$$

मूल बिन्दु से कमीकरण (i) और समीकरण (ii) पर डाले गये लम्ब की लम्बाई बराबर होनी चाहिए।

अर्थात्, $\qquad \dfrac{1}{\sqrt{\dfrac{1}{a^2} + \dfrac{1}{\sqrt{b^2}} + \dfrac{1}{\sqrt{c^2}}}} = \dfrac{1}{\sqrt{\dfrac{1}{a'^2} + \dfrac{1}{b'^2} + \dfrac{1}{c'^2}}}$

$\Rightarrow \quad \dfrac{1}{a^2} + \dfrac{1}{b^2} + \dfrac{1}{c^2} = \dfrac{1}{a'^2} + \dfrac{1}{b'^2} + \dfrac{1}{c'^2}$

$\Rightarrow \quad \dfrac{1}{a^2} + \dfrac{1}{b^2} + \dfrac{1}{c^2} = \dfrac{1}{a'^2} - \dfrac{1}{b'^2} - \dfrac{1}{c'^2} = 0$

8. (b) दो रेखाओं के समीकरण लिख सकते हैं,

$$\frac{x-b}{a} = \frac{y-0}{1} = \frac{z-d}{c}$$

तथा $\qquad \dfrac{x-b'}{a'} = \dfrac{y-0}{1} = \dfrac{z-d'}{c'}$

$\therefore$ रेखाएँ परस्पर लम्ब है, यदि

$\quad a.a' + 1.1 + c.c' = 0$

अर्थात् $\qquad aa' + cc' = -1$

9. (b) प्राप्त रेखाएँ समतलीय है, यदि

$$\begin{vmatrix} -1+2 & -4+3 & -5+4 \\ 1 & 1 & -k \\ k & 2 & 1 \end{vmatrix} = 0$$

$\Rightarrow \quad k^2 + 3k = 0 \quad \Rightarrow \quad k = 0$ या -3

10. (b) गोले की समीकरण के अनुसार

$$x^2 + y^2 + z^2 + 2x - 2y - 4z - 19 = 0$$

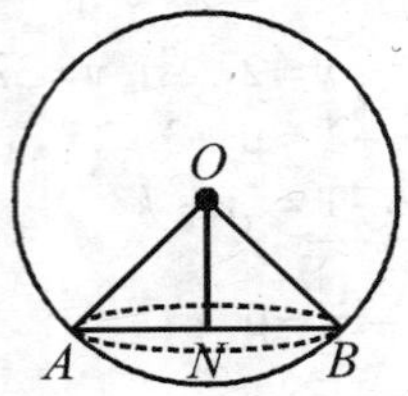

गोले का केन्द्र है $(-1, 1, 2)$

और त्रिज्या $= \sqrt{(-1)^2 + (1)^2 + (2)^2 + 19}$

$\sqrt{25} = 5$

समतल का समीकरण है $\quad x + 2y + 2z + 7 = 0$

केन्द्र O से समतल पर डाले गए लम्ब की लम्बाई

$$ON = \frac{-1\times1 + 1\times2 + 2\times2 + 7}{\sqrt{1^2 + 2^2 + 2^2}} = \frac{12}{3} = 4$$

ΔOBN में, $\quad OB^2 = ON^2 + NB^2 \qquad 5^2 = 4^2 + NB^2$

$\Rightarrow \quad NB^2 = 25 - 16 = 9$

$\Rightarrow \quad NB = 3$

11. (d) $\overline{n}_1 =$ सदिश $\perp$ पर $OAB = \overline{OA} \times \overline{OB}$

$$= \begin{vmatrix} \overline{i} & \overline{j} & \overline{k} \\ 1 & 2 & 1 \\ 2 & 1 & 3 \end{vmatrix} = 5\overline{i} - \overline{j} - 3\overline{k}$$

$\overline{n}_2$ सदिश $\perp$ पर $ABC = \overline{AB} \times \overline{AC}$

$$= \begin{vmatrix} \overline{i} & \overline{j} & \overline{k} \\ 1 & -1 & 2 \\ -2 & -1 & 1 \end{vmatrix} = \overline{i} - 5\overline{j} - 3\overline{k}$$

$$\therefore \quad \cos\theta = \frac{\overline{n}_1 \cdot \overline{n}_2}{|\overline{n}_1||\overline{n}_2|} = \frac{5+5+9}{\sqrt{35}\sqrt{35}} = \frac{19}{35}$$

$$\therefore \quad \theta = \cos^{-1}(19/35)$$

12. (c) एक रेखा x-अक्ष और z-अक्ष से θ कोण और y-अक्ष से β कोण बनाती है।

$\therefore \quad 1 = \cos 5\theta, \; m = \cos\beta, \; n = \cos\theta$

हम जानते है, कि $\quad l^2 + m^2 + n^2 = 1$

$\Rightarrow \quad \cos^2\theta + \cos^2\beta + \cos^2\theta = 1$

$\Rightarrow \quad 2\cos^2\theta = 1 - \cos^2\beta$

$\Rightarrow \quad 2\cos^2\theta = 1 - \sin^2\beta \qquad$ ...(i)

$\Rightarrow \quad \sin^2\beta = 3\sin^2\theta \qquad$ ...(ii)

समीकरण (i) व (ii) से

$3\sin^2\theta = 2\cos^2\theta$

$\Rightarrow \quad 3(1 - \cos^2\theta) = 2\cos^2\theta$

$\Rightarrow \quad 3 - 3\cos^2\theta = 2\cos^2\theta$

$\Rightarrow \quad 3 = 5\cos^2\theta$

$\Rightarrow \quad \cos^2\theta = \frac{3}{5}$

13. (c) $\quad 4x + 2y + 4z - 16 = 0$

तथा $4x + 2y + 4z + 5 = 0$ के बीच की दूरी है।

$$\left|\frac{5+16}{\sqrt{16+4+16}}\right| = \left|\frac{21}{\sqrt{36}}\right| = \frac{21}{6} = \frac{7}{2}$$

14. (a) प्राप्त रेखाएँ लिख सकते हैं

$$\frac{x-1}{1} = \frac{y-3}{-\lambda} = \frac{z-1}{\lambda} = s$$

$$\frac{x}{1/2} = \frac{y-1}{1} = \frac{z-2}{-1} = t$$

रेखाएँ समतलीय है, यदि

$$\begin{vmatrix} 1 & 2 & -1 \\ 1 & -\lambda & \lambda \\ 1/2 & 1 & -1 \end{vmatrix} = 0$$

$\Rightarrow \quad \lambda + 2 = 0 \quad \Rightarrow \quad \lambda = -2$

15. (d) दिये गये गोलों के समीकरण

$S = x^2 + y^2 + z^2 + 7x - 2y - z - 13 = 0$

तथा $\quad S' = x^2 + y^2 + z^2 - 3x + 3y + 4z - 8 = 0$ है।

अभीष्ठ कटान का तल है $\quad S - S' = 0$

$10x - 5y - 5z - 5 = 0$

अर्थात् $2x - y - z - 1 = 0$

16. (d) दिये गये गोलों का केन्द्र क्रमशः$(-3, 4, 1)$ तथा $(5, -2, 1)$ है। तब मध्य बिन्दु $(1, 1, 1)$ है। बिन्दु $(1, 1, 1)$ से गुजरने वाले तल का समीकरण

$\therefore 2a - 3a + 4a + 6 = 0 \quad \Rightarrow \quad a = -2$

17. (a) $L \equiv \overline{r} = (2\overline{i} - 2\overline{j} + 3\overline{k}) + \lambda(\overline{i} - \overline{j} + 4\overline{k})$

तथा तब $\quad P \equiv \overline{r} \cdot (\overline{i} + 5\overline{j} + \overline{k}) = 5$

चूँकि $\quad (\overline{i} - \overline{j} + 4\overline{k}) \cdot (\overline{i} + 5\overline{j} + \overline{k}) = 1 - 5 + 4 = 0$

रेखा L तल P के समान्तर है।

$\therefore$ तल से रेखा की दूरी

= रेखा के बिन्दु $(2, -2, 3)$ की तल से दूरी

$$= \frac{|(2\overline{i} - 2\overline{j} + 3\overline{k}) \cdot (\overline{i} + 5\overline{j} + \overline{k}) - 5|}{(\overline{i} + 5\overline{j} + \overline{k})} = \frac{10}{3\sqrt{3}}$$

18. (b) $\sin\theta = \dfrac{1\times2 + 2\times(-1) + \sqrt{\lambda}\times2}{\sqrt{9}\sqrt{4+1+\lambda}} = \dfrac{1}{3}$

$\Rightarrow \quad \sqrt{5+\lambda} = 2\sqrt{\lambda} \quad \Rightarrow \quad 5+\lambda = 4\lambda$

$\Rightarrow \quad \lambda = 5/3$

19. (a) प्राप्त समीकरण लिख सकते है

$$\frac{x}{3} = \frac{y}{2} = \frac{z}{-6} \quad \text{तथा} \quad \frac{x}{2} = \frac{y}{-12} = \frac{z}{-3}$$

$\therefore$ रेखाओं के बीच कोण

$$\cos\theta = \frac{6-24+18}{\sqrt{9+4+36}\cdot\sqrt{4+144+9}}$$

$$= \frac{0}{\sqrt{49}\cdot\sqrt{157}} = 0$$

$\Rightarrow \quad \theta = 90^o$

20. (e) माना $P(\alpha, \beta, \gamma)$, $A(-1, 3, 4)$ का प्रतिबिम्ब है, तब

$$\frac{\alpha-1}{2} - \frac{2(\beta+3)}{2} = 0$$

$\Rightarrow \quad \alpha - 2\beta = 7$ ...(i)

AP भी तल पर लम्ब है।

$\therefore \quad \dfrac{\alpha+1}{1} = \dfrac{\beta-3}{-2} = \dfrac{\gamma-4}{0}$ ...(ii)

$\therefore \quad \alpha = \dfrac{9}{5}$

$\beta = \dfrac{-13}{5} \qquad \gamma = 4$

इसलिए प्रतिबिम्ब $P\left(\frac{9}{5}, -\frac{13}{5}, 4\right)$ है।

प्रश्न गलत है। कोई भी विकल्प सही नहीं है।

21. (c) माना d.c.'s रेखा के l, m, n

तब, $\quad l = \cos\dfrac{\pi}{4}, \qquad m = \cos\dfrac{\pi}{4}$

तथा $\quad l^2 + m^2 + n^2 = 1 \quad \Rightarrow \quad \dfrac{1}{2} + \dfrac{1}{2} + n^2 = 1$

$\therefore \quad n = 0$

अर्थात् रेखा $\pi/2$ कोण बनाती है।

22. (d) गोले का केन्द्र है $= (3, 6, 1)$

माना व्यास का दूसरा किनारा $= (\alpha, \beta, \gamma)$

तब $\quad \dfrac{\alpha+2}{2} = 3, \quad \dfrac{\beta+3}{2} = 6, \quad \dfrac{\gamma+5}{2} = 1$

23. (d) माना d.c.'s रेखा का l, m, n है

तब $\quad 2l + 3m + n = 0$

सरल करने पर, $\quad \dfrac{l}{3} = \dfrac{m}{-3} = \dfrac{n}{3} \quad \Rightarrow \quad \dfrac{l}{1} = \dfrac{m}{-1} = \dfrac{n}{1}$

$\therefore$ d.c.'s है $\dfrac{1}{\sqrt{3}}, \dfrac{-1}{\sqrt{3}}, \dfrac{1}{3}\cos\alpha = \dfrac{1}{\sqrt{3}}$

24. (d) $(5, 1, a)$ तथा $(3, b, 1)$ से होकर जाने वाली रेखा का समीकरण

$$\frac{x-5}{2} = \frac{y-1}{1-b} = \frac{z-a}{a-1} = \lambda \text{ है।}$$

यह yz-समतल के बिन्दु $\left(0, \frac{17}{2}, \frac{-3}{2}\right)$ पर मिलता है।

$\therefore \quad 2\lambda + 5 = 0, \qquad (1-b)\lambda + 1 = \dfrac{17}{2},$

$(a-1)\lambda + a = -\dfrac{13}{2}$

$\Rightarrow \quad \lambda = \dfrac{5}{2}, \qquad b = 4, \qquad a = 6$

25. (b) चूँकि रेखा $\quad \dfrac{x-1}{k} = \dfrac{y-2}{2} = \dfrac{z-3}{3}$ और रेखाएँ

$$\frac{x-2}{3} = \frac{y-3}{k} = \frac{z-1}{2}, d$$

बिन्दु पर प्रतिच्छेत करती है, समतलीय है।

$$\therefore \quad \begin{vmatrix} 1 & 1 & -2 \\ k & 2 & 3 \\ 3 & k & 2 \end{vmatrix} = 0 \Rightarrow 2k^2 + 5k - 25 = 0$$
$$\Rightarrow k = -5, \frac{5}{2}$$

चूँकि k पूर्णांक है।

$\therefore \quad k = -5$

26. (a) $\quad x - cy - bz = 0$

$cx - y + az = 0$ ...(i)

चूँकि x, y, z अशून्य है। निकाय (i) के हल है–

$$\therefore \quad \begin{vmatrix} 1 & -c & -b \\ c & -1 & b \\ b & a & -1 \end{vmatrix} = 0 \Rightarrow 1 - a^2 - b^2 - c^2 - 2abc = 0$$
$$\Rightarrow a^2 + b^2 + c^2 + 2abc = 1$$

□□□

सदिश बीजगणित 28

(Vector Algebra)

अदिश राशियाँ (Scalar Quantities)

जिन राशियों को व्यक्त करने के लिए परिमाण की जरूरत होती है। दिशा की नहीं अदिश राशियाँ कहलाती हैं।

सदिश राशियाँ (Vector Quantities)

जिन राशियों को व्यक्त करने के लिए परिमाण तथा दिशा दोनों की जरूरत होती है। उन्हें सदिश राशियाँ कहते हैं।

एकक सदिश या इकाई सदिश (Unit Vectors)

जिस सदिश का मापांक इकाई हो, इकाई सदिश कहलाती है। $\vec{a}$ के इकाई सदिश को $\hat{a}$ से निरूपित करते है तथा

$$\hat{a} = \frac{\vec{a}}{|\vec{a}|}$$

शून्य सदिश (Zero Vectors)

जिस सदिश का परिमाण शून्य हो, तो उस सदिश को शून्य सदिश कहते हैं।

समान सदिश (Equal Vectors)

यदि दो सदिश परिमाण में बराबर और दिशा में समान हो, तो उनको समान सदिश कहते हैं।

समरेखीय सदिश (Collinear Vectors)

वे सभी सदिश जो किसी तल रेखा के समान्तर हो, समरेखीय सदिश कहलाते हैं।

विस्थापन सदिश (Displacement Vectors)

यदि कोई कण बिन्दु A से बिन्दु B तक विस्थापित किया जाए, तो $\vec{AB}$ उस कण का विस्थापन सदिश कहलाता है।

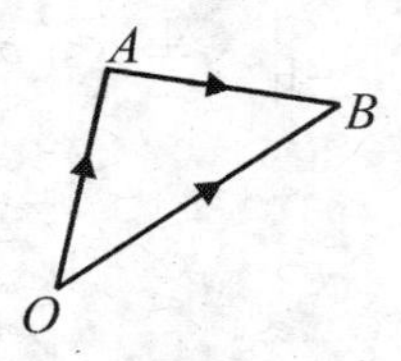

स्थिति सदिश (Position Vectors)

बिन्दु P की स्थिति को प्रकट करने वाले सदिश $\vec{OP}$ को P का स्थिति सदिश कहते हैं।

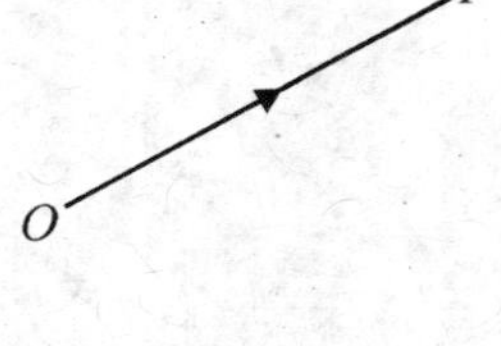

एक सदिश का एक अदिश से गुणन (Multiplication of a Vector by a Scalar)

माना $\vec{a}$ एक सदिश तथा K एक अदिश राशि है, तब सदिश का अदिश से गुणन $K\vec{a}$ या $\vec{a}K$ होगा।

गुण (Properties)

यदि λ व μ दो अदिश राशि है, तो

1. $\lambda(\mu\vec{a}) = \lambda\mu\vec{a}$
2. $(\lambda+\mu)\vec{a} = \lambda\vec{a}+\mu\vec{a}$
3. $\lambda(\vec{a}+\vec{b}) = \lambda\vec{a}+\lambda\vec{b}$

सदिश राशियों का योग (Addition of Vectors)

दो सदिशों $\vec{a}$ तथा $\vec{b}$ के योग को $\vec{a}+\vec{b}$ से निरूपित करते हैं।

1. **सदिशों के योग का त्रिभुज नियम (Triangle law of vector addition)**

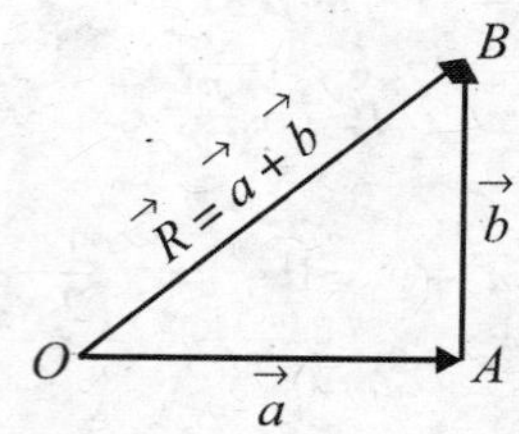

2. **सदिशों के योग का समान्तर चतुर्भुज नियम (Parallelogram Law of Vector Addition)**

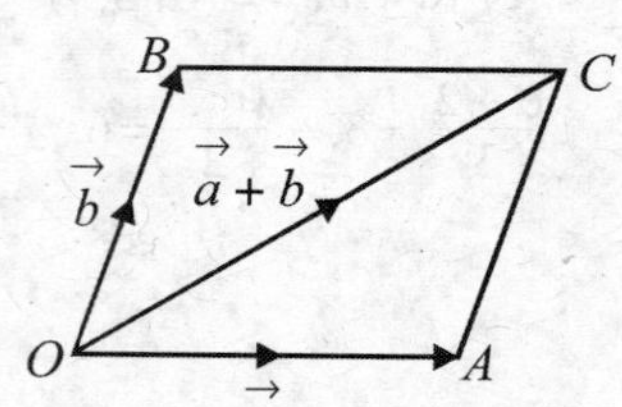

3. **सदिशों के योग का बहुभुज नियम (Polygon Law of Vector Addition)**: यदि बहुभुज की $(n-1)$ भुजाएँ सदिश $\vec{a_1}, \vec{a_2}, \vec{a_3}, \ldots$ को क्रमागत क्रम में निरूपित करें, तब nवीं भुजा उनके योग को निरूपित करेंगी।

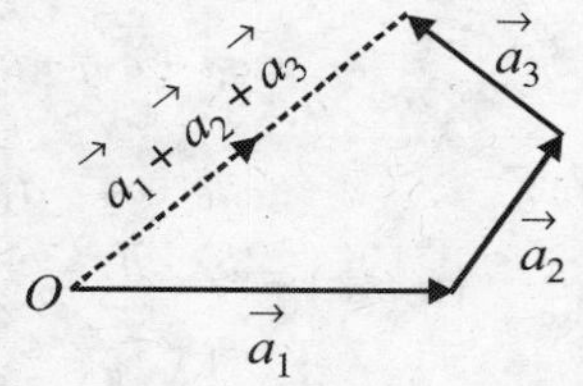

सदिशों के योगफल के गुण (Properties of Addition of Vectors)

1. सदिश योग क्रम विनिमेय होता है, अर्थात्

$$\vec{a}+\vec{b}=\vec{b}+\vec{a}$$

2. सदिश योग साहचर्य होता है, अर्थात्

$$(\vec{a}+\vec{b})+\vec{c}=\vec{a}+(\vec{b}+\vec{c})$$

सरल रेखा का सदिश समीकरण
(Vector Equation of a Stright Line)

1. बिन्दु $\vec{a}$ से जाने वाली व एक सदिश $\vec{b}$ के समान्तर सरल रेखा का समीकरण $\vec{r}=\vec{a}+t\vec{b}$ है।

2. दो बिन्दुओं $\vec{a}$ व $\vec{b}$ से जाने वाली सरल रेखा का समीकरण $\vec{r}=(1-t)\vec{a}+t\vec{b}$ है।

समतल का सदिश समीकरण (Vector Equation of a Plane)

1. बिन्दु $\vec{a}$ से होकर जाने वाले व दो असमान्तर सदिशों $\vec{b}$ व $\vec{c}$ के समान्तर समतल का समीकरण $\vec{r}=\vec{a}+t\vec{b}+s\vec{c}$ है।

2. तीन बिन्दुओं $\vec{a},\vec{b}$ व $\vec{c}$ से जाने वाले समतल का समीकरण $\vec{r}=\vec{a}+t(\vec{b}-\vec{a})+s(\vec{c}-\vec{a})$ है।

अदिश गुणन (Scalar Product)

$$\vec{a}\cdot\vec{b}=ab\cos\theta$$

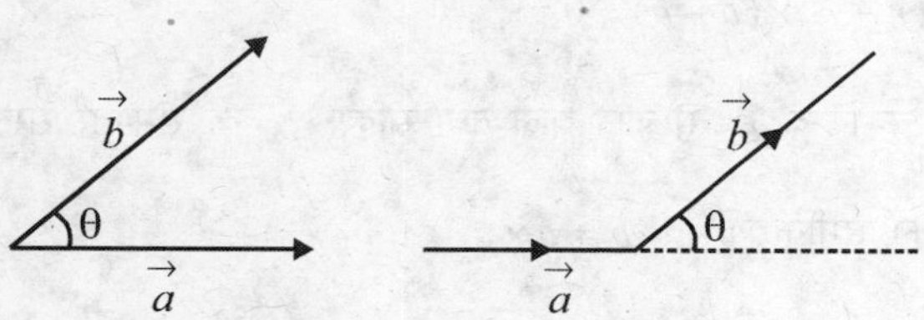

अदिश गुणन की विशेषताएँ (Properties of Scalar Product)

1. यदि $\quad \vec{a}=a_1\hat{i}+a_2\hat{j}+a_3\hat{k}$

तथा $\quad \vec{b}=b_1\hat{i}+b_2\hat{j}+b_3\hat{k}$

$$\vec{a}\cdot\vec{b}=ab\cos\theta$$

हो, तब $\quad \cos\theta=\left[\dfrac{\vec{a}\cdot\vec{b}}{|\vec{a}|\,|\vec{b}|}\right]$

$$a=|\vec{a}|,\quad b=|\vec{b}|$$

या $\quad \cos\theta=\left[\dfrac{a_1b_1+a_2b_2+a_3b_3}{\sqrt{a_1^2+a_2^2+a_3^2}\sqrt{b_1^2+b_2^2+b_3^2}}\right]$

2. यदि $\quad \vec{a}=a_1\hat{i}+a_2\hat{j}+a_3\hat{k}$

तथा $\quad \vec{b}=b_1\hat{i}+b_2\hat{j}+b_3\hat{k}$

हो, तब $\quad \vec{a}\cdot\vec{b}=a_1b_1+a_2b_2+a_3b_3$

3. (a) $\quad \hat{i}\cdot\hat{i}=\hat{j}\cdot\hat{j}=\hat{k}\cdot\hat{k}=1$

(b) $\quad \hat{i}\cdot\hat{j}=\hat{j}\cdot\hat{k}=\hat{k}\cdot\hat{i}=0$

4. दो सदिश राशियों का अदिश गुणन क्रम विनिमेय होता है, अर्थात्

$$\vec{a}\cdot\vec{b}=\vec{b}\cdot\vec{a}$$

5. यदि m व n कोई दो अदिश तथा $\vec{a}$ व $\vec{b}$ कोई दो सदिश राशियाँ है, तो

$$(m\vec{a})\cdot(n\vec{b})=mn(\vec{a}\cdot\vec{b})=(n\vec{a})\cdot(m\vec{b})$$

6. $$\vec{a}\cdot(\vec{b}+\vec{c})=\vec{a}\cdot\vec{b}+\vec{a}\cdot\vec{c}$$

7. यदि दो सदिश $\vec{a}$ व $\vec{b}$ परस्पर लम्बवत् है, तो $\vec{a}\cdot\vec{b}=0$

8. एक सदिश का स्वयं से ही अदश गुणन उस सदिश के मापांक के वर्ग के बराबर होता है अर्थात्

$$\vec{a}\cdot\vec{a}=a^2$$

9. (a) $\vec{a}$ के अनुदिश $\vec{b}$ का प्रक्षेप $=\dfrac{\vec{b}\cdot\vec{a}}{|\vec{a}|}$

(b) $\vec{b}$ के अनुदिश $\vec{a}$ का प्रक्षेप $=\dfrac{\vec{a}\cdot\vec{b}}{|\vec{b}|}$

10. यदि $a_1a_2+b_1b_2+c_1c_2=0$ हो, तो दोनों सदिश परस्पर लम्ब होंगे तथा यदि $\dfrac{a_1}{b_1}=\dfrac{a_2}{b_2}=\dfrac{a_3}{b_3}$ हो, तो सदिश परस्पर समान्तर होंगे।

11. $(\vec{a}+\vec{b}+\vec{c})^2=a^2+b^2+c^2+2(\vec{a}\cdot\vec{b}+\vec{b}\cdot\vec{c}+\vec{c}\cdot\vec{a})$

12. यदि कोई बल $\vec{F}$ किसी पिण्ड को $\vec{d}$ दूरी तक विस्थापित करता हो तथा विस्थापन की दिशा बल की क्रिया रेखा से θ कोण बनाती हो, तो बल द्वारा किया गया कार्य

$$W=\vec{F}\cdot\vec{d}=Fd\cos\theta$$

सदिश गुणन (Vector product or Cross product)

दो सदिशों $\vec{a}$ व $\vec{b}$ का सदिश गुणन एक सदिश राशि है।

$$\vec{a}\times\vec{b}=ab\sin\theta\,\hat{n}$$

$\hat{n}\rightarrow$ इकाई सदिश है।

जहाँ θ, $\vec{a}$ व $\vec{b}$ के बीच का कोण है

$$|\vec{a} \times \vec{b}| = |\vec{a}||\vec{b}|\sin\theta$$

$\hat{n}$ तल के लम्बवत् है। जिसमें $\vec{a}$ तथा $\vec{b}$ है।

सदिश गुणन की विशेषताएँ (Properties of Vector Product)

1. $\vec{a}$ व $\vec{b}$ के लम्बवत् इकाई सदिश $\hat{n} = \pm\dfrac{\vec{a}\times\vec{b}}{|\vec{a}\times\vec{b}|}$

2. यदि $\vec{a} = a_1\hat{i} + a_2\hat{j} + a_3\hat{k}$

   तथा $\vec{b} = b_1\hat{i} + b_2\hat{j} + b_3\hat{k}$

   हो, तब

   $$\vec{a}\times\vec{b} = (a_2b_3 - a_3b_2)\hat{i} + (a_3b_1 - a_1b_3)\hat{j} + (a_1b_2 - a_2b_1)\hat{k}$$

   या
   $$\vec{a}\times\vec{b} = \begin{vmatrix} \hat{i} & \hat{j} & \hat{k} \\ a_1 & a_2 & a_3 \\ b_1 & b_2 & b_3 \end{vmatrix}$$

3. (a) $\hat{i}\times\hat{i} = \hat{j}\times\hat{j} = \hat{k} = \hat{k} = 0$

   (b) $\hat{i}\times\hat{j} = \hat{k},\ \hat{j}\times\hat{k} = \hat{i},\ \hat{k}\times\hat{i} = \hat{j}$

   (c) $\hat{j}\times\hat{i} = -\hat{k},\ \hat{k}\times\hat{j} = -\hat{i},\ \hat{i}\times\hat{k} = -\hat{j}$

4. $\vec{a}\times\vec{b} = \vec{0}$, यदि $\vec{a} = \vec{0}$ या $\vec{b} = \vec{0}$ या $\vec{a}$ व $\vec{b}$ दोनों समरेखीय है।

5. दो सदिशों का सदिश गुणन क्रम विनिमेय नहीं होता है, अर्थात्

   $$\vec{a}\times\vec{b} \neq \vec{b}\times\vec{a}$$

   परन्तु, $\vec{a}\times\vec{b} = -\vec{b}\times\vec{a}$

6. यदि m व n कोई दो अदिश तथा $\vec{a}$ व $\vec{b}$ कोई दो सदिश राशियाँ है, तब,

   $$(m\vec{a})\times(n\vec{b}) = mn(\vec{a}\times\vec{b}) = (n\vec{a})\times(m\vec{b})$$

7. $$\vec{a}\times(\vec{b}+\vec{c}) = \vec{a}\times\vec{b} + \vec{a}\times\vec{c}$$

अदिश त्रिगुणन (Scalar Triple Product)

तीन सदिशों $\vec{a}, \vec{b}$ व $\vec{c}$ का अदिश त्रिभुणन $[\vec{a}\,\vec{b}\,\vec{c}]$ है।

$$[\vec{a}\,\vec{b}\,\vec{c}] = \vec{a}\cdot(\vec{b}\times\vec{c})$$

यदि $\vec{a} = a_1\hat{i} + a_2\hat{j} + a_3\hat{k}$,

$\vec{b} = b_1\hat{i} + b_2\hat{j} + b_3\hat{k}$

तथा $\vec{c} = c_1\hat{i} + c_2\hat{j} + c_3\hat{k}$ हो, तब

$$[\vec{a}\,\vec{b}\,\vec{c}] = \begin{vmatrix} a_1 & a_2 & a_3 \\ b_1 & b_2 & b_3 \\ c_1 & c_2 & c_3 \end{vmatrix}$$

अदिश त्रिगुणन की विशेषताएँ (Properties of Scalar Triple Product)

1. यदि तीन सदिश $\vec{a}, \vec{b}$ व $\vec{c}$ समतलीय है, तब $[\vec{a}\,\vec{b}\,\vec{c}] = 0$
2. $[\vec{a}\,\vec{b}\,\vec{c}+\vec{d}] = [\vec{a}\,\vec{b}\,\vec{c}] + [\vec{a}\,\vec{b}\,\vec{d}]$
3. यदि अदिश त्रिगुणन में कोई दो सदिश बराबर हो, तो अदिश त्रिगुणन का मान शून्य होता है।
4. अदिश त्रिगुणन का मान बिन्दु (•) व वज्र (×) की स्थिति पर निर्भर नहीं करता है।

   $$\vec{a}\cdot(\vec{b}\times\vec{c}) = (\vec{a}\times\vec{b})\cdot\vec{c}$$

5. $$[\vec{a}\,\vec{b}\,\vec{c}] = [\vec{b}\,\vec{c}\,\vec{a}] = [\vec{c}\,\vec{a}\,\vec{b}]$$

   $$[\vec{a}\,\vec{b}\,\vec{c}] = -[\vec{b}\,\vec{a}\,\vec{c}] = -[\vec{a}\,\vec{c}\,\vec{b}]$$

6. समान्तर षटफलक (Parallelopiped) का आयतन $= [\vec{a}\,\vec{b}\,\vec{c}]$

सदिश त्रिगुणन (Vector Triple Product)

$$\vec{a}\times(\vec{b}\times\vec{c}) = (\vec{a}\cdot\vec{c})\,\vec{b} - (\vec{a}\cdot\vec{b})\,\vec{c}$$

सदिशों के गुणन के रूप में सरल रेखा का समीकरण (Equation of Striaght Line in the from the Product of Vectors)

1. दो बिन्दुओं $\vec{a}$ व $\vec{b}$ से जाने वाली सरल रेखा का समीकरण $(\vec{r}-\vec{a})\times(\vec{b}-\vec{a}) = 0$ है।
2. एक बिन्दु $\vec{a}$ से जाने वाले तथा सदिश $\vec{b}$ के समान्तर सरल रेखा का समीकरण $\vec{r}\times\vec{b} = \vec{a}\times\vec{a}$ है।
3. एक बिन्दु $\vec{a}$ से जाने वाली व दो असमान्तर सदिशों $\vec{c}$ व $\vec{d}$ पर लम्ब रेखा का समीकरण $(\vec{r}-\vec{a})\times(\vec{c}\times\vec{d}) = 0$ है।

सदिशों के गुणन के रूप में समतल का समीकरण (Equation of Plane in the Form of Product of Vectors)

1. एक बिन्दु $\vec{a}$ से जाने वाले तथा $\vec{n}$ पर लम्ब समतल का समीकरण $\vec{r}\cdot\vec{n} = \vec{a}\cdot\vec{n}$ है।
2. एक बिन्दु $\vec{a}$ से जाने वाले व दो असमान्तर सदिशों $\vec{b}$ व $\vec{a}$ के समान्तर समतल का समीकरण $[\vec{r}\,\vec{b}\,\vec{c}] = [\vec{a}\,\vec{b}\,\vec{c}]$ है।

3. तीन बिन्दुओं $\vec{a}, \vec{b}$ व $\vec{c}$ से जाने वाले समतल का समीकरण

$\vec{r} \cdot (\vec{b} \times \vec{c} + \vec{c} \times \vec{a} + \vec{a} \times \vec{b}) = [\vec{a}\ \vec{b}\ \vec{c}]$ है।

4. समतल पर इकाई अभिलम्ब $\hat{n}$ तथा मूल बिन्दु से लाम्बिक दूरी p के रूप में समीकरण $p = \vec{r} \cdot \vec{n}$ है।

सदिशों का व्युत्क्रम निकाय (Reciprocal System of Vectors)

$\vec{a}, \vec{b}$ व $\vec{c}$ तीन असमतलीय सदिशों का व्युत्क्रम निकाय $\vec{p}, \vec{q}$ व $\vec{r}$ निम्न रूप से परिभाषित है।

$$\vec{p} = \frac{\vec{b} \times \vec{c}}{[\vec{a}\ \vec{b}\ \vec{c}]}, \quad \vec{q} = \frac{\vec{c} \times \vec{a}}{[\vec{a}\ \vec{b}\ \vec{c}]}, \quad \vec{r} = \frac{\vec{a} \times \vec{b}}{[\vec{a}\ \vec{b}\ \vec{c}]}$$

$$\vec{p} \cdot \vec{a} = \vec{q} \cdot \vec{b} = \vec{r} \cdot \vec{c} = 1$$

$$\vec{p} \cdot \vec{b} = \vec{p} \cdot \vec{c} = \vec{q} \cdot \vec{c} = \vec{q} \cdot \vec{a} = \vec{r} \cdot \vec{a} = \vec{r} \cdot \vec{b} = 0$$

आघूर्ण (Moment)

$$\text{आघूर्ण} = \vec{r} \times \vec{F},$$

जहाँ $\vec{r}$ किसी बिन्दु का स्थिति सदिश तथा $\vec{F}$ बिन्दु के परित: कार्यरत बल है।

त्रिभुज का क्षेत्रफल (Area of Triangle)

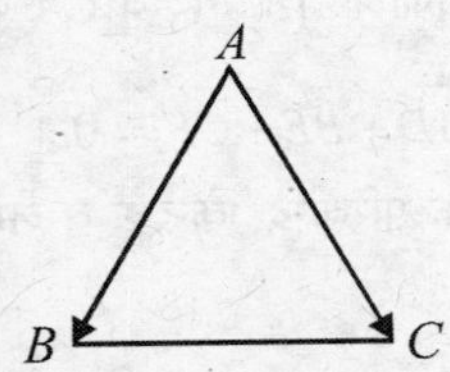

$$\text{त्रिभुज का क्षेत्रफल} = \frac{1}{2} |\vec{AB} \times \vec{AC}|$$

समान्तर चतुर्भुज का क्षेत्रफल (Area of a Parallelogram)

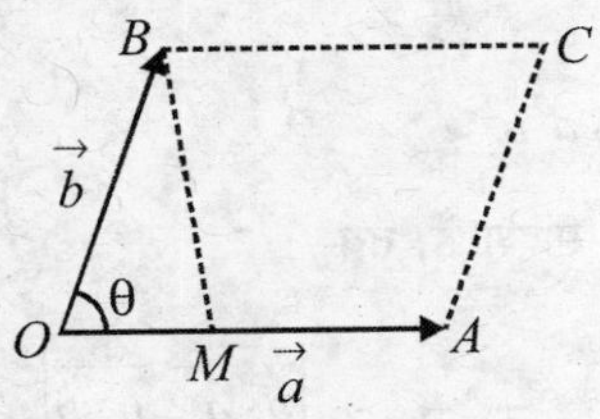

समान्तर चतुर्भुज $OACB$ का क्षेत्रफल

$$= OA \times BM$$

$$= ab \sin\theta = |\vec{a} \times \vec{b}|$$

कुछ महत्त्वपूर्ण तथ्य

1. किसी सदिश $\vec{a} = ax\,\hat{i} + ay\,\hat{j} + a_2\hat{k}$ का मापाक इस प्रकार है।

$$\vec{a} \text{ का मापांक} = a = |\vec{a}| = \sqrt{a_x^2 + a_y^2 + a_z^2}$$

2. यदि सदिश $\vec{a}$ द्वारा निर्देशांक अक्षों x, y तथा z पर बनाए कोण α, β व γ हो, तब सदिश $\vec{a}$ की दिक कोज्याएं $\cos\alpha, \cos\beta$ व $\cos\gamma$ इस प्रकार प्रदर्शित करते है।

$$\cos\alpha = \frac{a_x}{|\vec{a}|}, \quad \cos\beta = \frac{a_y}{|\vec{a}|}, \quad \cos\gamma = \frac{a_z}{|\vec{a}|}$$

Note : $\cos^2\alpha + \cos^2\beta + \cos^2\gamma = 1$

3. सदिश $\vec{a}$ की दिशा में इकाई सदिश

$$\hat{a} = \frac{a_x}{|\vec{a}|}\hat{i} + \frac{a_y}{|\vec{a}|}\hat{j} + \frac{a_z}{|\vec{a}|}\hat{k} \text{ है।}$$

4. यदि AD, BE व CF एक त्रिभुज ABC की माध्यिकाएँ हैं, तब

$$\vec{AD} + \vec{BE} + \vec{CF} = \vec{0}$$

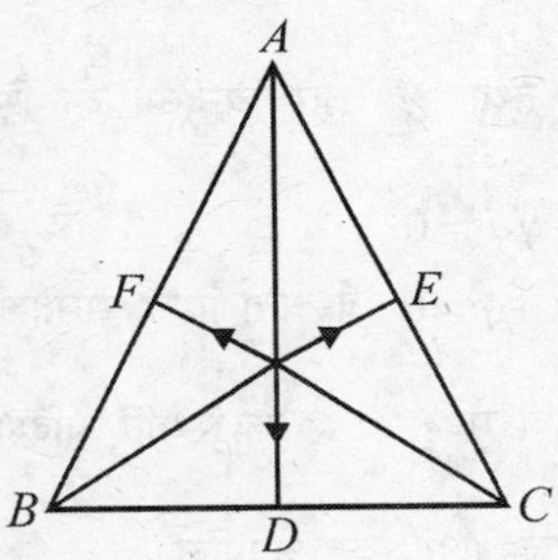

5. (a) $\vec{a} + \vec{0} = \vec{a} = \vec{0} + \vec{a}$

(b) $\vec{a} + (-\vec{a}) = \vec{0} = (-\vec{a}) + \vec{a}$

(c) $|\vec{a} + \vec{b}| \le |\vec{a}| + |\vec{b}|$

(d) $|\vec{a} - \vec{b}| \ge \left| |\vec{a}| + |\vec{b}| \right|$

6. किसी Δ का केन्द्रक $\dfrac{\vec{a} + \vec{b} + \vec{c}}{3}$ है।

7. (a) यदि बिन्दुओं A व B के स्थिति सदिश $\vec{a}$ व $\vec{b}$ है, जो किसी मूल बिन्दु के सापेक्ष है, तो G, जो रेखा AB को $p : q$ के अनुपात में बाँटता है, का स्थिति सदिश $\left(\dfrac{q\vec{a} + p\vec{b}}{p + q}\right)$ होता है।

(b) मध्य बिन्दु सूत्र $\dfrac{\vec{a}+\vec{b}}{2}$ है।

8. यदि $ABCDEF$ एक समषट्भुज है, तब

$$\vec{AB}+\vec{AC}+\vec{AD}+\vec{EA}+\vec{FA}=4\,\vec{AB}$$

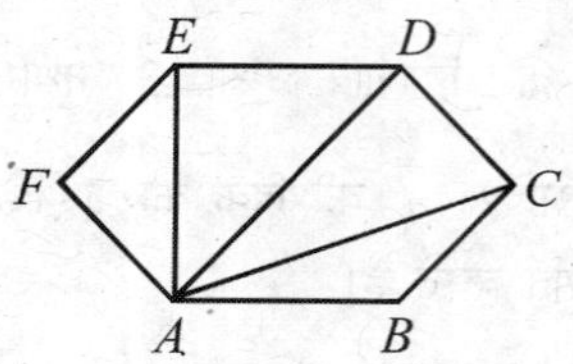

9. दो सदिश $\lambda\vec{OA}$ व $\mu\vec{OB}$ का परिणामी सदिश $(\lambda+\mu)\vec{OG}$ होता है, जहाँ G रेखा AB को $\mu:\lambda$ के अनुपात में बाँटता है।

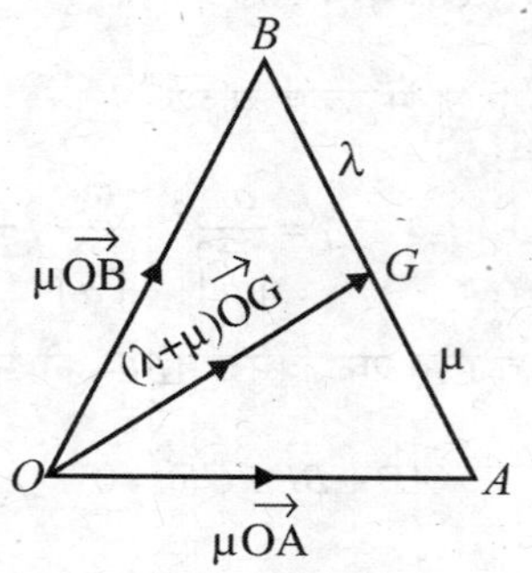

10. यदि $\vec{a},\vec{b},\vec{c}$ तथा $\vec{d}$ चार बिन्दुओं के स्थिति सदिश है तथा

$\vec{a}+\lambda\vec{b}+\mu\vec{c}+\gamma\vec{d}=0$

जहाँ $1+\lambda+\mu+\gamma=0$ तब चारो बिन्दु समतलीय होंगे।

11. यदि किसी त्रिभुज में A, B, C के स्थिति सदिश क्रमशः $\vec{a},\vec{b}$ तथा $\vec{c}$ हो तो त्रिभुज ABC का क्षेत्रफल

$$=\frac{1}{2}|\vec{a}\times\vec{b}+\vec{b}\times\vec{c}+\vec{c}\times\vec{a}|$$

12. यदि $\vec{a},\vec{b},\vec{c}$ व $\vec{d}$ चार सदिश हो, तब

$$(\vec{a}\times\vec{b})\cdot(\vec{c}\times\vec{d})=\begin{vmatrix}\vec{a}\cdot\vec{c} & \vec{a}\cdot\vec{d}\\ \vec{b}\cdot\vec{c} & \vec{b}\cdot\vec{d}\end{vmatrix}$$

13. यदि $\vec{a},\vec{b},\vec{c}$ व $\vec{d}$ चार सदिश हो, तब

$$(\vec{a}\times\vec{b})\times(\vec{c}\times\vec{d})=[\vec{a}\ \vec{b}\ \vec{d}]\vec{c}-[\vec{a}\ \vec{b}\ \vec{c}]\vec{d}$$

$$=[\vec{a}\ \vec{c}\ \vec{d}]\vec{b}-[\vec{b}\ \vec{c}\ \vec{d}]\vec{a}$$

14. सदिशों $\vec{a}$ व $\vec{b}$ के बीच के कोण के समद्विभाजक के अनुदिश इकाई सदिश $\dfrac{\hat{a}+\hat{b}}{2\cos\frac{\theta}{2}}$ है, जहाँ θ, $\vec{a}$ व $\vec{b}$ के बीच का कोण है।

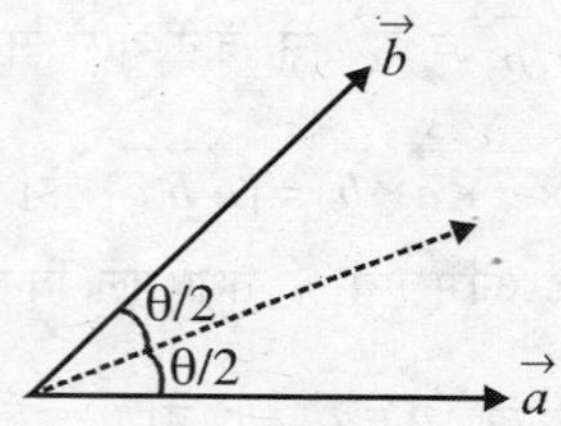

15. किन्हीं तीन सदिशों $\vec{a},\vec{b}$ व $\vec{c}$ के लिए

$$[\vec{a}-\vec{b},\vec{b}-\vec{c},\vec{c}-\vec{a}]=0$$

16. यदि ΔABC के शीर्षों $A; B$ व C के स्थिति सदिश क्रमशः $\vec{a},\vec{b}$ व $\vec{c}$ हो, तो अन्तः केन्द्र का स्थिति सदिश–

$$\frac{[\vec{b}-\vec{c}]\vec{a}+[\vec{c}-\vec{a}]\vec{b}+[\vec{a}-\vec{b}]\vec{c}}{[\vec{a}-\vec{b}]+[\vec{b}-\vec{c}]+[\vec{c}-\vec{a}]}$$

17. यदि समान्तर चतुर्भुज के विकर्ण सदिश $\vec{a}$ व $\vec{b}$ के अनुदिश हो, तब समान्तर चतुर्भुज का क्षेत्रफल $=\frac{1}{2}|\vec{a}\times\vec{b}|$

18. A, B, C व D चतुष्फलक (Tetrahedron) $ABCD$ के शीर्ष हो, तब इसका आयतन

$$=\frac{1}{6}[\vec{AB}\ \ \vec{AC}\ \ \vec{AD}]$$

19. $[\vec{a}\times\vec{b}\ \ \vec{b}\times\vec{c}\ \ \vec{c}\times\vec{a}]=[\vec{a}\ \vec{b}\ \vec{c}]^2$

20. यदि ΔABC की भुजाओं AB, BC व CA के मध्यबिन्दु क्रमशः D, E व F हो, तब $\vec{AD}+\vec{BE}+\vec{CF}=\vec{0}$ ।

21. यदि त्रिभुज ABC के परिकेन्द्र, केन्द्रक व लम्बकेन्द्र क्रमशः O, G व H हो, तब

$$\vec{OA}+\vec{OB}+\vec{OC}=3\vec{OG}=\vec{OH}$$

तथा $\quad \vec{HA}+\vec{HB}+\vec{HC}=3\vec{HG}=2\vec{HO}$

22. (a) $(\vec{a}\cdot\vec{b})^2+(\vec{a}\times\vec{b})^2=a^2b^2$

(b) $(\vec{a}\cdot\vec{b})^2\le a^2b^2$

23. यदि $\vec{a},\vec{b}$ दो सदिश है, तब–

$$(\vec{a}\times\vec{b})^2=\begin{vmatrix}\vec{a}\cdot\vec{a} & \vec{a}\cdot\vec{b}\\ \vec{b}\cdot\vec{a} & \vec{b}\cdot\vec{b}\end{vmatrix}$$

24. यदि $\vec{a}$ कोई सदिश है, तब–

$$(\vec{a}\times\vec{i})^2+(\vec{a}\times\vec{j})^2+(\vec{a}\times\vec{k})^2=2|\vec{a}|^2$$

वस्तुनिष्ठ प्रश्न

1. यदि a और b बिन्दुओं A और B के स्थिति सदिश हों, तो बिन्दु C का स्थिति सदिश, जो AB को बढ़ाये जाने पर इस पर इस प्रकार स्थित है कि $\vec{AC} = 3\vec{AB}$, है–

(a) $3a-2b$ (b) $3b-2a$
(c) $3a-b$ (d) $3b-a$

2. मान लो $a = i + j$ और $b = 2i - k$ तो रेखाओं $r \times a = b \times a$ और $r \times b = a \times b$ का प्रतिच्छेदन बिन्दु है–

(a) $(3, 1, -1)$ (b) $(1, -1, -1)$
(c) $(-1, 1, 1)$ (d) $(3, -1, 1)$

3. सदिश $c, a = x\text{i} + y\text{j} + z\text{k}$ और $b = j$ इस प्रकार है, कि a, c, b एक दक्षिणावर्त निकाय (right handed, system) बनाते हैं, तो $c =$

(a) $y\text{j}$ (b) $-z\text{i} + x\text{k}$
(c) $z\text{i} - x\text{k}$ (d) 0

4. यदि $a \times b = c$ और $b \times c = a$, तो–

(a) a, b, c युग्मों (pairs) में लाम्बिक हैं और $|a| = |b| = |c| = 1$
(b) a, b, c लाम्बिक हैं परन्तु $|b| \neq 1$
(c) a, b, c युग्मों में लाम्बिक हैं परन्तु $|a| = |c|$
(d) a, b, c एक दूसरे पर लाम्बिक नहीं हैं

5. यदि $a + b + c = 0, |a| = 3, |b| = 5, |c| = 7$, तो a और b के बीच का कोण है–

(a) $5\pi/3$ (b) $\pi/3$
(c) $\pi/6$ (d) $2\pi/3$

6. यदि $|a| = |b| = |a+b| = 1$, तो $|a-b|$ बराबर है–

(a) $\sqrt{2}$ (b) 1
(c) $\sqrt{3}$ (d) कोई नहीं

7. यदि x और y दो इकाई सदिश हों तथा ϕ इनके बीच का कोण हो, तो $\frac{1}{2}|x-y|$ बराबर है–

(a) $|\cos\frac{1}{2}\phi|$ (b) $|\sin\frac{1}{2}\phi|$
(c) 0 (d) $\pi/2$

8. तीन सदिश $\vec{u}, \vec{v}, \vec{w}$ के लिए निम्न में से कौन-सा व्यंजक शेष तीन के बराबर नहीं है?

(a) $\vec{v} \cdot (\vec{u} \times \vec{w})$ (b) $(\vec{u} \times \vec{v}) \cdot \vec{w}$
(c) $\vec{u} \cdot (\vec{v} \times \vec{w})$ (d) $(\vec{v} \times \vec{w}) \cdot \vec{u}$

9. माना सदिश $\vec{a} = 2\hat{i} + \hat{j} + \hat{k}$, $\vec{b} = \hat{i} + 2\hat{j} - \hat{k}$, और एक इकाई सदिश $\vec{c}$ समतलीय हैं। यदि $\vec{c}$, $\vec{a}$ के लम्बवत है, तो $\vec{c}$ बराबर है–

(a) $\frac{1}{\sqrt{5}}(\hat{i} - 2\hat{j})$ (b) $\frac{1}{\sqrt{5}}(\hat{i} - \hat{j} - k)$
(c) $\pm\frac{1}{\sqrt{2}}(-\hat{j} + \hat{k})$ (d) $\frac{1}{\sqrt{3}}(-\hat{i} - \hat{j} - \hat{k})$

10. माना सदिश $\vec{a}, \vec{b}, \vec{c}$ और $\vec{d}$ इस प्रकार हैं कि $(\vec{a} \times \vec{b}) \times (\vec{c} \times \vec{d}) = 0$, माना P_1 व P_2 क्रमशः $\vec{a}, \vec{b}$ तथा $\vec{c}, \vec{d}$ द्वारा बने तल हैं, तो P_1 व P_2 के बीच का कोण है–

(a) $\pi/3$ (b) $\pi/2$
(c) 0 (d) $\pi/4$

11. माना $\vec{a} = \hat{i} + 2\hat{j} + \hat{k}$, $\vec{b} = \hat{i} - \hat{j} + \hat{k}$, $\vec{c} = \hat{i} + \hat{j} - \hat{k}$ एक सदिश, जो $\vec{a}$ और $\vec{b}$ के साथ समतलीय है तथा उसका एक प्रक्षेप $\vec{c}$ के अनुदिश, का परिमाण $\frac{1}{\sqrt{3}}$ है, तो सदिश है–

(a) $4\hat{i} + \hat{j} - 4\hat{k}$ (b) $4\hat{i} - \hat{j} + 4\hat{k}$
(c) $2\hat{i} + \hat{j} + \hat{k}$ (d) इनमें से कोई नहीं

12. यदि सदिश $-\lambda^2\hat{i} + \hat{j} + \hat{k}$, $\hat{i} - \lambda^2\hat{j} + \hat{k}$ और $\hat{i} + \hat{j} - \lambda^2\hat{k}$ समतलीय हो, तब λ के भिन्न वास्तविक मानों की संख्या है–

(a) 1 (b) 2
(c) 3 (d) 0

13. एक समान्तर षट्फलक (parallelopiped) की भुजाएँ इकाई लम्बाई की हैं तथा असमतलीय इकाई सदिशों $\hat{a}, \hat{b}, \hat{c}$ के समान्तर इस प्रकार है कि $\hat{a} \cdot \hat{b} = \hat{b} \cdot \hat{c} = \hat{c} \cdot \hat{a} = \frac{1}{2}$, तब समान्तर षट्फलक का आयतन है–

(a) $\frac{\sqrt{3}}{2}$ घन इकाई (b) $\frac{1}{\sqrt{3}}$ घन इकाई
(c) $\frac{1}{\sqrt{2}}$ घन इकाई (d) $\frac{1}{2\sqrt{2}}$ घन इकाई

14. यदि $\vec{a}, \vec{b}, \vec{c}$ एवं $\vec{d}$ ऐसे मात्रक सदिश (unit vectors) हैं जिनके लिए $(\vec{a} \times \vec{b}) \cdot (\vec{c} \times \vec{d}) = 1$ तथा $\vec{a} \cdot \vec{b} = \frac{1}{2}$, तब

(a) $\vec{b}, \vec{c}, \vec{d}$ असमतलीय हैं
(b) $\vec{b}, \vec{d}$ असमान्तर हैं
(c) $\vec{a}, \vec{b}, \vec{c}$ असमतलीय हैं
(d) $\vec{a}, \vec{d}$ समान्तर है एवं $\vec{b}, \vec{c}$ समान्तर हैं

15. यदि $\bar{a} = 3\bar{i} - 2\bar{j} + \bar{k}, \bar{b} = 2\bar{i} - 4\bar{j} - 3\bar{k}$ तथा $\bar{c} = -\bar{i} + 2\bar{j} + 2\bar{k}$, तब $\bar{a} + \bar{b} + \bar{c}$ का मान होगा–

(a) $3\bar{i} - 4\bar{j}$ (b) $3\bar{i} + 4\bar{j}$
(c) $4\bar{i} - 4\bar{j}$ (d) $4\bar{i} + 4\bar{j}$

16. यदि $\bar{a}=\bar{i}+\bar{j}-\bar{k}, \bar{b}=\bar{i}-\bar{j}+\bar{k}$ तथा $\bar{c}=\bar{i}-\bar{j}-\bar{k}$, $\bar{a}\times(\bar{b}\times\bar{c})$ का मान होगा?

(a) $\bar{i}-\bar{j}+\bar{k}$ (b) $2\bar{i}-2\bar{j}$

(c) $3\bar{i}-\bar{j}+\bar{k}$ (d) $2\bar{i}+2\bar{j}-\bar{k}$

17. सदिशों $\bar{a}=2\bar{i}-6\bar{j}-3\bar{k}$ तथा $\bar{b}=4\bar{i}+3\bar{j}-\bar{k}$ में से प्रत्येक के लम्ब रूप एकांक सदिश होगा?

(a) $\frac{4\bar{i}+3\bar{j}-\bar{k}}{\sqrt{26}}$ (b) $\frac{2\bar{i}-6\bar{j}-3\bar{k}}{7}$

(c) $\frac{3\bar{i}-2\bar{j}+6\bar{k}}{7}$ (d) $\frac{2\bar{i}-3\bar{j}-6\bar{k}}{7}$

18. बिन्दु $\bar{i}, 2\bar{j}, 3\bar{k}$ से होकर जाने वाले समतल के लम्बवत् एकांक सदिश क्या होगा?

(a) $6\bar{i}+3\bar{j}+2\bar{k}$ (b) $\frac{(\bar{i}+2\bar{j}+3\bar{k})}{\sqrt{14}}$

(c) $\frac{6\bar{i}+3\bar{j}+2\bar{k}}{7}$ (d) $\left|\frac{6\bar{i}+3\bar{j}+2\bar{k}}{7}\right|$

19. यदि $\bar{a}=2\bar{i}+\bar{j}+2\bar{k}, \bar{b}=5\bar{i}-3\bar{j}+\bar{k}$, तब $\bar{a}$ का $\bar{b}$ पर लम्बवत् अवयव का मान होगा?

(a) $5\bar{i}-3\bar{j}+\bar{k}$ (b) $9(5\bar{i}-3\bar{j}+\bar{k})$

(c) $\frac{(5\bar{i}-3\bar{j}+\bar{k})}{35}$ (d) $\frac{9(5\bar{i}-3\bar{j}+\bar{k})}{35}$

20. यदि $\bar{a}=\bar{i}+2\bar{j}-3\bar{k}, \bar{b}=3\bar{i}-\bar{j}+2\bar{k}$, तब $(\bar{a}+\bar{b})$ और $(\bar{a}-\bar{b})$ के बीच कोण है?

(a) 0° (b) 30°

(c) 60° (d) 90°

21. सदिश $\bar{i}-2\bar{j}+3\bar{k}$ तथा $2\bar{i}+\bar{j}+\bar{k}$ के बीच कोण की ज्या का मान होगा?

(a) $\frac{5}{21}$ (b) $\frac{5}{\sqrt{7}}$

(c) $\frac{5}{\sqrt{14}}$ (d) $\frac{5}{2\sqrt{7}}$

22. यदि सदिश $a\bar{i}+\bar{j}+\bar{k}, \bar{i}+b\bar{j}+\bar{k}$ तथा $\bar{i}+\bar{j}+c\bar{k}$ समतलीय हो, तब–

(a) $abc=-1$ (b) $a+b+c=0$

(c) $a+b+c=abc+2$ (d) $ab+bc+ca=0$

23. बिन्दु A, B, C तथा D के स्थिति सदिशि $7\bar{i}-4\bar{j}+7\bar{k}$, $\bar{i}-6\bar{j}+10\bar{k}, -\bar{i}-3\bar{j}+4\bar{k}$ तथा $5\bar{i}-\bar{j}+\bar{k}$ है, तब $ABCD$ होगा एक–

(a) समलम्ब (b) आयत

(c) समान्तर चतुर्भुज (d) वर्ग

(e) इनमें से कोई नहीं

24. यदि $\bar{u}, \bar{v}$ और $\bar{w}$ तीन असमतलीय सदिश हो, तब $(\bar{u}+\bar{v}-\bar{w})$ $[(\bar{u}-\bar{v})\times(\bar{v}-\bar{w})]$ का मापन होगा–

(a) $\bar{u}\cdot\bar{v}\times\bar{w}$ (b) $\bar{u}\cdot\bar{w}\times\bar{v}$

(c) $3\bar{u}\cdot\bar{v}\times\bar{w}$ (d) $\bar{0}$

25. माना $\bar{u}=\bar{i}+\bar{j}, \bar{v}=\bar{i}-\bar{j}$ तथा $\bar{w}=\bar{i}+2\bar{j}+3\bar{k}$. यदि $\bar{n}$ इकाई सदिश इस प्रकार है $\bar{u}\cdot\bar{n}=0$ तथा $\bar{v}\cdot\bar{n}=0$, तब $|\bar{w}\cdot\bar{n}|$ का मान होगा–

(a) 1 (b) 2

(c) 3 (d) 0

26. एक कण पर लगने वाले बल $4\bar{i}+\bar{j}-3\bar{k}$ तथा $3\bar{i}+\bar{j}-\bar{k}$. कण को बिन्दु $\bar{i}+2\bar{j}+3\bar{k}$ से बिन्दु $5\bar{i}+4\bar{j}+\bar{k}$ तक विस्थापित कर देते है। बलों द्वारा किया गया कार्य का मान होगा?

(a) 30 मात्रक (b) 40 मात्रक

(c) 50 मात्रक (d) 20 मात्रक

27. एक त्रिभुज ABC की भुजाएँ सदिश $\overline{AB}=3\bar{i}+4\bar{k}$ तथा $\overline{AC}=5\bar{i}-2\bar{j}+4\bar{k}$ है। A से डाले गये माध्यिका की लम्बाई होगी?

(a) $\sqrt{72}$ (b) $\sqrt{33}$

(c) $\sqrt{288}$ (d) $\sqrt{18}$

28. माना $\bar{a}, \bar{b}$ तथा $\bar{c}$ तीन अशून्य सदिश इस प्रकार है, कि उनमें से कोई दो समरेख नहीं हैं। यदि सदिश $\bar{a}+2\bar{b}, \bar{c}$ के समरेख हो तथा $\bar{b}+3\bar{c}, \bar{a}$ से समरेख है, तब $\bar{a}+2\bar{b}+6\bar{c}$ का मान होगा?

(a) $\lambda\bar{c}$ (b) $\lambda\bar{b}$

(c) $\lambda\bar{a}$ (d) 0

29. यदि $\bar{a}, \bar{b}, \bar{c}$ असमतलीय सदिश है तथा λ एक वास्तविक संख्या, तब सदिश $\bar{a}+2\bar{b}+3\bar{c}, \lambda\bar{b}+4\bar{c}$ तथा $(2\lambda-1)\bar{c}$ असमतलीय होंगे–

(a) λ के सभी मान दो को छोडकर

(b) λ के सभी मान दो को छोडकर

(c) λ के सभी मान

(d) λ का कोई मान नहीं

30. माना $\bar{u}, \bar{v}, \bar{w}$ इस प्रकार है, कि $|\bar{u}|=1, |\bar{v}|=2, |\bar{w}|=3$ यदि $\bar{v}$ का प्रक्षेप्य $\bar{u}$ की दिशा में बराबर है। $\bar{w}$ का $\bar{u}$ की दिशा में तथा $\bar{v}, \bar{w}$ परस्पर लम्ब है, तब $|\bar{u}-\bar{v}+\bar{w}|$ का मान होगा?

(a) $\sqrt{14}$ (b) $\sqrt{7}$

(c) 2 (d) 14

31. माना $\bar{a}, \bar{b}$ तथा $\bar{c}$ अशून्य सदिश इस तरह है, कि $(\bar{a} \times \bar{b}) \times \bar{c} = \frac{1}{3}$ $|\bar{b}||\bar{c}|\bar{a}$. यदि सदिशों $\bar{b}$ तथा $\bar{c}$ के बीच कोण θ हो, तब $\sin\theta$ का मान होगा?

(a) $\frac{2}{3}$ (b) $\frac{\sqrt{2}}{3}$

(c) $\frac{1}{3}$ (d) $\frac{2\sqrt{2}}{3}$

32. यदि AB का मध्य बिन्दु C है और P, AB के बाहर कोई बिन्दु है, तब–

(a) $\overline{PA} + \overline{PB} = \overline{PC}$ (b) $\overline{PA} + \overline{PB} = 2\overline{PC}$

(c) $\overline{PA} + \overline{PB} = \overline{PC} = 0$ (d) $\overline{PA} + \overline{PB} = 2\overline{PC} = 0$

33. माना $\bar{a} = \bar{i} - \bar{k}, \bar{b} = x\bar{i} + \bar{j} + (1-x)\bar{k}$ तथा $\bar{c} = yi + x\bar{j} + (1+x-y)\bar{k}$. तब $[\bar{a}\,\bar{b}\,\bar{c}]$ निर्भर करेगा–

(a) केवल x पर (b) केवल y पर

(c) न x पर और न y पर (d) x और y दोनों पर

34. सदिश $\bar{a}$, के लिए $(\bar{a} \times \bar{i})^2 + (\bar{a} \times \bar{j})^2 + (\bar{a} \times \bar{k})^2$ का मान होगा–

(a) $\bar{a}^2$ (b) $2\bar{a}^2$

(c) $3\bar{a}^2$ (d) $4\bar{a}^2$

35. यदि $\bar{a}, \bar{b}, \bar{c}$ असमतलीय सदिश है और स एक वास्तविक संख्या, तब $[\lambda(\bar{a}+\bar{b}), \lambda^2\bar{b}, \lambda\bar{c}] = [\bar{a}, \bar{b}+\bar{c}, \bar{b}]$ केवल–

(a) λ के किसी मान के लिए नहीं

(b) λ के एक मान के लिए

(c) λ के दो मानों के लिए

(d) λ के चार मानों के लिए

36. यदि $(\bar{a} \times \bar{b}) \times \bar{c} = \bar{a} \times (\bar{b} \times \bar{c})$ जहाँ $\bar{a}, \bar{b}, \bar{c}$ कोई तीन सदिश इस प्रकार है, कि $\bar{a} \cdot \bar{b} \neq 0, \bar{b} \cdot \bar{c} \neq 0$, तब $\bar{a}$ तथा $\bar{c}$ का मान होगा–

(a) कोण पर झुका हुआ $\pi/3$ (b) कोण पर झुका हुआ $\pi/6$

(c) लम्बवत् (d) समान्तर

37. यदि $\hat{u}$ तथा $\hat{v}$ इकाई सदिश हो तथा θ उनके बीच न्यून कोण हो तब $2\hat{u} \times 3\hat{v}$ एक इकाई सदिश होगा?

(a) θ के दो मानों से अधिक

(b) θ का कोई मान नहीं

(c) केवल θ का मान

(d) केवल θ के दो मान

38. माना $\bar{a} = \hat{i} + \hat{j} + \hat{k}, \bar{b} = \hat{i} - \hat{j} + 2\hat{k}$ तथा $\bar{c} = x\hat{i} + (x-2)\hat{j} - \hat{k}$. यदि सदिश $\bar{c}$ समतल $\bar{a}$ तथा $\bar{b}$, में हो तब ग का मान होगा?

(a) 1 (b) -4

(c) -2 (d) 0

39. पाशे के एक उछाल में, 3 से अधिक संख्या आने की घटना A तथा 5 से कम संख्या आने की घटना B है, तब $P(A \cup B)$ का मान होगा?

(a) $\frac{2}{5}$ (b) $\frac{3}{5}$

(c) 0 (d) 1

40. अशून्य सदिश $\vec{a}, \vec{b}$ तथा $\vec{c}, \vec{a} = 8\vec{b}$ तथा $\vec{c} = -7\vec{b}$ पर सम्बन्धित है, तब $\vec{a}$ तथा $\vec{c}$ के मध्य कोण होगा?

(a) π (b) 0

(c) $\frac{\pi}{4}$ (d) $\frac{\pi}{2}$

उत्तरमाला

1. (b)	2. (a)	3. (c)	4. (a)	5. (b)	6. (c)	7. (b)	8. (a)	9. (c)	10. (c)
11. (b)	12. (b)	13. (c)	14. (b)	15. (c)	16. (b)	17. (c)	18. (c)	19. (d)	20. (d)
21. (d)	22. (c)	23. (e)	24. (d)	25. (c)	26. (b)	27. (b)	28. (d)	29. (a)	30. (a)
31. (d)	32. (b)	33. (c)	34. (b)	35. (a)	36. (d)	37. (c)	38. (c)	39. (d)	40. (a)

संकेत एवं हल

1. (b) $\overrightarrow{AC} = 3\overrightarrow{AB}$

$\Rightarrow \quad (c-a) = 3(b-a)$

$\therefore \quad c = 3b - 2a$

2. (a) माना $r = xi + yj + zk$, तो

$r \times a = b \times a$

$\Rightarrow \quad (r-b) \times a = 0$

$$\begin{vmatrix} \mathbf{i} & \mathbf{j} & \mathbf{k} \\ x-2 & y & z+1 \\ 1 & 1 & 0 \end{vmatrix} = 0$$

$\therefore \quad z = -1, x - y = 2$

$r \times b = a \times b \quad \Rightarrow (r-a) \times b = 0$

$\therefore \quad y = 1, x + 2z = 1$

$\therefore \quad x = 3, y = 1, z = -1$

$\therefore \quad r = 3i + j - k$

3. (c) चूँकि a, c, b एक दक्षिणावर्त निकाय बनाते हैं

$\therefore \quad c = b \times a = j \times (xi + yj + zk)$

$= x(j \times i) + z(j \times k)$

$= -xk + zi = zi - xk$

4. (a) $a \times b = c \Rightarrow c$, सदिशों a और b दोनों पर लम्ब है।

$b \times c = a \Rightarrow a$, सदिशों b और c दोनों पर लम्ब है।

इस प्रकार a, b, c एक लाम्बिक निकाय बनाते हैं। दिये हुए सम्बन्धों के दोनों पक्षों का मापांक लेने पर

$|a||b|\sin 90^\circ . 1 = |c|$

$|b||c|\sin 90^\circ . 1 = |a|$

$|c|$ का मान रखने पर,

$|b|[|a||b|] = |a|$

$\Rightarrow \quad |b|^2 = 1 \quad \Rightarrow \quad |b| = 1$

अत: किसी एक सम्बन्ध में $|b| = 1$ रखने पर

$|a| = |c|$

$\Rightarrow \quad |a| = |b| = |c| = 1$

5. (b) $(a+b)^2 = c^2$

या $\quad a^2 + b^2 + 2a \cdot b = c^2$

या $\quad 9 + 25 + 2 \cdot 3 \cdot 5 \cos\theta = 49$

$\therefore \quad \cos\theta = \frac{1}{2}$ जिससे $\theta = \pi/3$

6. (c) $|a+b|^2 + |a-b|^2 = 2[|a|^2 + |b|^2]$

$\therefore \quad |a-b|^2 = 2(1+1) - 1 = 3$

$\therefore \quad |a-b| = \sqrt{3}$

7. (b) $(x-y)^2 = 1 + 1 - 2x \cdot y$

$= 2 - 2\cos\phi = 4\sin^2(\theta/2)$

$\therefore \quad \frac{1}{2}|x-y| = |\sin(\phi/2)|$

8. (a) $[\vec{u}\ \vec{v}\ \vec{w}] = [\vec{v}\ \vec{w}\ \vec{u}] = [\vec{w}\ \vec{u}\ \vec{v}] = -[\vec{v}\ \vec{u}\ \vec{w}]$

अत: विकल्प (a) शेष तीन के बराबर नहीं है।

9. (c) दिया है, कि सदिश $\vec{c}$, $\vec{a}$ और $\vec{b}$ के समतलीय है, अत:

$$\vec{c} = p\vec{a} + q\vec{b} \quad \text{...(i)}$$

जहाँ p, q अदिश हैं।

अत: $\quad \vec{c} \perp \vec{a}$ (दिया है)

Þ $\quad \vec{c} \cdot \vec{a} = 0$

समी (i) का $\vec{a}$ से अदिश गुणन लेने पर,

$$\vec{c} \cdot \vec{a} = p\,\vec{a} \cdot \vec{a} + q\,\vec{b} \cdot \vec{a}$$

$$\left[\begin{aligned} &\because \vec{a} = 2\hat{i} + \hat{j} + \hat{k} \\ &\Rightarrow |\vec{a}| = \sqrt{2^2 + 1 + 1} = \sqrt{6} \\ &\vec{a} \cdot \vec{b} = (2\hat{i} + \hat{j} + \hat{k}).(\hat{i} + 2\hat{j} - \hat{k}) \\ &\quad = 2 + 2 - 1 = 3 \end{aligned}\right]$$

$\Rightarrow \quad 0 = p|\vec{a}|^2 + q|\vec{b} \cdot \vec{a}|$

$\Rightarrow \quad 0 = p \cdot 6 + q \cdot 3$

$\Rightarrow \quad q = -2p$

समी (i) में रखने पर,

$\vec{c} = p\vec{a} + \vec{b}(-2p)$

$\Rightarrow \quad \vec{c} = p\vec{a} - 2p\vec{b}$

$\Rightarrow \quad \vec{c} = p(\vec{a} - 2\vec{b})$

$\Rightarrow \quad \vec{c} = p\{2\hat{i} + \hat{j} + \hat{k}) - 2(\hat{i} + 2\hat{j} - \hat{k})\}$

$\Rightarrow \quad \vec{c} = p\{-3\hat{j} + 3\hat{k}\}$

पुन: $|\vec{c}| = 1$ (दिया है) $\Rightarrow |\vec{c}| = p\sqrt{(-3)^2 + 3^2}$

$\Rightarrow \quad |\vec{c}|^2 = p(\sqrt{18})^2$

$\Rightarrow \quad |\vec{c}|^2 = p^2 \cdot 18$

$\Rightarrow \quad 1 = p^2 \cdot 18 \Rightarrow p^2 = \frac{1}{18} \Rightarrow p = \pm\frac{1}{3\sqrt{2}}$

$\therefore \quad \vec{c} = \pm\frac{1(-\hat{j} + \hat{k})}{\sqrt{2}}$

10. (c) यदि P_1 और P_2 के बीच कोण θ है।

$$\left.\begin{array}{l} N_1 = \vec{a}\times\vec{b}, \\ N_2 = \vec{a}\times\vec{b}, \end{array}\right\} N_1 \times N_2 = 0$$

तो $\quad |N_1|\times|N_2|\sin\theta = 0$

$\Rightarrow \quad \sin\theta = 0$

$\Rightarrow \quad \theta = 0$

11. (b) माना सदिश $\vec{r}, \vec{a}$ व $\vec{b}$ के समतलीय हैं।

$\therefore \quad \vec{r} = \vec{a} + t\vec{b}$

$\Rightarrow \quad \vec{r} = (\hat{i}+2\hat{j}+\hat{k}) + \hat{i}(\hat{i}-\hat{j}+\hat{k})$

$\quad = \hat{i}(1+t) + \hat{j}(2-t) + \hat{k}(1+t)$

$\vec{r}$ का $\vec{c}$ पर प्रक्षेप $= \dfrac{1}{\sqrt{3}}$

$\Rightarrow \quad \dfrac{\vec{r}\,.\,\vec{c}}{|\vec{c}|} = \dfrac{1}{\sqrt{3}}$

$\Rightarrow \quad \dfrac{|1.(1+r)+1.(2-t)-1.(1+t)|}{\sqrt{3}} = \dfrac{1}{\sqrt{3}}$

$\Rightarrow \quad |2-t| = \pm 1$

$\Rightarrow \quad t = 1$ या 3

जब $t=1 \Rightarrow \quad \vec{r} = 2\hat{i}+\hat{j}+2\hat{k}$

जब $t=3 \Rightarrow \quad \vec{r} = 4\hat{i}-\hat{j}+4\hat{k}$

12. (b) $\begin{vmatrix} -\lambda^1 & 1 & 1 \\ 1 & -\lambda^2 & 1 \\ 1 & 1 & -\lambda^2 \end{vmatrix} = 0$

$\Rightarrow \quad \lambda^6 - 3\lambda^2 - 2 = 0$

$\Rightarrow \quad (1+\lambda^2)^2(\lambda^2-2) = 0$

$\quad \lambda = \pm\sqrt{2}$

13. (c) संलग्न भुजाओं $\hat{a}, \hat{b}, \hat{c}$ वाले समान्तर षट्फलक का आयतन

$$|\hat{a}\hat{b}\hat{c}| = \hat{a}\cdot(\hat{b}\times\hat{c})$$

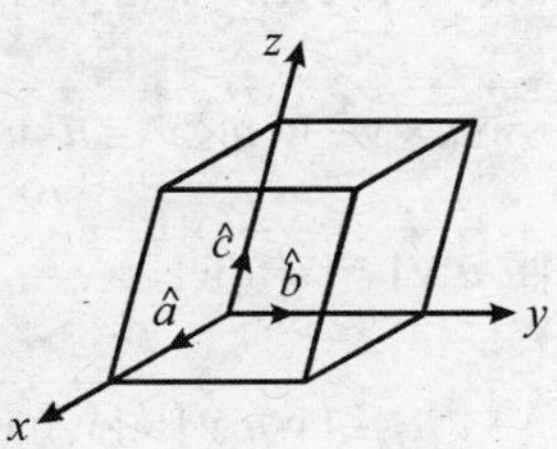

अब, $\quad [\hat{a}\hat{b}\hat{c}]^2 = \begin{vmatrix} \hat{a}\cdot\hat{a} & \hat{a}\cdot\hat{b} & \hat{a}\cdot\hat{c} \\ \hat{b}\cdot\hat{a} & \hat{b}\cdot\hat{b} & \hat{b}\cdot\hat{c} \\ \hat{c}\cdot\hat{a} & \hat{c}\cdot\hat{b} & \hat{c}\cdot\hat{c} \end{vmatrix}$

$$= \begin{vmatrix} 1 & 1/2 & 1/2 \\ 1/2 & 1 & 1/2 \\ 1/2 & 1/2 & 1 \end{vmatrix} = \frac{1}{2}$$

$\Rightarrow \quad [\hat{a}\hat{b}\hat{c}]^2 = \dfrac{1}{2}$

अतः समान्तर षट्फलक का आयतन $= \dfrac{1}{\sqrt{2}}$ घन इकाई

14. (b) माना $\vec{a}$ तथा $\vec{b}$ के बीच का कोण θ_1 हैं, $\vec{c}$ तथा $\vec{d}$ के बीच θ_1 है तथा $\vec{a}\times\vec{b}$ और $\vec{c}\times\vec{d}$ के बीच कोण θ है।

दिया है, $\quad (\vec{a}\times\vec{b})\cdot(\vec{c}\times\vec{d}) = 1$

$\Rightarrow \quad |\vec{a}\,\|\,\vec{b}|\sin\theta_1\hat{n}_1\cdot|\vec{c}\,\|\,\vec{d}|\sin\theta_2\hat{n}_2 = 1$

$\Rightarrow \quad \sin\theta_1\cdot\sin\theta_2\cdot\cos\theta = 1$

$\Rightarrow \quad \theta_1 = 90^\circ, \theta_2 = 90^\circ, \theta = 0^\circ$

$\Rightarrow \quad \vec{a}\perp\vec{b},\ \vec{c}\perp\vec{d},\ (\vec{a}\times\vec{b})\|(\vec{c}\times\vec{d})$

$\therefore \quad \vec{a}\times\vec{b} = k(\vec{c}\times\vec{d})$ और $\vec{a}\times\vec{b} = k(\vec{c}\times\vec{d})$

$\Rightarrow \quad (\vec{a}\times\vec{b})\cdot\vec{c} = k(\vec{c}\times\vec{d})\cdot\vec{c}$

15. (c) $\vec{a} = 3\hat{i}-2\hat{j}+\hat{k}$

$\vec{b} = 2\hat{i}-4\hat{j}-3\hat{k}$

$\vec{c} = -\hat{i}+2\hat{j}+2\hat{k}$

$\vec{a}+\vec{b}+\vec{c} = 3\hat{i}-2\hat{j}+\hat{k}+2\hat{i}-4\hat{j}-3\hat{k}-\hat{i}+2\hat{j}+2\hat{k}$

$\quad = 4\hat{i}-4\hat{j}$

16. (b) $\quad \vec{a} = \hat{i}+\hat{j}-\hat{k}$

$\vec{b} = \hat{i}-\hat{j}+\hat{k}$

$\vec{c} = -\hat{i}-\hat{j}-\hat{k}$

$\vec{b}\times\vec{c} = \begin{vmatrix} \hat{i} & \hat{j} & \hat{k} \\ 1 & -1 & 1 \\ 1 & -1 & -1 \end{vmatrix}$

$= (-1\times-1\times(-1))\,\hat{i} + (1+1)\,\hat{j} + (-1+1)\,\hat{k}$

$= (+1+1)\,\hat{i} + 2\,\hat{j} + (-1+1)\,\hat{k}$

$= 2\hat{i}+2\hat{j}+0\hat{k}$

$\vec{a}\times(\vec{b}\times\vec{c}) = \begin{vmatrix} \hat{i} & \hat{j} & \hat{k} \\ 1 & 1 & -1 \\ 2 & 2 & 0 \end{vmatrix} = 2\hat{i}-2\hat{j}+0\hat{k}$

$$= 2\hat{i} - 2\hat{j}$$

17. (c) $\vec{a} = 2\hat{i} - 6\hat{j} - 3\hat{k}$

$$\vec{b} = 4\hat{i} + 3\hat{j} - \hat{k}$$

$$\therefore \quad \vec{a} \times \vec{b} = \begin{vmatrix} \hat{i} & \hat{j} & \hat{k} \\ 2 & -6 & -3 \\ 4 & 3 & -1 \end{vmatrix}$$

$$= \hat{i}(6+9) - \hat{j}(-2+12) + \hat{k}(6+24)$$

$$= 15\hat{i} - 10\hat{j} + 30\hat{k}$$

$$= 3\hat{i} - 2\hat{j} + 6\hat{k}$$

$$|\vec{a} \times \vec{b}| = \sqrt{(3)^2 + (-2)^2 + (6)^2}$$

$$= \sqrt{9+4+36} = \sqrt{49} = 7$$

इकाई सदिश $\hat{n} = \dfrac{\vec{a} \times \vec{b}}{|\vec{a} \times \vec{b}|} = \dfrac{3\hat{i} - 2\hat{j} + 6\hat{k}}{7}$

18. (c) $\dfrac{6\hat{i} + 3\hat{j} + 2\hat{k}}{7}$

19. (d) $\dfrac{9(5\hat{i} - 3\hat{j} + \hat{k})}{35}$

20. (d) $\vec{a} = \hat{i} + 2\hat{j} - 3\hat{k}$

$$\vec{b} = 3\hat{i} - \hat{j} + 2\hat{k}$$

$$\vec{a} - \vec{b} = -2\hat{i} + 3\hat{j} - 5\hat{k}$$

$$(\vec{a} + \vec{b}) \cdot (\vec{a} - \vec{b}) = (4\hat{i} + \hat{j} - \hat{k}) \cdot (-2\hat{i} + 3\hat{j} - 5\hat{k})$$

$$= -8 + 3 + 5 = -8 + 8 = 0$$

$$\cos\theta = \frac{a \cdot b}{ab} = \frac{0}{a \cdot b} = 0$$

$$\theta = 90^\circ.$$

21. (d) $\vec{a} = \hat{i} - 2\hat{j} + 3\hat{k}$

$$\vec{b} = 2\hat{i} + \hat{j} + \hat{k}$$

$$ab \sin\theta = (-2-3)\,\hat{i} + (6-1)\,\hat{j} + (1+4)\,\hat{k}$$

$$= -5\hat{i} + 5\hat{j} + 5\hat{k}$$

दोनों पक्षों का वर्ग करने पर,

$$a^2 b^2 \sin\theta = (-5)^2 + (5)^2 + (5)^2$$

$$a^2 = (1)^2 + (-2)^2 + (3)^2$$

$$b^2 = (2)^2 + (1)^2 + (1)^2$$

$$\sin^2\theta = \frac{25+25+25}{(1+4-9)(4+1+1)}$$

$$= \frac{75}{(14)(6)} = \frac{75}{84}$$

$$\sin^2\theta = \frac{25}{18} \qquad \sin\theta = \frac{5}{2\sqrt{7}}$$

22. (c) $a + b + c = abc + 2$

23. (e) दिया है, $\overline{OA} = 7\hat{i} - 4\hat{j} + 7\hat{k}$,

$$\overline{OB} = \hat{i} - 6\hat{j} + 10\hat{i}$$

$$\overline{OC} = -\hat{i} - 3\hat{j} + 4\hat{k}$$

तथा $\overline{OD} = 5\hat{i} - \hat{j} + 5\hat{k}$

$$AB = \sqrt{(7-1)^2 + (-4+6)^2 + (7-10)^2}$$

$$= \sqrt{36+4+9} = \sqrt{49} = 7$$

$$BC = \sqrt{(1+1)^2 + (-6+3)^2 + (10-4)^2}$$

$$= \sqrt{4+9+36} = \sqrt{49} = 7$$

$$CD = \sqrt{(-1-5)^2 + (-3+1)^2 + (4-5)^2}$$

$$= \sqrt{36+4+1} = \sqrt{41}$$

$$DA = \sqrt{(5-7)^2 + (-1+4)^2 + (5-7)^2}$$

$$= \sqrt{4-9+4} = \sqrt{17}$$

इनमें से कोई सही नहीं है।

24. (d) $(\vec{u} + \vec{v} - \vec{w}) \cdot [(\vec{u} - \vec{v}) \times (\vec{v} - \vec{w})]$

$$= (\vec{u} + \vec{v} - \vec{w}) \cdot [\vec{u} \times \vec{v} - \vec{u} \times \vec{w} - \vec{v} \times \vec{v} + \vec{v} \times \vec{w}]$$

$$= \vec{u} \cdot \vec{u} \times \vec{v} - \vec{u} \cdot \vec{u} \times \vec{w} + \vec{u} \cdot \vec{v} \times \vec{w} + \vec{v} \cdot \vec{u} \times \vec{v}$$

$$- \vec{v} \cdot \vec{u} \times \vec{w} + \vec{v} \cdot \vec{v} \times \vec{w} - \vec{w} \cdot \vec{u} \times \vec{v} + \vec{w} \cdot \vec{u} \times \vec{w} - \vec{w} \cdot \vec{v} \times \vec{w}$$

$$= \vec{u} \cdot \vec{v} \times \vec{w} + \vec{w} \cdot \vec{u} \times \vec{v} - \vec{w} \cdot \vec{u} \times \vec{v} = \vec{u} \cdot \vec{v} \times \vec{w}$$

$$\therefore \quad [\vec{u}\,\vec{u}\,\vec{v}] = [\vec{u}\,\vec{u}\,\vec{w}]$$

$$= [\vec{v}\,\vec{u}\,\vec{v}] = [\vec{v}\,\vec{v}\,\vec{w}]$$

$$= [\vec{w}\,\vec{u}\,\vec{w}] = [\vec{w}\,\vec{v}\,\vec{w}] = 0$$

25. (c) $\vec{u} = \hat{i} + \hat{j}, \vec{v} = \hat{i} - \hat{j}$ तथा $\vec{w} = \hat{i} + 2\hat{j} + 3\hat{k}, \hat{n}$ एक इकाई

सदिश है, जबकि $\vec{u}\cdot\hat{n}=0$ तथा $\vec{v}\cdot\hat{n}=0$.

इसलिए $\hat{n}$ लम्बवत् है $\vec{u}$ तथा $\vec{v}$ दोनों से अर्थात् यह $\vec{w}$ के समान्तर है।

तब, $|\vec{w}\cdot\hat{n}|=3.$

26. (b) कुल बल, $\vec{F}=(4\hat{i}+\hat{j}-3\hat{k})+(3\hat{i}+\hat{j}-\hat{k})$

$$=7\hat{i}+2\hat{j}-4\hat{k}$$

विस्थापन,

$$\vec{d}=(5i+4j+\hat{k})-(\hat{i}+2\hat{j}+3\hat{k})$$

$$=4\hat{i}+2\hat{j}-2\hat{k}$$

कुल कृत कार्य $=\vec{F}\cdot\vec{d}$

$$=(7\hat{i}+2\hat{j}-4\hat{k})\cdot(4\hat{i}+2\hat{j}-2\hat{k})$$

$$=28+4+8=40 \text{ मात्रक}$$

27. (b) माना D, BC का मध्य बिन्दु है।

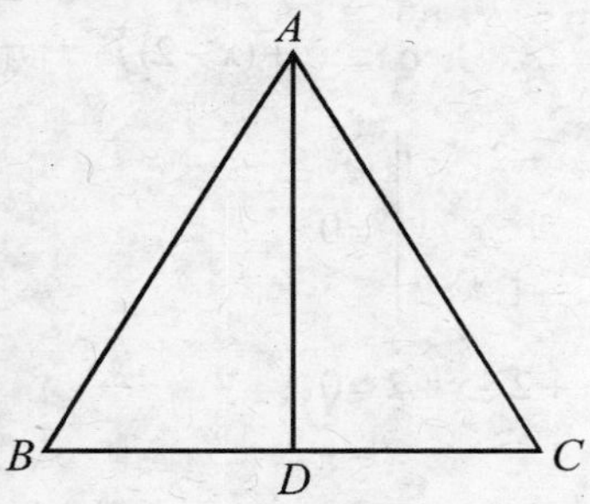

$$\therefore \quad \overline{AD}=\frac{\overline{AB}+\overline{AC}}{2}$$

$$=\frac{(3\hat{i}+4\hat{k})+(5\hat{i}-2\hat{j}+4\hat{k})}{2}$$

$$=\frac{8\hat{i}-2\hat{j}+8\hat{k}}{2}=4\hat{i}-\hat{j}+4\hat{k}$$

$\therefore$ $|\overline{AD}|$ की लम्बाई

$$=\sqrt{4^2+(-1)^2+4^2}$$

$$=\sqrt{16+1+16}=\sqrt{33}$$

28. (d) सदिश $\overline{a}+2\overline{b}$ सरेख है $\overline{c}$ के साथ

$\therefore$ $\exists\lambda_1$, s.t., $\overline{a}+2\overline{b}=\lambda_1\overline{c}$ ...(i)

$\overline{b}+3\overline{c}$ भी $\overline{a}$ के साथ सरेख है।

$\therefore$ $\exists\lambda_2$, s.t., $\overline{b}+3\overline{c}=\lambda_2\overline{a}$ ...(ii)

(i) $-2\times$ (ii) $\Rightarrow$ $\overline{a}-6\overline{c}=\lambda_1\overline{c}-2\lambda_2\overline{a}$

$\Rightarrow$ $1=-2\lambda_2, -6=\lambda_1$

अर्थात् $\lambda_1=-6,\qquad \lambda_2=-1/2$

समीकरण (i) मान रखने पर,

$$\overline{a}+2\overline{b}=-6\overline{c}$$

या $\overline{a}+2\overline{b}+6\overline{c}=\overline{0}.$

29. (a) तीन सदिश $\vec{a}+2\vec{b}+3\vec{c}, \lambda\vec{b}+4\vec{c}$ तथा $(2\lambda-1)\vec{c}$ समतलीय है, यदि

$$\begin{vmatrix}1 & 2 & 3\\ 0 & \lambda & 4\\ 0 & 0 & 2\lambda-1\end{vmatrix}=0$$

$\Rightarrow$ $(2\lambda-1)(\lambda)=0$

$\Rightarrow$ $\lambda=0, 1/2$

$\therefore$ ये तीनों सदिश सभी के लिए असमतलीय है स के दो मान छोड़कर λ (अर्थात् 0, 1/2).

30. (a) $|\overline{u}|=1, |\overline{v}|=2, \qquad |\overline{w}|=3, \overline{v}\cdot\overline{w}=0$

$$\frac{1}{|\overline{u}|}(\overline{v}\cdot\overline{v})=\frac{1}{|\overline{u}|}(\overline{w}\cdot\overline{u}) \Rightarrow \overline{u}\cdot\overline{v}=\overline{u}\cdot\overline{w}$$

$$|\overline{u}-\overline{v}+\overline{w}|^2=|\overline{u}|^2+|\overline{v}|^2+|\overline{w}|^2 -2\overline{u}\cdot\overline{v}-2\overline{v}\cdot\overline{w}+2\overline{u}\cdot\overline{w}$$

$$=1+4+9=14$$

$\Rightarrow$ $|\overline{u}-\overline{v}+\overline{w}|=\sqrt{14}$

31. (d) $(\overline{a}\times\overline{b})\times\overline{c}=\frac{1}{3}|\overline{b}||\overline{c}|\overline{a} \qquad (\overline{a}\neq 0)$

$\Rightarrow$ $\overline{a}$ तथा $\overline{b}$ असमान्तर है।

$\therefore$ $(\overline{a}\cdot\overline{c})\overline{b}-(\overline{b}\cdot\overline{c})\overline{a}-\frac{1}{3}|\overline{b}||\overline{c}|\overline{a}=\overline{0}$

$\Rightarrow$ $\overline{a}\cdot\overline{c}=0, \qquad \overline{b}\cdot\overline{c}=-\frac{1}{3}|\overline{b}||\overline{c}|$

$\Rightarrow$ $\cos\theta=-\frac{1}{3} \qquad \therefore \quad \sin\theta=\frac{2\sqrt{2}}{3}$

32. (b) माना P, AB के बाहर मूल बिन्दु है C, AB का मध्य बिन्दु है,

तब $\overline{PC}=\frac{\overline{PA}+\overline{PB}}{2}$

$\Rightarrow$ $2\overline{PC}=\overline{PA}+\overline{PB}$

33. (c)

$$[\vec{a}\ \vec{b}\ \vec{c}]=\begin{vmatrix}1 & 0 & -1\\ x & 1 & 1-x\\ y & x & 1+x-y\end{vmatrix}$$

$C_3\to C_3+C_1$ प्रयोग करें

$$=\begin{vmatrix}1 & 0 & 0\\ x & 1 & 1\\ y & x & 1+x\end{vmatrix}=\begin{vmatrix}1 & 1\\ x & 1+x\end{vmatrix}$$

$$=1\,(1+x)-x=1$$

माना $[\vec{a}\,\vec{b}\,\vec{c}]$ न तो, x और न ही y पर आधारित है।

34. (b) माना $\vec{a}=a_1\hat{i}+a_2\hat{j}+a_3\hat{k}$

$\Rightarrow \quad |\vec{a}|^2=a_1^2+a_2^2+a_3^2$

तथा $\vec{a}\times\hat{i}=(a_1\hat{i}+a_2\hat{j}+a_3\hat{k})\times(\hat{i})$

$=-a_2\hat{k}+a_3\hat{j}$

या $(\vec{a}\times\hat{i})^2=a_2^2+a_3^2$

इस प्रकार, $(\vec{a}\times\hat{j})^2=a_3^2+a_1^2$

$(\vec{a}\times\hat{k})^2=a_1^2+a_2^2$

$\therefore \quad (\vec{a}\times\hat{i})^2+(\vec{a}\times\hat{j})^2+(\vec{a}\times\hat{k})^2$

$=(a_2^2+a_3^2+a_3^2+a_1^2+a_1^2+a_2^2)$

$=2(a_1^2+a_2^2+a_3^2)$

$=2(\vec{a})^2$

35. (a) $[\bar{a},\bar{b}+\bar{c},\bar{b}]=[\bar{a}\,\bar{b}\,\bar{b}]+[\bar{a}\,\bar{c}\,\bar{b}]$

$=-[\bar{a}\,\bar{b}\,\bar{c}]$ ...(i)

$[\lambda(\bar{a}+\bar{b}),\lambda^2\bar{b},\lambda\bar{c}]$

$=\lambda^4\{[\bar{a}\,\bar{b}\,\bar{c}]+[\bar{b},\bar{b},\bar{c}]\}$

$=\lambda^4[\bar{a},\bar{b},\bar{c}]$ ...(ii)

चूँकि $\bar{a},\bar{b},\bar{c}$ असमतलीय है। $[\bar{a},\bar{b},\bar{c}]\neq 0$, समीकरण (i) और (ii) देती है। $\lambda^4=-1$ जो किसी $\lambda\in R$ के लिए सत्य नहीं है।

36. (d) $\because \quad (\vec{a}\times\vec{b})\times\vec{c}=\vec{a}\times(\vec{b}\times\vec{c})$

$\Rightarrow \quad (\vec{a}\cdot\vec{c})\,\vec{b}-(\vec{b}\cdot\vec{c})\,\vec{a}=(\vec{a}\cdot\vec{c})\,\vec{b}-(\vec{a}\times\vec{b})\,\vec{c}$

$\Rightarrow \quad (\vec{b}\cdot\vec{c})\,\vec{a}=(\vec{a}\cdot\vec{b})\,\vec{c}$

$\Rightarrow \quad \vec{a}\;\vec{c}$ के समान्तर है।

37. (c) $|2\hat{u}\times 3\hat{v}|=6|\hat{u}||\hat{v}|\sin\theta=1$

$\Rightarrow \quad \sin\theta=\dfrac{1}{6}$

चूँकि θ न्यून कोण है। θ का केवल एक मान होगा।

38. (c) $\vec{a}=\hat{i}+\hat{j}+\hat{k}$,

$\vec{b}=\hat{i}-\hat{j}+2\hat{k}$

तथा $\vec{c}=x\hat{i}+(x-2)\hat{j}-\hat{k}$ समतलीय है।

$$\therefore \begin{vmatrix}x & x-2 & -1\\ 1 & 1 & 1\\ 1 & -1 & 2\end{vmatrix}=0$$

$\Rightarrow \quad 3x+2-x+2=0$

$\Rightarrow \quad x=-2$

39. (d) $A\cup B=\{1,2,3,4,5,6\}=S$

$\Rightarrow \quad p(A\cup B)=1$

40. (a) $\vec{a}=8\vec{b},\ \vec{c}=-7\vec{b}$

$\Rightarrow \quad \vec{a}$ तथा $\vec{c}$ समान्तर सदिश है।

$\Rightarrow \quad \vec{a}$ तथा $\vec{c}$ के बीच कोण $=\pi$

□□□

प्रायिकता एवं सांख्यिकी 29

(Probability and Statistics)

प्रायिकता (Probability)

प्रतिदर्श समष्टि (Sample Space)

किसी प्रयोग के सभी सम्भव परिणामों के समुच्चय को प्रतिदर्श समष्टि कहते हैं।

घटना (Event)

प्रतिदर्श समष्टि के उपसमुच्चय को घटना कहते हैं। जैसे– दो सिक्कों को उछालने पर $A = \{HH, TT\}$ तथा $B = \{HT, TH\}$

यहाँ A व B प्रतिदर्श समष्टि की दो घटनाएँ हैं।

घटनाओं के प्रकार (Type of Events)

1. **सरल घटना** (Simple Events) : ऐसी घटना जिनमें केवल एक प्रतिदर्श बिन्दु होता है, सरल घटना कहलाती है।
   जैसे— दो सिक्कों को उछाला जाता है, तब
   प्रतिदर्श समष्टि, $S = \{HH, TH, HT, TT\}$
   तथा घटना, $E =$ दो शीर्ष प्राप्त करने की घटना $= \{HH\}$
   E एक सरल घटना है।
2. **संयुक्त घटना** (Compound Events) : वे घटनाएँ जो सरल घटनाएँ नहीं होती हैं, संयुक्त घटना कहलाती है।
   जैसे– दो सिक्कों को उछाला जाता है, तब
   प्रतिदर्श समष्टि, $S = \{HH, HT, TH, TT\}$
   तथा घटना, $E =$ कम से कम एक शीर्ष प्राप्त करने की घटना $= \{HH, HT, TH\}$
   E एक संयुक्त घटना है।
3. **समसम्भावी घटनाएँ** (Equally Likely Events) : यदि दी गयी घटनाओं में से प्रत्येक घटना के घटित होने की सम्भावना समान हो, तब वे घटनाएँ समसम्भावी घटनाएँ कहलाती हैं।
4. **असम्भव व सम्भव घटनाएँ** (Impossible and Certain Events): माना यादृच्छिक प्रयोग से सम्बन्धित प्रतिदर्श समष्टि S है, तब ϕ व S, S के उपसमुच्चय हैं। घटना ϕ असम्भव घटना व घटना S सम्भव (निश्चित) घटना है।
5. **परस्पर अपवर्जी घटनाएँ** (Mutually Exclusive Events) : किसी प्रतिदर्श समष्टि S की दो घटनाएँ E_1 व E_2 परस्पर अपवर्जी घटनाएँ होंगी, यदि E_1 व E_2 साथ-साथ घटित न हो। अर्थात् प्रतिदर्श समष्टि S की दो घटनाएँ E_1 व E_2 परस्पर अपवर्जी घटनाएँ होंगी, यदि $E_1 \cap E_2 = \phi$
6. **परस्पर अपवर्जी तथा सम्पूर्ण घटनाएँ** (Mutually Exclusive and Exhaustive Events) : वे घटनाएँ जो परस्पर अपवर्जी तथा सम्पूर्ण घटनाएँ दोनों हों, परस्पर अपवर्जी तथा सम्पूर्ण घटनाएँ कहलाती है। यदि $E_1, E_2, E_3, ..., E_n$ घटनाओं का समुच्चय इस प्रकार है, कि $E_1 \cup E_2 \cup E_3 \cup ... \cup E_n = S$ तथा $E_1 \cap E_2 \cap E_3 \cap ... \cap E_n = \phi$ हो, तब ये घटनाएँ परस्पर अपवर्जी तथा सम्पूर्ण घटनाएँ कहलाती है।
7. **स्वतन्त्र घटनाएँ** (Independent Events) : यदि दो घटनाओं में से एक घटना के घटित होने का प्रभाव दूसरी घटना के घटित होने पर नहीं पड़ता है, तो वे स्वतन्त्र घटनाएँ कहलाती है। अन्यथा वे घटनाएँ (Dependent Events) कहलाती है।
8. **पूरक घटनाएँ** (Complementary Events) : यादृच्छिक प्रयोग से सम्बन्धित प्रतिदर्श समष्टि S तथा घटना E है, तब E की पूरक घटना को E', E^c या $\overline{E}$ से निरूपित करते हैं। E' का तात्पर्य है कि घटना E घटित नहीं होती है।
   जैसे– जब एक पासे को उछाला जाता है, तब
   $S = \{1, 2, 3, 4, 5, 6\}$ तथा $E = \{1, 3, 5\}$ हो, तब $E' = \{2, 4, 6\}$
9. **सम्पूर्ण घटनाएँ** (Exhaustive Events) : ऐसी घटनाओं का समुच्चय जिसके बाहर कोई घटना घटित न हो तथा कम से कम एक घटना उसमें से किसी प्रयोग में घटित हो, सम्पूर्ण घटनाएँ कहलाती हैं।
   घटनाओं $E_1, E_2, E_3, ..., E_n$ के समुच्चय को सम्पूर्ण घटनाएँ कहते हैं, यदि $E_1 \cup E_2 \cup E_3 \cup ... \cup E_n = S.$

प्रायिकता (Probability)

यदि यादृच्छिक प्रयोग से सम्बन्धित n घटनाओं में से m घटनाएँ, घटना E के अनुकूल हैं, तब घटना E के घटित होने की प्रायिकता को $P(E)$ से निरूपित करते हैं तथा

$$P(E) = \frac{m}{n}$$

स्पष्ट है, कि $0 \le m \le n \Rightarrow 0 \le P(E) \le 1$

घटना E के घटित ना होने की प्रायिकता को $P(\overline{E})$ से निरूपित करते हैं, तब $P(\overline{E}) = \frac{n-m}{n} = 1 - P(E)$

प्रायिकता से सम्बन्धित महत्त्वपूर्ण तथ्य (Important Facts Related to Probability)

1. किसी यादृच्छिक प्रयोग से सम्बन्धित घटनाएँ E_1 व E_2 हों, तब
   $$P(E_1 \cup E_2) = P(E_1) + P(E_2) - P(E_1 \cap E_2)$$
2. यदि E_1 व E_2 परस्पर अपवर्जी घटनाएँ हैं, तब
   $$P(E_1 \cup E_2) = P(E_1) + P(E_2)$$

3. (a) किसी यादृच्छिक प्रयोग से सम्बन्धित घटनाएँ E_1, E_2 व E_3 हों, तब

$$P(E_1 \cup E_2 \cup E_3) = P(E_1) + P(E_2) + P(E_3) - P(E_1 \cap E_2) - P(E_2 \cap E_3) - P(E_1 \cap E_3) + P(E_1 \cap E_2 \cap E_3)$$

(b) यदि E_1, E_2 व E_3 परस्पर अपवर्जी घटनाएँ हैं, तब

$$P(E_1 \cup E_2 \cup E_3) = P(E_1) + P(E_2) + P(E_3)$$

4. यदि $E_2 \subset E_1$ हो, तब

(a) $P(E_1 \cap \overline{E}_2) = P(E_1) - P(E_2)$

(b) $P(E_2) \le P(E_1)$

5. $P(E_1, E_2, E_3$ में से कम से कम दो घटनाएँ घटित हो$)$
$= P(E_1 \cap E_2) + P(E_2 \cap E_3) + P(E_3 \cap E_1) - 2P(E_1 \cap E_2 \cap E_3)$

6. $P(E_1, E_2, E_3$ में से दो घटनाएँ घटित हो$)$
$= P(E_1 \cap E_2) + P(E_2 \cap E_3) + P(E_3 \cap E_1) - 3P(E_1 \cap E_2 \cap E_3)$

7. $P(E_1, E_2, E_3$ में से केवल एक घटना घटित हो$)$
$= P(E_1) + P(E_2) + P(E_3) - 2P(E_1 \cap E_2) - 2P(E_2 \cap E_3) - 2P(E_3 \cap E_1) + 3P(E_1 \cap E_2 \cap E_3)$

8. यादृच्छिक प्रयोग से सम्बन्धित घटनाएँ E_1 व E_2 हैं, तब

(a) $P(\overline{E}_1 \cap E_2) = P(E_2) - P(E_1 \cap E_2)$

(b) $P(E_1 \cap \overline{E}_2) = P(E_1) - P(E_1 \cap E_2)$

9. **बोले की असमिका (Booley's Inequality)** यदि यादृच्छिक प्रयोग से सम्बन्धित n घटनाएँ $E_1, E_2, E_3, ..., E_n$ हो, तब

(a) $P\left(\bigcap_{i=1}^{n} E_i\right) \ge \sum_{i=1}^{n} P(E_i) - (n-1)$

(b) $P\left(\bigcup_{i=1}^{n} E_i\right) \le \sum_{i=1}^{n} P(E_i)$

10. यदि $E_1, E_2, E_3, ..., E_n$ स्वतन्त्र घटनाएँ हों, तब
$P(E_1 \cap E_2 \cap E_3 \cap ... \cap E_n) = P(E_1)\, P(E_2) ... P(E_n)$

11. यदि $E_1, E_2, E_3, ..., E_n$ परस्पर अपवर्जी घटनाएँ हैं, तब
$P(E_1 \cup E_2 \cup ... \cup E_n) = P(E_1) + P(E_2) + ... + P(E_n)$
जहाँ $P(E_1 \cap E_2 \cap ... \cap E_n) = 0$

12. यदि $E_1, E_2, ..., E_n$ सम्पूर्ण घटनाएँ हैं, तब
$P(E_1 \cup E_2 \cup ... \cup E_n) = 1$

13. यदि $E_1, E_2, ..., E_n$ परस्पर अपवर्जी व सम्पूर्ण घटनाएँ हैं
$P(E_1 \cup E_2 \cup ... \cup E_n) = P(E_1) + P(E_2) + ... + P(E_n) = 1$

14. यदि $E_1, E_2, E_3, ..., E_n, n$ घटनाएँ हैं, तब

(a) $P(E_1 \cup E_2 \cup E_3 \cup ... \cup E_n) \le P(E_1) + P(E_2) + ... + P(E_n)$

(b) $P(E_1 \cup E_2 \cup ... \cup E_n) \ge 1 - P(\overline{E}_1) - P(\overline{E}_2) - ... - P(\overline{E}_n)$

नोट//

यदि E_1 व E_2 दो स्वतन्त्र घटनाएँ हैं तब –

(i) $\overline{E}_1$ व $\overline{E}_2$ स्वतन्त्र घटनाएँ होंगी।

(ii) E_1 व $\overline{E}_2$ स्वतन्त्र घटनाएँ होंगी।

(iii) $\overline{E}_1$ व E_2 स्वतन्त्र घटनाएँ होंगी।

अनुकूल तथा प्रतिकूल संयोगानुपात (Odds in Favour and Against)

1. यदि किसी घटना के अनुकूल संयोगानुपात $a : b$ हों, तो इसके घटित होने की प्रायिकता $\frac{a}{a+b}$ तथा इसके घटित न होने की प्रायिकता $\frac{b}{a+b}$ होती है।

2. यदि किसी घटना के प्रतिकूल संयोगानुपात $a : b$ हों, तो इसके घटित होने की प्रायिकता $\frac{b}{a+b}$ तथा घटित न होने की प्रायिकता $\frac{a}{a+b}$ होती है।

सप्रतिबन्ध प्रायिकता (Conditional Probability)

यादृच्छिक प्रयोग से सम्बन्धित घटनाएँ E_1 व E_2 हैं। यदि E_2 घटना पहले ही घटित हो चुकी हो, तो घटना E_1 के घटित होने की प्रायिकता को घटना E के घटित होने की सप्रतिबन्ध प्रायिकता कहते हैं। इसे $P\left(\frac{E_1}{E_2}\right)$ से निरूपित करते हैं।

$$P\left(\frac{E_1}{E_2}\right) = \frac{P(E_1 \cap E_2)}{P(E_2)}, \quad E_2 \ne 0$$

सम्पूर्ण प्रायिकता का नियम (Law of Total Probability)

माना यादृच्छिक प्रयोग में S एक प्रतिदर्श समष्टि तथा $E_1, E_2, ..., E_n$ परस्पर अपवर्जी तथा सम्पूर्ण घटनाएँ हैं। यदि कोई घटना A, E_1 या E_2 या E_3 ... या E_n के साथ घटित हो, तब–

$$P(A) = P(E_1) P\left(\frac{A}{E_1}\right) + P(E_2) P\left(\frac{A}{E_2}\right) + ... + P(E_n) P\left(\frac{A}{E_n}\right)$$

बे का प्रमेय (Baye's Theorem)

यदि $E_1, E_2, ..., E_n$ परस्पर अपवर्जी तथा सम्पूर्ण घटनाएँ हैं तथा कोई घटना E इस प्रकार है, कि $P(E_i) > 0, \forall\, 0 \le i \le n$

तब $1 \le k \le n$ के लिए, $$P\left(\frac{E_k}{E}\right) = \frac{P(E_k) \cdot P\left(\frac{E}{E_k}\right)}{\sum_{k=1}^{n} P(E_k) \cdot P\left(\frac{E}{E_k}\right)}$$

प्रायिकताओं $P(E_k)$ व $P\left(\frac{E_k}{E}\right)$ को क्रमश: पूर्व प्रायिकता (Prior Probability) तथा उत्तर प्रायिकता (Posterior Probability) कहते हैं।

सप्रतिबन्ध प्रायिकता से सम्बन्धित महत्त्वपूर्ण तथ्य (Important Facts Related to Conditional Probability)

1. यदि E_1 व E_2 घटनाएँ इस प्रकार है, कि $E_2 = \phi$ हो, तब

$$P\left(\frac{E_1}{E_2}\right) + P\left(\frac{\overline{E}_1}{E_2}\right) = 1$$

2. यदि यादृच्छिक प्रयोग से सम्बन्धित घटनाएँ E_1 व E_2 हों, तब

(a) $P(E_1 \cap E_2) = P(E_2) \cdot P\left(\frac{E_1}{E_2}\right)$, यदि $P(E_2) \ne 0$

(b) $P(E_1 \cap E_2) = P(E_1) \cdot P\left(\frac{E_2}{E_1}\right)$, यदि $P(E_1) \neq 0$

3. यदि E_1 व E_2 स्वतन्त्र घटनाएँ हैं, तब $P\left(\frac{E_2}{E_1}\right) = P(E_2)$

4. यदि E_1 व E_2 घटनाएँ इस प्रकार हैं, कि $E_1 \neq \phi$, तब

$$P(E_2) = P(E_1) \cdot P\left(\frac{E_2}{E_1}\right) + P(E_1) \cdot P\left(\frac{E_2}{E_1}\right)$$

5. यदि $E_1, E_2, E_3, ..., E_n$ स्वतन्त्र घटनाएँ हैं, तब

$P(E_1 \cup E_2 \cup ... \cup E_n) = 1 - P(E_1')P(E_2')...P(E_n')$

6. यादृच्छिक प्रयोग से सम्बन्धित घटनाएँ E_1 व E_2 स्वतन्त्र घटनाएँ हों, तब $\quad P(E_1 \cap E_2) = P(E_1) \cdot P(E_2)$

प्रायिकता बंटन (Probability Distribution)

यदि यादृच्छिक चर X के मानों $x_1, x_2, ..., x_n$ के संगत प्रायिकताएँ क्रमश: $p_1, p_2, ..., p_n$ हैं, तब

$$X : x_1\, x_2 \dots x_n$$
$$P(X) : p_1\, p_2 \cdots p_n$$

को X का प्रायिकता बंटन (Probability Distribution) कहते हैं।

माध्य व प्रसरण में सम्बन्ध (Relation Between Mean and Variance)

द्विपद चर $X \sim B(n, p)$ में

$$\text{माध्य} = np \text{ तथा प्रसरण} = npq$$

$\Rightarrow$ $\quad$ माध्य – प्रसरण $= np - npq$

$$= np(1-q) = np^2 > 0$$

$\Rightarrow$ $\quad$ माध्य > प्रसरण

अर्थात् द्विपद चर X के लिए माध्य का मान सदैव प्रसरण से बड़ा होगा।

द्विपद बंटन का बहुलक (Mode of Binomial Distribution)

द्विपद बंटन में r का वह मान, जिसके लिए $P(X=r)$ महत्तम हो, बंटन बहुलक कहलाता है।

$\therefore \quad (n+1)p - 1 \leq r \leq (n+1)p$

समान्तर माध्य (Arithmetic Mean)

1. **अवर्गीकृत आँकड़ों का माध्य (Mean of Unclassified Data)**

माना $x_1, x_2, x_3, ..., x_n$, n आँकड़े हैं, तब

$$\overline{x} = \frac{x_1 + x_2 + ... + x_n}{n} = \frac{1}{n}\sum_{i=1}^{n} x_i$$

या $\quad \overline{x} = A + \frac{1}{n}\sum_{i=1}^{n} d_i$

जहाँ $A =$ कल्पित माध्य व $d_i = x_i - A$

2. **वर्गीकृत आँकड़ों का माध्य (Mean of Classified Data)**

माना $x_1, x_2, x_3, ..., x_n$, n आँकड़े हैं, जिनकी संगत बारम्बारताएँ $f_1, f_2, f_3, ..., f_n$ हैं, तब

$$\overline{x} = \frac{x_1 f_1 + x_2 f_2 + ... + x_n f_n}{f_1 + f_2 + ... + f_n} = \frac{\sum_{i=1}^{n} f_i x_i}{\sum_{i=1}^{n} f_i}$$

या $\quad \overline{x} = A + \frac{\sum_{i=1}^{n} f_i d_i}{\sum_{i=1}^{n} f_i}$

जहाँ $\quad A =$ कल्पित माध्य तथा $d_i = x_i - A$

भारित समान्तर माध्य (Weighted Arithmetic Mean)

यदि $x_1, x_2, ..., x_n$ के संगत भार $w_1, w_2, ..., w_n$ हो,

तब भारित समान्तर माध्य $= \frac{w_1 x_1 + w_2 x_2 + ... + w_n x_n}{w_1 + w_2 + ... + w_n}$

$$= \frac{\sum_{i=1}^{n} w_i x_i}{\sum_{i=1}^{n} w_i}$$

संयुक्त माध्य (Combined Mean)

यदि दो आँकड़ों के समुच्चय दिए गए हैं, तब दोनों आँकड़ों के समुच्चय के (Combined Mean) को निम्न सूत्र द्वारा ज्ञात किया जा सकता है।

$$\overline{x}_{12} = \frac{n_1 \overline{x}_1 + n_2 \overline{x}_2}{n_1 + n_2}$$

माध्यिका (Median)

1. **वैयक्तिक श्रेणी की माध्यिका (Median of an Individual Series):** माना प्रेक्षणों की संख्या n है। आँकड़ों को आरोही क्रम या अवरोही क्रम में व्यवस्थित करते हैं।

(a) यदि n विषम संख्या है, तब–

$$\text{माध्यिका} = \left(\frac{n+1}{2}\right) \text{वें पद का मान}$$

(b) यदि n विषम संख्या है, तब–

$$\text{माध्यिका} = \frac{\frac{n}{2} \text{वें पद का मान} + \left(\frac{n}{2}+1\right) \text{वें पद का मान}}{2}$$

2. **वितत् श्रेणी की माध्यिका (Median of a Discrete Series):** दिए चरों के मानों को आरोही या अवरोही क्रम में व्यवस्थित करके संचयी बारम्बारता ज्ञात करते हैं।

(a) यदि n एक विषम संख्या है, तब–

$$\text{माध्यिका} = \left(\frac{n+1}{2}\right) \text{वें पद का मान}$$

(b) यदि n एक सम संख्या है, तब–

$$\text{माध्यिका} = \frac{\frac{n}{2}\text{वें पद का मान} + \left(\frac{n}{2}+1\right)\text{वें पद का मान}}{2}$$

3. **सतत् श्रेणी की माध्यिका (Median of a Continuous Series):**

दिए गए आँकड़ों की संचयी बारम्बारता सारणी ज्ञात करके $\frac{n}{2}$ वें प्रेक्षण वाले वर्ग (माध्यिका वर्ग) को ज्ञात करते हैं, तब

$$\text{माध्यिका} = l + \left(\frac{\frac{n}{2}-c}{f}\right)\times h$$

जहाँ l = माध्यिका वर्ग की निम्न सीमा

f = माध्यिका वर्ग की बारम्बारता

h = माध्यिका वर्ग का आकार

c = माध्यिका वर्ग से पहले संचयी बारम्बारता

बहुलक (Mode)

1. **वैयक्तिक श्रेणी का बहुलक (Mode of an Individual Series):** श्रेणी में अधिकतम बार पुनरावृत्ति वाले मान को श्रेणी का बहुलक कहते हैं।
2. **वितत् श्रेणी का बहुलक (Mode of a discrete Series):** वितत् श्रेणी में अधिकतम बारम्बारता वाले चर का मान वितत् श्रेणी का बहुलक होता है।
3. **सतत् श्रेणी का बहुलक (Mode of a Continuous Series):** अधिकतम बारम्बारता वाले वर्ग (बहुलक वर्ग) को ज्ञात करते हैं, तब

$$\text{बहुलक} = l + \frac{f_1 - f_0}{f_1 - f_0 - f_2}\times h$$

l = बहुलक वर्ग की निम्न सीमा

h = बहुलक वर्ग का आकार

f_1 = बहुलक वर्ग की बारम्बारता

f_0 = बहुलक वर्ग से पहले वर्ग की बारम्बारता

f_2 = बहुलक वर्ग से अगले वर्ग की बारम्बारता

माध्य, माध्यिका व बहुलक में सम्बन्ध (Relation Among Mean, Median and Mode)

$$\text{बहुलक} = 3\,(\text{माध्यिका}) - 2(\text{माध्य})$$

विचलन की मापें (Measures of Dispersion)

1. **परास (Range):** बंटन के प्रेक्षणों में से अधिकतम व न्यूनतम प्रेक्षणों का अन्तर परास कहलाता है। यदि प्रेक्षणों में L अधिकतम व S न्यूनतम प्रेक्षण है, तब

$$\text{परास} = L - S$$

तथा $$\text{परास का गुणांक} = \frac{L-S}{L+S}$$

2. **चतुर्थक विचलन (Quartile Deviation):**

$$QD = \frac{1}{2}(Q_3 - Q_1)$$

तथा $$QD \text{ का गुणांक} = \frac{Q_3 - Q_1}{Q_3 + Q_1}$$

जहाँ, $$Q_1 = \frac{n}{4}\text{ वें पद का मान}$$

तथा $$Q_3 = \frac{3n}{4}\text{ वें पद का मान}$$

3. **माध्य विचलन (Mean Deviation):** बारम्बारता बंटन के लिए, औसत से माध्य विचलन

$$\text{MD} = \frac{\sum_{i=1}^{n} f_i |x_i - \bar{x}|}{\sum_{i=1}^{n} f_i}$$

माध्य विचलन का गुणांक (Coefficient of MD):

$$= \frac{\text{माध्य विचलन}}{\text{संगत औसत}}$$

नोट

- सांख्यिकी आँकड़ों में समान्तर माध्य से व्यैक्तिक मानों के विचलनों का योग शून्य होता है, अर्थात्

$$\sum_{i=1}^{n} f_i(x_i - \bar{x}) = 0$$

- सांख्यिकी आँकड़ों में समान्तर माध्य से व्यैक्तिक मानों के विचलनों के वर्गों का योग न्यूनतम होता है।
- माध्यिका से लिया गया मानक विचलन न्यूनतम होता है।

4. **मानक विचलन (Standard Deviation):**

(a) **अवर्गीकृत आँकड़ों के लिए मानक विचलन (Standard deviation for ungrouped data):**

$$\text{SD}(\sigma) = \sqrt{\frac{\sum_{i=1}^{n}(x_i - \bar{x})^2}{n}}$$

या $$\sigma = \sqrt{\frac{1}{n}\sum_{i=1}^{n} x_i^2 - \left(\frac{1}{n}\sum_{i=1}^{n} x_i\right)^2}$$

(b) **वर्गीकृत आँकड़ों के लिए मानक विचलन (Standard deviation of grouped data):**

$$\sigma = \sqrt{\frac{\sum_{i=1}^{n} f_i(x_i - \bar{x})^2}{N}}$$

या $$\sigma = \sqrt{\frac{1}{N}\left(\sum_{i=1}^{n} f_i x_i^2\right) - \frac{1}{N}\left(\sum_{i=1}^{n} f_i x_i\right)^2}$$

$$\text{चरिता (Variance)} = \sigma^2$$

$$\text{विचलन गुणांक (Coefficient of dispersion)} = \frac{\sigma}{\bar{x}}$$

वस्तुनिष्ठ प्रश्न

1. यदि 15 वस्तुओं का मानक विचलन 6 है। यदि प्रत्येक वस्तु में 1 की वृद्धि की जाती है, तो नया मानक विचलन होगा।

(a) $\frac{91}{15}$ (b) 6

(c) 5 (d) 7

2. यदि n प्रेक्षणों का माध्य M है। यदि $(n-4)$ प्रेक्षणों का योग a है, तब शेष चार प्रेक्षणों का माध्य है।

(a) $\frac{nM-a}{2}$ (b) $nM+a$

(c) $\frac{nM-a}{4}$ (d) $\frac{nM+a}{2}$

3. कुछ छात्रों के प्राप्तांक 75 में से हैं। इन प्राप्तांकों का मानक विचलन 9 है। यदि अधिकतम अंक 100 हों, तब नया चरिता होगा।

(a) 122 (b) 144

(c) 81 (d) इनमें से कोई नहीं

4. ${}^{2n+1}C_0, {}^{2n+1}C_1, {}^{2n+1}C_2, \ldots, {}^{2n+1}C_n$ समान्तर माध्य है।

(a) $\frac{2^{2n}}{n}$ (b) $\frac{2^{2n}}{(n+1)}$

(c) $\frac{2^n}{n}$ (d) $\frac{2^n}{n+1}$

5. एक कक्षा में 100 छात्र हैं। प्रत्येक छात्र की औसत पॉकेटमनी 35 रू० है। यदि लड़कियों व लड़कों के लिए क्रमश: औसत पॉकेटमनी 25 व 50 रू० है, कक्षा में लड़कियों की संख्या है।

(a) 60 (b) 80

(c) 20 (d) 40

6. दो समूहों में से प्रत्येक में 100 आँकड़े हैं जिनका माध्य 15 व SD = 3 है। यदि पूरे समूह में 250 आँकड़े हैं जिनका माध्य 15.6 व SD $= \sqrt{13.44}$ है, तब दूसरे समूह का SD है।

(a) 6 (b) 3.52

(c) 5 (d) 6

7. प्रक्षणों के एक समुच्चय का माध्य $\bar{x}$ है। यदि प्रत्येक प्रेक्षण को α $(\neq 0)$ से विभाजित किया जाता है तथा उसके बाद प्रत्येक प्रेक्षण में 10 की वृद्धि की जाती है। तब नए समुच्चय का माध्य है।

(a) $\frac{\bar{x}+10\alpha}{\alpha}$ (b) $\alpha\bar{x}+10$

(c) $\frac{\bar{x}}{\alpha}$ (d) $\frac{\bar{x}+10}{\alpha}$

8. प्रथम n प्राकृतिक संख्याओं की चरिता है।

(a) $\left(\frac{n^2+1}{12}\right)$ (b) $\frac{n(n^2+1)}{12}$

(c) $\left(\frac{n^2-1}{12}\right)$ (d) $\frac{n(n^2-1)}{12}$

9. मानों 0, 1, 2, 3, ..., n जिनके संगत भार क्रमश: ${}^nC_0, {}^nC_1, \ldots, {}^nC_n$ हैं, का माध्य है।

(a) $\frac{n+1}{2}$ (b) $\frac{n}{2}$

(c) $\frac{2^n}{(n+1)}$ (d) $\frac{2^{n+1}}{n(n+1)}$

10. यदि n स्वतन्त्र चरों $x_1, x_2, x_3 \ldots, x_n$ का समान्तर माध्य $\bar{x}$ है तथा प्रत्येक का मानक विचलन σ है, तब चरिता $(\bar{x})$ है।

(a) $\frac{n\sigma^2}{2}$ (b) $\frac{\sigma^2}{n}$

(c) $\frac{(n+1)\sigma^2}{3}$ (d) इनमें से कोई नहीं

11. प्रथम 100 प्राकृतिक संख्याओं में से तीन भिन्न-भिन्न संख्याएँ यदृच्छा चुनी जाती हैं। तीनों संख्याओं के 2 व 3 दोनों से विभाज्य होने की प्रायिकता है।

(a) $\frac{4}{33}$ (b) $\frac{4}{1155}$

(c) $\frac{4}{55}$ (d) $\frac{4}{35}$

12. माना $0 < P(A) < 1, 0 < P(B) < 1$ और $P(A \cup B) = P(A) + P(B) - P(A) \cdot P(B)$, तब

(a) $P(A \cup B)' = P(A)' \cdot P(B)'$

(b) $P(A/B) = P(A) - P(B)$

(c) $P(B/A) = P(B) - P(A)$

(d) $P(A' - B') = P(A') - P(B')$

13. माना E^c, घटना E की पूरक घटना है। माना E, F, G युग्मवार स्वतन्त्र हैं, जहाँ $P(G) > 0$ तथा $P(E \cap F \cap G) = 0$, तब $P(E^c \cap F^c / G)$ का मान है।

(a) $P(E^c) - P(F)$ (b) $P(E) - P(F^c)$

(c) $P(E^c) + P(F^c)$ (d) $P(E^c) - P(F^c)$

14. एक निष्पक्ष पाँसे को फेंका जाता है। तब प्रथम बार 1, सम फेंकों में आने की प्रायिकता है।

(a) $\frac{6}{11}$ (d) $\frac{5}{36}$

(c) $\frac{1}{6}$ (b) $\frac{5}{11}$

15. यदि पूर्णांक m तथा n, 1 और 100 के मध्य से यदृच्छया चुने जाते हैं। तो संख्या $7^m + 7^n$ के 5 से विभाज्य होने की प्रायिकता होगी।

(a) $\frac{1}{8}$ (b) $\frac{1}{49}$

(c) $\frac{1}{4}$ (d) $\frac{1}{7}$

16. समुच्चय $S=\{1,2,3,4,5,6\}$ में से दो संख्याएँ बिना पुर्नस्थापित किए एक-एक करके चुनी जाती हैं। तो दोनों संख्याओं में निम्नतम संख्या के 4 से छोटा होने की प्रायिकता है।

(a) $\frac{1}{5}$ (b) $\frac{4}{5}$

(c) $\frac{1}{15}$ (d) $\frac{14}{15}$

17. एक छात्र तीन परीक्षा, I, II व III में सम्मिलित होता है। छात्र सफल होता है, यदि वह परीक्षा I और II या परीक्षा I और III उत्तीर्ण होता है। छात्र के परीक्षा I, II व III में उत्तीर्ण होने की प्रायिकताएँ क्रमश: p, q और $\frac{1}{2}$ हैं। यदि छात्र के सफल होने की प्रायिकता $\frac{1}{2}$ है, तो

(a) $p=1, q=0$ (b) $p=1, q=\frac{1}{2}$

(c) $p=q=1$ (d) $p=q=\frac{1}{2}$

18. एक भारतीय तथा चार अमेरिकन व्यक्ति अपनी पत्नियों के साथ एक वृत्ताकार मेज के चारों ओर बैठे हैं। तब भारतीय व्यक्ति के अपनी पत्नी के पास बैठने, जबकि प्रत्येक अमेरिकन व्यक्ति अपनी पत्नी के पास बैठा है, की सप्रतिबन्ध प्रायिकता होगी।

(a) $\frac{2}{5}$ (b) $\frac{1}{5}$

(c) $\frac{1}{2}$ (d) $\frac{1}{3}$

19. यदि $P(B)=\frac{3}{4}, P(A\cap B\cap \bar{C})=\frac{1}{3}$ और $P(\bar{A}\cap B\cap \bar{C})=\frac{1}{3}$, तो, $P(B\cap C)$ है।

(a) $\frac{1}{15}$ (b) $\frac{1}{9}$

(b) $\frac{1}{12}$ (d) $\frac{1}{6}$

20. कक्षा में 100 छात्र है, जिनमें 70 लड़के हैं। 70 लड़कों का एक विषय में औसत अंक 75 है। यदि पूरी कक्षा का औसत अंक 72 है, तब लड़कियों का औसत क्या होगा?

(a) 73 (b) 65

(c) 68 (d) 74

21. 9 आँकडों की माध्यिका 20.5 है। यदि प्रत्येक 4 बड़े आँकड़ों में 2 की वृद्धि कर दी जाये, तब नये आँकड़ों की माध्यिका होगी?

(a) 2 की वृद्धि होती है

(b) 2 की कमी होती है

(c) मूल माध्यिका की दो गुनी होती है

(d) मूल आँकड़ों के समान होती है

22. निम्नलिखत कथनों में सही कथन क्या है?

(1) बहुलक को हिस्टोग्राम से प्राप्त कर सकते हैं

(2) माध्यिका, स्केल के बदलने से स्वतन्त्र नहीं है

(3) मूल और स्केल के बदलने से विचलन स्वतन्त्र है,

कौन-सा कथन सत्य है–

(a) (1) केवल (b) (2) केवल

(c) केवल (1) तथा (2) (d) (1), (2) तथा (3)

23.. $2n$ आँकड़ों की एक श्रेणी में आधी a के बराबर है और शेष आधी $-a$ के बराबर है। यदि आँकड़ों का मानक विचलन 2 है, तब $|a|$ का मान होगा?

(a) $1/n$ (b) $\sqrt{2}$

(c) 2 (d) $\sqrt{2}/n$

24. यदि बारम्बारता बंटन में समान्तर माध्य और माध्यिका क्रमश: 21 और 22 है, तब बहुलक का मान होगा?

(a) 20.5 (b) 22

(c) 24 (d) 25.5

25. माना $x_1, x_2, x_3 .... x_n$, n आँकडें इस प्रकार है $\sum x_1^2 = 400$ तथा $\sum x_1 = 80$ तब n का सम्भावित मान होगा?

(a) 18 (b) 15

(c) 12 (d) 9

26. माना जनसंख्या A के 100 आँकड़े 101, 102, ... 200 और अन्य जनसंख्या B के आँकड़े 151, 152, ... 250 है। यदि V_A तथा V_B दोनों जनसंख्याओं का विचलन दर्शाते हैं, तब V_A/V_B का मान होगा?

(a) 1 (b) 9/4

(c) 4/9 (d) 2/3

27. संख्याओं $a, b, 8, 5, 10$ का माध्य 6 है तथा प्रसरण 6.80 है, तब निम्न में से a व b के सम्भावित मान क्या होंगे?

(a) $a=3, b=4$ (b) $a=0, b=7$

(c) $a=5, b=2$ (d) $a=1, b=6$

28. वेस्ट इंडिज के विरोध में भारत के टैस्ट मैच जीतने की प्रायिकता 1/2 है। मैच से मैच की प्रायिकता स्वतन्त्र है। सीरीज में तीसरे मैच में भारत की दूसरी जीत की प्रायिकता होगी?

(a) 1/8 (b) 1/4

(c) 1/2 (d) 2/3

29. गणित के एक प्रश्न को तीन विद्यार्थियों A, B, C को हल करने के लिये दिया जाता है, जिनके द्वारा हल करने की प्रायिकता क्रमश: $\frac{1}{2}, \frac{1}{3}, \frac{1}{4}$ है। प्रश्न के हल किये जाने की प्रायिकता होगी?

(a) $\frac{3}{4}$ (b) $\frac{1}{2}$

(c) $\frac{2}{3}$ (d) $\frac{1}{3}$

30. एक साधारण पासे को 8 बार फेंका जाता है। 8वें फेंक में तीसरे 6 आने की प्रायिकता होगी?

(a) $\frac{^7C_2\times 5^5}{6^7}$ (b) $\frac{^7C_2\times 5^5}{6^8}$

(c) $\frac{^7C_2\times 5^5}{6^6}$ (d) इनमें से कोई नहीं

31. A तथा B एक खेल खेलते है, जिसमें प्रत्येक खिलाड़ी 1 से 25 नम्बर तक की संख्या चुनता है। यदि दो संख्या एक जैसी हो, तो इस मैच

में दोनों ईनाम जीतते है। एक बार में उनके ईनाम न जीतने की प्रायिकता होगी?

(a) $\frac{1}{25}$ (b) $\frac{24}{25}$

(c) $\frac{2}{25}$ (d) इनमें से कोई नहीं

32. A, B, C परस्पर अपवर्जी घटनाएँ इस प्रकार है, कि $P(A) = \frac{3x+1}{3}$, $P(B) = \frac{1-x}{4}$ तथा $P(C) = \frac{1-2x}{2}$ है, तब x के सभी सम्भावित मानों का समुच्चय किस अन्तराल में है?

(a) $\left[\frac{1}{3}, \frac{1}{2}\right]$ (b) $\left[\frac{1}{3}, \frac{2}{3}\right]$

(c) $\left[\frac{1}{3}, \frac{13}{3}\right]$ (d) $[0, 1]$

33. पाँच घोड़े एक दौड़ में दौड़ते है। श्रीमान A उनमें से दो घोड़े यादृच्छिक चुनते है और उन पर शर्त लगाते है। श्रीमान A के चुने घोड़े की जीतने की प्रायिकता होगी?

(a) $\frac{4}{5}$ (b) $\frac{3}{5}$

(c) $\frac{1}{5}$ (d) $\frac{2}{5}$

34. A के सत्य बोलने की प्रायिकता 4/5 है, जबकि B की प्रायिकता 3/4 है। एक ही तथ्य पर उनके विरोध करने की प्रायिकता होगी?

(a) 3/20 (b) 1/5

(c) 7/20 (d) 4/5

35. एक यादृच्छिक चर X के लिए प्रायिकता बंटन है–

X	1	2	3	4	5	6	7	8
$P(X)$	0.15	0.23	0.12	0.10	0.20	0.08	0.07	0.05

घटनाएँ $E = \{X$ अभाज्य संख्या है तथा $F = \{X < 4\}$ के लिए $P(E \cup F)$ की प्रायिकता होगी?

(a) 0.87 (b) 0.77

(c) 0.35 (d) 0.50

36. द्विपद वितरण का माध्य और विचलन क्रमश: 4 तथा 2 है। तो 2 सफलताओं की प्रायिकता होगी?

(a) $\frac{37}{256}$ (b) $\frac{219}{256}$

(c) $\frac{128}{256}$ (d) $\frac{28}{256}$

37. माना A तथा B दो घटनाएँ ऐसी है, कि $P(\overline{A \cup B}) = 1/6$, $P(A \cap B) = 1/4$ तथा $P(\overline{A}) = 1/4$, जहाँ $\overline{A}$ घटना A का पूरक है, तब घटना A तथा B है?

(a) समसम्भावी परन्तु स्वतन्त्र नहीं

(b) समसम्भावी और परस्पर अपवर्जी

(c) परस्पर अपवर्जी और स्वतन्त्र

(d) स्वतन्त्र परन्तु समसभावी नहीं

38. एक स्थान में तीन घर प्रर्याप्त है। तीन आदमी घर के लिए आवेदन करते है। प्रत्येक एक घर के लिए आवेदन करत है दूसरे से बिना बात किय हुए तीनों एक ही घर के लिए आवेदन करें, इसकी प्रायिकता होगी?

(a) $\frac{1}{9}$ (b) $\frac{2}{9}$

(c) $\frac{7}{9}$ (d) $\frac{8}{9}$

39. एक यादृच्छिक चर X का पायजन वितरण का माध्य 2 है $P(X > 1.5)$ का मान होगा?

(a) 0 (b) $2/e^2$

(c) $3/e^2$ (d) $1 - \frac{3}{e^2}$

40. टेलीफोन पूछताछ निकाय पर पायजन वितरण से अभीष्ठ फोन कॉल का माध्य 10 मिनट अन्तराल में 5 फोन कॉल है। अधिकतम 3 फोन कॉल, 10 मिनट अन्तराल में होने की प्रायिकता होगी?

(a) $\frac{6}{5^e}$ (b) $\frac{5}{6}$

(c) $\frac{6}{55}$ (d) $\frac{6}{e^5}$

41. दो वायुयान I तथा II एक लक्ष्य को भेदने के लिए उत्तरोतर बम मारते है। I तथा II के लक्ष्य को सही लक्ष्यवेध की प्रायिकता 0.3 और 0.2 है। दूसरा बम मारेगा जब पहला लक्ष्यवेध नहीं कर पाता। दूसरे वायुयान के द्वारा लयवेध की प्रायिकता होगी?

(a) 0.14 (b) 0.2

(c) 0.7 (d) 0.06

(e) इनमें से कोई नहीं

42. एक साधारण पासों का युग्म स्वतन्त्रता पूर्वक तीन बार फेंका जाता है। दो बार 9 आने की प्रायिकता होगी?

(a) $\frac{8}{9}$ (b) $\frac{8}{729}$

(c) $\frac{8}{243}$ (d) $\frac{1}{729}$

43. घटनाएँ A तथा B की प्रायिकता इस प्रकार है, कि $P(A) = \frac{1}{4}$, $P\left(\frac{A}{B}\right) = \frac{1}{2}$ तथा $P\left(\frac{B}{A}\right) = \frac{2}{3}$, तब $P(B)$ का मान होगा?

(a) $\frac{1}{2}$ (b) $\frac{1}{6}$

(c) $\frac{1}{3}$ (d) $\frac{2}{3}$

44. पाशे के एक उछाल में, 3 से अधिक संख्या आने की घटना A तथा 5 से कम संख्या आने की घटना B है, तब $P(A \cup B)$ का मान होगा?

(a) 2/5 (b) 3/5

(c) 0 (d) 1

उत्तरमाला

1. (d)	2. (c)	3. (b)	4. (b)	5. (a)	6. (d)	7. (a)	8. (c)	9. (b)	10. (b)
11. (b)	12. (a)	13. (a)	14. (b)	15. (c)	16. (b)	17. (a)	18. (a)	19. (b)	20. (b)
21. (d)	22. (c)	23. (c)	24. (c)	25. (a)	26. (a)	27. (a)	28. (b)	29. (a)	30. (b)
31. (b)	32. (a)	33. (d)	34. (c)	35. (b)	36. (d)	37. (d)	38. (a)	39. (d)	40. (d)
41. (e)	42. (c)	43. (c)	44. (d)						

संकेत एवं हल

1. (d)

2. (c) माना $x_1, x_2, ..., x_n$, n प्रेक्षण हैं।

$$\therefore \quad M = \frac{x_1 + x_2 + x_3 + ... + x_n}{n}$$

$$= \frac{x_1 + x_2 + ... + x_{n-4} + x_{n-3} + x_{n-2} + x_{n-1} + x_n}{n}$$

$$\Rightarrow \quad nM = a + x_{n-3} + x_{n-2} + x_{n-1} + x_n$$

$$\Rightarrow \quad \frac{nM - a}{4} = \frac{x_{n-3} + x_{n-2} + x_{n-1} + x_n}{4}$$

3. (b) $\because \quad \sigma = 4$

माना एक छात्र के 75 में से x अंक हैं, तब उसके अंक 100 में से $\frac{4x}{3}$ होंगे।

प्रत्येक प्रेक्षण को $\frac{4}{3}$ से गुणा किया है।

$$\therefore \quad \text{नया SD}, \sigma = \frac{4}{3} \times 9 = 12$$

$$\Rightarrow \quad \sigma^2 = 144.$$

4. (b) ${}^{2n+1}C_0 + {}^{2n+1}C_1 + {}^{2n+1}C_2 + ... + {}^{2n+1}C_{2n} + {}^{2n+1}C_{2n+1} = 2^{2n+1}$

अब, ${}^{2n+1}C_0 = {}^{2n+1}C_{2n+1}$,

${}^{2n+1}C_1 = {}^{2n+1}C_{2n}, ..., {}^{2n+1}C_r = {}^{2n+1}C_{2n-r+1}$

$\because$ प्रथम $(n+1)$ पदों का योग = अन्तिम $(n+1)$ पदों का योग

$$\Rightarrow \quad {}^{2n+1}C_0 + {}^{2n+1}C_1 + {}^{2n+1}C_2 + ... + {}^{2n+1}C_n = 2^{2n}$$

$$\Rightarrow \quad \frac{{}^{2n+1}C_0 + {}^{2n+1}C_1 + {}^{2n+1}C_2 + ... + {}^{2n+1}C_n}{n+1} = \frac{2^{2n}}{(n+1)}$$

5. (a) माना कक्षा में लड़कियों की संख्या $= y$

$\therefore$ लड़कों की संख्या $= 100 - y$

अब, $\bar{x}_1 = 25, n_1 = y, \bar{x}_2 = 50, n_2 = 100 - y$

तथा $\bar{x} = 35, \quad n_1 + n_2 = 100$

$$\therefore \quad 35 = \frac{25 \times y + 50 \times (100 - y)}{100}$$

$$\Rightarrow \quad 3500 = 25y + 5000 - 50y$$

$$\Rightarrow \quad 25y = 1500$$

$$\Rightarrow \quad y = 60$$

$\therefore$ कक्षा में लड़कियों की संख्या = 60

6. (d) हम जानते हैं कि $\sigma^2 = \frac{n_1(\sigma_1^2 + d_1^2) + n_2(\sigma_2^2 + d_2^2)}{n_1 + n_2}$

जहाँ $d_1 = m_1 - a, d_2 = m_2 - a$, जहाँ सम्पूर्ण समूह का माध्य a है।

माना m_2 = दूसरे समूह का माध्य

$$\therefore \quad 15.6 = \frac{100 \times 15 + 150 \times m_2}{250} \Rightarrow m_2 = 16$$

$\Rightarrow$

$$13.44 = \frac{(100 \times 9 + 150 \times \sigma^2) + 100 \times (0.6)^2 + 150 \times (0.4)^2}{250}$$

$$\Rightarrow \quad \sigma = 4$$

7. (a) माना $x_1, x_2, x_3, ..., x_n$, n प्रेक्षण हैं, तब

$$\bar{x} = \frac{1}{n} \sum_{i=1}^{n} x_i$$

$$\therefore \quad \text{नया माध्य}, \bar{X} = \frac{1}{n} \sum_{i=1}^{n} \left(\frac{x_i}{\alpha} + 10 \right)$$

$$= \frac{1}{\alpha} \left(\frac{1}{n} \sum_{i=1}^{n} x_i \right) + \frac{1}{n}.(10n)$$

$$= \frac{1}{\alpha} \bar{x} + 10 = \frac{\bar{x} + 10\alpha}{\alpha}$$

8. (c) $\bar{x} = \frac{1 + 2 + 3 + ... + n}{n} = \frac{(n+1)}{2}$

चरिता, $\sigma^2 = \frac{\Sigma (x_i)^2}{n} - (\bar{x})^2$

$$= \frac{\Sigma n^2}{n} - \left(\frac{n+1}{2} \right)^2$$

$$= \frac{n(n+1)(2n+1)}{6n} - \left(\frac{n+1}{2}\right)^2 = \frac{n^2-1}{12}$$

9. (b) अभीष्ट माध्य $= \frac{0 \cdot {}^nC_0 + 1 \cdot {}^nC_1 + 2 \cdot {}^nC_2 + \ldots + n \cdot {}^nC_n}{{}^nC_0 + {}^nC_1 + {}^nC_2 + \ldots + {}^nC_n}$

$$= \frac{n \cdot 2^{n-1}}{2^n} = \frac{n}{2}$$

10. (b) $\because$ $\quad \bar{x} = \frac{1}{n}\sum_{i=1}^{n} x_i$

$\therefore$ $\quad \text{var}(\bar{x}) = \frac{1}{n^2}\left[\sum_{i=1}^{n} \text{var}(x_i) + 2\sum_{i \neq j}^{n} \text{cov}(x_i, x_j)\right]$

$$= \frac{1}{n^2}[n\sigma^2] = \frac{\sigma^2}{n}$$

11. (b) चूँकि प्रथम 100 प्राकृतिक संख्याओं में से तीन भिन्न संख्याएँ चुननी हैं।

$\Rightarrow \quad n(S) = {}^{100}C_3$

$E_{(\text{अनुकूल घटना})}$ = सभी तीन संख्याएँ 2 और 3 दोनों से विभाज्य हों अर्थात् 6 से विभाज्य हों, अत: $E = \{6, 12, 18 \ldots, 96\}$

$\Rightarrow \quad n(E) = {}^{16}C_3$

$\therefore$ अभीष्ट प्रायिकता $= \frac{{}^{16}C_3}{{}^{100}C_3} = \frac{4}{1155}$

12. (a) $\because \quad (A \cap B) = P(A) \cdot P(B)$

$\Rightarrow$ A और B स्वतन्त्र घटनाएँ हैं, अत: A' और B' भी स्वतन्त्र घटनाएँ होंगी।

$\therefore \quad P(A \cup B)' = P(A' \cap B')$

$= P(A') \cdot P(B')$

13. (a) $\quad P\left(\frac{E^c \cap F^c}{G}\right) = \frac{P(E^c \cap F^c \cap G)}{P(G)}$

$$= \frac{P(G) - P(E \cap G) - P(G \cap F)}{P(G)}$$

$$= \frac{P(G) - [1 - P(E) - P(F)]}{P(G)}$$

$$= 1 - P(E) - P(F) = P(E^c) - P(F)$$

14. (b) माना E पाँसे पर 1 आने की घटना है।

$\therefore \quad P(E) = \frac{1}{6}$ और $P(\bar{E}) = \frac{5}{6}$

P (प्रथम बार 1, सम उछालों में आयेगा)

$= t_2$ या t_4 या t_6 या t_8 ...

$= \{P(\bar{E}) \cdot P(E)\} + \{P(\bar{E})P(\bar{E}) \cdot P(E)\} + \ldots\infty$

$$= \left(\frac{5}{6} \times \frac{1}{6}\right) + \left(\frac{5}{6}\right)^3 \left(\frac{1}{6}\right) + \left(\frac{5}{6}\right)^5 \left(\frac{1}{6}\right) + \ldots\infty = \frac{\frac{5}{36}}{1 - \frac{25}{36}} = \frac{5}{11}$$

15. (c) $\quad 7^1 = 7, \quad 7^2 = 49, \quad 7^3 = 343, \quad 7^4 = 2401, \ldots$

अत: $7^r, r \in N$ के लिए संख्याओं में इकाई के स्थान पर 7, 9, 3, 1, 7, ... आते हैं।

$\therefore \quad 7^m + 7^n$, 5 से विभाज्य होगा, यदि संख्याओं के अन्त में 5 या 0 आये परन्तु अन्त में 5 नहीं आ सकता है।

इसलिए m और n के मान, सारण के समान होंगे।

	m	n
1.	$4r$	$4r - 2$
2.	$4r - 1$	$4r - 3$
3.	$4r - 2$	$4r$
4.	$4r - 3$	$4r - 1$

m के किसी मान के लिए, n के 25 मान होंगे।

अत: अभीष्ट प्रायिकता $= \frac{100 \times 25}{100 \times 100} = \frac{1}{4}$

16. (b) दो संख्याएँ $\{1, 2, 3, 4, 5, 6\}$ में से चुननी हैं।

$\Rightarrow \quad n(S) = 6 \times 5$

($\because$ एक-एक करके बिना पुर्नस्थापित किए)

अनुकूल घटनाएँ $\quad n(E) = 6 \times 4$

[$\because$ दोनों संख्याओं में निम्नतम 4 से छोटी है। अत: हम एक (1, 2, 3, 4) में से और दूसरी (1, 2, 3, 4, 5, 6) में से चुन सकते हैं।]

$\therefore$ अभीष्ट प्रायिकता $= \frac{n(E)}{n(S)} = \frac{24}{30} = \frac{4}{5}$

17. (a) माना A, B, C क्रमश: परीक्षा I, II और III में पास होने की घटनाएँ हैं। स्पष्ट है कि A, B, C स्वतन्त्र हैं।

सफल होने की प्रायिकता $\frac{1}{2}$

$= P[(A \cap B) \cup (A \cap C)]$

$= P(A \cap B) + P(A \cap C) - P(A \cap B \cap C)$

$= P(A) \cdot P(B) + P(A) \cdot P(C) - P(A) \cdot P(B) \cdot P(C)$

$= pq + p \cdot \frac{1}{2} - pq \cdot \frac{1}{2}$

$\Rightarrow \quad 1 = 2pq + p - pq$

$\Rightarrow \quad 1 = p(q + 1)$

18. (a) माना E = प्रत्येक अमेरिकन व्यक्ति के अपनी पत्नी के पास बैठने की घटना है।

तथा $\quad A$ = भारतीय व्यक्ति के अपनी पत्नी के पास बैठने की घटना है।

$n(A \cap E) = (4!) \times (2!)^5$

तथा $\quad n(E) = (5!) \times (2!)^4$

$\therefore \quad P(A/E) = \frac{n(A \cap E)}{n(E)} = \frac{(4!) \times (2!)^5}{(5!) \times (2!)^4} = \frac{2}{5}$

19. (b) दिया है, $\quad P(B) = \frac{3}{4}$

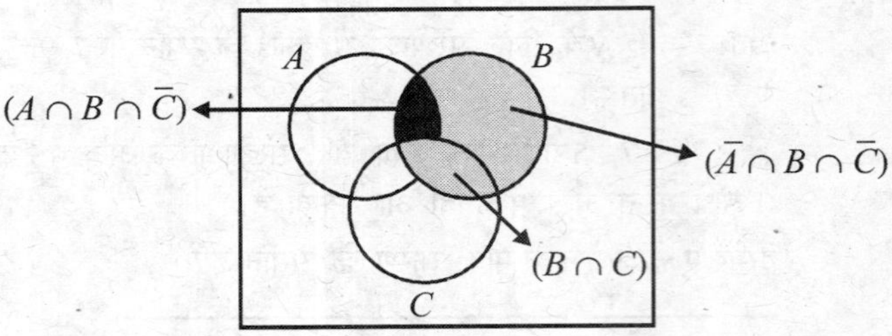

$$P(A \cap B \cap \bar{C}) = \frac{1}{3}$$

और $P(\bar{A} \cap B \cap \bar{C}) = \frac{1}{3}$

जो वेन आरेख से स्पष्ट हैं।

$$\therefore \quad P(B \cap C) = P(B) - \{ P(A \cap B \cap \bar{C}) + P(\bar{A} \cap B \cap \bar{C}) \}$$

$$= \frac{3}{4} - \left\{\frac{1}{3} + \frac{1}{3}\right\} = \frac{3}{4} - \frac{2}{3} = \frac{1}{12}$$

20. (b) $\because$ कुल छात्रों की संख्या $= 100$

तथा लड़कों की संख्या $= 70$

$\therefore$ लड़कियों की सख्या $= (100 - 70) = 30$

अब 100 छात्रों का अंकों का योग $= 100 \times 72 = 7200$

70 लड़कों के अंको का योग $= 70 \times 75 = 5250$

$\Rightarrow$ 30 लड़कियों के कुल अन्य $= 7200 - 5250 = 1950$

$\therefore$ 30 लड़कियों के औसत अंक $= \frac{1950}{30} = 65$

21. (d) $n = 9$ अब माध्यिका का पद $\left(\frac{9+1}{2}\right)$ वाँ $= 5$ वाँ पद बाद की चार आँकडों में 2 की वृद्धि करने पर माध्यिका 5 वाँ पद है, जो बदलता नहीं है।

$\therefore$ माध्यिका में कोई बदलाव नहीं होगा।

माध्यिका पूर्व माध्यिका के समान है।

22. (c) दिये गये कथनों में प्रथम तथा द्वितीय कथन सत्य है।

23. (c) $2n$ आँकड़ों में, आधे a के बराबर है तथा शेष आधे $-a$ के समान है। $2n$ आँकड़ों का माध्य 0 होगा।

$$\text{SD} = \sqrt{\frac{\Sigma(x - \bar{x})^2}{N}} \qquad 2 = \sqrt{\frac{\Sigma x^2}{2n}}$$

$$\Rightarrow \quad 4 = \frac{\Sigma x^2}{2n} \quad \Rightarrow \quad 4 = \frac{2na^2}{2n}$$

$$\Rightarrow \quad a^2 = 4 \quad \Rightarrow \quad |a| = 2$$

24. (c) दिया है माध्य $= 21$ और माध्यिका $= 22$

$\because$ बहुलक $= 3$ माध्यिका $- 2$ माध्य

$\therefore$ बहुलक $= 3 \times 22 - 2 \times 21 = 24.$

25. (a) m वीं घात का समान्तर माध्य $>$ समान्तर माध्य की m वीं घात, यदि $m > 1$.

$$\Rightarrow \quad \frac{x_1^2 + x_2^2 + \ldots + x_n^2}{n} > \left(\frac{x_1 + x_2 + \ldots + x_n}{n}\right)^2$$

$$\Rightarrow \quad \frac{\sum_{i=1}^{n} x_i^2}{n} > \left(\frac{\sum_{i=1}^{n} x_i}{n}\right)^2 \quad \Rightarrow \quad \frac{400}{n} > \left(\frac{80}{n}\right)^2$$

$$\Rightarrow \quad \frac{n^2}{n} = \frac{80^2}{400} \quad \Rightarrow \quad n > 16$$

26. (a) चूँकि विचलन, मूल के बदलने से स्वतन्त्र है। अत: आँकड़े 101, 102......200 का विचलन आँकड़ों 151, 152......250 के विचलन के समान है।

$$\therefore \quad V_A = V_B \quad \Rightarrow \quad \frac{V_A}{V_B} = 1$$

27. (a)

$$\bar{x} = \text{माध्य} = \frac{a + b + 8 + 5 + 10}{5} = 6$$

$$\Rightarrow \quad a + b = 7 \qquad \ldots(i)$$

$$\text{विघटन} = \frac{\Sigma(x_i - \bar{x})^2}{n} = 6.80$$

$$\Rightarrow \quad \frac{(a-6)^2 + (b-6)^2 + 4 + 1 + 16}{5} = \frac{68}{10}$$

$$\Rightarrow \quad a^2 + b^2 = 25$$

$$\Rightarrow \quad a^2 + (7 - a)^2 = 25$$

$$\Rightarrow \quad a^2 - 7a + 12 = 0 \quad \Rightarrow \quad a = 3, \text{ या } 4$$

यदि $a = 3,$ $b = 4.$

28. (b) अभीष्ठ प्रायिकता

$$= P(A_1 A_2^1 A_3) + P(A_1^1 A_2 A_3)$$

$$= P(A_1)P(A_2^1)P(A_3) + P(A_1^1)P(A_2)P(A_3)$$

$$= \left(\frac{1}{2}\right)^3 + \left(\frac{1}{2}\right)^3 = \frac{1}{8} + \frac{1}{8} = \frac{1}{4}$$

29. (a) A, B तथा C द्वारा प्रश्न को हल करने की प्रायिकता $\frac{1}{2}, \frac{1}{3}$ तथा $\frac{1}{4}$

$\therefore$ प्रश्न हल न होने की प्रायिकता

$$= \left(1 - \frac{1}{2}\right)\left(1 - \frac{1}{3}\right)\left(1 - \frac{1}{4}\right)$$

$$= \frac{1}{2} \times \frac{2}{3} \times \frac{3}{4} = \frac{1}{4}$$

अत: प्रश्न हल होने की प्रायिकता

$$= 1 - \frac{1}{4} = \frac{3}{4}$$

30. (b) अभीष्ठ प्रायिकता $= {}^7C_2 \left(\frac{1}{6}\right)^2 \left(\frac{5}{6}\right)^5 \times \frac{1}{6} = \frac{{}^7C_2 \times 5^5}{6^8}.$

31. (b) संख्या को चुनने की कुल विधियाँ $= 25 \times 25 = 625$

किसी भी खिलाड़ी के समान संख्या चुनने की विधियाँ $= 25$

$\therefore$ उनके ईनाम जीने की प्रायिकता $= \frac{25}{625} = \frac{1}{25}$

अत: उनके ईनाम न जीतने की प्रायिकता $= 1 - \frac{1}{25} = \frac{24}{25}$.

32. (a) $0 \le P(A) \le 1, 0 \le P(B) \le 1, 0 \le P(C) \le 1$

तथा $0 \le P(A) + P(B) + P(C) \le 1$

$\therefore \quad 0 \le \frac{3x+1}{3} \le 1$

$\Rightarrow \quad -\frac{1}{3} \le x \le \frac{2}{3} \quad \Rightarrow \quad 0 \le \frac{1-x}{4} \le 1$

$\Rightarrow \quad -3 \le x \le 1 \quad \Rightarrow \quad 0 \le \frac{1-2x}{2} \le 1$

$\Rightarrow \quad -\frac{1}{2} \le x \le \frac{1}{2}$

$\Rightarrow \quad 0 \le \frac{3x+1}{3} + \frac{1-x}{4} + \frac{1-2x}{2} \le 1$

$0 \le 13 - 3x \le 12$

$\Rightarrow \quad \frac{1}{3} \le x \le \frac{13}{3}$

सभी प्रतिबन्धों से, $\frac{1}{3} \le x \le \frac{1}{2}$.

33. (d) श्रीमान A के द्वारा हारे घोड़े को चुनने की प्रायिकता

$= \frac{4}{5} \times \frac{3}{4} = \frac{3}{5}$

श्रीमान A द्वारा जीने वाले घोड़े को चुनने की प्रायिकता

$= 1 - \frac{3}{5} = \frac{2}{5}$.

34. (c) A के द्वारा सत्य बोलने की प्रायिकता $P(A) = \frac{4}{5}$.

A के द्वारा सत्य न बोलने की प्रायिकता $P(\bar{A}) = 1 - \frac{4}{5} = \frac{1}{5}$.

B के द्वारा सत्य बोलने की प्रायिकता $P(B) = \frac{3}{4}$

B के द्वारा सत्य न बोलने की प्रायिकता $P(\bar{B}) = \frac{1}{4}$

एक-दूसरे का विरोध करने की प्रायिकता

$= P(A) \times P(\bar{B}) + P(\bar{A}) \times P(B)$

$= \frac{4}{5} \times \frac{1}{4} + \frac{1}{5} \times \frac{3}{4}$

$= \frac{1}{5} + \frac{3}{20} = \frac{7}{20}$

35. (b) $E = \{X$ अभाय संख्या है$\} = \{2, 3, 5, 7\}$

$P(E) = P(X=2) + P(X=3) + P(X=5) + P(X=7)$

$P(E) = 0.23 + 0.12 + 0.20 + 0.07 = 0.62$

तथा $F = \{X < 4\} = \{1, 2, 3\}$

$P(F) = P(X=1) + P(X=2) + P(X=3)$

$P(F) = 0.15 + 0.23 + 0.12 = 0.5$

$E \cap F = \{X$ अभाय संख्या है $< 4\} = \{2, 3\}$

$P(E \cap F) = P(X=2) + P(X=3)$

$= 0.23 + 0.12 = 0.35$

$\therefore$ अभीष्ट प्रायिकता

$P(E \cup F) = P(E) + P(F) - P(E \cap F)$

$= 0.62 + 0.5 - 0.35 = 0.77$.

36. (d) द्विपद वितरण के लिए ज्ञात है

माध्य $= np = 4$ ...(i)

तथा विचलन $= npq = 2$ ...(ii)

समीकरण (ii) / समीकरण (i)

$\Rightarrow \quad q = 1/2 \quad \Rightarrow \quad p = 1 - q = 1/2$

$\therefore$ समीकरण (i) से, $n = 8$

$\therefore$ सफलताओं की प्रायिकता

$= {}^8C_2 \cdot p^2 q^6 = 28.(1/2)^8 = 28/256$.

37. (d) ज्ञात है, $P(\overline{A \cup B}) = \frac{1}{6}, \quad P(A \cap B) = \frac{1}{4}, \quad P(\bar{A}) = \frac{1}{4}$

$\because \quad P(\overline{A \cup B}) = \frac{1}{6} \quad \Rightarrow \quad 1 - P(A \cup B) = \frac{1}{6}$

$\Rightarrow \quad 1 - P(A) - P(B) + P(A \cap B) = \frac{1}{6}$

$\Rightarrow \quad P(\bar{A}) - P(B) + \frac{1}{4} = \frac{1}{6}$

$\Rightarrow \quad P(B) = \frac{1}{4} + \frac{1}{4} - \frac{1}{6}$

$\Rightarrow \quad P(B) = \frac{1}{3}$ तथा $P(A) = \frac{3}{4}$

साफ है $P(A \cap B) = P(A)\,P(B)$

घटनाएँ A तथा B स्वतन्त्र घटनाएँ है, परन्तु समसम्भावी नहीं।

38. (a) 1 आदमी तीन प्रकार से आवेदन कर सकता है।

इसी प्रकार दूसरा आदमी तीन प्रकार से आवेदन कर सकता है।

आदमी तीन-तीन प्रकार से आवेदन कर सकता है।

कुल तरीके $= 3^3$

अनुकूल तरीके $= 3$

(घर 1 या 2 या 3 के लिए सभी आवेदन करते है)

प्रायिकता $= \frac{3}{3^3} = \frac{1}{9}$.

39. (d) $P(X=r) = e^{-m} m^r / r! = e^{-2} . 2^r / r!$

$P(X = r > 1.5) = P(2) + P(3) + \ldots$

$= 1 - (P(0) + P(1))$

$= 1 - \{e^{-2} + e^{-2} \times 2\} = 1 - 3/e^2$

40. (d) $m=5,\quad P(X=r)=\dfrac{e^{-m}m^r}{r!}=\dfrac{e^{-5}.5^r}{r!}$

$$P(X\le 1)=P(X=0)+P(X=1)$$

$$=\frac{e^{-5}\times 1}{0!}+\frac{e^{-5}\times 5}{1!}=6e^{-5}$$

41. (e) वायुयान द्वारा लक्ष्यवेध की प्रायिकता

$=P(\text{I}')\,P(\text{II})+P(\text{I}')\,P(\text{II}')\,P(\text{I}')\,P(\text{II})+\ldots$

$=0.7\times 0.2+0.7\times 0.8\times 0.7\times 0.2+\ldots$

$=0.14\,[1+0.56+(0.56)^2+\ldots]$

$=\dfrac{0.14}{1-0.56}=\dfrac{14}{44}=\dfrac{7}{22}=318$

42. (c) $E=9$ प्राप्त करने की घटनाएँ

$=\{(5,4),(4,5),(3,6),(6,3)\}$

$\Rightarrow \quad p(E)=4/36=1/9.$

$\therefore$ तीन फेंक में केवल दो बार 9 आने की प्रायकिता

$={}^3C_2\,(1/9)^2\,(8/9)=8/243$

43. (c) $P(B|A)=\dfrac{P(AB)}{P(A)}=\dfrac{2}{3},$

$P(A)=\dfrac{1}{4} \quad\Rightarrow\quad P(AB)=\dfrac{1}{6}$

$P(A|B)=\dfrac{P(AB)}{P(B)}=\dfrac{1}{2}$

$\Rightarrow \quad P(B)=\dfrac{1}{6}\times 2=\dfrac{1}{3}$

44. (d) $A\cup B=\{1,2,3,4,5,6\}=S$

$\Rightarrow \quad p\,(A\cup B)=1$

□□□

30 गति विज्ञान (Dynamics)

परिभाषा (Definition)

जिस शाखा के अन्तर्गत कणों या पिण्डों की गत्यात्मक अवस्था का अध्ययन किया जाता है, उसे गति विज्ञान कहते हैं।

गति विज्ञान भी दो भागों में विभक्त किया गया है–

1. शुद्ध गति विज्ञान (Kinematics)
2. बल गति विज्ञान (Kinetics)

चाल (Speed)

किसी वस्तु द्वारा एंकाक समय में चली गयी दूरी को उस वस्तु की चाल कहते है।

$$\text{चाल} = \frac{\text{दूरी}}{\text{समय}}$$

औसत चाल (Average speed) :

$$\text{औसत चाल} = \frac{\text{कण द्वारा कुल चली दूरी}}{\text{कुल दूरी चलनेमें लगा कुल समय}}$$

तात्क्षणिक चाल (Instantaneous speed) : किसी क्षण द्वारा प्राप्त चाल, उसकी तात्क्षणिक चाल कहलाती है। यदि $\Delta t \to 0$ तब,

$$\text{तात्क्षणिक चाल} = \lim_{\Delta t \to 0} \frac{\Delta s}{\Delta t} = \frac{ds}{dt}$$

वेग (Velocity)

$$\text{वेग} = \frac{\text{विस्थापन}}{\text{समयान्तराल}}$$

इसका मात्रक भी मीटर/सेकण्ड है।

त्वरण (Acceleration)

वेग परिवर्तन की दर को त्वरण कहते है।

$$\text{त्वरण, } a = \frac{\Delta v}{\Delta t}$$

मन्दन (Retardation)

यदि त्वरण ऋणात्मक हो, तो वह मन्दन कहलाता है।

समान गति तथा असमान गति (Uniform and Non-uniform motion)

जब कोई कण एक समान चाल से सरल रेखा में गति करता है, तो इस प्रकार की गति को समान गति कहते हैं अन्यथा यह गति असमान गति कहलाती है।

दो दिए गए वेगों का परिणामी (Resultant of Two Given Velocities)

दो वेग u व v हो तथा उनके बीच का कोण α हो, तो परिणामी वेग w इस प्रकार प्राप्त किया जाता है।

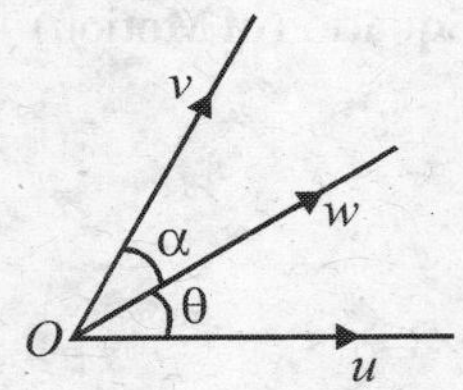

$$w = \sqrt{u^2 + v^2 + 2uv\cos\alpha}$$

तथा $$\theta = \tan^{-1}\left(\frac{v\sin\alpha}{u + v\cos\alpha}\right)$$

नोट

- यदि u व v के बीच कोण $0°$ हो,

  तब, $$w = \sqrt{u^2 + v^2 + 2uv}$$

  $\Rightarrow$ $$w = u + v \quad \text{तथा} \quad \theta = 0°$$

- यदि दोनों वेग u व v बराबर हो, तो

  $$w = \sqrt{u^2 + v^2 + 2u^2\cos\alpha} = 2u\cos\frac{\alpha}{2}$$

  तथा $$\theta = \tan^{-1}\left(\frac{\sin\alpha}{1 + \cos\alpha}\right)$$

  $\Rightarrow$ $$\theta = \frac{\alpha}{2}$$

- यदि u व v के बीच कोण $90°$ हो, तब

  $$w = \sqrt{u^2 + v^2}$$

  तथा $$\theta = \tan^{-1}\left(\frac{v}{u}\right)$$

- यदि u व v के बीच का कोण $180°$ हो,

  तो $$w = \sqrt{u^2 + v^2 - 2uv} = u \sim v$$

किसी वेग के दो दी हुई दिशाओं में घटक (Component of a Velocity in Two Given Direction)

माना w वेग के दो घटक वेग से क्रमशः α व β कोण बनाते है। तब,

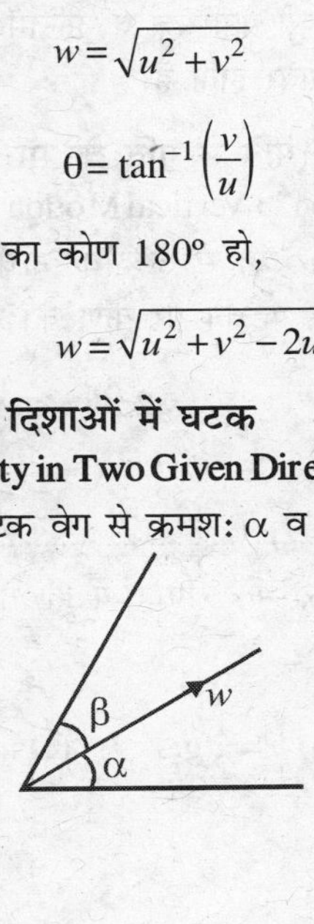

वेग का पहला घटक $= \dfrac{w\sin\beta}{\sin(\alpha+\beta)}$

तथा वेग का दूसरा घटक $= \dfrac{w\sin\alpha}{\sin(\alpha+\beta)}$

यदि, $\alpha = \theta$ तथा $\beta = 90^\circ$ हो, तब

वेग का क्षैतिज घटक $= \dfrac{w\sin(90^\circ-\theta)}{\sin 90^\circ} = w\cos\theta$

तथा वेग का ऊर्ध्वाधर घटाक $= \dfrac{w\sin\theta}{\sin 90^\circ} = w\sin\theta$

गति के समीकरण (Equation of Motion)

1. $v = u + ft$
2. $s = ut + \frac{1}{2}ft^2$
3. $v^2 = u^2 + 2fs$

किसी विशेष क्षण में चली गई दूरी (Distance Travelled in a Particular Instant)

tवें सेकण्ड में चली गई दूरी

$$s_t = u + \frac{f}{2}(2t-1)$$

नोट//

✍ औसत गति $= \dfrac{s}{t} = \dfrac{ut + \frac{1}{2}ft^2}{t}$

$$= u + \frac{1}{2}ft$$

✍ समयान्तराल के मध्य में वेग (अर्थात् समय $\frac{t}{2}$ पर)

$$= u + \frac{1}{2}ft$$

✍ प्रारम्भिक व अन्तिम वेगों का माध्य

$$= \frac{u+v}{2} = \frac{u+u+ft}{2} = u + \frac{1}{2}ft$$

✍ t समय में चली दूरी प्रारम्भिक व अन्तिम वेग के माध्य व समय t के गुणनफल के बराबर होती है।

गुरुत्वाधीन ऊर्ध्वाधर गति में गति के समीकरण (Equation of Motion in Vertical Motion Under Gravity)

माना कोई कण u वेग से ऊर्ध्वाधर नीचे की ओर फेंका जाता है। t समय में h ऊँचाई पर पहुँचने पर कण का वेग v हो जाता है, तब–

1. $v = u - gt$ 2. $h = ut - \frac{1}{2}gh$
3. $v^2 = u^2 - 2gh$

नोट//

✍ यदि कण का प्रारम्भिक वेग शून्य हो, तब गति के समीकरण निम्न है–

(a) $v = gt$ (b) $h = \frac{1}{2}gt^2$ (c) $v^2 = 2gh$

✍ यदि कण ऊपर की ओर फेंका जाए तो गति के समीकरण निम्न है–

(a) $v = u - gt$ (b) $h = ut - \frac{1}{2}ft^2$ (c) $v^2 = u^2 - 2gh$

✍ (a) पिण्ड द्वारा प्राप्त महत्तम ऊँचाई $= \dfrac{u^2}{2g}$

(b) महत्तम ऊँचाई तक पहुँचने में लगा समय $= \dfrac{u}{g}$

(c) पिण्ड का उड्डयन काल $= \dfrac{2u}{g}$

(d) दी गई ऊँचाई पर पिण्ड का वेग, $v = \pm\sqrt{u^2 - 2gh}$

(e) दी ऊँचाई तक पहुँचने में लगा समय, $\left(h < \dfrac{u^2}{2g}\right)$

$$t = \frac{u}{g} \pm \frac{\sqrt{u^2 - 2gh}}{g}$$

चिकने नत समतल के अनुदिश गति के समीकरण (Equation of Motion along Smooth Inclined Plane)

1. $v = u + gt\sin\alpha$
2. $s = ut + \frac{1}{2}gt^2\sin\alpha$
3. $v^2 = u^2 + 2gs\sin\alpha$

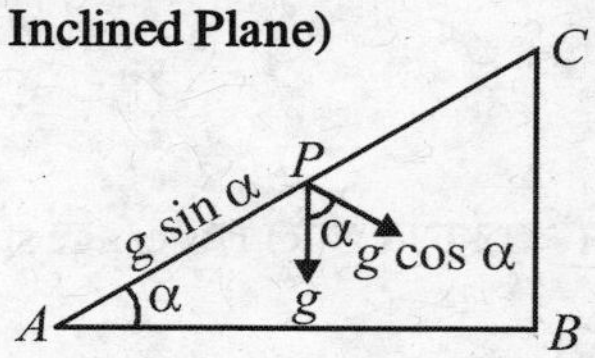

रूक्ष क्षैतिज समतल पर गति (Motion on Rough Horizontal Plane)

$R = mg$ ...(i)

$F = \mu mg$ ...(ii)

$R \rightarrow$ प्रतिक्रिया

$F \rightarrow$ घर्षण बल

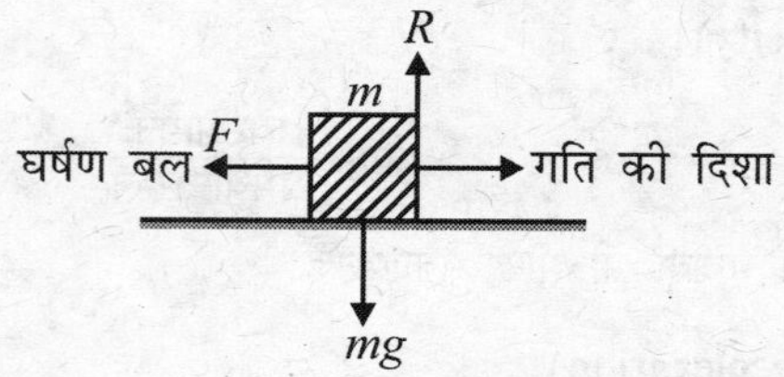

जहाँ, $\mu =$ समतल का घर्षण गुणांक

रूक्ष नत समतल पर गति (Motion of Rough Inclined Plane)

1. नीचे की ओर गति : $R = mg\cos\alpha$ ...(i)

$F = \mu\, mg\cos\alpha$ ...(ii)

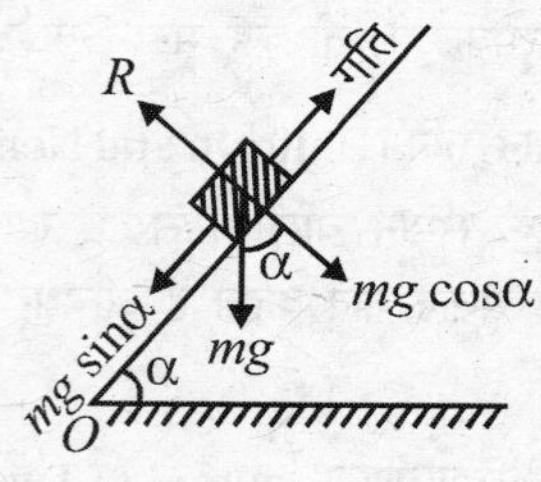

पिण्ड पर परिणामी बल $= mg\sin\alpha - F$

2. ऊपर की ओर गति : प्रतिक्रिया,

$$R = mg\cos\alpha$$
$$F = \mu\, mg\cos\alpha$$

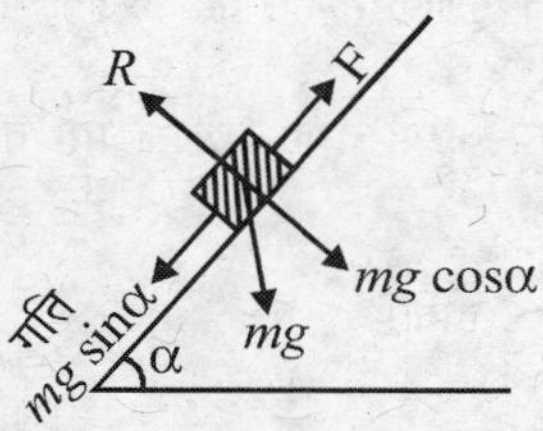

पिण्ड पर परिणामी बल $= mg\sin\alpha - F$

विस्थापन (Displacment)

किसी वस्तु की प्रारम्भिक व अन्तिम स्थितियों के बीच की न्यूनतम दूरी को वस्तु का विस्थापन कहते है।

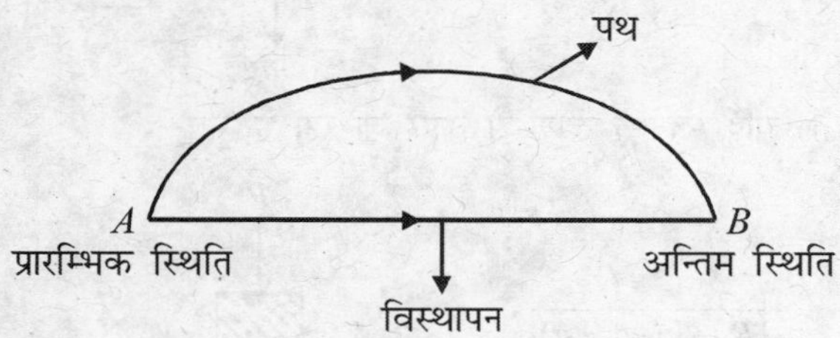

कण का वेग एवं त्वरण (Velocity and Acceleration of a Particle)

किसी समय पर कण का वेग $(v) = \lim\limits_{St\to 0}\dfrac{Ss}{St} = \dfrac{ds}{dt}$

$$\boxed{V = \frac{ds}{dt}}$$

किसी समय पर कण का त्वरण $(f) = \lim\limits_{St\to 0}\dfrac{SV}{St} = \dfrac{dV}{dt}$

$$\boxed{f = \frac{dv}{dt}}$$

सापेक्षिक वेग (Relative Velocity)

यदि A व B दो पिण्ड गतिमान है। तब B के सापेक्ष A का वेग–

$$\vec{V}_{AB} = \vec{V}_A - \vec{V}_B$$

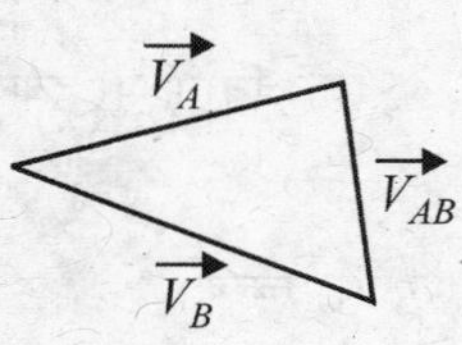

न्यूटन के गति के नियम (Newton's Law of Motion)

(i) **प्रथम नियम :** कोई पिण्ड विराम में है, तो वो विराम में रहेगा। यदि कोई पिण्ड गति में है, तो गति में रहेगा जब तक की उस पर कोई बाह्य बल लगार उसकी वर्तमान अवस्था में परिवर्तन न करें।

(ii) **द्वितीय नियम :** किसी पिण्ड में संवेग परिवर्तन की दर उस पर लगे बल के अनुक्रमानुपाती है तथा यह संवेग उसी दिशा में उत्पन्न होता है। जिस दिशा में बल लगा होता है।

(iii) **तृतीय नियम :** प्रत्येक क्रिया के लिए बराबर एवं विपरीत दिशा में प्रतिक्रिया होती है।

घर्षण (Friction)

घर्षण के प्रकार (Types of Friction)

1. सर्पी घर्षण (Sliding Friction)
2. सीमान्त घर्षण (Limiting Friction)
3. बेल्लन घर्षण (Rolling Friction)

घर्षण कोण (Angle of Friction)

सीमान्त सन्तुलन की अवस्था में सीमान्त घर्षण बल μR तथा अभिलम्ब प्रतिक्रिया की दिशा से जो कोण बनता है, उसे उस समतल का घर्षण कोण कहते है। इसे λ से निरूपित करते हैं।

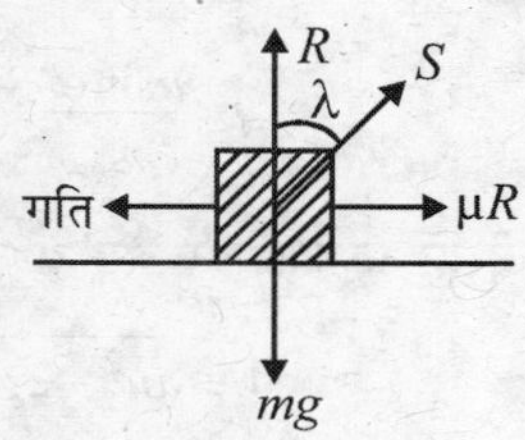

प्रक्षेप्य (Projectile)

आकाश में फेंके गये पिण्ड को प्रक्षेप्य कहते है।

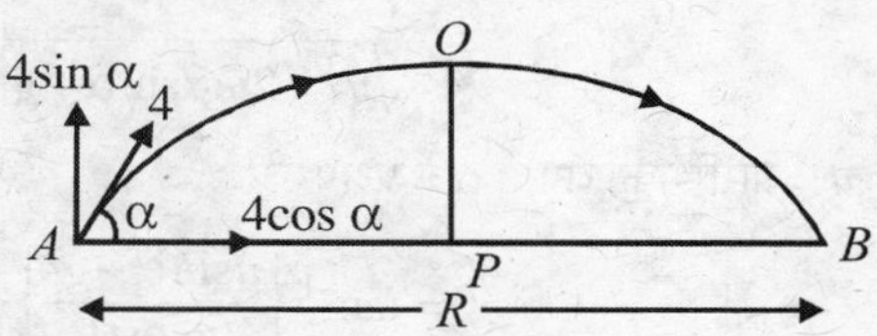

प्रक्षेप्य बिन्दु (Point of Projection) :

जिस बिन्दु से किसी कण को आकाश में फेंका जाता है प्रक्षेप बिन्दु कहलाता है। जिसे A से प्रदर्शित किया गया है।

प्रक्षेप्य वेग (Velocity of Projectile) :

प्रक्षेप बिन्दु से फेंके गए कण के वेग को प्रक्षेप वेग कहते हैं।

प्रक्षेप्य-पथ (Trajectory) :

कोई कण जिस वक्राकार पथ पर गति करता है, प्रक्षेप पथ कहलाता है।

परास (Range) :

प्रक्षेप बिन्दु से उस बिन्दु की दूरी, जहाँ प्रक्षेप बिन्दु से होकर जाने वाले किसी क्षैतिज समतल पर प्रक्षेप्य जाकर गिरता है, परास कहलाता है। चित्र में AB परास है।

उड्डयन काल (Time of Flight) :

$$\boxed{T = \frac{24\sin\alpha}{g}}$$

$T \rightarrow$ प्रक्षेप्य का उड्डयन काल है।

महत्तम ऊँचाई (Maximum Height) :

चित्र में OP महत्तम ऊँचाई कहलाती है।

$$\text{महत्तम ऊँचाई } (OP) = H = \frac{4^2 \sin^2 \alpha}{2g}$$

परास (Range) :

चित्र में AB परास कहते हैं।

$$\text{परास } (AB) = R = \frac{4^2 \sin 2\alpha}{g}$$

महत्तम परास–

$$R = \frac{u^2}{g}$$

महत्तम ऊँचाई तक प्रक्षेप्य के पहुँचने का समय–

$$t = \frac{u \sin \alpha}{g}$$

प्रक्षेप्य का किसी दी हुई ऊँचाई पर वेग व दिशा–

$$V = \sqrt{u^2 - 2gh}$$

तथा
$$\beta = \tan^{-1}\left\{\frac{\sqrt{u^2 \sin^2 \alpha - 2gh}}{u \cos \alpha}\right\}$$

दिए हुए समय के पश्चात् प्रक्षेपित का वेग व दिशा–

$$V = \sqrt{u^2 - 2ugt \sin \alpha + g^2 t^2}$$

जहाँ, u = प्रारम्भिक वेग, α = प्रक्षेप वेग

तथा
$$\beta = \tan^{-1}\left\{\frac{u \sin \alpha - gt}{u \cos \alpha}\right\}$$

कुछ महत्त्वपूर्ण तथ्य

1. चिकने नत समतल पर महत्तम परास (Maximum Range on Smooth Inclined Plane)

$$R_{max} = \frac{u^2}{g(1 + \sin \beta)}$$

2. जब नत समतल पर पिण्ड को नीचे की ओर फेंका जाए, तब–

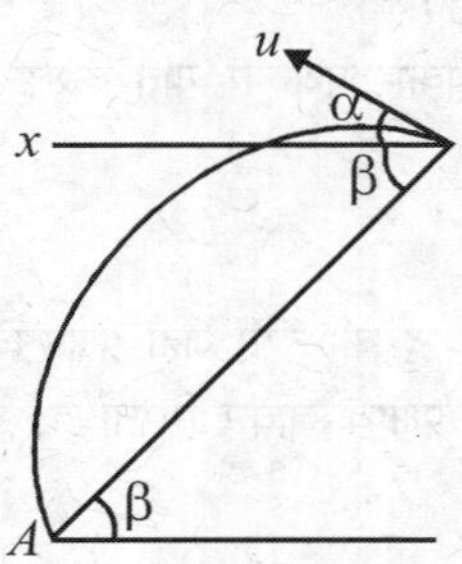

$$\text{उड्डयन काल} = \frac{2u \sin(\alpha + \beta)}{g \cos \beta}$$

परास,
$$R = \frac{u^2[\sin(2\alpha + \beta) + \sin \beta]}{g \cos^2 \beta}$$

$$\text{महत्तम परास} = \frac{u^2}{g(1 - \sin \beta)}$$

3. महत्तम परास के लिए कण को 45° के कोण पर प्रेक्षित किया जाता है।

4. किसी प्रत्यास्थ स्थिर क्षैतिज समतल पर h ऊँचाई से एक गेंद गिरती है। यदि प्रत्यानयन गुणांक e हो, तो उछलना बन्द होने तक गेंद कुल दूरी $\frac{1+e^2}{1-e^2}h$ तय करेगी तथा उछलना पूरा बन्द होने तक का कुल समय $\frac{1+e}{1-e}\sqrt{\frac{2h}{g}}$ होगा।

5. (i) प्लेन स्थिर है, तब–

$$\boxed{R = mg}$$

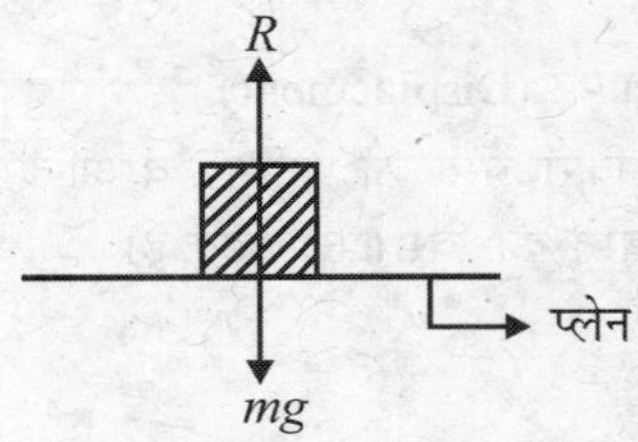

(ii) यदि प्लेन a त्वरण से ऊपर जा रहा है, तब–

$$\boxed{R = m(a + g)}$$

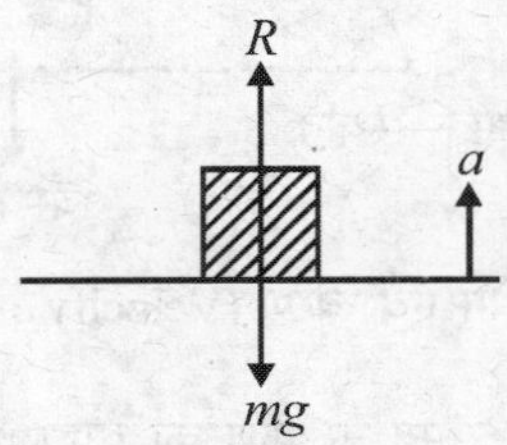

(iii) यदि प्लेन a त्वरण से नीचे जा रहा है, तब–

$$\boxed{R = m(g - a)}$$

6. यदि $m_1 > m_2$ हो, तो

(i) त्वरण, $f = \frac{m_1 - m_2}{m_1 + m_2} g$

(ii) डोरी में तनाव, $T = \frac{2m_1 m_2}{m_1 + m_2} g$

(iii) घिरनी पर दबाव, $R' = \frac{4m_1 m_2}{m_1 + m_2} g$

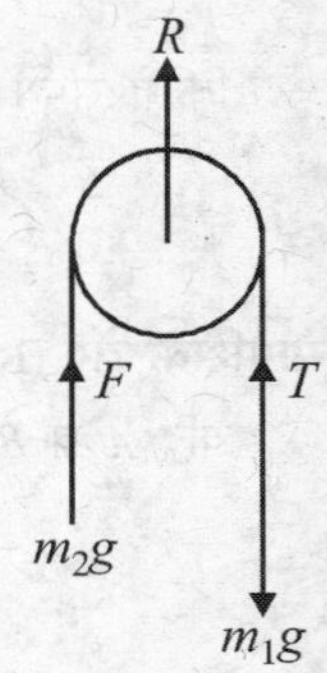

7. (i) त्वरण, $f = \left(\frac{m_1 - m_2 \sin \alpha}{m_1 + m_2}\right) g$

(ii) डोरी में तनाव, $T = \frac{m_1 m_2 (1 + \sin \alpha)}{m_1 + m_2} g$

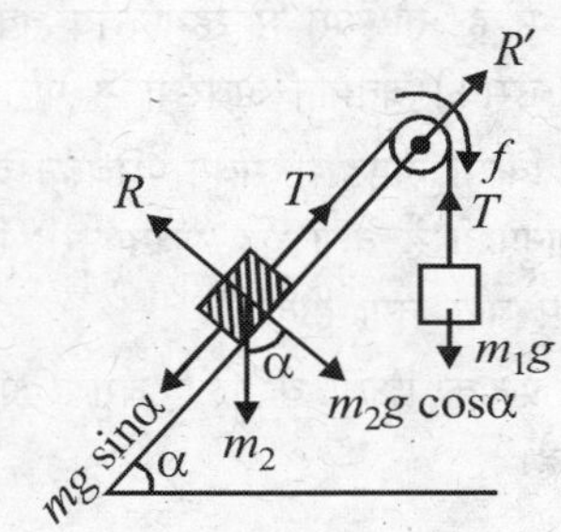

(iii) घिरनी पर दबाव, $R' = \frac{m_1 m_2 \sqrt{2}}{m_1 + m_2} g\left(\sin\frac{\alpha}{2} + \cos\frac{\alpha}{2}\right)^3$

8. (i) त्वरण, $f = \frac{m_1}{m_1 + m_2} g$

(ii) डोरी में तनाव, $T = \frac{m_1 m_2}{m_1 + m_2} g$

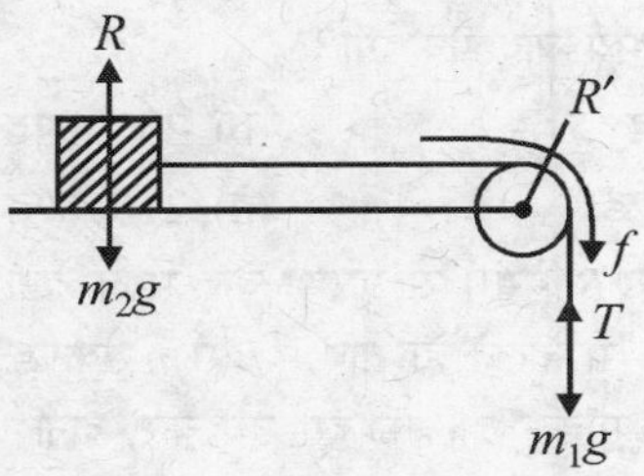

(iii) घिरनी पर दबाव, $R' = \frac{m_1 m_2 \sqrt{2}}{m_1 + m_2}$

9. दो मसमान प्रत्यास्थ गोलों के सीधे संघट्ट से गतिज ऊर्जा की हानि होती है जो इस प्रकार है।

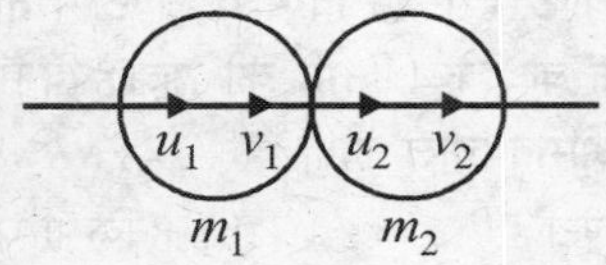

गतिज ऊर्जा में हानि $= \frac{m_1 m_2}{2(m_1 + m_2)} (u_1 - u_2)^2 (1 - e^2)$

(i) यदि $e = 1$ अर्थात् दोनों गोले पूर्णतया प्रत्यास्थ हो, तो गतिज ऊर्जा की हानि शून्य होगी।

(ii) यदि संघट्ट से पूर्व गोलों का आपेक्षिक वेग v हो,

तो गतिज ऊर्जा की हानि $= \frac{m_1 m_2}{2(m_1 + m_2)} (1 - e^2) v^2$

10. (i) गतिज ऊर्जा $= \frac{1}{2} mv^2$, $m \rightarrow$ द्रव्यमान

$v \rightarrow$ वेग

(ii) स्थिति ऊर्जा $= mgx$,

(iii) $\boxed{I = (mv - mu)}$ $I \rightarrow$ आवेग

वस्तुनिष्ठ प्रश्न

1. एक पिण्ड एक सरल रेखा में एकसमान त्वरण से चल रहा है। यह तीसरे और चौथे सेकण्ड में क्रमशः 10 मी और 12 मी की दूरियाँ तय करता है, तो मी/से० में इसका प्रारम्भिक वेग है–

(a) 4 (b) 5
(c) 2 (d) 3

2. दो कण A और B क्रमशः 5 मी और 20 मी की ऊँचाइयों से एक-साथ गिराये जाते हैं, तो A और B द्वारा भूमि पर पहुँचने में लिये गए समयों का अनुपात है–

(a) 1 : 2 (b) 1 : 1
(c) 1 : 4 (d) 2 : 1

3. AB एक ऊर्ध्वाधर वृत्त का ऊर्ध्वाधर व्यास है। CD दूसरा व्यास है जो AB से 60° का कोण बनाता है, तो AB के अनुदिश फिसलने के समय का CD के अनुदिश फिसलने के समय से अनुपात होगा–

(a) $1 : \sqrt{2}$ (b) $3^{1/4} : 2^{1/2}$
(c) 1 : 1 (d) $\sqrt{2} : 1$

4. यदि किसी प्रक्षेप्य का क्षैतिज परास 24 है और वह महत्तम ऊँचाई 8 तक जा सकता है, तो उसका प्रारम्भिक वेग और प्रक्षेप्य कोण होंगे–

(a) $5\sqrt{g}, \sin^{-1}(0,8)$ (b) $5\sqrt{g}, \sin^{-1}(0,6)$
(c) $24\sqrt{g}, \sin^{-1}(0,6)$ (d) $8\sqrt{g}, \sin^{-1}(0,8)$

5. किसी स्थिर क्षैतिज समतल पर h ऊँचाई से एक गेंद गिरती है। यदि प्रत्यास्थता गुणांक e हो, तो उछलना बन्द होने तक गेंद कुल दूरी तय करेगी–

(a) $\frac{1+e^2}{(1-e^2)h}$ (b) $\frac{1-e^2}{(1+e^2)h}$
(c) $\frac{1+e^2}{1-e^2} h$ (d) $\frac{1-e^2}{1+e^2} h$

6. 20 किमी/घण्टा के वेग से दौड़ते हुए एक आदमी को वर्षा की बूँदें ऊर्ध्वाधर से 30° के कोण पर गिरती हुई प्रतीत होती हैं। यदि वर्षा की बूँदें वास्तविकतः ऊर्ध्वाधर रूप से नीचे गिर रही हैं, तो उनका वेग किमी/घण्टा में है–

(a) $20\sqrt{3}$ (b) 40
(c) $10\sqrt{3}$ (d) 10

7. एक साईकिल सवार 50 किमी की यात्रा करता है। पहले 10 किमी की यात्रा 20 किमी/घण्टे, दूसरे 12 किमी 1 घण्टे में तथा तीसरे 24 किमी 8 किमी/घण्टा तथा बाद के 4 किमी की यात्रा 8 किमी/घण्टे से तय करता है। सवार की औसत चाल होगी?

(a) 5 किमी/घण्टा (b) 8 किमी/घण्टा
(c) 9 किमी/घण्टा (d) 10 किमी/घण्टा

8. एक बिन्दु से दो कण एक साथ दो सरल रेखाओं के अनुदिश गति करते है। पहला एकसमान वेग $\vec{u}$ से दूसरा विराम से एकसमान त्वरण $\vec{f}$ से। यदि दोनों के गति की दिशाओं में α कोण है। दूसरे, कण का आपेक्षिक वेग पहले कण के सापेक्ष न्यूनतम होगी एक समय के बाद–

(a) $\dfrac{f\cos\alpha}{u}$ (b) $u\sin\alpha$
(c) $\dfrac{u\cos\alpha}{f}$ (d) $\dfrac{u\sin\alpha}{f}$

9. एक पिण्ड t सेकण्ड में s दूरी तय करता है है। यह विराम से प्रारम्भ करता है और विराम पर खत्म करता है। यात्रा का पहला भाग नियत त्वरण से तथा दूसरा भाग नियत मंदन r से तय करता है। t का मान होगा

(a) $\dfrac{2s}{(1/f)+(1/r)}$ (b) $\sqrt{2s(f+r)}$
(c) $\sqrt{2s\left(\dfrac{1}{f}+\dfrac{1}{r}\right)}$ (d) $2s\left(\dfrac{1}{f}+\dfrac{1}{r}\right)$

10. h मीटर ऊँची चोटी से दो पत्थर समान वेग u से फेंके जाये, तो वह पृथ्वी पर एक साथ मैदान पर गिरेंगे। यदि एक पत्थर क्षैतिज पर और दूसरा क्षैतिज से α कोण से फेंका जाये, तो $\tan\theta$ बराबर होगा?

(a) $2g\sqrt{(u/h)}$ (b) $2h\sqrt{(u/g)}$
(c) $u\sqrt{(2/gh)}$ (d) $\sqrt{(2u/gh)}$

11. एक कण बिन्दु A से पूर्व दिशा में बिन्दु B तक 4 किमी/घण्टा से जाता है फिर B से उत्तर दिशा में C की ओर 5 किमी/घण्टा से जाता है। यदि $AB = 12$ किमी, $BC = 5$ किमी तब A से C की ओर चाल होगी?

(a) $\dfrac{17}{9}$ किमी/घण्टा और $\dfrac{13}{9}$ किमी/घण्टा
(b) $\dfrac{13}{4}$ किमी/घण्टा और $\dfrac{17}{4}$ किमी/घण्टा
(c) $\dfrac{17}{4}$ किमी/घण्टा और $\dfrac{13}{4}$ किमी/घण्टा
(d) $\dfrac{13}{9}$ किमी/घण्टा और $\dfrac{17}{9}$ किमी/घण्टा

12. वेग $\dfrac{1}{4}$ मीटर/सेकण्ड को दो अवयव में विभक्त करो, जो OA और OB दिशा में लगे। दोनों अवयव ज्ञात वेग से 30° और 45° का कोण बनाते है। OB दिशा में अवयव होगा

(a) $\dfrac{1}{4}$ मीटर/सेकण्ड (b) $\dfrac{1}{4}(\sqrt{3}-1)$ मीटर/सेकण्ड
(c) $\dfrac{1}{8}$ मीटर/सेकण्ड (d) $\dfrac{1}{8}(\sqrt{6}-\sqrt{2})$ मीटर/सेकण्ड

13. समान परास R और समान प्रारम्भिक वेग u के लिए t_1 और t_2 दो कणों का उड्डयन काल है, तब $t_1^2+t_2^2$ बराबर होगा?

(a) $\dfrac{u^2}{2g}$ (b) $\dfrac{4u^2}{g^2}$
(c) $\dfrac{u^2}{g}$ (d) 1

14. एक छिपकली कीड़े से 21 सेमी पीछे है। वह विराम से 2 सेमी/सेकण्ड के त्वरण से चलती है। 20 सेमी/सेकण्ड सरल रेखा पर चलते हुए कीड़े को कितने समय बाद पकड़ेगी?

(a) 1 सेकण्ड (b) 20 सेकण्ड
(c) 24 सेकण्ड (d) 21 सेकण्ड

15. दो बिन्दु A और B विराम से प्रारम्भ कर सरल रेखा के अनुदिश नियत त्वरण f और f' से चलते हैं। यदि A, B से m सेकण्ड अधिक समय लेता है और B से n मात्रक अधिक दूरी तय कर, दोनों एक जैसी गति पाते है, तब–

(a) $(f+f')m^2=ff'n$ (b) $(f-f')m^2=ff'n$
(c) $(f'-f)n=\dfrac{1}{2}ff'm^2$ (d) $\dfrac{1}{2}(f+f')m^2=ff'n$

16. एक कण बिन्दु O पर क्षैतिज से 60° पर u वेग से प्रक्षेपित होता है। जब वह O की दिशा से समकोण दिशा में जाये, तो वेग होगा?

(a) $\dfrac{u}{2}$ (b) $\dfrac{u}{3}$
(c) $\dfrac{u}{\sqrt{3}}$ (d) $\dfrac{2u}{3}$

17. एक कण समान परिमाण के दो वेगों से जिनके बीच कोण θ है। यदि उनमें से एक को आधा करें, तो मूल परिणामी और दूसरे वेग के बीच कोण नये परिणम से अर्धक होगा, तब θ का मान होगा?

(a) 90° (b) 120°
(c) 45° (d) 60°

18. एक पिण्ड गुरुत्वीय त्वरण के अधीन वरिम किसी ऊँचाई से गिराया गया जो बिन्दु P से गुजरता है। P से 400 मीटर की दूरी 4 सेकण्ड में गिरता है। यदि $g = 10$ मीटर/सेकण्ड^2, तब P के ऊपर की ऊँचाई जहाँ से पिण्ड को गिराया गया होगा?

(a) 720 मीटर (b) 900 मीटर
(c) 320 मीटर (d) 680 मीटर

19. दो बल PN और $3N$ का परिणामी बल $7N$ है। यदि बल $3N$ की दिशा विपरीत कर दें। तब परिणामी $\sqrt{19}N$ होगा। P का मान होगा?

(a) 6N (b) 3N
(c) 4N (d) 5N

20. एक कण प्रक्षेप्य बिन्दु से a की दूरी पर स्थित b ऊँची दीवार को पार करता है। तथा जीमन पर प्रक्षेप्य बिन्दु से c की दूरी पर गिरता है। प्रक्षेप्य कोण का मान होगा?

(a) 45° (b) $\tan^{-1}\dfrac{bc}{a(c-a)}$
(c) $\tan^{-1}\dfrac{bc}{a}$ (d) $\tan^{-1}\dfrac{b}{ac}$

उत्तरमाला

1. (b)	**2.** (a)	**3.** (a)	**4.** (a)	**5.** (c)	**6.** (a)	**7.** (d)	**8.** (c)	**9.** (c)	**10.** (c)
11. (c)	**12.** (d)	**13.** (b)	**14.** (d)	**15.** (c)	**16.** (c)	**17.** (b)	**18.** (a)	**19.** (d)	**20.** (b)

संकेत एवं हल

1. (b) $u+\frac{1}{2}f.5=10$

$u+\frac{1}{2}f.7=12$

$\therefore \quad f=2, u=5$

2. (a) $5=\frac{1}{2}gt_1^2, \quad 20=\frac{1}{2}gt_2^2$

$\therefore \quad \frac{t_1^2}{t_2^2}=\frac{1}{4} \Rightarrow \frac{t_1}{t_2}=\frac{1}{2}$

3. (a) $d=\frac{1}{2}gt_1^2=\frac{1}{2}g\cos 60°.t_2^2$

$\therefore \quad \frac{t_1}{t_2}=\frac{1}{\sqrt{2}}$

4. (a) $\frac{2u^2\sin\alpha\cos\alpha}{g}=24$

$\frac{u^2\sin^2\alpha}{2g}=8$

भाग करने पर,

$\tan\alpha=\frac{4}{3} \quad \therefore \quad \sin\alpha=\frac{4}{5}=0.8$

$u^2.\frac{16}{25}=8\times 2g$

$\therefore \quad u=5\sqrt{g}$

5. (c) गेंद क्षैतिज समतल पर $u=\sqrt{2gh}$ वेग से टकरायेगी। टकराने के बाद इसका वेग eu होगा। समतल पर दूसरी बार गिरने पर गेंद का वेग यही होगा और टकराने के बाद उसका वेग e^2u ऊर्ध्वाधरत: ऊपर की ओर होगा। अत: प्रत्येक संघट्ट के बाद उत्तरोत्तर वेग $eu, e^2u, e_3u, \ldots$ आदि होंगे।

यदि समतल से पहली बार टकराने के बाद गेंद h_1 ऊँचाई पर ऊपर जाता है, तो $0=(eu)^2=2gh_1$

$$h_1=\frac{(eu)^2}{2g}=e^2\left(\frac{u^2}{2g}\right)=e^2h$$

इसी प्रकार $h_2=e^4h, h_3=e^6h, \ldots$ आदि।

$\therefore$ गेंद द्वारा चलित कुल दूरी

$$=h+2h_1+2h_2+2h_3+\ldots$$
$$=h+2(e^2h+e^4h+e^6h+\ldots)$$
$$=h+2e^2h(1+e^2+e^4+\ldots)$$
$$=h+2e^2h\,\frac{1}{1-e^2}$$
$$=h\left(1+\frac{2e^2}{1-e^2}\right)=h\frac{1+e^2}{1-e^2}$$

6. (a) आदमी के सापेक्ष वर्षा का वेग

= वर्षा का वास्तविक वेग – आदमी का विपरीत दिशा में वेग

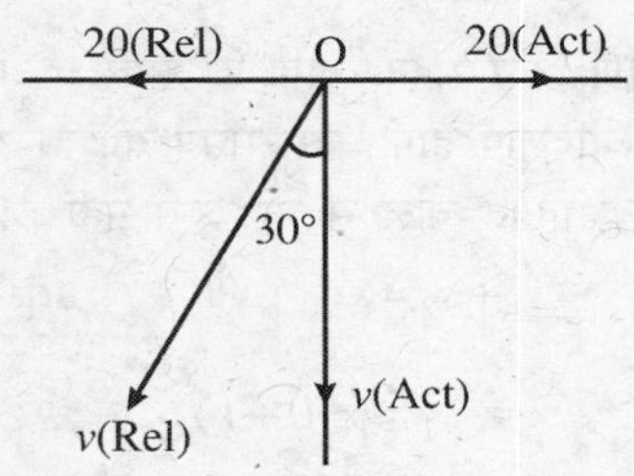

क्षैतिज एवं ऊर्ध्वाधर दिशाओं में वियोजित करने पर,

$V\cos 30°=u$

$V\sin 30°=20$

$\therefore \quad V=40$`

$\therefore \quad 40.\frac{\sqrt{3}}{2}=v \quad$ या $\quad v=20\sqrt{3}$

7. (d) ज्ञात है कुल दूरी = 50 किमी, साईकिल की पहली 10 किमी में चाल = 20 किमी/घण्टा, अगले 12 किमी तय करने में लगा समय = 1 घण्टा अगले 24 किमी में चाल = 8 किमी/घसटा और बाद के 4 किमी में चाल = 8 किमी/घण्टा है। हम जानते हैं पहले 10 किमी तय करने में लगा समय $=\frac{10}{20}=\frac{1}{2}$ घण्टे इसी प्रकार तीसरे 24 किमी तय करने में लगा समय $\frac{24}{8}=3$ घण्टे। बाद के 4 किमी तय करने में लगाा समय $=\frac{1}{2}$ घण्टा।

कुल समय $=\frac{1}{2}+1+3+\frac{1}{2}=5$ घण्टे

$\therefore$ माध्य चाल $= \dfrac{\text{कुल दूरी}}{\text{कुल समय}} = \dfrac{50}{5} = 10$ किमी/घण्टा

8. (c) माना v_1 और v_2 दो कणों के वेग है। t समय बाद

$$\therefore \quad v_1 = u, \qquad v_2 = ft$$

t समय बाद, दूसरे कण की आपेक्षिक चाल पहले के सापेक्ष

= विपरीत करने पर v_2 और v_1 के परिणामी की दिशा

= v_2 और v_1 का परिणामी

$\pi - \alpha$ कोण पर लगा है।

= V (माना)

$$\therefore \quad V^2 = v_1^2 + v_2^2 + 2v_1v_2\cos(\pi - \alpha)$$

या $$V^2 = u^2 + f^2t^2 - 2uft\cos\alpha$$

या $$V^2 = f^2\left(t - \frac{u}{f}\cos\alpha\right)^2 + u^2(1 - \cos^2\alpha)$$

या $$V^2 = f^2\left(t - \frac{u}{f}\cos\alpha\right)^2 + u^2\sin^2\alpha$$

$\therefore$ V न्यूनतम है अब $t - \dfrac{u}{f}\cos\alpha = 0$

अर्थात् V कम से $\dfrac{u\cos\alpha}{f}$ समय बाद

9. (c) माना त्वरण f और मंदन r लगा है। समय t_1 और t_2 के लिए और माना s_1, s_2 दिशाएँ होगी। उस समय वेग है। यदि V अधिकतम t_1 समय बाद, नियत चाल से कोई दूरी नहीं है।

$$\therefore \quad s_1 + s_2 = s \quad \text{और} \quad t_1 + t_2 = t$$

और $$s_1 = \frac{1}{2}(0 + V)\,t_1, \qquad V^2 = 0 + 2fs_1$$

$$s_2 = \frac{1}{2}(V + 0)\,t_2, \qquad 0 = V^2 - 2rs_2$$

$$\therefore \quad s = s_1 + s_2 = \frac{1}{2}V(t_1 + t_2) = \frac{1}{2}Vt \qquad \text{...(i)}$$

और $$s = s_1 + s_2 = \frac{1}{2}V^2(1/f + 1/r) \qquad \text{...(ii)}$$

V समीकरण (i) और (ii) से V विलुप्त करने पर,

$$s = \frac{1}{2}(2s/t)^2(1/f + 1/r)$$

$$\Rightarrow \quad t = \sqrt{[2s(1/f + 1/r)]}$$

10. (c) पहले पत्थर के लिए क्षैतिज प्रेक्षप्य

$$h = 0 + \frac{1}{2}gt_1^2$$

$$\therefore \quad t_1 = \sqrt{(2h/g)}$$

$$\therefore \quad OP = ut_1 = u\sqrt{(2h/g)}$$

दूसरा पत्थर θ कोण से प्रक्षेपित किया गया

$$h = -u\sin\theta t_2 + \frac{1}{2}gt_2^2 \qquad \text{...(i)}$$

और $$OP = u\cos\theta.\, t_2 = u\sqrt{(2h/g)}$$

$$\Rightarrow \quad t_2 = \sqrt{(2h/g)}.\sec\theta$$

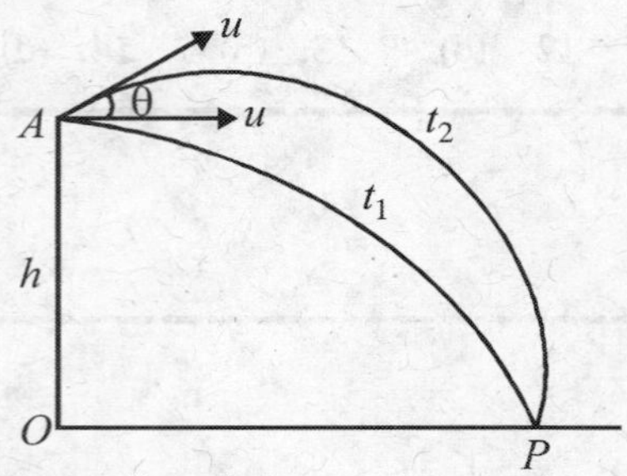

समीकरण (i) में रखने पर,

$$h = -u\tan\theta.\sqrt{(2h/g)} + h\sec^2\theta$$

या $$u\tan\theta.\sqrt{(2h/g)} = h(\sec^2\theta - 1) = h\tan^2\theta$$

या $$\tan\theta = u\sqrt{(2/gh)}$$

11. (c) यहाँ $\quad s_1 = AB = 12 \qquad s_2 = BC = 5$

$$t_1 = A \text{ से } B \text{ का समय} = \frac{12}{4} = 3 \text{ घण्टे}$$

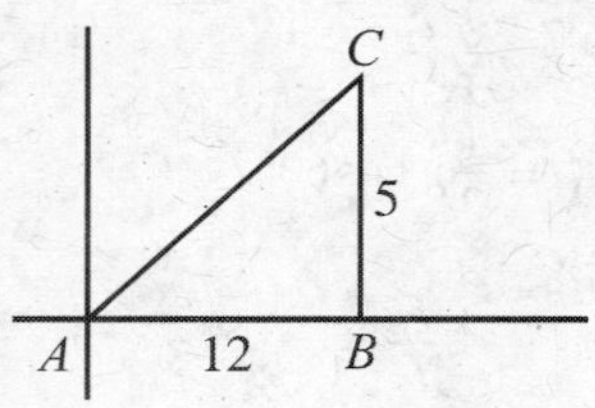

$$t_2 = B \text{ से } C \text{ का समय} = \frac{5}{5} = 1 \text{ घण्टे}$$

$\therefore$ औसत चाल $= \dfrac{s_1 + s_2}{t_1 + t_2} = \dfrac{17}{4}$ किमी/घण्टा

A से C की औसत चाल

$= \dfrac{AC}{t_1 + t_2} = \dfrac{\sqrt{(12^2 + 5^2)}}{3 + 1} = \dfrac{13}{4}$ किमी/घण्टा

12. (d) माना u और v के OA और OB दिशा में घटक है। तब ΔOAC में

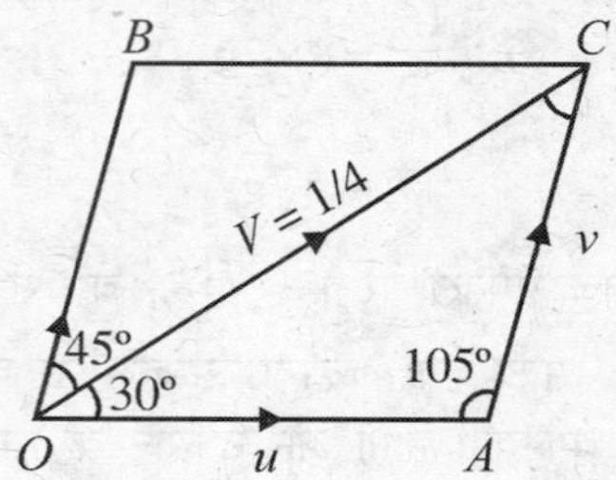

$$\frac{v}{\sin 30^\circ} = \frac{V}{\sin 105^\circ}$$

$$\Rightarrow \quad v = \frac{(1/4)\sin 30^\circ}{\sin(60^\circ + 45^\circ)} = \frac{\left(\frac{1}{8}\right)}{\frac{\sqrt{3}}{2}\cdot\frac{1}{\sqrt{2}} + \frac{1}{2}\cdot\frac{1}{\sqrt{2}}}$$

$$= \frac{1}{4} \cdot \frac{\sqrt{2}}{\sqrt{3}+1} = \frac{1}{4} \cdot \frac{\sqrt{2}(\sqrt{3}-1)}{(\sqrt{3}+1)(\sqrt{3}-1)}$$

$$= \frac{1}{8}(\sqrt{6}-\sqrt{2}) \text{ मीटर/सेकण्ड}$$

13. (b) समान परास और समान प्रारम्भिक वेगों के लिये दो कणों का प्रेक्षप कोण α और $(90^\circ - \alpha)$ है।

$$\therefore \quad t_1 = \frac{2u \sin\alpha}{g}, \quad t_2 = \frac{2u \sin(90^\circ - \alpha)}{g} = \frac{2u\cos\alpha}{g}$$

$$\therefore \quad t_1^2 + t_2^2 = \frac{4u^2}{g^2}$$

14. (d) माना छिपकली कीडे C को पकडती है और कीड़े द्वारा तय दूरी $= S$

कीड़े द्वारा लिया गया समय $t = \frac{S}{20}$ ...(i)

छिपकली द्वारा तय की दूरी $= 21 + S$

$$21 + S = \frac{1}{2}(2).t^2 \quad \text{...(ii)}$$

$\Rightarrow \quad 21 + 20\,t = t^2$ (समीकरण (i) से)

$\Rightarrow \quad t^2 - 20\,t - 21 = 0 \Rightarrow (t+1)(t-21) = 0$

$\Rightarrow \quad t = 21$ सेकण्ड

15. (c) $f'\,t = f(t+m) \quad \Rightarrow \quad t = fm/(f'-f)$

तथा $\quad n + \frac{1}{2}f'\,t^2 = \frac{1}{2}f(t+m)^2$

$\therefore \quad 2(f'-f)\,n = m^2 ff'$

16. (c) ज्ञात है। $\vec{u} \perp \vec{v}$

$\vec{u}$ क्षैतिज से 60° का कोण ऊपर की ओर बनता है। इसलिए $\vec{v}$ क्षैतिज से नीचे की दिशा में 30° का कोण बनायेगा। चित्र में दिखाये गये।

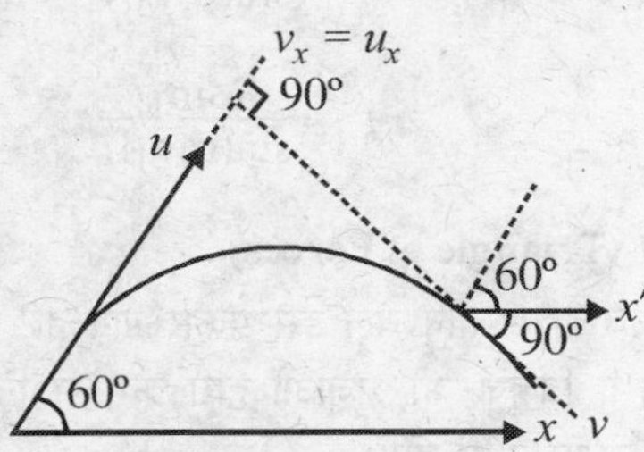

$\therefore \quad v\cos 30^\circ = u\cos 60^\circ$

$\Rightarrow \quad \frac{\sqrt{3}v}{2} = \frac{u}{2} \qquad v = \frac{u}{\sqrt{3}}$

17. (b) $$\tan(\theta/4) = \frac{\frac{u}{2}\sin\theta}{u + \frac{u}{2}\cos\theta}$$

$$\Rightarrow \quad 2\sin\frac{\theta}{4} + \sin\frac{\theta}{4}\cos\theta = \sin\theta\cos\frac{\theta}{4}$$

$$\Rightarrow \quad 2\sin\frac{\theta}{4} = \sin\frac{3\theta}{4} = 3\sin\frac{\theta}{4} - 4\sin^3\frac{\theta}{4}$$

$$\Rightarrow \quad \sin\frac{\theta}{4}\left(4\sin^2\frac{\theta}{4} - 1\right) = 0 \quad \Rightarrow \quad \theta = 0$$

या $\quad \sin\frac{\theta}{4} = \frac{1}{2} \quad \Rightarrow \quad \theta = 120^\circ$

18. (a) $$OQ = h = \frac{1}{2}gt^2$$

$$OP = h + 400 = \frac{1}{2}g(t+4)^2$$

$\therefore \quad 400 = 8g + 4gt$

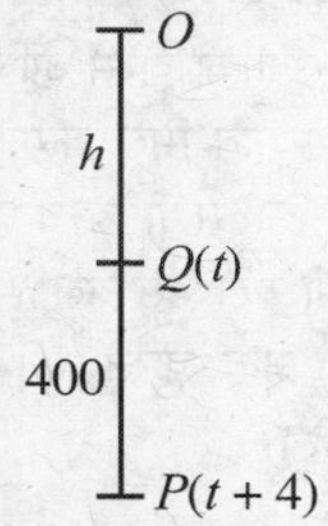

$\Rightarrow \quad t = 8$ सेकण्ड

$\Rightarrow \quad h = \frac{1}{2} \times 10 \times 64 = 320$

$\therefore \quad OP = 400 + 320 = 720$ मीटर

19. (d)

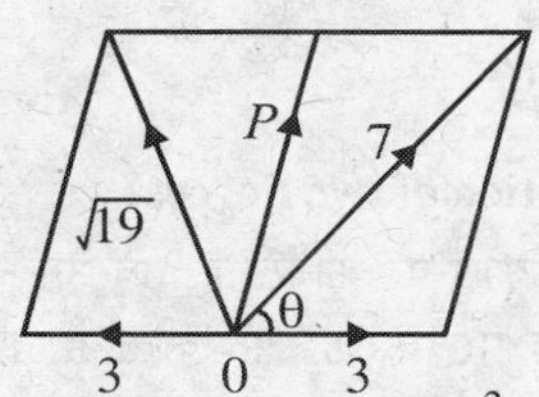

$$49 = P^2 + 9 + 6P\cos\theta$$
$$19 = P^2 + 9 - 6P\cos\theta$$

$\Rightarrow \quad P^2 = 25$

$\Rightarrow \quad P = 5N$

20. (b) $b = a\tan\alpha - \frac{1}{2}g\frac{a^2}{u^2\cos^2\alpha}$

तथा $\quad c = \frac{u^2 \sin 2\alpha}{g}$

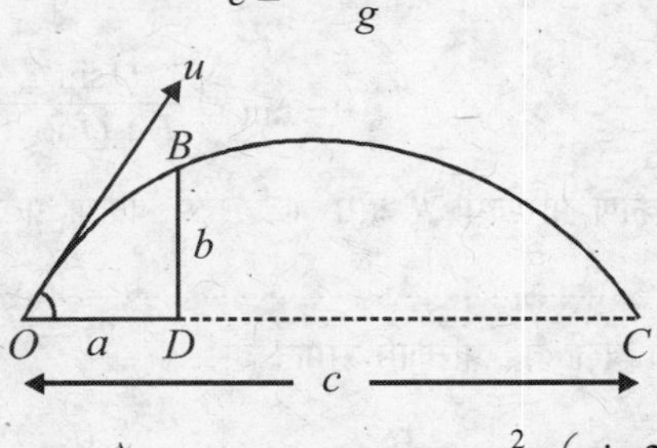

$$b = a\tan - \alpha - \frac{a^2 g}{2}\left(\frac{\sin 2\alpha}{cg}\right)\sec^2\alpha$$

$$b = a\tan\alpha - \frac{a^2}{2c}2\tan\alpha$$

$$\Rightarrow \left(a - \frac{a^2}{c}\right)\tan\alpha = b.$$

□□□

स्थिति विज्ञान (Statics) 31

परिणामी बल (Resultant Force)

यदि किसी दृढ़ पिण्ड पर दो या दो से अधिक बल P_1, P_2, P_3 .... इस प्रकार लगाये कि उनका प्रभाव मिल कर किसी एक बल R के प्रभाव के बराबर हो, तो बल R उन सभी बलों का परिणामी (Resultant) कहलाता है और लगे हुए सभी बल उस बल R के अवयव (Component) कहलाते हैं। परिणामी बल ज्ञात करने की क्रिया, बलों का संयोजन (Composition) कहलाती है।

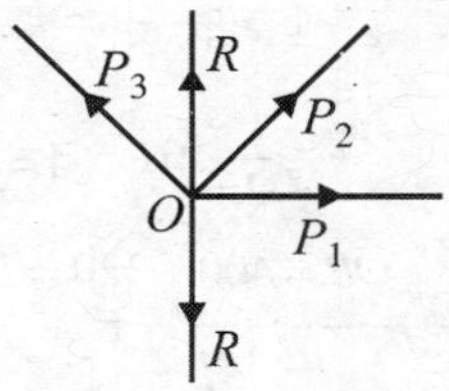

दो बलों का संयोजन (Composition of two Forces)

यदि दो बल एक बिन्दु पर α कोण पर कार्यरत हैं, तब उनके परिणामी R को चित्रानुसार समान्तर चतुर्भुज पूरा करके ज्ञात करते हैं तथा

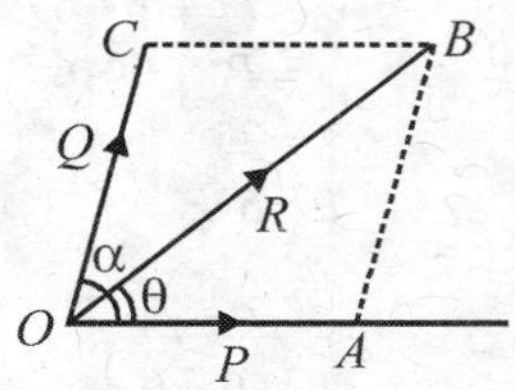

$$R = \sqrt{P^2 + Q^2 + 2PQ\cos\alpha}$$

$$\theta = \tan^{-1}\left(\frac{Q\sin\alpha}{P + Q\cos\alpha}\right)$$

जहाँ θ कोण परिणामी R द्वारा बल P से बनाया गया है।

नोट//

- यदि दोनों बलों का परिणाम समान हों,

  तब, $R = 2P\cos\frac{\alpha}{2}$ तथा $\theta = \frac{\alpha}{2}$

- यदि दोनों बल एक ही दिशा में हों,

  तब, $R = P + Q$ तथा $\theta = 0°$

- यदि दोनों बल विपरीत दिशा में कार्यरत हो,

  तब, $R = P - Q$ तथा $\theta = 180°$

- यदि दोनों बल परस्पर लम्ब हों,

  तब, $R = \sqrt{P^2 + Q^2}$

  तथा $\theta = \tan^{-1}\left(\frac{Q}{P}\right)$

दो दिशाओं में किसी बल के घटक (Components of a FOrce in Two Directions)

माना R एक बल है, जो परिमाण और दिशा में OC द्वारा निरूपित किया गया है।

$\angle COL = \alpha$ तथा $\angle COM = \beta$

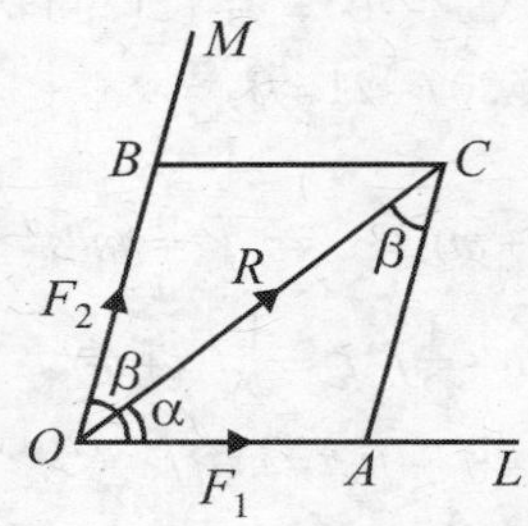

$$\frac{OA}{\sin\beta} = \frac{AC}{\sin\alpha} = \frac{OC}{\sin[180° - \alpha - \beta]}$$

अर्थात् $$F_1 = \frac{R\sin\beta}{\sin(\alpha+\beta)}$$

तथा $$F_2 = \frac{R\sin\alpha}{\sin(\alpha+\beta)}$$

बलों का त्रिभुज (Triangle of Forces)

यदि किसी बिन्दु पर तीन बल इस प्रकार लगे हों, कि उन्हें परिमाण और दिशा में किसी त्रिभुज की भुजाओं द्वारा क्रम से निरूपित किया जा सके, तो वे बल सन्तुलन में होंगे।

लामी का प्रमेय (Lami's Theorem)

यदि किसी बिन्दु पर क्रिया करते हुए तीन बल सन्तुलन में हों, तो उनमें से प्रत्येक बल का परिमाण शेष दो बलों के बीच के कोण के ज्या (Sine) के समानुपाती होता है।

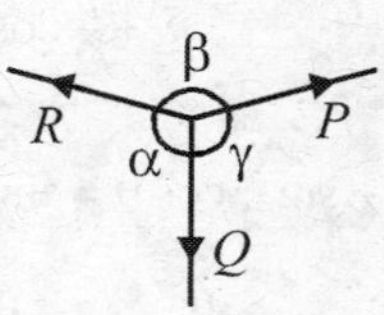

यदि तीन बल P, Q व R सन्तुलन में हो,

तो, $$\frac{P}{\sin\alpha} = \frac{Q}{\sin\beta} = \frac{R}{\sin\gamma}$$

किसी बिन्दु पर लगे हुए बहुत से एक समतलीय बलों का परिणामी ज्ञात करना

माना, कि बिन्दु O पर एक ही समतल में, बहुत से बल P_1, P_2, P_3..... लगे हुए हैं, जो O से जाने वाली क्षैतिज रेखा OX से क्रमश: θ_1, θ_2, θ_3.... कोण बनाते हैं। OX रेखा पर OY लम्ब खींचो।

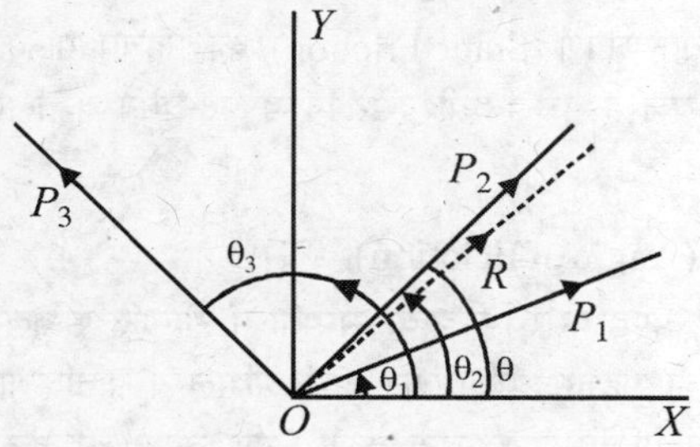

यदि इन सभी बलो का परिणामी R हो और वह OX से θ कोण बनाता हो, तो सभी बलों को OX तथा OY की दिशाओं में वियोजित करने पर,

$$R\cos\theta = P_1\cos\theta_1 + P_2\cos\theta_2 + P_3\cos\theta_3 + ...$$
$$= X \text{ (माना)} \qquad ...(i)$$

तथा $$R\sin\theta = P_1\sin\theta_1 + P_2\sin\theta_2 + P_3\sin\theta_3 + ...$$
$$= Y \text{ (माना)} \qquad ...(ii)$$

समीकरणों (i) तथा (ii) के वर्ग करके, जोड़ने पर,

$$R^2 = X^2 + Y^2 \quad \text{जिससे} \quad R = \sqrt{(X^2 + Y^2)}$$

और समीकरण (ii) को समीकरण (i) से भाग देने पर,

$$\tan\theta = \frac{Y}{X} \qquad \text{जिससे} \quad \theta = \tan^{-1}\left(\frac{Y}{X}\right)$$

नोट

- यदि सभी बल सन्तुलन में है, तो उनका परिणामी शून्य होगा, अर्थात् $R = 0 \quad \Rightarrow \quad X = 0$ तथा $Y = 0$
- यदि एक कण पर लगे एक समतलीय बलों के दो लम्बवत् दिशाओं में उनके वियोजित भागों का बीजीय योग अलग-अलग शून्य हो, तो वे बल सन्तुलन में होंगे।

समान्तर बल (Parallel Force)

1. यदि A और B पर क्रिया कर रहे समदिश (Like) समान्तर बल P और Q का परिणामी R है। जो C पर इस प्रकार क्रिया करता है।

$$R = (P + Q)$$

$$\frac{P}{BC} = \frac{Q}{AC} = \frac{P+Q}{AB}$$

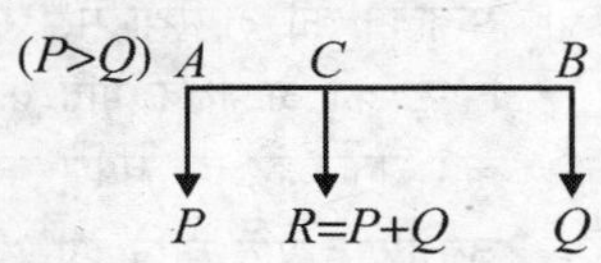

2. यदि A और B पर क्रिया कर रहे दो असमान प्रतिदिश (Unlike) समान्तर बलों P और $Q\ (P > Q)$ का परिणामी R है। जो C पर बड़े बल की दिशा में इस प्रकार क्रिया करता है।

$$R = (P - Q)$$

$$\frac{P}{BC} = \frac{Q}{AC} = \frac{(P-Q)}{AB}$$

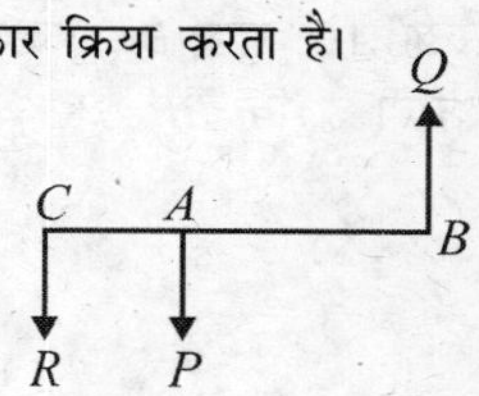

आघूर्ण (Moments)

O के परित: बल F का आघूर्ण $= F \,.\, d$

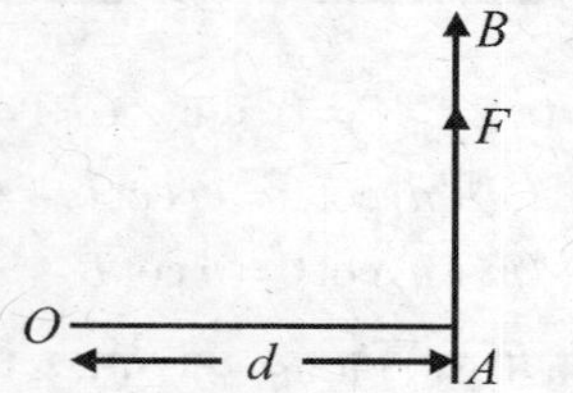

नोट

- किसी बल का उसकी क्रिया रेखा पर स्थित प्रत्येक बिन्दु के सापेक्ष आघूर्ण हमेशा शून्य होता है।

आघूर्ण के प्रकार

आघूर्ण दो प्रकार के होते है।

1. **धनात्मक आघूर्ण (Positive moments) :** किसी बल का दिए हुए बिन्दु O के सापेक्ष आघूर्ण धनात्मक होगा, जब बल की उस बिन्दु के परित: घुमाने की प्रवृत्ति वामावर्त्त हो।
2. **ऋणात्मक आघूर्ण (Negative moments) :** किसी बल का दिए हुए बिन्दु O के सापेक्ष आघूर्ण ऋणात्मक होगा, जब बल की बिन्दु O के परित: घुमाने की प्रवृत्ति दक्षिणावर्त हो।

बलयुग्म (Couple)

दो परिणामी में समान, समान्तर तथा प्रतिदिश बल दो विभिन्न बिन्दुओं पर लगे हों, तो उस युग्म को बलयुग्म कहते हैं।

बलयुग्म के दो बलों की क्रिया रेखाओं के बीच की दूरी बलयुग्म की बाहु (Arm of the couple) कहलाती है।

बलयुग्म का आघूर्ण (Moment of the Couple)

बलयुग्म के बल के परिमाण तथा उसके बाहु की लम्बाई के गुणनफल को बलयुग्म का आघूर्ण कहते हैं।

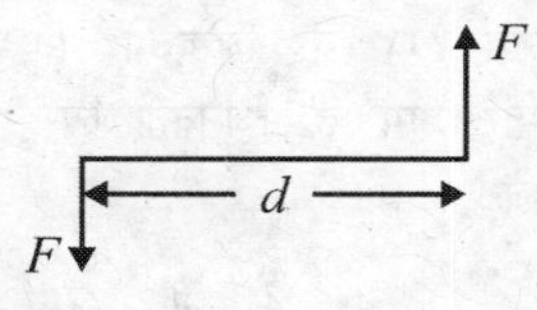

बलयुग्म का आघूर्ण $= F \,.\, d$

वेरिगनन का प्रमेय–

बलों के सममतल में स्थित किसी बिन्दु के सापेक्ष दो बलों के आघूर्णों का बीजीय योग, उस बिन्दु के सापेक्ष उनके परिणामी के आघूर्ण के बराबर होता है।

त्रिकोणमितीय प्रमेय (Trigonometrical Theorem)

माना एक त्रिभुज ABC के आधार BC पर एक बिन्दु P ऐसा है, कि

रेखा AP, भुजा BC को दो भागों BP और PC में इस प्रकार विभाजित करती है, कि $BP : PC = m : n$

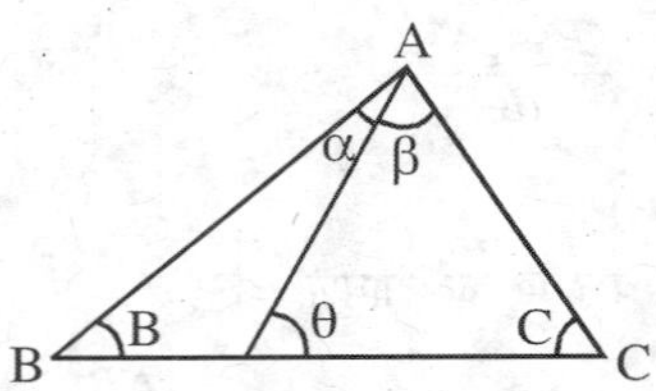

यदि $\angle BAP = \alpha, \angle CAP = \beta$ तथा $\angle CPA = \theta$ हो, तो,

$$(m+n)\cot\theta = m\cot\alpha - n\cot\beta \quad ...(i)$$

$$(m+n)\cot\theta = n\cot B - m\cot C \quad ...(ii)$$

समतल में स्थित कणों के निकाय का गुरुत्व केन्द्र–

माना एक समतल में स्थित n बिन्दुओं $A, B, C, ...$ पर क्रमशः $w_1, w_2, ..., w_n$ भार के कण स्थित हैं। समकोणीय अक्ष OX व OY के सापेक्ष इन बिन्दुओं के निर्देशांक $(x_1, y_1), (x_2, y_2), (x_3, y_3), ..., (x_n, y_n)$ है तथा माना निकाय का गुरुत्व केन्द्र G है, जिसके निर्देशांक $(\bar{x}, \bar{y})$ है। जिस पर भार $(w_1 + w_2 + ... + w_n)$ कार्य करेगा।

$$\bar{x} = \frac{w_1x_1 + w_2x_2 + ... + w_nx_n}{w_1 + w_2 + ... + w_n}$$

$$= \frac{\sum w_nx_n}{\sum w_n}$$

तथा

$$\bar{y} = \frac{w_1y_1 + w_2y_2 + ... + w_ny_n}{w_1 + w_2 + ... + w_n}$$

$$= \frac{\sum w_ny_n}{\sum w_n}$$

नोट//

- तीन समतलीय बलों के अन्तर्गत एक दृढ़ पिण्ड का सन्तुलन : यदि एक दृढ़ पिण्ड तीन बलों के अन्तर्गत सन्तुलन में हो, तो तीनों बला एक बिन्दुगामी होंगे अथवा समान्तर होंगे।

एक सरल रेखा में स्थित कणों के निकाय का गुरुत्व केन्द्र–

माना सरल रेखा OX के बिन्दुओं $A_1, A_2, ..., A_n$ पर क्रमशः $w_1, w_2, ..., w_n$ भार लगे हैं जिनकी बिन्दु O से दूरियाँ क्रमशः $x_1, x_2, ..., x_n$ है। तब,

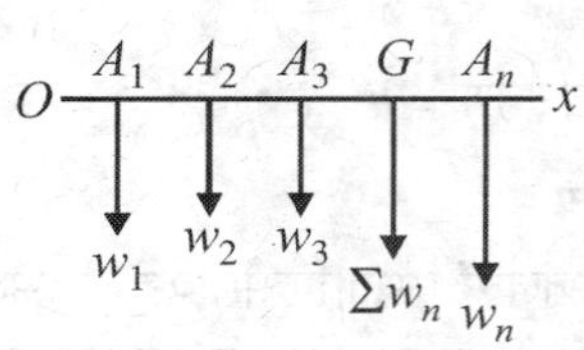

$$\bar{x} = \frac{w_1x_1 + w_2x_2 + w_3x_3 + ... + w_nx_n}{w_1 + w_2 + ... + w_n} = \frac{\sum w_nx_n}{\sum w_n}$$

घर्षण एवं घर्षण बल–

वह गुण जिसके प्रभाव से दो रूक्ष (rough) पिण्डों के बीच एक ऐसे बल की उत्पत्ति होती है जो एक पिण्ड को दूसरे पिण्ड पर फिसलने से रोकने की प्रवृत्ति रखता है, घर्षण (Friction) कहलाता है तथा अवरोधी बल जो सदैव उस दिशा की विपरीत दिशा में कार्य करता है जिसमें पिण्ड फिसलने या चलने की प्रवृत्ति रखता है, घर्षण बल (Force of fraction) कहलाता है।

गतिक घर्षण बल (Dynamic or Kinetic Friction)

गति की अवस्था में गति का विरोध करने वाले घर्षण बल को गतिक घर्षण बल कहते हैं।

सीमान्त घर्षण बल (Limiting Force of Friction)

यह स्थैतिक घर्षण (Static Friction) का महत्तम मान है। यह महत्तम गति विरोधी बल है, जो किसी दूसरे पिण्ड पर घूमने के लिए तत्पर पिण्ड पर कार्य करता है।

घर्षण कोण (Angle of Friction)

जब तक पिण्ड दूसरे पिण्ड के सम्पर्क में सीमान्त सन्तुलन की अवस्था में रखा जाए तो महत्तम घर्षण बल और अभिलम्ब प्रतिक्रिया के परिणामी द्वारा अभिलम्ब प्रतिक्रिया से बना कोण घर्षण कोण कहलाता है। इसे 'λ' से निरूपित करते हैं।

घर्षण गुणांक (Coefficient of Friction)

घर्षण कोण के tangent को अक्षर μ से निरूपित किया जाता है जिसे घर्षण गुणांक कहते हैं। अतः

$$\mu = \tan\lambda = \frac{\text{महत्तम घर्षण बल } F}{\text{अभिलम्ब प्रतिक्रिया } R}$$

इस प्रकार सीमान्त घर्षण बल F और अभिलम्ब प्रतिक्रिया R के अनुपात को घर्षण गुणांक μ कहते हैं।

महत्तम घर्षण बल $= R\tan\lambda = \mu R$

μ का मान पिण्ड के पदार्थ पर निर्भर करता है जिसका वह बना होता है और सामान्यतः यह मान 0 और 1 के बीच होता है। पूर्णतया चिकने पिण्डों के लिये यह मान 0 (शून्य) होता है। कुछ स्थितियों में यह 1 से भी अधिक हो सकता है।

घर्षण के नियम (Law of Friction)

1. जब दो पिण्ड सम्पर्क में हों, तो घर्षण बल सम्पर्क बिन्दु पर उस दिशा के विपरीत दिशा में कार्य करेगा जिसमें पिण्ड गति करना प्रारम्भ करता है।
2. जब पिण्ड गति करना प्रारम्भ करता है, तो उपरोक्त सीमान्त घर्षण नियम लागू रहता है और यह घर्षण, वेग से स्वतन्त्र रहता है।
3. पिण्डों की गति के दौरान घर्षण बल F और अभिलम्ब प्रतिक्रिया R का अनुपात, विरामावस्था की अपेक्षा कुछ कम होता है।
4. सन्तुलन की अवस्था में, इस घर्षण बल का परिमाण (Magnitude) पिण्ड की आपेक्षिक गति को रोकने के लिए पर्याप्त होता है, तब हम कह सकते हैं, कि घर्षण बल **स्वयं-समंजक** (Self-adjusting) है।
5. जब पिण्ड गति करने की सीमा पर होता है, तो घर्षण बल F सीमान्त होता है जिसका अभिलम्ब प्रतिक्रिया R के साथ अनुपात अचर होता है। यह अचर अनुपात μ द्वारा निरूपित किया जाता है। जिसका मान सामान्यतः 0 और 1 के बीच होता है। सीमान्त घर्षण का परिमाण

(magnitude) μR होता है, जहाँ R अभिलम्ब प्रतिक्रिया है।

सीमान्त घर्षण बल सम्पर्क में आये धरातलों के आकार और विस्तार पर निर्भर नहीं होता है, बशर्ते कि अभिलम्ब प्रतिक्रिया समान रहे।

पिण्ड को रूक्ष नत समतल पर ऊपर या नीचे खींचने के लिए आवश्यक न्यूनतम बल ज्ञात करना–

1. ऊपर की दिशा में गति के लिए :

$$P\cos\theta = \mu R + W\sin\alpha \quad \text{...(i)}$$

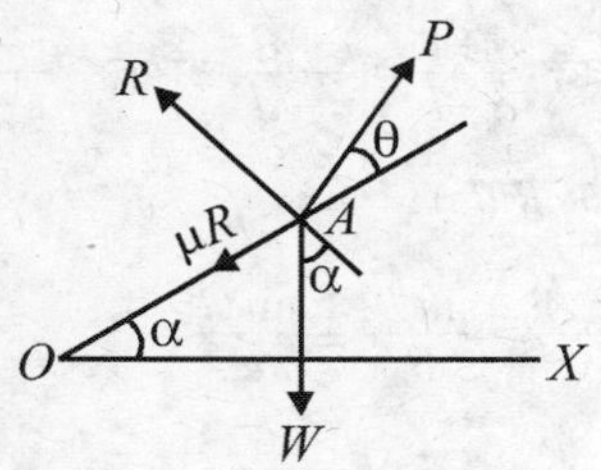

या $\mu R = P\cos\theta - W\sin\alpha$

तथा $P\sin\theta + R = W\cos\alpha$

या $R = W\cos\alpha - P\sin\theta \quad \text{...(ii)}$

(i) और (ii) से R का विलोपन करने पर

$$(P\cos\theta - W\sin\alpha) = \mu\,(W\cos\alpha - P\sin\theta)$$

या $P(\cos\theta + \mu\sin\theta) = W(\mu\cos\alpha + \sin\alpha)$

$\mu = \tan\lambda$ रखने पर

$$P\cos(\theta - \lambda) = W\sin(\alpha + \lambda)$$

या $P = \dfrac{W\sin(\alpha+\lambda)}{\cos(\theta-\lambda)} \quad \text{...(iii)}$

P न्यूनतम होगा, जब $\cos(\theta - \lambda)$ महत्तम हो,

अर्थात् $\cos(\theta-\lambda)=1$ या $\theta - \lambda = 0$

या $\theta = \lambda$

तब न्यूनतम बल $= W\sin(\alpha+\lambda)$

2. नीचे की दिशा में गति के लिए :

इस स्थिति में,

$$\mu R = P\cos\theta + W\sin\alpha$$

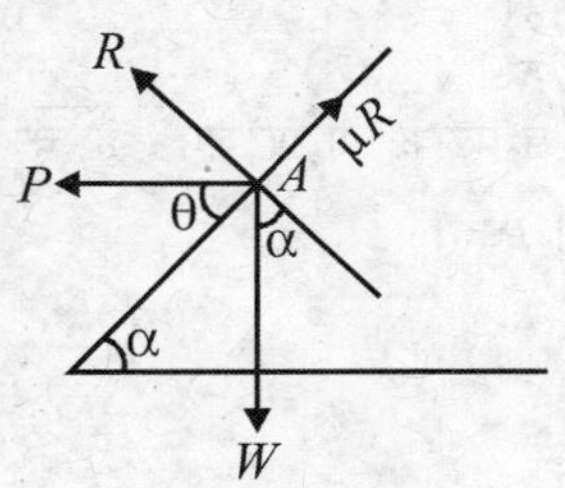

तथा $R + P\sin\theta = W\cos\alpha$

या $R = W\cos\alpha - P\sin\theta.$

R का विलोपन करने पर

$$(P\cos\theta + W\sin\alpha) = \mu\,(W\cos\alpha - P\sin\theta)$$

या $P(\cos\theta + \mu\sin\theta) = W(\mu\cos\alpha - \sin\alpha)$

$\therefore \quad P = W\cdot\dfrac{(\mu\cos\alpha - \sin\alpha)}{(\cos\theta + \mu\sin\theta)}$

जहाँ, $\mu = \tan\lambda$

या $P = W\cdot\dfrac{\sin(\lambda-\alpha)}{\cos(\theta-\lambda)}$

बल न्यूनतम होगा जब $\cos(\theta - 1) = 1$ या $\theta = 1$ तब इसका परिमाण $= W\sin(\lambda - \alpha)$.

गुरुत्व-केन्द्र (C.G.) से सम्बन्धित महत्त्वपूर्ण परिणाम–

1. **किसी त्रिभुजाकार समपटल** का गु० के० वही होता है जो उसके शीर्षों पर रखे हुए तीन बराबर भारों का गु० के० होता है।
2. **सर्वत्रसम छड़ (दण्ड)** का गु० के० उसका मध्य-बिन्दु होता है।
3. **त्रिभुजाकार समपटल** का गु० के० उसकी माध्यिकाओं का प्रतिच्छेद-बिन्दु अर्थात् केन्द्रक (centroid) होता है जो प्रत्येक माध्यिका को $2:1$ के अनुपात में विभाजित करता है। यदि किसी त्रिभुज के शीर्षों के निर्देशांक $(x_1, y_1), (x_2, y_2)$ और (x_3, y_3) हों, तो गु० के० के निर्देशांक $\left(\dfrac{\Sigma x_1}{3}, \dfrac{\Sigma y_1}{3}\right)$ होंगे।
4. **समान्तर चतुर्भुज, आयत और वर्गाकार पटल** का गु० के० विकर्णों का प्रतिच्छेद-बिन्दु होता है।

वृत्त (Circle)

1. **वृत्त के त्रिज्याखण्ड (Sector) :** जो केन्द्र पर 2α कोण अन्तरित करता है, का गु० के० सममित त्रिज्या पर केन्द्र से $\dfrac{2a}{3}\cdot\dfrac{\sin\alpha}{\alpha}$ दूरी पर होता है, जहाँ a त्रिज्या है और α रेडियन में है।
2. **अर्द्धवृत्ताकार चाप :** गु० के० सममित त्रिज्या पर केन्द्र से $\dfrac{2a}{\pi}$ दूरी पर होता है।
3. **वृत्तीय चाप (Circular arc)** जो केन्द्र पर 2α कोण अन्तरित करता है, का गु० के० सममित त्रिज्या पर केन्द्र से $a\cdot\dfrac{\sin\alpha}{\alpha}$ दूरी पर होता है, जहाँ a त्रिज्या है और α रेडियन में है।

खोखला अर्द्धगोला (Hemispherical shell)

1. **ठोस शंकु (Solid cone) :** इसके अक्ष पर आधार से $\dfrac{h}{4}$ दूरी पर (या शीर्ष से $\dfrac{3h}{4}$ दूरी पर)।
2. **खोखला शंकु (Conical shell) :** इसके अक्ष पर आधार से $\dfrac{h}{3}$ दूरी पर (या शीर्ष से $\dfrac{2h}{4}$ दूरी पर)।

कुछ महत्त्वपूर्ण तथ्य

1. (i) एक बिन्दु पर लगे दो बलों के किसी दिशा में वियोजित भागों का बीजीय योग उसी दिशा में उनके परिणामी के वियोजित भाग के बराबर होता है।

   (ii) किसी दिए हुए बल का किसी दी हुई दिशा में वियोजित वह घटक बल है, जो दी हुई दिशा की लम्ब दिशा में घटक बल से संयोजित होने पर हुए बल के तुल्य होता है।

2. (i) बलयुग्म के समतल में स्थित प्रत्येक बिन्दु के सापेक्ष उसके बलों के आघूर्णों का बीजीय योग उस बल युग्म के आघूर्ण के बराबर होता है।

   (ii) एक समतल में समान आघूर्ण वाले बलयुग्म समान होते हैं तथा परिमाण में समान और चिन्ह में विपरीत आघूर्ण वाले बलयुग्म एक समतल में परस्पर सन्तुलित होते हैं।

3. गति के आरम्भ होने पर घर्षण बल गति का विरोध करता है। इस अवस्था घर्षण बल को सर्पी घर्षण कहते हैं। सर्पी घर्षण बल का परिमाण अभिलम्ब प्रतिक्रिया के समानुपाती होता है परन्तु वास्तव में यह अनुपात सीमान्त घर्षण के समय जो अनुपात होता है उससे कुछ कम होता है।

4. सीमान्त घर्षण बल सम्पर्क में आये पिण्डों के धरातलों के आकार व विस्तार पर निर्भर नहीं होता है।

5. दो पिण्डों के सम्पर्क बिन्दु पर घर्षण बल दिशा इनके सम्पर्क बिन्दु पर उभयनिष्ठ स्पर्शी की दिशा में उस दिशा के ठीक विपरीत होगी जिसमें घर्षण की अनुपस्थिति में वह पिण्ड गतिमान होता है या गतिमान होने की प्रवृत्ति रखता है।

6. सम्पर्क में रखे दो पिण्डों की सन्तुलन की अवस्था में एक पिण्ड पर घर्षण बल का परिमाण उतना ही होगा जितना कि उस पिण्ड को गतिमान होने से रोकने के लिए पर्याप्त हो।

7. यदि किसी पिण्ड के दो भाग हों जिनके भार क्रमशः W_1 और W_2 तथा गु० के० G_1 और G_2 पर हों तथा $G_1\ G_2$ रेखा पर कोई बिन्दु O स्थित हो, तो उस सम्पूर्ण पिण्ड के गु० के० G की O से दूरी अर्थात्

$$OG = \frac{W_1 \cdot OG_1 + W_2 \cdot OG_2}{W_1 + W_2}$$

   (i) $GG_1 : GG_2 = W_2 : W_1$

   (ii) $GG_1 : G_1G_2 = W_2 : (W_1 + W_2)$

8. यदि किसी पिण्ड का भार W और उसके एक भाग का भार W_1 हो तथा इनके गु० के० क्रमशः G और G_1 पर स्थित हों और यदि इसके शेष भाग का गु० के० G_2 पर हो तो रेखा GG_1 में स्थित किसी बिन्दु O से G_2 की दूरी अर्थात्

$$OG_2 = \frac{W_1 \cdot OG - W_1 \cdot OG_1}{W - W_1}$$

   (i) $GG_2 : GG_1 = W_1 : (W - W_1)$

   (ii) $G_1G_2 : GG_1 = W_1 : (W - W_1)$

9. योगान्तरानुपात (*Componendo and Dividendo*) :

   यदि $\frac{a}{b} = \frac{c}{d}$, तब $\frac{a+b}{a-b} = \frac{c+d}{c-d}$, अथवा $\frac{a-b}{a+b} = \frac{c-d}{c+d}$

10. ज्या नियम (*Sine Rule*) :

$$\frac{\sin A}{a} = \frac{\sin B}{b} = \frac{\sin C}{c}$$

अथवा

$$\frac{a}{\sin A} = \frac{b}{\sin B} = \frac{c}{\sin C}$$

जबकि A, B, C किसी ΔABC के कोण तथा a, b, c क्रमशः उनकी सम्मुख भुजाओं की लम्बाईयाँ है।

11. एक समतल में लगे बहुत से बल युग्मों का परिमाणी एक बल युग्म होता है। जिसका आघूर्ण सभी बल युग्मों के आघूर्णों का बीजीय योग होता है।

12. यदि एक पिण्ड पर लगे तीन समतलीय बल परिमाण और दिशा में क्रम से ली गई त्रिभुज की तीन भुजाओं द्वारा निरूपित हो, तो वे एक बल युग्म बनाते हैं जिसका आघूर्ण त्रिभुज के क्षेत्रफल के दो गुने के बराबर होता है।

13. दृढ़ पिण्ड के किसी बिन्दु पर लगा एक बल उसी दृढ़ पिण्ड के दूसरे बिन्दु पर उसी के समान एक बल और एक बल-युग्म के समान होता है। इस बल युग्म का आघूर्ण उस बल के परिमाण तथा दूसरे बिन्दु से पहले बल की क्रिया रेखा की दूरी के गुणनफल के बराबर होता है।

14. यदि एक पिण्ड पर लगे एक समतलीय बल परिमाण और दिशा में क्रम से ली गई एक बहुभुज की भुजाओं द्वारा निरूपित हो, तो उनका परिणामी एक बल-युग्म होगा। जिसका आघूर्ण उस बहुभुज के क्षेत्रफल के दो गुने के बराबर होगा।

15. समान परिमाण F वाले $120°$ के कोण पर झुके बलों के परिणामी का मान F ही होता है।

16. दो बलों, जिसमें से प्रत्येक का परिणाम P है, के बीच कोण $\frac{2\pi}{3}$ होगा, यदि परिणाम भी P हो।

वस्तुनिष्ठ प्रश्न

1. एक बिन्दु पर क्रिया करते हुए दो बलों के परिमाणों का योग 18 है और इनके परिणामी का परिमाण 12 है। यदि परिणामी बल छोटे बल के साथ 90° का कोण बनाता है, तो उनके परिमाण होंगे–

(a) 5, 13 (b) 6, 12
(c) 3, 15 (d) 4, 14

2. एक बिन्दु O पर कार्यरत दो बलों P और Q के बीच का कोण 150° है। इनका परिणामी जो Q पर क्रिया करता है 2 इकाई परिमाण का है और P पर लम्ब है, तो P और Q के परिमाण होंगे–

(a) 3, 4 (b) 4, 5
(c) $2\sqrt{3}$, 4 (d) $\sqrt{(3/2)}$, 2

3. एक बिन्दु पर लगे 1, 2 और 3 न्यूटन के तीन बल एक समबाहु त्रिभुज की क्रम में ली गई भुजाओं के समान्तर हैं। इनके परिणामी का परिमाण है–

(a) $\frac{3}{2}$ न्यूटन (b) $\sqrt{3}$ न्यूटन
(c) $\frac{\sqrt{3}}{2}$ न्यूटन (d) 0

4. दो समदिश समान्तर बल P और Q एक दृढ़ पिण्ड के बिन्दुओं A और B पर क्रमानुसार क्रिया करते हैं। यदि P और Q की स्थिति आपस में बदल दी जाये, तो दिखाइये कि परिणामी का क्रिया-बिन्दु AB के अनुदिश d दूरी हट जायेगा, जहाँ $d=$

(a) $\frac{P-Q}{P+Q}AB$ (b) $\frac{P-Q}{2P+Q}AB$
(c) $\frac{P+Q}{P-Q}AB$ (d) $\frac{2P+Q}{2P-Q}AB$

5. एक लुहार एक हथौड़े को अपने कन्धे पर रखता है और हत्थे के हल्के सिरे को अपने हाथ से पकड़ता है। यदि वह अपने कन्धे पर हथौड़े की टेक की स्थिति बदलता है, और यदि उसके हाथ और टेक बिन्दु के बीच की दूरी x हो, तो कन्धे पर दबाव किसके समानुपाती होगा–

(a) $1/x$ (b) $1/x^2$
(c) x (d) x^2

6. 5 न्यूटन और 15 न्यूटन के दो समदिश समान्तर बल एक हल्के दण्ड के दो बिन्दुओं A और B पर जिनके बीच की दूरी 6 मी है क्रमानुसार लगे हैं। परिणामी बल एवं बिन्दु A से इसके क्रिया-बिन्दु की दूरी है–

(a) 20 न्यूटन; 1.5 मी (b) 10 न्यूटन; 1.5 मी
(c) 10 न्यूटन; 4.5 मी (d) 20 न्यूटन; 4.5 मी

7. एक चिकने नत समतल पर रखे m द्रव्यमान के छोटे पिण्ड P पर एक क्षैतिज बल F लगा है। समतल का क्षैतिज से झुकाव θ है। यदि बल F पिण्ड P को सन्तुलन में रखने के लिए पर्याप्त है, तो F का परिमाण है–

(a) $mg\cos\theta$ (b) $mg\tan\theta$
(c) $mg\cos^2\theta$ (d) $mg\sin^2\theta$

8. एक सर्वत्रसम सीढ़ी का आधार एक रूक्ष क्षैतिज भूमि पर है और उसका ऊपरी सिरा एक चिकनी ऊर्ध्वाधर दीवार पर टिका है। सीढ़ी का भार 400 इकाई है। 800 इकाई का एक आदमी सीढ़ी पर आधार से इसकी लम्बाई की चौथाई दूरी पर खड़ा है। यदि सीढ़ी क्षैतिज से 30° का कोण बनाती है, तो दीवार की प्रतिक्रिया होगी–

(a) $800\sqrt{3}$ (b) $400\sqrt{3}$
(c) 0 (d) $1200\sqrt{3}$

9. एक त्रिभुज के शीर्षों पर रखे हुए तीन बराबर भारों के कणों का गु० के० होता है त्रिभुज का–

(a) परिकेन्द्र (b) लम्बकेन्द्र
(c) अन्तः केन्द्र (d) केन्द्रक

10. दो बलों, जिनमें एक-दूसरे का दो गुणा है एक परिणामी 13 न्यूटन है। यदि उनमें से एक की दिशा बदल दी जाये व दूसरा बल न बदले, तो उनका परिणामी 9 न्यूटीन होगा। दोनों बलों के परिणाम होंगे?

(a) 5 N तथा 5 N (b) 5 N तथा 12 N
(c) 5 N तथा 5 N (d) 10 N तथा 15 N

11. एक बिन्दु पर कार्य करते हुए तीन बल 3N, 5N और 7N सन्तुलन में हैं। पहले दो बलों के बीच कोण होगा?

(a) 30° (b) 45°
(c) 60° (d) 90°

12. एक बलयुग्म का आघूर्ण $\vec{G}$ और $\vec{P}$ हैं। यदि $\vec{P}$ 90° घूम जाये जो बलयुग्म का आघूर्ण $\vec{H}$ होगा। यदि $\vec{P}$ कोण α घूम जाये, तो बलयुग्म का आघूर्ण होगा?

(a) $\vec{H}\cos\alpha+\vec{G}\sin\alpha$ (b) $\vec{G}\cos\alpha+\vec{H}\sin\alpha$
(c) $\vec{H}\sin\alpha-\vec{G}\cos\alpha$ (d) $\vec{G}\sin\alpha-\vec{H}\cos\alpha$

13. दो बलों $\vec{P}$ और $\vec{Q}$ का परिणामी $\vec{R}$ है। यदि $\vec{Q}$ को दुगुना कर दिया जाये, तो $\vec{R}$ भी दुगुना हो जाता है और यदि $\vec{Q}$ की दिशा उल्ट दी जाये, तो भी $\vec{R}$ दुगुना हो जाता है। तब $P^2 : Q^2 : R^2$ का मान होगा?

(a) 2 : 3 : 2 (b) 1 : 2 : 3
(c) 2 : 3 : 1 (d) 3 : 1 : 1

14. एक बिन्दु पर कार्यरत दो बलों का महत्तम परिणामी 4N है। यदि बलों के बीच कोण 90° हो, तो परिणामी 3N है बल होंगे?

(a) $(2+\frac{1}{2}\sqrt{2})N$ तथा $(2-\frac{1}{2}\sqrt{2})N$
(b) $(2+\sqrt{3})N$ तथा $(2-\sqrt{3})N$
(c) $(2+\sqrt{2})N$ तथा $(2-\sqrt{2})N$
(d) $(2+\frac{1}{2}\sqrt{3})N$ तथा $(2-\frac{1}{2}\sqrt{3})N$

15. समकोण त्रिभुज ΔABC, $\angle A = 90°$ और भुजायें a, b, c क्रमशः 5 सेमी, 4 सेमी, 3 सेमी है। बल $\vec{F}$ का शीर्ष A, B और C के सापेक्ष

आघूर्ण क्रमशः 0, 9 और 16 न्यूटन सेमी हो, तो बल $\vec{F}$ का परिमाण होगा?

(a) 5 (b) 4
(c) 3 (d) 9

16. तीन बल $\vec{P}, \vec{Q}, \vec{R}$, IA, IB, IC के सापेक्ष कार्यरत है। जहाँ I ΔABC का अन्तः केन्द्र है। बल साम्य अवस्था में हो, तो $P:Q:R$ होगा–

(a) $\sec\frac{A}{2}:\sec\frac{B}{2}:\sec\frac{C}{2}$

(b) $\sin\frac{A}{2}:\sin\frac{B}{2}:\sin\frac{C}{2}$

(c) $\cos\frac{A}{2}:\cos\frac{B}{2}:\cos\frac{C}{2}$

(d) $\text{cosec}\frac{A}{2}:\text{cosec}\frac{B}{2}:\text{cosec}\frac{C}{2}$

17. A और B दो समदिश समान्तर बल हैं। A और B के समतल में आघूर्ण H है A और B का परिणामी कितनी दूरी हटे की आघुर्ण वही रहे?

(a) $\frac{H}{A+B}$ (b) $\frac{2H}{A-B}$

(c) $\frac{H}{A-B}$ (d) $\frac{H}{2(A+B)}$

18. दो बलों, जो एक बिन्दु परी कार्यरत हैं, का परिणामी R है। यह (R) एक बल पर लम्ब है और मात्रा में दूसरे बल का 1/3 है। बड़े बल का छोटे बल से अनुपात होगा?

(a) $3:\sqrt{2}$ (b) $2:1$

(c) $3:2\sqrt{2}$ (d) $3:2$

19. समकोण त्रिभुज ABC में $\angle A$ समकोण है। $\overline{AB}\,\overline{AC}$ के सापेक्ष कार्यरत बलों का परिणाम $\frac{1}{AB}$ और $\frac{1}{AC}$ का परिणामी उस बल के बराबर होगा जो $\overline{AD}$, के सापेक्ष होगा जहाँ D, BC पर A से डाला गाया लम्ब का पाद है। परिणामी का परिण्णम होगा?

(a) $\frac{AB^2+AC^2}{(AB)^2(AC)^2}$ (b) $\frac{(AB)+(AC)}{AB+AC}$

(c) $\frac{1}{AB}+\frac{1}{AC}$ (d) $\frac{1}{AD}$

20. 13 किग्रा भार का पिण्ड 5 मीटर और 12 मीटर लम्बी दो डोरियों द्वारा 13 मीटर लम्बी छड़ के सिरों से बन्धा है। यदि छड़ इस प्रकार रखी जाये, कि पिण्ड उसके मध्य बिन्दु के छीक नीचे लटके तो डोरियों के तनाव होंगे?

(a) 5 किग्रा और 5 किग्रा (b) 5 किग्रा और 12 किग्रा
(c) 5 किग्रा और 13 किग्रा (d) 12 किग्रा और 13 किग्रा

उत्तरमाला

1. (a)	**2.** (c)	**3.** (b)	**4.** (a)	**5.** (a)	**6.** (d)	**7.** (d)	**8.** (b)	**9.** (d)	**10.** (c)
11. (c)	**12.** (b)	**13.** (a)	**14.** (a)	**15.** (a)	**16.** (c)	**17.** (a)	**18.** (c)	**19.** (d)	**20.** (b)

संकेत एवं हल

1. (a) $P+Q=18, \quad R=12, \quad \theta=90°$ (माना)

$\tan\theta=\tan 90°=\infty$

$\Rightarrow \quad P+Q\cos\alpha=0$

$\therefore \quad \cos\alpha=-\frac{P}{Q}$

तथा $12^2=P^2+Q^2+2PQ\cos\alpha$

या $144=P^2+Q^2+2P(-P)$

$=Q^2-P^2=(Q+P)(Q-P)$

या $144=18(Q-P)$

या $Q-P=8$

$\therefore \quad Q=13,\ P=5$

2. (c) $R=2, \theta=90°$

$\Rightarrow P+Q\cos\alpha=0$

$2^2=P^2+Q^2+2PQ\cos\alpha$

$\therefore \quad 4=P^2+Q^2+2P(-Q)$

या $4=Q^2-P^2$ ...(i)

तथा $P+Q\cos 150°=0$

$\Rightarrow \quad P=-\frac{Q\sqrt{3}}{2}$ इसे (i) में रखने पर

$4=Q^2-\frac{3Q^2}{4}=\frac{Q^2}{4}$

$\therefore \quad Q=4, \quad P=2\sqrt{3}$

3. (b)

4. (a) **प्रथम स्थिति :** $P.AC = Q.CB$ ...(i)

द्वितीय स्थिति : अब बलों को परस्पर बदल दिया जाता है तो माना परिणामी बिन्दु C' पर कार्य करता है, जहाँ $CC' = x$.

$\therefore \quad Q.AC' = P.C'B$

या $\quad Q(AC + x) = P(CB - x)$

या $\quad x(P+Q) = P.CB - Q.AC$ ...(ii)

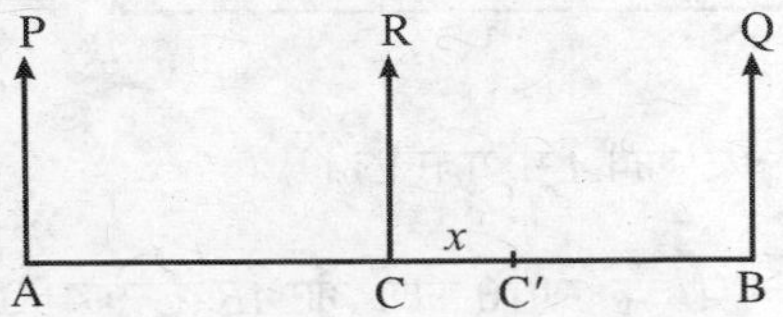

अब (i) से

$$\frac{CB}{P} = \frac{AC}{Q} = \frac{CB+AC}{P+Q} = \frac{AB}{P+Q} \quad ...(iii)$$

(iii) से CB और AC के मान (ii) में रखने पर

$$x(P+Q) = (P.P - Q.Q)\frac{AB}{P+Q}$$

$$= \frac{P^2 - Q^2}{P+Q} AB = (P-Q)AB$$

$$\therefore \quad x = \frac{P-Q}{P+Q} AB$$

5. (a) माना H (हाथ) पर लगा बल F है तथा कन्धे C पर दाब R है, जहाँ $HC = x$, अब F की उपेक्षा करने के लिए H के परितः आघूर्ण लेने पर,

$\therefore \quad W.AH = Rx$

$$\therefore \quad R = \frac{W.AH}{x}$$

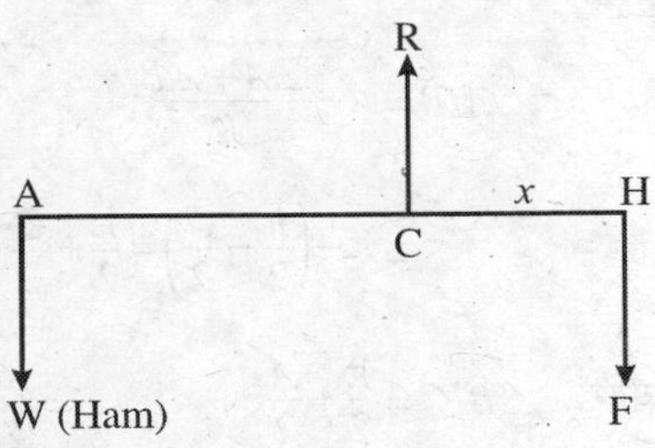

$\therefore \quad R \propto 1/x$

6. (d) यहाँ $AB = 6$ मी, $R = 5 + 15 = 20$ परिणामी है जो बड़े बल के निकट बिन्दु C पर कार्य करेगा, जहाँ $AC = x$.

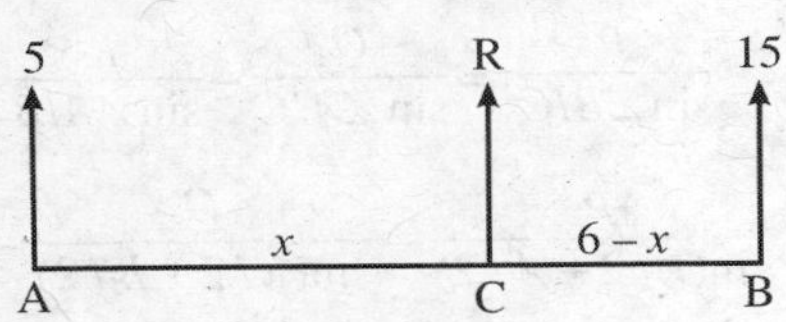

C पर आघूर्ण लेने पर, $5x = 15(6 - x)$

या $\quad 20x = 90$

$\therefore \quad x = 4.5$ मी

7. (d) $\quad R = mg\cos\theta$

$F\cos\theta = mg\sin\theta$

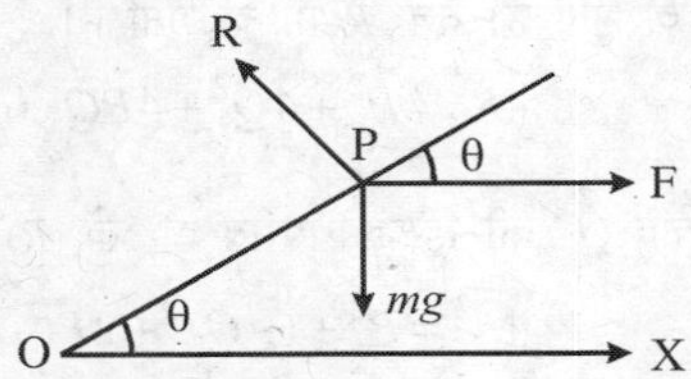

$\therefore \quad F = mg\tan\theta$

8. (b)

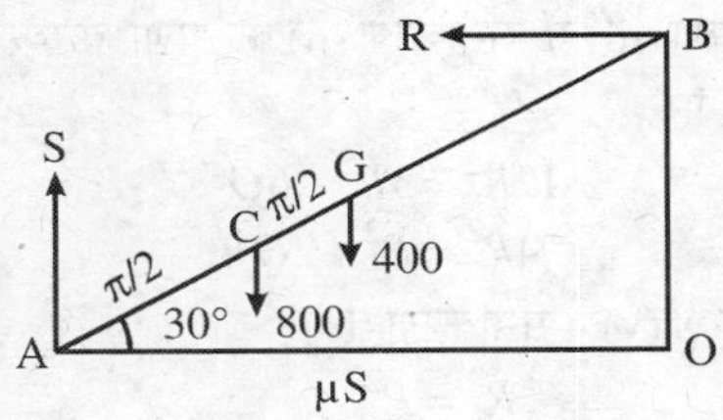

हमें दीवार पर प्रतिक्रिया R ज्ञात करनी है। A पर लगे बलों S और λS से बचने के लिए A पर आघूर्ण लेने पर

$$R.OB = 800.AC\cos 30° + 400\,AG\cos 30°$$

या $\quad R.AB\sin 30° = \left(800\frac{AB}{4} + 400\frac{AB}{2}\right)\cos 30°$

$\therefore \quad R = 400\cot 30° = 400\sqrt{3}$

9. (d) B और C पर रखे समान कणों के भार (प्रत्येक m) का परिणामी $2m$ बिन्दु D अर्थात् BC के मध्य-बिन्दु पर कार्य करेगा। अतः B और C पर रखे भारों का गु॰ के॰ D है।

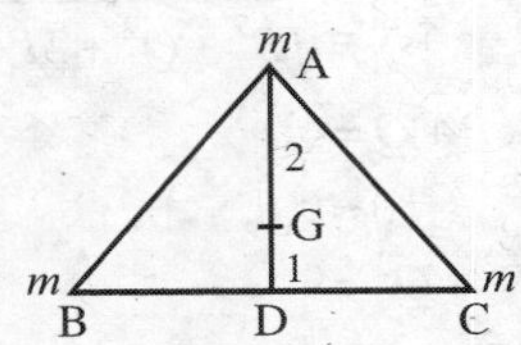

अब A पर रखे भार m और D पर $2m$ का गुरुत्व केन्द्र AD को 2 : 1 के अनुपात में विभाजित करेगा। अतः यह ΔABC के केन्द्रक है।

10. (c) 5 N और 10 N

11. (c) 60°

12. (b) $\vec{G} = \vec{r} \times \vec{P} = |\vec{r}||\vec{P}|\sin\theta\hat{n}$

$\vec{H} = |\vec{r}||\vec{P}|\sin(\theta + 90°)\hat{n} = |\vec{r}||\vec{P}|\cos\theta\hat{n}$

नये युग्म का आघूर्ण

$= |\vec{r}||\vec{P}|\sin(\theta+\alpha)\hat{n} = \vec{G}\cos\alpha + \vec{H}\sin\alpha$

13. (a) यदि $\vec{P}$ और $\vec{Q}$ के बीच कोण α हो, तब

$$R^2 = \sqrt{P^2 + Q^2 + 2PQ\cos\alpha} \quad ...(i)$$

यदि $\vec{Q}$ दो गुना है। तब $\vec{R}$ भी दो गुना है।

$$\Rightarrow \quad 4R^2 = P^2 + 4Q^2 + 4PQ\cos\alpha \quad ...(ii)$$

दोबारा यदि $\vec{Q}$ की दिशा विपरीत हो, तो $\vec{R}$ दो गुना होता है।

$$\Rightarrow \quad 4R^2 = P^2 + (-Q)^2 + 2P(-Q)\cos\alpha$$

$$4R^2 = P^2 + Q^2 - 2PQ\cos\alpha \quad ...(iii)$$

समीकरण (i) और (iii) जोड़ने पर

$$5R^2 = 2P^2 + 2Q^2 \quad ...(iv)$$

समीकरण (iii) में समीकरण (ii) की गुणा करके समीकरण (ii) में जोड़ने पर,

$$12R^2 = 3P^2 + 6Q^2$$

$$\Rightarrow \quad 4R^2 = P^2 + 2Q^2 \quad ...(v)$$

समीकरण (v) – समीकरण (iv)

$$\Rightarrow \quad R^2 = P^2$$

समीकरण (v) में मान रखने पर

$$4R^2 = R^2 + 2Q^2$$

$$3R^2 = 2Q^2 \qquad \frac{P^2}{2} = \frac{Q^2}{3} = \frac{R^2}{2}$$

$$\Rightarrow \quad P^2 : Q^2 : R^2 = 2 : 3 : 2$$

14. (a) माना P और Q बल हैं। हम जानते हैं।

$$R = \sqrt{P^2 + Q^2 + 2PQ\cos\theta}$$

जब $\theta = 0°$, $R = 4\,N$

$$\therefore \quad 4\,N = \sqrt{P^2 + Q^2 + 2PQ}$$

$$P + Q = 4 \quad ...(1)$$

जब $\theta = 90°$, $R = 3N$

$$P^2 + Q^2 = 9 \quad ...(2)$$

समीकरण (1) से

$$(P+Q)^2 = 16$$

$$\Rightarrow P^2 + Q^2 + 2PQ = 16$$

$$9 + 2PQ = 16 \quad \text{समीकरण (2) के प्रयोग से}$$

$$\Rightarrow \quad 2PQ = 7$$

अब $(P-Q)^2 = P^2 + Q^2 - 2PQ$

$$(P-Q)^2 = 9 - 7 \quad ...(3)$$

समीकरण (1) और समीकरण (3) को सरल करने पर

$$P = \left(2 + \frac{1}{2}\sqrt{2}\right)N$$

और $$\theta = \left(2 - \frac{1}{2}\sqrt{2}\right)N$$

15. (a) बल $\vec{F}$ का A के सापेक्ष आघूर्ण = 0

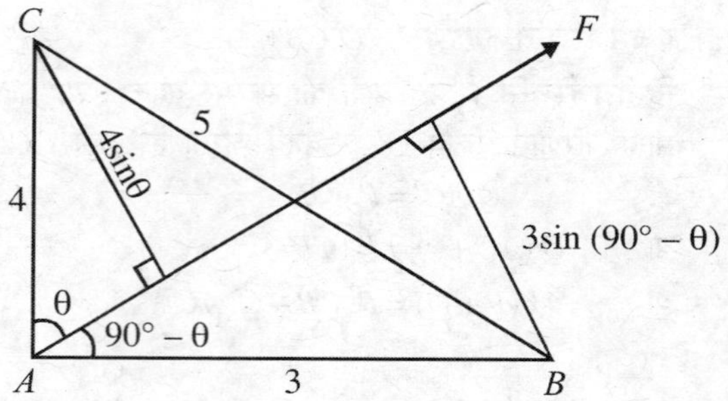

$\Rightarrow$ बल शीर्ष A से गुजरते हैं।

माना $\vec{F}$ AB के साथ θ कोण और AB के साथ $90° - \theta$ बनाती है।

बल $\vec{F}$ का C के सापेक्ष आघूर्ण = 9

$$\Rightarrow \quad F\,.\,3\cos\theta = 9$$

$$\Rightarrow \quad F\cos\theta = 3 \quad ...(1)$$

बल $\vec{F}$ का C के सापेक्ष आघूर्ण = 16

$$F\,.\,4\sin\theta = 16$$

$$\Rightarrow \quad F\sin\theta = 4 \quad ...(2)$$

समीकरण (1) और समीकरण (2) के वर्ग करके जोड़ने पर

$$F^2 = 3^2 + 4^4 \qquad F = 5$$

16. (c) तीन बल $\vec{P}, \vec{Q}$ और $\vec{R}$ IA, IB और IC के अनुदिश कार्यरत है। सन्तुलन में है।

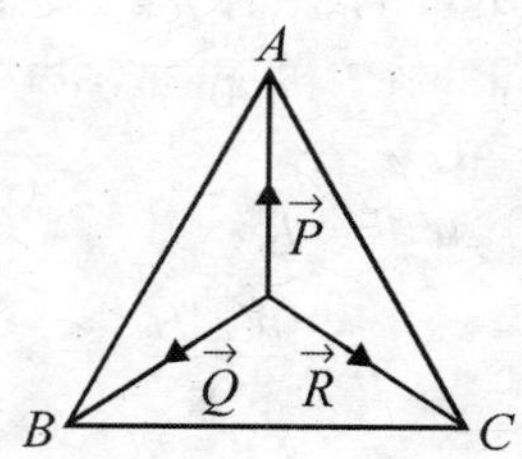

$$\angle AIB = \pi - \frac{\angle A + \angle B}{2}$$

$$= \pi - \left(\frac{\pi}{2} - \frac{C}{2}\right) = \frac{\pi}{2} + \frac{C}{2}$$

इसी प्रकार, $\angle BIC = \frac{\pi}{2} + \frac{A}{2}$

और $\angle AIC = \frac{\pi}{2} + \frac{B}{2}$

लामी प्रमेय से,

$$\frac{P}{\sin\angle BIC} = \frac{Q}{\sin\angle AIC} = \frac{R}{\sin\angle AIB}$$

$$\Rightarrow \quad \frac{P}{\sin(\pi/2 + A/2)} = \frac{Q}{\sin(\pi/2 + B/2)} = \frac{R}{\sin(\pi/2 + C/2)}$$

$$\Rightarrow \quad \frac{P}{\cos(A/2)} = \frac{Q}{\cos(B/2)} = \frac{R}{\cos(C/2)} = \lambda \text{ माना}$$

$$\Rightarrow \quad P = \lambda \cos\frac{A}{2}, \qquad Q = \lambda \cos\frac{B}{2},$$

$$R = \lambda \cos\frac{C}{2}$$

$$P : Q : R = \cos\frac{A}{2} : \cos\frac{B}{2} : \cos\frac{C}{2}$$

17. (a) माना A और B का परिणामी x द्वारा प्रतिस्थापित करने पर A और B का आघूर्ण नहीं बदलता है। अभीष्ट आघूर्ण

$$\therefore \quad Ax + Bx = H$$

$$\Rightarrow \quad x = \frac{H}{A+B}$$

18. (c) दिया है $\quad R = \dfrac{Q}{3}$

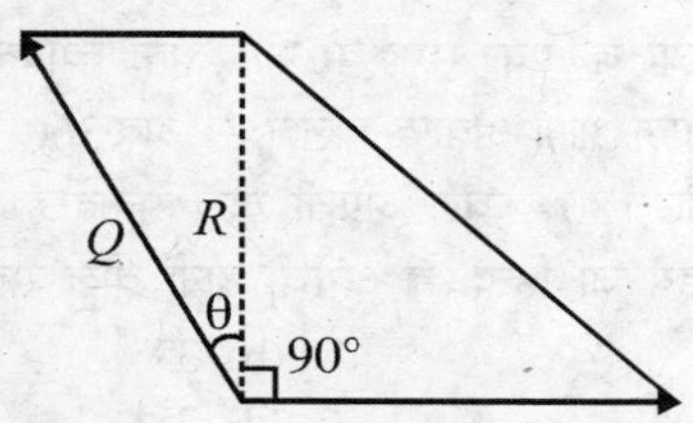

$$P = \frac{R\sin\theta}{\sin(90° + \theta)}$$

और $\quad Q = \dfrac{R\sin 90°}{\sin(90° + \theta)} \qquad Q = \dfrac{\theta}{3\cos\theta}$

$$\Rightarrow \quad \cos\theta = \frac{1}{3}$$

$$\Rightarrow \quad \sin\theta = \sqrt{1 - \frac{1}{9}} = \frac{2\sqrt{2}}{3}$$

$$\therefore \quad P = \frac{3R\sin\theta}{1} = \frac{3R \cdot 2\sqrt{2}}{3}$$

$$\Rightarrow \quad P = 2\sqrt{2}R$$

$$\therefore \quad \frac{P}{Q} = \frac{2\sqrt{2}R}{3R} = 2\sqrt{2} : 3$$

$$\Rightarrow \quad \frac{Q}{P} = 3 : 2\sqrt{2}$$

19. (d) $R^2 = \dfrac{1}{AB^2} + \dfrac{1}{AC^2} = \dfrac{AB^2 + AC^2}{AB^2 AC^2} = \dfrac{BC^2}{AB^2 AC^2}$

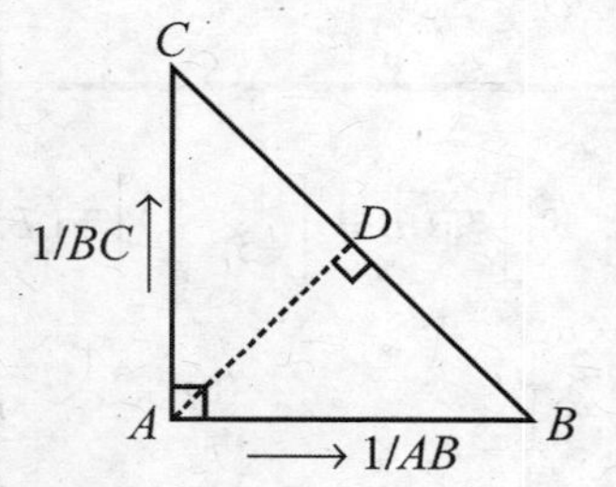

$$\Rightarrow \quad R = \frac{BC}{AB \cdot AC}$$

$$\Delta ABC = \frac{1}{2} AB \cdot AC = \frac{1}{2} BC \cdot AD$$

$$\therefore \quad R = \frac{BC}{BC \times AD} = \frac{1}{AD}$$

20. (b) $\quad \angle AOB = \dfrac{\pi}{2}$

$$OC = AC = BC$$

$$\Rightarrow \quad \angle OAB = \theta, \qquad \angle OBA = \frac{\pi}{2} - \theta$$

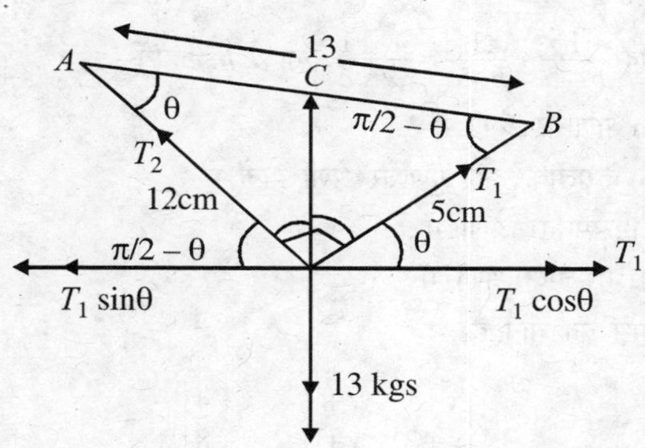

$$\therefore \quad \sin\theta = \frac{5}{13}, \qquad \cos\theta = \frac{12}{13}$$

लामी प्रमेय से,

$$\frac{13}{\sin\left(\frac{\pi}{2}\right)} = \frac{T_1}{\sin(\pi - \theta)} = \frac{T_2}{\sin\left(\frac{\pi}{2} + \theta\right)}$$

$$\Rightarrow \quad T_1 = 13\sin\theta = 5 \text{ किग्रा०}$$

$$\Rightarrow \quad T_2 = 13\cos\theta = 12 \text{ किग्रा०}$$

□□□

अभ्यास के लिए प्रश्न

1. यदि $A = \begin{bmatrix} 2 & 5 \\ 1 & 3 \end{bmatrix}$ और $B = \begin{bmatrix} 1 & -1 \\ -3 & 2 \end{bmatrix}$ तब BA का मान होगा-

(a) $\begin{bmatrix} 1 & 2 \\ -4 & -9 \end{bmatrix}$ (b) $\begin{bmatrix} -1 & -2 \\ 4 & 9 \end{bmatrix}$

(c) $\begin{bmatrix} -13 & 8 \\ 8 & 5 \end{bmatrix}$ (d) $\begin{bmatrix} 13 & -8 \\ 8 & 5 \end{bmatrix}$

2. $\begin{vmatrix} 1 & 2 & 3 \\ 3 & 5 & 7 \\ 8 & 14 & 20 \end{vmatrix}$ का मान होगा-

(a) 0 (b) 5
(c) 20 (d) 10

3. दो संख्याओ का हरात्मक माध्य 4 है, जो उनके समान्तर तथा गुणोत्तर माध्य सम्बन्ध $2A + G^2 = 27$ को सन्तुष्ट करते है, तो संख्यायें है-

(a) $(5, -2.5)$ (b) $(-3, 1)$
(c) $(6, 3)$ (d) $(5, 4)$

4. यदि $\frac{1}{b-a} + \frac{1}{b-c} = \frac{1}{a} + \frac{1}{c}$, तो a, b, c होंगे-

(a) गुणोत्तर श्रेणी में
(b) हरात्मक और गुणोत्तर श्रेणी दोनों में
(c) समान्तर श्रेणी में
(d) हरात्मक श्रेणी में

5. निम्न का मान है

$$\begin{vmatrix} x+1 & x+2 & x+4 \\ x+3 & x+5 & x+8 \\ x+7 & x+10 & x+14 \end{vmatrix}$$

(a) $x+2$ (b) -2
(c) 2 (d) इनमें से कोई नही

6. यदि $\Delta_1 = \begin{vmatrix} x & b & b \\ a & x & b \\ a & a & x \end{vmatrix}$ तथा $\Delta_2 = \begin{vmatrix} x & b \\ a & x \end{vmatrix}$ दिये हुए सारणिक है तो-

(a) $\frac{d}{dx}\Delta_1 = 3(\Delta_2)^2$ (b) $\Delta_2 = 3(\Delta_2)^{3/2}$

(c) $\Delta_1 = 3(\Delta_2)^2$ (d) $\frac{d}{dx}\Delta_1 = 3\Delta_2$

7. प्रतिचित्रणों $f : R \to R, f(x) = \sin x$, $g : R \to R, g(x) = x^2$ का संयुक्त प्रतिचित्रण fog है-

(a) $\sin x^2$ (b) $\sin x/x^2$
(c) $\sin x + x^2$ (d) $(\sin x)^2$

8. दो परिमित समुच्चयों के m और n अवयव है। प्रथम समुच्चय के कुल उप-समुच्चयों की संख्या दूसरे समुच्चय के कुल उप-समुच्चयों से 56 अधिक है। m और n के मान है-

(a) 5, 1 (b) 8, 7
(c) 7, 6 (d) 6, 3

9. सभी पूर्णांकों का सैट गुणन के अन्तर्गत समूह नही है, क्योकि-

(a) साहचर्य नियम लागू नही होता
(d) संवरक गुण लागू नही होता
(c) तत्समक अवयव नही है
(d) कोई व्युत्क्रम नही है।

10. यदि $s = (a + b + c)$ तो $\begin{vmatrix} s+c & a & b \\ c & s+a & b \\ c & a & s+b \end{vmatrix}$ का मान ज्ञात कीजिए।

(a) s^3 (b) $3s^3$
(c) $2s^2$ (d) $2s^3$

11. 520 व्यक्तियों के एक समूह में से प्रत्येक व्यक्ति हिन्दी व अंग्रेजी दोनों में से एक भाषा अवश्य बोलता है। अब 360 केवल हिन्दी बोल सकते है और 130 केवल अंग्रेजी बोल सकते है। उन व्यक्तियों की संख्या बताइये जो हिन्दी व अंग्रेजी दोनों बोल सकते है।

(a) 30 (b) 35
(c) 20 (d) 25

12. यदि $\alpha, \beta, x^2 + px - q = 0$ के मूल हैं तथा $x^2 + px + r = 0$ के मूल γ तथा δ हैं तब $(\alpha - \gamma)(\alpha - \delta) = (\beta - \gamma)(\beta - \delta)$ का मान बराबर होगा-

(a) $r + p$ (b) $q + r$
(c) $p + q + r$ (d) इनमें से कोई नही

13. $\frac{x-ab}{a+b} + \frac{x-ac}{a+c} + \frac{x-bc}{b+c} = a + b + c$, तब x :

(a) $\sum ab$ (b) $\sum a$
(c) abc (d) इनमें से कोई नही

14. $\begin{vmatrix} 1 & 2 & 3 \\ 4 & 5 & 6 \\ 3 & \lambda & 5 \end{vmatrix}$ एक अशून्य आव्यूह है। λ का मान ज्ञात कीजिए-

(a) 3 (b) 4
(c) 1 (d) 2

15. $(1+x)^{10}$ के विस्तार में मध्य पद का गुणांक ज्ञात कीजिए-

(a) $\frac{101}{51^2}$ (b) $\frac{101}{5161}$

(c) $\frac{101}{5171}$ (d) इनमें से कोई नही

16. यदि $A = \begin{bmatrix} 1 & 0 \\ 2 & 0 \end{bmatrix}$, $B = \begin{bmatrix} 0 & 0 \\ 1 & 12 \end{bmatrix}$ तो-

(a) $AB \neq 0, BA = 0$ (b) $AB \neq 0, BA \neq 0$

(c) $AB = 0, BA = 0$ (d) $AB = 0, BA \neq 0$

17. यदि $\begin{vmatrix} y+z & z & y \\ z & z+x & x \\ y & x & x+y \end{vmatrix} = kxyz$, तो k:

(a) 3 (b) 4

(c) 1 (d) 2

18. 10 व्यक्ति एक मेज के चारों तरफ बैठे हुए है। कोई दो विन्यास (arrangements) समान पडौसी नही रखते है। इसके कितने तरीके हैं-

(a) $\frac{1}{2}(9)$ (b) (10)

(c) 9 (d) $\frac{1}{2}(10)$

19. माना $\alpha = (x+4y)a + (2x+y+1)b$ और $\beta = (y-2x+2)a + (2x-3y-1)b$, जहाँ a, b अशून्य यदि $3\alpha = 2\beta$ तो-

(a) $x = -1, y = 2$ (b) $x = 2, y = -1$

(c) $x = 1, y = 2$ (d) $x = 2, y = 1$

20. प्राकृतिक संख्याओं के समूह में लघु सम्बन्ध क्या है?

(a) केवल स्वसम (b) तुल्यता सम्बन्ध

(c) केवल सममित (d) केवल संक्रमक

21. यदि S_n एक समान्तर श्रेणी की पहली n संख्याओ का योग हो यदि $S_{2n} = 3S_n$ हो, तो अनुपात S_{3n}/S_n किसके बराबर होगा?

(a) 8 (b) 10

(c) 4 (d) 6

22. फलन $f: n \to n$, n प्राकृतिक संख्याओं का समुच्चय है, जो $f(n) = 2n + 3$ से परिभाषित है, क्या है-

(a) आच्छादि नही (b) आच्छादि

(c) एकेकी (d) इनमें से कोई नही

23. x तथा y का मान, जो समीकरण $\frac{(1+i)x-2i}{3+i} + \frac{(2-3i)y+i}{3-i} = i$ को सन्तुष्ट करता है-

(a) $x = 0, y = 1$ (b) $x = 1, y = 0$

(c) $x = -1, y = 3$ (d) $x = 3, y = -1$

24. यदि $(1-x+x^2)^n = a_0 + a_1x + a_2x^2 + ... + a_{2n}x^{2n}$ तो बराबर $a_0 + a_2 + a_4 + ... + a_{2n}$ है-

(a) $\frac{1-3^n}{2}$ (b) $3^n + \frac{1}{2}$

(c) $\frac{3^n+1}{2}$ (d) $\frac{3^n-1}{2}$

25. यदि $a+b+c=0$ तो द्विघात समीकरण, $3ax^2 + 2bx + c = 0$ रखता है-

(a) एक मूल (1, 2) एवं अन्य (–1, 0) में

(b) कम से कम एक मूल (0, 1) में

(c) दोनों काल्पनिक मूल (d) इनमें से कोई नही

26. निम्न श्रेणी 2, 5, 8,....... का योग 60100 है, तो n का मान है-

(a) 150 (b) 250

(c) 100 (d) 200

27. समीकरण $(x-b)(x-c) + (x-c)(x-a) + (x-a)(x-b) = 0$ के दोनों मूल सदैव........है, सही सम्भावना छाँटे-

(a) ऋणात्मक मूल (b) धनात्मक मूल

(c) वास्तविक मूल (d) इनमें से कोई नही

28. व्यंजक $\left(\cos\frac{\pi}{2} + i\sin\frac{\pi}{2}\right)\left(\cos\frac{\pi}{2^2} + i\sin\frac{\pi}{2^2}\right)$....... से अनन्त पदों तक का मान होगा-

(a) 0 (b) 2

(c) –1 (d) 1

29. $\frac{1+i}{1-i}$ का गुणात्मक तत्समक होगा-

(a) $i - i$ (b) $-i$

(c) $1 + i$ (d) $1 - i$

30. समूह $(G, *)$ का एक उपसमुच्चय H तब और केवल तभी उसका उपसमूह होगा जब-

(a) $a \in H \to a^{-1} \in H$ (b) $a, b \in H \to a * b \in H$

(c) $a, b \in H \to a * b^{-1} \in H$

(d) H में G का तत्समक निहित हो

31. यदि $\begin{vmatrix} x^2+2x & 2x+1 & 1 \\ 2x+1 & x+2 & 1 \\ 3 & 3 & 1 \end{vmatrix} = (x-1)^k$, तब $k =$ –

(a) 3 (b) 4

(b) 1 (d) 2

32. समीकरण $x^4 - 2x^3 + x = 380$ के मूल हैं-

(a) $5, -4, \frac{-1 \pm 5\sqrt{-3}}{2}$ (b) $-5, -4, \frac{1 \pm 5\sqrt{-3}}{2}$

(c) $5, -4, \frac{1 \pm 5\sqrt{-3}}{2}$ (d) $-5, -4, \frac{-1 \pm 5\sqrt{-3}}{2}$

33. माना A, B व C तीन $n \times n$ आव्यूह है। इनमें से सत्य कथन है-

(a) यदि $A^3 + 2A^2 + 3A + 5I = 0$, तब A व्युत्क्रमित है

(b) यदि $A^2 = 0$ तब $A = 0$

(c) यदि $AB = AC$, तब $B = C$

(d) इनमें से कोई नही

34. $\frac{(a-bx)}{e^x}$ के प्रसार में x^n का गुणांक है-

(a) $\frac{(-1)^n}{n!}(b+an)$ (b) $\frac{(-1)^n}{n!}(a+bn)$

(c) $\frac{(-1)^{n+1}}{n!}(a+bn)$ (d) इनमें से कोई नही

35. यदि $Z=\left(\frac{\sqrt{3}}{2}+\frac{i}{2}\right)^5+\left(\frac{\sqrt{3}}{2}-\frac{i}{2}\right)^5$ हो तो-

(a) $\operatorname{Re}(z)>0, \operatorname{Im}(z)>0$ (b) $\operatorname{Re}(z)>0, \operatorname{Im}(z)<0$

(c) $\operatorname{Im}(z)=0$ (d) $\operatorname{Re}(z)=0$

36. $\frac{15}{\sqrt{10}+\sqrt{20}+\sqrt{40}-\sqrt{5}-\sqrt{80}}$ का मान होगा-

(a) $\sqrt{5}(2+\sqrt{2})$ (b) $\sqrt{5}(1+\sqrt{2})$

(c) $\sqrt{5}(5+\sqrt{2})$ (d) $\sqrt{5}(3+\sqrt{2})$

37. z_1 तथा z_2 दो सम्मिश्र संख्याएँ इस प्रकार है कि $z_1 \neq z_2$ तथा $|z_1|=|z_2|$ यदि z_1 का वास्तविक भाग धनात्मक है तथा z_2 का अधिकल्पित भाग ऋणात्मक है तो $\frac{z_1+z_2}{z_1-z_2}$ का मान है-

(a) वास्तविक तथा धनात्मक (b) शून्य

(c) वास्तविक तथा ऋणात्मक (d) इनमें से कोई नही

38. यदि $e^{\pi i/2}=i$ हो जहाँ $i=\sqrt{-1}$ है तो $e^{z+2\pi i}$ का मान होगा-

(a) e^z (b) e^{2z}

(c) e^{-z} (d) e^{-2z}

39. यदि $i=(0,1)$ तो $(-i)$ का मान है-

(a) (0,1) (b) (–1,1)

(c) (0,–1) (d) (–1,0)

40. $\sum_{k=1}^{6}\left(\sin\frac{2\pi k}{7}-i\cos\frac{2\pi k}{7}\right)$ का मान है-

(a) 0 (b) –1

(c) $-i$ (d) इनमें से कोई नही

41. समीकरण $2|z|^2+z^2-5+i\sqrt{3}=0$ को सन्तुष्ट करने वाली सम्मिश्र संख्याएँ है-

(a) $\sqrt{\frac{7}{2}}-i\sqrt{\frac{3}{14}}$ (b) $\frac{\sqrt{7}}{\sqrt{2}}+i\frac{\sqrt{3}}{\sqrt{14}}$

(c) $\pm\sqrt{7/2}\mp i\sqrt{3/14}$ (d) इनमें से कोई नही

42. $\frac{(0.6)^0-(0.1)^{-1}}{\left(\frac{3}{2^3}\right)^{-1}\left(\frac{3}{2}\right)^3+\left(-\frac{1}{3}\right)^{-1}}$ का मान है-

(a) 2/3 (b) –1/2

(c) 3/2 (d) –3/2

43. निम्न समीकरण में x, y के मान है-

$\log_{100}|x+y|=\frac{1}{2}, \log_{10} y-\log_{10} x=\log_{100}$

(a) $x=10/3,-10; y=20/3,20$

(b) $x=10, y=20$

(c) $x=10,-10, y=20,-20$

(d) इनमें से कोई नही

44. यदि $N=!m, m>2$ तो $\frac{1}{\log_2 N}+\frac{1}{\log_3 N}+.......+\frac{1}{\log_m N}$ का मान है-

(a) 0 (b) 2

(c) 1 (d) –1

45. यदि $N=$ प्राकृतिक संख्याओं का समुच्चय, $I=$ पूर्णांकों का समुच्चय तथा $J=$ परिमेय संख्याओं का समुच्चय हो तो निम्नलिखित में से कौन सा सही है?

(a) $j\supset I\cup N$ (b) $j\subset I\cup N$

(c) $j\cap I-N$ (d) $j\subset I\cap N$

46. यदि समूह A और B इस प्रकार परिभाषित है कि

$A=\{(x,y), y=e^x, x\in IR\}$

$B\{(x,y), y=x, x\in IR\}$ तब-

(a) $A\cap B=\phi$ (b) $A\cup B=A$

(c) $B\subset A$ (d) $A\subset B$

47. m के किस धनात्मक मान के लिए समीकरण $12x^2+mx+5=0$ के मूलों में 3 और 2 का अनुपात होगा-

(a) 12/5 (b) $5\sqrt{10}$

(c) 5/12 (d) $5\sqrt{10}/12$

48. यदि a, b तथा c तीन वास्तविक संख्याएँ इस प्रकार है कि $4a+2b+c=0$ तथा $ab>0$ हैं तो वर्ग समीकरण $ax2+bx+c=0$ के मूल-

(a) सम्मिश्र (complex) है (b) वास्तविक है

(c) अधिकल्पित है (d) सिर्फ एक है

49. समीकरण $2x^2-3x^2\cos(A-B)-2x\cos^2(A+B)$

$+\sin 2A\sin 2B\cos(A-B)=0$

(a) $\cos(A-B), \cos(A+B), 1$

(b) $1, \cos(A+B), \sin(A-B)$

(c) $-1/2\cos(A-B), \cos(A-B)\pm\cos(A+B)$

(d) इनमें से कोई नही

50. यदि $n, k\in I^+$ तथा $n\geq\frac{k(k+1)}{2}$ तो $x_1+x_2+....+x_k=n$

$x_1 \geq 1, x_2 \geq 2, ...x_k \geq k^2$ के हल है।

(a) अनन्त (b) कोई नही
(c) केवल एक (d) कोई नही

51. यदि $a, b, c \in R$ तथा $ax^2 + bx + c = 0$ के मूल α, β इस प्रकार है कि $\alpha < -1$ तथा $\beta > 1$ तथा $\alpha, \beta \in R$ तो $1 + c/a + |b/a|$ का मान है-

(a) < 0 (b) 0
(c) > 0 (d) इनमें से कोई नहीं

52. यदि $\frac{3+5+7+...n \text{ पदों तक}}{5+8+11+...10 \text{ पदों तक}} = 7$ हो तो n बराबर है-

(a) 37 (b) 40
(c) 36 (d) 35

53. यदि S_n एक समान्तर श्रेणी की पहली n संख्याओं का योग हो तथा $S_{2n} = 3S_n$ हो तो S_{3n}/S_n किसके बराबर होगा?

(a) 6 (b) 10
(c) 4 (d) 8

54. यदि $x^3 - x^2 + \beta x + \gamma = 0$ के मूल समान्तर श्रेणी में हो तो β और γ का अन्तराल है :-

(a) $\beta \in \left[\frac{1}{9}, \infty\right], \gamma \in \left[\frac{1}{27}, \infty\right]$

(b) $\beta \in \left[\frac{1}{9}, \infty\right], \gamma \in \left[-\infty, \frac{1}{27}\right]$

(c) $\beta \in \left[\frac{1}{9}, \frac{1}{27}\right], \gamma \in \left[\frac{1}{2}, \infty\right]$

(d) इनमें से कोई नही

55. दिया है $(1+x^2)^2(1+x)^n = \sum_{k=0}^{n+4} a_k x^k$ यदि a_1, a_2 एवं a_3 समान्तर श्रेणी में हो तो x का मान है।

(a) 3 (d) 2
(c) 4 (d) 2, 3, 4

56. यदि p, q, r धनात्मक व A.P. में है तो $px^2 + qx + r = 0$ के मूल वास्तविक है यदि

(a) $|p/r - 7| \leq 4\sqrt{3}$ (b) $|r/p - 7| \geq 4\sqrt{3}$
(c) सभी p और r (d) सभी p और r नही

57. यदि $2 \times {}^nC_5 = 9 \times {}^{n-2}C_5$ हो तो n का मान है-

(a) 10 (b) 9
(c) 7 (d) 8

58. शब्द EXAMINATION के सभी अक्षरों से कुल कितने शब्द बनाये जा सकते है, जबकि दो स्वर साथ-साथ न हो?

(a) 250 (b) 60
(c) 180 (d) 10800

59. 18 मेहमान एक मेज के दोनो ओर आधे-आधे बैठे है। यदि चार विशेष मेहमान एक तरफ व 3 विशेष मेहमान दूसरी तरफ बैठे तो कुल बैठने के तरीके है।

(a) $9! \times 9!$ (b) $18!$
(c) $\frac{11! \times 9! \times 9!}{5!6!}$ (d) इनमें से कोई नही

60. यदि p व q धनात्मक पूर्णांक हो तो $(1+x)^{p+q}$ के विस्तार में x^p तथा x^q के गुणांक होंगे-

(a) बराबर
(b) असमान
(c) एक दूसरे व्युत्क्रम
(d) बराबर परन्तु विपरीत चिन्ह सहित

61. यदि ${}^nC_r$ के लिए C_r प्रयोग किया जाता है तथा n एक धनात्मक सम संख्या है तो $\frac{2 \times n/2! \times n/2!}{n!} \times$ $\left[C_0^2 - 2C_1^2 + 3C_2^2 + ... + (-1)^n (n+1) C_n^2\right]$ का मान है-

(a) $(-1)^{n/2}(n+1)$ (b) 0
(c) $(-1)^n (n+2)$ (d) इनमें से कोई नही

62. $\frac{1}{n} - \frac{1}{2n2} + \frac{1}{3n3} - \frac{1}{4n4} + ...$ का अनन्त तक का योग है-

(a) $\log\left(\frac{n-1}{n}\right)$ (b) $\log\left(\frac{n}{n-1}\right)$

(c) $\log\left(\frac{n+1}{n}\right)$ (d) $\log\left(\frac{n}{n+1}\right)$

63. यदि दो मैट्रिक्स A और B क्रमशः $m \times n$ तथा $r \times p$ क्रम के हो तो AB सम्भव होगा, यदि-

(a) $n = p$ (b) $n = r$
(c) $m = r$ (d) $m = p$

64. यदि $\begin{bmatrix} x-4 & a \\ b & x+4 \end{bmatrix} - \begin{bmatrix} -4-x & a \\ b & 4-x \end{bmatrix} = 4\begin{bmatrix} 1 & 0 \\ 0 & 1 \end{bmatrix}$ हो तो x का मान है-

(a) 1 (b) 2
(c) 0 (d) 4

65. यदि $a, d > 0$ तो

$$\begin{vmatrix} \frac{1}{a} & \frac{1}{a(a+d)} & \frac{1}{(a+d)(a+2d)} \\ \frac{1}{a+d} & \frac{1}{(a+d)(a+2d)} & \frac{1}{(a+2d)(a+3d)} \\ \frac{1}{a+2d} & \frac{1}{(a+2d)(a+3d)} & \frac{1}{(a+3d)(a+4d)} \end{vmatrix}$$ का मान है:

(a) d^3

(b) $\frac{1}{a(a+d)(a+2d)(a+3d)(a+4d)}$

(c) $\frac{4d^4}{a(a+d)^2(a+2d)^3(a+3d)^2(a+4d)}$

(d) इनमें से कोई नही

66. यदि $\omega(+1)$ इकाई का घनमूल है तो $\begin{vmatrix} 1 & 1+i+\omega^2 & \omega^2 \\ 1-i & -1 & \omega^2-1 \\ -i & -1+\omega-i & -1 \end{vmatrix}$ का मान है।

(a) i (b) ω
(c) 0 (d) 1

67. नीचे दिये हुए चार बयानों में से कौन सा अन्य से भिन्न है?

(a) $f : x \to f(x)$
(b) $f : A \to B$
(c) f, A का B पर अन्तर्क्षेपी प्रतिचित्रण है
(d) f, A का B पर अन्तर्क्षेपी फलन है

68. दिया है- $A = \{x, y, z\}$ $B = \{u, v, w\}$ फलन $f : A \to B$ जो $f(x) = u, f(y) = v, f(z) = w$ द्वारा परिभाषित किया गया है, होगा-

(a) आच्छादी (b) एकेकी
(c) एकेकी आच्छादी (d) इनमें से कोई नही

69. माना $f : \{x, y, z\} \to \{a, b, c\}$ कोई एकेकी फलन है तथा निम्न में केवल एक सत्य है $f(x) \neq b, f(y) = b, f(z) \neq a$ तो फलन है।

(a) $f(x) = b, f(y) = a, f(z) = c$
(b) $f(x) = a, f(y) = b, f(z) = c$
(c) $f(x) = b, f(y) = c, f(z) = a$
(d) इनमें से कोई नही

70. माना N धन पूर्णाँकों का समुच्चय है तथा R, $N \times N$ में एक फलन $(a, b)R(c, d)$ यदि $ad(b+c) = bc(a+d)$ से परिभाषित है तो

(a) R सममित है (b) R स्वतुल्य है
(c) R संक्रमक है (d) उपर्युक्त तीनों

71. तीन पारस्परिक अपवर्जित घटनाओं A, B और C की प्रायिकतायें $P(A) = 2/3, P(B) = 1/4$ तथा $P(C) = 1/6$ हैं, क्या वर्णन-

(a) गलत है (b) सत्य है
(c) दोनों में कोई नही (d) जानते नही है

72. यदि E और F दो स्वतन्त्र घटनायें इस प्रकार है कि $0 < P(E) < 1$ तथा $0 < P(F) < 1$ तो-

(a) E^c और F स्वतन्त्र है
(b) E और F परस्पर अपवर्जी है
(c) E तथा F^c (F घटना का पूरक) स्वतन्त्र है
(d) $P\left(\frac{E^c}{F}\right) + P\left(\frac{E^c}{F^c}\right) = 1$

73. दो सममित पाँसे फेंके जाते है, यदि पहले पाँसे पर सम संख्या आने की घटना x तथा दूसरे पाँसे पर विषम संख्या आने की घटना y बार हो सकती है तो x और y दोनों घटनायें है।

(a) स्वतन्त्र तथा परस्पर अपवर्जी (b) परस्पर अपवर्जी
(c) आश्रित (dependent) (d) इनमें से कोई नही

74. यदि M और N कोई दो घटनायें है तो उनमें से एक के घटित होने की प्रायिकता निम्नलिखित में से कौन सी नही है?

(a) $P(M) + P(N) - P(M \cap N)$
(b) $P(M) + P(N) - 2P(M \cap N)$
(c) $P(M^c) + P(N^c) - 2P(M^c \cap N^c)$
(d) $P(M \cap N^c) + P(M^c \cap N)$

75. यदि A, B, C तीन घटनाएँ इस प्रकार है कि P (केवल एक A या B घटित हो) $= P = P$ (केवल C या A घटित हो) $= P$ (केवल C या A घटित हो) तथा P (सभी घटनाऐं घटित हो) $= P^2$

जहाँ $0 < p < 1/2$ तो P (A, B, C से कम से कम एक घटित हो) है

(a) $\dfrac{p+3p^2}{2}$ (b) $\dfrac{3p+3p^2}{4}$

(c) $\dfrac{3p+2p^2}{2}$ (d) $\dfrac{p+3p^2}{4}$

76. निम्न में कौन सा सही है :

(a) $6+2i > 3+3i$ (b) $2+3i > 1+4i$
(c) $5+8i > 5+7i$ (d) कोई नही

77. यदि $= \left(\frac{\sqrt{3}}{2} + \frac{i}{2}\right)^5 + \left(\frac{\sqrt{3}}{2} - \frac{i}{2}\right)^5$, तब

(a) $\text{Re}(z) > 0, \text{Im}(z) > 0$ (b) $\text{Re}(z) > 0, \text{Im}(z) < 0$
(c) $\text{Re}(z) = 0$ (d) $\text{Im}(z) = 0$

78. $|z-1| + |z+1| \leq 4$ द्वारा परिभाषित आरगाँ आरेख (Argand diagram) का क्षेत्र है:

(a) दीर्घवृत्त का आन्तरिक भाग और परिसीमा
(b) दीर्घवृत्त का आन्तरिक भाग
(c) वृत्त का बाहरी भाग
(d) इनमें से कोई नही

79. सम्मिश्र संख्यायें $\sin x + i\cos 2x$ और $\cos x - i\sin 2x$ एक-दूसरे के संयुग्मी (conjugate) होगी जब :

(a) $x = 0$
(b) $x = n\pi$
(c) $x = (n + 1/2)\pi$
(d) x के किसी भी मान के लिए नही

80. वास्तविक x के लिये, व्यंजक $\left[(x+m)^2-4mn\right]/\left[2(x-n)\right]$ निम्नलिखित को छोडकर कोई भी मान ग्रहण कर सकता है:

(a) $m+2n$ के बीच (b) m और $m+n$ के बीच
(c) $2m$ और $2n$ के बीच (d) सभी मान सम्भव है।

81. यदि $x=2+2^{2/3}+2^{1/3}$ तो x^3-6x^2+6x का मान है:

(a) 2 (b) 3
(c) 1 (d) कोई नही

82. a,b,c वास्तविक संख्याएं है और $a\neq 0$ यदि $a^2x^2+bx+c=0$ का एक मूल α हो और $a^2x^2-bx-c=0$ का एक मूल β है, तथा $0<\alpha<\beta$, तो समीकरण $a^2x^2+2bx+2c=0$ का एक मूल γ ऐसा है जो सदैव सन्तुष्ट करता है।

(a) $\gamma=\alpha$ (b) $\alpha<\gamma<\beta$
(c) $\gamma=\dfrac{\alpha+\beta}{2}$ (d) $\gamma=\alpha+\dfrac{\beta}{2}$

83. मान लो कि $f(x)$ एक ऐसा द्विघात व्यंजक है कि यह सभी वास्तविक x के लिये धनात्मक (+ive) है। यदि $g(x)=f(x)+f'(x)+f''(x)$ तो किसी भी वास्तविक के लिये:

(a) $g(x)=0$ (b) $g(x)\geq 0$
(b) $g(x)<0$ (d) $g(x)>0$

84. एक दी हुई संख्या α के लिए सही आरोही कम (ascending order) है:

(a) $\log_{10}\alpha,\log_2\alpha,\log_e\alpha,\log_3\alpha$
(b) $\log_2\alpha,\log_3\alpha,\log_e\alpha,\log_{10}\alpha$
(c) $\log_{10}\alpha,\log_3\alpha,\log_e\alpha,\log_2\alpha$
(d) $\log_3\alpha,\log_e\alpha,\log_2\alpha,\log_{10}\alpha$

85. समीकरण $x^{(3/4)(\log_2 x)^2+\log_2 x-5/4}=\sqrt{2}$ रखता है–

(a) ठीक एक अपरिमेय हल
(b) कम से कम एक वास्तविक हल
(c) ठीक तीन वास्तविक हल
(d) सम्मिश्र मूल

86. धन पूर्णाँकों के क्रमित त्रिकों (ordered triplets) की संख्या जो समीकरण के हल है, होगी:

(a) 6005 (b) 5081
(c) 4851 (d) कोई नही

87. 9600 के भाजकों (divisors) की संख्या, 1और 9600 सहित है:

(a) 48 (b) 46
(c) 60 (d) 58

88. $(1+x)^n(1+1/x)^n$ के प्रसार में $1/x$ का गुणांक है:

(a) $n!/\left[(2n-1)!.(2n+1)!\right]$ (b) $2n!/\left[(2n-1).(2n+1)!\right]$
(c) $n!/\left[(n-1)!.(n+1)!\right]$ (d) $2n!/\left[(n-1)!.(n+1)!\right]$

89. $\sum_{m=0}^{100}{}^{100}C_m(x-3)^{100-m}.2^m$ के प्रसार में x का गुणांक है:

(a) $-{}^{100}C_{53}$ (b) $-{}^{100}C_{100}$
(c) ${}^{100}C_{47}$ (d) ${}^{100}C_{53}$

90. मान लो a_{ij} एक 3×3 सारणिक में iवीं पंक्ति तथा j वें स्तम्भ के अवयव को निरूपित करता है जबकि $1\leq i\leq 3, 1\leq j\leq 3$ और मान लो कि प्रत्येक i और j के लिये $a_{ij}=-a_{ij}$. तब सारणिक के मुख्य विकर्ण के समस्त अवयव होंगे:

(a) -1 (b) 1
(c) 0 (d) कोई नही

91. यदि $x>0$ और a एक ज्ञात धनात्मक संख्या हो, तो $ax+a/x$ का न्यूनतम मान होगा

(a) a (b) a^2
(c) $2a$ (d) कोई नही

92. असमिका $\cos^2 x<1/2$ का हल समुच्चय है:

(a) $\left[x:k\pi+(\pi/4)<x<k\pi+(3\pi/4)\right]$.
(b) $\left[x:2k\pi+(\pi/4)<x<2k\pi+(3\pi/4)\right]$.
(c) $\left[x:2k\pi-(3\pi/4)<x<2k\pi-\pi/4\right]$.
(d) इनमें से कोई नही

93. प्रायिकता है कि एक विद्यार्थी तैराक नही है 1/5 है। तब 5 विद्यार्थियों में से 4 के तैराक होने की प्रायिकता होगी:

(a) $\left(\dfrac{4}{5}\right)^4\dfrac{1}{5}$ (b) ${}^5C_4\left(\dfrac{4}{5}\right)^4\dfrac{1}{5}$
(c) ${}^5C_1\dfrac{1}{5}\left(\dfrac{4}{5}\right)^4$ (d) कोई नही

94. एक साधारण धन (cube) की चार फलक रिक्त हैं, एक फलक पर 2 एवं दूसरी पर 3 अंकित हैं। तब 5 फेंकों (throws) में योगफल 12 प्राप्त करने की प्रायिकता है:

(a) 5/1944 (b) 5/1296
(c) 5/2592 (d) कोई नही

95. 100 सर्वसम (identical) सिक्के उछाले जाते है। इनमें से प्रत्येक पर शीर्ष आने की प्रायिकता p है। यदि $0<p<1$ तथा 50 सिक्कों पर शीर्ष आने की प्रायिकता 51 सिक्कों पर शीर्ष आने की प्रायिकता के बराबर है, तो p का मान है:

(a) 50/101 (b) 51/101
(c) 1/2 (d) 49/101

96. एक थैले में 13 लाल, 14 हरी तथा 15 काली गेंदें है। 4 गेंदें निकालने

पर इनमें से ठीक 2 के काली होने की प्रायिकता P_1 है। अब, प्रत्येक रंग की गेंदों की संख्या दुगुनी कर दी गई और 8 तब गेंदें निकाली जाती है। ठीक काली गेंदे प्राप्त होने की प्रायिकता P_2 है ; तो

(a) $P_1 > P_2$ (b) $P_1 = P_2$

(c) $P_1 < P_2$ (d) कोई नही

97. तीन परस्पर अपवर्जी घटनाओं A, B, C की प्रायिकतायें हैं: $p(A) = 2/3, P(B) = 1/4, P(C) = 1/6$ क्या यह कथन:

(a) असत्य है (b) सत्य है

(c) सत्य भी हो सकता है और असत्य भी

(d) कुछ कहा नहीं जा सकता

98. यदि $\tan^2 x = 1 + 2\tan^2 y$ हो तो $\cos 2x + \sin^2 y$ का मान है-

(a) 0 (b) $\sin 2y$

(c) $\cos x \sin 2y$ (d) कोई नही

99. $\sin 600.\cos 330 + \cos 120.\sin 150$ का मान है-

(a) $1/\sqrt{2}$ (b) $\sqrt{3/2}$

(c) –1 (d) 1

100. ΔABC में $\sin(2A+B) - \sin(C-A) = -\sin(B+2C) = \frac{1}{2}$ तो A, B, C के मान है यदि $A, B, C, A. P.$ में है।

(a) 45, 60, 75 (b) 60, 60, 60

(c) 40, 60, 80 (d) इनमें से कोई नही

101. $(2\cos x - 1)(3 + 2\cos x) = 0$ का समुच्चय हल $0 \le x \le 2\pi$ के अन्तराल में होगा-

(a) $\{\pi/3, 5\pi/3\}$ (b) $\{\pi/3\}$

(c) $\left\{\frac{\pi}{3}, \frac{5\pi}{3}, \cos^{-1}(-3/2)\right\}$ (d) इनमें से कोई नही

102. त्रिकोणमितीय समीकरण $\sin x + \cos x = 1$ का सामान्य हल $n = 0, \pm 1, \pm 2....$ के लिए दिया जाता है-

(a) $x = 2\pi n + \pi/2$ (b) $x = 2\pi n$

(c) $x = n\pi + (-1)^n \frac{\pi}{4} - \frac{\pi}{4}$ (d) इनमें से कोई नही

103. यदि $32\tan^8\theta = 2\cos^2\alpha - 3\cos\alpha$ तथा $3\cos 2\theta = 1$ तो α का व्यापक मान है।

(a) $n\pi \pm 2\pi/3$ (b) $2n\pi \pm \pi/3$

(c) $2n\pi \pm 2\pi/3$ (d) इनमें से कोई नही

104. यदि एक समकोण Δ में कर्ण की लम्बाई, इस पर सम्मुख शीर्ष पर डाले गये लम्ब की लम्बाई की चार गुनी हो तो Δ के एक न्यून कोण का मान है-

(a) 30° (b) 45°

(c) 15° (d) इनमें से कोई नही

105. यदि $I, \Delta ABC$ का अन्त: केन्द्र तथा r अन्त: वृत्त की त्रिज्या हो तो BI का मान होगा-

(a) $r\cos B/2$ (b) $r\tan B/2$

(c) $r\,\mathrm{cosec}\,B/2$ (d) $r\sin B/2$

106. ΔABC में यदि $(a+b+c)(b+c-a) = \lambda bc$ हो तो λ का मान होगा-

(a) >4 (b) $=0$

(c) <0 (d) 0 और 4 के मध्य

107. यदि A, B, C वृत्त पर है तथा AC व्यास है। एक रेखा AD, BC को D पर मिलती है (वृत्त में)। यदि $\angle DAB = \alpha, \angle CAB = \beta$ तथा A को DC के मध्य बिन्दु से दूरी d है तो वृत्त का क्षेत्रफल है,

(a) $\dfrac{\pi d^2 \cos^2\alpha}{\cos^2\alpha + \cos^2\beta}$

(b) $\pi d^2 \cos^2\alpha$

(c) $\pi d^2 \cos^2\beta$

(d) $\dfrac{\pi d^2 \cos^2\alpha}{\cos^2\alpha + \cos^2\beta + 2\cos\alpha\cos\beta\cos(\beta-\alpha)}$

108. एक मीनार की चोटी पर ध्वज पोल लगा है। और यह क्षैतीय सतह के सभी बिन्दुओं से जो मीनार के पाद से निकलते है तथा मीनार से a या b की दूरी पर है, α करेण बनाते है। तो ध्वज पोल की लम्बाई है।

(a) $(a-b)\tan\alpha$ (b) $\sqrt{ab}\tan\alpha$

(c) $ab\tan\alpha$ (d) $(a+b)\tan\alpha$

109. यदि $\sin^{-1} k = x$ तथा $\cos^{-1} k = y$ जहाँ $-1 \le k \le 1$ तथा $-\pi/2 \le x \le \pi/2$ और $0 < y < \pi$ हो तो x और y में कौन सा सम्बन्ध सही है?

(a) $y - x = \pi/2$ (b) $x + y = \pi/2$

(c) $|x - y| = \pi/2$ (d) $x - y = \pi/2$

110. इकाई के p वें मूल होते है

(a) गुणोत्तर श्रेणी में (b) समान्तर श्रेणी में

(c) हरात्मक श्रेणी में (d) किसी में नही

111. यदि $x_r = \cos\frac{\pi}{2^r} + i\sin\frac{\pi}{2^r}$ हो तथा $r = 1, 2, 3....$ हो तो $x_1.x_2.x_3.....x_\infty$ का मान है-

(a) ∞ (b) 0

(c) 1 (d) –1

112. धन पूर्णांक संख्याएं n_1, n_2 के लिए $(1+i)^{n_1} + (1+i^3)^{n_1} + (1+i^5)^{n_2} + (1+i^7)^{n_2}$ जहाँ $r = \sqrt{-1}$ है, का मान वास्तविक होगा यदि

(a) $n_1 = n_2$ (b) $n_1 > 0, n_2 > 0.$

(c) $n_1 = n_2 + 1$ (d) $n_1 = n_2 - 1$

113. tan 54° को प्रकट किया जा सकता है:

(a) $(\sin 9° + \cos 9°)/(\sin 9° + \cos 9°)$

(b) $(\cos 9° - \sin 9°)/(\cos 9° + \sin 9°)$

(c) $(\cos 9° + \sin 9°)/(\cos 9° - \sin 9°)$

(d) $(\sin 9° + \cos 9°)/(\sin 9° - \cos 9°)$

114. यदि $\sin\alpha = 12/3 (0 < \alpha < \pi/2)$ तथा

$\cos\beta = -\frac{3}{5}\left(\pi < \beta < \frac{3}{2}\pi\right)$ तो $\sin(\alpha+\beta)$ का मान है:

(a) 56/65 (b) −16/65

(c) −56/65 (d) 16/65

115. व्यंजक $3\left[\sin^4\left(\frac{3}{2}\pi - \alpha\right) + \sin^4(3\pi + \alpha)\right]$

$-2\left[\sin^6\left(\frac{1}{2}\pi + \alpha\right) + \sin^6(5\pi - \alpha)\right]$ बराबर है:

(a) 3 (b) $\sin 4\alpha + \sin 6\alpha$

(c) 0 (d) 1

(e) इनमें से कोई नही

116. यदि $2\cos(A/2) = \sqrt{(1+\sin A)} - \sqrt{(1-\sin A)}$, तो

(a) $2n\pi + (3/4) < A/2 < 2n\pi + (5\pi/4)$

(b) $n\pi + (\pi/4) < A/2 < n\pi + (3\pi/4)$

(c) $n\pi - (\pi/4) < A/2 < 2n\pi - (3\pi/4)$

(d) $2n\pi + (\pi/4) < A/2 < 2n\pi + (3\pi/4)$

117. यदि $x = X\cos\theta - Y\sin\theta$, और $y = X\sin\theta + Y\cos\theta$, तथा $x^2 + 4xy + y^2 = AX^2 + BY^2, 0 \le \theta \le \pi/2$ तो,

(a) $A = 3$ (b) $B = 1$

(c) $\theta = \pi/6$ (d) $\theta = \pi/4$

118. $\sin^{-1} x \cos^{-1} x (|x| \le |)$ का मान है:

(a) $\pi/2$ (b) $-\pi/2$

(c) 1 (d) π

119. एक त्रिभुज ABC विद्यमान (exists) है जो निम्न प्रतिबन्धों को सन्तुष्ट करता है:

(a) $b\sin A > \alpha, A < \pi/2$

(b) $b\sin A = \alpha, A < \pi/2$

(c) $b\sin A > \alpha, A > \pi/2$

(d) $b\sin A < \alpha, A < \pi/2, b > a$

(e) $b\sin A < \alpha, A > \pi/2, b = a$

120. यदि $P = (1,0), Q = (-1,0)$ तथा $R = (2,0)$ तीन बिन्दु हैं तो S बिन्दु का बिन्दुपथ जोकि सम्बन्ध $SQ^2 + SR^2 = 2SP^2$ को सन्तुष्ट करता है, होगा–

(a) मूल बिन्दु से जाता हुआ एक वृत्त

(b) x- अक्ष के समान्तर एक सरल रेखा

(c) y- अक्ष के समान्तर एक सरल रेखा

(d) एक वृत्त जिसका केन्द्र मूल बिन्दु पर हो

121. रेखायें $3x + 4y = 5$ तथा $4x - 3y = 15$, A पर मिलती है B तथा C इन रेखाओं पर इस प्रकार लिए जाते है कि $AB = AC.BC$ का समीकरण है यदि यह (1,2) से जाये।

(a) $7x + y = 9$ (b) $x - 7y + 13 = 0$

(c) दोनों (d) इनमें से कोई नही

122. $xy + x = 0$ और $xy - x = 0$ से मिलने वाली यदि दो युगल रेखाएँ इस प्रकार है कि उनमें एक रेखा सर्वनिष्ठ है तो दोनों युग्मों की दो रेखाएँ–.

(a) लम्बकोणीय काटती है

(b) तिरछी काटती है

(c) एक इकाई के अन्तर पर समान्तर

(d) दो इकाई के अन्तर पर समान्तर है

123. प्राचलिक समीकरण $x = a + p\cos\theta$ और $y = b + d\sin\theta$ प्रदर्शित करती है–

(a) परवलय (b) वृत्त

(c) सरल रेखा (d) रेखा युग्म

124. यदि दो वृत्त $(x-1)^2 + (y-3)^2 = r^2$ और $x^2 + y^2 - 8x + 2y + 8 = 0$ परस्पर एक दूसरे को दो बिन्दुओं पर काटते है तो–

(a) $r = 2$ (b) $2 < r < 8$

(c) $r > 2$ (d) $r < 2$

125. वृत्तों $(x-a)^2 + y^2 = a^2$ तथा $x^2 + (y-b)^2 = b^2$ की उभयनिष्ठ जीवा की लम्बाई है–

(a) $\frac{2ab}{\sqrt{a^2+b^2}}$ (b) $2\sqrt{a^2+b^2}$

(c) $\frac{ab}{\sqrt{a^2+b^2}}$ (d) इनमें से कोई नही

126. यदि समीकरण $\frac{k(x+1)^2}{3} + \frac{(y+2)^2}{4} = 1$ वृत्त को निरूपित करती है तो k का मान है–

(a) 4/3 (b) 12

(c) 3/4 (d) 1

127. वृत्त $x^2+y^2+2gx+2fy=0$ तथा $x^2+y^2+2g'x+2f'y=0$ बाह्यत: स्पर्श करते है यदि-

(a) $f'g'+fg=0$ (b) $f'g+fg'=0$

(c) $fg=g'f$ (d) $fg=f'g$

128. एक ऐसे परवलय का समीकरण, जिसका शीर्ष $(a, a/2)$, पर, अक्ष y- अक्ष के इस तरह समानान्तर हो कि अवतलता y अक्ष की ऋणात्मक दिशा की ओर हो तथा नाभिलम्ब $2a$ इकाई हो, होगा-

(a) $x^2-2ax-2ay+2a^2=0$

(b) $y^2-2ay+2ax=0$

(c) $x^2-2ax+ay=0$

(d) $y^2-2ay-2ax+2a^2=0$

129. यदि l_1, l_2 तथा l_3 तीन रेखाएँ है $x-y+a=0,\ 2x-4y+a=0,\ 4x-2y+a=0,$ और P एक परवलय $y^2=4ax$ है, तो-

(a) l_2 और l_3 दोनों P पर स्पर्श रेखाएँ है

(b) l_1 और l_2 दोनों P पर स्पर्श रेखाएँ है

(c) l_3 और l_1 दोनों P पर स्पर्श रेखाएँ है

(d) तीनों रेखाओं में से कोई भी दो रेखाएँ P पर स्पर्श रेखाएँ है

130. यदि परवलय $y^2=4x$ के बिन्दु $(t^2, 2t)$ पर खींची गई स्पर्शी और दीर्घवृत्त $4x^2+5y^2=20$ के बिन्दु $(\sqrt{5}\cos\phi, 2\sin\phi)$ पर खींचा गया अभिलम्ब एक ही है तो t और ϕ के मान है

(a) $t=2, \phi=\pi/2$ (b) $t=-1, \phi=\pi/2$

(c) $t=1, \phi=\pi/2$ (d) $t=0, \phi=\pi/2$

131. $y=mx$ तथा $y=-x$ दीर्घवृत्त $4x^2+9y^2=36$ के संयुग्मी व्यास होंगे यदि m का मान हो-

(a) 4/9 (b) 36

(c) 9/4 (d) 1/36

132. दीर्घवृत्त $\frac{x^2}{a^2}+\frac{y^2}{b^2}=1$ के CP और CD दो संयुग्मी अर्द्धव्यास का एक जोडा है। यदि P के निर्देशांक $(a\cos\theta, b\sin\theta)$ हो तो D के निर्देशांक होंगे-

(a) $-a\sin\theta, b\cos\theta$ (b) $(-a\cos\theta, b\sin\theta)$

(c) $(a\cos\theta, -b\sin\theta)$ (d) $(a\sin\theta, b\cos\theta)$

133. यदि समीकरण $x^2+kxy+y^2-1=0$ एक दीर्घवृत्त निरूपित करे और $k>0$ हो तो-

(a) $k>2$ (b) $0<k\le 2$

(c) $k=2$ (d) $0<k<2$

134. एक दीर्घवृत्त की उत्केन्द्रता $1/2$ है तथा एक नाभि $P(1/2, 1)$ है। इसकी एक नियता P के निकट वाली वृत्त $x^2+y^2=1$ तथा अतिपरवलय $x^2-y^2=1$ की सार्वस्पर्शी है। दीर्घ वृत्त की समीकरण है।

(a) $(x-1)^2+(y-1/2)^2=1/4$

(b) $(x-1/2)^2+(y-1)^2=1/4$

(c) $\frac{(x-1/3)^2}{1/9}+\frac{(y-1)^2}{1/12}=1$

(d) इनमें से कोई नहीं

135. रेखा $x\cos\alpha+y\sin\alpha=p$, जहाँ p अचर है, द्वारा अक्षों के बीच अन्त:खण्डित भाग के मध्य-बिन्दु का बिन्दुपथ है:

(a) $x^2+y^2=4/p^2$ (b) $(1/x^2)+(1/y^2)=2/p^2$

(c) $x^2+y^2=4p^2$ (d) $(1/x^2)+(1/y^2)=4/p^2$

136. रेखा L द्वारा निर्देशांकों पर कटे अन्त:खण्ड a और b है। जब मूल बिन्दु को स्थिर रखकर निर्देशांकों को एक स्थिर कोण से घूमाया जाता है, तो यही रेखा, घूमाये हुए अक्षों पर अन्त:खण्ड p और q काटती है तब

(a) $a^2+p^2+b^2+q^2$ (b) $\frac{1}{a^2}+\frac{1}{p^2}=\frac{1}{b^2}+\frac{1}{q^2}$

(c) $a^2+b^2=p^2+q^2$ (d) $\frac{1}{a^2}+\frac{1}{b^2}=\frac{1}{p^2}+\frac{1}{q^2}$

137. वृत्त $x^2+y^2-4x-5=0$ और $x^2+y^2+6x-2y+6=0$ दिये हुए है:

मान लो P कोई बिन्दु (α, β) ऐसा है कि P से दोनों वृत्तों पर खींची गई स्पर्श-रेखायें बराबर हैं तो

(a) $10\alpha-2\beta+11=0$ (b) $10\alpha+2\beta+11=0$

(c) $2\alpha+10\beta+11=0$ (d) $2\alpha-10\beta+11=0$

138. AB, एक वृत्त का व्यास है और C वृत्त की परिधि पर कोई बिन्दु है। तब

(a) ΔABC का परिमाप महत्तम है जब यह समद्विबाहु है

(b) ΔABC का क्षेत्रफल महत्तम है जब यह समद्विबाहु है

(c) ΔABC का क्षेत्रफल न्यूनतम है जब यह समद्विबाहु है

(d) इनमें से कोई नही

139. द्विघातीय समीकरण $x^2+2\sqrt{2xy}+2y^2+4x+4\sqrt{2y}+1=0$ एक रेखायुग्म निरूपित करता है, तो उनके बीच की दूरी है:

(a) 2 (b) $2\sqrt{3}$

(c) 4 (d) $4/\sqrt{3}$

140. यदि $f(x)=\log_e x$ हो तो $f(xy)$ का मान है-

(a) $f(x)/f(y)$ (b) $f(x)+f(y)$

(c) $f(x).f(y)$ (d) $f(x)-f(y)$

141. निम्नलिखित फलनों में से किस फलन के लिए $\frac{f(k)-f(m)}{k-m}$ का मान एक स्थिरांक प्राप्त होता है जहाँ k और m का कुछ भी मान हो सकता है परन्तु $k \neq m$ है-

(a) $f(x)=\log_e x$ (b) $f(x)=\cos x$

(c) $f(x)=x^2+x$ (d) $f(x)=4x+7$

142. यदि $G(x)=-\sqrt{25-x^2}$ हो तो $\lim_{x-1}\frac{G(x)-G(1)}{x-1}$ का मान है-

(a) 1/5 (b) 1/24

(c) $-\sqrt{24}$ (d) कोई नही

143. यदि $f(x)=(x+1)^{\cot x}$ को $x=0$ पर अखण्ड (Continuous) होता है तो $f(0)$ किससे परिभाषित है?

(a) $f(0)=e$ (b) $f(0)=0$

(c) $f(0)=1/e$ (d) कोई नही

144. यदि $[\cdot]$ महत्तम पूर्णांकी फलन प्रदर्शित करता है तथा $f(x)=\left[\tan^2 x\right]$ है तो-

(a) $f(x), x=0$ पर संतत है

(b) $\lim_{x\to 0} f(x)$ का अस्तित्व नहीं है

(c) $f(x), x=0$ पर अवकलनीय नही है

(d) $f'(0)=1$

145. यदि $f(x)=\cos(lnx)$ हो तो

$f(x^2)f(y^2)-\frac{1}{2}\left[f\left(\frac{x^2}{y^2}\right)+f(x^2.y^2)\right]$ का मान है-

(a) -1 (b) 1/2

(c) -2 (d) 0

146. यदि $f(x)=[x]\sin\left(\frac{\pi}{[x+1]}\right)$, जहाँ [ ] सबसे बडी पूर्ण संख्या फलन है। तो f का डोमेन है तथा असतत बिन्दु है।

(a) $R-[-1,0), I$ (b) $R, R-1^+$

(c) दोनों (d) इनमें से कोई नही

147. यदि $y=\log x$ हो तथा n एक धनपूर्णांक संख्या हो तो $\frac{d^n y}{dx^n}$ का मान है-

(a) $(-1)^{x-1}(n-1)!x^{-n}$ (b) $(n-1)!\,x^{-n}$

(c) $\left(-\frac{e}{n}\right)^n$ (d) $(n-1)x^{-n}$

148. $x=2$ पर $|x-1|+|x-3|$ के अवकलन का मान है-

(a) 2 (b) अपरिभाषित

(c) -2 (d) 0

149. यदि $f(x)=\begin{cases} xe^{ax}, & x\le 0 \\ x+ax^2, & x>0 \end{cases}$ जहाँ $a\ge 0$ तो वह अन्तराल है जहाँ $f'(x)$ सदैव बढता है।

(a) $(-2/a, 3/a)$ (b) $(-2/a, a/3)$

(c) $(-2/9, 0)$ (d) $(0, 3/a)$

150. $f(x)$ का मान $x=a$ पर उच्चतम होगा यदि-

(a) $x=a$ पर $f'(x)=0$ तथा $f''(x)>0$

(b) $x=a$ पर $f'(x)=0$ तथा $f''(x)<0$

(c) $x=a$ पर $f'(x)=0$ तथा $f''(x)=0$

(d) इनमें से कोई नही

151. किसी मेगनेटिक टेप पर N वर्ण की सूचना रखी गई है जो x वर्ण के दलों में है, एक दल का प्रकरण समय $\alpha+\beta x^2$ सेकण्ड है, α व β स्थिरांक हैं, शीघ्र प्रक्रमण करने के लिए x का इष्टतम मान क्या होगा?

(a) $\sqrt{\alpha/\beta}$ (b) $\sqrt{\beta/\alpha}$

(c) α/β (d) β/α

152. n के किसी पूर्णांक के लिए

$\int_0^2 e^{\cos^2 x}\cos^3(2n+1)x\,dx$ का मान है-

(a) 0 (b) π

(c) 1 (d) कोई नही

153. पहले चतुर्थांश में, दीर्घवृत्त $x^2+9y^2=9$ तथा सरल रेखा $x+3y=3$ के बीच बने क्षेत्र को y-अक्ष के परित: घुमाने से बने ठोस का आयतन है-

(a) 4π (b) 6π

(c) 3π (d) 9π

154. $\int_{-1}^{3/2}|x.\sin \pi x|\,dx$ का मान है-

(a) $1/\pi+1/\pi^2$ (b) $1/\pi-1/\pi^2$

(c) $1/\pi$ (d) $1/\pi^2$

155. वह अवकल समीकरण कौन सी है जिसका हल है-

$y=A\cos x+\sin x$

(a) $\cos x\frac{dy}{dx}-y\sin x=1$ (b) $\sin x\frac{dy}{dx}+y\cos x=1$

(c) $\cos x\frac{dy}{dx}+y\sin x=1$ (d) इनमें से कोई नही

156. समीकरण $x^2y-x^3\frac{dy}{dx}=y^4\cos x; y(0)=1$ का हल है-

(a) $3x^3\sin x+y^3=0$ (b) $x^3\sin x+3y^3=0$

(c) $x^3+3y^3\sin x=0$ (d) $3x^3+y^3\sin x=0$

157. $f(\log(x))$ का अवकलन गुणांक यदि $f(x)=\log x$ हो तो निम्न में से कौन सा है:

(a) $\log x/x$ (b) $x/\log x$

(c) $(x\log x)^{-1}$ (d) कोई नही

158. एक वास्तविक संख्या y के लिए, मान लो कि $[y]$ महत्तम पूर्णांक को निरूपित करता है जो y से कम या बराबर है। तब

$$f(x)=\frac{\tan(\pi[\pi-\pi])}{1+[x]^2}$$

(a) किसी x पर असतत है

(b) सभी x के लिए $f'(x)$ विद्यमान है परन्तु द्वितीय अवकलज $f'(x)$ विद्यमान नही है

(c) सभी x पर सतत है, परन्तु किसी x के लिए अवकलज $f'(x)$ विद्यमान नही है

(d) सभी x के लिए $f'(x)$ विद्यमान है

159. एक फलन $f(x)$ ऐसा विद्यमान है जो सभी x के लिये

$$f(0)=1, f'(0)=-1, f(x)>0$$

(a) $-2\le f'(x)\le -1\ \forall x$ (b) $f'(x)<-2\ \forall x$

(c) $f'(x)<0\ \forall x$ (d) $-1<f'(x)<0\ \forall x$

160. मान लो $f:R\to R$ एक अवकलनीय फलन है। तब

$\lim_{x\to 1}\int_4^{f(x)}\frac{2t}{(x-1)}dt$ का मान है:

(a) $2f'(1)$ (b) $f'(1)$

(c) $8f'(1)$ (d) $4f'(1)$

161. फलन $\frac{\log(1+ax)-\log(1-bx)}{x}, x=0$ पर परिभाषित नही है। $x=0$ पर f को सतत बनाने के लिए वह मान जो इसे दिया जाना चाहिये, है:

(a) $1+b$ (b) $a-b$

(c) $\log a+\log b$ (d) कोई नही

162. फलन $f(x)=\begin{cases}|x-3|, x\ge| \\ x^2/4-3x/2+13/4, x<1\end{cases}$ है:

(a) $x=1$ पर अवकलनीय (b) $x=3$ पर अवकलनीय

(c) $x=1$ पर सतत (d) $x=3$ पर सतत

163. निम्नलिखित फलन $(0,\pi)$ पर सतत है:

(a) $\int_0^x t\sin\frac{1}{t}dt$ (b) $\tan x$

(c) $\begin{cases}x\sin x, 0<x\le\pi/2 \\ \frac{\pi}{2}\sin(\pi+x), \frac{\pi}{2}<x<\pi\end{cases}$

(d) $\begin{cases}1, 0<x\le\frac{3\pi}{4} \\ 2\sin\frac{2}{9}x, \frac{3\pi}{4}<x<\pi\end{cases}$

164. वक्र $x^3-3xy^2+2=0$ और $3x^2y-y^3-2=0$ जिस कोण पर परस्पर काटते हैं

(a) 90° (b) 30°

(c) 45° (d) 60°

165. परवलय $y^2=4ax$ के बिन्दु $P(at^2, 2at)$ पर स्पर्शी और अभिलम्ब x-अक्ष से क्रमश: T और G में मिलते है, तो कोण जिस पर परवलय के बिन्दु P पर स्पर्शी, बिन्दुओं P, T, G से गुजरने वाले वृत्त के बिन्दु P पर स्पर्शी पर आनत है:

(a) $\tan^{-1}t$ (b) $\cot^{-1}t$

(c) $\tan^{-1}t^2$ (d) $\cot^{-1}t^2$

166. यह बिन्दु जिस पर वक्र $y-e^{xy}+x=0$ एक उध्वार्धर स्पर्शी (vertical tangent) रखता है:

(a) $(0,1)$ (b) $(1,0)$

(c) $(1,1)$ (d) कोई बिन्दु नही

167. $f(x)=\sin x+\cos 2x (x>0)$ निम्निष्ठ रखता है, तो x का मान है-

(a) $\frac{3(n+1)\pi}{2}$ (b) $\frac{n\pi}{2}$

(c) $\frac{(2n+1)\pi}{2}$ (d) कोई नही

168. यदि $p(x)a_0+a_1x^2+a_2x^4+....+a_nx^{2n}$ एक वास्तविक चर में बहुपद (plynomial) है जबकि $0<a_0<a_1<a_2<....<a_n$ तो फलन $P(x)$ रखता है:

(a) केवल एक उचिष्ठ

(b) केवल एक निम्निष्ठ

(c) न तो उचिष्ठ और न ही निम्निष्ठ

(d) इनमें से कोई नही

169. किसी भी पूर्णाँक n के लिये समाकलन $\int_0^\pi e^{\cos^2 x}\cos^3(2n+1)xdx$ का मान है:

(a) 1 (b) π

(c) 0 (d) इनमें से कोई नही

170. $\lim_{n\to\infty}\left[\frac{1}{1-n^2}+\frac{2}{1-n^2}......+\frac{n}{1-n^2}\right]$ बराबर है:

(a) 2 (b) 0

(c) $1+e^{-1}$ (d) कोई नही

171. $\int_{-\pi}^{\pi}(\cos ax-\sin bx)^2\,dx$ का मान जहाँ a तथा b पूर्णांक है, बराबर है–

(a) π (b) 2π

(c) $-\pi$ (d) 0

172. वक्र के बिन्दु पर स्पर्शी की प्रवणता है। यदि वक्र बिन्दु से होकर जाये rksog {ksk=Qy tksO]x-अक्ष और रेखा $x=1$ द्वारा परिवद्ध है–

(a) 1/6 (b) 6

(c) 5/6 (d) 6/5

173. यदि $f(x)A\sin(\pi x/2)+B, f'\left(\frac{1}{2}\right)=\sqrt{2}$ और

$\int_0^1 f(x)dx=\frac{2A}{\pi}$, तो अचर A और B होंगे:

(a) 0 और $-4/\pi$ (b) $4/\pi$ और 0

(c) $\pi/2$ और $\pi/2$ (d) $2/\pi$ और $3/\pi$

174. एक पत्थर विश्रामावस्था से किसी ऊँचाई से गिराया जाता है तथा पृथ्वी पर 5 सेकण्ड में पहुँ सकता है, यदि वह 3 सेकण्ड बाद रोक दिया जाये तो वह शेष दूरी कितनी देर में चलकर पृथ्वी पर पहुँचेगा?

(a) 4 से (b) 2 से

(c) 3 से (d) कोई नही

175. एक रेलगाडी जो कि 200 मीटर लम्बी है, 30मी0/से0 की गति से चल रही है, वह एक अन्य गाडी को, जिसकी लम्बाई 300 मीटर है तथा 20 मीटर/से0 की गति से चल रही है, पीछे से आकर पार कर जाती है, पहली गाडी द्वारा दूसरी गाडी को पार करने में लिया गया समय है–

(a) 40 सेकण्ड (b) 50 सेकण्ड

(c) 30 सेकण्ड (d) 10 सेकण्ड

176. एक कण एक सरल रेखा में कुल समय T से0 तक तीन लगातार भागों में इस प्रकार चलता है कि उसका त्वरण प्रथम, द्वितीय व तृतीय भागों में $1:2:3$ के अनुपात में है। प्रथम तथा तृतीय भागों में चलित दूरियाँ a तथा b मी है तथा प्रत्येक मे लिया समय t से है तो द्वितीय भाग में कण का औसत वेग है।

(a) $(a+b)(t+T)$ (b) $\frac{2(a+b)T+(3a-5b)t}{4Tt}$

(c) ab/Tt (d) इनमें से कोई नही

177. 5 किग्रा का एक पिण्ड एक चिकनी मेज पर रखा हुआ है और एक हल्की डोरी द्वारा 10 किग्रा के एक अन्य द्रव्यमान से बँधा है जो स्वतंत्रता पूर्वक लटक रहा है जबकि डोरी मेज के किनारे पर लगी हुई एक चिकनी स्थिर घिरनी से गुजर रही है, उभयनिष्ठ त्वरण क्या होगा?

(a) 2.5g (b) 0.5g

(c) 2g/3 (d) 3g/2

178. यदि एक प्रक्षेप्य के दो पथों में h_1 व h_2 महत्तम ऊँचाइयाँ है जिनका प्रक्षेपण वेग दिया है एवं क्षैतिज परास R है तो R का मान है–

(a) $4\sqrt{h_1h_2}$ (b) $2h_1h_2$

(c) $2\sqrt{h_1h_2}$ (d) h_1h_2

179. कोई कण क्षैतिज से β कोण पर झुके हुए समतल के पाद से, क्षैतिज से α कोण पर प्रक्षिप्त किया जाता है, यदि वह समतल से लम्ब दिशा में टकराता है तो $\tan\alpha$ बराबर है–

(a) $2\tan\beta+\cot\beta$ (b) $\tan\beta+\cot\beta$

(c) $\tan\beta+2\cot\beta$ (d) इनमें से कोई नही

180. एक मजदूर प्रत्येक मिनट में 5 ईंटे जमीन से उठाकर ऊपर इस प्रकार फेंकता है कि केवल 2.4 मीटर ऊँची छत तक ही पहुँच सकती है, यदि ईंट का भार 4.5 किग्रा हो तो मजदूर किस मीटरी अश्व शक्ति से काम कर रहा है?

(a) 3/25 (b) 3/250

(c) 1/24 (d) कोई नही

181. एक भारी प्रत्यास्थ गेंद कमरे की छत से फर्श पर गिरायी जाती है, यदि वह फर्श से दो बार टक्कर खाने के बाद छत की ऊँचाई की एक तिहाई ऊँचाई तक पहुँच जाती है तो गेंद और फर्श के बीच प्रत्यानयन गुणांक क्या है?

(a) $1/\sqrt{3}$ (b) $1/^{2}\sqrt{3}$

(c) 1/3 (d) $1/^{4}\sqrt{3}$

182. एक पत्थर कुएं में गिराया जाता है और उसकी छपाके की आवाज 11.5 से0 बाद सुनाई देती है। यदि ध्वनि का वेग 327 मी0/से0 हो तो मीटर में कुएं की गहराई क्या होगी ?

(माना $g=981$ सेमी०/से०^2)

(a) 490.5 (b) 981

(c) 327 (d) 654

183. 1, ग्राम और 3 ग्राम के दो एक कण हल्की अवितान्य डोरी से बँधे है जो कि एक चिकनी स्थिर घिरनी पर से होकर जाते है। इससे होने वाली गति में डोरी का तनाव क्या होगा?

(a) 3 ग्राम भार (b) 0.5 ग्राम भार

(c) 1.5 ग्राम भार (d) 0.75 ग्राम भार

184. एक मोटरकार 15 m.p.h. के वेग से दौड रही है और एक आदमी 1ft/sec के वेग से कार की दिशा से 60° का कोण बनाते हुए कूदता है। पृथ्वी के सापेक्ष आदमी का वेग क्या होगा?

(a) 28.35 ft/sec (b) 30.65 ft/sec

(c) 27.25 ft/sec (d) कोई नही

185. यदि 1 व 2 इकाईयों के बल, रेखाओं $x=0$ तथा $y=0$ के अनुदिश लगते है। तो इनके परिणामी बल की क्रिया रेखा का

समीकरण है-

(a) $2y-x=0$ (b) $y-x=0$

(c) $y-2x=0$ (d) $x+y=0$

186. बिन्दु O पर लगे दो बलों P और Q का परिणामी R है, यदि बल P, Q और R की क्रिया रेखाओं को कोई तिर्यक रेखा क्रमशः बिन्दु A, B और C पर काटती है तो-

(a) $\frac{P}{OB}+\frac{Q}{OA}=\frac{R}{OC}$ (b) $\frac{P+Q}{OA+OB}=\frac{R}{ON}$

(c) $P.OA+Q.OB=R.OC$ (d) $\frac{P}{OA}+\frac{Q}{OB}=\frac{R}{OC}$

187. एक विषमकोण सतचतुर्भुजीय पटल, जिसका एक कोण 120° है, अपने केन्द्र पर विकर्णो की दिशा में लगे दो बलों द्वारा सन्तुलन में है। यदि इस स्थिति में उसकी एक भुजा क्षैतिज है तथा लगे हुए बल P और Q हो और $P>Q$ तो निम्नलिखित में से कौन सा सम्बन्ध सही है?

(a) $P^2=\sqrt{3}Q^2$ (b) $P+Q=0$

(c) $P=Q\sqrt{3}$ (d) इनमें से कोई नही

188. m द्रव्यमान का एक पिण्ड किसी चिकने नत समतल पर रखा हुआ है, तल का क्षैतिज से झुकाव θ है। यदि एक क्षैतिज बल F पिण्ड को सन्तुलित रखने के लिए पर्याप्त हो तो F का परिमाण है-

(a) $mg\tan\theta$ (b) $mg\cos\theta\sin\theta$

(c) $mg\cos^2\theta$ (d) $mg\sin^2\theta$

189. एक ऊध्वार्धर चिकने वृत्ताकार तार पर मनके A तथा B डोरी से जुडे है। भार w_1, w_2 तथा w क्रमशः A, B तथा डोरी के एक बिन्दु C से लटके है। संतुलन अवस्था में A तथा B क्षैतिज रेखा में है। यदि $\angle BAC=\alpha$ तथा $\angle ABC=\beta$ तो $\tan\alpha:\tan\beta$ का अनुपात है।

(a) $w_1+w:w_2$

(b) $w:(w_1+w_2)$

(c) $(w-w_1+w_2):(w+w_1-w_2)$

(d) $(w+w_1+w_2):w-w_1-w_2$

190. एक 0.5 मी0 लम्बी तथा 2.0 kg भार वाली छड़ AB एक 0.7 मी0 लम्बी डोरी APB द्वारा चिकनी खूंटी P से लटकी है। 1.8 kg तथा 3.2 kg के दो भार क्रमशः A तथा B पर लटके है। यदि छड़ का गुरूत्व केन्द्र G इस प्रकार है कि $AG:BG=2:3$ तो डोरी में तनाव होगा।

(a) $\frac{7\sqrt{3}}{2}$ kg (b) $\frac{7\sqrt{2}}{2}$ kg

(c) $\frac{7}{\sqrt{3}}$ kg (d) कोई नही

191. एक वृत्ताकार पटल में जिसकी त्रिज्या 8 सेमी० है, एक वृत्ताकार सुराख किया गया है जिसकी त्रिज्या 2 सेमी० है। यदि सुराख का गुरूत्व केन्द्र पटल के केन्द्र से 3 सेमी0 दूरी पर हो तो शेष भाग का गुरूत्व केन्द्र कहाँ होगा?

(a) सुराख के केन्द्र से 0.4 सेमी0 दूरी पर

(b) पटल के गुरूत्व केन्द्र और सुराख के केन्द्र के बीच की दूरी का मध्य बिन्दु

(c) सुराख के केन्द्र से 3.2 सेमी0 दूरी पर

(d) इनमें से कोई नही

192. भुजाओं के एक सम बहुभुज के एक के अतिरिक्त शेष शीर्षो पर m ग्राम भार के कण रखे है। यदि प्रत्येक भुजा $2a$ सेमी0 है तथा केन्द्र से शीर्षो की दूरी r सेमी0 है तो इन कणों का गुरूत्व केन्द्र, बहुभुज के परिकेन्द्र से कितनी दूरी पर होगा ?

(a) $\frac{2r}{n-1}$ सेमी० (b) $\frac{r}{2(n-1)}$ सेमी०

(c) $\frac{r}{n+1}$ सेमी० (d) $\frac{r}{n-1}$ सेमी०

193. W भार की एक छड़ का ऊपरी सिरा A एक चिकनी दीवार पर रखा हुआ है तथा निचला सिरा B रूक्ष क्षैतिज धरातल पर। यदि घर्षण गुणांक μ हो तो छड़ फिसलने वाली हो तो A पर प्रतिक्रिया किसके बराबर है?

(a) μw (b) w/μ

(c) w (d) B पर प्रतिक्रिया

194. एक सीढ़ी जिसका गुरूत्व केन्द्र उसकी लम्बाई को $a:b$ में विभाजित करता है सीमान्त साम्यावस्था में है। इसका एक सिरा रूक्ष फर्श पर (जिसका घर्षण गुणांक μ है) और दूसरा सिरा ऊध्वार्धर दीवार पर (जिसका घर्षण गुणांक μ है) टिका है सीढ़ी का आनत कोण है।

(a) $\tan^{-1}\frac{a\mu+b\mu^1}{a+b}$ (b) $\tan^{-1}\frac{a\mu+b\mu^1}{a-b}$

(c) $\tan^{-1}\left[\frac{1}{a+b}\left(\frac{a}{\mu}-b\mu'\right)\right]$ (d) $\tan^{-1}\left(\frac{\alpha\mu-b\mu^1}{a+b}\right)$

195. किसी स्तम्भ के आधार से किस ऊँचाई पर एक 12 मीटर लम्बाई की डोरी का सिरा बाँधना चाहिए ताकि भूमि पर खडा हुआ आदमी जिसका भार 60 किलोग्राम है, डोरी के दूसरे सिरे को किसी दिये बल से खींचता है, जिसके स्तम्भ को गिराने की महत्तम प्रवृत्ति उत्पन्न कर सके, है।

(a) $6\sqrt{(2)}$ (b) $3\sqrt{3}$

(c) 6 (d) $6/\sqrt{(2)}$

196. यदि दोनो बल P के बराबर हों और उनके बीच का कोण α हो तो उनका परिणामी निम्न में से कौन-सा होगा?

(a) $2P\sin\frac{1}{2}\alpha$ (b) $P\sin\frac{1}{2}\alpha$

(c) $2P\cos\frac{1}{2}\alpha$ (d) $P\cos\frac{1}{2}\alpha$

197. एक ही आधार AB और इसके सामने की भुजा पर दो समद्विबाहु त्रिभुज CAB और DAB बने है जिनकी लम्बवत् ऊँचाइयाँ (altitudes) क्रमशः 12 सेमी0 और 6 सेमी0 है। चतुर्भुज $CAOB$ के गुरूत्व केन्द्र की AB से दूरी सेमी0 में क्या होगी ?

(a) 1.5 (b) 2
(c) 1/2 (d) 1

198. 'a' फीट लम्बी एक छड़ का केन्द्रक (centre of mass) जिसका घनत्व एक सिरे से दूरी के वर्ग के अनुसार बदलता है, इस सिरे से किस दूरी पर होगा ?

(a) $2a/3$ (b) $3a/4$
(c) $a/2$ (d) $a/3$

199. यदि सदिश $a = 3i - k$ और $b = i + 2j$ एक समान्तर चतुर्भुज की भुजाएँ हो तो इसका क्षेत्रफल होगा-

(a) $1/2 \times \sqrt{7}$ (b) $\sqrt{41}$
(c) $1/2 \times \sqrt{17}$ (d) $1/2 \times \sqrt{41}$

200. यदि $a \neq b \neq c \neq 1$ हो तथा $ai + j + k, i + bj + k$ और $i + j + ck$ समतलीय हो तो $\frac{1}{1-a} + \frac{1}{1-b} + \frac{1}{a-c}$ का मान कितना है?

(a) 1/2 (b) 1
(c) –1 (d) –1/2

201. यदि $\vec{a}$ और $\vec{b}$ दो शून्येत्तर (Non-zero) सदिश हों तथा θ उनके बीच का कोण है तो समीकरण $\vec{a} \times \vec{b} = \vec{a} . \vec{b}$

(a) केवल तभी सत्य होगी जबकि $\vec{a}$ और $\vec{b}$ दोनो मात्रक सदिश हैं
(b) केवल तभी सत्य होगी जब $\theta = 45°$ हो
(c) कभी भी सत्य नही हो सकती है
(d) केवल तभी सत्य होगी जब $\theta = 0°$ हो

202. यदि A, B व C तीन बिन्दुओं के स्थित सदिश क्रमशः $\vec{A} = 2i - j + 3k, \vec{B} = 3i + j + 3k$ और $\vec{C} = 2i + 5k$ हों तो उस समतल पर एकांक अभिलम्ब सदिश क्या होगा जिसमें A, B व C तीनों बिन्दु स्थित हैं।

(a) $\frac{(2i+4j+k)}{\sqrt{21}}$ (b) $\frac{4i-2j+k)}{\sqrt{21}}$
(c) $\frac{(2i+4j-k)}{\sqrt{21}}$ (d) $\frac{(i+4j+2k)}{\sqrt{21}}$

203. $i \times (\vec{A} \times i) + j \times (\vec{A} \times j) + k(\vec{A} \times k) =$

(a) $3\vec{A}$ (b) 0
(c) $\vec{A}$ (d) $2\vec{A}$

204. यदि $\vec{a} = 2\hat{i} + \hat{k}, \vec{b} = \hat{i} + \hat{j} + \hat{k}, \vec{c} = 4\hat{i} - 3\hat{j} + 7\hat{k}$ तथा $\vec{r}$ इस प्रकार है कि $\vec{r} \times \vec{b} = \vec{c} \times \vec{b}, \vec{r}, \vec{a} = 0$ तो $\vec{r}$ का मान है-

(a) $-i - 8\hat{j} + 2\hat{k}$ (b) $\hat{i} + 8\hat{g} - 2\hat{k}$
(c) $\hat{i} - 8\hat{j} + 2\hat{k}$ (d) $\hat{i} + 8\hat{j} + k$

205. दो बिन्दुओं A तथा C के स्थिति सदिश क्रमशः $9\hat{i} - \hat{j} + 7\hat{k}$ तथा $7\hat{i} - 2\hat{j} + 7\hat{k}$ है। सदिशों $\vec{AB} = 4\hat{i} - \hat{j} + 3\hat{k}$ तथा $\vec{CD} = 2\hat{i} - \hat{j} + 2\hat{k}$ का छेदन बिन्दु P है। यदि सदिश PQ, $\vec{AB}$ तथा $\vec{CD}$ के लम्बवत् हो तथा $PQ = 15$ इकाई हो तो Q का स्थिति सदिश है-

(a) $6\hat{i} + 9\hat{j} - 9\hat{k}$ (b) $-6\hat{i} + 9\hat{j} + 9\hat{k}$
(c) $6\hat{i} - 9\hat{i} - 9\hat{k}$ (d) $6\hat{i} - 9\hat{j} + 9\hat{k}$

206. $a \times (b \times c)$ बराबर है:

(a) $(b.c)a - (b.c)b$ (b) $(a.c)b - (a.b)c$
(c) $(a.b)c - (a.c)b$ (d) $(a.b)a + (a.b)c$

207. यदि $a = a_1 i + a_2 j + a_3 k, b = b_1 i + b_2 j + b_3 k$ और $c = c_1 i + c_2 j + c_3 k$ तीन अशून्य (non-zero) सदिश इस प्रकार है कि c एक मात्रक सदिश है जो a और b दोनों सदिशों पर लम्ब है। यदि a और b के बीच का कोण $\pi/6$ है तो

$$\begin{vmatrix} a_1 & a_2 & a_3 \\ b_1 & b_2 & b_3 \\ c_1 & c_2 & c_3 \end{vmatrix}$$

(a) 1
(b) 0
(c) $\frac{1}{4}(a_1^2 + a_2^2 + a_3^2)(b_1^2 + b_2^2 + b_3^2)$
(d) $\frac{3}{4}(a_1^2 + a_2^2 + a_3^2)(b_1^2 + b_2^2 + b_3^2)(c_1^2 + c_2^2 + c_3^2)$

208. बिन्दुओं (3,2,1) और (6,5,3) को 3 : 5 के अनुपात में विभाजित करने वाले बिन्दु के निर्देशांक होंगे-

(a) $\left(\frac{33}{8}, \frac{25}{8}, \frac{-7}{4}\right)$ (b) $\left(\frac{33}{8}, \frac{25}{8}, \frac{7}{4}\right)$
(c) $\left(\frac{33}{8}, \frac{-25}{8}, \frac{7}{4}\right)$ (d) $\left(\frac{-33}{8}, \frac{25}{8}, \frac{7}{4}\right)$

209. यदि एक रेखा त्रिविम निर्देशांक अक्षों के साथ क्रमशः α, β, γ कोण बनाती है, तो $\cos 2\alpha + \cos 2\beta + \cos 2\gamma$ का मान कितना होगा ?

(a) 2 (b) –1
(c) 1 (d) –2

उत्तरमाला

1. (a)	2. (a)	3. (c)	4. (d)	5. (b)	6. (d)	7. (a)	8. (d)	9. (d)	10. (d)
11. (a)	12. (b)	13. (a)	14. (b)	15. (a)	16. (d)	17. (b)	18. (a)	19. (b)	20. (d)
21. (d)	22. (c)	23. (d)	24. (c)	25. (d)	26. (d)	27. (c)	28. (c)	29. (b)	30. (c)
31. (a)	32. (c)	33. (a)	34. (b)	35. (c)	36. (b)	37. (b)	38. (a)	39. (a)	40. (d)
41. (c)	42. (d)	43. (a)	44. (c)	45. (a)	46. (a)	47. (b)	48. (b)	49. (c)	50. (a)
51. (a)	52. (d)	53. (a)	54. (b)	55. (d)	56. (b)	57. (a)	58. (d)	59. (c)	60. (a)
61. (d)	62. (c)	63. (b)	64. (b)	65. (c)	66. (c)	67. (a)	68. (a)	69. (c)	70. (d)
71. (a)	72. (c)	73. (a)	74. (a)	75. (b)	76. (d)	77. (d)	78. (a)	79. (d)	80. (c)
81. (a)	82. (b)	83. (d)	84. (c)	85. (b)	86. (c)	87. (a)	88. (d)	89. (a)	90. (c)
91. (c)	92. (a)	93. (b)	94. (c)	95. (b)	96. (a)	97. (a)	98. (a)	99. (c)	100. (a)
101. (a)	102. (c)	103. (c)	104. (c)	105. (c)	106. (d)	107. (d)	108. (d)	109. (b)	110. (a)
111. (d)	112. (b)	113. (c)	114. (c)	115. (d)	116. (d)	117. (a,d)	118. (a)	119. (b,d)	120. (c)
121. (a)	122. (b)	123. (b)	124. (b)	125. (a)	126. (d)	127. (c)	128. (c)	129. (c)	130. (d)
131. (a)	132. (a)	133. (d)	134. (c)	135. (c)	136. (d)	137. (a)	138. (b)	139. (a)	140. (b)
141. (d)	142. (d)	143. (a)	144. (a)	145. (d)	146. (a)	147. (a)	148. (a)	149. (b)	150. (b)
151. (a)	152. (a)	153. (c)	154. (a)	155. (c)	156. (c)	157. (c)	158. (d)	159. (c)	160. (c)
161. (d)	162. (a,c,d)	163. (a,d)	164. (a)	165. (a)	166. (b)	167. (c)	168. (b)	169. (c)	170. (a)
171. (b)	172. (c)	173. (b)	174. (a)	175. (b)	176. (b)	177. (c)	178. (a)	179. (a)	180. (b)
181. (d)	182. (a)	183. (c)	184. (b)	185. (c)	186. (d)	187. (c)	188. (a)	189. (c)	190. (b)
191. (d)	192. (d)	193. (a)	194. (c)	195. (a)	196. (c)	197. (b)	198. (b)	199. (b)	200. (b)
201. (b)	202. (b)	203. (d)	204. (a)	205. (c)	206. (b)	207. (c)	208. (b)	209. (b)	